Vom Kurkölnischen Krummstab über den Hessischen Löwen zum Preußischen Adler

Die Säkularisation und ihre Folgen im Herzogtum Westfalen 1803 - 2003

Ausstellung
vom 21.9.2003–4.1.2004 in Arnsberg
Sauerland-Museum des Hochsauerlandkreises

Der Katalog erscheint begleitend zur Ausstellung „Vom Kurkölnischen Krummstab über den Hessischen Löwen zum Preußischen Adler – Die Säkularisation und ihre Folgen im Herzogtum Westfalen", welche vom 21. September 2003 bis 4. Januar 2004 in Arnsberg im Sauerland-Museum des Hochsauerlandkreises gezeigt wird.

Die Ausstellung wird veranstaltet vom Sauerländer Heimatbund e. V. und dem Sauerland-Museum des Hochsauerlandkreises mit Unterstützung des Fördervereins des Sauerland-Museums, der Stadt Arnsberg und der beteiligten Kreise des ehemals kurkölnischen Herzogtums Westfalen unter der Schirmherrschaft von Frau Regierungspräsidentin Renate Drewke, Arnsberg.

Arbeitskreis/Ausstellungsteam:
Friedhelm Ackermann, Michael Gosmann, Michael Schmitt,
Dr. Jürgen Schulte-Hobein, Johannes Stemmer, Dieter Wurm

Impressum

Herausgeber	Ingrid Reißland im Auftrag des Sauerländer Heimatbundes e. V. und des Sauerland-Museums des Hochsauerlandkreises
Gesamtredaktion	Ingrid Reißland
Gestaltung	Britta Kemper; Ingrid Reißland
Gesamtherstellung	F. W. Becker GmbH, D-59821 Arnsberg, 2003

ISBN 3-930264-46-3

Wir danken für die großzügige Unterstützung der Ausstellung und des Kataloges folgenden Sponsoren:

- Cascades Arnsberg
- Förderverein Sauerland-Museum
- Landschaftsverband Westfalen-Lippe
- Nordrhein-Westfalen-Stiftung/Naturschutz, Heimat- und Kulturpflege
- Radio Sauerland
- RWE
- Sauerland Spanplatte
- Sparkasse Arnsberg-Sundern
- Volksbank Sauerland eG

Inhalt

Grußworte ... 6

Geleitwort ... 10

Vom Kurkölnischen Krummstab über den Hessischen Löwen zum Preußischen Adler

Harm Klueting
Das kurkölnische Herzogtum Westfalen – ein geistliches Territorium und sein Ende als Folge der Säkularisation von 1803 ... 14

Horst Conrad
Der Adel im Herzogtum Westfalen ... 27

Die Säkularisation und ihre Folgen

Günter Cronau
Verfassung, Verwaltung, kommunale Verhältnisse ... 42

Peter M. Kleine
Ein Kulturschock? Umbrüche im Militärwesen zur Zeit der Säkularisation ... 51

Bernward Selter
Die Reformen in der Land- und Forstwirtschaft – tiefgreifende Veränderungen der Besitz- und Wirschaftsstrukturen ... 57

Reinhard Köhne
Bergbauliche Aktivitäten im frühen 19. Jahrhundert – Stagnation ohne durchgreifende Innovation ... 66

Gerhard Lohage
Zünfte und Gewerbefreiheit ... 71

Günter Cronau
Veränderungen im religiösen Leben ... 77

Michael Schmitt
„Es war eine Zeit, wo sie nützlich, wo sie nothwendig waren; diese ist nicht mehr ..." Die Klosterlandschaft im Herzogtum Westfalen bis zur Säkularisation ... 86

Manfred Wolf
Die Säkularisation am Beispiel des Klosters Grafschaft ... 99

Von Westfalen nach Hessen. Eine Auswahl bedeutender Kunstobjekte

Silvia Uhlemann
Die liturgische Handschrift als Künstlerbuch. Zur kulturhistorischen Bedeutung des Darmstädter Hitda-Codex ... 110

P. Michael Hermes OSB
„Der Sturm auf dem Meer" – die bekannteste Miniatur des Hitda-Codex und ihre bildhafte allegorische Aussage ... 113

Silvia Uhlemann
Zwei Bibelhandschriften aus der Hessischen Landes- und Hochschulbibliothek Darmstadt ... 117

Wolfgang Glüber
Drei bedeutende Exponate aus dem Hessischen Landesmuseum Darmstadt
• Der Petruspokal der St. Georgs-Kommende Münster
• Der Arnsberger Landständepokal
• Die Krümme des Hirtenstabs von Josephus Kropff, Abt von Bredelar 120

Städte im Umbruch

Hans-Josef Vogel
Arnsberg – die westfälische Landeshauptstadt vor und nach der Säkularisation 1803 128

Otto Höffer
Attendorn – zögerlicher Aufschwung nach inneren Unglücksfällen und äußerer Bedrängnis 134

Harald Polenz
Balves kurzer Weg von Kurköln nach Preußen 136

Norbert Föckeler
Brilon – eine Stadt im politischen Umbruch des beginnenden 19. Jahrhunderts 140

Wolfgang Maron
„... Und Geseke webt Leinen bei reichgefüllten Scheunen"
Wirtschaftliche Aspekte der Umbruchszeit 146

Bernd Follmann
Marsberg – Aspekte der Säkularisation und ihrer Folgen 151

Rico Quaschny
„Verkappte Intoleranz" und wirtschaftliche Blüte –
Menden zwischen Kurköln und Preußen 156

Erika Richter
Die Freiheit an der Ruhr in den Zeiten des Umbruchs –
Meschede in der Säkularisations-Epoche 160

Gerd Schäfer
Neheim, eine kleine Landstadt in der Umbruchzeit 164

Günther Becker
Olpe vom großen Stadtbrand 1795 bis zum Aufstieg zur Kreisstadt 1819 168

Friedhelm Sommer
„Tempora mutantur et nos mutamur in illis". Rüthen im Umbruch 173

Dietmar Lange
Warstein 1802/03 – eine Stadt im Umbruch. Lokalgeschichtliche Beiträge zu den Auswirkungen von Säkularisation und wechselnder Landesherrschaft 180

Heinrich Josef Deisting
„... elende Gassen (lassen) den Wohlstand nicht vermuten ...,
der hier wirklich herrscht." Werl in der Säkularisationszeit 185

Lebensbilder

Michael Gosmann
Maximilian Franz von Österreich (1756–1801) Kurfürst und Erzbischof von Köln 200

Johannes Stemmer
Freiherr Franz Wilhelm von Spiegel zum Desenberg 208

Johannes Stemmer
Ludewig X. Landgraf von Hessen-Darmstadt /
Ludewig I. Großherzog von Hessen und bei Rhein ... 212

Heinz Pardun
Ludwig Freiherr von Vincke – erster Oberpräsident der Provinz Westfalen ... 215

Jürgen Schulte-Hobein
Friedrich Wilhelm III. König von Preußen ... 219

Katalog

Exponatebeschreibungen (Räume A-O) ... 226

Abkürzungen, Autoren, Leihgeber, Verzeichnis der Abbildungen ... 300

Grußwort

Grußwort der Regierungspräsidentin des Regierungsbezirks Arnsberg

In der Rückschau auf die Säkularisation vor 200 Jahren werden - wie bei vielen historischen Umbruchsituationen - zwei grundsätzliche Phänomene sichtbar. Einerseits bedeutet die Säkularisation den Abschluss einer Ära in politischer und gesellschaftlicher Hinsicht. Europa erhält ein neues Gesicht, die europäische Landkarte wird auf eine nachhaltige Weise neu gezeichnet. Weiter ist mit der Enteignung von Kirchengütern und dem Ende der politischen Rolle der Kirchen und Kirchenfürsten ein massiver Umbruch verbunden.

Zugleich gilt jedoch die nicht nur historische Erkenntnis, dass jedes Ende zugleich einen Neubeginn markiert. So findet auch mit der Säkularisation ein gesellschaftlicher, politischer und in der Folge ein verwaltungs-organisatorischer Aufbruch statt. Seinen sichtbaren Ausdruck findet dieser verwaltungs-organisatorische Neuanfang in Westfalen ganz wesentlich in der Neubegründung preußischer Provinzen und schließlich der neuen Behörde der Regierungspräsidenten in der Phase nach der Säkularisation.

Die Neuregelung der staatlichen Verwaltung sollte sich bis heute als Erfolgsmodell von großer Dauerhaftigkeit erweisen. Die Bezirksregierung Arnsberg hat sich im Verlauf ihrer Geschichte bis zum Jahr 2003 zu einer modernen Bündelungsbehörde entwickelt, die sich als Aufsicht, aber genauso als Dienstleister und Moderator in einer wirtschaftlich, landschaftlich und kulturell offenen Region versteht.

Gerne habe ich daher als Arnsberger Regierungspräsidentin die Schirmherrschaft für die Ausstellung „Vom Kurkölnischen Krummstab über den Hessischen Löwen zum Preußischen Adler - Die Säkularisation und ihre Folgen im Herzogtum Westfalen" übernommen. Der Sauerländer Heimatbund und das Sauerland-Museum in Arnsberg unterstreichen mit der aufwändigen Vorbereitung und Durchführung dieser Ausstellung in anerkennenswerter Weise ihr Engagement für das alte kurkölnische Sauerland. Sie präsentieren damit die heutige Region Südwestfalen als kulturelles Kleinod mit wechselvoller Geschichte.

Renate Drewke
Regierungspräsidentin

Grußwort des Erzbischofs

An vielen Orten wird in diesem Jahr durch Vortragsreihen und Ausstellungen des Reichsdeputationshauptschlusses vom 25. Februar 1803 gedacht, der vor 200 Jahren vermittels der Liquidation der geistlichen Fürstentümer das Ende des altehrwürdigen „Heiligen Römischen Reiches Deutscher Nationen" einleitete. Die Ausstellung des Sauerland-Museums in Arnsberg, die sich unter dem Titel „Vom Kurkölnischen Krummstab über den Hessischen Löwen zum Preußischen Adler" dem Ende des kurkölnischen Herzogtums Westfalen als Folge der Säkularisation von 1803 widmet, setzt in dieser Reihe den viel beachteten Schlusspunkt.

Mit der Aufhebung der Klöster und Stifte fand in den ehemaligen geistlichen Territorien die uralte monastische Tradition ihr vorläufiges Ende, die über Jahrhunderte das Gesicht nicht nur dieser Landschaft, sondern des ganzen christlichen Abendlandes nachhaltig geprägt hatte. Unermessliche Kunstschätze gingen verloren oder wanderten in Sammlungen und Museen, Klosterkirchen wurden kurzerhand zu Steinbrüchen erklärt, zerstört oder umgewidmet. Man machte Viehställe, Kasernen, Krankenanstalten und Industrieanlagen daraus. Die Wunden spüren wir bis zum heutigen Tag. Ich denke etwa an das ehemalige Zisterzienserkloster Bredelar, das leider immer noch ein trauriges Schattendasein führt. Die über Jahrhunderte gehüteten Bestände der Klosterbibilotheken wurden in alle Winde zerstreut oder vernichtet, geheiligte Gefäße aus niederen, rein materialistischen Beweggründen eingeschmolzen und versilbert.

Noch gravierender als die Verluste an Kunstgut war der Aderlass an geistiggeistlicher Substanz für die katholische Kirche, ganz zu schweigen von den menschlichen Tragödien der aus der Klostergemeinschaft Entlassenen. Dass es sich bei den klösterlichen Einrichtungen ausnahmslos um Stätten der Dekadenz gehandelt habe, bevölkert von hoffnungslos vergreisten Konventen, die teilnahmslos ihrem Ende entgegen sahen, ist längst als propagandistischer Schachzug der neuen Herren erkannt und von der neueren Geschichtsforschung widerlegt. So lag etwa das Durchschnittsalter des Konventes des 1803 aufgehobenen Benediktinerklosters Abdinghof zu Paderborn zum Zeitpunkt seiner Aufhebung bei 33 Jahren!

Vor diesem Hintergrund wird verständlich, warum die Kirche von Paderborn nicht in den Jubelchor jener einstimmen möchte, die unkritisch die Säkularisation als Aufbruch in die Moderne feiern wollen. Dem möchten wir mehr Nachdenklichkeit und eine differenzierte vorurteilslose Sichtweise entgegensetzen, die die negativen Begleiterscheinungen nicht ausklammert und die positiven Folgen angemessen beurteilt. Sicher wurde durch den Verlust der weltlichen Macht das kirchliche Erneuerungswerk des 19. Jahrhunderts befördert, ging mit der Konzentration auf das kirchliche Leben und die Seelsorge ein Zugewinn an Spiritualität einher, was die Glaubwürdigkeit der Kirche nachhaltig bestärkte. Allerdings war das große Erneuerungswerk, das tief in der Aufklärung wurzelte, in vielen Fällen noch von den Repräsentanten der alten Reichskirche initiiert worden.

Viele Altäre und Ausstattungsstücke der Klosterkirchen entgingen der Zerstörung und wurden an umliegende bedürftige Pfarrgemeinden abgegeben. In besonderem Maße erwies sich die Grafschafter Propsteikirche St. Pankratius in Belecke als Rettungsstation. Als Belecker und Kind des Sauerlandes habe ich eine tiefe Beziehung zu diesem ehrwürdigen Gotteshaus, in das die Altäre der Grafschafter Klosterkirche von 1665 und viele andere Kostbarkeiten hineingerettet wurden. Und wie oft habe ich vor dem Madonnenbild in der Propsteikirche gekniet, das von der letzten Domina Walburgis Köller des kleinen Benediktinerinnenklosters Odacker bei Hirschberg in die Kirche ihres Heimatortes gerettet wurde. Auf diese Weise ist monastische Kirchenkunst in großer Zahl Bestandteil einer lebendigen Glaubenstradition geblieben, die im Rückblick die Säkularisation nicht als Ende, sondern lediglich als dunkle Episode erscheinen lässt. Wie sehr mir die große durch Erzbischof Anno II. von Köln 1072 begründete benediktinische Tradition Kloster Grafschafts am Herzen liegt, bezeugt das Wappen, das ich als Erzbischof von Paderborn führe. Neben dem Wappen des Bistums Paderborn und jenem der Grafschaft Pyrmont zeigt es im viergeteilten Schild auch das alte Wappen des Benediktinerklosters Grafschaft mit dem silbernen Hirschgeweih und dem Kreuz zwischen den Geweihstangen auf blauem Grund.

Meine guten Wünsche begleiten das ambitionierte Ausstellungsunternehmen „Vom Kurkölnischen Krummstab über den Hessischen Löwen zum Preußischen Adler" im Sauerland-Museum zu Arnsberg, das dazu beitragen kann, ein differenziertes, vorurteilsfreies Bild der umwälzenden Epochenschwelle am Aufgang des 19. Jahrhunderts zu zeichnen und einem breiten Publikum zu vermitteln. Dann, so denke ich, haben sich alle Mühen gelohnt!

Paderborn, im September 2003

+ Hans-Josef Becker

Hans-Josef Becker
Erzbischof

Grußwort der Landräte

„Vom Kurkölnischen Krummstab über den Hessischen Löwen zum Preußischen Adler" - Der Titel der über Westfalen hinaus bedeutenden Sonderausstellung im Sauerland-Museum beschreibt eine Entwicklung, die vor 200 Jahren mit dem Reichsdeputationshauptschluss begann, der die Aufhebung der geistlichen Staaten und ihre Überführung in weltliche Hände festlegte.

Durch dieses folgenreiche Gesetz wurden die seit dem Mittelalter gewachsenen territorialen Verhältnisse entscheidend verändert. So fiel das Herzogtum Westfalen an den Landgrafen von Hessen-Darmstadt, der die zahlreichen Klöster zügig säkularisieren ließ.

Überraschend hat die Säkularisation im Herzogtum Westfalen keinen nennenswerten Widerstand gefunden. Ihre Folgen reichen im Herzogtum bis in die Gegenwart: Der Untergang des Kölner Kurstaats und die Säkularisation begünstigten zu Beginn des 19. Jahrhunderts den Aufstieg des Bürgertums, leiteten eine Förderung des wirtschaftlich rückständigen Landes ein und bewirkten 1815 den Anfall des Herzogtums an das Königreich Preußen. Die preußische Provinz Westfalen entstand erstmals als politische Einheit.

Das Gebiet des Herzogtums Westfalen nimmt mit einer Fläche von etwa 3.730 Quadratkilometern fast die Hälfte des Regierungsbezirks Arnsberg und mehr als ein Zehntel der Fläche des Landes Nordrhein-Westfalen ein. Der heutige Hochsauerlandkreis und der Kreis Olpe gehören ganz zum Gebiet des ehemaligen Herzogtums, vom Kreis Soest mit Ausnahme der Städte Soest und Lippstadt ein sehr beträchtlicher Teil und vom jetzigen Märkischen Kreis die Städte Menden, Balve, das Kirchspiel Affeln sowie der Iserlohner Ortsteil Sümmern.

Unser herzlicher Dank gilt den vielen helfenden Händen, die diese besondere Ausstellung ermöglichen. Wir wünschen der Ausstellung, die vom 21. September 2003 bis 4. Januar 2004 im Sauerland-Museum zu sehen ist, viele interessierte Besucher, regen Zuspruch und großen Anklang in der Öffentlichkeit.

Franz-Josef Leikop
Landrat Hochsauerlandkreis

Wilhelm Riebniger
Landrat Kreis Soest

Frank Beckehoff
Landrat Kreis Olpe

Aloys Steppuhn
Landrat Märkischer Kreis

Zum Geleit

Fundamentale historische Veränderungsprozesse
Bahnbrechende Ideen

Im Großen wie im Kleinen prägen bahnbrechende Ideen den Lauf der Menschheitsgeschichte, ermöglichen Erneuerungsprozesse, treiben Entwicklungen voran, bewirken Evolutionen, Reformen aber auch Revolutionen; stellen die Menschen vor neue Herausforderungen und Bewährungsproben, lassen jeweils die Sinnfragen des Lebens in einem anderen Licht erscheinen, führen zu kontroversen Auseinandersetzungen über den sogenannten Fortschritt bis hin zu verheißenden Utopien über eine menschlicher werdende Gesellschaft.

Epochemachende Veränderungsprozesse

Rückblickend gestalten sich geschichtliche Entwicklungen in ihrer Vielfalt zu übergreifenden Sinneinheiten durch epochemachende Veränderungsprozesse. So sprechen wir vom beginnenden **Zeitalter der Neuzeit** durch bahnbrechende Erfindungen und Entdeckungen mit ihren Kontinente übergreifenden Möglichkeiten. **Renaissance** und **Humanismus** führen zu einem neuen Bewusstwerden im Bewusstsein der Menschen über sich selbst. Die **Reformation** wagt das Schisma der alles bestimmenden, dogmatischen römischen Kirche, reißt ganz Europa in eine blutige Auseinandersetzung und stellt die Menschen vor neue theologische Fragestellungen, führt aber auch zu neuen Abhängigkeiten.

Epoche der neueren Geschichte

Mit dem Fanal „Freiheit, Gleichheit, Brüderlichkeit" beschwört die **Französische Revolution** im europäischen Bewusstsein und darüber hinaus den Geist der Epoche der neueren Geschichte. Diese Idee wirkt grenzüberschreitend auf die Gesellschafts-, Verfassungs-, Wirtschafts- und Sozialordnungen vieler Länder. Die popularisierten Ideen der **Aufklärung** festigen eine allgemeine Fortschritts- und Zukunftsgläubigkeit; das liberale Gedankengut fordert mehr Rechte für den einzelnen Bürger in Staat und Gesellschaft.

Fast noch einschneidender sind die Auswirkungen der **Industriellen Revolution**, nicht nur auf die Herstellung von Gütern, die Arbeitsbedingungen des aufkommenden Proletariats, den Lebensrhythmus der Menschen und auf die Umwelt, sondern sie tragen nicht wenig dazu bei, das Verlangen nach politischer Einheit auch als die Grundlage für die Bildung eines großen einheitlichen Wirtschaftsraumes zu verstärken; ein Vorgang, den die Historiker als Einheit und als fundamentales Kennzeichen der modernen Welt begreifen. Eigentlich eine evolutionäre Umbruchsphase von der Agrar- zur Industriewirtschaft, eine epochale Zäsur in der Geschichte der Menschheit, die durch die Industriealisierung technologische, ökonomische und gesellschaftlich-soziale Veränderungen beschleunigt, die in den westlichen Industriegesellschaften, aber auch in anderen Teilen der Welt, bis heute noch nicht zum Abschluss gekommen sind, sondern noch rasant voranschreiten.

Wandel durch Säkularisation

Werfen wir einen Blick vom Allgemeinen zum Besonderen, vom Gesamtbereich zum Spezialbereich, so kann gerade am Beispiel der **Säkularisation** mit ihrer Einbettung in historische Veränderungsprozesse sowie deren Ursachen und Wirkungen beobachtet werden, wie wegen der Bedeutung des historischen Einschnittes der Säkularisation, d. h. der „Herrschaftssäkularisation" mit der Aufhebung vor allem der geistlichen Fürstentümer und der „Vermögenssäkularisation", die vor allem die Klöster und den geistlichen Grundbesitz betraf, ein fundamentaler Wandel in Westfalen, aber insbesondere auch im kurkölnischen Herzogtum Westfalen, dem Kurkölnischen Sauerland, sich vollzog.
Dies schlägt sich nieder in dem vom Land-

schaftsverband Westfalen Lippe initiierten westfalenweiten Projekt, das unter dem Motto „Vom Krummstab zum Adler" steht; erfuhr mit der Ausstellung im Westfälischen Landesmuseum für Kunst- und Kulturgeschichte in Münster unter dem provokanten Titel „**Zerbrochen sind die Fesseln des Schlendrians/Westfalens Aufbruch in die Moderne**" im September 2002 den ersten Auftakt. Fast gleichzeitig wurden im Staatsarchiv Detmold die Ausstellungen „**Fürstin Pauline zur Lippe (1802 - 1820). Reformerin, Regentin, Frauenzimmer**" und in Paderborn „**Vom Stadtboten zur Informationsgesellschaft**" eröffnet. Darüber hinaus beleuchteten die Staatsarchive und das Museum für Kunst- und Kulturgeschichte in Dortmund unter dem Titel „**Klostersturm und Fürstenrevolution. Staat und Kirche zwischen Rhein und Weser 1794 -1803**" diesen historischen Prozess.

Grund genug für den Sauerländer Heimatbund, das Sauerland-Museum, den Verein zur Förderung des Sauerland-Museums sowie den beteiligten Kreisen des kurkölnischen Sauerlandes im September 2003 mit einer Ausstellung im Sauerland-Museum dieses bedeutende Thema aufzubereiten, allerdings mit einer für diese Region erweiterten Variante: nämlich „**Vom Kurkölnischen Krummstab über den Hessischen Löwen zum Preußischen Adler**".

Gedanken zur Ausstellungskonzeption

Was vor 200 Jahren mit dem Reichsdeputationshauptschluss im kurkölnischen Herzogtum Westfalen sich vollzog und was noch heute in seinen Auswirkungen spürbar ist, scheint einer rückschauenden Betrachtung wert zu sein; wirft viele Fragen auf, lässt allerdings immer auch Fragen offen.

In dieser Gewissheit und Haltung bestand Einigkeit im Ausstellungsteam beim Start in das große Unterfangen, keinen trockenen, möglichst lückenlosen geschichtlichen Abriss zu geben, was zweifelsohne aussichtslos aufgrund der Fülle der Aktenlage und des Dokumentationsmaterials gewesen wäre und sicherlich auch den nicht so geschichtlich orientierten Besucher überfordert oder gar gelangweilt hätte.

Vielmehr handelten wir unter dem Leitgedanken:

- das Thema: „**Säkularisation**" in seiner Vielschichtigkeit und seinem Facettenreichtum darzustellen und auszuleuchten; in dem Bemühen Entstellungen aufgrund emotionaler oder ideologischer Vorurteile (jeder Art) zu vermeiden
- bestärkt jedoch in der Ideenkonzeption, die für die Erweiterung des Verstehenshorizontes notwendigen historischen Voraussetzungen, geschichtlichen Fakten, handelnden Personen und Folgewirkungen in den Blick zu nehmen
- also aspektgeleitete Geschichtsbetrachtung, in der sowohl der Kölner Krummstab als auch der Hessische Löwe und der Preußische Adler die jeweils gebührende Beachtung finden.

Ob uns dies gelungen ist, mag der kritische Ausstellungsbesucher oder Katalog-Leser jeweils für sich entscheiden.

Dieter Wurm
Vorsitzender des Sauerländer Heimatbundes

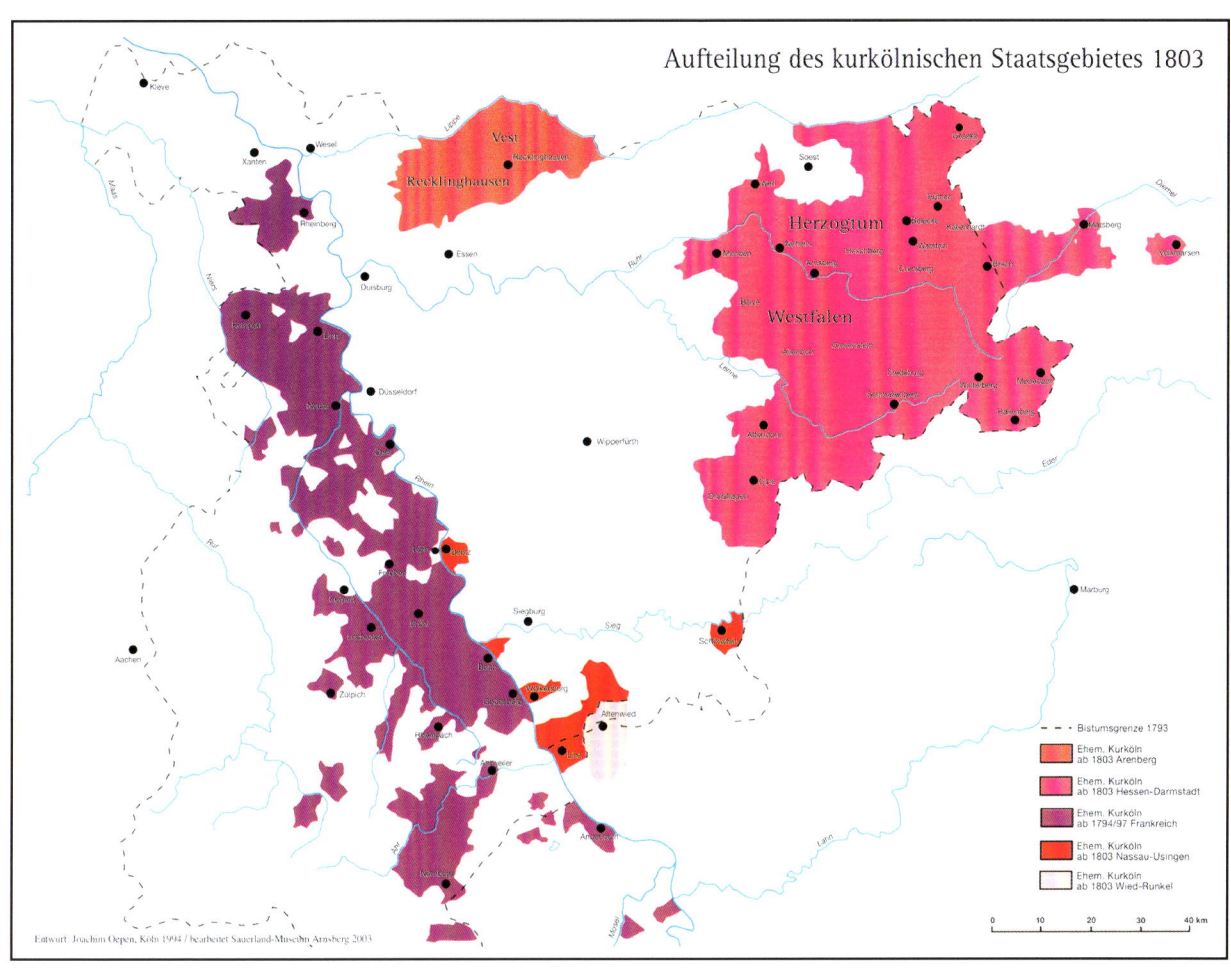

Vom Kurkölnischen Krummstab über den Hessischen Löwen zum Preußischen Adler

Das kurkölnische Herzogtum Westfalen – ein geistliches Territorium und sein Ende als Folge der Säkularisation von 1803[1]

Harm Klueting

I

In den Jahren 1792 bis 1797 und 1797 bis 1801 führten Österreich und die mit ihm verbündeten deutschen Staaten den Ersten und den Zweiten Koalitionskrieg gegen Frankreich, die beide mit Niederlagen der Alliierten endeten. Nachdem eine französische Armee bereits im Herbst 1792 Speyer, Worms und Mainz erobert hatte, war das gesamte linksrheinische Gebiet bis auf die Stadt Mainz, die erst Ende Dezember 1797 eingenommen wurde, seit Herbst 1794 von den Franzosen besetzt. Im April 1795 zog sich Preußen mit dem Frieden von Basel aus dem Krieg zurück, um bis 1806 neutral zu bleiben. In einem geheimen Zusatzartikel zum Frieden von Basel vom 5. August 1796 verzichtete Preußen zugunsten Frankreichs auf seine auf der linken Rheinseite gelegenen Gebietsteile – die linksrheinische Hälfte des Herzogtums Kleve, das Fürstentum Moers und das Oberquartier Geldern. Für diesen Verzicht erhielt Preußen von Frankreich die Zusage einer Entschädigung (franz.: „dédommagement") auf der rechten Rheinseite, wobei vor allem an das Hochstift Münster und an das kurkölnische „Vest Recklinghausen" gedacht wurde.[2] Seitdem stand die Säkularisation (franz.: „sécularisation") auf der Tagesordnung der großen Politik.

Säkularisationen geistlicher Territorien, die man als Territorialsäkularisation[3] bezeichnen kann,[4] gab es seit dem 16. Jahrhundert. Dabei ist zwischen Territorialsäkularisationen zu unterscheiden, die von weltlichen Fürsten zur Vergrößerung ihres Territoriums vorgenommen wurden, oder die ein geistlicher Fürst zu seinen eigenen Gunsten durchführte. Der erste Fall lag vor, als Kaiser Karl V. 1528 das Hochstift Utrecht säkularisierte und seinem niederländischen Territorialbesitz zuschlug,[5] was Papst Clemens VII. 1529 bestätigte.[6] Der zweite Fall begegnet mit der Säkularisation des Ordensstaates Preußen durch den Hochmeister des Deutschen Ordens, Albrecht von Brandenburg, einen geistlichen Fürsten, der im Ordensland die Reformation einführte, dieses geistliche Fürstentum 1525 säkularisierte und in das weltliche Herzogtum Preußen (Ostpreußen) unter ihm als Herzog umwandelte.[7] Eine ähnliche Entwicklung wäre in Westfalen eingetreten, wenn Franz von Waldeck, der Bischof von Osnabrück, Münster und Minden, 1543 mit seinen Absichten Erfolg gehabt hätte.[8] Wo die Reformation in geistlichen Territorien auf Dauer Bestand hatte, führte das – günstige politische Konjunkturen vorausgesetzt – zur Säkularisation. So war es bei den Bistümern Havelberg, Lebus, Brandenburg, Meißen, Merseburg und Naumburg-Zeitz, die zwischen 1564 und 1598 säkularisiert und den Kurfürstentümern Sachsen oder Brandenburg zugeschlagen wurden.[9] Danach brachte der Westfälische Frieden von 1648 Säkularisationen geistlicher Fürstentümer. So fielen die Hochstifte Halberstadt, Minden und Kammin und das Erzstift Magdeburg als weltliche Fürstentümer an den Kurfürsten von Brandenburg.[10] Schweden erhielt als weltliche Herzogtümer das Erzstift Bremen und das Hochstift Verden.[11] Die Hochstifte Schwerin und Ratzeburg gelangten an den Herzog von Mecklenburg-Schwerin,[12] die Reichsabtei Hersfeld an Hessen-Kassel[13] und die Reichsabtei Walkenried an Braunschweig-Lüneburg.[14] Das durch den Westfälischen Frieden eingeführte Alternat im Hochstift Osnabrück,[15] mit dem von da an auf einen katholischen Bischof ein evangelischer Welfenprinz und auf diesen wieder ein katholischer Bischof folgte, kam einer halben Säkularisation gleich.[16]

Die Territorialsäkularisationen des Westfälischen Friedens waren die ersten Säkularisationen, die mit der Entschädigung für Gebietsverluste begründet wurden. So erhielt der Kurfürst von Brandenburg die ihm zugesprochenen geistlichen Territorien als Entschädigung (lat.: *„pro aequivalente autem recompensatione"*[17]) für den Verzicht auf Vorpommern zugunsten Schwedens. Der Westfälische Frieden führte den Gedanken der Entschädigung für Gebietsverluste durch Säkularisation geistlicher Territorien in das „Ius Publicum Europaeum", das entstehende Völkerrecht, ein und schuf so den Präzedenzfall für 1803. Aus der zweiten Hälfte des 17. und aus dem 18. Jahrhundert sind zahlreiche Säkularisationsprojekte bekannt, die sich u.a. auf das Erzstift Salzburg und auf die Hochstifte Eichstätt, Freising, Regensburg und Augsburg sowie Osnabrück, Paderborn und Münster bezogen.[18] Keines dieser Projekte wurde verwirklicht. Ihnen fehlte das Entschädigungsmotiv. Sie wären nur im Schacher um fürstliche Konversionen - Säkularisation als Preis für den Übertritt zur katholischen Kirche - oder unter Einsatz militärischer Gewalt im Krieg denkbar gewesen, was im Rahmen des europäischen Völkerrechts und der Politik des Machtgleichgewichts nicht möglich war. Außerdem stellte die Normaljahrsregelung des Westfälischen Friedens,[19] die den Konfessionsstand an jedem einzelnen Ort und den Besitz am Kirchengut auf den status quo vom 1. Januar 1624 festschrieb, eine Art Rechtsschutz vor künftigen Säkularisationen für die geistlichen Territorien dar, die am Stichtag 1624 in katholischem Besitz gewesen waren. So wurde die Säkularisation geistlicher Territorien nach dem Muster des Westfälischen Friedens erst wieder aktuell, als mit dem Übergang der linksrheinischen Gebiete an Frankreich erneut Territorialverluste und Entschädigungen anstanden. Nachdem Frankreich Kaiser Franz II. am Ende des Ersten Koalitionskrieges im Frieden von Campo Formio von 1797 die Säkularisation des Erzstiftes Salzburg als Entschädigung für den an den Herzog von Modena[20] abzutretenden vorderösterreichischen Breisgau mit Freiburg eingeräumt hatte[21], erfolgte die endgültige Abtretung der linksrheinischen Reichsgebiete durch den Frieden von Lunéville vom 9. Februar 1801. Art. VII des Friedensvertrages bestimmte, daß die weltlichen deutschen Fürsten, die dadurch ihre Länder oder Teile davon verloren, auf der rechten Rheinseite *„un dédommagement"* (eine Entschädigung) erhalten soll-

ten.[22] Seit dem Westfälischen Frieden konnte sich das im Wesentlichen nur auf geistliche Territorien beziehen. So sprach die Präambel des RDHS vom 25. Februar 1803, der - abgesehen von dem gesondert zu behandelnden Art. 35 über die Klostersäkularisation - die Ausführungsbestimmung zu dieser Regelung des Friedensvertrags von Lunéville bildete, davon, der Kaiser habe *„im Namen des deutschen Reiches in die Ueberlassung der Lande der linken Rheinseite nicht nur gewilliget, sondern auch wegen des dadurch auf solcher Rheinseite entstehenden Verlustes die Grundlage der Entschädigung durch Säcularisation*[23] *angenommen"*[24].

II

Was machte das Herzogtum Westfalen zu einem geistlichen Territorium, das Gegenstand von Territorialsäkularisation sein konnte? Geistliche Staaten oder geistliche Territorien, in denen ein geistlicher Herr auch die weltliche Regierungsgewalt ausübte, bildeten *„eine universalgeschichtliche Besonderheit des engeren Heiligen Römischen Reiches"*,[25] auch wenn es mit dem päpstlichen Kirchenstaat auch außerhalb des Reiches in Mittelitalien ein bedeutendes geistliches Territorium gab. Auf der Grundlage des fränkisch-karolingischen Eigenkirchenrechts, der ottonisch-salischen Reichskirche und der Ausstattung der Hochkirchen des Reiches (Bischofssitze und Großklöster) mit Immunität, Territorialbesitz und Herrschaftsrechten (Regalien) wurden seit dem 12. und im 13. Jahrhundert aus „Reichsbischöfen" „Fürstbischöfe", die in Konkurrenz zu weltlichen Fürsten und Grafen „reichsunmittelbare" fürstliche Landesherrschaften begründen und ausbauen konnten. An die Stelle des der Reichskirche ursprünglich zugedachten Dienstes für Königtum und Reich traten Landesherrschaft und Landeshoheit von Bischöfen und Äbten in geistlichen Territorien.[26] Im Falle von Bischöfen (Erzbischöfen) ist zwischen der Diözese (Erzdiözese) als kirchlichem Sprengel und dem Hochstift (Erzstift) als weltlichem Herrschaftsbezirk zu unterscheiden, wobei das Hochstift räumlich zumeist kleiner war als die Diözese. Geistliche Territorien waren im Gegensatz zu weltlichen Fürstentümern keine Erbmonarchien, sondern Wahlmonarchien, in denen mit der Bischofswahl (Abts- oder Äbtissinnenwahl) zugleich der Landesherr gewählt wurde, der dann auf Lebenszeit in dieser Stellung blieb.[27] Wahlberechtigt waren bei den Bischöfen die Domkapitel, die durchweg aus adeligen Domherren (Domkapitularen) zusammengesetzt waren.

Das Herzogtum Westfalen war ein geistliches Territorium eigener Art, weil es weder das Abteigebiet eines reichsunmittelbaren Abtes noch das Hochstift eines Bischofs oder das Erzstift eines Erzbischofs war. Es gab im Herzogtum Westfalen keine bischöfliche Kathedrale und kein Domkapitel. Beide befanden sich in Köln, während der Erzbischof, weil Köln die erzbischöfliche Stadtherrschaft 1288 abgeschüttelt hatte und seit 1475 Reichsstadt war, in Bonn residierte.[28] Das Herzogtum Westfalen war (nur deshalb) ein geistliches Territorium, weil die Kölner Erzbischöfe auch hier Landesfürst waren.

III

Das Herzogtum Westfalen umfaßte, geht man von der derzeitigen Verwaltungsgliederung aus, das Gebiet des Hochsauerlandkreises und des Kreises Olpe sowie bedeutende Teile des Kreises Soest, vor allem in den Bereichen der heutigen Gemeinden Werl, Wickede (Ruhr) und Möhnesee, aber auch im Norden im Bereich der Gemeinde Lippetal, und den ganzen Osten des Kreises Soest mit Warstein, Rüthen, Anröchte, Erwitte, Geseke und Lippstadt ohne das historische Stadtgebiet von Lippstadt, ferner vom heutigen Märkischen Kreis die Stadtgebiete von Menden und Balve und den Iserlohner Ortsteil Sümmern. Hinzu kam die östlich der nordrhein-westfälischen Landesgrenze in Hessen gelegene Exklave Volkmarsen. Die Verbindung der Kölner Kirche zu diesem Teil Westfalens ging bis in die Zeit Karls des Großen zurück, als auf der Paderborner Reichsversammlung von 777 ganz Sachsen in Missionsbezirke eingeteilt wurde, die den späteren Diözesanbezirken vorauf gingen. Dabei stand die Christianisierung des Sauerlandes und des östlichen Hellwegraumes unter der Leitung des 794/95 zum Erzbischof erhobenen[29] Bischofs von Köln.[30] Die Kölner Mission nach 777/80 ließ Missionszellen, u.a. in Soest und Wormbach (Schmallenberg), und eine frühe Kirchenorganisation mit Urpfarreien und Tochterkirchen entstehen. Mit dem Aufbau der Pfarreiorganisation verbunden waren in großem Umfang Güterschenkungen des Königs und des Adels an die Kölner Kirche, die in einer Zeit, die weitgehend noch keine Geldwirtschaft kannte, der Ausstattung der Kirchen und der Unterhaltung des Kultus dienten. Dadurch kamen ausgedehnte Besitzkomplexe der Kölner Kirche im südlichen Westfalen zustande. Teile davon verwendeten die Erzbischöfe für die Ausstattung von Stiften und Klöstern - 1014 Schutz des Erzbischofs für das 946 gegründete Kanonissenstift Geseke, 1072 Gründung des Klosters Grafschaft durch Erzbischof Anno II., 1170 Stiftung des Klosters Bredelar (Marsberg) durch Erzbischof Philipp von Heinsberg - mit Land und Bauernhöfen; anderes blieb in der Hand der Kölner Kirche. Nach einer Aufstellung aus der Zeit um 1100 besaß die Kölner Kirche im südlichen Westfalen Güter in und um Soest, Körne (Dortmund), Belecke (Warstein), Recklinghausen, Menden, Hagen und Schwelm. Hinzu kam der kölnische Besitz um Medebach und Olpe. Diese grundherrschaftlichen Besitzungen, von denen manche (Dortmund, Hagen, Schwelm) im 13. oder 14. Jahrhundert verlorengingen, bildeten die älteste Grundlage der politischen Stellung der Kölner Erzbischöfe in Westfalen.[31] 1102 kaufte Erzbischof Friedrich I. aus dem Besitz der Grafen von Werl Hachen (Sundern) und Werl, eroberte die Burg Arnsberg und zwang den Grafen Friedrich von Werl, ihm die Hälfte seiner Grafenrechte abzutreten. 1164 eroberte Erzbischof Reinald von Dassel erneut die Burg Arnsberg und machte den Rest der Grafschaft Arnsberg als Lehen von Köln abhängig. Hinzu kamen der Burgenbau - 1120 Erwerb der Burg Padberg (Marsberg) - und die Förderung von Städten und ihrer Märkte - 1144 Medebach - , was unter Erzbischof Philipp von Heinsberg zwischen 1167 und 1191 durch den Erwerb weiterer Besitzungen und Herrschaftsrechte fortgesetzt wurde.[32] Die Ächtung des Herzogs von Sachsen (und Bayern), Heinrichs des Löwen, durch Kaiser Friedrich I. und die Übertragung des sächsischen Dukats (Herzogswürde) an Köln im Jahre 1180 änderte wenig, weil die Kölner Erzbischöfe im südlichen Westfalen schon vor 1180 der bestimmende Machtfaktor waren, während sie die Herzogsgewalt außerhalb des Gebietes ihrer im Sauerland und im Hellwegraum konzentrierten Besitzungen und Herrschaftsrechte nicht durchsetzen konnten.³³ Immerhin verschaffte der Dukat den Erzbischöfen den Titel eines Herzogs und dem späteren Herzogtum Westfalen seinen Namen. Eine erste Abrundung erfuhr der Kölner Besitz im südlichen Westfalen, als Erzbischof Konrad von Hochstaden 1248 von den Grafen von Sayn Burg und Herrschaft Waldenburg (Attendorn) erwarb und dadurch die Stellung Kölns im heutigen Kreis Olpe entscheidend festigte (1297 Neubefestigung der Burg Schnellenberg; 1311 Erhebung Olpes zur Stadt durch Erzbischof Heinrich von Virneburg). Nach dem Verlust von Schwelm, Hagen und Volmarstein an die Grafen von der Mark verfügte die Kölner Kirche im 14. Jahrhundert im Sauerland und im Hellwegraum über ein in sich noch nicht zusammenhängendes Territorium, das drei räumlich voneinander getrennte Schwerpunkte aufwies: im Südwesten das Amt Waldenburg mit Attendorn und Olpe, im Hoch- und Ostsauerland die Gegenden um Medebach, Winterberg, Hallenberg und Brilon und im Norden Rüthen mit Kallenhardt, Belecke und Warstein, Soest, Werl, Geseke und Erwitte. Für dieses kölnische „lant van Westfalen" kam seit der Mitte des 14. Jahrhunderts der Name „Marschallamt Westfalen" - und auch bereits „Herzogtum Westfalen" - auf. Der „Marschall von Westfalen" war seit dem frühen 13. Jahrhundert der Stellvertreter des Erzbischofs als „dux et dominus terrae" (Herzog und Landesherr).³⁴

Die entscheidende Erweiterung und Abrundung erfuhr dieses kölnische Territorium, als der kinderlose Graf Gottfried IV. von Arnsberg 1368 die Grafschaft Arnsberg - d.h. den 1102 verbliebenen Rest - mit Burg und Stadt Arnsberg an die Kölner Kirche verkaufte. Durch die Verbindung des „Marschallamtes Westfalen" mit der Grafschaft Arnsberg gewann Köln die künftige Hauptstadt (Arnsberg) seines südwestfälischen Territoriums und die räumliche Verbindung zwischen den kölnischen Herrschaftsgebieten am Hellweg und im Ostsauerland. Seine endgültige Gestalt nahm das kölnische Territorium in Südwestfalen jedoch erst im 15. Jahrhundert mit der Soester Fehde der Jahre 1444 bis 1449 an. Mit Soest verlor Köln seinen ältesten Besitz in Westfalen, konnte aber mit den im Zuge der Soester Fehde eroberten Herrschaften Bilstein und Fredeburg sein Territorium im Süden abrunden.

Erste Formen der Vereinigung von Adel und Städten zu Landständen entstanden im 14. Jahrhundert in den Einzel-„Ländern". Das Zusammenwachsen des „Landes des Marschallamtes", der Grafschaft Arnsberg und des Amtes Waldenburg zeigte sich 1437 in der ersten „Erblandesvereinigung", in der sich 167 Ritter und 16 Städte vereinigten. 1463 schlossen das Kölner Domkapitel und die Grafen, die Ritter und die wichtigeren Städte des rheinischen Erzstiftes Köln die „rheinische Erblandesvereinigung", in der sie vereinbarten, künftig keinen neu gewählten Erzbischof als Landesherrn anzuerkennen, der nicht zuvor die Einhaltung bestimmter Bedingungen zugesagt hätte. Diesem Vorbild folgten Ritterschaft und Städte im Herzogtum Westfalen, als sie, ebenfalls 1463, mit Erzbischof Ruprecht von der Pfalz die - zweite - „westfälische Erblandesvereinigung" schlossen.³⁵ Danach kam im Herzogtum Westfalen ein Landtag zustande, der zuerst 1482 nachweisbar ist. Später fanden die Landtage regelmäßig jährlich in Arnsberg statt. Die Protokolle der Landtagsverhandlungen beginnen 1583. Landtagsberechtigt waren der Adel und die Städte und Freiheiten (stadtähnliche Siedlungen mit eingeschränkten städtischen Rechten) unter der Führung der vier „Hauptstädte" Brilon, Rüthen, Geseke und Werl.³⁶

Mit dem Ende der Soester Fehde (1449) und mit den beiden Erblandesvereinigungen von 1437 und 1463 hatte das Herzogtum Westfalen die Gestalt erreicht, mit der es als geistliches Territorium im Rahmen des Kölner Kurstaates neben dem rheinischen Erzstift Köln, an dem die Kurfürstenwürde der Erzbischöfe haftete, und dem Vest Recklinghausen bis zur Säkularisation von 1802/03 bestand. Seit 1370, uneingeschränkt seit etwa 1390, führten die Kölner Erzbischöfe in ihrem Titel die Bezeichnung „Herzog von Westfalen und Engern".³⁷

IV

Im 18. Jahrhundert wurde die Verbindung des Herzogtums Westfalen zum rheinischen Erzstift auf der Ebene der Verwaltung und damit die

Integration in den Kölner Kurstaat enger. Die höchste Regierungs- und Verwaltungseinrichtung des Herzogtums Westfalen und zugleich, weil Justiz und Verwaltung noch nicht getrennt waren, das höchste Gericht für alle weltlichen Angelegenheiten war die als „Landdrost und Räte" bezeichnete Arnsberger „Kanzlei". An ihrer Spitze stand der Landdrost - das Amt war seit 1482 nachweisbar - als höchster Beamter des Herzogtums. 1739 wurden „Landrost und Räte" aber dem 1597 gegründeten Hofrat in Bonn unterstellt und 1787 auch der Bonner Hofkammer untergeordnet; auch das 1786 für alle drei kurkölnischen Territorien errichtete Oberappellationsgericht in Bonn war für das Herzogtum Westfalen zuständig.[38] Hingegen blieben die landständischen Korporationen und die Landtage getrennt, die sich für das Herzogtum Westfalen auch im 18. Jahrhundert zumeist jährlich im August in Arnsberg versammelten.[39]

Kirchlich gehörte das Herzogtum Westfalen - abgesehen von Marsberg und Volkmarsen[40] - zur Erzdiözese Köln.[41] Das Offizialat befand sich in Werl, das Generalvikariat in Köln. Kirchlich war das Herzogtum in sechs Dekanate (Attendorn, Medebach, Meschede, Brilon, Wormbach und der sog. Haar-Distrikt) eingeteilt, die nichts mit der weltlichen Einteilung in vier Quartale (Brilon, Rüthen, Werl und Bilstein) zu tun hatten. Am Ende des 18. Jahrhunderts bestanden 119 (katholische) Pfarreien, von denen 20 auf das Dekanat Attendorn entfielen. Zum Dekanat Medebach gehörten zehn, zum Dekanat Brilon neun, zum Dekanat Meschede 26, zum Dekanat Wormbach zwölf und zum Haar-Distrikt innerhalb des Herzogtums Westfalen 37 Pfarreien. Außerhalb des Dekanatsverbandes standen die Pfarrei in Arnsberg und die drei zu Paderborn gehörenden Pfarreien in Ober- und Niedermarsberg und in Volkmarsen sowie die zum rheinischen Dekanat Siegburg zählende Pfarrei Römershagen (Wenden, Kreis Olpe). Hinzu kamen 90 Vikarien und Kaplaneien.[42] Eine evangelische Kirchengemeinde gab es im Herzogtum Westfalen nicht.[43]

In der zweiten Hälfte des 18. Jahrhunderts hatte auch das Herzogtum Westfalen Teil an der Reformbewegung der katholischen Aufklärung.[44] Als Landdrost des Herzogtums Westfalen von 1779 bis 1786 suchte Franz Wilhelm von Spiegel[45] Reformen zu verwirklichen. Dabei ging es vor allem um die Umgestaltung des Gymnasiums der Prämonstratenserabtei Wedinghausen vor Arnsberg zu einer pädagogischen Musteranstalt. Die finanziellen Mittel für seine Schulreform wollte Spiegel schon in dieser Zeit durch Säkularisation von Klöstern und Stiften gewinnen. 1781 errichtete er als staatliche Behörde eine Schulkommission für das Herzogtum Westfalen, der das gesamte Schulwesen unterstellt wurde. Nach 1786, als Spiegel kurkölnischer Hofkammerpräsident in Bonn war, gingen die Reformbestrebungen im Bereich des höheren Schulwesens unter dem seit 1784 regierenden Kurfürst-Erzbischof Maximilian Franz von Österreich weiter, wurden aber, trotz der 1799 erlassenen Schulordnung, vor dem Ende des geistlichen Staates nicht mehr in dem von Spiegel angestrebten Umfang wirksam. Größere Erfolge hatten die Reformmaßnahmen im Bereich des Elementarschulwesens und besonders bei der Lehrerbildung. 1799 wurden obligatorische sechswöchige Normalschulkurse zur Lehrerbildung eingeführt, die unter der Leitung des Rüthener Pfarrers Friedrich Adolf Sauer standen, der bereits seit 1796 solche Kurse veranstaltet hatte.[46] Ein für das Herzogtum Westfalen neuer Zweig des Schulwesens gelangte um die Jahrhundertwende mit den Industrieschulen[47] zu einiger Bedeutung, von denen es 1802 im Herzogtum Westfalen neben 255 Elementarschulen bereits 38 für Jungen und 18 für Mädchen gab.[48]

V

Der RDHS gewährte den - namentlich genannten - Fürsten, die durch die Abtretung der linksrheinischen Gebiete an die Französische Republik Territorialverluste erlitten hatten, Entschädigungen durch Säkularisation - namentlich genannter - geistlicher Territorien, wobei die geistlichen Entschädigungsobjekte durch Mediatisierung der meisten Reichsstädte vermehrt wurden.

Hauptnutznießer des RDHS waren der König von Preußen, der Kurfürst (1806: König) von Bayern, der Herzog (1806: König) von Württemberg, der Markgraf (1806: Großherzog) von

Baden, der Herzog (1815: Großherzog) von Oldenburg und der Landgraf von Hessen-Darmstadt (1806: Großherzog von Hessen). Landgraf Ludewig X. (Großherzog Ludewig I.) von Hessen-Darmstadt hatte gar keine linksrheinischen Verluste. Doch mußte er die erst 1736 an Hessen-Darmstadt gefallenen Ämter der sog. Grafschaft Hanau-Lichtenberg gegenüber von Straßburg auf der rechten Seite des Rheins, nämlich Willstätt südlich von Kehl am Rhein und Lichtenau bei Bühl in Baden, abtreten. Dasselbe galt für einige Orte auf der rechten Seite des Mittelrheins, an der unteren Lahn, südlich der Lahn und im Taunus - Braubach, Bad Ems, Katzenelnbogen, Eppstein und Weiperfeld.[49] Als Entschädigung dafür erhielt er das Herzogtum Westfalen,[50] die alten kurmainzischen und fürstbischöflich wormsischen Besitzungen zwischen Rhein, Main und Bergstraße, einige kurpfälzische Ämter, verschiedene reichsritterschaftliche Gebiete wie Hirschhorn am Neckar, die Abtei Seligenstadt am Untermain, das Kloster Marienschloß in der Wetterau und die Reichsstadt Friedberg nördlich von Frankfurt am Main.[51]

Die Fürsten konnten die ihnen zugesprochenen Territorien annektieren und machten das oft schon vor der Verabschiedung des RDHS. Das gilt auch für den Landgrafen von Hessen-Darmstadt, dessen Gesandter in Paris, August Wilhelm von Papenheim, am 26. Juli 1802 die Zustimmung des Ersten Konsuls, Napoleon Bonapartes, zur vorläufigen Besetzung des Herzogtums Westfalen erwirkt hatte.[52] Zwischen dem 6. und dem 8. September 1802 ließ der Landgraf das Herzogtum Westfalen von seinen Truppen besetzen,[53] bevor Anfang Oktober landgräfliche Zivilkommissare unter Leitung des Freiherrn Ludwig von Grolmann[54] in Arnsberg eintrafen und ihre ersten Arbeiten aufnahmen. Der hessische Löwe wurde an öffentlichen Gebäuden, Grenzpfählen u.ä. angebracht; Archive wurden versiegelt und Kassenbestände beschlagnahmt. Am 6. Oktober 1802 wurde das Okkupationspatent publiziert.[55] Darin hieß es, daß dem Landgrafen *"das Herzogthum Westphalen im Säcularisations-Zustande und als eine erbliche Besitzung"* zugeteilt sei.[56] Am 17. Oktober 1802 verpflichtete sich das Personal der bisherigen kurkölnischen Behörden mit dem Landdrosten Clemens August Freiherr von Weichs an der Spitze in Arnsberg zu treuem Dienst gegenüber der neuen Herrschaft.[57]

Erst einige Monate nach der Verabschiedung des RDHS fanden in der nunmehrigen hessischen-darmstädtischen Provinzialhauptstadt Arnsberg und in den Hauptorten der vier Quartiere, also in Brilon, Rüthen, Werl und Bilstein, die feierlichen Huldigungen an den neuen Landesherrn statt.[58]

VI

Der RDHS enthielt mit Art. 35 eine Bestimmung, die über den Entschädigungszweck weit hinausführte. Art. 35 räumte eine reichsrechtliche Säkularisationsbefugnis ein, die *allen* Landesfürsten und nicht nur den tatsächlich geschädigten ein Dispositionsrecht bezüglich der Klöster und Stifte einräumte. Das Dispositionsrecht aus Art. 35 ermöglichte auch solchen Fürsten und Reichsgrafen, die keinerlei Verluste zu verzeichnen hatten, die Aufhebung sämtlicher Klöster und Stifte ihres Herrschaftsgebietes und die Einziehung ihres Immobilien- und Kapitalvermögens. Das Dispositionsrecht war nicht auf Klöster und Stifte in den neuen Besitzungen beschränkt, also in den säkularisierten geistlichen Territorien und mediatisierten Reichsstädten; es galt im gesamten, nach 1801 verbliebenen Reichsgebiet.[59] Aufgrund von Art. 35 des RDHS konnte Landgraf Ludewig X. die Klöster und Stifter aller seiner Länder aufheben.[60]

Nachdem im Zuge der Aufhebung des Jesuitenordens im Jahre 1773 auch die Jesuitenmission in Arnsberg geschlossen und ihr Vermögen säkularisiert worden war,[61] standen im Herzogtum Westfalen 24 geistliche Institutionen zur Disposition. Davon wurden von Oktober bis Dezember 1803 die Zisterzienserinnenabtei Drolshagen, die Prämonstratenserabtei Wedinghausen (Arnsberg), das Augustinerchorherrenkloster Ewig (Attendorn) und die Prämonstratenserpropstei Eikeloh (Lippstadt) säkularisiert. 1804 folgten die Zisterzienserabtei Bredelar (Marsberg), die Benediktinerabtei Grafschaft (Schmallenberg), das Kreuzherrenkloster Glindfeld (Medebach), die Zisterzienserinnenabtei Himmelpforten (Ense), das

Prämonstratenserinnenkloster Oelinghausen (Arnsberg), das Prämonstratenserinnenpriorat Rumbeck (Arnsberg), das adelige Damenstift Benninghausen (Lippstadt), das Schwesternhaus Störmede (Geseke) und das Benediktinerinnenkloster Odacker (Hirschberg), während das Kapuzinerkloster in Rüthen aufgehoben, aber mit den von Brilon dorthin versetzten Minoriten neu besiedelt wurde. 1805 wurden das Kollegiatstift St. Walburga in Meschede, 1806 die aus Brilon dorthin versetzten Minoriten in Rüthen und 1809 die Kommende des Deutschen Ordens in Mülheim (Warstein) säkularisiert. 1810 wurde das Dominikanerinnenkloster Galiläa (Meschede) aufgehoben, 1812 die Kapuzinerniederlassung in Nieder-Marsberg. Erst in preußischer Zeit säkularisiert wurden die Franziskanerklöster in Attendorn (1822) und Geseke und die Kapuzinerklöster in Werl und Brunnen (Sundern) (alle 1834).[62]

VII

Als Teil der Landgrafschaft Hessen-Darmstadt (1806: Großherzogtum Hessen), bildete das Herzogtum Westfalen seit Oktober 1803 die Provinz Herzogtum Westfalen mit der Hauptstadt Arnsberg neben den Provinzen Fürstentum Starkenburg (Hauptstadt: Darmstadt) und Oberfürstentum Hessen (Hauptstadt: Gießen).[63]
Das Herzogtum Westfalen wurde wie das ganze Großherzogtum Hessen,[64] das 1806 zu den Gründungsmitgliedern des napoleonischen Rheinbundes gehörte, Schauplatz der hessendarmstädtischen Variante[65] der rheinbündischen Reformen.[66] Dazu gehörten 1. Verwaltungsreformen, 2. die Aufhebung der Landstände, 3. die Reform des Steuersystems, 4. die Einschränkung der Patrimonialgerichte (die an einem Adelssitz haftende öffentlich-rechtliche Gerichtsbarkeit), 5. die Reform der Agrarverfassung durch Aufhebung der Eigenbehörigkeit und des Anerbenrechts, 6. die Abschaffung des Zunftzwangs und die Einführung der Gewerbefreiheit und 7. die Verstaatlichung der Kommunalverwaltungen.[67] Durch Edikt vom 1. Oktober 1806 hob der Großherzog die Landstände in den althessischen Landesteilen und im Herzogtum Westfalen auf. Gleichzeitig wurden alle Steuerbefreiungen beseitigt, wovon vor allem der Adel betroffen war. Im September 1807 wurde das Herzogtum Westfalen in 18 annähernd gleich große Amtsbezirke eingeteilt.
Mit Edikt vom 5. November 1809 wurden die Eigenbehörigkeit aufgehoben und die bäuerlichen Dienste und Abgaben in eine Grundrente verwandelt, von der die Bauern sich innerhalb von zehn Jahren durch Zahlung des Fünfundzwanzigfachen der Pachtsumme loskaufen konnten. „*Damit wurden die ehemaligen Eigenbehörigen rechtlich Eigentümer ihrer Höfe, die allerdings durch die Grundrente belastet oder im Falle einer Grundrentenablösung hoch verschuldet waren*".[68] Durch die Verstaatlichung der Stadtverwaltungen mit einem vom Großherzog ernannten Schultheiß als Ortsvorsteher wurden die Städte in den zentralistischen Behördenaufbau eingefügt.[69] Das entsprach der französischen Tradition und der Kommunalverfassung anderer Rheinbundstaaten, stand aber im Widerspruch zur Steinschen Städteordnung von 1808 und zum Prinzip der kommunalen Selbstverwaltung in Preußen seit den gleichzeitigen preußischen Reformen.
Wie die anderen Rheinbundstaaten, so stellte auch das Großherzogtum Hessen Truppen für Napoleons Rußlandfeldzug von 1812 - insgesamt 5046 Mann, darunter viele junge Männer aus dem Herzogtum Westfalen. Die Verluste waren, auch gemessen an den Weltkriegen des 20. Jahrhunderts, außerordentlich hoch. Am 6. Januar 1813 - nach der Aufgabe Moskaus und nach dem verlustreichen Rückzug über den Fluß Beresina in Weißrußland Ende September 1812 - umfaßten die Reste der hessischen Truppen, die bis nach Moskau gelangt waren und sich inzwischen nach Elbing an der Weichselmündung zurückgezogen hatten, nur noch 30 Offiziere und 340 Soldaten. Ein Beispiel bieten Stadt und Amt Medebach, von wo aus 27 Soldaten als Angehörige des hessischen Korps der „Grande Armée" ausgerückt waren. Keiner von ihnen kehrte zurück.[70]

VIII

Nach der Niederlage Napoleons in Rußland zeichnete sich das Ende der französischen Hegemonie und des Rheinbundes ab. Vor der Schlacht von Leipzig (16.-19.10.1813), am 8. Oktober 1813, trat König Max I. Joseph von Bayern mit dem Vertrag von Ried aus dem

Rheinbund aus und wechselte an die Seite der Gegner Napoleons, Rußland, Österreich und Preußen. Andere Rheinbundfürsten folgten seinem Beispiel. Nur König Friedrich August I. von Sachsen und Großherzog Ludewig I. von Hessen versäumten einen rechtzeitigen Bündniswechsel. Der Großherzog von Hessen holte das erst mit dem Frankfurter Akzessionsvertrag vom 23. November 1813 nach - zu spät, um ohne Gebietsabtretungen davon zu kommen. Während der König von Sachsen auf dem Wiener Kongreß 1815 einen Teil seines Königreichs an Preußen verlor (die spätere preußische Provinz Sachsen, heute Teil von Sachsen-Anhalt), büßte der Großherzog von Hessen das Herzogtum Westfalen und die beiden Grafschaften Wittgenstein ein, die der Wiener Kongreß Preußen zusprach. Aufgrund eines am 30. Juni 1816 zwischen Preußen, Österreich und dem Großherzogtum Hessen geschlossenen Staatsvertrages wurden das Herzogtum Westfalen und Wittgenstein am 7. Juli 1816 in Frankfurt am Main formell Preußen übergeben, bevor am 15. Juli 1816 die endgültige Übergabe erfolgte.[71]

Am 1. August 1816 nahmen in Münster der Oberpräsident und die Behörden der preußischen Provinz Westfalen (bis 1946) und in Minden, Münster[72] und Arnsberg die Regierungspräsidenten ihre Amtsgeschäfte auf.[73] Der erste Oberpräsident von Westfalen, Ludwig Freiherr Vincke, hatte sich auf Kosten Hamms, der alten Hauptstadt der Grafschaft Mark, für Arnsberg als Sitz des Regierungspräsidenten für Südwestfalen eingesetzt. Mit der Stellung Arnsbergs als Regierungsbezirkshauptstadt blieb bis ins 21. Jahrhundert eine Erinnerung an das kurkölnische Herzogtum Westfalen wach, auch wenn der Regierungsbezirk außer Siegen (erst seit 1817 zur Provinz Westfalen), Wittgenstein und Limburg mit der alten Reichsstadt Dortmund und der Grafschaft Mark auch bedeutende Teile des Ruhrgebietes umfaßt. Hingegen brach mit der Neuordnung der Diözesangrenzen im Jahre 1821 die alte kirchliche Verbindung nach Köln nach mehr als 1000 Jahren ab.

Abkürzungen
IPO = Instrumentum Pacis Osnabrugense (Westfälischer Frieden, Friedensvertrag von Osnabrück)
RDHS = Reichsdeputationshauptschluß

Anmerkungen

1 Folgende Arbeiten liegen diesem Beitrag zugrunde: KLUETING, Harm, Die Säkularisation im Herzogtum Westfalen 1802-1834. Vorbereitung, Vollzug und wirtschaftlich-soziale Auswirkungen der Klosteraufhebung. (Kölner historische Abhandlungen 27). Köln/Wien 1980. - DERS., Die Säkularisation von 1802/03 im Rheinland und in Westfalen. Versuch eines Überblicks. In: Monatshefte für evangelische Kirchengeschichte des Rheinlandes 30 (1981), S. 265-297. - DERS., Kirche, Klöster und geistlicher Staat im Herzogtum Westfalen am Ende des 18. Jahrhunderts. In: Heimatblätter. Zeitschrift des Arnsberger Heimatbundes 6 (1985), S. 4-17. - DERS., Nachholung des Absolutismus: Die rheinbündischen Reformen im Herzogtum Westfalen in hessendarmstädtischer Zeit (1802-1816). In: Westfälische Zeitschrift (weiterzitiert WZ) 137 (1987), S. 227-244. - DERS. (Hrsg.), Katholische Aufklärung - Aufklärung im katholischen Deutschland. (Studien zum achtzehnten Jahrhundert 15). Hamburg 1993. - DERS., Das Alte Reich, die Französische Revolution und der Kölner Kurstaat. Politische Hintergründe der Auflösung des Kurfürstentums Köln und des Herzogtums Westfalen als geistliche Territorien. In: „Zuflucht zwischen Zeiten 1794-1803". Kölner Domschätze in Arnsberg. Ausstellungskatalog. Arnsberg 1994, S. 25-39. - DERS., Geschichte Westfalens. Das Land zwischen Rhein und Weser vom 8. bis zum 20. Jahrhundert. Paderborn 1998. - DERS., Vom aufgeklärten Absolutismus zu den Reformen in Deutschland zu Beginn des 19. Jahrhunderts. In: REINALTER, HELMUT /KLUETING, HARM (Hrsg.), Der aufgeklärte Absolutismus im europäischen Vergleich. Wien/Köln/Weimar 2002), S. 331-360. - DERS., Das Ende der alten Klöster. Die Aufhebung der Klöster und Stifte in Westfalen zu Beginn des 19. Jahrhunderts. In: HENGST, KARL (Hrsg.), Westfälisches Klosterbuch. Lexikon der vor 1815 errichteten Stifte und Klöster von ihrer Gründung bis zur Aufhebung. (Veröffentlichungen der Historischen Kommission für Westfalen [weiterzitiert VHKW] XLIV, 2). Tl. 3. Münster 2003, S. 295-331. - DERS., Staat und Kirche: Säkularisation und Säkularisierung von der Reformation bis 1803. In: Alte Klöster - Neue Herren. Die Säkularisation im deutschen Südwesten 1803. Große Landesausstellung Baden-Württemberg 2003 in Bad Schussenried. Begleitbuch. Ostfildern 2003. Bd.2, Tl. 1, S. 65-76. - DERS. (Hrsg.), 200 Jahre Reichsdeputationshauptschluß: Säkularisation, Mediatisierung und Modernisierung zwischen Altem Reich und neuer Staatlichkeit. Im Druck.

2 OER, RUDOLFINE FREIIN VON (Bearb.), Die Säkularisation 1803. Vorbereitung - Diskussion - Durchführung. (Historische Texte/Neuzeit 9). Göttingen 1970, Nr. 3, Art. I (S. 14 f.): „l'évêché de Munster avec le pays de Recklinghausen" (das Bistum Münster mit dem Land von Recklinghausen).

3 KLUETING, HARM, „Der Staat bemächtigt sich mit vollem Recht des angemaßten Eigenthums der Kirche": Territorial- und Klostersäkularisation vom 16. bis 19.

Jahrhundert. - Vortrag auf der italienisch-deutschen Historikerkonferenz „Le secolarizzazioni nel Sacro Romano Impero e negli antichi Stati italiani: premesse, confronti, conseguenze" in Bressanone/Brixen am 6. März 2003. Veröffentlichung steht bevor.

4 Die seit HUBER, ERNST RUDOLF, Deutsche Verfassungsgeschichte seit 1789. Bd. 1. 2. Aufl. Stuttgart 1967, S. 52 übliche Unterscheidung von „Herrschaftssäkularisation" (Säkularisation geistlicher Territorien) und „Vermögenssäkularisation" (Säkularisation von Klöstern) ist eingeführt und immer noch brauchbar, läßt aber undeutlich, daß mit der Territorialsäkularisation auch die Säkularisation von Vermögenswerten und mit der Klostersäkularisation auch die Säkularisation von Herrschaftsrechten (Grund- und Leibherrschaft) verbunden war.

5 WOLGAST, EIKE, Hochstift und Reformation. Studien zur Geschichte der Reichskirche zwischen 1517 und 1648. (Beiträge zur Geschichte der Reichskirche in der Neuzeit 16). Stuttgart 1995, S. 80-83. - JANSSEN, ANTOON E. M./NISSEN, PETER J. A., Niederlande, Lüttich. In: SCHINDLING, ANTON/ZIEGLER, WALTER (Hrsg.), Die Territorien des Reichs im Zeitalter der Reformation und Konfessionalisierung. Land und Konfession 1500-1650. Bd. 3: Der Nordwesten. (Katholisches Leben und Kirchenreform im Zeitalter der Glaubensspaltung [weiterzitiert KLK] 51) 2. Aufl. Münster 1995, S. 201-235, hier S. 206. - Der Utrechter Bischof, Heinrich von der Pfalz, erhielt für den Verzicht auf seine Landesherrschaft eine Pension.

6 1533 gab es Bestrebungen des Kaisers, den Bischof von Münster, Franz von Waldeck, und den Erzbischof von Bremen und Bischof von Verden, Christoph von Braunschweig-Wolfenbüttel, gegen Pensionszahlungen zur Übertragung der „Temporalien" ihrer Hoch- bzw. Erzstifte auf Karl V. zu bewegen und das Hochstift Münster und das Erzstift Bremen und damit zumindest auch die Hochstifte Osnabrück, Paderborn und Minden zur Arrondierung der habsburgischen Niederlande zu nutzen, dazu SCHRÖER, ALOIS, Die Reformation in Westfalen. Der Glaubenskampf einer Landschaft. Bd. 2. Münster 1983, S. 147 f.

7 GUNDERMANN, ISELIN, Herzogtum Preußen, in: SCHINDLING/ZIEGLER, Anm. 5, Bd. 2: Der Nordosten. (KLK 50) Münster 1990, S. 221-233, hier S. 223 - WOLGAST, wie Anm. 5, S. 83-91 - FORSTREUTER, KURT, Vom Ordensstaat zum Fürstentum. Geistige und politische Wandlungen im Deutschordensstaat Preußen unter den Hochmeistern Friedrich und Albrecht (1498-1525). o. O. 1951 - HUBATSCH, WALTHER, Geschichte der evangelischen Kirche Ostpreußens. Bd. 1. Göttingen 1968, S. 10-15. - Vergeblich versuchte der Deutsche Orden über einen Prozeß gegen den abtrünnigen und seit 1532 mit der Reichsacht belegten Albrecht diesen Schritt rückgängig zu machen.

8 BEHR, HANS-JOACHIM, Franz von Waldeck. Fürstbischof zu Münster und Osnabrück, Administrator zu Minden (1491-1553). Sein Leben in seiner Zeit. 2 Bde. Münster 1996-98.

9 WOLGAST, Anm. 5, S. 218-227 u. 237-253.

10 Instrumentum Pacis Osnabrugense (= IPO) Art. XI §§ 1 f. u. 4-6. Im Falle Magdeburgs erhielt Brandenburg 1648 lediglich die Anwartschaft auf dieses geistliche Territorium (IPO Art. XI § 6), wodurch das Erzstift 1680 an Brandenburg gelangte.

11 IPO Art. X § 7.

12 IPO Art. XII § 1.

13 IPO Art. XV § 2.

14 IPO Art. XIII § 9.

15 IPO Art. XIII § 1.

16 KLUETING, HARM, Der Westfälische Frieden als Konfessionsfrieden im rheinisch-westfälischen Raum. In: Niedersächsisches Jahrbuch für Landesgeschichte 71 (1999), S. 23-50, hier S. 40 f. - WOLGAST, Anm. 5, S. 338-345. - DICKMANN, FRITZ, Der Westfälische Frieden. 7. Aufl. Münster 1998 [zuerst 1964], S. 316-321 (Hochstiftssäkularisationen) u. S. 430 f. (Osnabrück).

17 IPO Art. XI § 1.

18 Behandelt bei KLUETING, HARM, Die Säkularisation. In: ZIECHMANN, JÜRGEN (Hrsg.), Panorama der fridericianischen Zeit. Friedrich der Große und seine Epoche. Ein Handbuch. Bremen 1985, S. 441-445.

19 IPO Art. V §§ 2, 26, 28 f. u. 31 f.

20 Dieser italienische Fürst war der Schwiegervater Erzherzog Ferdinands von Österreich, eines Onkels des Kaisers, und hatte sein Land an einen Satellitenstaat der Französischen Republik in Italien, die Cisalpinische Republik, verloren.

21 HÜFFER, HERMANN, Die Politik der deutschen Mächte im Revolutionskriege bis zum Abschluß des Friedens von Campo Formio. Münster 1869. - DERS., Der Friede von Campo Formio. Urkunden und Aktenstücke zur Geschichte der Beziehungen zwischen Österreich und Frankreich in den Jahren 1795-1797. (Quellen zur Geschichte des Zeitalters der französischen Revolution II/1). Innsbruck 1907.

22 ZEUMER, KARL, Quellensammlung zur Geschichte der Deutschen Reichsverfassung in Mittelalter und Neuzeit. 2. Aufl. Tübingen 1913, Nr. 211, S. 508. - VON OER, Säkularisation 1803, Anm. 2, Nr. 8, S. 22.

23 An dieser „Grundlage" ändert die Tatsache nichts, daß die geistlichen Entschädigungsobjekte durch Mediatisierung der meisten Reichsstädte vermehrt wurden.

24 ZEUMER, Anm. 22, Nr. 212, S. 509. - VON OER, Säkularisation 1803, Anm. 2, Nr. 16, S. 54 f.

25 MORAW, PETER, Art. Fürstentümer, Geistliche. I: Mittelalter. In: Theologische Realenzyklopädie (weiterzitiert TRE) 11 (1983), S. 711-715, Zitat S. 711.

26 WEITLAUFF, MANFRED, Von der Reichskirche zur „Papstkirche". Revolution, Säkularisation, kirchliche Neuorganisation und Durchsetzung der papalistischen Doktrin. In: Zeitschrift für Kirchengeschichte 113 (2002), S. 355-402, hier S. 356 u. 365.

27 PRESS, VOLKER, Art. Fürstentümer, Geistliche. II: Neuzeit. In: TRE 11 (1983), S. 715-719. Zu den geistlichen Territorien am Ende des Alten Reiches HÜTTL, LUDWIG, Geistlicher Fürst und geistliche Fürstentümer im Barock und Rokoko. In: Zeitschrift für bayerische Landesgeschichte 37 (1974), S. 3-48. - GREIPL, EGON JOHANNES, Zur weltlichen Herrschaft der Fürstbischöfe in der Zeit vom Westfälischen Frieden bis zur Säkularisation. In: Römische Quartalschrift für christliche Altertumskunde und für Kirchengeschichte 83 (1988), S. 252-264. - HERSCHE, PETER, Intendierte Rückständigkeit. Zur Charakterisierung des geistlichen Staates im Alten Reich. In: SCHMIDT, GEORG (Hrsg.), Stände und Gesellschaft im Alten Reich. (Veröffentlichungen des Instituts für Europäische Geschichte Mainz , Beiheft 29) Stuttgart 1989, S. 133-149. - ANDERMANN, KURT, Die geistlichen Staaten am Ende des Alten Reiches, in: Historische Zeitschrift 271 (2000), S. 593-619. - WÜST, WOLFGANG (Hrsg.), Geistliche Staaten in Oberdeutschland im Rahmen der Reichsverfassung. Kultur – Verfassung – Wirtschaft – Gesellschaft. Ansätze zu einer Neubewertung. (Oberschwaben – Geschichte und Kultur 10) Epfendorf 2003. - Siehe auch LOTTES, GÜNTHER, Die geistlichen Staaten und die Herrschaftskonkurrenz im Reich. In: WEINZIERL, MICHAEL (Hrsg.), Individualisierung, Rationalisierung, Säkularisierung. Neue Wege der Religionsgeschichte. (Wiener Beiträge zur Geschichte der Neuzeit 22) Wien/München 1997, S. 96-111 (zur Kritik an diesem Aufsatz die Rezension von KLUETING, HARM. In: Zeitschrift für historische Forschung 28 [2001], S. 441-443).

28 KLUETING, HARM, Art. Köln. II: Stadt und Bistum. In: Religion in Geschichte und Gegenwart. 4. Aufl., 4 (2001), Sp. 1488-1490.

29 Ebenda, Sp. 1489.

30 Klueting, Geschichte Westfalens, Anm. 1, S. 30.

31 Ebenda, S. 49 f.

32 Ebenda, S. 51.

33 Ebenda, S. 47 (mit Literatur auf S. 47 f.).

34 Ebenda, S. 51 f.

35 Die Landstände des dritten kölnischen Territoriums, des Vestes Recklinghausen, traten der rheinischen Erblandesvereinigung bei.

36 KLUETING, Geschichte Westfalens, Anm. 1, S. 79 f. - BEHR, HANS-JOACHIM, Die Landstände. In: Köln-Westfalen 1180-1980. Landesgeschichte zwischen Rhein und Weser. Ausstellung 1980/81 in Münster und 1981 in Köln. Bd. 1. Lengerich 1980, S. 250-257.

37 KLUETING, Geschichte Westfalens, Anm. 1, S. 53 f. (mit Literatur S. 55 f.). - JANSSEN, WILHELM, Die Erzbischöfe von Köln und ihr „Land" Westfalen im Spätmittelalter. In: Westfalen 58 (1980), S. 82-95. - DERS., Das Erzstift Köln in Westfalen. In: Köln-Westfalen, Anm. 36, Bd. 1, S. 136-142.

38 KLUETING, Geschichte Westfalens, Anm. 1, S. 174 f.

39 Ebenda, S. 178. Siehe auch MEISTER, ALOYS, Das Herzogtum Westfalen in der letzten Zeit der kurkölnischen Herrschaft. In: WZ 64 (1906) Abt. I, S. 96-136 u. 65 (1907) Abt. I, S. 211-280.

40 Beide gehörten zur Diözese Paderborn.

41 Die heutige Zugehörigkeit des Gebietes des ehemaligen Herzogtums Westfalen zu der mit dem preußischen Konkordat von 1929 zur Erzdiözese erhobenen Diözese Paderborn kam erst durch die Bulle „De salute animarum" von 1821 zustande.

42 KLUETING, Kirche, Klöster und geistlicher Staat, Anm. 1, S. 10 f. Siehe auch HEGEL, EDUARD, Das Erzbistum Köln zwischen Barock und Aufklärung vom Pfälzischen Krieg bis zum Ende der französischen Zeit 1688-1814. (Geschichte des Erzbistums Köln 4). Köln 1979.

43 Die erste evangelische Kirchengemeinde war die im August 1804 errichtete evangelische Zivilgemeinde in Arnsberg, dazu PHILIPPS, WERNER, Die Evangelische Kirche in Arnsberg, in: 750 Jahre Arnsberg. Zur Geschichte der Stadt und ihrer Bürger. Hrsg. vom Arnsberger Heimatbund. Arnsberg 1989, S. 359-367, hier S. 359. - In der Freigrafschaft Düdinghausen im Medebacher Land, wo 1663 noch zwölf Protestanten festgestellt wurden, starb der letzte Lutheraner 1760. Ab 1759 wurde die lutherische Pfarrei von Eppe im Fürstentum Waldeck aus versorgt, dazu SAGEBIEHL, HERTHA, Reformation und Konfessionalisierung in Stadt und Amt Medebach. Mit einem Ausblick auf die Geschichte des Protestantismus in der Freigrafschaft Düdinghausen. In: KLUETING, HARM (Hrsg.), Geschichte von Stadt und Amt Medebach (Hochsauerland). Medebach 1994, S. 257-292, hier S. 288.

44 KLUETING (Hrsg.), Katholische Aufklärung, Anm. 1.

45 OER, RUDOLFINE FREIIN VON, Franz Wilhelm von Spiegel zum Desenberg und die Aufklärung in den Territorien des Kurfürsten von Köln. In: KLUETING (Hrsg.), Katholische Aufklärung, Anm. 1, S. 335-345. - BRAUBACH, MAX, Die Lebenschronik des Freiherrn Franz Wilhelm von Spiegel zum Diesenberg. Zugleich ein Beitrag zur Geschichte der Aufklärung in Rheinland-Westfalen. (VHKW XIX, 4) Münster 1952. Siehe auch KLUETING, HARM, Franz Wilhelm von Spiegel und sein Säkularisationsplan für die Klöster des Herzogtums Westfalen. In: WZ 131/132 (1981/82), S. 47-68.

46 SCHRÖDER, AUGUST, Friedrich Adolf Sauer, ein Beitrag zur westfälischen Bildungsgeschichte des 18. Jahrhunderts. In: Aus westfälischer Geschichte. Fest-

gabe für Anton Eitel. Münster 1947, S. 102-117. Zu den teilweise aus Österreich kommenden Vorbildern KLUETING, HARM, Deutschland und der Josephinismus. Wirkungen und Ausstrahlungen der theresianisch-josephinischen Reformen auf die außerösterreichischen deutschen Reichsterritorien. In: REINALTER, HELMUT (Hrsg.), Der Josephinismus. Bedeutung, Einflüsse und Wirkungen. (Schriftenreihe der Internationalen Forschungsstelle „Demokratische Bewegungen in Mitteleuropa 1770-1850" 9) Frankfurt am Main 1993, S. 63-102.

47 LAMERS, JOHANNES, Die Industrieschulen des Herzogtums Westfalen um die Wende des 18. Jahrhunderts. Ein Beitrag zur Geschichte des Handarbeitsunterrichts in der Volksschule. (Phil. Diss. Münster 1918). Paderborn 1918. - IVEN, KURT, Die Industrie-Pädagogik des 18. Jahrhunderts. Eine Untersuchung über die Bedeutung des wirtschaftlichen Verhaltens für die Erziehung. (Göttinger Studien zur Pädagogik 15). Langensalza/Berlin/Leipzig 1929.

48 KLUETING, Geschichte Westfalens, Anm. 1, S. 209 f. - SCHUMACHER, ELISABETH, Das kölnische Westfalen im Zeitalter der Aufklärung unter besonderer Berücksichtigung der Reformen des letzten Kurfürsten von Köln, Max Franz von Österreich. (Landeskundliche Schriftenreihe für das kölnische Sauerland [weiterzitiert LSR] 2) Olpe 1967.

49 Die Verluste sind genannt in Art. 7 Abs. 2 RDHS, ZEUMER, Anm. 22, Nr. 212, S. 513. - VON OER, Säkularisation 1803, Anm. 2, Nr. 16, S. 61.

50 1806 erweitert um die Grafschaften Wittgenstein-Berleburg und Wittgenstein-Wittgenstein.

51 Art. 7 Abs. 2 RDHS, ZEUMER, Anm. 22, Nr. 212, S. 513. - VON OER, Säkularisation 1803, Anm. 2, Nr. 16, S. 61f.

52 DIETERICH, JULIUS REINHARD, Hessen und der Reichsdeputationshauptschluß 1802/03 (Vortragsreferat). In: Quartalblätter des Historischen Vereins für das Großherzogtum Hessen N.F. 3 (1903), S. 368-171. Siehe auch DERS., Die Politik Landgraf Ludwigs X. von Hessen-Darmstadt von 1790-1806. In: Archiv für hessische Geschichte und Altertumskunde (weiterzitiert AHG) N.F. 7 (1910), S. 417-453.

53 SCHÖNE, MANFRED, Das Herzogtum Westfalen unter hessen-darmstädtischer Herrschaft 1802-1816. (LSR 1) Olpe 1966, S. 20-27.

54 ESSELBORN, KARL, Ludwig von Grolmann. Ein Lebensbild. In: AHG N.F. 7 (1910), S. 337-416.

55 Text: SCOTTI, JOHANN JOSEPH (Hrsg.), Sammlung der Gesetze und Verordnungen, welche in den vormaligen Churfürstenthum Cöln (im rheinischen Erzstifte Cöln, im Herzogthum Westfalen und im Veste Recklinghausen) über Gegenstände der Landeshoheit, Verfassung, Verwaltung und Rechtspflege ergangen sind. 4 Tle. in 2 Abt. Düsseldorf 1830-31, Abt 1, Tl. 2, S. 1306 (Nr. 1057).

56 Text auch bei KLUETING, Säkularisation im Herzogtum Westfalen, Anm. 1, S. 74.

57 SCHÖNE, Herzogtum Westfalen, Anm. 53, S. 23 f.

58 KLUETING, Säkularisation im Herzogtum Westfalen, Anm. 1, S. 74. Siehe auch LEIDINGER, PAUL, Die Zivilbesitzergreifung des kurkölnischen Amtes Werl durch Hessen-Darmstadt 1802. In: WZ 117 (1967), S. 329-343.

59 SCHARNAGL, ANTON, Zur Geschichte des Reichsdeputationshauptschlusses von 1803. In: Historisches Jahrbuch 70 (1951), S. 238-259, hier S. 250-253. Siehe auch HUBER, Anm. 4, S. 42-61. - HÖMIG, KLAUS DIETER, Der Reichsdeputationshauptschluß vom 25. Februar 1803 und seine Bedeutung für Staat und Kirche unter besonderer Berücksichtigung württembergischer Verhältnisse. (Juristische Studien 14). Tübingen 1969.

60 Auf die Klosteraufhebung im Herzogtum Westfalen soll hier nicht im einzelnen eingegangen werden, dazu KLUETING, Säkularisation im Herzogtum Westfalen, Anm. 1, und die Beiträge von MICHAEL SCHMITT und MANFRED WOLF in diesem Band.

61 GOSMANN, MICHAEL, Art. Arnsberg, Jesuiten. In: HENGST, Anm. 1, Tl. 1. Münster 1992, S. 35-39.

62 Übersichten bei KLUETING, Säkularisation im Herzogtum Westfalen, Anm. 1, S. 112 (für die 1803 und 1804 säkularisierten Klöster mit Aufhebungsdatum) u. 121 (für alle zwischen 1803 und 1834 im Herzogtum Westfalen aufgehobenen Klöster). - DERS., Ende der alten Klöster, Anm. 1, S. 327-331 (für ganz Westfalen 1773-1834).

63 Die beiden Grafschaften Wittgenstein-Berleburg und Wittgenstein-Wittgenstein wurden 1806 der Provinz Oberfürstentum Hessen zugeschlagen.

64 SCHULZ, ANDREAS, Herrschaft durch Verwaltung. Die Rheinbundreformen in Hessen-Darmstadt unter Napoleon (1803-1815). (Frankfurter historische Abhandlungen 33). Stuttgart 1991. - KARENBERG, DAGOBERT, Die Entwicklung der Verwaltung in Hessen-Darmstadt unter Ludewig I. (1790-1830). (Quellen und Forschungen zur hessischen Geschichte [weiterzitiert QFHG] 20). Darmstadt 1964. - FLECK, PETER, Agrarreformen in Hessen-Darmstadt. Agrarverfassung, Reformdiskussion und Grundlastenablösung (1770-1860). (QFHG 43). Darmstadt/Marburg 1982.

65 Zu einer anderen Variante: KLUETING, HARM, Dalbergs Großherzogtum Frankfurt - ein napoleonischer Modellstaat? Zu den rheinbündischen Reformen im Fürstentum Aschaffenburg und im Großherzogtum Frankfurt. In: Aschaffenburger Jahrbuch 11/12 (1988), S. 359-380.

66 WEIS, EBERHARD (Hrsg.), Reformen im rheinbündischen Deutschland. (Schriften des Historischen Kollegs. Kolloquien 4). München 1984. - KLUETING, HARM, Vom aufgeklärten Absolutismus zu den Reformen in Deutschland zu Beginn des 19. Jahrhunderts.

In: REINALTER, HELMUT/KLUETING, HARM (Hrsg.), Der aufgeklärte Absolutismus im europäischen Vergleich. Wien/Köln/Weimar 2002, S. 331-360.

67 KLUETING, Nacholung des Absolutismus, Anm. 1. - SCHÖNE, Herzogtum Westfalen, Anm. 53.

68 KLUETING, Nachholung des Absolutismus, Anm. 1, S. 239 f.

69 Siehe dazu auch KLUETING, HARM, „Sie fördern das Wohl der Einwohner in freier Selbstverwaltung durch ihre von der Bürgerschaft gewählten Organe": Stationen kommunaler Selbstverwaltung seit dem Mittelalter am Beispiel der Stadt Medebach. In: WZ 146 (1996), S. 367-391.

70 KLUETING, Westfälische Geschichte, Anm. 1, S. 254 f. - SCHEELE, NORBERT, Die Beteiligung heimischer Soldaten an den Feldzügen in den Jahren 1806-1815. In: Heimatstimmen des Kreises Olpe 6 (1928/29) u. 7 (1930), in zahlreichen Fortsetzungen.

71 KLUETING, Westfälische Geschichte, Anm. 1, S. 255 f. - KOCHENDÖRFFER, HEINRICH, Der Übergang des Herzogtums Westfalen und der Grafschaften Wittgenstein an Preußen. In: Westfälisches Adelsblatt. Monatsblatt der Vereinigten westfälischen Adelsarchive 5 (1928), S. 8/12, S. 161-209.

72 Bis 1887 war das Amt des Oberpräsidenten der Provinz Westfalen und das des Regierungspräsidenten von Münster in einer Hand vereinigt.

73 KLUETING, Westfälische Geschichte, Anm. 1, S. 258. - MÜLLER, ERNST, Die Begründung der Provinz Westfalen 1813-1816 und ihr Zustand im Jahre 1817. In: Korrespondenzblatt des Gesamtvereins der Deutschen Geschichts- und Altertumsvereine 72 (1924), Sp. 65-92. - LEESCH, WOLFGANG, Verwaltung in Westfalen 1815-1945. Organisation und Zuständigkeit. (VHKW XXXVIII, 4) Münster 1992.

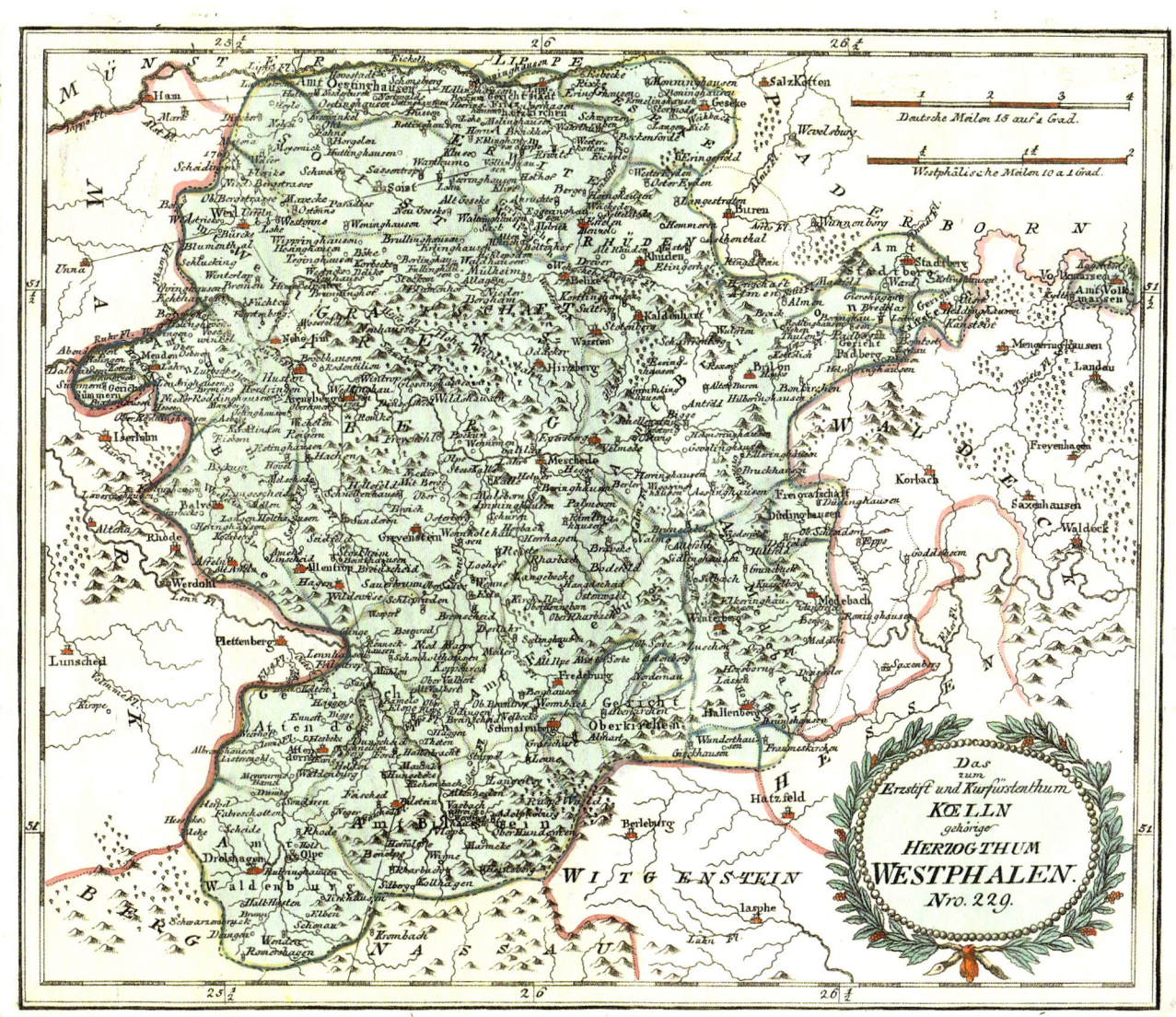

Das Herzogtum Westfalen um 1790 — B 9

Dictatum Ratisbonae, die 26. Febr.
1 8 0 3.
per Moguntinum.

Der Römisch-Kaiserlichen Majestät, unsers allergnädigsten Kaisers und Herrn, zu gegenwärtiger ausserordentlichen Reichsdeputation verordneten höchstansehnlichen Kaiserlichen Gesandtschaft bleibt hiemit von Seiten dieser Deputation gebührend unverhalten:

Es seyen bey derselben sowohl der von der Kaiserlichen höchstansehnlichen Plenipotenz über die mitgetheilten neu redigirten Paragraphen des Deputations-Hauptschlußes erhaltene Erlaß vom 23ten dieses, als die von den vermittelnden Herren Ministern in Betreff eben dieses Gegenstandes mitgetheilte neue Noten vom 24ten ejusd. in Vortrag gestellt und beschlossen worden:

Daß nunmehr der mit Zusätzen und Modifikationen berichtigte vollständige Deputations-Hauptschluß, samt dem Erlaße der höchstansehnlichen Kaiserlichen Plenipotenz vom 23ten dieses, auch den Noten der vermittelnden Herren Minister vom 24ten mit der französischen Expedition der ersten 47 Paragraphen an die allgemeine Reichsversammlung Mittels Berichts zu bringen sey.

Von diesem Berichte folge eine Abschrift hierneben, mit dem geziemenden Ersuchen, daß die höchstansehnliche Kaiserliche Plenipotenz von dieser Berichtserstattung die Herren Minister der vermittelnden Mächte ebenfalls hochgefällig unterrichten möge.

Womit der höchstansehnlichen Kaiserlichen Gesandtschaft die zur gegenwärtigen ausserordentlichen Reichsdeputation von Kurfürsten und Fürsten anwesende Bevollmächtigte sich geziemend empfehlen. Signatum Regensburg am 25ten Febr. 1803.

Kurfürstlich-Mainzische Kanzley.

Hauptschluß der außerordentlichen Reichsdeputation zu Regensburg vom 25. Februar 1803. Druckausgabe im Auftrag der Kurmainzischen Kanzlei

H 15

Der Adel im Herzogtum Westfalen

Horst Conrad

In den Urkunden des 12. und 13. Jahrhunderts der kurkölnischen *terra in Westfalia* und der Grafschaft Arnsberg, Ländern aus denen im 15. Jahrhundert das Herzogtum Westfalen werden sollte, tauchten in den Zeugenreihen für die Landesherren Namen auf, welche die Funktionsbezeichnung *ministeriales, miles* oder *ridder* trugen. Wie in anderen Territorien auch waren dies - vornehmlich im wandlungsreichen 13. Jahrhundert - die ersten Spuren der Entstehung des niederen Adels in dieser Region. Es handelte sich um eine neue soziale Gruppe, die sich teils aus Freien, teils aber auch aus Unfreien zusammensetzte. Ihre Entstehung verdankte sie der Notwendigkeit der Landesherren, sich zur Verwaltung ihrer Güter und Rechte mit einer besonders qualifizierten Dienerschaft zu umgeben. Die Nutzung der oft weit entlegenen Besitzungen und der Prozess der Territorialisierung verlangten nach Organisation und Aufsicht. Darüber hinaus benötigte der Landesherr im Kriegsfall professionell ausgebildete Kämpfer, die es verstanden, mit Waffen und Pferden umzugehen. Der ursprüngliche Begriff *ministeriales* wurde daher immer mehr durch die Begriffe *miles* oder *ritter* verdrängt.[1] Die neue soziale Schicht entstand vornehmlich im Umkreis der alten Villikationshöfe oder der landesherrlichen Burgen. Ihrem Aufstieg förderlich waren vielfach Kredite, mit denen sie ihre Herren unterstützten und die diese für den Ausbau des Territoriums benötigten.[2] Als Gegenleistung erhielten die Ritter Privilegien und Lehen. Die Vergabe von Land durch den Landesherren bildete die Keimzelle der Entstehung der Rittergüter im Herzogtum Westfalen. Viele der ursprünglich auf den weit über zwanzig landesherrlichen Burgen im späteren Herzogtum Westfalen zahlreich wohnenden Burgmannen wurden landsässig, indem sie sich selbst ein *castrum* oder ein *vestes hus* errichteten. Das Recht, Burgen bauen zu dürfen, war ursprünglich ein königliches Regalrecht, das im 12. Jahrhundert an die Territorialherren weitergegeben worden war. Die Erlaubnis, die König Konrad III. im Jahre 1145 dem Grafen von Arnsberg gab, eine Burg zu errichten, ist das früheste Beispiel der deutschen Geschichte hierfür.[3] Die festen Häuser des niederen Adels im südlichen Westfalen entstanden in der Mehrzahl im 13. und 14. Jahrhundert. Ihren Ursprung hatten sie in bäuerlichen Gütern, in denen sich allmählich aber ein adeliger Wohnbereich und ein landwirtschaftlicher Betriebskomplex differenzierten.[4] Gekennzeichnet waren diese Rittergüter durch ihren wehrhaften Charakter. Vielfach umgeben von einer Gräfte, wurde ihr Eingangsbereich noch betont durch das Anbringen von Wappen als Zeichen eines besonderen Standes.

Aus den Ministerialen wurde ein geschlossener Kreis von Ritterbürtigen, geprägt durch Kriegsdienst, Verwaltungstätigkeit und einen exklusiven Heiratskreis. Wie andernorts auch war die Adelsqualität im südlichen Westfalen definiert durch bestimmte Merkmale. Diese bestanden im Besitz von Rittergütern, eine oft bis in das 13. Jahrhundert zurückreichende Genealogie, das Recht, Wappen führen zu dürfen, das Recht, als Stand auf die Landtage berufen zu werden und das Recht, in die dem Adel vorbehaltenen geistlichen Institute wie Domkapitel und Stifte eintreten zu können. Ursprünglich waren die Aufstiegsmöglichkeiten in den niederen Adel relativ offen, doch den neuen Stand auch halten zu können, erwies sich als schwer, da er mit erheblichen Unkosten verbunden war. Es galt, die Rittergüter zu unterhalten und teures Kriegsgerät zu beschaffen. Zum Stand gehörte ganz allgemein auch der Nachweis, unabhängig von bäuerlicher Land- und Handarbeit leben zu können. Im Verlauf der Jahre führte das generative Verhalten innerhalb eines geschlossenen Heiratskreises dazu, dass sich die Zahl der Ritterbürtigen stark verminderte.[5] Hinzu kam, dass durch Realteilungen im Erbfall viele Besitzungen so zersplittert wurden, dass eine adelige Lebensführung nicht mehr gewährleistet werden konnte und der Rückfall in den Bauernstand die Folge war. Um diesem Schicksal zu entgehen, gingen seit dem 16. Jahrhundert viele Familien dazu über, den Besitz fideikommissarisch zu binden und an einen Haupterben zu übertragen. Die Testamente des Friedrich von Fürstenberg aus den Jahren 1542 und vor allem das vom 22. September 1564 gehören hierbei in dieser Hinsicht zu den frühesten schriftlichen Zeugnissen in Westfalen.[6]

Das Herzogtum Westfalen bildete sich erst nach dem Zerfall des kölnischen Rechtsanspruchs auf die Herzogsgewalt zwischen Rhein und Weser. Nach dem Kauf der Grafschaft Arnsberg 1368, dem Verlust Soests 1449 und dem nahezu gleichzeitigen Erwerb der Herrschaften Bilstein und Fredeburg 1444-1445 konsolidierte sich ein *territorium clusum* als kurkölnisches Herzogtum Westfalen. Ihren Machtanspruch auf den alten Dukat geben die Kölner auf. Seinen sinnfälligen Ausdruck fand dieser Prozess in der Umwandlung des älteren Titels Marschall in Westfalen für den Vertreter des Erzbischofs zugunsten einer administrativen Funktionsbezeichnung mit dem Titel Landdrost und Räte im Herzogtum Westfalen.

Der Adel im Herzogtum Westfalen war als Dienstadel des Kurfürsten ein mediater Adel. Keiner Familie gelang der Schritt in die Immediatität der Reichsunmittelbarkeit. Innerhalb des kurkölnischen Ständestaates war man daher nur der dritte Stand, der *Troisieme Etat des Nobles*.[7] Der Adel des Herzogtums Westfalen war untereinander stets eifersüchtig auf Gleichrangigkeit bedacht. Die Familie von Fürstenberg, die ab dem 16. Jahrhundert eine herausragende Stellung unter ihren Standesgenossen der Region erlangte und der nachgesagt wurde, die Reichsunmittelbarkeit anzustreben, wurde von daher stets beargwöhnt.

Die hervorgehobene Stellung des Adels im Herzogtum zeigte sich zum einen in den Herrschaftsrechten über die Hintersassen und zum andern in der Beteiligung an der Landesverwaltung. Die Herrschaftsrechte über die abhängigen Höfe waren im Herzogtum Westfalen in der Regel durch die milde Form der Erbpachtgüter geprägt. Hierbei gehörten Haus und Hof zwar nominell dem Grundherren; im Todesfall des Pächters konnte das Gut aber nicht ohne weiteres an eine andere Familie vergeben werden, sondern verblieb den Erbberechtigten.[8]

In einigen Teilen des Landes gelang es dem Adel jedoch, Unterherrschaften und Patrimonialgerichte in seine Verfügungsgewalt zu bringen. Hier besaß man die niedere Gerichtsbarkeit und beanspruchte vielfach auch die Blutgerichtsbarkeit. Verbunden mit diesen Gerichten waren in einigen Fällen auch das Judenregalrecht und das Patronatsrecht. Solche Patrimonialgerichte bestanden in Lenhausen, Mellrich, Alme, Scharfenberg, Friedhartskirchen, Oedingen, Oberkirchen, Canstein, Padberg, Hovestadt, Bergstrasse, Voßwinkel und Grönebach.[9] Eine starke Stellung besaß der Adel auch in der Verwaltung der landesherrlichen Drosteien. Durch die Ausbildung des am 23. August 1662 auch formal bestätigten Indigenatsrechtes war die Besetzung dieser Ämter dem einheimischen Adel vorbehalten. Es gab im Herzogtum 14 solcher Drosteien, die auf diese Art dem einheimischen Adel reserviert blieben.[10] Den Drosten standen in der Regel 10% der Brüchtengelder aus den Gerichtseinnahmen zu. Am Ende des Alten Reiches wurde die Tätigkeit der Drosten, vor allem ihre juristische Unprofessionalität, stark bemängelt.[11]

Die ausgeprägteste Rolle spielte der Adel im Herzogtum Westfalen in seiner Eigenschaft als Landstand. Es hatte sich hier die Eigenart entwickelt, dass nur der Adel sowie die Städte und Freiheiten Korporationen auf dem Landtag bildeten. Die Geistlichkeit und auch das Domkapitel blieben von der Standschaft ausgeschlossen. Die landständische Funktion des Adels und der Städte wurde nicht erst mit den Erblandesvereinigungen der Jahre 1437 und 1463 manifest, sondern war bereits an den Urkunden des 13. Jahrhunderts ablesbar.[12] Von Bedeutung für die Ausbildung der Landstände waren die westfälischen Landfrieden, insbesondere die kleineren Landfrieden, welche die Städte und die Ritterschaft der kölnischen *terra in Westfalia* schlossen. Der Stadt Soest war hierbei als altem Vorort eine besondere Bedeutung zu Teil geworden.[13] Bei den Verträgen, welche der Landesherr schloss, wurde es üblich, diese nur mit Bewilligung der Stände, dem *consilium fidelium et subditorum*, wie es in der Verkaufsurkunde der Grafschaft Arnsberg hieß, ausfertigen zu lassen.[14] Es war vor allem der landständische Adel, der in beständigen Auseinandersetzungen mit dem Landesherren, dem Domkapitel zu Köln und dem Hofrat zu Bonn mit Erfolg die These von einem *zweyfachen Herzogthum* in den kurkölnischen Ländern durchsetzte. Hiernach war man mit dem rheinischen Teil des Kurfürstentums zwar verbunden, ihm aber nicht unterworfen.[15] Es gelang so, eine Reihe von nur auf das Herzogtum bezogenen Grundgesetzen durchzusetzen, die jeder Landes Herrschaftsantritt beschwören m vor allem die am 10. Juni 1463 Erzbischof Ruprecht von der Pf kapitel und den Landständen ges landesvereinigung.[16] Ihre bis zum ten Reiches endgültige Form erl dem Truchsessischen Krieg durch ten Ernst von Bayern am 6. Jul Zustimmung der Landstände dur desherr fortan keine Maßnahmen e für die Rechte der Untertanen, di oder die Grenzen von Belang waren telpunkt in dieser Entwicklung war sessische Krieg gewesen, in welchem der Adel unter der Führung Caspar tenbergs den Widerstand gegen den L ren organisiert hatte. Man verstand e an, jeglichen absolutistischen Tende Landesherren einen Riegel vorzuschi den schweren Auseinandersetzungen Tendenzen mit dem Kurfürsten Joseph von Bayern erfüllte Ferdinand von Fürstenberg namens der Landstände im Herzogtum faktisch die Funktion eines Statthalters, als im Jahre 1702 die Reichsacht über seinen Landesherrn verhängt worden war.[18]

Dem Adel im *westphälischen Fürstenthumb*, wie das Herzogtum vielfach auch genannt wurde, gelang es, seine Sonderstellung innerhalb des kurkölnischen Staatsverbandes durch eine Reihe von Privilegien abzusichern. Neben der Erblandesvereinigung war dies vor allem das *Privilegium der westphälischen Ritterschaft in puncto successionis ad morganaticam* vom 20. April 1597.[19] Es erlaubte dem Adel nach Erlöschen einer standesgemäßen Ehe eine Eheschließung mit Bürgerlichen oder gar mit *Bawren Geburts-Personen*. Das Gesetz hatte das Ziel, Kinder aus diesen Ehen vom Erbe auszuschließen, damit „*die Stämme und Wohnungen in ihren alten Ehren und Vermögenheit unbefleckt und unzertrennt erhalten*" blieben. Dem Adel des Herzogtums gelang es damit, die römisch rechtliche Erbregelung außer Kraft zu setzten. Darüber hinaus mussten gemäß der Erblandesvereinigung die Töchter zugunsten der Brüder auf das Erbrecht an den Stammgütern verzichten.

Die ständische Abschließung des Adels im Her llem darin, dass es kurie des Landta auf dem Mesche eichnete sich ab, e, die 16 adelige rweisen konnten ähiges Rittergut hworen werden dieser Prozess roßen westfäli 1651 unter der ximilian Hen tterbuches des ing der Rechen enoss öffent hlössern ver ßen augen uartalen des Deputierten gen wurden rordnungen andesverei perjum über die Bedeutung der Schwurfinger, die formula juramenti über die Adelsprobe, die formula reversalis des Probanden über die Richtigkeit seiner Angaben, die forma juramentis taciturnitatis über die Geheimhaltung der Verhandlungen, das privilegium morganaticum des Jahres 1597, der recessus concordiae perpetuae über die Modalitäten der Steuerzahlungen und das jus indigenatus des Jahres 1662.

Die Aufschwörungstafel auf jeweils acht väterliche und mütterliche vollbürtige eheliche Vorfahren musste im Landtag ein Jahr ausliegen und durch zwei bereits aufgeschworene ritterschaftliche Deputierte bestätigt werden.

Für die Form der Aufschwörung wurde am 10. Mai 1657 ein eigenes Statut erlassen.[21]

Das zweite Kriterium für eine gültige Aufschwörung, der Besitz eines landtagsfähigen Rittergutes, war nicht klar definiert. Da es keine Matrikel der Rittergüter im Herzogtum gab, behalf man sich provisorisch mit der 1652 aufgestellten Bilsteiner Redemptionsliste, einer Steuerliste des Adels mit insgesamt 140 Rittergütern. Die Liste war erstellt worden, um das verpfändete Amt Bilstein von der Familie von Fürstenberg zurückzukaufen. Das Provisorium der Bilsteiner Redemptionsliste hatte bis zum Ende des Alten Reiches Bestand. Die Liste diente sowohl dem Nachweis der Rittergutsqualität als auch als Grundlage der Besteuerung des Adels. Sie genoss daher öffentlichen Glauben.[22] Dies verhinderte jedoch nicht, die *„Ahnen-Musterung"*, wie sie einmal despektierlich von den domkapitularischen Landtagsdeputierten genannt wurde, zu manipulieren.[23] Man scheute sich nicht, den *„Scheinbesitz eines entlehrten Rittersitzes"* für politisch genehme Aufschwörungskandidaten zu konstruieren. Augenfällig wurde dies bei der an sich landfremden pommerschen Adelsfamilie Kleist, deren Mitglieder im 18. Jahrhundert gleich fünfmal aufgeschworen wurden. Dort wo es politisch opportun war, wurden Adelige auf Rittergüter aufgeschworen, die längst nicht mehr bestanden.[24] Formal versuchte die Ritterkurie sich gegen den Scheinbesitz abzusichern, indem sie seit dem 18. Jahrhundert die Probanden einen Eid ablegen ließ über die wirkliche Qualität des Rittergutes mit dem Zusatz, hierüber keinen *contractum simulatum* abgeschlossen zu haben.[25] Auf der anderen Seite versuchte die Ritterkurie, wenn es einmal darum ging, eine Rittersteuer zu Kriegszwecken erheben zu müssen, jedes freie Grundstück zu dieser Steuer veranlagen zu lassen. Man zog dann auch Städte heran, die Rittergüter längst als bürgerliches Eigen inkorporiert hatten oder gar eine ganze Reihe von Köttern, die steuerfreie Grundstücke besaßen.[26] Die Ritterkurie nutzte jedoch auch ihre Macht, das Bestreben ihrer Standesgenossen zu unterbinden, durch Ankauf von Bauerngütern neue Rittergüter zu etablieren, weil dadurch die Steuerkraft des platten Landes gemindert worden wäre.[27] Die Doppelqualifikation für die Aufschwörung, Rittergut und Ahnenprobe, wurde sicher auch dazu genutzt, nichtkatholische Adelige vom Landtag fernzuhalten. Obwohl es kategorisch hieß *„der katholische Glaube ist die Landesreligion"*[28] gab es immer noch einige wenige Rittergutsbesitzer, die sich zum Protestantismus bekannten. Auf dem Landtag wurden sie nicht aufgeschworen.[29] Das Junktim zwischen den beiden Kriterien führte auch dazu, dass die Zahl der zu den Landtagen berechtigten Ritter abnahm.[30]

Eines der zentralen Rechte, welches die Herrschaft des Adels im Herzogtum absichern half, war das Indigenatsrecht, das Recht, landständisch verwaltete Posten nur an einheimische Adelige vergeben zu dürfen. Diesen Usus, der sich bis in die Zeit der Reformatio Sigismundi und die Bestallungsmodalitäten für die westfälischen Freigrafen zurückverfolgen ließ, begann man seit etwa 1660 unter Kurfürst Maximilian Henrich juristisch zu regeln.[31] Das Indigenat band die Übernahme von Ämtern an die katholische Religion und die Landsässigkeit innerhalb des Herzogtums. Dem Adel sicherte dies vor allem das Anrecht auf das Landdrostenamt, auf die Besetzung der Drosteien und die adeligen Ratsstellen bei der Regierung in Arnsberg.[32] Die Form der Landsässigkeit im Herzogtum wurde allerdings nie klar definiert. Unter Kurfürst Clemens August wurde daher das Indigenatsrecht am 12. September 1726 erweitert.[33] Das Indigenat machte den Adel im Herzogtum zu einem in sich abgeschotteten Herrschaftsstand. Die Bindung an das katholische Bekenntnis verhinderte die Übernahme von Ämtern durch Protestanten, die sich darüber hinaus nur mit ausdrücklicher landesherrlicher Genehmigung niederlassen durften. Entwicklungshemmend erwies sich das Indigenat auch bei Ämtern, die Professionalität verlangten. So wurde die Stelle des Berghauptmannes in der Regel mit Adeligen besetzt, die das Bergfach nicht kannten.[34] Die Bestallung des Heinrich Calaminus, eines auswärtigen Calvinisten, zum westfälischen Oberförster erregte erheblichen Unmut in der Ritterkurie.[35] Der hessische Regierungsrat Peter Joseph von Gruben konstatierte 1803 geradezu einen *„Hass gegen alle kurkölnischen Diener, welche nicht Westphälinger waren"*[36]. Bei der Herrschaftsübernahme des Herzogtums durch die Hessen wurde das Indigenat daher auch obsolet. Eine Verordnung des geheimen Ministeriums in Darmstadt vom 30. Januar 1804 setzte es praktisch außer Kraft.[37] Die neue Regierung führte auch ins Feld, man sei gewillt, geeignete Einheimische in die Verwaltung zu übernehmen, doch es habe sowohl „*an persönlichen wie dinglichen Qualifizierten*" gemangelt. Bei der Neuorganisation der Regierung Arnsberg durch die Hessen sind dann auch kaum Adelige berücksichtigt worden.[38]

Ein weiteres weitreichendes Privileg des Adels im Herzogtum war das der Befreiung seiner Rittergüter von der allgemeinen Landschatzung. Begründet wurde dies als Aequivalent für die ursprüngliche Verpflichtung des Adels zum Kriegsdienst. Im Herzogtum war dieser Zustand im 15. und 16. Jahrhundert in den Gestellungsgeboten des Landesherrn für die Ritterrüstung mit Pferden noch sichtbar.[39] Doch der Wandel vom Ritteraufgebot zum stehenden Heer, zum *miles perpetuus*, oder dem Söldner, dem *miles conductitus*, machte diese Privilegierung an sich hinfällig. Der Versuch des Kurfürsten Ferdinand, im Jahre 1642 noch einmal das alte Lehnsaufgebot für den Krieg aktivieren zu wollen, endete mit einem Fiasko.[40] Seit dem Ende des 16. Jahrhunderts kam es auf den westfälischen Landtagen im Streit über die Steuerfreiheit des Adels nahezu zu Dauerkontroversen zwischen den beiden Korporationen. Im Rüthener Landtagsabschied des Jahres 1587 hatte es der Kurfürst den Städten noch strikt untersagt, gegen die Steuerfreiheit des Adels zu opponieren.[41] In der Einsicht, dass sich die Militärverfassung grundlegend geändert hatte, griff der Adel nun zu einem hohlen Konstrukt. Man behauptete, seinen Hintersassen Grund und Boden nur nach Meierrecht überlassen zu haben und die Kolonen hätten damit die Verpflichtung übernommen, die Staatslasten tragen zu müssen.[42] Nahezu alle Landtage, die während des Dreißigjährigen Krieges stattfanden, wurden von diesem Grundsatzstreit geprägt. Nach dem Kriege einigte man sich im sogenannten *recessus perpetuae concordiae* vom 4. September 1654. Die Befreiung der Rittergüter des Adels von der allgemeinen Landschatzung wurde bestätigt, gleichzeitig reduzierten die Städte ihr aufzubringendes Steuerquantum von 2.190 Königstalern auf 1.400. Die Quotisation einer vollen Schatzung belief sich seitdem auf 9.957 Reichstaler, deren Hauptsumme nun die Bauerngüter aufzubringen hatten. Das Recht, die Schatzung zu erheben, lag allein beim Landtag. Die Summen, die man dem Landesherren bewilligte, waren daher variabel.[43] Im Gegensatz zur benachbarten Grafschaft Mark, wo der Kontributionsfuß für das platte Land feststand, konnten die kölnischen Landesherren daher nie mit einer sicheren Steuerschätzung rechnen.[44] Um die Steuern des platten Landes repartieren zu können, erstellte man im Herzogtum Westfalen 1655 rudimentär einen Kataster auf der Grundlage der Morgenzahl der bäuerlichen Güter, wobei die Bonität des Bodens allerdings nicht berücksichtigt wurde.

Die Steuerfreiheit des Adels bezog sich indessen nur auf den Boden ihrer Rittergüter. Zu den Sonderabgaben wie Rauchschatz-, Kopf- oder Viehsteuer musste man wie alle anderen beitragen. Darüber hinaus bestand eine Steuerpflicht des Adels bei den Lasten, die das Kurfürstentum Köln an das Reich abführen musste, den sogenannten Römermonaten. Diese betrugen im Schnitt für den gesamten Kurstaat im Jahr etwa 40-46.000 Reichstaler, konnten aber bis zu einer Höchstsumme von 54.840 Reichstalern veranschlagt werden. Da nur der Kurstaat insgesamt in der Reichsmatrikel veranschlagt war, wurde die Summe unterverteilt. Das Erzstift zahlte 3/5, und die restlichen 2/5 mussten sich das Herzogtum Westfalen und das Vest Recklinghausen teilen.[45]

Der Streit um die Befreiung des Adels von der Grundsteuer entbrannte ein letztes Mal mit aller Heftigkeit 1793 und dauert bis zum Untergang des Herzogtums an.[46] Die Ritterkurie hatte sich entschlossen, zu den Kriegslasten der Koalitionskriege 1/3 der Unkosten gemäß der Matrikel der Römermonate zu begleichen. Als jedoch die Kosten der Kriege in den folgenden Jahren stetig stiegen, fühlte sich die Ritterschaft zu hoch veranlagt. Da es keinen wirklichen Kataster im Herzogtum gab, war es unklar, wie groß der Anteil des ritterschaftlichen Grund und Bodens im Verhältnis zu dem übrigen überhaupt war. Die Städte behaupteten pauschalierend, Adel und Geistlichkeit besäßen davon weit über die Hälfte.[47] Die Ritterkurie berechnete nun ihrerseits den Anteil ihrer eximierten Güter im Vergleich zur Gesamtsumme der steuerpflichtigen Güter. Man kam auf etwa 211 000 Morgen und damit auf einen Anteil von lediglich 5,8 % des ritterschaftlichen Grundbesitzes an der Gesamtheit des steuerpflichtigen Bodens. Im Vergleich zu anderen Territorien war dieser Anteil nach dem Urteil des preußischen Fachbeamten Christian Wilhelm von Dohm erstaunlich gering.[48] Da die ebenfalls steuerfreien kurfürstlichen Domänen hier mit erfasst worden waren, lag der Prozentsatz des ritterschaftlichen Anteils noch niedriger. Den steuerfreien kirchlichen Grundbesitz errechnete man mit 75 000 Morgen. Er betrug damit lediglich 2,8 % des gesamten Anteils.[49] Auf der Grundlage dieser ersten Berechnungen war es nun die Ritterkurie des Herzogtums, die auf einer genauen Vermessung des Landes und der Berechnung der Bodenbonität bestand, damit ein jeder zu den Kriegslasten in gänzlich gleichen Verhältnissen beitrüge. Die Städte ihrerseits bestanden weiterhin auf dem Drittel-Beitrag der Ritterkurie. Hierüber wurde ein Prozess vor dem Reichskammergericht angestrengt. Dieses erkannte dann auch 1801, dass sämtliche Kriegskosten von allen Klassen der Untertanen in gleicher Weise nach dem Verhältnis ihres Vermögens getragen werden sollten.[50] Es mutete wie eine Ironie des Schicksals an, dass am Ende des Alten Reiches ausgerechnet die Ritterschaft den revolutionären Gleichheitsgrundsatz und dazu noch auf der Grundlage einer Vermögenssteuer provozierte.

Im Streit um die zweite Steuerart und die Befreiung der Rittergüter von der Landschatzung hat die Ritterschaft hartnäckig auf dem Rezess des Jahres 1654 bestanden. Die Städtekurie griff diesen Rezess unter Federführung ihres deputierten Rates Friedrich Arndts massiv an. Arndts argumentierte, es sei ein unstatthafter Vertrag gewesen, den zwei Parteien zum Schaden eines Dritten, des Bauernstandes, abgeschlossen hätten. Die Ritterkurie dagegen verstand dies als Angriff auf eines der Grundrechte des Herzogtums und damit auf das *„Fundament unseres kleinen Staatskörpers"*. Der Adel sah seine *„politische Existenz"* bedroht und glaubte, es sei nun an der Zeit, dem *„reißenden Strom"* der Gegenwart die *„Grundgesetze des Landes"* entgegenhalten zu müssen.[51]

Seinen stärksten politischen Einfluss machte der Adel des Herzogtums geltend in seiner Funktion als Landstand. Der Ort der Landtagsverhandlungen war nicht festgelegt. Neben dem alten Vorort Soest sind Landtagsverhandlungen in den Städten Rüthen, Geseke, Meschede, Menden, Attendorn, Werl und Erwitte zu belegen. Seit dem 18. Jahrhundert wurde Arnsberg bevorzugter Tagungsort. Die Landtage wurden in der Regel im Arnsberger Schloss feierlich eröffnet. Nach der Zerstörung des Schlosses 1762 mangelte es jedoch an einem geeigneten Eröffnungsort. Zu belegen sind als Ausweichquartiere das Kloster Wedinghausen, der Dückersche Hof und der Landsberger Hof.[52] Die eigentlichen Verhandlungen der beiden Kurien fanden im Arnsberger Rathaus statt.

Das Alte Rathaus in Arnsberg, Stätte der Landtagsverhandlungen

Die Landstände besaßen kein Selbstversammlungsrecht, das Rogationsrecht lag allein beim Landesherrn. Da der Landesherr jedoch auf die Steuerbewilligung angewiesen war, bürgerte sich seit dem 18. Jahrhundert ein Jahresrhythmus ein. Die Landstände haben stets betont, dass die Steuern im Herzogtum den Charakter eines subsidium charitativum hätten und somit eine freiwillige Leistung seien. Dies bedeutete auch, dass der Landtag das gewichtigste parlamentarische Widerstandsrecht, das der Steuerverweigerung, zumindest theoretisch in den Händen hielt. Die Arnsberger Landtage wurden seit dem 18. Jahrhundert für gewöhnlich ab Mitte August bis in die erste Septemberhälfte über ca. drei Wochen abgehalten. Eine geschriebene Geschäftsordnung gab es nicht, sie lässt sich am ehesten indirekt aus den Berichten der domkapitularischen Landtagsdeputierten aus Köln erschließen.[53] Eröffnet wurde der Landtag durch den kurfürstlichen Landtagskommissar, der unter einem mit einem Teppich ausgelegten Baldachin Platz nahm. Hinter ihm stand ein umgekehrter Thronsessel als Symbol für den gewöhnlich nicht anwesenden Landesherren. Das Recht, auf dem Teppich, links neben dem Kommissar, Platz nehmen zu dürfen, hatten auch die beiden Deputierten des Kölner Domkapitels. Gleichfalls auf dem Teppich bleiben durfte der zweite Landtagskommissar. Außerhalb des Teppichs standen der Landdrost und die Räte seiner Regierung sowie die Deputierten der beiden Stände. Eröffnet wurde der Landtag mit einer Rede des Landtagskommissars, der in der Regel an den 25. August erinnerte, dem Datum des Kaufvertrages über die Grafschaft Arnsberg im Jahre 1368. Der Landschreiber, ein Beamter des Landtags, verlas dann die kurfürstliche Proposition und verglich sie mit den Exemplaren, die von den domkapitularischen Deputierten überreicht worden waren. Es wurde sodann die Erblandesvereinigung verlesen und die Protokolle der Quartalskonventionen des Herzogtums. Danach begannen die getrennten Beratungen der beiden Kurien im Arnsberger Rathaus. Die Städtekurie war in drei Klassen unterteilt: in die vier Hauptstädte der Quartale des Herzogtums, in 21 weitere Städte und in neun Freiheiten. Die vier Hauptstädte, Brilon, Rüthen, Geseke und Werl, entsandten in der Regel zwei Bürgermeister und einen Kämmerer, die anderen Städte und Freiheiten nur einen Bürgermeister und den Kämmerer. Die Geschäftsführung bei der Städtekurie hatte die Stadt Brilon inne. Im Gegensatz zur rheinischen Städtekurie, der nur ein Kuriatstimmrecht zustand, hatten die Vertreter der Städte im Herzogtum ein beschränktes Virilstimmrecht; jede Stadt hatte eine Stimme. An den Beratungen der Städtekurie nahmen auch die vier städtischen Quartalsdeputierten teil, in der Regel gelehrte Hofräte, die zwar kein Stimmrecht hatten, mit ihrem Fachwissen aber das Kollegium dominieren konnten.[54] Die Ritterkurie tagte im Beisein der vier ritterschaftlichen Quartalsdeputierten, eines Syndikus und eines Sekretärs. Bei ihren Verhandlungen hier nahm die Überprüfung der Adelsproben eine lange Zeit in Anspruch. Die dem Hochadel angehörenden domkapitularischen Deputierten, die es wohl nie verwunden hatten, dass es dem niederen Adel im Herzogtum gelungen war, das Domkapitel von der Landespolitik der Region auszuschließen, beurteilten die Ritterkurie in der Regel despektierlich.[55] Nach den Ausführungen des Hessischen Rates Peter Joseph von Gruben nahm der Adel jedoch an den Sitzungen der Landtage regelmäßig teil.[56] Die getrennten Sessionen beider Kurien dauerten in der Regel täglich vier Stunden von 10°° bis 14°°. Die Beschlussfassung in den Kurien geschah mit Stimmenmehrheit. Danach trafen sich jeweils vier Deputierte aus jeder Kurie in einem besonderen Konferenzzimmer und teilten sich gegenseitig die Beschlüsse mit.[57] Dies geschah nur mündlich durch Sprecher und führte oft zu Konfusionen. Da es nur die beiden Schlussvoten der Stände gab, konnte es keine Mehrheitsbeschlüsse geben. Die Frage, was bei differierenden Voten zu geschehen habe, blieb offen. Die These, dass in solchen Fällen dem Landesherren ein *votum decisivum* zustünde, welches die Freiheit der Stände beeinträchtigt hätte, war ebenfalls offen. Sie musste allein deswegen nicht geklärt werden, weil solche Fälle in der Geschichte der Landtage nicht vorkamen. Den domkapitularischen Vertretern kam abschließend die Abgleichung der Verhandlungsbeschlüsse mit den kurfürstlichen Propositionen zu. Hierbei hatten sie ein Schlichtungsrecht.

Die Landtagsverhandlungen betrafen durchaus nicht nur die Steuererhebung. Immer wieder ist die Zuständigkeit des Landtages für die „*totale Landeswohlfahrt*" beansprucht worden, für alle Angelegenheiten, welche die persönlichen und die Eigentumsverhältnisse der Bewohner des Herzogtums betrafen.[58] Die Ritterkurie bot sogar ein Forum, die höheren Landesinteressen gegen die partiellen der Mitglieder des eigenen Standes durchzusetzen. So beschlossen 1716 die Landstände, dass „*propter commune publicum*" der Bauernstand nicht über Gebühr belastet werden dürfe und 1766 sowie 1772 verbot man die Versplitterung gutsherrlicher Höfe zu dem Ziel, die Pachtabgaben erhöhen zu können.[59] Am Ende des Alten Reiches nahmen die Landstände des Herzogtums durchaus für sich in Anspruch, „*Volksrepräsentanten*" zu sein.[60]

Die Deputierten der Landstände erhielten seit dem 17. Jahrhundert Diäten, die vom Adel pro Tag vier Reichstaler, die Vertreter der Städte drei Reichstaler.[61] Von den Vertretern des Adels wurde ein *juramentum taciturnitatis* verlangt, welches zur Verschwiegenheit über die Verhandlungen verpflichtete. Seine Begründung fand dieses Schweigegebot darin, dass damit die „*Festigkeit eines colegii*" und somit die „*Stimm Freiheit*" garantiert würde.[62]

Während der Landtagssession fand täglich eine Landtagstafel mit 24 couverts statt, zu welcher der Landtagskommissar stets mehrere Mitglieder beider Kurien einlud.[63] Die gesamten Kosten eines Landtags, welche die Landpfennigmeisterei, die Verwaltungseinrichtung für die Landessteuern, begleichen musste, beliefen sich im 18. Jahrhundert auf etwa 10.000 Reichstaler.

In der kurfürstlichen Regierung zu Arnsberg hatte der Adel ebenfalls eine starke Stellung. Neben dem Landdrosten gab es in der Regel 12 adelige Räte, die mit jeweils 100 Reichstalern jährlich besoldet wurden. Daneben gab es fünf gelehrte Räte, denen 200 Reichstaler Jahresgehalt zustanden. Von den adeligen Räten wurde kein Qualifikationsnachweis verlangt im Gegensatz zu den gelehrten Räten, die dem Bonner Hofrat unterstanden, vor dem sie Proberelationen abliefern mussten.[64] Eine besondere Funktion erhielten die adeligen Räte mit der Einrichtung der Quartalskonventionen des Herzogtums zu Beginn des Jahres 1643.[65] Zusammen mit dem Landdrosten, den Amtsdrosten, den gelehrten Räten und den jeweils vier gewählten adeligen und städtischen Deputierten aus den vier Quartalen des Herzogtums bildeten sie ein Gremium, welches seit 1654 an bestimmten Terminen die Rechnung der Landpfennigmeisterei zu überprüfen hatte und darüber hinaus die Landtagsangelegenheiten beriet, die offen geblieben waren.[66] Die in Arnsberg tagenden Quartalskonventionen entschieden mit Stimmenmehrheit ohne Rücksicht auf die Standschaft.

Im Jahre 1784 beantragte Friedrich Wilhelm von Schorlemer die Anschaffung einer Uniform für die ritterschaftlichen Deputierten. Das Motiv war, eine einheitliche Kleidung einzuführen, um den „*schädlichen Einfluss*" eines Kostümwettbewerbs unter dem Adel zu unterbinden.[67] Es sollte drei Uniformausfertigungen geben; die *kleine Uniform* bestand aus dunkelblauen Röcken, dem bleu du Roi, mit pfirsichblütigen Aufschlägen und golddurchwirkten Bandborten. Die Knöpfe trugen den Eindruck WR [=Westfälische Ritterschaft]. Die Westen und Beinkleider waren weiß, die Röcke mit blauem Tuch gefüttert. Die *große Uniform* bestand in scharlachroten Röcken mit dunkelblauen Aufschlägen; Kragen und Rabatten waren mit golddurchwirkten Bandborten durchsetzt, die Knopflöcher mit Goldfäden umnäht; Unterfutter, Westen und Beinkleider waren weiß. Der Schnitt sollte den englischen und preußischen Uniformen angepasst sein. Es wurden dazu goldene Epauletten getragen. Das Porte d´epée bestand aus Gold, durchwirkt mit Dunkelblau und Rot. Dazu trug man große dreieckige Hüte mit goldenen und blauen Cordons. Die dritte, die *Neben-Uniform*, sollte in dunkelblauen Röcken mit scharlachroten Aufschlägen und Kragen sowie goldenen Epauletten bestehen.

Die letzte westfälische Landtagsperiode ab 1789 stand bereits im Schatten der Französischen Revolution. Man befasste sich unter anderem mit dem durch Franz Wilhelm von Spiegel initiierten Bau eines Zucht- und Armenhauses in Arnsberg. Das dem humanitären Verbesserungskonzept der Aufklärung verbundene Projekt wurde von den domkapitularischen Deputierten dann auch medisant als „*westphälische Bastille*" abgetan.[68] Mit deutlichen Worten lehnten diese alles ab, was sie aus der „*Höllenbrut der heutigen sogenannten Aufklärung*" aufkeimen sahen. Als sowohl der Landdrost wie der Landtagskommissar in ihren Schlussreden auf die revolutionären Ereignisse in Frankreich eingingen, hielt man dies für gänzlich deplaziert.

In dem seit 1793 voll entbrannten Streit über die Steuerfreiheit des Adels wurde dieser als

Friedrich Ferdinand Freiherr von Hörde (1751-1819), in der Großen Uniform der ritterschaftlichen Deputierten. Ölbild von Johann Christoph Rincklake (1764-1813), um 1800/1803   B 1

Unterdrücker „*des gemeinen Mannes*" hingestellt.[69] Die Schrift des Christoph Meiners über die Stellung des Adels machte im Herzogtum Westfalen unter den Gebildeten die Runde, und es wurde offen diskutiert, den Adel zwar nicht als Stand, aber doch das Institut der Ritterkurie aufzuheben.[70]

Als dann im Sommer 1802 das Herzogtum Westfalen an Hessen-Darmstadt fiel, waren dem neuen Landesherrn durch die Bestimmung des Reichsdeputationshauptschlusses, welcher die Beibehaltung der landständischen Verfassungen garantierte, die Hände zunächst noch gebunden.[71] Doch das Gutachten, welches der Regierungsrat Peter Josef von Gruben über die Landstände für seinen Dienstherren anfertigte, trug bereits den Keim der Auflösung der Stände in sich. Gruben bemängelte nicht nur die Kosten, sondern sah ganz allgemein die Einschränkung der Landesherrschaft durch die Stände als eine ernste Gefahr an. Er schlug vor, die Landtage nur noch alle 10 Jahre einzuberufen und seine Verhandlungsmaterien deutlich zu beschränken.[72] Der letzte Landtag des Herzogtums fand vom 17. August bis zum 22. September 1803 statt. Vergeblich hatten die Landstände noch 1805 vor dem Reichskammergericht über die schrittweise Beeinträchtigung ihrer Rechte durch den Großherzog geklagt.[73] Doch erst die Erlangung der vollen Souveränität mit dem Patent vom 19. Juli 1806 und der Beitritt zum Rheinbund verschaffte dem Großherzog freie Hand. Mit der Begründung, dass die Landstände der *"Verähnlichung"* der Verfassung des Großherzogtums sowie dem Grundsatz der Gleichbehandlung aller Untertanen im Wege seien, wurden diese mit Dekret vom 1. Oktober 1806 aufgelöst.[74] Nach dem Ende der Hessischen Herrschaft war es vor allem die Ritterschaft, die vergeblich versuchte, durch Eingaben an den Staatskanzler Karl August von Hardenberg und an Wilhelm von Humboldt, den Minister für ständische Angelegenheiten, die alte Verfassung wiederherzustellen.[75]

Anmerkungen

1 FLECKENSTEIN, JOSEF, Die Entstehung des niederen Adels und das Rittertum. In: Herrschaft und Stand, Untersuchungen zur Sozialgeschichte des 13. Jahrhunderts. Hrsg. v. J. Fleckenstein. Göttingen 1977, S. 17-38. - SCHÜTTE, LEOPOLD, Herkunft und Entwicklung des Adels in Westfalen, Vortrag vor der Westfälischen Gesellschaft für Genealogie und Familienforschung, Münster am 7. 11. 2001.

2 So wurde 1333 Bertold von Büren für ein Darlehen von 1.100 Gulden Marschall in Westfalen (Seibertz UB, Bd. II, Nr. 642). Der Kauf der Grafschaft Arnsberg 1368 durch den Erzbischof von Köln wurde wesentlich durch Darlehen der Ritter finanziert.

3 Monumenta Germaniae Historica. Die Urkunden Konrads III., bearbeitet von Friedrich Hausmann, Köln 1969, Nr. 138.

4 HÖMBERG, ALBERT K., Die Entstehung der Rittergüter unserer Heimat. Vortrag vor dem Rheinisch- Westfälischen Verein katholischer Edelleute 1953.

5 Albert K. Hömberg hat für den Bereich der mittleren Lenne für das 14-15. Jahrhundert nahezu eine Halbierung des dortigen Ritterstandes festgestellt. Heimatchronik des Kreises Olpe von Albert K. Hömberg. Köln 1967, S. 65ff.

6 Archiv Frhr. v. Fürstenberg-Herdringen Urk. Nrrn. 143 und 145. Als Vorläufer der westfälischen Fideikommisse gelten die Ganerbenregelungen der Familien Haxthausen und Spiegel zum Desenberg aus dem 14. und 15. Jahrhundert (KUNSEMÜLLER, ERNST, Zur Entstehung der westfälischen Fideikommisse. Münster 1909).

7 Den ersten Stand bildete das Domkapitel, den zweiten die Besitzer der gräfliche Güter des hohen Adels, den dritten Stand der niedere Adel und den vierten Stand die Städte des Kurfürstentums. Almanc de la cour de. S. A. S. E. De Cologne pour l'annee 1789. Bonn 1789.

8 Eine Ausnahme bildete die Rechtsstellung der Bauern in den Ämtern Rüthen und Geseke, in denen es eine Form der Leibeigenschaft gab. (Staatsarchiv Münster, Herzogtum Westfalen, Landesarchiv Nr. 786).

9 MEISTER, ALOYS, Das Herzogtum Westfalen in der letzten Zeit der kurkölnischen Herrschaft. In: WZ, 64, 1906, S. 96-136 und 65, S. 211-280, S. 212. Grönebach fehlt in dieser Aufstellung. Weitere Patrimonialgerichte besaßen das Kloster Bredelar über Giershagen und das Kölner Domkapitel über Sümmern.

10 Es waren die Ämter Brilon, Bilstein, Medebach, Geseke, Erwitte, Oestinghausen, Fredeburg, Waldenburg, Werl, Marsberg (Stadtberge), Volkmarsen, Menden, Balve und Meschede.

11 Franz Wilhelm von Spiegel schlug damals vor, die Drosten aussterben zu lassen, da sie den Anforderungen einer geregelten Justizverwaltung nicht mehr gewachsen seien (Staatsarchiv Münster, Herzogtum Westfalen, Landesarchiv Nr. 786) und Friedrich Arndts warf ihnen vor „mehr auf dem Sattel als auf ihren Schreibstuben" zu sitzen (Staatsarchiv Münster, Großherzogtum Hessen II A 3).

12 Hierauf machte bereits der westfälische Landtagsdeputierte Adolph von Nagel, aufgeschworen auf Haus Reiste, am Ende des Alten Reiches aufmerksam. (NAGEL, FRANZ ADOLPH v., Kurzgefasste synchronistische und rechtliche Zusammenstellung der wichtigsten Documente und Actenstücke, welche die Verfassung des Herzogthums Westphalen ausmachen. Von einem ritterschaftlichen Mitgliede verfertigt. Auf Kosten der Ritterschaft gedruckt. [1803]).

13 SCHOPPMEYER, HEINRICH, Die Formierung der Landstände im Herzogtum Westfalen und die besondere Rolle Soests. In: Soester Zeitschrift, 103, 1991, S. 13-38, insbesondere S. 22f.

14 SEIBERTZ, UB Bd. II, Nr. 793.

15 Staatsarchiv Münster, Herzogtum Westfalen, Landstände Nr. 3196.

16 SEIBERTZ, UB III, Nr. 969.

17 WINTERLING, ALOYS, Der Hof des Kurfürsten von Köln 1688-1794, eine Fallstudie zur Bedeutung "absolutistischer" Hofhaltung. Bonn 1986.

18 LAHRKAMP, HELMUT, Ferdinand von Fürstenberg (1661-1718). In: Fürstenbergische Geschichte, Bd. 4. Münster 1979; S.18.

19 Text nach Archiv Frhr. v. Elverfeldt-Canstein, Akten A Nr. 76.

20 Staatsarchiv Münster, Herzogtum Westfalen, Landstände Nr. 27 und 28. Die insgesamt 299 Tafeln beginnen mit der Aufschwörung des damaligen Landdrosten Dietrich von Landsberg und enden mit der des Maximilian Franz von Droste-Vischering zu Padberg im Jahre 1803. Die Anlage des nicht datierten Buches ergibt sich aus den Verordnungen zum Nachweis der Ritterbürtigkeit vom 21. Juli und 26. August 1651 (Ebenda Nr. 542).

21 Druck: Über die Erhaltung der öffentlichen Verfassung in den Entschädigungslanden; nach dem Deputations-Hauptschluß vom 25. Februar 1803 mit Anwendung auf das Herzogthum Westphalen von D. Julius Friedrich Runde, Hofrat und ordentlicher Professor der Rechte, wie auch Beysitzer der Juristen-Facultät auf der Georg-Augustus Universität. Göttingen 1805. Anhang S. 67.

22 Dies ist auch der Grund, warum sie so oft überliefert worden ist. Hierzu: Staatsarchiv Münster, Nachlass F. A. v. Spiegel Nr. 324 und Archiv Frhr. v. Schorlemer-Overhagen, C 22. Die Forderung, eine neue Matrikel der Adelsgüter anzulegen, ist im 18. Jahrhundert vielfach gestellt, aber nie umgesetzt worden. (Staatsarchiv Münster, Herzogtum Westfalen, Landstände Nr. 1223).

23 Staatsarchiv Münster, Herzogtum Westfalen, Landstände Nr. 3196.

24 Es ließen sich zahlreiche Beispiele anführen wie das oberste und unterste Haus Melschede, die bereits seit dem 16. Jahrhundert in einer Hand vereint waren oder längst aufgelassene Burgmannssitze etwa in Fredeburg oder Hallenberg.

25 Die Eidesformel in Archiv Frhr. v. Elverfeldt-Canstein, Akten A Nr. 97.

26 Staatsarchiv Münster, Herzogtum Westfalen, Landstände Nr. 1223. Es kam hierbei vor, dass man nach Gütern regelrecht recherchieren musste. So suchte man das „unerfindliche Gut Erlinghausen" oder das Gut Rhade, das längst zur Stadt Lippstadt eingezogen worden war. Bei hohen Kriegskontributionen, wie sie beispielsweise der preußische Obrist v. Bauer 1763 mit insgesamt 146.000 Reichstalern forderte, legte man wiederum die Bilsteiner Redemptionsliste zu Grunde, erhöhte allerdings den alten Anschlag so lange, bis das erforderliche Fixum für die Ritterschaft, in diesem Falle 25.000 Reichstaler, erreicht wurde.

27 Dies versuchte Jobst Adam von Gaugreben zu Bruchhausen mit dem zusammengekauften Gut Valme ohne Erfolg (CONRAD, HORST/TESKE, GUNNAR, Sterbzeiten. Der Dreißigjährige Krieg im Herzogtum Westfalen. Münster 2000, S. 43).

28 Staatsarchiv Münster, Nachlass F. A. v. Spiegel Nr. 324.

29 Frühe Beispiele sind die Familien Wrede auf Schellenstein oder von Padberg auf Padberg, ein späteres Beispiel ist die Familie von Bockum-Dolffs auf Völlinghausen.

30 Staatsarchiv Münster, Herzogtum Westfalen, Landstände Nr. 13. Im Jahre 1639 waren noch 77 Ritter anwesend, 1648 insgesamt 79. In den Jahren nach 1651 sank die Zahl kontinuierlich von 51 auf 36. Die kurkölnischen Staatskalender aus der zweiten Hälfte des 18. Jahrhunderts führen meist um die 60 ritterschaftliche Deputierte auf.

31 Siehe hierzu auch Staatsarchiv Münster, Herzogtum Westfalen, Landesarchiv Nr. 796. Das Privileg wurde vom Adel durch die Zahlung von 13.000 Reichstalern an den Landesherren regelrecht erkauft. Das Indigenat galt nicht für das Personal der kurfürstlichen Domänenverwaltung.

32 Der 1600 verstorbene Landdrost Eberhard von Solms war in der Tat der letzte ausländische Amtsinhaber.

33 Archiv Frhr. v. Elverfeldt-Canstein, A Nr. 98. Es wurden jetzt zur „Beybehaltung des alten Adels" im Herzogtum auch Adelige zugelassen, welche ihre Ahnenproben in anderen Ritterstuben unter den Bedingungen des Herzogtums nachweisen konnten.

34 Siehe hierzu vor allem die Kritik Franz Wilhelm von Spiegels 1784 (Staatsarchiv Münster, Herzogtum Westfalen, Landesarchiv Nr. 786). Spiegel kritisierte auch, dass durch das katholische Reservat viele niederlassungswillige protestantische Unternehmer abgehalten wurden.

35 Staatsarchiv Münster, Herzogtum Westfalen, Landstände N. 3196.

36 Staatsarchiv Münster, Großherzogtum Hessen, I A, Nr. 3.

37 Staatsarchiv Münster, Herzogtum Westfalen, Landstände Nr. 2630. Man argumentierte, das Indigenat passe nicht mehr in die Zeit und verstieße zudem gegen die Religionsfreiheit und die Bestimmungen des Westfälischen Friedens.

38 Großherzoglich Hessischer Civil-Etat mit angehängtem Amts- und Ortsregister vom Jahre 1812. Darmstadt o.J. Unter den neun Mitgliedern der Regierung Arnsberg waren nunmehr nur noch zwei Adelige, Ferdinand Josef von Wrede zu Melschede und Maximilian Friedrich von Weichs zur Wenne. In der Hofkammer und bei dem Hofgericht befand sich kein westfälischer Adeliger mehr.

39 Eine Zusammenstellung der Listen mit über 140 Rittern, die insgesamt 534 Pferde auszurüsten hatten, in:

Staatsarchiv Münster, Nachlass F. A. v. Spiegel, Nr. 324.

40 Gräfl. Archiv v. Droste zu Vischering-Padberg, Akte A 202.

41 SOMMER, Darstellung der Rechtsverhältnisse der Bauerngüter im Herzogthum Westphalen nach ältern und neueren Gesetzen und Rechten. Hamm 1823, S. 237. Der Streit hierüber schwelte schon seit dem letzten Landtag unter Gebhard Truchsess von Waldburg Ende des Jahres 1583 in Brilon (Archiv Fhr. v. Wrede-Melschede, Akte 1463).

42 Archiv Frhr. v. u. z. Brenken-Erpernburg, Familiensachen, Gutachten des Friedrich Carl v. u. z. Brenken zu den Landständen, o. D. (um 1815). NAGEL, wie Anm. 12, behauptete, die Rittergutsbesitzer hätten für den Unterhalt ihrer Meiergüter Kosten aufzubringen, damit diese überhaupt in die Lage versetzt würden, Steuern zahlen zu können; dem Gutsbesitzer würde darüber hinaus dadurch auch noch ein Teil seiner Einnahmen verloren gehen.

43 Die Festsetzung der Schatzung wurde schematisiert. Sie konnte erhoben werden als $1/4$, $1/2$, $3/4$ bis zu einer ganzen Schatzung. Von da an konnte die Schatzung schrittweise jeweils um eine halbe erhöht werden bis zur Höchstzahl 12. Die Quotisation für die zwölffache Schatzung betrug 119.487 Reichstaler und 36 Stüber.

44 Die reale Steuerlast im Herzogtum Westfalen lag dennoch wesentlich niedriger als die in der Grafschaft Mark. Der preußische Beamte Carl Friedrich von Knesebeck errechnete 1797 eine Steuerbelastung pro Einwohner der Grafschaft Mark in Höhe von $3 1/2$ Reichstalern, die im Herzogtum Westfalen nur mit 1 Reichstaler (SCHÖNE, MANFRED, Das Herzogtum Westfalen in der Sicht eines Preußen (1797). In: Westfälische Forschungen, 20, 1967, S. 194-208, S. 200).

45 Die Verteilung der Lasten zwischen den beiden Territorien war kompliziert. Man einigte sich am 7. Dezember 1717 vertraglich. Das Herzogtum zahlte dreimal hintereinander 6/7 und jedes vierte mal 7/8. Das Vest Recklinghausen dreimal nacheinander 1/7 und jedes vierte mal 1/8. (Archiv Fhr. v. Wrede-Amecke, Akte 114).

46 SCHUMACHER, ELISABETH, Das kölnische Herzogtum Westfalen im Zeitalter der Aufklärung unter besonderer Berücksichtigung der Reformen des letzten Kurfürsten von Köln, Max Franz von Österreich. Olpe 1967, S. 93ff.

47 Archiv Frhr. v. Elverfeldt-Canstein, Akten A Nr. 103. Einen ebensolchen Pauschalvorwurf erhoben die Städte des Fürstbistums Paderborn gegen den dortigen Adel (SCHÜTTE, LEOPOLD, Die Landstände des Fürstbistums Paderborn gegen Ende des Alten Reiches, in: Klostersturm und Fürstenrevolution. Staat und Kirche zwischen Rhein und Weser 1794/1803. Dortmund 2003, S. 54-62.

48 GEBAUER, JOHANNES HEINRICH, Das kurkölnische Herzogtum Westfalen im Jahre 1802. Nach einer Denkschrift von Dohm, in: Annalen des Historischen Vereins für den Niederrhein, Bd. 142/43, 1943, S. 242-253.

49 Auf wen die Berechnungen der Ritterkurie zurückgehen, konnte bisher nicht geklärt werden. Zu vermuten ist, dass Franz Wilhelm von Spiegel oder Ferdinand Josef von Wrede zu Melschede dahinterstanden, die sich beide in diesen Jahren intensiv mit der Statistik des Herzogtums beschäftigten (Archiv Frhr. v. Elverfeldt-Canstein, A Nrrn. 103 und 108. Archiv Frhr. v. Wrede-Melschede, Akten 1467-1472). Ludwig Albert Wilhelm Koester sprach von einer „freilich nur ungefähren von dem Resultat einer allgemeinen Vermeßung aber doch nicht sehr weit abweichenden statistischen Notiz des Herzogthums Westphalen". (Etwas über die Verfassung des Herzogthums Engern und Westphalen, besonders in Hinsicht auf das Steuerwesen von L. A. W. Köster. Osnabrück 1802).

50 Archiv Frhr. v. Elverfeldt-Canstein, A Nr. 108. Hierzu auch ausführlich KÖSTER, wie Anm. 49, S. 44ff.

51 Archiv Frhr v. Elverfeldt-Canstein, A Nr. 87. Die Schärfe des Streites gehört sicherlich zur Geschichte der indirekten Auswirkungen der Französischen Revolution auf das Herzogtum. Siehe dazu auch SCHUMACHER, wie Anm. 46, S. 108ff.

52 Archiv Frhr. v. Elverfeldt-Canstein, A Nr. 117.

53 Diese liegen ab dem Jahre 1753 bis zum Jahre 1789 im Staatsarchiv Münster mit einigen Lücken vor (Staatsarchiv Münster, Herzogtum Westfalen, Landstände Nrrn. 3192-4006). Die folgende kurze Darstellung des Geschäftsganges beruht auf der Auswertung dieser Berichte. Zur Geschäftsordnung des Rheinischen Landtages in Bonn siehe BRÜNING, ULF, Wege landständischer Entscheidungsfindung. Das Verfahren auf den Landtagen des rheinischen Erzstifts zur Zeit Clemens Augusts. In: Der Riss im Himmel. Clemens August und seine Epoche, Hrsg. von Frank Günter Zehnder und Werner Schäffke, Köln 1999, Bd. 2 , S. 160-184.

54 Nach dem Eindruck der domkapitularischen Deputierten des Landtages im Jahre 1789 besaßen die gelehrten Räte oft eine lange juristische Erfahrung und „was ein gelehrter h[err] deputatus sagt, wird wohl mehrentheils den deutschen h[erren] bürgermeister[n] ein oraculum seyn." (Staatsarchiv Münster, Herzogtum Westfalen, Landstände Nr. 3196).

55 Der „großen Heerde nach", urteilten die Deputierten 1789, galt die Beschäftigung der Ritterkurie nur ihren „Hunde[n], Häuser[n] und Pferde[n]" (Staatsarchiv Münster, Herzogtum Westfalen, Landstände Nr. 3196).

56 Staatsarchiv Münster, Großherzogtum Hessen, I A, Nr. 3.

57 Staatsarchiv Münster, Nachlass F. A. v. Spiegel Nr. 324.

58 RUNDE, wie Anm. 21. BRENKEN, wie Anm. 42, sprach davon, dass jeweils die „Totalität des Landes" Gegenstand der Verhandlungen sei. Ferdinand August v. Spiegel führte für die Rechte des Landtages die allgemeine Konkurrenz bei der Gesetzgebung ins Feld, das jus proponendi et remonstrandi und das Recht, keine Veräußerung seitens des Landesherrn geschehen zu lassen, damit das Herzogtum „als Ganze[s] zusammengehalten" werde. (Staatsarchiv Münster, Nachlass F. A. v. Spiegel Nr. 324).

59 NAGEL, wie Anm. 12, S. 43 f. und SOMMER, wie Anm. 41, S. 115 und 118.

60 So Franz Wilhelm von Spiegel in seinem Vorwort zu NAGEL, wie Anm. 12. An anderer Stelle verstieg er sich sogar zu einem Vergleich der Landstände des Herzogtums Westfalen mit dem englischen Unterhaus. (Staatsarchiv Münster, Herzogtum Westfalen, Landesarchiv Nr. 786).

61 Staatsarchiv Münster, Herzogtum Westfalen, Landesarchiv N. 786. Ab wann es Diäten gab ist unklar. SOMMER vermutete, sie seien 1654 mit dem recessus perpetuae concordiae eingeführt worden (Von deutscher Verfassung im Germanischen Preußen und im Herzogthum Westfalen mit Urkunden von Johann Friedrich Sommer. Münster 1819, S. 40). Das Verzeichnis der Ritterschaft auf dem Landtag des Jahres 1658 hat am Rande bereits Notizen zu gezahlten Diäten (Staatsarchiv Münster, Herzogtum Westfalen, Landstände Nr. 13).

62 Staatsarchiv Münster, Herzogtum Westfalen, Landstände Nr. 55. Beschwerde von Schorlemer vom 8. September 1790 anlässlich einer Verletzung des Schweigegebotes.

63 Staatsarchiv Münster, Großherzogtum Hessen I A Nr. 3.

64 Der Ruf der adeligen Räte war nicht der Beste (Staatsarchiv Münster, Herzogtum Westfalen, Landesarchiv Nr. 786, wonach Franz Wilhelm von Spiegel ihr Salär als unverdient empfand).

65 NAGEL, wie Anm. 12, S. 43.

66 Staatsarchiv Münster, Manuscripte VII, 5407. Die Beratungstermine waren der jeweils 7. Januar, April, Juli und Oktober. Seit dem Jahre 1800 tagte man nur noch zweimal im Jahr, im Juni und September.

67 Staatsarchiv Münster, Herzogtum Westfalen, Landstände Nr. 50 und Archiv Frhr. v. Weichs-Wenne, Akte Nr. 18. Der Antrag wurde am 15. August 1785 durch den Kurfürsten bewilligt. Als Lieferant für die Uniformstoffe und das Zubehör bot sich der Arnsberger Kaufmann Adam Arens an.

68 Staatsarchiv Münster, Herzogtum Westfalen, Landstände Nr. 3196.

69 Archiv Frhr. v. Elverfeldt-Canstein, A Nr. 98.

70 Ebenda Nr. 87. Gemeint war MEINERS, CHRISTOPH, Geschichte der Ungleichheit der Stände unter den europäischen Völkern. Hannover 1792. Die Schrift spielte auch in der gleichgearteten Diskussion um die Paderborner Landstände eine Rolle (SCHÜTTE, wie Anm. 47). Zu dem Streit siehe auch das Gutachten Friedrich Arndts über die Verfassung des Herzogtums Westfalen vom 9. Oktober 1802 (Staatsarchiv Münster, Manuscripte 5407 und Großherzogtum Hessen II A 3).

71 SCHÖNE, MANFRED, Das Herzogtum Westfalen unter hessen-darmstädtischer Herrschaft 1802-1816. Olpe 1966.

72 Staatsarchiv Münster, Großherzogtum Hessen I A 3.

73 Staatsarchiv Münster, Herzogtum Westfalen, Landstände Nrn. 2624, 2628-2630.

74 Großherzoglich Hessische Verordnungen. Darmstadt 1811. Erstes Heft, S. 1-9 und S. 36f.

75 Staatsarchiv Münster, Nachlass F. A. v. Spiegel, Nr. 324.

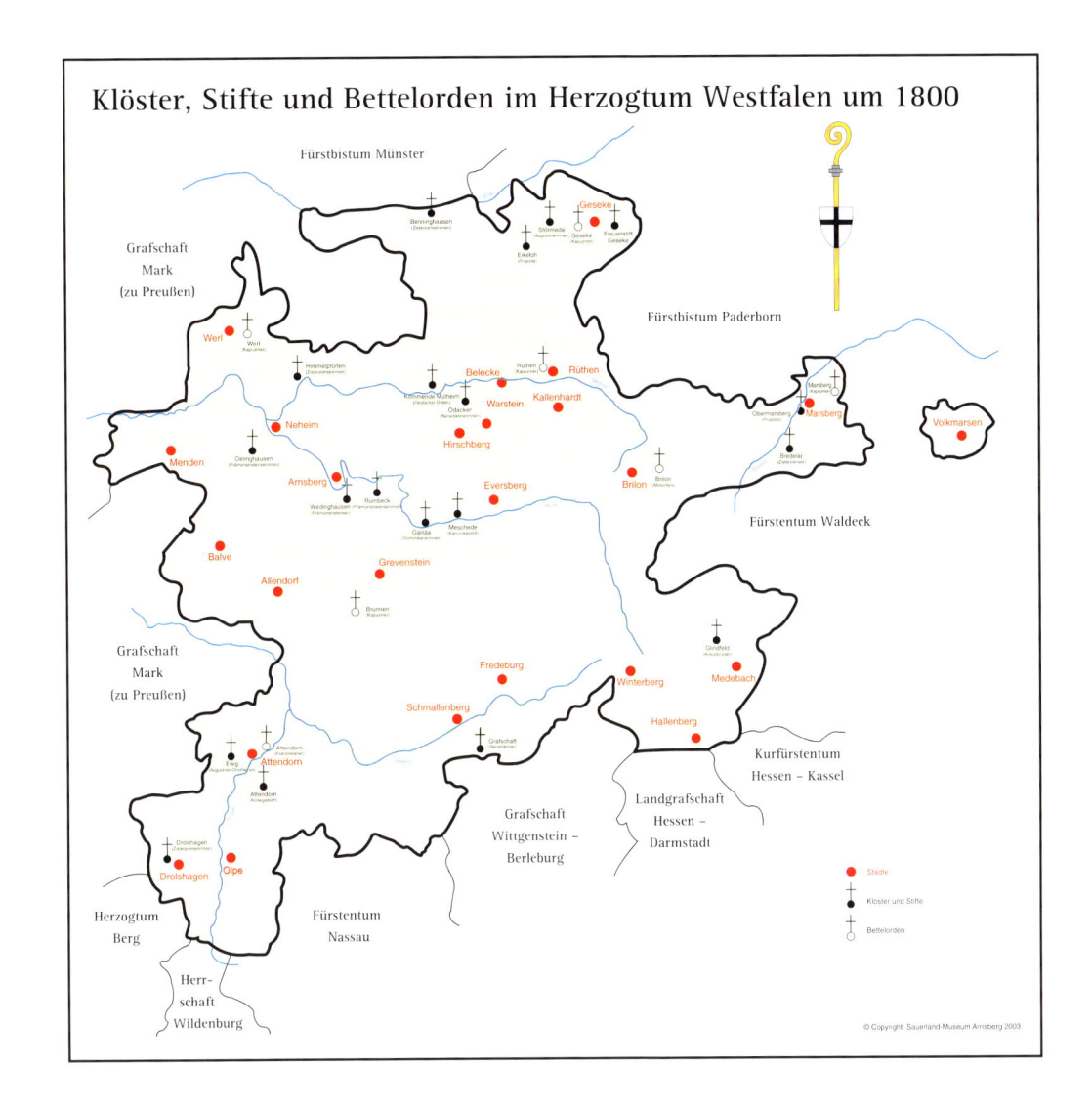

Klöster, Stifte und Bettelorden im Herzogtum Westfalen um 1800

Die Säkularisation und ihre Folgen

Verfassung, Verwaltung, kommunale Verhältnisse

Günter Cronau

Die Säkularisation berührte das Herzogtum Westfalen als Bestandteil eines der bedeutsamsten geistlichen Fürstentümer in Deutschland. Unter geistlichen Staaten versteht man Gebiete mit einem geistlichen Herrn als Landesherr an der Spitze. Im Gegensatz zu den weltlichen Staaten waren diese keine Erbmonarchien, sondern Wahlmonarchien, in denen mit der Bischofswahl auf Lebenszeit auch der Landesfürst gewählt wurde. Das Wahlrecht lag bei den jeweiligen Domkapiteln. Wenige Jahre, nachdem der Erzbischof von Köln auf Grund der Goldenen Bulle Kaiser Karls IV. von 1356 die Kurwürde, also das Recht der Königswahl, erworben hatte, konnte er 1368 durch Kauf und Schenkung des letzten Arnsberger Grafen Gottfried IV. das *„Kernstück"* des Herzogtums Westfalen, die Grafschaft Arnsberg, erwerben und so seinen weltlichen Herrschaftsbereich erheblich ausweiten. Im Laufe der Zeit bildete sich für das Herzogtum, das von den übrigen kurkölnischen Gebieten getrennt lag, eine eigenständige Herrschaftsorganisation heraus. *„Es war ein kleiner Staat für sich"*[1].

Zeit des Kurfürstentums Köln
Verfassung

Die Staatsgewalt über das gesamte Kurfürstentum Köln ging vom Erzbischof und Kurfürsten aus. Doch diese Gewalt war, was das Herzogtum Westfalen anging, nicht unbeschränkt. Auf Grund von Gewohnheiten entstanden Regeln, die am 10. Juni 1463 vom Kurfürsten, dem Kölner Domkapitel und den westfälischen Ständen in der sog. Erblandesvereinigung niedergelegt und 1590 von Kurfürst Ernst von Bayern ohne wesentliche Veränderung des Inhalts überarbeitet wurden. Sie fanden Ergänzungen durch den *„recessus perpetuae concordiae"* von 1654, der Steuerfreiheiten für die zu einem Rittergut gehörenden Ländereien des Adels sowie für gewisse Ländereien der Städte und Freiheiten festlegte, das *„privilegium super jus indigenatus"* von 1662, welches das Recht, Staatsämter im Herzogtum einzunehmen, auf *„der katholischen Religion zugetanen Leuten aus den landeseingesessenen Ständen"* beschränkte, und das 1786 von Kurfürst Maximilian Franz gewährte *„Privilegium betreffend die Erledigung aller wichtigen Landesangelegenheiten auf offenem Landtag"*. Auf Wunsch der Landstände durchbrach Kurfürst Maximilian Franz das *„jus indigenatus"* 1784 durch ein Toleranzedikt, *„das den Zuzug reicher protestantischer Fabrikanten fördern sollte"*[2].

Jeder neu gewählte kölnische Kurfürst hat in Arnsberg die *„gemeinen Lehnstage"* abgehalten, um seine Vasallen neu zu belehnen und deren Huldigung entgegenzunehmen. Dies geschah auf dem ersten Landtage, den der Kurfürst persönlich eröffnete.[3]

Die Beschränkung der kurfürstlichen Gewalt geschah durch die auf die Wahrung ihrer überkommenen Rechte bedachten Landstände. Es waren dies einmal die Ritter und zum anderen die 25 Städte und 11 Freiheiten im Herzogtum. Da das Kurfürstentum unter geistlicher Herrschaft stand, gab es keinen geistlichen Stand, auch wenn das Kölner Domkapitel hin und wieder diese Rechtsstellung im Herzogtum beanspruchte. *„Um Ritter zu werden, wurde 1) der eigentümliche Besitz eines landtagsfähigen adeligen Gutes (Rittersitzes), 2) der Beweis des persönlichen Adels mit 16 Ahnen gefordert."*[4]

Beraten und beschlossen wurde auf jährlichen, meist drei Wochen dauernden und in Arnsberg abgehaltenen Landtagen, wobei beide Kurien getrennt voneinander tagten. Jedem Ritter stand eine Stimme zu. Den Vorsitz in der Ritterkurie führte der Landdrost oder der älteste adlige Rat, der aus der Ritterschaft hervorgegangen sein mußte. Im zweiten landständigen Kollegium waren die vier Hauptstädte Brilon, Rüthen, Geseke und Werl mit je zwei Bürgermeistern, dem Kämmerer und einem weiteren Ratsmitglied, die übrigen Städte und Freiheiten mit je einem Bürgermeister und dem Kämmerer vertreten. Jede Stadt und jede Freiheit hatte eine Virilstimme. Der Vorsitz in diesem Kollegium stand der Stadt Brilon zu. „*Jeder Stand wählte vier ständige Deputierte, welche dem anderen Kollegium die Beschlüsse des eigenen Standes überbrachten*"[5]. An den Landtagen nahmen stets zwei Deputierte des Kölner Domkapitels teil, die „*in der Regel zu keinen anderen Geschäften als zur Mitunterzeichnung des Landtagsabschiedes herangezogen wurden*"[6]. Grundlegend war in den Erblandesvereinigungen, die zu Beginn jeder Sitzungsperiode des Landtags verlesen wurden, bestimmt: „*Der Herr solle Grafen, Freiherren, Ritterschaft, Städte, Freiheiten und einen jeden Untersassen ... beide geistlich und weltlich lassen und behalten bei ihren Rechten, Herrlichkeiten, Gerichten, guten Gewohnheiten, Freiheiten und Privilegien*"[7]. Die Landstände hatten vor allem mitzuentscheiden bei den Landesfinanzen, insbesondere bei der Erhebung von Steuern, und beim Erlaß von Gesetzen.

Zwischen den jährlichen Landtagen traten vierteljährlich, ab 1800 nur noch halbjährlich, die Quartalstände zusammen. Sie bestanden aus dem westfälischen Landdrost und den Räten, den vier ritterschaftlichen Deputierten, den Vertretern der vier Hauptstädte und den vier städtischen Deputierten. Ihre Aufgabe war es, die Landesrechnungen über die Verwendung der Steuern abzunehmen und zu genehmigen, die vom Landtag bewilligten Steuern auszuschreiben und beizutreiben sowie die vom Landtag gefaßten Beschlüsse durchzuführen.

Verwaltung

Die von den anderen Territorien des Kurfürstentums getrennte Lage des Herzogtums Westfalen machte eine ständige Vertretung des Landesherrn erforderlich. Zur Wahrnehmung dieser Vertretungsmacht wurde der westfälische Landdrost bestimmt. Er hatte, wie es im Bestallungsdekret für den Landdrosten Clemens Maria von Weichs zur Wenne heißt, „*alle westfälischen Angelegenheiten mit Zuziehung der adligen und westfälischen Räte in unserer (d.h. des Kurfürsten) Abwesenheit zu regieren und zu verrichten*"[8].

Clemens August Maria Joseph Adam Freiherr von Weichs zur Wenne (1736-1815), letzter Landdrost des Herzogtums Westfalen, Ölbild um 1800

B 4

Der Landdrost bildete mit den 12 adligen Räten und den meistens 5 gelehrten Räten die Westfälische Kanzlei mit Sitz in Arnsberg. Das Recht, sie zu berufen, stand allein dem Kurfürsten zu. Allerdings war dieser dabei an das Indigenatsprivileg sowie an die auf dem Herkommen beruhende Bestimmung gebunden, „*daß nur aufgeschworene westfälische Ritter zu adeligen Räten ernannt werden durften*"[9].

Das galt auch für den Landschreiber, der als Sekretär der Regierung für den gesamten Schriftwechsel der Arnsberger Kanzlei verantwortlich war. Ihm oblag es, bei den Sitzungen des Landdrosten mit den Räten und bei den Quartalkonventionen Protokoll zu führen sowie alle amtlichen Schriftstücke zu unterzeichnen.

Weitere Beamte der Regierung waren der Landpfennigmeister, der die Landeskasse zu verwalten hatte, der Notar, der Staatsanwalt, der Brüchtenmeister, welcher für die Einziehung der Strafgelder zuständig war, sowie einige Unterbeamte. Sie alle wurden im Gegensatz zum Landdrost und den Räten sowie zu den beiden Hofbeamten, dem kurfürstlichen Oberkellner, der die Domänen zu beaufsichtigen sowie die kurfürstlichen Gefälle zu verwalten hatte, und dem Oberjägermeister, der für Forstschutz, ausreichenden Wildbestand und die Aufsicht über die zahlreichen Forstbeamten zuständig war, nicht aus der kurfürstlichen Kasse, sondern aus der Landeskasse bezahlt.

Der Kanzleibetrieb war nach der 1700 erlassenen und 1790 verschärften Ratsordnung abzuwickeln. Allerdings richtete sich der tatsächliche Dienstbetrieb nach dem Belieben des Landdrosten und der oftmals äußerst eigenwilligen Räte. Außerdem war die Arbeit immer wieder gekennzeichnet durch Kompetenzstreitigkeiten mit den zentralen Regierungsbehörden in Bonn, vor allem der Hofkammer, dem Finanzkollegium des Kurfürsten.

Die unterste Stufe der landesherrlichen Verwaltungsorganisation bildeten seit dem 14. Jahrhundert die nach den vier Quartieren Werl, Rüthen, Brilon und Bilstein eingeteilten 15 westfälischen Ämter. An ihrer Spitze stand der Drost, welcher die gleichen Voraussetzungen wie der Landdrost und die adligen Räte haben mußte. Meistens stand ihm ein Amtsverwalter zur Seite. Drost und Amtsverwalter übten in ihrem Bereich die landesherrliche Verwaltung sowie die Justizpflege aus. Die Drosten hatten das Recht, an den Quartalkonventen in Arnsberg teilzunehmen und in ihren Ämtern die Magistratswahlen zu leiten, wovon manche allerdings selten oder gar keinen Gebrauch gemacht haben.

Kommunale Verhältnisse

Die 25 Städte und 11 Freiheiten des Herzogtums Westfalen waren bis zu Beginn der achtziger Jahre des 18. Jahrhunderts eigenverantwortliche und bis auf die Polizeiangelegenheiten von den landesherrlichen Verwaltungsorganen unabhängige Aufgabenträger. *„Der ursprünglich wesentlichste Unterschied hatte sich daraus ergeben, daß die Städte der ehemaligen Grafschaft Arnsberg wie ihre Mutterstadt Lippstadt unter der Grundherrschaft ihres Landesherrn standen, während die freien Stadtgemeinden des übrigen Herzogtums, aufbauend auf dem Stadtrecht von Soest, dem Territorialherrn nur auf Grund der Landeshoheit unterstanden"*[10]. Gemeinsam war ihnen allen die Magistratsverfassung, nach der die Vertretung und Verwaltung der Gemeinde in den Händen eines Kollegiums aus einem oder mehreren Bürgermeistern, einem oder mehreren Kämmerern und mehreren ehrenamtlichen Ratsherren lag.

Die Wahl des Magistrats war in den einzelnen Gemeinden unterschiedlich geregelt. Es gab die direkten Ratswahlen durch die Gesamtheit der Bürger, die Wahl durch „Churherren" und die Berufung durch Kooptation. Nur selten hat der Landesherr von seinem Recht Gebrauch gemacht, durch den Amtsdrost oder einen Kommissar die Wahlen beaufsichtigen zu lassen oder – wie in einigen Gemeinden möglich – bei Stimmengleichheit zu entscheiden.

Der Magistrat, der durchweg kollegial entschied, war für alle kommunalen Angelegenheiten und für die Ausübung der städtischen Gerichtsbarkeit zuständig. Festumrissene Aufgabenbereiche hatten im allgemeinen nur der Kämmerer und der Stadtsekretär. Der Kämmerer war für das Finanzwesen zuständig, der Stadtsekretär für den gesamten Schriftwechsel. Wegen der Kenntnis aller Geschäftsvorgänge kam dem Stadtsekretär oder Stadtschreiber eine einflußreiche Stellung in der Gemeinde zu.

Auf Grund von Aufständen und Protesten gegen die Mißwirtschaft in einigen Gemeinden leitete Kurfürst Maximilian Franz Reformen ein, indem er für solche Gemeinden zwangsweise neue Ratsordnungen erließ. Darin ersetzte er jährliche Ratswahlen durch die Wahl eines ständigen Magistrats. Die Wahl mußte geheim durch acht von allen Bürgern gewählte Churherren unter Aufsicht eines kurfürstlichen Kommissars durchgeführt werden. Er schuf Neuregelungen für die gesamte kommunale Verwaltung, indem er u.a. eine Geschäftsverteilung unter den Bürgermeistern und Ratsherren einführte sowie das Finanzwesen und das Gerichtswesen reformierte.

Zeit der Zugehörigkeit zu Hessen - Darmstadt
Verfassung

Nach dem Frieden von Lunéville 1801 gelang es dem geschickten Abgesandten August Wilhelm von Pappenheim, bei den Verhandlungen der deutschen Fürsten mit dem Ersten Konsul der französischen Republik, Napoleon, über die Entschädigungen für eingebüßte Ländereien auf der an Frankreich gefallenen linken Rhein-

Wir Ludewig X. von Gottes Gnaden

Landgraf zu Hessen, Fürst zu Hersfeld, Graf zu Catzenelnbogen, Dietz, Ziegenhain, Nidda, Hanau, Schaumburg, Ysenburg und Büdingen ꝛc. ꝛc.

Entbieten dem Dhom-Capitel, den geistlichen Stiftern, wie auch der übrigen Geistlichkeit, der Ritterschaft, den Lehns-Leuten und sämmtlichen Einwohnern und Unterthanen des Herzogthums Westphalen Unsre Gnade und alles Gute!

Demnach Uns und Unsern Erben für Unsre abgetretene Lande und Besitzungen unter andern auch das Herzogthum Westphalen im Säcularisations-Zustande, und als eine erbliche Besitzung dergestalt zugetheilt worden, daß solches auf ewige Zeiten Unserm Fürstlichen Hause angehören soll; So haben Wir für zuträglich erachtet und beschlossen, nunmehr von besagtem Herzogthum und allen seinen Orten und Zubehörungen provisorischen Civil-Besitz nehmen zu lassen, und die Regierung darinnen anzuordnen.

Wir thun solches demnach hiermit und in Kraft dieses Patents, verlangen von allen und jeden Eingesessenen des Herzogthums Westphalen, weß Standes und Würden sie auch seyn mögen, so gnädig als ernstlich, daß sie sich Unserer Regierung unterwerfen, vollkommenen Gehorsam in aller Unterthänigkeit und Treue leisten, und sich dieser Besitznehmung und den Verfügungen der zu dem Ende von Uns abgesandten Commissarien und Truppen auf keine Weise widersetzen, auch sich alles und jeden Recurses an auswärtige Behörden bei Vermeidung ernstlicher Ahndung enthalten und, sobald Wir es erfordern werden, die gewöhnliche Erbhuldigung leisten.

Dagegen ertheilen Wir Ihnen zugleich die Versicherung, daß Wir Ihnen mit Huld und Gnade jederzeit zugethan verbleiben, Ihnen Gerechtigkeit und allen Schutz angedeihen lassen, und Ihrem Wohl Unsre Landesväterliche Fürsorge unermüdet widmen werden.

Urkundlich Unsrer eigenhändigen Unterschrift und beigedruckten Insiegels.

Darmstadt den 6ten October 1802.

(L.S.) **Ludewig, L.**

Hessisches Okkupationspatent vom 6. Oktober 1802   H 16

seite das Herzogtum Westfalen für seinen Landesherrn, Landgraf Ludewig X. von Hessen-Darmstadt, zu gewinnen. Mit Zustimmung Napoleons ließ der Landgraf bereits ab 6. September 1802 das Herzogtum Westfalen durch sein Militär besetzen. Am 6. Oktober 1802 erließ er das Okkupationspatent, in dem er von allen *„Eingesessenen des Herzogthums Westphalen"* verlangte, *„daß sic sich Unserer Regierung unterwerfen, vollkommen Gehorsam in aller Unterthänigkeit und Treue leisten, und sich dieser Besitznehmung und den Verfügungen der zu dem Ende von Uns abgesandten Commissarien und Truppen auf keine Weise widersetzen"* und ihnen zusicherte, *„daß Wir Ihnen mit Huld und Gnade jederzeit zugethan verbleiben, Ihnen Gerechtigkeit und allen Schutz angedeihen lassen, und Ihrem Wohl Unsre Landesväterliche Fürsorge unermüdet widmen werden"*[11].

Die Besitzergreifung wurde sanktioniert durch § 7 des Reichsdeputationshauptschlusses vom 25. Februar 1803.

Der Landgraf ließ die Rechte der westfälischen Landstände zunächst unangetastet. Doch auf dem Landtag vom 17. August 1803, dem einzigen unter der neuen Herrschaft, wurde die als Tagesordnungspunkt vorgesehene Bestätigung der Privilegien nicht behandelt. Kurze Zeit später bezeichnete eine landesherrliche Erklärung den höchst umstrittenen *„Recessus perpetuae concordiae"* als *„nicht existent"*. Ebenso galt das *„Privilegium super jus indigenatus"* als erloschen.[12] Ein von den Ständen eingeholtes Rechtsgutachten des Göttinger Professors Justus Friedrich Runde und die eingelegte Beschwerde beim Kaiserlichen Reichshofrat in Wien blieben ohne Auswirkungen. Denn mit dem Beitritt zum Rheinbund der südwestdeutschen Fürsten und seiner Erhebung zum Großherzog war Ludewig X., nachdem auch noch am 6. August 1806 Kaiser Franz II. die römische Kaiserwürde niedergelegt und damit dem Heiligen Römischen Reich Deutscher Nation ein Ende bereitet hatte, ein souveränes Staatsoberhaupt geworden. Seine offizielle Bezeichnung war nun Großherzog Ludewig l. Um in seinem Großherzogtum einheitliche Verfassungsverhältnisse zu schaffen, löste er mit Edikt vom 1. Oktober 1806 die Landstände

Ludewig I., Großherzog von Hessen und bei Rhein (1753–1830). Ölbild von Louis Ammy Blanc, 1846

sämtlicher Provinzen auf und übertrug die Geschäfte den betreffenden Provinzialbehörden.

Verwaltung

Nach der Inbesitznahme des Herzogtums Westfalen wurden die Verwaltungsgeschäfte zunächst vom Personal der kurkölnisch – westfälischen Kanzlei weitergeführt. Dann übernahm als oberste Instanz im Herzogtum eine Organisationskommission unter Leitung von Ludwig Freiherr von Grolmann die Geschäfte. Doch auf das einstige kurkölnische Kanzleipersonal konnte und wollte man nicht verzichten. Es wurde am 17. Oktober 1802 mit Landdrost Clemens August von Weichs an der Spitze auf den neuen Landesherrn verpflichtet.

Durch das Organisationsedikt vom 12. Oktober 1803 wurde das gesamte Territorium in die drei Provinzen 1) Herzogtum Westfalen mit dem Verwaltungssitz Arnsberg, 2) Oberfürstentum Hessen mit dem Verwaltungssitz Gießen und 3) Fürstentum Starkenburg mit der Landeshauptstadt Darmstadt eingeteilt. Den Zentralbehörden in Darmstadt, bestehend aus dem Geheimen Staatsministerium, das in die drei Departements Auswärtige Angelegenheiten, Innere Angelegenheiten und Finanzen untergliedert war, sowie dem Oberappellationsgericht, dem Oberkriegskollegium, dem Oberforstkollegium und dem Oberbaukollegium waren in Arnsberg, wie in den beiden anderen Provinzen die Regierung, die Hofkammer, der Kirchen- und Schulrat, das Hofgericht, das Forstkollegium, später das Medizinalkollegium, sowie die Steuerrektifikationskommission, die Kriegskommission und die Fronfuhrendeputation untergeordnet.

Die Absichten des Kurfürsten Maximilian Franz, auch die Ämter einer grundlegenden Reform zu unterziehen, setzte Großherzog Ludewig l. nach Erstellung mehrer Gutachten mit dem Gesetz über die Neueinteilung des Herzogtums Westfalen vom 22. September 1807 in die Tat um. Statt 15 Ämtern gab es nun die nach übersichtlicher Flächengröße und etwa gleicher Einwohnerzahl zugeschnittenen 18 Ämter Arnsberg, Attendorn, Balve, Belecke, Bilstein, Brilon, Erwitte, Eslohe, Fredeburg, Geseke, Marsberg, Medebach, Menden, Meschede, Oestinghausen, Olpe, Rüthen und Werl. *„Die den Ämtern zugeschlagenen Städte und Freiheiten behielten die konkurrierende Gerichtsbarkeit bis 1809, die Patrimonialgerichte darüber hinaus"*[13]. Die Hälfte der einstigen Drosten wurde als Amtmänner übernommen. Ähnliches galt für einstige Richter, Gerichtsschreiber und Gerichtsdiener. Nach einer gleichzeitig erlassenen Generalinstruktion oblag dem Amtmann als unterer staatlicher Aufsichtsbehörde neben der Rechtspflege die Sorge um die öffentliche Sicherheit und Ordnung, um die Erhaltung der Verkehrswege und um den Feuerschutz, wobei die Polizeirechte der Gemeinden nicht eingeschränkt werden durften. Darüber hinaus hatte er die Haushalte der ihm unterstellten Gemeinden zu überprüfen, die öffentlichen Abgaben beizutreiben und weiterzuleiten sowie dafür zu sorgen, dass die Verordnungen des Landesherrn befolgt wurden.

Kommunale Verhältnisse

Nachdem die rechtlichen Verhältnisse der Gemeinden zunächst unangetastet blieben, kam es am 18. Juni 1808 zu einem einschneidenden Eingriff. Es wurde in den Landgemeinden der Ortsvorstand durch einen Schultheißen ersetzt. Dieser war Staatsdiener und dem Amtmann untergeordnet. Sein Aufgabenbereich erstreckte sich von der kommunalen Rechtspflege über die allgemeine Ordnung und Sicherheit, das Gesundheits- und Wohlfahrtswesen, die Kirchen- und Schulangelegenheiten, einzelne landesherrliche Belange auf dem Gebiete des Militärwesens, das Steuer- und Finanzwesen, die Forstangelegenheiten bis hin zu allen Maßnahmen, die dem Wohle der ihm anvertrauten Gemeinde dienten. Am 1. Juni 1811 wurde die Schultheißenverfassung auch auf die Städte und Freiheiten erstreckt. Dem Schultheißen wurde ein aus vier oder acht Personen bestehender Gemeinderat zur Seite gestellt, der jedes Jahr um ein Viertel durch Neuwahl ausgewechselt wurde. Der Schultheiß war ständiges Mitglied des Gemeinderats und führte den Vorsitz. Der Gemeinderat konnte, was die Verwaltungsgeschäfte des Schultheißen anging, allenfalls Anregungen geben. Ansonsten war er auf die Wirtschaftsführung der Gemeinde beschränkt. Und auch hier waren ihm enge Fesseln angelegt. Die Rechnungsführung hatte ein von der

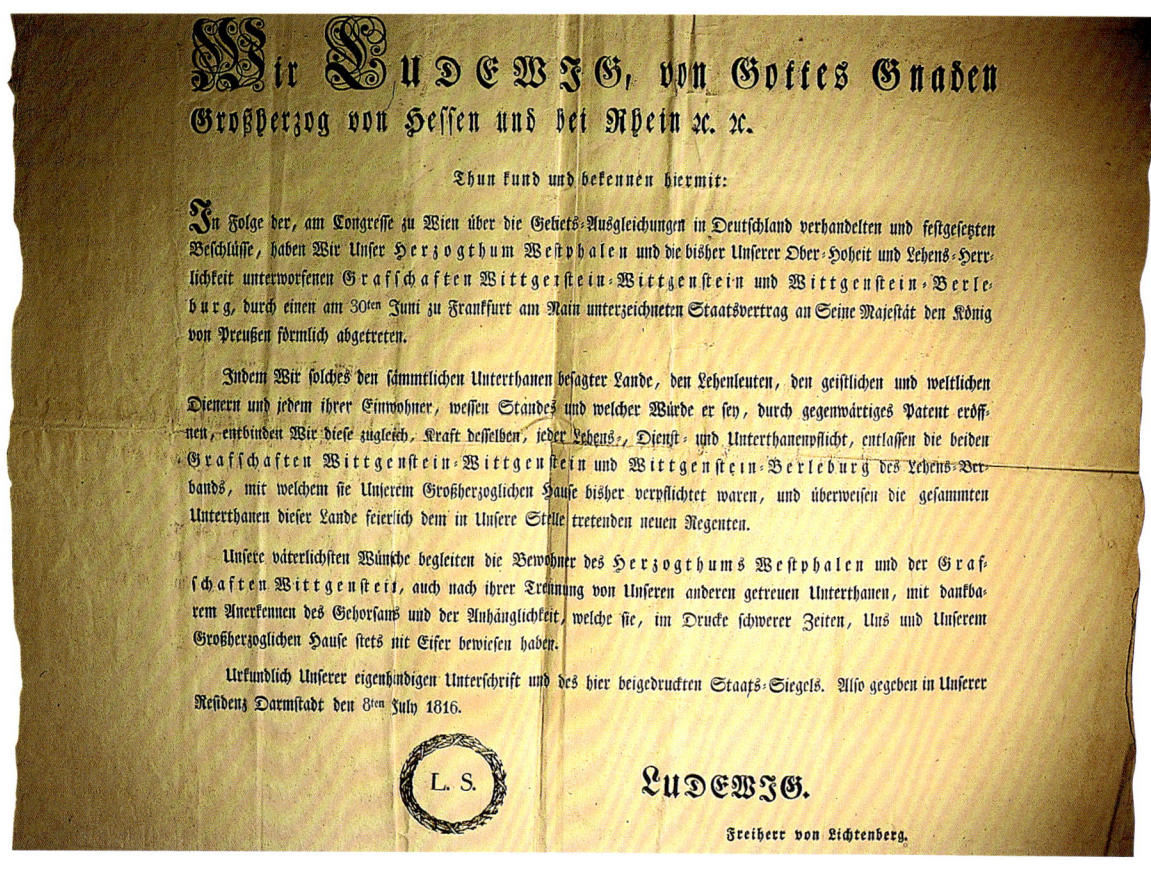

Verzichtserklärung des Großherzogs Ludewig I. vom 8. Juli 1816   N 20

Regierung angestellter Rentmeister zu besorgen, der auch den Haushaltsplan aufzustellen und der Regierung in Arnsberg zur Genehmigung vorzulegen hatte. Mit der Schaffung von 282 Schultheißenbezirken hatte der Großherzog für das Herzogtum Westfalen eine dem modernen Staatsdenken entsprechende durchgängige Verwaltungsstruktur geschaffen.

Im Königreich Preußen
Verfassung
Auf Grund der Generalakte des Wiener Kongresses vom 9. Juni 1815 wurde das Herzogtum Westfalen dem Königreich Preußen einverleibt und im Auftrage des Königs am 15. Juli 1816 von Ludwig Freiherrn Vincke durch Verpflichtung der Beamten und des Militärs in Besitz genommen.
Das Herzogtum gelangte zu einem Staat, der sich nicht nur wegen der erfolgreich beendeten Freiheitskriege gegen Napoleon, sondern auch wegen seiner in Gang gesetzten inneren Reformen in einem starken Wandel befand. Bereits durch das Organisationsedikt vom 24. November 1808 war auf Grund der von Reichsfreiherr Karl vom und zum Stein im April 1806 veröffentlichten *„Darstellung der fehlerhaften Organisation des Kabinetts..."* und seiner im Juni 1807 nachfolgenden berühmten *„Nassauer Denkschrift"* das alte Generaldirektorium durch das kollegiale Staatsministerium mit fünf Ressortministern (Äußeres, Inneres, Krieg, Finanzen, Justiz) abgelöst worden. *„Krönung und Abschluß des Reformwerkes sollte, wie 1808, 1810 und nochmals 1815 versprochen, die Berufung einer Landesrepräsentation auf der Grundlage einer Verfassung darstellen."*[14] Dazu kam es in den nächsten Jahrzehnten nicht.
Doch noch von Wien aus hatte König Friedrich Wilhelm III. am 30. April 1815 die *„Verordnung wegen verbesserter Einrichtung der Provinzialbehörden"*[15] erlassen, nach welcher der preußische Staat in fünf Militärabteilungen, zehn Provinzen und 25 Regierungsbezirke eingeteilt werden sollte. Ein *„Allgemeines Gesetz wegen Anordnung der Provinzialstände"* vom 5. Juni 1823 bestimmte, *„in Unserer Monarchie die ständischen Verhältnisse zu begründen, und*

deshalb Provinzialstände im Geist der älteren deutschen Verfassungen eintreten zu lassen, wie solche die Eigentümlichkeit des Staats und das wahre Bedürfnis der Zeit erfordern"[16]. Mit Gesetz vom 27. März 1824 bestimmte der König für die Provinz Westfalen, zu der nunmehr das einstige Herzogtum Westfalen gehörte, dass die Stände sich wie folgt zusammensetzen sollten: der erste Stand *„aus den vormals unmittelbaren Reichsständen"*, der zweite Stand *„aus der Ritterschaft"*, der dritte Stand *„aus den zur Vertretung des bürgerlichen Gewerbes geeigneten Städten"*, der vierte Stand *„aus den übrigen, im zweiten und dritten Stande nicht begriffenen, Grundbesitzern"*[17]. *„Einstweilen blieb Preußen noch trotz bester Verwaltungsabsichten seiner aufgeklärten Beamtenschaft ein bürokratisch regierter halbfeudaler Ordnungs- und Obrigkeitsstaat ... Die neuen Provinziallandtage besaßen lediglich Beratungs- und Petitionsrecht in Angelegenheiten ihrer Provinzen sowie rein kommunale Verwaltungsbefugnisse (wie Straßenbau, Armenwesen, Krankenhäuser usw.)"*[18]. An der Spitze der Provinz stand der Oberpräsident. Schon am 25. Mai 1815 hatte der König für die Provinz Westfalen mit Sitz in Münster den Freiherrn Ludwig Vincke ernannt.

Friedrich von Bernuth, von 1816-1825 1. Präsident der Königlichen Bezirksregierung Arnsberg N 8

Verwaltung

Mit seiner *„Verordnung wegen verbesserter Einrichtung der Provinzial-, Polizei- und Finanzbehörden"* vom 26.12.1808 führte König Friedrich Wilhelm III. die Regierungen ein. *„Damit wurde der Grundstein für die staatliche Mittelinstanz in Preußen gelegt und ... das Prinzip von der Einheit und Allzuständigkeit in der mittleren Stufe der Staatsverwaltung verwirklicht."*[19]
Für die Provinz Westfalen waren die drei Regierungsbezirke Hamm, Minden und Münster vorgesehen. Dank persönlichen Einsatzes erreichte Oberpräsident Freiherr Vincke in einer Konferenz am 15. Mai 1815 in Berlin, dass an Stelle von Hamm Arnsberg Sitz der Regierung für Südwestfalen wurde. Nach Verpflichtung der von der hessisch-darmstädtischen Regierung übernommenen Beamten konnte die neue *„Königlich Preußische Regierung zu Arnsberg"* am 1. August 1816 ihre Tätigkeit aufnehmen.
Eine der ersten und wichtigsten Aufgaben der von Chefpräsident Friedrich von Bernuth kollegial geleiteten Regierung war es, dem König einen Vorschlag über die Einteilung des Regierungsbezirks in die bis dahin im einstigen Herzogtum Westfalen unbekannten, in den alten preußischen Ländern jedoch seit langem bewährten Kreise zu unterbreiten.
Bereits am 16. Oktober 1816 wurde dem König ein Vorschlag zur Bildung von 13 Kreisen zugeleitet. *„Um seine doppelte Aufgabe: als 'Organ der Regierung' und als Repräsentant seines Kreises zu wirken, unabhängig von finanziellen und politischen Beeinflussungen erfüllen zu können, mußte der Landrat ein begüterter Vertreter aus dem Stande der Grundbesitzer sein. Steins Wertmaßstäbe waren an die damalige Gesellschafts- und Agrarstruktur Preußens gebunden."*[20] Die Kreisordnung von 1827 schuf mit den *„Kreisständen"* ein Gremium, das den Landrat in Kommunalangelegenheiten begleiten und unterstützen sollte. Die Einteilung der Stände entsprach denen im Provinziallandtag.

Kommunale Verhältnisse

Obgleich in Preußen die Städteordnung vom 19. November 1808 galt, durch die *„als erster Grundsatz der politischen Freiheit allen städtischen Gemeinden Selbstverwaltung und Haushaltsautonomie gewährt und so dem Bürgertum seine politische Stellung zurückgegeben worden war"*[21], blieben im Gebiet des einstigen Herzogtums Westfalen vorübergehend die Ämter und Gemeinden in der durch Hessen-Darmstadt festgelegten Art erhalten. Zu Änderungen kam es erst auf Grund der Revidierten Städteordnung vom 17. März 1831 und der Landgemeindeordnung für die Provinz Westfalen vom 31. Oktober 1841.

Zusammenfassung

Mit dem Wechsel der Landesherrschaft vom kurkölnischen Krummstab über den hessischen Löwen zum preußischen Adler hat für die Menschen im Herzogtum Westfalen in einem Zeitraum von etwa dreißig Jahren eine durch Aufklärung, französische Revolution, Napoleon und Säkularisation ausgelöste *„legale Revolution"*[22] von oben stattgefunden, die sie aus mittelalterlichen Lehns- und Standesverhältnissen in einen mit modernen demokratischen Elementen der Selbstverwaltung versehenen, bürokratisch gelenkten Staat geführt hat.

Anmerkungen

1 SCHUMACHER, ELISABETH, Das kölnische Westfalen im Zeitalter der Aufklärung unter besonderer Berücksichtigung der Reformen des letzten Kurfürsten von Köln, Maximilian Franz von Österreich. Olpe 1967, S. 20.

2 SCHUMACHER, Anm. 1, S. 185.

3 FEAUX DE LACROIX, KARL, Geschichte Arnsbergs. Werl 1895, Nachdruck Werl 1971, S. 191 f.

4 FEAUX DE LACROIX, Anm. 3, S. 196.

5 SCHUMACHER, Anm. 1, S. 33.

6 FEAUX DE LACROIX, Anm. 3, S. 198.

7 SCHUMACHER, Anm. 1, S. 21 f.

8 Ebenda, S. 44.

9 Ebenda, S. 46.

10 Ebenda, S. 62.

11 SCHÖNE, MANFRED, Das Herzogtum Westfalen unter hessen-darmstädtischer Herrschaft 1802-1816. Olpe 1966, S. 158.

12 SCHÖNE, Anm. 11, S. 30.

13 Ebenda, S. 42.

14 MIECK, ILJA, Zielsetzungen und Ertrag der preußischen Reformen. In: Preußen, Beiträge zu einer politischen Kultur. Hamburg 1981, S. 189.

15 HÖING, NORBERT, Vom kurkölnischen Herzogtum Westfalen zu Preußen, Jahresgabe 1991 des Fördervereins für das Sauerland-Museum e.V. in Arnsberg, S. 16.

16 LANDSCHAFTSVERBAND WESTFALEN-LIPPE, Westfälische Quellen und Archivverzeichnisse, Band 2: Die Abgeordneten des Westfalenparlaments 1826-1978, S. 15.

17 LANDSCHAFTSVERBAND WESTFALEN-LIPPE, Anm. 16, S. 16.

18 SCHOEPS, HANS-JOACHIM, Preußen, Geschichte eines Staates. Berlin, 7. Aufl. 1967, S. 171 f.

19 STICH, WALTER, Der Regierungspräsident in Arnsberg - zentrale staatliche Verwaltungsbehörde im südwestfälischen Raum. In: Südwestfalen gestern - heute, Regierungsbezirk Arnsberg 1816-1966. Berlin 1967, S. 79.

20 RICHTER, ERIKA/BRÜSCHKE RUDOLPH, Von der Kreisstube zum Dienstleistungszentrum, Landräte und Oberkreisdirektoren im Hochsauerland von 1817-1988. Fredeburg 1988, S. 50.

21 SCHOEPS, Anm. 18, S. 121 f.

22 HUBER, ERNST RUDOLF, Dokumente zur deutschen Verfassungsgeschichte l. 3. Aufl. 1978, Nr. 1, S. 1 ff.

Ein Kulturschock?
Umbrüche im Militärwesen zur Zeit der Säkularisation

Peter M. Kleine

*„Krieg ist stets Ausdruck einer Kultur,
oft sogar eine ihrer bestimmenden Größen,
und in manchen Gesellschaften die Kultur selbst."
John Keegan, 1997*[1]

Unter dem Eindruck der Revolutions- und Befreiungskriege zwischen 1792 und 1815 fügte der preußische Offizier Carl v. Clauswitz seinem Grundlagenwerk „Vom Kriege" einen Überblick über die Militärgeschichte ein, *„... um zu zeigen, wie jede Zeit ihre eigenen Kriege, ihre eigenen beschränkenden Bedingungen, ihre eigene Befangenheit hatte."*[2]
Diese Aussage liefert den Rahmen für diese Untersuchung. Im Mittelpunkt steht die Frage, wie sich in der Zeit der Säkularisation das Erscheinungsbild des Kriegswesens veränderte und welche Folgen dieser Wandel für die Menschen in der Region hatte.
Die Forschungslage ist wenig ergiebig. Grundlegende Informationen bieten Schöne[3] und Bleckwenn. Dazu finden sich einzelne Beiträge in der heimatkundlichen Forschung.

Das Kurkölner Militär:
Truppe in Zeiten der Kabinettskriege ...
Das Heerwesen des 17. und 18. Jh. war geprägt durch den Übergang von den temporären Aufgeboten der Söldner- und Unternehmertruppen zum „miles perpetuus", dem auch in Friedenszeiten stehenden Heer im Dienste des jeweiligen Landesherrn[4]. Zusammenhänge zwischen dem Aufbau stehender Heere und der Herausbildung des absolutistischen Staates sind unbestritten. Das Heer diente als herrschaftliches Machtinstrument und erforderte seinerseits eine effiziente Wirtschaftspolitik und Steuererhebung zur Deckung seines immensen Finanzbedarfs. Vielfach bedeutete daher der Aufbau eines stehenden Heeres einen Erfolg des Herrschers im Streit mit den Ständen um Besteuerungsrechte.

Heerwesen und Kriegführung waren Sache der Kabinette und von der Zivilbevölkerung weitgehend getrennt. Die Verheerung ganzer Landstriche im Kriegsfall verhinderte dies allerdings nicht. Die Truppen setzten sich höchst unterschiedlich zusammen. Gleiches gilt für die Motivation zum Militärdienst. Das Bild des Militärs als Zufluchtsort für entwurzelte Existenzen oder als Haufen durch Brutalität zusammengehaltener zwangsgepresster Kreaturen ist differenziert worden.[5]
Vor diesem Hintergrund zeichnet Hans Bleckwenn ein tristes Bild des Kurkölner Militärwesens.[6] Vor allem die starke Position der Landstände habe, neben anderen in der Verfassung der geistlichen Territorien angelegten Begrenzungen, den Aufbau schlagkräftiger stehender Truppen entscheidend behindert. Besonders die westfälischen Landstände hatten erhebliche Mitsprecherechte sowohl hinsichtlich der Kriegsfinanzen als auch der Rekrutierung behalten.[7]
Die Kleinstaatlichkeit konnte nicht überwunden werden. Selbst wenn mehrere Territorien unter einem Oberhaupt zusammengefasst waren, wie zeitweilig Kurköln, Münster und Paderborn, agierten ihre Truppen selten koordiniert. Bisweilen kam es zu bizarren Konstellationen: Im Spanischen Erbfolgekrieg standen Truppen des Kölner Kurfürsten Joseph Clemens auf französischer Seite u.a. einem Regiment des kaisertreuen Kölner Domkapitels gegenüber.
Das Reich bot keine Stütze. Als souveräner Reichsstand war Kurköln eingebunden in die Reichskriegsverfassung.[8] Sie war jedoch ein Spiegelbild der politischen Zersplitterung des Reiches. Noch im 18. Jh. galt die Matrikel von 1681, nach der die Reichskreise Kontingente zur Reichsarmee aufbieten sollten. Dazu musste jeder Reichsstand einen bestimmten Anteil stellen. Das Erzstift Köln gehörte mit dem Herzogtum Westfalen zum Kurrheinischen Kreis,

die freie Reichsstadt Köln zum Westfälischen Kreis. Im Minimum (das sog. „Simplum") waren 864 Fußsoldaten und 192 Reiter zu stellen. Diese Normzahlen wurden nie erreicht. Das Reichskriegswesen blieb desolat.

Um die kurkölnischen Truppen selbst stand es ebenfalls nicht zum Besten. Eine Kontinuität gebende Regimentstradition bildete sich kaum aus. Das Bild ist zu ergänzen durch Hinweise auf die schwachen Kader mit begrenzten Ausbildungs- und Aufstiegsmöglichkeiten, die Überalterung des Offizierscorps und den Ausfall ganzer Waffengattungen: Kurköln verfügte ab 1736 über keine Reiter mehr. Darüber hinaus vermisst Bleckwenn „*auch schon im Frieden jenes Selbstbewusstsein der Tüchtigkeit und Würde, wie es etwa in Hannover oder Preußen allgemein verbreitet war...*"[9].

Was blieb? Fast nichts, so Bleckwenn: „*Vergebliches Wollen, unrühmliches Ende – kein Wunder, dass nach der Säkularisation dieser Territorien keine rechte Erinnerung an ihr Militärwesen zurückblieb. Erst vor dem Hintergrund ihrer veralteten Strukturen begreifen wir, dass hier alles Bemühen vergeblich bleiben musste.*"[10]

... zwischen Unvermögen oder politischer Rationalität?

Es bleibt zu fragen, ob die Situation damit ausreichend analysiert ist. Untersuchungen in zwei Richtungen könnten zu einem differenzierten Bild beitragen: Welchen Erkenntnishorizont vermittelte die Entwicklung des Militärwesens den Zeitgenossen? Wie stellte sich die reale Bedrohungssituation den politisch handelnden Kräften dar? Sie können hier nur skizziert werden.

Landstände und Bevölkerung sahen im Militär „*einfach nur eine Last*"[11]. Eine Einstellung, die sie mit den meisten Einwohnern anderer Staaten mit stehenden Heeren geteilt haben dürften. Gewiss spielte dabei ein eigennütziges, auf individuelle oder ständische Vorteile bedachtes Denken eine Rolle. Doch auch die staats- und wirtschaftspolitischen Theorien der Zeit setzten sich kritisch mit der Rolle des Krieges und des Kriegswesens auseinander. Es galt als ein Gebot des Merkantilismus, die Bürger soweit möglich unbehelligt von militärischen Lasten zu halten und so ihren Wohlstand und die Finanzkraft des Staates zu sichern.

Das militärische Denken ging ebenfalls neue Wege: Besonders der Siebenjährige Krieg hatte gezeigt, dass große, verlustreiche Schlachten selten entscheidende Einflüsse auf den Kriegsausgang hatten. Das teure, empfindliche und nur aufwendig wieder in Stand zu setzende Instrument „stehendes Heer" war zu wertvoll, um es ohne Hoffnung auf klare Entscheidungen aufs Spiel zu setzen.[12] Zeitgenössische Kriegstheorien postulierten – auch unter dem Eindruck aufklärerischen Gedankenguts – die „*Unmöglichkeit, noch Schlachten zu schlagen und damit auch die Zwecklosigkeit des großen Krieges.*"[13] Die Idee des ewigen Friedens in einem Gleichgewicht der Abschreckung griff um sich.

Wie stand es im Falle Kurkölns um Möglichkeit und Notwendigkeit einer Abschreckungsmacht? Wichtigster Nachbar war die Großmacht Frankreich. Kein noch so leistungsfähiges Kurkölner Militär hätte diesem Nachbarn Paroli bieten können. Das zerrüttete Reich bot keine Sicherheit. Sinn gab nur eine Außen- und Militärpolitik maximaler Zurückhaltung, gegebenenfalls an der Seite des jeweils Stärkeren. In einer Erklärung an die Landstände 1792 bekennt sich Kurfürst Maximilian Franz zu dieser Politik:

„*Se. K.D. hat sich zur Schonung ihrer Untertanen bisher zum unverbrüchlichen Gesetz gemacht, an den auswärtigen Angelegenheiten keinen Anteil zu nehmen.*"[14]

Nicht selten fand man daher den Kölner Erzbischof und Kurfürsten neutral oder auf französischer Seite.

Abgesehen davon sah sich Köln in der zweiten Hälfte des 18. Jh. in keiner konkreten Bedrohungssituation. Von der Großmacht Frankreich hatte das Kurfürstentum wenig zu fürchten. Brach ein Krieg aus und erfasste er das eigene Territorium, so litten Bevölkerung und Wirtschaft in jedem Fall, sei es unter den Forderungen feindlicher, verbündeter oder gar eigener Truppen – das galt übrigens auch für die besser gerüsteten Großmächte der Zeit.

Mithin fehlte jede Motivation für ein Mehr an Rüstung. Clausewitz hat diesen Faktor in die Analyse des Militärwesens eingeführt: „*In allen diesen Fällen, wo der Stoß der Interessen gering ist, das Prinzip der Feindschaft schwach ist, wo man dem Gegner nicht viel tun will und nicht viel von ihm zu befürchten hat, kurz, wo kein großes Interesse drängt und treibt, wollen die Kabinette nicht viel aufs Spiel setzen, und daher diese zahme Kriegführung, wo der feindselige Geist des wahren Krieges an die Kette gelegt wird."*[15] – und noch prägnanter: *„Vor dem Äußersten geschützt, brauchte man nicht mehr das Äußerste zu wagen."*[16] Eine Einstellung, die die Haltung vieler Regierungskollegien des ausgehenden 18. Jh. prägte.

So gesehen schien für die außen- und innenpolitische Selbstbehauptung des geistlichen Kurfürstentums eine auf die Betonung geistlich-kultureller Werte setzende repräsentative Baupolitik sinnvoller, als ein hochgerüstetes Militär. Damit kann der extensiven kurkölnischen Militärpolitik eine gewisse Rationalität zugesprochen werden. Dies sollte neben den von Bleckwenn betonten, in der Verfassung des Kurfürstentums angelegten Begrenzungen berücksichtigt werden. Zu einem Mehr war die Masse der Untertanen – und zwar über die Standesgrenzen hinweg – auch nicht bereit. Das zeigte sich, als das Militär Kurkölns vor seiner entscheidenden Herausforderung stand.

Das Äußerste:
Revolutionskriege und levée en masse

Die Revolutionskriege bedeuteten eine Umwälzung des Kriegswesens. Vor allem die nationale, revolutionäre Begeisterung, die der gleichzeitig eingeführten allgemeinen Wehrpflicht, der levée en masse, erst die notwendige Motivation lieferte, beeindruckte die zeitgenössischen Beobachter:

„Der Krieg – schreibt Carl v. Clausewitz – *war urplötzlich wieder eine Sache des Volkes geworden, und zwar eines Volkes von 30 Millionen, die sich alle als Staatsbürger betrachteten."* Und: *„Nun hatten die Mittel, welche angewandt, die Anstrengungen, welche aufgeboten werden konnten, keine bestimmte Grenze mehr; die Energie mit welcher der Krieg selbst geführt werden konnte, hatte kein Gegengewicht mehr, und folglich war die Gefahr für den Gegner die äußerste."*[17]

Kaiser Napoléon I. als Oberst seiner Garde.
Ölbild von François Gérard, um 1808   K 2

Das Unvorstellbare trat ein: das Territorium, ja der Bestand des Kurfürstentums selbst war existentiell bedroht. Vor dieser Herausforderung versagte die Kölnische Kriegsverfassung vollständig. Erbärmlich lesen sich die Berichte über die flehentlichen Versuche des Kurfürsten, die Stände zu einer angemessenen Reaktion zu bewegen.[18]

Dem entsprach die Haltung großer Bevölkerungsteile, die nicht bereit waren, für das Kurfürstentum ihr Leben aufs Spiel zu setzen. Bezeichnend ist ein Bericht aus Balve. Zum ersten Koalitionskrieg gegen Frankreich musste allein das Herzogtum Westfalen ein Kontingent von 960 Mann für die Reichsarmee stellen. Zwangsrekrutierungen waren notwendig. Viele Militärpflichtige flohen „über die Wupper" ins bergische Ausland oder in Richtung Iserlohn. Als Balver Abgesandte einen Flüchtling aus Hemer zwangsrückführten,

„...begegnete ihnen der Johann Cordes – Vater des Deserteurs –, mit noch zwei preußischen Weibern. Sogleich fing der Johann Cordes an zu schimpfen, zu toben und zu drohen. Er wollte den Stadtschreiber mit seinem Krückstock über den Kopf schlagen. Dabei rief er drohend: "Wo wollt ihr mit meinem Sohn hin? Ich will euch helfen ihn unter die Soldaten zu stecken." Die Weiber riefen dabei: *„Wir lassen uns keine Mannskerle aus dem Lande nehmen."*[19] Schließlich befreite eine aufgebrachte Menschenmenge den Flüchtigen.

Das kölnische Militär wurde hinweggefegt – den stehenden Heeren der Großmächte Österreich und Preußen erging es allerdings nicht viel besser.

Der Schock:
Militärdienst als Massenerfahrung

Mit der Übernahme des Herzogtums Westfalen durch Hessen-Darmstadt änderte sich die Militärverfassung grundlegend. Hessen-Darmstadt hatte sein Militärwesen dem seines Verbündeten Frankreich angepasst.

Von fundamentaler Bedeutung war die Einführung einer allgemeinen Wehrpflicht. 1803 wurden die ersten jungen Sauerländer für die Brigade Erbprinz rekrutiert, deren drei Bataillone auf die Städte Arnsberg, Brilon und Werl verteilt waren. Das städtische Leben in Arnsberg erhielt neue, militärische Elemente: Die Alte Regierung wurde Kaserne, von Doppelposten bewacht, der heutige Brückenplatz diente als Exerzierfeld, militärische Signale hallten über die Stadt.[20]

Am 1. 2. 1804 führte Landgraf Ludewig X. die allgemeine Wehrpflicht für alle 17-25jährigen Männer ein. Sie erstreckte sich über insgesamt 10 Jahre, Freistellungsmöglichkeiten gab es kaum.[21] Gerd Schäfer beschreibt, welch ungeheuren Eingriff in den Alltag diese Verordnung bedeutete: Jetzt „... *war es vorbei mit einer unbeschwerten Jugend, einer geplanten und sicheren Berufsausübung, mit der persönlichen Freiheit in einem wichtigen Lebensabschnitt. Über allem schwebte jetzt das Schicksal, jederzeit aus seinen Verhältnissen herausgerissen zu werden.*"[22]

Die Dienstbereitschaft hielt sich in Grenzen. Viele erschienen nicht zur Musterung, die Zahl der Deserteure war hoch. Sie stieg noch an, als Hessen-Darmstadt 1806 dem Rheinbund[23] beitrat. Es war nur eine Frage der Zeit, bis Truppen aus dem Sauerland gezwungen sein würden, an der Seite Frankreichs in ferne Kriege zu ziehen. Im Oktober des gleichen Jahres war es soweit. Im Preußisch-Französischen Krieg erlitt die Brigade aus dem Herzogtum Westfalen kaum Verluste. Dies änderte sich mit dem Krieg der Franzosen in Spanien ab 1808 und dem Rußlandfeldzug des Jahres 1812. Besonders ab 1808 häuften sich die Zwangsaushebungen. Dabei wurden die Rekrutierungskommandos z.T. von starken Truppenkontingenten unterstützt.[24]

Misslang die Rekrutierung, kam eine Sippenhaftung zur Anwendung. Entzog sich der Sohn dem Militärdienst, wurden Vater, Brüder oder andere Verwandte, deren die Rekrutierungskommandos habhaft werden konnten, herangezogen. Aus dem Jahre 1810 wird folgende Be-

Maria Theresia Johanna Caroline Freifrau von Schaeffer-Bernstein, geb. Harbert (1778-1854).
Pastell, um 1815 — H 4

Oberst Johann Georg Freiherr von Schaeffer-Bernstein (1757-1838), Brigadier der Brigade „Erbprinz".
Pastell, um 1815 — H 3

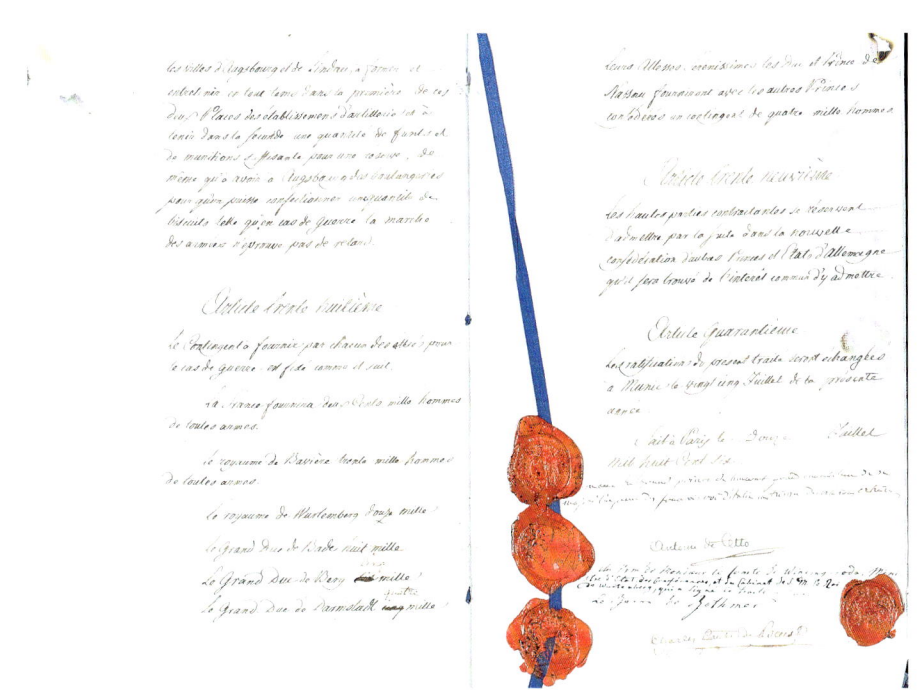

Zwei Seiten der Rheinbundakte von 1806 mit Kontingentierungs-Bestimmungen K 15

gegnung in Obereimer bei Arnsberg geschildert: *„Ich war noch nicht lange dort, als ich einige Soldaten mit fünf Landleuten ankommen sah, welche zum teil grauhaarig, alle die unverkennbarsten Spuren des Elends und Kummers an sich trugen und deren Erscheinung bei den Anwesenden eine neugierige Verwunderung erregte. ... Vier von ihnen waren verhaftet, weil ihre Söhne sich der Konskription entzogen hatten, der fünfte, weil sein Schwager der Konskription entlaufen war. Letzterer hatte ein Weib und kleine Kinder, welche er durch seinen Ackerbau allein ernähren muss; und nun können seine Aecker nicht bestellt werden. Er sitzt schon seit vier Wochen – auf seine Kosten! ... Er vermag nichts über seinen entflohenen Schwager; aber darnach fragt niemand."*[25] Damit dürften die Kommandeure der neuen Einheiten, vor allem auch Oberst Freiherr von Schaeffer-Bernstein, vor erheblichen Disziplin- und Motivationsproblemen gestanden haben.

Am 5. November 1813 trat das Großherzogtum Hessen der Koalition gegen Frankreich bei. In Arnsberg, besonders auch in Sundern, sammelten sich freiwillige Jägerregimenter und Landwehr-Abteilungen. Damit wurde das alte Herzogtum Westfalen in eine völlig neue Militärkultur einbezogen. Die allgemeine Wehrpflicht markiert einen entscheidenden Wendepunkt in der Entwicklung des Militärwesens und der europäischen Gesellschaften. Gepaart mit den Idealen nationaler Begeisterung entgrenzte, ja entfesselte sie Kriegsvorbereitung und -führung. Clausewitz hat dies im ersten Viertel des 19. Jh. deutlich erkannt:

„... seitdem ferner Preußen 1813 gezeigt hat, daß plötzliche Anstrengungen die gewöhnliche Stärke einer Armee auf dem Wege der Miliz versechsfachen können, und daß diese Miliz ebensogut außerhalb des Landes als im Lande zu gebrauchen ist, – nachdem alle diese Fälle gezeigt haben, welch ein ungeheurer Faktor in dem Produkt der Staats- Kriegs- und Streitkräfte das Herz und die Gesinnung der Nation sei, – nachdem die Regierungen alle diese Hilfsmittel kennengelernt haben, ist nicht zu erwarten, daß sie dieselben in künftigen Kriegen unbenutzt lassen werden, ..."[26].

In der Tat – mit der Besitznahme des Herzogtums Westfalen durch Preußen blieb die Wehrpflicht erhalten. Sie umfasste ab 1819 insgesamt 19 Jahre, davon drei Jahre bei der Truppe, zwei bei der Reserve, und jeweils sieben Jahre im ersten und zweiten Aufgebot der Landwehr. Die allgemeine Wehrpflicht wurde das Instrument, mit dem die Nationalstaaten Menschen jeder Region und fast jeden Standes für die Massenheere des 19. und 20. Jh. mobilisieren konnten. Sie bedeutete eine weitere, regionale

Unterschiede einebnende Umwälzung der Lebensverhältnisse und steht dabei im gleichen historischen Kontext wie Industrialisierung, Alphabetisierung oder Urbanisierung. Ganze Generationen wurden in einem kaum zuvor erreichten Maß militarisiert und staatlichem Zwang unterworfen.

Dieser Prozess, der aus *„Europa eine Gesellschaft von Kriegern"*[27] werden ließ, ist längst nicht zureichend erforscht. Es dürfte sich lohnen, die regionalen Entwicklungen genauer zu analysieren. Welche Mechanismen wirkten vor Ort? Wieweit kann von einer Militarisierung des Zivillebens gesprochen werden? War die Wehrpflicht allgemein akzeptiert? Auch schon vor 1870? Galt sie möglicherweise im Sauerland mehr als preußische Last denn als Ehrendienst? Gab es Widerstände und Gegenbewegungen?

Was bleibt?

Die Säkularisation 1803 markierte für die Menschen des Sauerlandes auch die Grenze zwischen zwei grundlegend unterschiedlichen Formen, zwei Kulturen des Krieges.

Vor 1800 war die militärische Organisation und die Kriegführung eine Sache der Kabinette und ihres von der Bevölkerung weitgehend losgelösten Militärapparates. Innerhalb dieses Modells zeigt das Kurkölner Militär Besonderheiten, die nicht nur durch die Grenzen der Verfassung des Kurfürstentums bestimmt waren, sondern auch dem Erkenntnishorizont der politischen Akteure sowohl hinsichtlich einer rationalen Bedrohungsanalyse wie auch der Theorie und Praxis des zeitgenössischen Militärwesens entsprechend gestaltet waren.

Ab 1804 wird auch im Sauerland von den wechselnden Landesherren das Instrument der allgemeinen Wehrpflicht durchgesetzt und damit eine allmähliche Militarisierung weiter Teile der Gesellschaft zumindest ermöglicht. Der Dienst mit der Waffe wird eine Massenerfahrung.

Anmerkungen

1 KEEGAN, JOHN, Die Kultur des Krieges (engl.: A History of Warfare). TB, Hamburg 1997, S. 34.
2 CLAUSEWITZ, CARL VON, Vom Kriege. 18. Aufl. Bonn 1973, S. 973.
3 SCHÖNE, MANFRED, Das Herzogtum Westfalen unter hessen-darmstädtischer Herrschaft 1802-1816. Olpe 1966 (Landeskundliche Schriftenreihe für das kölnische Sauerland 1).
4 FIEDLER, SIEGFRIED, Taktik und Strategie der Kabinettskriege 1650-1792. Bonn 1986, hier: TB, Augsburg 2002, S. 7 ff. – HOHRATH, DANIEL, Spätbarocke Kriegspraxis und aufgeklärte Kriegswissenschaften. Neue Forschungen und Perspektiven zu Krieg und Militär im „Zeitalter der Aufklärung". In: Ders. / GERTEIS, KLAUS (Hg.), Die Kriegskunst im Lichte der Vernunft: Militär und Aufklärung im 18. Jahrhundert, 2. Teil. Hamburg 1999, S. 5 - 47, S. 10 f.
5 HORATH, Anm. 4, S. 23 f.
6 BLECKWENN, HANS, Kurköln/Münster und der „Miles perpetuus". In: BERGHAUS, PETER/KESSEMEIER, SIEGFRIED (Hg.), Köln Westfalen 1180-1980. Landesgeschichte zwischen Rhein und Weser. Münster 1980, Bd. 1: Beiträge, S. 269-274.
7 SCHUMACHER, ELISABETH, Das kölnische Westfalen im Zeitalter der Aufklärung unter besonderer Berücksichtigung der Reformen des letzten Kurfürsten von Köln, Maximilian Franz von Österreich. Olpe 1967 (Landeskundliche Schriftenreihe für das kölnische Sauerland 2), S. 100ff.
8 FIEDLER, Kabinettskriege, Anm. 4, S. 188 ff.
9 BLECKWENN, Anm. 6, S. 273.
10 Ebenda, S. 274.
11 Ebenda, S. 273.
12 FIEDLER, Kabinettskriege, Anm. 4, S. 202f. u. besonders S. 292 ff.
13 Ebenda, S. 293.
14 Zit. n. SCHUMACHER, Anm. 7, S. 99.
15 VON CLAUSEWITZ, Anm. 2, S. 409.
16 Ebenda, S. 967.
17 VON CLAUSEWITZ, Anm. 2, S. 970 u. S. 971. - Grundlegend zur Epoche vgl. FIEDLER, SIEGFRIED, Taktik und Strategie der Revolutionskriege. 1792-1848. Bonn 1988, hier: TB, Augsburg 2002, S. 7 ff. u. S. 173 f.
18 SCHUMACHER, Anm. 7, S. 99 ff.
19 Zit. n. PÜTTER, JOSEF, Sauerländer Grenzland im Wandel der Zeit. Beiträge zur Geschichte der Kreise Arnsberg, Iserlohn und Altena, unter besonderer Berücksichtigung der Gerichts- und Verwaltungsverhältnisse im Amtsbezirk Balve und seiner Nachbargebiete. Balve 1965, S. 84.
20 ELKEMANN, FRANZ, Sauerländer in hessischen und französischen Kriegsdiensten. In: Ruhrwellen, Nr. 1/2, 8. Jg., (1931), o. S.
21 SCHÄFER, GERD, Als Neheim hessisch war, 1802-1816. Stadtbrandkatastrophe 1807 und Wiederaufbau. Arnsberg 1997, S. 102 f.
22 Ebenda, S. 103f.
23 FIEDLER, Revolutionskriege, Anm. 17, S. 99 ff.
24 PÜTTER, Anm. 19, S. 96 für den Balver Raum; dort auch Hinweise zu den Verlusten: S. 97.
25 LÖHMANN, N. N., Arnsberg in hessischer Zeit anno 1810. In: Ruhrwellen, Nr. 11, 4. Jg. (1927), o. S.
26 VON CLAUSEWITZ, Anm. 2, S. 412f.
27 KEEGAN, Anm. 1, S. 48.

Die Reformen in der Land- und Forstwirtschaft – tiefgreifende Veränderungen der Besitz- und Wirtschaftsstrukturen

Bernward Selter

Die Grenzen der traditionellen Landwirtschaft

„Denn wahrlich wird einem alles sauer in diesem rauhen, gebirgigen Erdstrich"[1], klagte 1797 der preußische Leutnant Karl Friedrich von dem Knesebeck über die als unwirtlich empfundene Landschaft des Sauerlandes. Und 20 Jahre später fand Johann Nepomuk von Schwerz im Ruhrtal zwar eine schon zeitgemäße Landwirtschaft vor, fügte jedoch hinzu: *„Ich bitte sehr zu beherzigen, daß das über Meschede Gesagte nur blos von dem Ruhrthal zu verstehen sei. Auf den Höhen geht es anders zu, denn sonst würde das Land nicht den Namen des Sauerlandes, sondern des gelobten Landes führen"*[2]. Topographie, raues Klima, teils dürftige Bodenverhältnisse sowie eine spätfeudale Agrarstruktur hemmten die Modernisierung der Landwirtschaft. Rund 80% der Bevölkerung lebte um 1800 überwiegend von der Landwirtschaft. Freilich waren viele Bauern weder persönlich frei noch konnten sie frei über das von ihnen bewirtschaftete Land verfügen. Die Ernteerträge brachten durchschnittlich nur etwa die drei- bis fünffache Aussaatmenge, und der Anteil des unbearbeiteten Kulturlandes (Brache) war hoch. Wie in Westfalen weit verbreitet, beruhte die bäuerliche Rechtsstellung auch im Sauerland auf der Grundherrschaft. Der Boden, den die Bauern bewirtschafteten, wurde ihnen vom Grundherrn, der das Obereigentum besaß, gegen bestimmte Abgaben und Leistungen zur Nutzung überlassen. Die meisten Bauern besaßen an ihren Höfen in der Regel nur ein zeitlich befristetes bzw. erbliches, dingliches Nutzungsrecht,[3] wobei die Besitz- und Abhängigkeitsverhältnisse regional variierten. Neben freien Erbzins- oder Erbgütern gab es eigenbehörige Kolonate (besitz- und personenrechtlich abhängig) sowie lediglich besitzrechtlich abhängige Pachthöfe (Kolonate).[4] Die klein- und unterbäuerliche Schicht setzte sich aus Köttern und Brinksitzern sowie aus den auf dem Hofgrund integrierten landlosen Beiliegern (Beisassen, Häußler) und Heuerlingen zusammen. Vererbt wurden die ungeteilt weitergegebenen Bauerngüter an nur einen Nachkommen (Anerbenrecht). Dienste (Hand- und Spanndienste, Fuhr- und Jagddienste usw.), Abgaben (Natural- und Geldleistungen) an die Oberherren sowie Steuern und Zehnt setzten die ohnehin geringe Wirtschaftskraft der nur schwach marktorientierten Höfe erheblich herab. Gemeinschaftliche Nutzungsrechte Dritter (z.B. Weiderechte) beeinflussten nicht nur die Bewirtschaftung der „Gemeinheiten", sondern auch diejenige privater Äcker, Wiesen und Wälder.

Durchgehend bebautes Ackerland kannte man lediglich im Ruhrtal, an wenigen Stellen auf der Briloner Hochfläche und in einigen Randlandschaften im Südosten. Für die Umgebung Meschedes zählte Schwerz folgende Fruchtfolgen auf: 1. Jahr Klee, 2. Klee, 3. Klee gedüngt, 4. Roggen, 5. Gerste, 6. Mengkorn, 7. Erbsen, 8. Hafer mit Klee, 9. Klee.

In den höher gelegenen Regionen waren extensive Feldweide- und Feldgraswirtschaften verbreitet. Bei letzteren lagen die hofnahen Feldstücke – Binnen- oder Dungländer – nach mehrjährigem Anbau längere Zeit brach, überzogen sich mit einer Gras- und Krautdecke und standen zwischenzeitlich als Weidefläche zur Verfügung (Dreeschsystem)[5]. Die weiter entfernt liegenden und nur kurzzeitig bebauten *„Wildländer"*[6] oder Außenländer, weiträumige, teils mit Heide überzogene Gemeinheitsflächen und nicht zuletzt der angrenzende Wald bildeten landwirtschaftliche Reserveflächen. Die Haltung von Rindvieh und Schafen war oft die einzige Möglichkeit, dem kargen Lande einen bescheidenen Ertrag abzugewinnen. Die mangelhaft ernährten und im Vergleich zu heute kleineren Tiere irrten oft auf weitläufigen

Brach-, Heide- und Waldflächen herum, die Milchleistung der Kühe war sehr niedrig. *„Und an allem diesem unseligen Wesen sind blos die Gemeinheiten Schuld! Jeder will sein Recht daran benutzen, er jagt also sein Vieh mit dem der Andern hin, und hält dessen mehr, als er den Winter durchbringen kann. Die elenden Sommergerippe werden im Winter noch zehnmal elender."* [7]

Vom Kolon zum rationellen Landwirt

Bis heute wirken die Ereignisse des Jahres 1803 auch in der Land- und Forstwirtschaft nach. *„Besonders die Postulierung eines allgemeinen Staatsbürgertums, der hohe öffentliche Finanzbedarf und der Zwang zur Modernisierung und Vereinheitlichung des bestehenden Abgabensystems (...) bereiteten den Weg für künftige Reformaktivitäten im bäuerlich-ländlichen Raum"* [8]. Dabei hatte die Beschlagnahmung des klösterlichen Vermögens nur geringen Einfluss auf die Agrarstrukturen. Die Ländereien der 17 aufgelösten fundierten Klöster und Stifte des Herzogtums Westfalen wurden vom Staat eingezogen und damit *„Rententitel und Grundbesitz den Staatsdomänen zugeschlagen und der letztere verpachtet"* [9], meist erst später dann veräußert. Viele der ehemals klösterlichen Eigenwirtschaften konnten weiterhin als Gutsbetrieb arbeiten, so etwa in Bredelar, Ewig, Galiläa, Glindfeld, Grafschaft, Himmelpforten, Oelinghausen, Rumbeck und Wedinghausen.[10] Den Bauern auf den Gewinngütern war es einerlei, ob sie ihr Pachtgut als klösterliche oder als staatliche Untertanen bewirtschafteten; auch die bisherigen Abgaben und Dienste blieben bestehen.

Schon bald setzte jedoch eine nachhaltige Umwandlung der Agrarverhältnisse ein. Die traditionelle Agrarverfassung geriet – da wirtschaftshemmend und einer Vermehrung von Bevölkerung und staatlichen Einkünften hinderlich – in die Kritik der neuen hessen-darmstädtischen Machthaber. Ab 1807 ließen sie die Grundsteuerquoten neu festsetzen und ab 1809 eine Landesvermessung als Katastergrundlage durchführen.[11] Das in Anlehnung an die französische Gesetzgebung erlassene Reformwerk, später allgemein unter dem Oberbegriff „Bauernbefreiung" zusammengefasst, führte zu tiefgreifenden Veränderungen der Besitz- und Wirtschaftsstrukturen. Nach der Abschaffung der personenrechtlichen Bindungen und der Verleihung des bäuerlichen Besitzrechts am Boden war die Überführung der gemeinschaftlich genutzten Flächen in individuelles Eigentum ein weiterer Markstein auf dem Weg zur Modernisierung der Landwirtschaft. Den gesetzlichen Rahmen dazu bildeten im Herzogtum Westfalen die Gemeinheitsteilungsordnung vom 9.7.1808 und die Kolonatverordnung vom 5.11.1809.[12] Letztere hob die Erbuntertänigkeit und die persönlichen, ungemessenen Dienste ohne Entschädigung auf, verwandelte Abgaben und Lasten in jährliche Grundrenten und erklärte weitere Gefälle, auf den Grundstücken haftende Gerechtsame und Servituten für loskäuflich. Die Gemeinheitsteilungsordnung gestattete die Aufteilung der Bauerngüter, die Teilung bzw. Abfindung bei Gemeinweiden, Hude- und Mastberechtigungen und *„Forstgemeinheiten"*[13]. Der Ausgleich unter den Grundeigentümern sowie die Abfindung der Berechtigungen erfolgte im Allgemeinen in Grund und Boden. Ihren Abschluss fanden die Reformen in den preußischen Gesetzeswerken, die nach 1816 auch im Sauerland griffen. Dabei beschleunigte sich besonders im Anschluss an die preußische Gemeinheitsteilungsordnung von 1821 die Überführung der gemeinschaftlich genutzten Flächen in individuelles Eigentum.[14] Zwischen 1821 und 1870 sind über 75 % des ehemaligen Markengrundes geteilt worden, die Marken des Arnsberger Waldes waren bereits 1832 im Wesentlichen aufgeteilt.[15]

Auch wenn sich die Umsetzung der Agrarreformen über Jahrzehnte hinzog und fortschrittliche Getreide- und Fruchtwechselwirtschaften mancherorts erst im letzten Drittel des 19. Jahrhunderts Verbreitung fanden, so wurden doch schon 1803 die Weichen für eine zukünftige erwerbsorientierte Landwirtschaft gestellt; der Kolon war auf dem Wege zum rationellen Landwirt. In den nächsten Jahrzehnten konnte die Agrarproduktion gesteigert werden, etwa durch die Auflösung und Kultivierung der Gemeinheiten, die Bebauung der Brache, eine Verbesserung der Gründlandflächen (Wiesenbau) und nicht zuletzt die Intensivierung der

Viehzucht.[16] Neue Fruchtpflanzen – insbesondere Blattfrüchte wie Kartoffeln, Klee, Rüben – wurden angebaut. Die Einführung des Futterbaus sorgte nicht nur für höhere Schlachtgewichte und steigende Milchleistungen, sondern auch für ein höheres Aufkommen an Dünger. Überhaupt nahm die Verbesserung der Düngung durch Einführung der Sommerstallfütterung und den Einsatz von Kalk sowie natürlichen und später künstlichen mineralischen Düngemitteln eine Schlüsselstellung in der Landwirtschaft ein: *„Die Dungstätte ist die Goldgrube des Landmanns. Keine Sache wird aber oberflächlicher und nachlässiger behandelt, als eben die Dungstätten"*[17]. Die bemerkenswerten Erfolge auf dem Gebiet der Viehzucht fasste später die Soester Kreisstatistik mit folgenden Worten zusammen: *„Thierzucht und Thierhaltung werden nicht mehr wie früher als nothwendiges Uebel, nicht nur als Mittel zur Erhaltung der Bodenkraft und zur Erzielung reicher Getreideernten angesehen: sie sind vielmehr zu einer selbstständigen reichen Einnahmequelle für den Landwirth geworden"*[18]. Der Rindviehbestand konnte langfristig vergrößert werden, die Tiere dienten primär als Milch- und Fleischproduzenten, ihre Rolle als Zugvieh und Düngerlieferant war zweitrangig geworden. Die flächendeckende Einführung der Kartoffel und die Ausdehnung des Futtermittelanbaus ermöglichten eine intensive Stallmast der Schweine.

Die Bebauung (Besömmerung) der Brache und billige Wolleinfuhren aus Übersee führten in den 1860er-Jahren zu einem drastischen Rückgang der Schafhaltung.[19]

Der praktischen Umsetzung der in der noch jungen Agrarwissenschaft gewonnenen Erkenntnisse widmete sich die bereits 1809 in Arnsberg ins Leben gerufene „Großherzoglich Hessische Landes-Cultur-Gesellschaft". Unter ihrem Dachverband gründeten sich später die landwirtschaftlichen Kreisvereine – so etwa 1837 im Kreis Arnsberg, 1840 im Kreis Meschede und 1841 im Kreis Brilon.[20]

Weniger erfolgreich entwickelte sich zunächst die Mechanisierung der Landwirtschaft. Bis in die 1880er-Jahre verlief die Agrarmodernisierung immer noch sehr arbeitsintensiv, die Steigerung der Bodenproduktivität und der Erträge beruhten *„in erster Linie auf Handarbeit"*, arbeitssparende Dresch-, Mäh- und Sämaschinen haben sich im Sauerland nur langsam ihren Weg gebahnt.[21] Zwischen der Entwicklung einer technischen Neuerung und ihrer faktischen Anwendung konnten Jahrzehnte liegen.

Der Wald als landwirtschaftlicher Wirtschaftsraum und vorindustrielle Zentralressource

Vor 200 Jahren war der sauerländische Wald kein Wirtschafts- und Erholungswald wie wir ihn kennen. In ihm wuchs kaum Nadelholz, sondern fast ausschließlich Laubholz. Landwirtschaftliche und frühgewerbliche Bedürfnisse hatten im Laufe der Jahrhunderte zu Waldbewirtschaftungsarten geführt, die heute fast in Vergessenheit geraten sind. Niederwälder mit Umtriebszeiten zwischen 10 und 30 Jahren dienten zur Produktion von Nahrungsmitteln (temporäre Kultivierung nach Brandrodung), als Weidefläche und zur Holz- wie auch Rindennutzung – als Kombination land- und waldwirtschaftlicher Betriebsformen sind die Hauberge im Siegerland und im Kreis Olpe hinlänglich bekannt.[22] In Mittelwäldern konnten verschiedene Nutzungen auf einer Fläche gleichzeitig ausgeübt werden. Ihr Aufbau mit Stockausschlägen[23], lichtem Unterbewuchs und einem Kernwuchs aus alten Eichen und Buchen war wie geschaffen für die Mast, aber auch für die Gewinnung von Brenn- und Wertholz.

Vielfach ließ jedoch der Zustand vieler Wälder zu wünschen übrig. Besonders in Siedlungsnähe waren sie aufgrund von Übernutzungen oft von Blößen und Heideflächen unterbrochen; die Gesamtwaldfläche war um 1800 geringer als heute. In einer Beschreibung der Wälder des Amtes Medebach heißt es 1811: *„Die Bergseiten nehmen in der Regel theils Heidfelder, theils Waldungen ein, leider aber sind letztere so devastirt, daß 100 und mehrere Jahre, dazu gehören, bis dieselben den Regeln einer geläuterten Forstwirthschaft zufolge, in gleichen Bestand gebracht werden können"*[24]. Gehäuft finden sich in dieser Zeit Berichte über verwüstete, „devastierte" Waldungen, ja sogar über einen drohenden Holzmangel. Wenngleich viele dieser bereits in älteren Forstordnungen auftauchenden Klagen einer Quellenkritik nicht standhalten, hatten übermäßige Holz- und Weidenutzungen besonders in den Höhenlagen und in der Nähe gewerblicher Produktionsstätten im Laufe der Zeit den Wald in Gestalt und Aufbau verändert. Im ehemaligen Amt Olpe sollen 1808 von 11.385 ha Waldboden 5.881 ha völlig entblößt gewesen sein.[25]

Eine Waldbeschreibung aus dem Himmelpforter Wald (1803):

„Die zu rubrizierten Kloster gehörigen Waldungen, enthalten ohngefehr 524 Morgen. Der Bestand derselben besteht meistens aus alten, vormals gepflanzten Eichen, unter welchen der junge Unterwuchs von Buchen, Birken, Haseln pp. als Niederwald behandelt ward. Unter den 19 in angebogener Forstbeschreibung bemerkten Districkten, kann man nur auf 5 derselben Rechnung machen, welche durch natürliche Besaamung, und Wiederausschlag der abgetriebenen Stöcke sich allenfalls selbst wieder in einen guten Holzbestand bringen können, die übrigen müßen alle durch künstliche Besaamung, und Pflanzung künftig mit vieler Mühe und Kosten wieder nachgeholfen werden. - Das Kloster hielt nie einen eigenen Förster auf diesen Wald sondern der Verwalter, - der Pförtner, welcher für jeden dem Probste angezeigten Exzeß 6 Stüber erhielt, - und die Knechte versahen dessen Dienst, wodurch denn die meisten Districkte verhauen, und die nicht selbst ruinirten, durch die angrenzenden Ortschaften ausgefrevelt wurden. - Obgleich die Eichen wegen der Mast zum Nachteil des Klosters geschont wurden , - woher denn eine Menge derselben, gipfeldür, und faul - dermalen dem Auge einen traurigen Anblick gewähren - so ward dafür das schönste Buchen Stammholz, und alles Unterholz, ohne alle Regeln der Forstwirtschaft willkürlich, wie es die unwissenden Menschen für gut fanden, weggehauen, und dadurch viele sonst mit schönen geschlossenen Holz bestandenen Districkte in Blößen verwandelt, welche dermalen mit Heide - Mooß - Heidelbeeren pp. bewachsen sind.

Zu dem Ruin dieses Waldes trug die auf demselben haftende Servitut der Viehhütung von der Gemeinde Niederense vieles bei, welche das Recht hat, beinahe die Hälfte desselben mit ihrer starcken Viehheerde von 70 bis 80 Stück zu beweiden, wogegen jeder Gemeindsman jährlich nur 8 Stück Eichen anzupflanzen verbunden ist; - außerdem aber trieb auch noch das Kloster täglich seine Vieh-, und Schaafheerde, welche nicht unbeträchtlich ist, darinn. - Von Heegen, oder Zuschlag wüste man hier nichts; daher denn von Seiten des Klosters hieran gar nicht gedacht ward, und nur erst seit unserem Hiersein sind der Gemeinde Niederense vor das erste zwei Districkte eingehangen, das Kloster aber mit seiner Viehhütung im Walde noch mehr beschränkt worden.

Die ständigen Holzabgaben aus demselben bestehen nur aus dem nötigen Bau- und Brandholz für das Kloster, und dessen Gebäude, und nur das Dorf Niederense hat das Recht, unfruchtbares Lagerholz aus diesem Wald zu holen, wobei ihnen aber dermalen untersagt ist, kein haubares Instrument bei sich zu führen. (...)

Die Grenzen des Himmelpforter Waldes sind wie bei den meisten Waldungen im hiesigen Lande ebenfalls nicht berichtigt, und würde eine künftige Grenzregulierung, und Versteinung derselben höchst notwendig, und vorteilhaft sein.

Himmelpforten d. 26ten Octbr. 1803
v. Schwartzkoppen"

(Quelle: „Die Forstbereitung der zum Kloster Himmelpforten gehörigen Waldungen betreffend", Staatsarchiv Münster, Grhzm Hessen, I E, Nr. 9.)

Damals bildete der Wald die Lebensgrundlage der Landwirtschaft; kein Produkt spielte im Alltag der Menschen eine größere Rolle als das Holz. Dementsprechend umfangreich waren viele Höfe mit Holz-, aber auch Waldweiderechten in den oft gemeinschaftlich genutzten Mark- und Gemeindewaldungen ausgestattet. Eine Forstwirtschaft im eigentlichen Sinne existierte nur in wenigen landesherrlichen Waldgebieten.[26] Neben dem Brenn- und Nutzholz gewannen die Menschen im Wald Nahrungs- und Futtermittel (Beeren, Gras, Laub), Dünger und Einstreumaterial (Streunutzung, Heidhackerei und Plaggenhieb). Kaum eine andere Waldnutzung übte einen so nachhaltigen Einfluss auf die Entwicklung der Vegetation und der Bodenzusammensetzung unserer Wäl-

Ansicht des Schlosses Hirschberg, Sitz des kurkölnisch-westfälischen Forst- und Jagdamtes.
Aquarellierte Federzeichnung von Ferdinand Holzapfel, nach 1753

C 1

der aus wie die Waldweide (Waldhute). Neben Schweinen (Schweinemast) bevölkerten Rinder, Pferde, Esel, Schafe und Ziegen (Waldweide, Hute) besonders die hofnahen Waldstücke, aber auch weiter entfernt liegende Distrikte. Die landesherrlichen Forstverwaltungen von Kurköln über Hessen-Darmstadt bis hin zu den Preußen haben derartige forstliche „Nebennutzungen" oftmals nur geduldet oder teilweise verboten.

Seit dem Merkantilismus konzentrierte sich die landesherrliche Forstpolitik auf die Produktion ökonomisch verwertbarer Waldprodukte, um dem inländischen Gewerbe Holz, Holzkohle und Pottasche möglichst preiswert zur Verfügung zu stellen. Holz war die vorindustrielle Zentralressource,[27] die Holzkohle des Herzogtums wesentlicher Standortfaktor für das einheimische und das Siegerländer Eisengewerbe.

Die hessische Einheitsforstverwaltung

Wie entwickelte sich aus landwirtschaftlichen „Nährwäldern" und vorindustriellen „Energiewäldern" der spätere Wirtschaftwald? Auch hier liegen die Wurzeln teilweise in den Ereignissen des Jahres 1803. Zunächst vergrößerte sich mit der Säkularisation der Staatswaldbesitz beachtlich. Im Herzogtum Westfalen fielen die Klosterwaldungen von Bredelar, Drolshagen, Ewig, Grafschaft, Glindfeld, Himmelpforten, Meschede, Oelinghausen, Rumbeck, Paradiese und Wedinghausen an den Staat.[28] Besaßen die klösterlichen Gewinnhöfe Wald (Klosterkolonenwald), so gelangte dieser, da hier dem Kloster als Grundherrschaft Mast- und Holzrechte zustanden, nach der Säkularisation häufig an den Fiskus als Rechtsnachfolger der aufgehobenen Klöster.[29]

Nach der hessischen Inbesitznahme des Herzogtums Westfalens stellte man die Verwaltung der Forsten sowie die Regelung ihrer Nutzung unter strikte staatliche Kontrolle. Mit dem Organisationsedikt vom 12.10.1803 wurde in Arnsberg ein Forstkolleg als Mittelbehörde unter dem Darmstädter Oberforstkollegium errichtet. Das der früheren kurkölnischen Hofkammer in Bonn zugeordnete Westfälische

Forst- und Jagdamt im Hirschberger Jagdschloss wurde aufgelöst.

Seinen früheren Einflussbereich dehnte man nun über die landesherrlichen Forsten und die Marken des Arnsberger Waldes auf sämtliche Forsten des Landes aus. Mit dem 1.4.1804 wurden die Wälder in zwei Oberforste (Werl und Brilon/Bilstein) mit insgesamt zehn Oberförstereien bzw. „Forstbereutereien" aufgeteilt.[30] In viele ehemalige Klostergebäude zogen in diesen Jahren staatliche Förster ein, so etwa in Ewig, Glindfeld, Himmelpforten und Rumbeck. In Arnsberg diente das Pfort- und Jagdhaus des von den Hessen umgebauten Gutes Obereimer von nun an als Sitz des „Forstes" – später der Oberförsterei - Obereimer.

Obereimer beherbergt nunmehr seit 1803 durchgehend eine Forstbehörde. Mit der am 16.1.1811 veröffentlichten Verordnung „behufs gleichförmiger Organisation des gesamten Forstwesens in den Großherzoglichen Landen"[31] installierte Hessen-Darmstadt eine straffe staatliche Einheitsforstverwaltung mit zwei Oberforsten (Arnsberg und Brilon) und 13 untergeordneten Forsten. Eine lückenlose Beförsterung aller Wälder des Landes durch staatliche Forstbedienstete setzte ein. Eine schon 1807 den Kommunen aufoktroyierte Forstordnung schränkte die kommunale Dispositionsfreiheit über die Forsten erheblich ein. Preußen hat sie per Verordnung vom 24.12.1816 durch einen moderateren Kurs wieder gelockert, allerdings unter Wahrung einer ordnungsgemäßen Bewirtschaftung des Gemeindevermögens.

Die dem Geist der „Bauernbefreiung" widersprechende Einschränkung der individuellen Verfügbarkeit und Bewirtschaftung entsprang nicht nur dem Ansinnen, Macht und Einnahmen des Fiskus zu erhöhen, sondern resultierte auch aus einer gewissen Sonderrolle der Forstwirtschaft gegenüber der Landwirtschaft. Aufgrund des langfristigen Waldwachstums operiert die Forstwirtschaft mit extrem langen Zeiträumen und nicht mit meist nur jährlichen Erntezyklen.[32] Diese Langfristigkeit der forstlichen Planung wurde aber bei der Privatisierung der Marken zu wenig berücksichtigt. Der Mescheder Forstmeister Grashoff stellte 1826 resigniert fest: *„Man mag Aecker und Wiesen theilen, um ihre Kultur zu befördern; die Theilung großer zusammenhängender Waldungen in kleine Privat-Antheile, wird immer eine entgegengesetzte Wirkung und endlich ihr ganzes Verschwinden zur Folge haben".*[33] Viele der

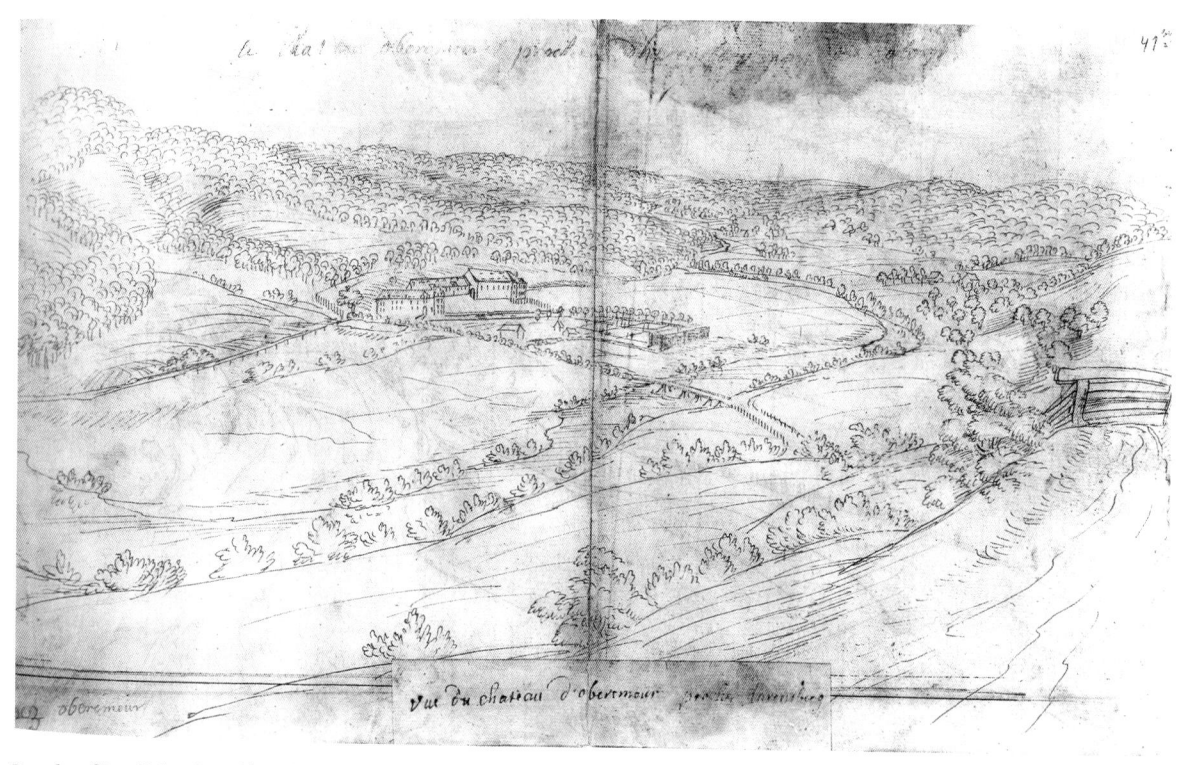

Das kurfürstliche Gut Obereimer. Federzeichnung von Renier Roidkin, vor 1733

LUDEWIG
von Gottes Gnaden
Großherzog von Hessen, Herzog
in Westphalen ꝛc. ꝛc.

Die meisten, vorzüglich aber die den Kommunen zustehende Waldungen in Unserm Herzogthum Westphalen, befinden sich in einem solchen devastirten Zustande, daß die bisherige Vernachläßigung einer forstwirthschaftlichen Behandlung und gehörigen genauen Aufsicht, offenbar vor Augen liegt. Wir sind daher genöthigt, zum Besten der Kommunen und des Landes, Unsere landesherrliche Wirksamkeit eintreten zu lassen, und verordnen deshalb, was insbesondere die Waldungen der Städte und Freiheiten dieser Provinz betrift, hiermit gnädigst Folgendes:

Erster Abschnitt.
Von den Behörden in den Kommunal-Forstsachen der Städte und Freiheiten und ihrem Ressort.

§. 1.
Die anhaltende Sorge für Sicherung, Verbesserung und zweckmäßige Verwaltung der Kommunal-Waldungen, für die möglichst nützliche Verwendung der Einkünfte aus denselben, und eine strenge Ordnung in dem hierauf Bezug habenden Rechnungswesen, ist und bleibt eine der wesentlichsten Pflichten des Magistrats, und es liegt im Umfange der Amtspflichten

Auszug aus der „Forst-Ordnung für die Städte und Freiheiten im Herzogthum Westphalen" von 1807

meist unter Kapitalmangel leidenden Bauern hatten die parzellierten und entfernt liegenden, in Privatbesitz übergewechselten Waldstücke weder angemessen forstlich bewirtschaften noch in andere Kulturflächen umwandeln können. Im Justizamt Olpe waren die Verhältnisse so alarmierend, dass die hessische Forstadministration 1810 dort eigens eine Forstordnung erließ, in deren Folge man mancherorts den zersplitterten und realgeteilten Wald in einer Art Haubergswirtschaft mit genossenschaftlichem Betrieb zusammenführte (Forstbezirke).[34]

Forstwirtschaft an der Schwelle zur Moderne
Obwohl in der Forstwirtschaft mehrere Jahrzehnte vergehen, bis sich Neuerungen in der Praxis durchsetzen, wurden in der knapp 14-jährigen hessen-darmstädtischen Regierungsperiode in der Forstwirtschaft Umstrukturierungen eingeleitet, die Aufbau und Zusammensetzung der Wälder bis in unsere Zeit verändert haben und in der Anwendung forstwissenschaftlicher Prinzipien in vielen Bereichen richtungsweisend waren. In ihrer Ausführung jedoch sind sie durch mangelnde Sensibilität gegenüber den Problemen und Erfordernissen der Landwirtschaft geprägt gewesen. Zu jener Zeit wurde der Grundstein gelegt für das forstliche Gegenstück zu Albrecht Thaers „rationeller Landwirtschaft". Die „rationelle Forstwirtschaft"[35] visierte als Hauptziel die maximale Holzerzeugung an; die damals beginnende Waldbauperiode ist gekennzeichnet durch die Schaffung neuer Waldflächen und durch Wiederaufforstungen ehemaliger Heideflächen. Die Hessen schufen auch das Fundament für den umfassenden Waldbestockungswandel und die Umwandlung der Nieder- und Mittelwälder in Hochwald. Erste großflächige Nadelholzaufforstungen (mit Fichte und Kiefer) begannen das Gesicht einer ganzen Kulturlandschaft nachhaltig zu verändern. Mitte des Jahrhunderts schließlich wurde der Nähr- und Energiewald in die Ökonomie des Marktes überführt, Land- und Forstwirtschaft entmischten sich. Der gewerblich-industrielle Holzbedarf definierte die Waldfunktionen neu, der Nutzholzmarkt (Eisenbahnbau, Bergbau, Hausbau) expandierte. Der Umstieg der rheinisch-westfälischen Eisenindustrie auf fossile Brennstoffe (Steinkohle) und die sich verbessernden Transportverhältnisse ließen den Brennholzmarkt zusammenbrechen. Die Meilerköhlerei und später auch die Lohgewinnung in den Eichenschälwaldungen gingen zurück. Die schnellwachsende Fichte begann ihren Siegeszug als neue Hauptholzart Südwestfalens vor allem ab Mitte des 19. Jahrhunderts.[36] Erst Jahrzehnte nach ihrer Anlegung offenbarten die neuen monotonen Kunstwälder auch ihre Schwächen.

Anmerkungen
1 SCHÖNE, MANFRED (Bearb.), Das Herzogtum Westfalen in der Sicht eines Preußen (1797) [nach der 1797 von Karl Friedrich von dem Knesebeck verfaßten „Geographie des Herzogtums Westfalen"]. In: Westfälische Forschungen 20 (1967), S. 194-208, hier S. 197.

2 SCHWERZ, JOHANN NEPOMUK von, Beschreibung der Landwirthschaft in Westfalen und Rheinpreußen. Erster Theil. Stuttgart 1836, Neudr. Münster-Hiltrup o. J., S. 402.

3 Vgl. BRAKENSIEK, STEFAN, Agrarreform und ländliche Gesellschaft. Die Privatisierung der Marken in

Nordwestdeutschland 1750-1850. Paderborn 1991, S. 25f., 362ff., 385f. - SELTER, BERNWARD, Waldnutzung und ländliche Gesellschaft. Landwirtschaftlicher 'Nährwald' und neue Holzökonomie im Sauerland des 18. und 19. Jahrhunderts. Paderborn 1995, S. 47ff.

4 Zur Prämonstratenserabtei Wedinghausen beispielsweise gehörten u.a. 69 Kolonen- und Pachtgüter, zur Benediktinerabtei Grafschaft gar 143 (SCHÖNE, MANFRED, Das Herzogtum Westfalen unter hessen-darmstädtischer Herrschaft 1802-1816. Olpe 1966, S. 123, 17. - KLUETING, HARM, Die Säkularisation im Herzogtum Westfalen 1802-1834. Vorbereitung, Vollzug und wirtschaftlich-soziale Auswirkungen der Klosteraufhebung. Köln, Wien 1980, S. 82-87).

5 MÜLLER-WILLE, WILHELM, Der Feldbau in Westfalen im 19. Jahrhundert. In: Westfälische Forschungen 1 (1938), S. 302-325, hier S. 307f., 400f.

6 Nach den Katasterunterlagen von 1822-1835. In: Staatsarchiv Münster, weiterzitiert StAMS, Reg. Arnsberg Katasterverwaltung, Nr. 652, 654, 657, 660.

7 SCHWERZ, Anm. 2, S. 404.

8 FLECK, PETER, Agrarreformen in Hessen-Darmstadt. Agrarverfassung, Reformdiskussion und Grundlastenablösung (1770-1860). Darmstadt, Marburg 1982, S. 184. – vgl. auch LAHRKAMP, MONIKA, Die französische Zeit. In: KOHL, WILHELM (Hrsg.): Westfälische Geschichte, Bd. 2. Düsseldorf 1983, S. 1-43, hier S. 16f.

9 LAHRKAMP, Anm. 8, S. 8f.

10 SCHÖNE, Anm. 4, S. 123. - LAHRKAMP, Anm. 8, S. 18 - KLUETING, Anm. 4, S. 183ff. - Die Benediktinerabtei Grafschaft rechnete eine fast 150 ha große Eigenwirtschaft zu ihrem Besitz sowie Wälder in einer Größe von weit über 2.500 ha (KLUETING, Anm. 4, S. 85-87, 228. – SCHÖNE, Anm. 4, S. 127. - SELTER, Anm. 3, S. 81).

11 StAMS, Grhzm. Hessen I E, Nr. 1. - SCHÖNE, Anm. 4, S. 52f.

12 SCOTTI, J. JOSEF (Hrsg.), Sammlung der Gesetze und Verordnungen, welche in dem vormaligen Churfürstenthum Cöln (...) über Gegenstände der Landeshoheit, Verfassung, Verwaltung und Rechtspflege ergangen sind, vom Jahre 1463 bis zum Eintritt der Königl. Preußischen Regierungen im Jahre 1816. Bd. II, 1. Düsseldorf 1831, Nr. 276, S. 364ff.; Nr. 360, S. 464ff.

13 Ebenda, S. 366.

14 Vgl. SCHÖNE, Anm. 4, S. 75f. - BRAKENSIEK, Anm. 3, S. 2, 10f., 77ff. - JACOBS, FRANZ, Die Flurbereinigung in Westfalen. Eine Darstellung der Gemeinheitsteilungs- und Zusammenlegungs-Gesetzgebung und ihrer Auswirkung daselbst. Leipzig 1930, S. 10ff.

15 StAMS, Reg. Arnsberg III B, Nr. 473 - StAMS, Grhzm. Hessen I E, Nr. 15, Bl. 17 - StAMS, Oberpräs. Münster, Nr. 1566, Bl. 22.

16 Im Kreis Brilon nahm der Anteil an Kulturflächen (ohne Wald) von 30,7 % in den 1820er/1830er-Jahren auf 54,2 % im Jahre 1893 zu. BRAKENSIEK, Anm. 3, S. 453. – RINGLEB, ANNELIESE, Der Landkreis Brilon. Regierungsbezirk Arnsberg. Köln 1957, S. 129-135. - PREUSSISCHE STATISTIK, Bd. 133, S. 96f.

17 BRÜNING-VASBACH, ENGELBERT, Die Bewirthschaftung der Kleinen Güther, besonders der Bauerngüther in den Gebirgen von Westphalen. Eine praktische Anleitung für den Landmann zur Erzielung des höchsten Ertrags aus der Landwirthschaft. Olpe 1842, S. 36. - Seit den 1840er Jahren fanden „Kalkstein-Stampfmühlen" zunehmend Verbreitung. Das Kalkbrennen nahmen die Bauern in eigenen Öfen vor (StAMS, Kreis Meschede Landratsamt, Nr. 1336).

18 Statistik des Kreises Soest. Essen 1881, S. 128.

19 SELTER, Anm. 3, S. 321ff.

20 Vgl. KRAEGELOH, KONRAD, Geschichte der Landeskulturgesellschaft für den Regierungsbezirk Arnsberg 1809-1959. Hiltrup 1967, S. 73ff., 119ff.

21 KOPSIDIS, MICHAEL, Marktintegration und Entwicklung der westfälischen Landwirtschaft 1780-1880. Marktorientierte ökonomische Entwicklung eines bäuerlich strukturierten Agrarsektors. Münster 1996, S. 242. - HASELHOFF, EMIL / BREME, HEINRICH (Hrsg.), Die Entwickelung der Landeskultur in der Provinz Westfalen im 19. Jahrhundert. Münster 1900, S. 130. - Allgemein zum Thema: DITT, KARL / GUNDERMANN, RITA / RÜSSE, NORWICH (Hrsg.), Agrarmodernisierung und ökologische Folgen. Westfalen vom 18. bis zum 20. Jahrhundert. Paderborn, München, Wien, Zürich 2000.

22 HESMER, HERBERT, Wald und Forstwirtschaft in Nordrhein-Westfalen. Bedingtheiten – Geschichte – Zustand. Hannover 1958, S. 162ff., 463. – BECKER, ALFRED, Der Siegerländer Hauberg. Vergangenheit, Gegenwart und Zukunft einer Waldwirtschaftsform. Kreuztal 1991.

23 POTT, RICHARD, Historische Waldnutzungsformen Nordwestdeutschlands. In: Heimatpflege in Westfalen 3, 2 (1990), S. 1-9. - SCHLINKERT, ALEX, Die Holzkohlung im Sauerland. Fredeburg 1987.

24 HESSE, Gesammelte Materialien zu einer künftigen Beschreibung des Sauerlandes, und des Amts Medebach insbesondere. In: Vaterländische Blätter für das Herzogthum Westphalen. Erster Jahrgang, zweiter Bd. Arnsberg 1811, S. 66-77, hier S. 72.

25 StAMS, Grhzm. Hessen IV Q, Nr. 3.

26 Vgl. SELTER, Anm. 3, S. 118ff.

27 GLEITSMANN, ROLF-JÜRGEN, Rohstoffmangel und Lösungsstrategien: Das Problem vorindustrieller Holzknappheit. In: Technologie und Politik 16 (1980), S. 104-154, hier S. 104.

28 HESMER, Anm. 22, S. 126.

29 SOMMER, JOHANN FRIEDRICH JOSEPH, Darstellung der Rechtsverhältnisse der Bauerngüter im Herzogthum Westfalen nach älteren und neueren Gesetzen und Rechten. Hamm, Münster 1823, S. 135ff.

30 LANDGRÄFLICH-HESSISCHER STAATS- UND ADRESSKALENDER (1805), Darmstadt S. 407f.

31 Abgedruckt in: StAMS, Oberpräs. Münster, Nr. 1572, Bl. 30-47.

32 Vgl. HASEL, KARL, Aus Forstgeschichte lernen? In: Allgemeine Forst- und Jagdzeitung 160 (1989), S. 183-189.

33 StAMS, Oberpräsidium Münster, Nr. 175, Bl. 58.

34 SCOTTI, Anm. 12, Bd. II, 1, Nr. 373, S. 482ff. - KLUTMANN, ALEX, Die Haubergswirtschaft. Ihr Wesen, ihre geschichtliche Entwicklung und ihre Reformbedürftigkeit. Auf Grund der Verhältnisse im Kreise Olpe i. W. Jena 1905, S. 63f. - PÖPPINGHAUS, GOTTFRIED, Die Waldgenossenschaften des Kreises Olpe. Eine forstpolitische Studie. Mit einem Beitrag über die Entwicklung der Jahnschaften des Kreises Olpe von Albert K. Hömberg. Werl 1960.

35 HASEL Anm. 32, S. 185.

36 Vgl. SELTER, BERNWARD, Forstgeschichte und Umweltgeschichte in Westfalen. Definitionen und Konzepte, Forschungsstand und Aufgaben. In: Westfälische Forschungen 46 (1996), S. 547-603, hier S. 576f. - HENNING, FRIEDRICH-WILHELM, Wirtschaftsgeschichte des Hilchenbacher Raumes. Die Entfaltung der Wirtschaft im nördlichen Siegerland seit dem Mittelalter. Hilchenbach, S. 147ff.

Bergbauliche Aktivitäten im frühen 19. Jahrhundert – Stagnation ohne durchgreifende Innovation

Reinhard Köhne

„Die gefährlichste und größte Lotterie der Welt."[1]

Als Glücksspiel charakterisiert der kurkölnische Hofkammerpräsident Friedrich Wilhelm von Spiegel (1752–1815) die Rahmenbedingungen der Erzgruben im Herzogtum Westfalen. Das westfälische Erzgebirge liegt im südlichen Bergland, in den Revieren Brilon, Stadtberge (Marsberg), Meschede, Arnsberg und Olpe. Entgegen den Zahlen von Schöne (Anm. 1) der von 45-50 gangbaren Gruben für 1802-1816 ausgeht, berichtet eine Steuerliste von 1817/19 von 148 Gruben, die dem Berg-Zehnt unterliegen.[2] Offensichtlich ist der Umfang bergbaulicher Aktivitäten im Herzogtum Westfalen unterschätzt worden. Es dominiert der Bergbau auf Eisen mit 148 Gruben, weiterhin bestehen 13 Blei-, 5 Galmei- (Zinkerz) und 3 Kupfergruben. Dabei handelt es sich überwiegend um Gangvererzungen, die durch aufsteigende metallhaltige Lösungen entstanden sind, wie z.B. im Sauerländischen Blei-Zink-Erzbezirk zwischen der oberen Ruhr und der Valme, dem „Assinghauser" Grund.

Metasomatische Vererzungen in den Massenkalken bei Brilon, Menden (Blei) und Warstein (Eisen) sind durch die Verdrängung des Kalks durch sulfidische oder oxydische Erze entstanden und haben nest- oder gangförmige Eisensteinlager gebildet. Blei- und Galmeierze werden überwiegend in den Karstspalten der Briloner Hochfläche gewonnen. In der Kontaktzone des vulkanischen Hauptgrünsteinzugs (Diabas) finden sich Eisenerze, die namentlich am „Briloner Eisenberg" und auf den Randhöhen der Hoppecke bis in den Raum Adorf abgebaut wurden.

Kupferbergbau überwiegt im Marsberger Raum entlang einer Kluft im Kieselschiefer, im Bereich Olpe bei Rhonard und im Justenberg bei Sundern-Hagen. Gold kann in sekundärer Lagerung in der Diemel gewaschen werden. Bei Marsberg-Beringhausen folgt von 1696-1717 ein Abbauversuch eines Gangvorkommens, wird aber wegen zu hoher Kosten wieder aufgegeben.[3] Silbererz findet sich bereits im 14. Jh. bei Rüthen.[4] Silberfunde bei Silbach und Ramsbeck, meistens in Verbindung mit Bleierz, erfüllen nicht die hohen Erwartungen, da der Silbergehalt zu gering ist. Antimon oder „Spießglanz", wie es in der mittelalterlichen Alchimie und Medizin genannt wird, findet sich bei Arnsberg-Uentrop und Bestwig-Nuttlar.

Der Erzabbau folgt allgemein zunächst den an der Oberfläche ausstreichenden Erzgängen durch Kuhlen und Schächte, den sogenannten „Pingen". Wenn das eindringende Grund- oder Oberflächenwasser sowie Einsturzgefahr den Betrieb verhindern, wird das Vorkommen durch tiefer

Venetianerstollen Ramsbeck. Zeugnisse spätmittelalterlichen Bergbaus (Schrämspuren)

BERGBAU im HERZOGTUM WESTFALEN vor 1800

BERGBAU
Au Gold
Ag Silber
Pb Blei
Zn Zink
Sb Antimon
Cu Kupfer
Fe Eisen

Entw.: R. Köhne

am Hang angesetzte Stollen (Erbstollen) erneut erschlossen und gleichzeitig entwässert. Da das linksrheinische Schiefergebirge durch Faltung und Hebung vielfach zerbrochen und verworfen ist, sind die Lagerstätten von unregelmäßiger Mächtigkeit und häufig unterbrochen. Die sauerländische Bergmannsweisheit „Hinter der Hacke ist es duster" beinhaltet die geologischen Risiken und Unwägbarkeiten des Erzbergbaus.

Schwierig ist auch der Transport des aufbereiteten Erzes von den Stollenmundlöchern zu den Hütten, da wegen des Mittelgebirgsreliefs befahrbare Wege selten sind. Die Ramsbecker Gewerkschaft setzt aus Kostengründen auf Esel als Lasttiere. Diese aber hatten schnell gelernt, wie ein Zeitungsbericht schildert, „*sich den ihnen auferlegten Verpflichtungen zu entziehen, indem sie am Fuße der Berge die ihnen aufgebürdeten Tragkörbe durch Schütteln von einem Theile ihrer Erzlast befreien und so erleichtert, den Weg über die Berge antreten.*"[5] Auch das überregionale Wegenetz besteht außer wenigen Kunststraßen überwiegend aus Hohlwegsystemen, die bei Regen oder Schnee schlecht zu befahren sind. Die Zinkblende aus Ramsbeck für die Dortmunder Hütte wird bis zum Bau der Oberen Ruhrtalbahn im Jahre 1870 mit Pferdekarren über den Arnsberger Wald zur nächsten Bahnstation Lippstadt gefahren.

„Damit die allgemeine Unwissenheit bei den Gewerkern ein Ende habe..."[6]

Franz Wilhelm Freiherr von Spiegel fordert vom Kölner Landesherrn eine bessere Ausbildung des bergmännischen Nachwuchses und der staatlichen Aufsicht. Es herrscht ein empfindlicher Mangel an Fachkräften. Die Vermessung der Gruben und die Dokumentation der Lagerstätten findet kaum statt. In Brilon soll eine Bergakademie mit zwei Lehrstühlen für Physik, Mechanik, Metallurgie und Mineralogie eingerichtet werden.[7]

„Attentate" der Bergbeamten

Da die Wahl des Berghauptmanns in der Regel auf einen Adeligen fällt, fehlt die notwendige Qualifikation. Schon 1606 beschwert sich Kaspar von Fürstenberg bei dem Bergrichter Caspar Flöcker in Stachelau über die „neuen Attentate" der Bergbeamten in Olpe, die den

Bergzehnten ohne Rücksicht auf die Ertragssituation der Gruben einfordern. Ermäßigungen gewähren die Beamten des Olper Bergamtes nur nach einer „Befahrung" der Grube, die indessen aus einer *„solemnen Bewirtung mit Essen, Trinken und anderen Ergötzlichkeiten"* bestand. Wenn der Gewerke (Betreiber) darüber hinaus nicht sofort eine Vorauskasse an den Bergbeamten zahlte, wurde sein Antrag nicht bearbeitet. Sicherlich kann man diese Missstände nicht verallgemeinern, aber die Beamtenschaft in Olpe ist unterbezahlt und verdient weniger als die Steiger in den Gruben, die sie beaufsichtigen sollen.[8]

Leidenschaftliche Bergwerker

Die Betreiber der Bergwerke kommen aus dem regionalem Adel, wie die Freiherrn von Landsberg-Vehlen und von Wrede, die im 18. Jh. ihre Wälder für die Holzkohleversorgung der Hütten und Hämmer nutzen, Steuerprivilegien genießen und von gesellschaftlichen Beziehungen profitieren. Aus dem großbäuerlichen Milieu erarbeitet sich Anton Kropff aus Hellefeld mit kaufmännischem Gespür und empirisch gewonnenem Bergwissen die Kompetenz eines Eisengewerken. Die merkantile Tüchtigkeit der bürgerlichen Familien Ulrich, Kannengießer und Unkraut aus Brilon und Kropff aus Olsberg führt mit der Ausbeutung des Briloner Blei- und Galmeidistrikts und der Eisensteinlager des ostsauerländer Roteisenbezirks zu beachtlichem Wohlstand.

Pastorale Motive bewegen den Pfarrer und sachkundigen Bergwerker Johann-Franz Becker (1721-77) aus Grevenstein, *„den bedürftigen Nebenmenschen und abgestorbenen Seelen im Fegefeuer durch den erhofften Gewinn zu Hülfe zu kommen."*[9]

Das Benediktinerkloster Grafschaft und das Zisterzienserkloster Bredelar erschließen als geistliche Unternehmer die montanen Ressourcen in ihrem Umfeld. Sie werden allerdings durch die Säkularisation enteignet. Der Gewerke Ulrich übernimmt den Montanbesitz von Bredelar und richtet in der ehemaligen Klosterkirche der Konkurrenz eine Eisengießerei ein. Der Freiherr von Fürstenberg sichert sich 1810 aus dem Grafschafter Besitz Grubenfelder im Raum Niedersfeld und Silbach.[10]

Geringe Lebenserwartung der Bergleute

Die Belegschaft der kleinen Bergwerke schwankt in der Regel zwischen drei bis sieben Hauern und steigt in den Sommermonaten an, da durch die erhöhte Verdunstung der Niederschläge weniger Sickerwasser den Betrieb behindert. Der Abbau geschieht im lockeren und weichen Gestein mit Schlägel, Eisen und Keilhaue. Im harten Gestein werden Bohrmeißel und Schwarzpulver zum Sprengen eingesetzt.[11] Die kühle Feuchte, die Schwermetallbelastung, der Steinstaub und Unfälle führen häufig zur Frühinvalidität, sodass die durchschnittliche Lebenserwartung selten über 35 Jahren liegt. Die soziale Absicherung ist gering. Lediglich „Büchsengeld" wird auf freiwilliger Basis aus Solidarität eingesammelt. Eine gesetzliche Knappschaft gibt es nicht.[12]

Misserfolge durch schlechte Ausbeutung – bergwirtschaftliche Stagnation

Zu Beginn der hessen-darmstädtischen Herrschaft im Jahre 1802 registriert der Geheime Rat Friedrich Arndts aus Arnsberg noch denselben Reformstau wie zuvor Freiherr von Spiegel im 18. Jahrhundert. Er beklagt namentlich den schlechten Sachverstand der Bergaufsicht und der Bergbauunternehmer und den Mangel an adäquaten bergtechnischen Einrichtungen.[13]

Sobald die oberflächennahen Erzadern bis zu Teufen von 30 – 40 Metern abgebaut sind, müssen neue Schächte zur Erschließung und Bewetterung angelegt werden. Da die vereinzelt durch Wasserkunst betriebenen Hebewerke größeren Wassereinbrüchen nicht gewachsen sind, kann nur durch die Anlage von tiefer angesetzten Erbstollen, die das Wasser mit natürlichem Gefälle aus dem Grubengebäude ableiten, dauerhafte Abhilfe geschaffen werden. Dazu fehlt es aber häufig an der nötigen Kapitalausstattung der Gewerken und kleinen Eigenlöhnerbetriebe. Der Siebenjährige Krieg, die Revolutionswirren, der Russlandfeldzug Napoléons und die Befreiungskriege führen zu erhöhter Staatsverschuldung und verhindern staatliche Förderung. Durch Sondersteuern, Kontributionen und Plünderungen des Militärs sind auch die privaten Kassen geleert worden. Vom Ertrag des Bergbaus sind 38% Abgaben.

Fehlende Eigenkapitalbildung begrenzt die Erschließung neuer Grubenfelder, führt zu häufigem Besitzerwechsel und bedingt Stillstandzeiten.[14]

Durchgreifende Innovationen bleiben aus

An den politisch-ökonomischen Rahmenbedingungen wird auch in den kommenden Jahren wenig geändert. Für die Bergreviere bleibt die kurkölnische Bergordnung von 1669 bis 1865 gültig.[15] Das Bergamt wird von Brilon nach Eslohe verlegt und erst 1811 mit Olpe vereinigt und verstärkt lediglich den staatlichen Dirigismus. Man begnügt sich mit einer administrativen Neuordnung der Bergreviere und Zuständigkeiten.[16] 1812 beschweren sich Eisengewerken aus Brilon und Olsberg über den schwachen Bergbau und die Verknappung und Verteuerung der Holzkohle, welche die Eisenhütten zum Stillstand bringen. Für die Wocklumer Hütte steigt der Preis für Holzkohle pro Fuder zwischen 1800 und 1817 von 10 auf 16 Reichstaler infolge der Angleichung an das Preisniveau der Nachbarländer.[17] Nach dem Ende der Kontinentalsperre bekommen die Eisenhütten zunehmend Konkurrenz durch billigeres englisches Roheisen.

Immerhin ermöglicht eine preußische Verordnung von 1821 die Zusammenlegung und Abrundung von kleinen Grubenfeldern und die Bildung größerer Gewerkschaften. Nach einer längeren Stillstandsphase wird der Kupferbergbau bei Niedermarsberg mit staatlicher Unterstützung wieder aufgenommen und 1832 privat weitergeführt.[18] Der preußische Bergmeister Buff fördert 1815 beratend die Erschließung neuer Blei- und Zinklagerstätten durch die Ramsbecker Gewerkschaft und den Antimonbergbau bei Nuttlar.[19]

Diese Einzelbemühungen signalisieren Bestrebungen, den Bergbau durch geologisch-mineralogische Dokumentation und staatliche Begleitung auf eine rationalere Basis zu stellen. Die Einführung des billigeren Puddelverfahrens bei der Eisenverhüttung auf Steinkohle bzw. Koksbasis und der Bau der Eisenbahn durch das Lenne- und Ruhrtal in der zweiten Hälfte des 19. Jh. bereitet den holzkohleabhängigen Eisenhütten und Bergwerken auf verkehrsfernen Standorten des Mittelgebirges ein schnelles Ende. Lediglich ertragreiche Eisenerzlager mit günstiger Verkehrsanbindung zu den ins Ruhrgebiet und Siegerland abwandernden Eisenhütten, wie z.B. bei Warstein, Olsberg, Marsberg-Beringhausen oder Sundern-Allendorf werden weiter abgebaut.

Erst 1853 wird der traditionelle Briloner Blei- und Galmei-Bergbau, der nahezu völlig zum Erliegen gekommen war, durch die Ramsbecker Gewerkschaft wieder aufgenommem. Die Grube „Segen Gottes" schließt schon 1884, da die Wasserzuflüsse auch von den mit einer Dampfmaschine betriebenen Pumpen nicht mehr bewältigt werden.[20] Der schon seit dem Mittelalter mit Unterbrechungen betriebene Silber-, Blei- und Eisenbergbau bei Kirchhundem-Silberg wird von 1853-1909 auf 70 Bergfeldern erneut aufgenommen. Allerdings zeigt sich hier wie auch anderenorts, dass die ertragreichen Lagerstätten weitgehendst ausgebeutet sind und Erzmangel auch durch modernisierten Bergbau nicht kompensiert werden kann.[21]

Feuerschutz begünstigt Schieferbergbau

Der Aufschwung des Schieferbergbaus bei Nuttlar, Silbach und Fredeburg im 19. Jh. erklärt sich aus der konsequenteren Durchsetzung von Brandschutzauflagen bei Ortssanierungen und Neubauten durch die hessische Verwaltung. Seit 1809 bedarf es einer Bauerlaubnis durch den Amtmann vor Ort und den Landbaumeister und Chausseedirektor der Regierung in Arnsberg.[22] Nach 9 großen Stadtbränden in den letzten Jahrzehnten des 18. Jh. kommt es auch unter der hessischen Verwaltung zu flächigen Brandkatastrophen: Stadt Neheim 1807, Freiheit Hüsten 1809, Stadt Fredeburg 1810, Freiheit Affeln 1814, Freiheit Hagen 1816 und Stadt Schmallenberg 1822.

Bei der Neuordnung abgebrannter, ehemals verschachtelter Siedlungen, lassen sich die Landbaumeister Major Hermann Sandforth und Ernst Plaßmann (ab 1807) von den von der Aufklärung entwickelten Prinzipien der Regelmäßigkeit und des wohlgeordneten Zusammenhangs in geometrischen Strukturen inspirieren. Hauptgrund der zahlreichen Ortsbrände sind die Strohdächer und die enge Bebauung. Daher werden für die neuen Ortsgrundrisse Gebäude mit Schiefer- oder

Tonpfannendeckung zwingend vorgeschrieben.[23] Noch heute prägt der Schiefer die Dachlandschaften des westfälischen Mittelgebirges.

Anmerkungen

1 SCHÖNE, MANFRED, Das Herzogtum Westfalen unter hessen-darmstädtischer Herrschaft 1802–1816. Olpe 1966, S. 83ff.

2 REININGHAUS, W./KÖHNE, R., Ein unbekanntes Verzeichnis der Bergwerke, Hütten, Hämmer und Mühlen im kölnischen Sauerland. In: GOSMANN, M. (Hrsg.): SüdWestfalen Archiv. Arnsberg 2002, S. 152 – 179.

3 ILISCH, PETER, Gold aus dem Sauerland. In: Westf. Schieferbergbau-Museum Schmallenberg-Holthausen (Hrsg.), Bergbau im Sauerland. Schmallenberg-Bad Fredeburg 1996, S. 147.

4 HÖMBERG, ALBERT K., Wirtschaftsgeschichte Westfalens. Münster 1968, S. 94.

5 Glück auf. Berg- u. Hüttenmännische Zeitung für den Niederrhein u. Westfalen. Beilage zur Essener Zeitung 1867, S. 2.

6 SCHÖNE, Anm.1, S. 88.

7 Ebenda.

8 SCHMELZER, J., Aus der Vergangenheit unseres Nachbarortes Neuenkleusheim. In: Heimatblätter. Zeitschrift der Heimatvereine des Kr. Olpe (Hrsg.). Olpe 1987 (Nachdruck), Bd. 1, S. 320.

9 HÖYNG, FRANZ ANTON, Geschichte der Pfarreien des Dekanates Arnsberg. Hüsten (1907), S. 327.

10 KLUETING, HARM, Die Säkularisation in Westfalen 1802- 1834. Köln 1980, S. 243.

11 ARNDTS, H. W., Kurze Nachrichten über die zum Endorfer Eisenhüttenwerk im Herzogthum Westfalen gehörigen vorzüglichsten Gruben. Neues Jahrb. der Berg- u. Hüttenkunde, Jg. V. Nürnberg 1824, S. 210ff.

12 HERBST, F., Der Ramsbecker Bergbau. Clausthal 1931, S. 52.

13 SCHÖNE, Anm. 1, S. 82.

14 HERBST, Anm. 12, S. 52.

15 Ebenda, S. 15.

16 SCHÖNE, Anm. 1, S. 83.

17 HINZ, F. L., Die Geschichte der Wocklumer Eisenhütte 1758-1864. In: KOHL, R. D. (Hrsg), Altenaer Beiträge Bd.12. Balve 1977, S. 257.

18 BIEKER, F. / LATTEK, KL., Kilianstollen. Bergbau und Geologie in Marsberg. Marsberger Heimatbund e.V. (Hrsg.), 2. Aufl. Marsberg 1992, S. 4.

19 HERBST, Anm. 12, S. 52.

20 BRUNS, ALFRED, Brilon 1860 – 1918. Brilon 1988, S. 414ff.

21 VORMBERG, M., Bergbau in der Gemeinde Kirchhundem. In: Westfälisches Schieferbergbaumuseum Schmallenberg-Holthausen (Hrsg.): Bergbau im Sauerland. Schmallenberg-Bad Fredeburg 1996, S.133ff.

22 SCHÖNE, Anm. 1, S. 85.

23 KÖHNE, REINHARD, Fredeburg, Stadtentwicklung vom Mittelalter bis zur Neuzeit. In: Schieferbergbau-Museum Schmallenberg-Holthausen (Hrsg.), Schmallenberger Sauerland, Almanach 199. Fredeburg 1994, S. 117ff.

Zünfte und Gewerbefreiheit

Gerhard Lohage

In den Glanzzeiten der Zünfte im Mittelalter, begründet durch ihre damaligen Rechte und die wirtschaftlichen Erfolge und den kulturellen Einfluß ihrer Mitglieder, hatten sie sich im gesamten öffentlichen Gemeinwesen eine beachtliche Machtposition gesichert. Nur Zunftmitglieder durften im Handwerk selbständig tätig sein. Sie bekämpften unerlaubt Tätige heftig mit ihren Verbietungsrechten gegen diese „Pfuscher" und „Böhnhasen". Andererseits aber war der Erwerb der Zunftmitgliedschaft für Handwerker durch strenge Bedingungen sehr erschwert: Der Kandidat musste „ehrlich", d.h. unbescholten und ehelich geboren sein. Nur Verheiratete konnten Mitglied werden, was für die Versorgung von verwitweten Frauen und den Töchtern von Handwerkern von erheblicher Bedeutung war. Eine geregelte Ausbildung mit Freisprechung, Wanderschaft und teurem Meisterstück waren ebenso Voraussetzung wie die Eigenschaft als Bürger der Gemeinde, die wiederum an Grundbesitz in der Gemeinde gebunden war. Ein manchmal recht hohes Eintrittsgeld mußte gezahlt werden, und mit dem Erwerb der Mitgliedschaft ging der Bewerber die Verpflichtung ein, allen Zunftmitgliedern ein festliches Gelage auszurichten. Diese strengen Anforderungen machten es vielen jungen Handwerkern unmöglich, die Selbständigkeit zu erreichen. Schon im 16. und 17. Jahrhundert führte diese engstirnige Zunftpolitik mit ihren monopolistischen Tendenzen und den zahlreichen Entartungen zu einem Rückgang des Ansehens der Zünfte. Sie wandelten sich mehr und mehr zu „geschlossenen Gesellschaften" und sorgten damit weitgehend selbst dafür, dass das Zunftwesen in Mißkredit geriet. Die allgemeine Bedeutung des Zunftwesens wurde somit geringer, aber als polizeiliche Organisation der Gewerbe blieb sie noch erhalten. Zudem sahen die absolutistischen Herrscher in dem Verhalten der Zünfte eine Beschränkung ihrer eigenen Macht, und später brachte auch der Kampf der Aufklärung gegen die Autoritätssucht des Mittelalters ihre überbetonten Rechte ins Wanken.

Ferner verstärkten die tiefen Einschnitte des Dreißigjährigen Krieges in das wirtschaftliche Leben die Wirkung dieser Strömungen. Lange Zeit fehlten Geld und Auftraggeber, um eine wirtschaftliche Normalisierung herbeizuführen. Den Zunftmitgliedern und ihren Vereinigungen war damit die wesentliche Basis entzogen. Zudem verlagerte sich die Macht von den Städten auf die Territorialfürsten, die erstmals auch „Freimeister" zuließen, die nicht Mitglieder ihrer Zunft waren.

Im Kampf ums Dasein überspitzten die Zünfte immer mehr ihre althergebrachten Rechte, die sowohl dem Staatsdenken als auch den modernen Geistesrichtungen widersprachen. Zunftmeister und auch Gesellen gerieten zunehmend in Widerspruch zur Obrigkeit. So entartete das Zunftwesen auf breiter Linie. Gegenmaßnahmen der Obrigkeit waren die Folge: Nach einigen wenig wirksamen Gesetzen sollte schließlich der Reichsabschied vom 4. September 1731 – die sog. Reichshandwerksordnung – den Auswüchsen ein Ende bereiten. Die Zünfte wurden der Staatsaufsicht unterstellt, ihre Errichtung bedurfte der obrigkeitlichen Genehmigung. Fast alle hoheitlichen Rechte, wie Gerichtsbarkeit über ihre Mitglieder, Festsetzung von Gebühren, das Führen von Handwerkssiegeln, der Erlass von Marktregelungen u.s.w., sollten ihnen entzogen werden. Sogar ihre Zusammenkünfte durften nicht *„ohne Vorwissen ihrer ordentlichen Obrigkeit und nur im Beisein dazu Verordneter stattfinden"*. Die den Schluß dieses Edikts bildende Mahnung und Drohung zeigt ein deutliches Bild über ihr Ansehen bei der Obrigkeit: *„So will doch gleichwohl ohnumgänglich nöthig seyn, mit Hindansetzung der bißherigen Langmuth, Meister und Gesellen den* *rechten Ernst zu zeigen, also und dergestalt, daß, wo sie diesem allen ohnangesehen, nichts destoweniger in ihrem bißherigen Muthwillen, Bosheit und Halsstarrigkeit verharren, und sich also zügellos aufzuführen fortfahren sollten: Kayserliche Majestät und das Reich leicht Gelegenheit nehmen dörfften, damit das Publicum durch dergleichen freventliche Privat-Händel in Zukunfft nicht ferner gehemmet und belästiget werde, alle Zünfften insgesamt und überhaupt völlig aufzuheben und abzuschaffen."* [1]

Dies war der Beginn des Übergangs der Wirtschaftspolitik zu einem Staatswirtschaftssystem, dem „Merkantilismus". Allerdings fürchteten wohl manche Staaten im Reich, denen die Ausführung dieses Gesetzes oblag, heftige Gegenreaktionen des gesamten Handwerkerstandes und verzichteten auf seine Anwendung; andere publizierten es erst gar nicht und so gelang es den Zünften, in manchen Staaten einen Teil ihrer Privilegien noch einige Jahrzehnte aufrecht zu erhalten. Die Bestimmung, dass nur Meister sich selbständig machen durften, überdauerte diese wechselvolle Zeit. Doch geriet auch dieses Privileg ebenso wie die Existenz der Zünfte in Widerspruch zu den inzwischen verbreiteten liberalen Ideen des britischen Nationalökonomen Adam Smith, des Begründers der „freien Marktwirtschaft", der 1776 forderte, die wirtschaftlichen Abläufe dem freien Spiel der Kräfte zu überlassen und ihre Selbstregulierung nicht durch Eingriffe zu stören. Die liberal-demokratische Verfassung der Vereinigten Staaten von Amerika übernahm 1788 diese Theorie, und sie fand ebenso Niederschlag in den Freiheitsgedanken der französischen Revolution im Jahr 1789. Als eine ihrer Folgen wurde im März 1791 in Frankreich die absolute Gewerbefreiheit verkündet, und den Zünften und gewerblichen Korporationen wurden alle ihre Vorrechte genommen.

Im Herzogtum Westfalen führten die Zünfte seit alter Zeit die Bezeichnung „Amt". In der Stadt Arnsberg gab es das Sehwickeramt, das Bäckeramt, das Schmiedeamt und das Lederschneideramt, die bis zum Ende der kurkölnischen Zeit an der städtischen Selbstverwaltung teilnahmen. Walter Wahle[2] vermutet, dass es später auch noch die Ämter der Weber (Pauliner), der Schreiner und der Zimmerer gegeben haben könnte, die wohl wegen ihrer späteren Gründung nicht in den Statuten der Stadt berücksichtigt waren. Bei dem einflußreichen Sehwickeramt handelte es sich aber nicht um eine Handwerkerzunft, sondern um eine Vereinigung von Fernkaufleuten.

Die liberalen Auffassungen der französischen Revolution zeigten im Herzogtum Westfalen zunächst keine wesentlichen Auswirkungen auf das Zunftwesen. Es finden sich noch in dieser Zeit verschiedene kurfürstliche Verordnungen einerseits zur Einschränkung des Machtmißbrauchs der Zünfte, aber andererseits auch solche zu ihrem Schutz vor Konkurrenz: Der letzte amtierende Kurfürst von Köln, Maximilian Franz, erließ am 11. Mai 1790 nach einem Gutachten der Arnsberger Kanzlei und des Hofrates eine Verordnung, die alle Zechereien und Trinkgelage bei den Zünften verbot, welche bisher auf Kosten des neuen Mitglieds veranstaltet wurden und dieses häufig finanziell überforderten. Ebenso wurde das Eintrittsgeld für Jungmeister auf höchstens 10 Reichstaler begrenzt. Zum Schutz der Wollweber, die ihre Zentren in Attendorn, Rüthen, Brilon, Neheim und Meschede hatten, gab es eine kurfürstliche Regelung, durch die der Ankauf und der Gebrauch von fremden Tuchen verboten und der inländische Markt für ausländische Wollwaren gesperrt wurde. Die mit der Lederherstellung oder mit dessen Verarbeitung befaßten Handwerker – Löher, Gerber, Sattler und Schuhmacher – waren in den Lohämtern zusammengefaßt. Allein in Olpe gab es 20 Rotgerbermeister mit mehreren Gesellen und Lehrlingen, ferner auch einige Weißgerber, die Leder für feinere Arbeiten herstellten. Zu ihrem Schutz wurde die Ausfuhr von Lohe und der Verkauf von Gerbstoffen an Auswärtige verboten.[3] Aufgrund dieser wenigen Beispiele wird man wohl schließen dürfen, dass ähnliche Schutzbestimmungen auch an anderen Orten im Herzogtum verordnet wurden. Trotz weniger Quellen rundet sich das Bild damit doch ein wenig mehr ab.

Eine Einschränkung erfuhr das Zunftrecht andererseits durch die kurfürstliche Verordnung vom 10. März 1791, wonach alle bestehenden und zukünftigen Fabriken und Manufakturen von jeder Zunftverpflichtung befreit und die

Errichtung von neuen Betrieben dadurch gefördert wurde, dass die Produktion weder hinsichtlich ihrer Betriebslage, noch in der Fabrikation, noch in ihrem Verkehr und Warenabsatz an die Zunftregeln gebunden sein sollten. Hier findet sich eine deutliche Unterscheidung in der Behandlung von industrieller und handwerklicher Fertigung.

Die Franzosen verbreiteten ihre neuen Revolutionsideen auch mit Hilfe ihrer militärischen Streitmacht. Sie drangen über den Rhein in weite Teile des deutschen Reiches vor. Die Ruhr bildete eine Waffenstillstandslinie und so konnten die Arnsberger Bürger die französischen Soldaten auf den Ruhrwiesen bei ihren Übungen beobachten.[4]

Mit dem Friedensschluß von Lunéville im Jahre 1801 fielen alle linksrheinischen Gebiete an Frankreich, der Rhein wurde zur Grenze. Diese Gebietsverluste wurden durch Enteignung vieler rechtsrheinischer geistlicher Besitzungen (Säkularisation) ausgeglichen. Das Herzogtum Westfalen fiel an Hessen-Darmstadt. Mit diesem Übergang unserer Heimat von der geistlichen auf die weltliche Herrschaft verlor mancher Handwerker der kirchlichen Einrichtungen seinen Arbeitsplatz. Andererseits dürfte der Fortfall vieler religiöser Feiertage die Produktivität einiger Handwerksbetriebe verbessert haben. Erst fast 10 Jahre später zeigte dieses Geschehen seine einschneidendsten Wirkungen auf die gesamte Wirtschaft. Ludewig I., ab 1806 *„Großherzog von Hessen und Herzog in Westphalen"*, erließ am 1. April 1811 eine Verordnung u.a. mit folgendem Wortlaut: *„Wir finden Uns daher gnädigst bewogen, allen Zunftzwang und Zunftmonopolien in Unserem Herzogthum Westphalen hiermit aufzuheben, und zu verordnen, dass jeder recipirte Unthertan dasjenige Gewerbe, worauf derselbe ein Gewerbspatent löst, in Unserem Herzogthum Westphalen ungehindert ausüben, und die, in solches Gewerbe einschlagenden, fertigen Arbeiten und Waaren absetzen, auch, wenn er ein Hausirpatent löst, allenthalben damit hausiren möge."*[5]

Damit wurde im Herzogtum Westfalen den Zünften nahezu der Todesstoß versetzt. Alle ihre Privilegien wurden aufgehoben, die absolute Gewerbefreiheit war erreicht. Ihr Vermögen wurde eingezogen und den örtlichen Armenfonds überreicht. Ausgenommen blieben Patronatsrechte, über die zukünftig der Landesherr verfügte, ferner Gebäude und sonstige Anlagen, die als ständige Einrichtungen der Handwerksgenossen galten.[6] Jedermann, gleich ob Meister, Geselle oder Ungelernter, ob Zunftmitglied oder nicht, konnte jedes Handwerk oder auch mehrere nebeneinander ausüben, wenn er ein Gewerbspatent gelöst hatte. Zwar blieben die Zünfte bestehen, die Mitgliedschaft verlieh aber keine Rechte mehr, sodass sie zur völligen Bedeutungslosigkeit verkümmerten.

Aufgrund der Beschlüsse des Wiener Kongresses wurde das ehemalige Herzogtum Westfalen am 15. Juli 1816 in Arnsberg den Preußen übergeben. Nun wurde hier deren Recht nach und nach eingeführt. Die Preußen hatten schon einige Jahre früher durch ihre Reformen das merkantilistische System durch den Wirtschaftsliberalismus ersetzt: Die Gewerbefreiheit war bereits durch das Gewerbesteueredikt vom 2. November 1810 eingeführt worden; gewerbepolizeiliche Bedeutung erhielt dieses aber erst durch das „Gesetz über die polizeilichen Verhältnisse der Gewerbe" vom 7. September 1811, mit dem die Zünfte zwar als privatrechtliche Genossenschaften erhalten blieben, das Erfordernis der Meisterprüfung aber grundsätzlich abgeschafft war. Lediglich für die Handwerksberufe Juweliere, Maurer, Zimmerer, Schornsteinfeger, Chirurgieinstrumentenmacher und Mühlenbauer wurde dieser Befähigungsnachweis noch gefordert. Da das hessische Recht im Sinne der Gewerbefreiheit noch umfassender war - es kannte diese preußischen Ausnahmen nicht - ließen die Preußen in der neu erworbenen Provinz Westfalen das bis dahin geltende weitergehende hessische Gewerberecht bestehen. Viele andere Staaten im deutschen Bund gingen nicht so rigoros im Sinne der Gewerbefreiheit vor; in einigen wurde sie erst Anfang der 60er Jahre des 19. Jh. eingeführt und so entwickelte sich das Gewerberecht sehr unterschiedlich.

Aus den ersten Jahren der preußischen Herrschaft (etwa bis 1820) berichtet Werner Philipps[7] anhand der Kirchenbücher der jungen evangelischen Gemeinde in Arnsberg mit „Erstaunen" über einen auffallend starken Zuzug von Handwerkern in Arnsberg. Er erwähnt An-

Ansicht der Königstraße in Arnsberg mit ihren zumeist für die preußischen Regierungsbeamten erbauten Häusern. Rechts die „Alte Regierung" (heute Verwaltungsgericht).
Kolorierte Lithographie von Christian Tangermann, um 1830

N 2

gehörige von siebzehn verschiedenen Handwerksberufen und fährt fort: *„Aus dieser Aufstellung ist wohl zu schließen, daß die soziologische Zusammensetzung der Gemeinde wesentlich anders war als in der hessischen Zeit."* Zweifellos war dies zunächst eine Folge der Säkularisation, da seitdem auch evangelische Christen Bürger der Stadt werden konnten. Auch für andere Gemeinden im ehemaligen Herzogtum dürfte das zutreffen. Die Frage aber, ob sie als Arbeitnehmer oder als Selbständige tätig wurden, ist ungeklärt. Schon durch den Zuzug der hessischen Beamten war in Arnsberg (nach 1802) ein auffallender Wohnungsmangel entstanden. Eine besonders rege Bautätigkeit entwickelte sich aber erst zu Beginn der preußischen Zeit, nachdem der König durch Verfügung vom 9. Mai 1817 erhebliche Beihilfen (bis zu 40%) zur Errichtung von Wohnhäusern in den Jahren 1817 bis 1821 gewährt hatte. Damit stiegen Nachfrage und wirtschaftliche Aussichten insbesondere für Handwerker der Bau- und Ausbauberufe. Immerhin wurden in diesem Zeitraum 38 neue Wohnhäuser gebaut.[8]

Manches spricht deshalb dafür, dass unter den zugezogenen Handwerkern auch Selbständige zu finden waren. Aber auch die Gewerbefreiheit dürfte hier ihre Wirkungen gezeigt haben. Und schließlich könnten Hoffnungen auf das preußische Regime der Anlass für die Zuwanderung gewesen sein, da die hessische Herrschaft allmählich recht unbeliebt geworden war. Diese offenen Fragen müssen einer Klärung durch weitere Untersuchungen überlassen bleiben.

Neben vielen modernen und freiheitlichen Regelungen brachte die Einführung der Gewerbefreiheit aber auch nachteilige Folgen mit sich. Die Ausbildung des Handwerkernachwuchses vollzog sich ohne verbindliche Regeln und verkam immer mehr. Sie wurde zur Privatsache und sank ab zu einem reinen Arbeitsverhältnis. Viele ungeeignete Handwerker eröffneten nach dem Fortfall des „Meisterzwangs" eigene Betriebe und trugen dadurch zu einer starken Erhöhung der Betriebszahlen bei, die wiederum naturnotwendig zu ruinösen Preis- und Lohnunterbietungen führten. In vielen Handwerksbetrieben mußten Frauen und Kinder der Betriebsinhaber mitarbeiten, um den Lebensunterhalt der Familie zu bestreiten.

Bei den wenigen Betrieben, die noch Mitarbeiter beschäftigten, zeigte sich, dass die Gesellen nicht mehr so selbstverständlich wie früher in der Familie des Arbeitgebers wohnten. Damit lockerten sich die gegenseitigen Bindungen und das soziale Verantwortungsbewußtsein des Betriebsinhabers gegenüber seinen Mitarbeitern.

In Preußen hatte das „Allgemeine Landrecht" noch 1794 bisherige Pflichten der Zünfte betont und ihnen eine Reihe von sozialen Aufgaben erhalten: Sie mußten durch Notfälle verarmte Mitglieder und ihre Familien, aber auch fremde Gesellen, unterstützen und Pflegschaften zugunsten minderjähriger Waisen übernehmen. Auch diese Verpflichtung war seit der Verkündung der Gewerbefreiheit entfallen; die Zünfte wären seitdem ohnehin wegen des Mangels an Mitteln nicht mehr in der Lage gewesen, sie zu erfüllen. Man könnte vermuten, dass schon in dieser Zeit der „Beitrag des Handwerks" zu der das ganze Jahrhundert so stark bewegenden „sozialen Frage" begann, obwohl diese üblicherweise erst mit der Verelendung der Industriearbeiterschaft in der 2. Hälfte des 19. Jahrhunderts verbunden wird.

Auch die Aufgabe der „Qualitätssicherung" war aufgehoben. Bisher mußten die meisten Produkte der Handwerker vor dem Verkauf einer Kontrolle durch öffentlich bestellte Zunftmeister oder Angestellte der Gemeinde unterzogen werden. Damit sollte dem Pfuschertum begegnet werden. Auch diese Praxis vertrug sich nicht mit dem Freiheitsgedanken und entfiel, obwohl sie auch im Interesse der Kunden lag.

Lange Zeit kümmerten die Zünfte in dieser Situation dahin. Die Zahl ihrer Mitglieder schwand immer mehr; die gesamte wirtschaftliche Lage entwickelte sich bedrohlich und Rezessionen trafen alle Wirtschaftszweige. In Folge der sich auflösenden ständischen Gesellschaft mehrte sich die Bildung von geselligen Vereinigungsformen, wie Schützen-, Turn- und Gesangvereinen. So kam es um die Mitte des 19. Jahrhunderts auch zur Gründung vieler Handwerkervereine, die nicht wie die Zünfte auf die Trennung nach einzelnen Berufen achteten. Ihre Mitglieder wandten sich nicht so sehr gegen die begonnenen Umwälzungen in Technik und Industrie, wie gegen die schon seit Jahrzehnten bestehende Gewerbefreiheit. Diese war nach ihrer Auffassung immer noch „*das eigentliche Böse, die Wurzel allen Übels, das Prinzip des anonymen und entfesselten Marktes, der schrankenlosen, egoistischen Konkurrenz, des Kampfes aller gegen alle, einer Welt, in der nicht die „Ehre" von Person und Arbeit, sondern der Markterfolg den sozialen Status bestimmte, sie war das Ende der Moral."*[9]

Diesen konservativen Übertreibungen kamen die Preußen noch einmal entgegen durch das 1849 erlassene sog. Notgewerbegesetz, durch das für etwa 70 Gewerbe der selbständige Gewerbebetrieb von der Zugehörigkeit zu einer Innung (so wurden die Nachfolger der Zünfte inzwischen benannt) oder von einem Befähigungsnachweis abhängig gemacht wurde. Dann beseitigte aber die „Gewerbeordnung für den Norddeutschen Bund" von 1869 wieder alle Ausschließlichkeitsrechte der Innungen einschließlich der Forderung von Nachweisen der Befähigung, und ab 1871 galt dies für das gesamte deutsche Reich. Schon bald aber brachte das öffentliche Interesse an einer Verbesserung des desolaten Ausbildungswesens den Gesetzgeber ab 1881 dazu, durch mehrere Neuregelungen der Gewerbeordnung den Innungen wieder hoheitliche Befugnisse zu verleihen. Sie erhielten die Rechtsform von Körperschaften des öffentlichen Rechts mit der Aufgabe der Regelung des Lehrlingswesens und der Abnahme von Gesellen- und Meisterprüfungen. Die Mitgliedschaft war aber – ebensowenig wie der Nachweis der Meisterprüfung – nicht mehr verbindlich für die selbständige Ausübung eines Handwerks, sondern beruhte auf Freiwilligkeit.

Anmerkungen

1 WISSEL, RUDOLF, Des alten Handwerks Recht und Gewohnheit. Berlin 1981, Bd.III., S. 111.

2 WAHLE, WALTER, Beiträge zur Geschichte der Stadt Arnsberg. Geseke-Störmede 1988, S. 38.

3 SCHUMACHER, ELISABETH, Das kölnische Westfalen im Zeitalter der Aufklärung. = Landeskundliche Schriftenreihe für das kurkölnische Sauerland. Olpe 1967, S. 182ff.

4 FEAUX DE LACROIX, KARL, Geschichte Arnsbergs. Arnsberg 1895, Nachdruck Werl 1983, S. 468

5 Großherzoglich Hessische Zeitung Nr. 46 vom 16. April 1811.

6 SCHÖNE, MANFRED, Das Herzogtum Westfalen unter hessen-darmstädtischer Herrschaft 1802-1816. = Landeskundliche Schriftenreihe für das kurkölnische Sauerland. Olpe 1966, S. 86.

7 PHILIPPS, WERNER, Geschichte der evangelischen Kirchengemeinde Arnsberg. Arnsberg 1975, S. 13.

8 HERBOLD, HERMANN, Die städtebauliche Entwicklung Arnsbergs von 1800 bis 1850. Arnsberg 1967, S. 47.

9 NIPPERDEY, Thomas, Deutsche Geschichte 1800-1866. München 1998, S. 217.

Veränderungen im religiösen Leben

Günter Cronau

Die Kurkölnische Zeit

Die Säkularisation war das Wunschziel der Aufklärung. Was die Geistesbewegung der Aufklärung unmittelbar für den einzeln Menschen anstrebte, faßte der Philosoph Immanuel Kant in die Worte: *„Aufklärung ist der Ausgang des Menschen aus seiner selbstverschuldeten Unmündigkeit. Unmündigkeit ist das Unvermögen, sich seines Verstandes ohne Leitung eines anderen zu bedienen. Sapere aude! Habe den Mut, dich deines eigenen Verstandes zu bedienen!"*. Von diesem Gedankengut waren auch der letzte Kölner Kurfürst Maximilian Franz sowie sein höchster Beamter, Franz Wilhelm von Spiegel Freiherr von Diesenberg, erfüllt. Zusammen mit den Erzbischöfen von Mainz, Trier und Salzburg hatte sich Maximilian Franz 1786 für die Emser Punktation eingesetzt, die eine rechtliche Stärkung des deutschen Episkopats gegenüber dem Papst verlangte.[1] Was die inneren Verhältnisse des Kurstaates betraf, strebten Maximilian Franz und Franz Wilhelm von Spiegel verbesserte kirchliche Strukturen und Arbeitsweisen sowie ein besseres Bildungswesen an. Während Spiegel radikale Reformen durchsetzen wollte, neigte der Kurfürst dazu, festgestellte Mißstände von Fall zu Fall zu beheben.

Wegen Beachtung des im Augsburger Religionsfrieden von 1555 festgelegten Grundsatzes *„cuius regio, eius religio"*, d.h. die Religion des Landes bestimmt sich nach der des Landesherrn, gab es im Herzogtum Westfalen als Teil des geistlichen Fürstentums Köln eine fast ausschließlich katholische Bevölkerung. Zwar hatte es nach der Reformation 1542-1547 unter den Kurfürsten Hermann V., Graf von Wied und 1583–1584 unter Gebhard Truchseß von Waldburg Versuche eines Wechsels zum Protestantismus gegeben. Doch durch den Sieg des Wittelsbachers Ernst von Bayern über Gebhard Truchseß und den starken Einfluß des Landdrosten Caspar von Fürstenberg wurde im Mitwirken des Kölner Domkapitels für die Zukunft ein Abfall des geistlichen Landesherrn von der katholischen Religion verhindert. In Arnsberg bestimmten die Statuten von 1608 zusätzlich, dass Bürger der Stadt nur werden könne, wer *„freien Standes, ehelicher Geburt, katholischer Religion und unbescholtenen Wandels sei"*[2]. Auf Wunsch des landständischen Adels verordnete Kurfürst Maximilian Henrich 1662 darüber hinaus, *„daß fürderhin alle unseres Fürstenthumbs Land-Ämter und Dienste anders nit als mit desselben zugehörigen Landtseingesessenen besetztet und bestellt werden mögen"*[3] (sog. Indigenatrecht). Damit waren Protestanten von allen Staatsämtern im Lande ausgeschlossen. Erst das Toleranzedikt des Kurfürsten Maximilian Franz von 1784 brachte eine gewisse Lockerung, indem evangelische Adelige und Fabrikanten mit besonderer landesherrlicher Genehmigung Bürgerrecht erwerben konnten.[4]

Maximilian Franz von Österreich (?), letzter amtierender Kurfürst-Erzbischof von Köln. Ölbild, um 1785   A 9

Kurfürst Maximilian Franz nahm nicht nur seine Aufgabe als Landesherr, sondern auch die als Oberhirt der Erzdiözese Köln sehr ernst. Er erkannte die dringende Notwendigkeit einer Reform der kirchlichen Organisation und ihrer Arbeitsweise. Auf Grund von Berichten der Dechanten der Dekanate Meschede, Medebach, Brilon und des Haardistrikts aus den Jahren 1798 bis 1801 traf Maximilian Franz neue Regelungen für den Pfarrgottesdienst, die Verwaltung des Kirchenvermögens, die Arbeit der Sendgerichte, den Volksschulunterricht sowie die Organisation und die Aufgaben der Zirkelversammlungen. Nach seinem Willen sollten die Dekanate des Herzogtums einen *„brüderlichen Verband"* bilden. Dem Dechanten, der geborener Präses seines Zirkels war, wurde eine Reihe von Aufgaben übertragen. Alle fünf Jahre sollte er seinen Bezirk visitieren, regelmäßig und in außergewöhnlichen Fällen Bericht an die kirchliche Zentralbehörde erstatten sowie in seinem Dekanat eine Bibliothek einrichten, aus der die Geistlichen und Lehrer Bücher entleihen konnten.

Was die Gottesdienste anbetraf, so ging es wie in allen deutschen Kurlanden um die Einführung der deutschen Sprache. Der bisher übliche lateinische Choral sollte durch den deutschen Volksgesang abgelöst, das Evangelium in Deutsch verlesen werden. Zur Wahrung der Einheitlichkeit der Lehre hatten alle Pfarrer ihren geistlichen Unterweisungen Felbigers Katechismus zu Grunde zu legen. Diese Neuregelung des Kirchenwesens, die Maximilian Franz sowohl im Sinne der aufgeklärten Ideen seiner Zeit, als auch in der Absicht einer Verbesserung und Vertiefung der religiösen Unterweisung durchgeführt hatte, war die größte und wirksamste Reform im Herzogtum.

Ein deutlicher Unterschied zwischen dem Reformeifer des Kurfürsten und dem seines Hofkammerpräsidenten Spiegel zeigte sich bei den Klöstern. Im Herzogtum gab es 17 fundierte Klöster und Stifte. *„Jeder Katholik, der zu den geläuterten Prinzipien seiner Religion steht, wünscht die Aufhebung der Klöster und Stifter und die Verwendung ihrer Einkünfte zu wohltätigen Zwecken"* schrieb Spiegel in seinen *„Gedanken über die Aufhebung der Klöster und Stifter im Herzogtum Westfalen".*[5] Maximilian Franz lehnte diesen radikalen Schritt ab. Zu einem Vorgehen gegen die Franziskanerklöster sah er keinen Anlaß, da die Ordensoberen von sich aus die nötigen Reformen ihres Ordens einleiteten. Selbst gegen die Minoriten, die *„Mönchsvagabunden"*, in denen Spiegel eine Gefahr für Volksmoral und Sittlichkeit erblickte, mochte Maximilian Franz nichts unternehmen. Eine Notwendigkeit zum Einschreiten sah er allerdings bei den seit dem 12. und 13. Jahrhundert aller erzbischöflichen Gewalt und Gerichtsbarkeit entzogenen und unmittelbar dem apostolischen Stuhl unterstellten Prämostratenserklöstern Wedinghausen, Oelinghausen und Rumbeck, den Zisterzienserabteien Benninghausen und Himmelpforten sowie dem Dominikanerinnenkloster Galiläa. In deren Immunitätsrechte griff er von Fall zu Fall ein, indem er die Neuwahlen einer Äbtissin und einer Priorin beaufsichtigen ließ, die Aufnahme neuer Novizen bis zur Tilgung der Klosterschulden verbot, Visitationen anordnete oder die herkömmliche Aufsicht der *„Patres abbates"* durch ein ständiges erzbischöfliches Kommissariat ersetzte.

Zu klosterinternen Auseinandersetzungen mit Auswirkungen auf das Verhältnis zwischen Landesherrn und Hofkammerpräsidenten führte die Schulverordnung vom 12. November 1782. Um eine bessere Unterrichtstätigkeit der geistlichen Gymnasiallehrer zu ermöglichen, befreite sie die einem Kloster angehörenden Professoren von allen klösterlichen Verrichtungen und gestattete ihnen, bei der Schulkommission zu klagen, falls sie sich in ihrer Schultätigkeit durch die Ordensoberen behindert fühlten. Es war vor allem der Wedinghauser Mönch Friedrich Georg Pape, der mit einem Mitbruder den Versuch machte, sich von den Befugnissen seines Abtes Franz Joseph Fischer und schließlich von allen Ordensregeln überhaupt zu befreien. Jahrelange Untersuchungen durch einen vom Kurfürsten beauftragten Kommissar und heftige Streitigkeiten, in die auch das Kloster Oelinghausen hineingezogen wurde, waren die Folge. Bestärkt durch ein Gutachten der Bamberger Universität, welches das päpstliche Exemtionsprivileg als *„Stein des Anstoßes"* bezeichnete, nahm Maximilian Franz als Erzbischof die Oberaufsicht über die kurkölnischen Klöster in Anspruch, entzog der Abtei Wedinghausen die Paternitätsrechte über die Klöster Oelinghausen und Rumbeck und unterstellte alle westfälischen Klöster der erzbischöflichen Gerichtsbarkeit.[6]

Die von seinem Vorgänger Maximilian Friedrich von Königsegg begonnenen Neuerungen auf dem Gebiete des Unterrichtswesens setzte Kurfürst Maximilian Franz mit größerer Anstrengung fort. Um die Reformpläne durchsetzen und das Unterrichtswesen beaufsichtigen zu können, mußten zunächst die erforderlichen Organe geschaffen werden. Maximilian Friedrich unterstellte 1778 das gesamte Schulwesen dem Bonner Akademierat, der 1787 durch eine zentrale Schulbehörde unter Leitung Spiegels ersetzt wurde. Auf Vorschlag Spiegels richtete der Kurfürst 1781 als Ausschuß des Akademierates für das Herzogtum Westfalen eine Schulkommission ein. Diese erwies sich als wenig wirksam. An ihrer Stelle berief Spiegel 1791 drei Beauftragte. Deren Arbeit verbesserte sich erst, als an ihre Spitze der Sohn des Landdrosten Clemens Maria von Weichs zur Wenne, Maximilian Friedrich Adam von Weichs, berufen, 1797 das Gremium auf vier Personen erweitert sowie der Normalschullehrer und Pfarrer von Rüthen, Friedrich Adolph Sauer, in das Gremium aufgenommen wurden. Sauer, welcher an der im Jahre 1786 vom Kurfürsten eingerichteten Universität in Bonn Theologie und Pädagogik studiert hatte,[7] entwickelte sich zum maßgeblichen Berater des Kurfürsten bei allen weiteren Reformen. *„Mit Bernhard Overberg war Sauer der Überzeugung, daß das Lehramt 'eines der wichtigsten und ehrwürdigsten auf Erden' sei."*[8] In diesem Sinne bildete er ab 1795, als er in Rüthen den ersten westfälischen Normalkursus eröffnete, die Lehrkräfte aus. Großer Wert wurde auf die Einführung von Industrieschulen gelegt, in denen die Kinder auch die praktische Arbeit wie Stricken, Nähen, Spinnen und Gartenbau lernten. Die fünf in Arnsberg, Attendorn, Brilon, Geseke und Werl bestehenden Gymnasien waren seit jeher Klosterschulen gewesen. 1782 gelang es Spiegel, sie in eine Art staatlicher Schulen umzuwandeln, indem er den Klöstern jeden Einfluß auf die Schulorganisation und die Lehrinhalte entzog. Diese durften nur noch kostenlos die Lehrer zur Verfügung stellen. Zu seiner Enttäuschung scheiterte Spiegel mit seiner Absicht, das Gymnasium Laurentianum in Arnsberg zu einer *„Musteranstalt des neuen Geistes"* zu machen und die anderen Gymnasien im Herzogtum aufzulösen.

Von den wenigen Evangelischen, die in der kurfürstlichen Zeit im Herzogtum Westfalen lebten, ist namentlich der Oberförster Calaminus bekannt, weil dieser vom Kurfürsten entgegen dem Indigenatrecht bestellt worden war und 1792 im Adreßkalender in beleidigender Absicht als „Calvinus" verunglimpft wurde.[9]

Die Juden waren die einzigen Nichtchristen im Lande. Seit Jahrhunderten hatten sie unter religiösen Vorbehalten zu leiden. Entgegen den Forderungen der Landstände haben sich die Kurfürsten, die den reisenden Juden gegen Entgelt Schutzbriefe ausstellten (Judengeleit), geweigert, die Juden aus dem Herzogtum zu verweisen. Die Zahl ihrer Familien wurde ursprünglich auf 107 beschränkt. Doch 1802 betrug sie schon 232. Sie lebten vom Handel auf den Märkten und gewannen als Kunden die an Bargeld armen Bauern. Die westfälischen Juden befanden sich außerhalb der eigentlichen Ordnung. Sie schlossen sich zu jüdischen Gemeinden zusammen und vereinigten sich zur Landesjudenschaft im Herzogtum Westfalen. Sie *„hatten ihren eigenen Landtag, ihre eigene Vertretung gegenüber dem Kurfürsten, ihre eigenen Schulen; ständische Beschlüsse waren für sie nicht verbindlich; sie folgten nur direkten landesherrlichen Anweisungen"*[10]. Um ihren Geschäftsleuten eine lästige Konkurrenz fernzuhalten, erwarb 1671 die Stadt Arnsberg gegen Zahlung von 200 Reichstalern vom Kurfürsten das sog. „Judenprivileg", wonach in Arnsberg keine Juden mehr wohnen durften. Um so mehr siedelten sie sich in Hüsten an, von wo sie zugleich den Wochenmarkt in Arnsberg beschicken konnten. Am Ende der kurfürstlichen Zeit lebten in Hüsten immerhin 37 Juden, die fast 7 % der Bevölkerung ausmachten.[11]

Die Hessische Zeit
Mit der Auflösung des Kurfürstentums Köln und dem Übergang des Herzogtums Westfalen an den Landgrafen Ludewig X. von Hessen - Darmstadt erhielt das Herzogtum einen evan-

gelischen Landesherrn. Dieser versicherte im Okkupationspatent vom 6. Oktober 1802 seinen Untertanen, die zu dieser Zeit fast ausnahmslos katholisch waren, dass er ihnen *„mit Huld und Gnade jederzeit zugethan verbleiben, ihnen Gerechtigkeit und allen Schutz angedeihen lassen, und ihrem Wohl Unsre Landesväterliche Fürsorge unermüdet widmen"* werde. Einen ersten Eingriff in die katholischen Kirchenverhältnisse unternahm 1802 die für das Herzogtum Westfalen vorübergehend eingesetzte Organisationskommission, indem sie eine Trennung von weltlicher und kirchlicher Gerichtsbarkeit vornahm. Im übrigen hielt sich der Landgraf zurück und respektierte die oberhirtliche Gewalt über die Erzdiözese durch das 1794 nach Arnsberg geflohene, aber zum großen Teil in die Heimat zurückgekehrte Kölner Domkapitel. Den ursprünglich verfolgten Plan, den Bischofssitz in Anpassung an die staatliche Neuordnung in Arnsberg einzurichten, gab man in Darmstadt bereits 1805 auf. Stattdessen bestimmte das Domkapitel, das wegen der Abtrennung der linksrheinischen Gebiete an Frankreich nicht nach Köln zurückkehren konnte, Deutz zu seinem Sitz.[12]

Das Herzogtum war in fünf Dekanate eingeteilt und wies mit 400 Personen eine hohe Zahl von Welt- und Ordensgeistlichen auf. Bei einer geschätzten Bevölkerungszahl von 110.000–115.000 entfiel somit auf 300 Menschen ein Geistlicher. Die landesherrlichen Rechte über die Kirchen und Schulen im Herzogtum bündelte der Landgraf durch Organisationsedikt ab 1. Januar 1804 in der Behörde des Kirchen- und Schulrats in Arnsberg. Bestehend aus einem Direktor und fünf Räten sowie dem erforderlichen Büropersonal bearbeitete der Kirchen- und Schulrat alle staatsrechtlichen Kirchen- und Schulsachen, die *„nach der kirchlichen Verfassung des einen oder anderen Religionsteiles dem Landesherrn"* zustand. Besetzt war die Behörde vor allem mit den Personen, die zuvor die Schulkommission gebildet hatten. Bis auf den zusätzlich eingestellten Regierungsrat Friedrich Haberkorn, der die evangelischen und die landesherrlichen Belange wahrnehmen sollte, waren alle katholisch.[13]

Dem Landgrafen lag an einer dem Staat dienlichen Ordnung. Die Grundlage bildete in seinen Augen eine ordentlich geführte Bevölkerungsstatistik. Darum ordnete er an, dass ab 1. Januar 1808 drei getrennte Kirchenbücher für Taufe, Eheschließung und Beerdigung zu führen und Abschriften an den zuständigen Amtmann einzureichen seien.[14]

Generalvikar Johann Hermann Josef Freiherr von Caspars zu Weiß, seit 1801 an der Spitze des Domkapitels, setzte den Weg der religiösen Erneuerung, den Maximilian Franz begonnen hatte, fort. Das zeigt der von ihm bestätigte und vom Landgrafen gebilligte Visitationsrezeß von 1804, der die Erkenntnisse verwertete, die Pfarrer Zumbroich bei den von ihm durchgeführten Visitationen im Dekanat Attendorn gewonnen hatte. Darin wurde unter anderem bestimmt, dass der Hauptgottesdienst mit deutsch verlesenem Evangelium und anschließender Predigt gehalten, Prozessionen in würdigen Formen durchgeführt und das Kirchenvermögen besser verwaltet und stärker beaufsichtigt werden sollten. Diese Regelungen bildeten für Klerus und Kirchenvolk eine gute Richtschnur, wichen aber kaum von den früheren Regelungen des Erzbischofs Maximilian Franz ab.

Gestützt auf § 25 des Reichsdeputationshauptschlusses umfaßte die Säkularisation auch die Aufhebung der Klöster. Die hessische Generalkommission konnte sich bei diesem Vorhaben auf die erwähnte Denkschrift Spiegels berufen. Von den 24 Klöstern und Stiften im Herzogtum blieben zum Schluß nur 5 bestehen.[15]

Das Schulwesen unterstand nunmehr dem schon erwähnten Kirchen-und Schulrat. Auf Grund seiner Berufung in diese Aufsichts- und Leitungsbehörde konnte Pfarrer Sauer seine bewährte Lehrerausbildung und Reformtätigkeit fortsetzen.

Seit der kurkölnischen Verordnung vom 8. März 1799 bestand für alle Kinder vom vollendeten sechsten Lebensjahr an die Schulpflicht. Schulträger der einzelnen Schulen waren *„Gemeinden, Private, Klöster oder Inhaber bestimmter Pfarrstellen"*. Bei der Volksschulausbildung standen weiterhin die Industrieschulen im Mittelpunkt. Ihre Anzahl stieg dank der Bemühungen Sauers von 72 im Jahre 1803 auf 232 im Jahre 1814. Auch kümmerte man sich um eine ständige Verbesserung der Schulgebäude.[16]

Friedrich Adolph Sauer (1765-1839), katholischer Pfarrer, Konsistorialrat, Lehrer und Reformer in Rüthen und Arnsberg. Ölbild, um 1815

Von den vier noch bestehenden Gymnasien hob am 2. August 1804 der Kirchen- und Schulrat die Gymnasien in Attendorn und Geseke auf. Dem Gymnasium in Brilon wurde eine Neugründung in Rüthen zugesagt. Nur das Gymnasium in Arnsberg blieb bestehen.

Wer als großherzoglicher Untertan eine Universität besuchen wollte, mußte den erfolgreichen Abschluß eines inländischen Gymnasiums nachweisen. Gießen war die Universität, deren Besuch für die beiden ersten Studienjahre und für eine spätere Übernahme in den höheren Staatsdienst vorgeschrieben war. Davon waren die Theologen so lange ausgenommen, wie in Gießen noch keine für ihre Ausbildung geeigneten Professoren vorhanden waren.[17]

Mit den hessischen Truppen, die am 6. September 1802 die Grenzen des Herzogtums überschritten, kamen in größerem Umfang evangelische Christen in das bis dahin kurkölnische Gebiet. Begleitet wurden sie von einem Feldprediger. Mit der vorübergehenden Einrichtung der Organisationskommission und dem späteren Aufbau der hessischen Behörden kamen weitere Protestanten mit ihren Familien nach Arnsberg. Immerhin gab es 1808 im Herzogtum unter 133.803 Bewohnern 1.171 Lutheraner, 152 Reformierte und 20 Mennoniten. 1803 legte Feldprediger Ludwig Carl Scriba das „Kirchen-Buch für die protestantische Civil-Gemeinde im Herzogthum Westphalen" an. Mit Verfügung vom 18. August 1804 übertrug der Landgraf die Seelsorge sowohl für die Militärgemeinde als auch für die Zivilgemeinde dem jeweiligen Feldprediger der Brigade Erbprinz. Mitprediger und Nachfolger Scribas wurde der junge Theologe Christian August Hoffmann, dem die Unterrichtung der in einer evangelischen Schule zusammengefaßten Kinder übertragen war. Als 1807 wegen des Weggangs von Hoffmann die Predigerstelle bis 1809 unbesetzt war, wurden die kirchlichen Amtshandlungen wie Taufen, Trauungen und Beerdigungen von den katholischen Geistlichen wahrgenommen und in das katholische Kirchenbuch eingetragen. Zur Bildung eines Kirchenvorstandes kam es erst 1812. Bis dahin lag die Leitung beim Kirchen- und Schulrat. Der Geistliche hatte Gottesdienst alle 14 Tage in Arnsberg und „an den Zwischensonntagen, jedoch nach Maßgabe der Witterung, in Werl oder Brilon" zu halten. Die Kosten für das Pferd, das er für die weiten Wege benutzen mußte, wurden ihm durch die Kriegskasse erstattet. Mangels eines eigenen Gotteshauses fand der Gottesdienst in Arnsberg in gutem Einvernehmen mit der katholischen Kirchengemeinde nach deren Frühmesse in der Stadtkapelle statt. Bei einer neuerlichen Vakanz der Pfarrstelle in den Jahren 1815 und 1816 sprang wiederum Pfarrer Sauer mit seinen Kaplänen ein.[18]

Mit Gründung der evangelischen Kirchengemeinde in Arnsberg wurde auch eine evangelische Schule eingerichtet. In Pfarrer Hoffmann hatte sie einen hervorragenden Pädagogen. Das beweist seine „Einladungsschrift zu der ersten Jahresprüfung der Schüler aus der hiesigen evangelischen Schule" mit dem Titel „Einige Bemerkungen über niedere Schulen überhaupt und über die im Herzogthum Westphalen neu errichteten evangelischen Schulen insbesondere" aus dem Jahre 1806.[19]

Kurfürst Maximilian Franz hatte, um die alte Judenordnung von 1700 abzulösen, eine neue vorbereitet, die aber wegen der Änderung der politischen Verhältnisse nicht mehr in Kraft trat. Die hessische Regierung beließ zunächst alles beim bisherigen Rechtszustand, bemühte sich aber darum, die Juden vor ungerechtfertigten Lasten zu bewahren. So erleichterte sie ihnen ab 1805 den Erwerb unbeweglichen Vermögens. Obgleich allgemein Juden zu Staatsämtern nicht zugelassen waren, wurden der Hofmedikus Dr. Israel Ruer aus Meschede und sein Sohn Dr. Julius Wilhelm Ruer, die sich beide durch medizinische Schriften hervortaten, an das bei der Regierung in Arnsberg gebildete Medizinalkollegium berufen. Auch scheint man das Judenprivileg der Stadt Arnsberg nicht mehr beachtet zu haben, denn 1810 ließ sich nach einem Hauskauf als erster Jude Abraham Levi Grüneberg aus Hüsten in Arnsberg nieder und wurde ein Jahr später Arnsberger Bürger. Allerdings wurden den Juden im Gegenzuge neue staatsbürgerliche Pflichten auferlegt. Sie mußten Geburten, Trauungen und Todesfälle dem jeweiligen für ihren Sprengel zuständigen Pfarrer anzeigen und ab 1. Januar 1809 einen deutschen Familiennamen wählen, der dann in Zukunft allein verbindlich war.[20]

Ferdinand Hasenklever (1769-1831), Konsistorialrat und von 1816-1831 evangelischer Pfarrer in Arnsberg. Altes Foto nach einer unbekannten Vorlage   O 4

Die Preußische Zeit

Als auf Grund der territorialen Neuordnung durch den Wiener Kongreß von 1815 das Herzogtum Westfalen an den König von Preußen gefallen und Arnsberg auf Drängen des Oberpräsidenten Ludwig Freiherr Vincke zum Sitz einer preußischen Bezirksregierung bestimmt worden war, übernahm auch der neue Landesherr den bewährten Schulreformer Pfarrer Sauer in seine Dienste und bestellte ihn zum Mitglied der Kirchen- und Schulabteilung für den katholischen Bereich. Einen Riß der Jahrhunderte alten Bande zu Köln verursachte die päpstliche Bulle „De salute animarum" vom 16. Juli 1821, die das Herzogtum Westfalen der Erzdiözese Paderborn angliederte.

Mit dem Aufbau der Bezirksregierung kamen etwa 60 Beamte mit ihren Familien nach Arnsberg. Die meisten von ihnen waren evangelisch. Sie bildeten zusammen mit den aus der hessischen Zeit verbliebenen Protestanten die evangelische Gemeinde. Ohne dass die Gemeindegrenzen formell festgelegt gewesen wären, zählte man zu ihr wohl alle Evangelischen im Herzogtum Westfalen, nämlich 456, mit Ausnahme der etwa 100 Protestanten in Meschede, die ab 1822 eine Filialgemeinde bildeten und schließlich 1827 einen eigenen Prediger erhielten.

Die neue preußische Regierung bemühte sich sofort um die Wiederbesetzung der vakanten Pfarrstelle in Arnsberg. Am 17. Dezember 1816 bestellte sie den für den evangelischen Bereich berufenen Konsistorialrat in der Kirchen- und Schulabteilung Ferdinand Hasenklever zum Pfarrer.

Schon vom folgenden Jahr an bemühte sich dieser um einen eigenen Gottesdienstraum für die wachsende Gemeinde. Durch regen Austausch von Überlegungen und Plänen zwischen der Kirchengemeinde, dem Baurat bei der Regierung in Arnsberg und der Oberbaudeputation in Berlin, welcher der berühmte preußische Baumeister Karl Friedrich Schinkel angehörte, nahm die in das entstehende klassizistische Viertel eingefügte Kirche Gestalt an. 1825 konnte sie in Anwesenheit des Oberpräsidenten Vincke als erster evangelischer Kirchenbau im einstigen Herzogtum feierlich eingeweiht werden.[21]

Beeinflußt von den durch die Aufklärung und den Pietismus geprägten Strömungen, die in den deutschen Ländern eine Einheit der evangelischen Kirchen herbeizuführen wünschten, rief 1817 König Friedrich Wilhelm III. zur 300-Jahrfeier der Reformation dazu auf, *„die beiden bisher getrennten protestantischen Kirchen, die reformierte und die lutherische, zu einer evangelisch-christlichen ... zu vereinigen"*. Dem stimmte die als lutherisch gegründete Gemeinde, die aber auch reformierte Gemeindeglieder aufgenommen hatte, ohne Bedenken zu. 1818 schloß sich die Gemeinde formell der Synode in Iserlohn an. Dies alles geschah, ohne dass Pfarrer Hasenklever einen Rückhalt durch einen Kirchenvorstand gehabt hätte. Einen Kirchen- und Schulvorstand berief die Regierung erst 1820 auf Grund einer Eingabe Hasenklevers, wobei sie Gebrauch machte von dem Patronatsrecht des Königs über die Gemeinde. Zu erheblichen Auseinandersetzungen mit dem König und einem großen Teil der Gemeindeglieder kam es, als sich Hasenklever mit dem Kirchenvorstand dem Wunsch des Königs nach Annahme der vom König selbst entworfenen Agende (Gottesdienstordnung) entzog, die sich entgegen der reformierten Tradition in den märkischen Kirchen an die „Deutsche Messe" Martin Luthers anlehnte. Selbst das königliche Angebot, für die im Bau befindliche Kirche Orgel und Glocken der abgebrochenen Walpurgis-Stifts-Kirche in Soest zu spenden, vermochte die Verantwortlichen der Gemeinde nicht umzustimmen.[22]

Verständlicherweise strebte Hasenklever wie überall im Regierungsbezirk so auch in der Evangelischen Schule seiner Gemeinde eine weitere Verbesserung der schulischen Verhältnisse an. Zusammen mit seinem in gleicher Weise befähigten katholischen Kollegen in der Kirchen- und Schulabteilung der Regierung Friedrich Adolph Sauer hat er sich um die Erneuerung des Schulwesens im Regierungsbezirk Arnsberg äußerst verdient gemacht. 1820 gewann die Kirchengemeinde Arnsberg für ihre Schule in Jacob Heinrich Schönhals einen

Abendmahlsgeräte der evangelischen Kirchengemeinde Arnsberg   O 13

Lehrer, der die Schule so beliebt machte, dass auch katholische Eltern dazu übergingen, ihre Kinder bei ihr anzumelden.[23]

An der rechtlichen Stellung der Juden änderte sich nach der Übernahme des Herzogtums Westfalen durch Preußen zunächst nichts. Das „Judengesetz" von 1812, das die Juden zu Inländern und preußischen Staatsbürgern erklärt sowie alle Ausnahmegesetze abgeschafft hatte, wurde nicht auf das Herzogtum Westfalen übertragen. Unter Berufung auf Art. 16 der auf dem Wiener Kongreß beschlossenen Deutschen Bundesakte, wonach Juden die ihnen von den einzelnen Bundesstaaten bereits zugestandenen Rechte behalten durften, verordnete 1817 die preußische Regierung, *„die Verhältnisse der in den neuen Provinzen sich befindenden Juden in eben der Lage (zu) belassen, in welcher sie bei der Okkupation angetroffen worden"* seien. Erst das Bundesgesetz des Norddeutschen Bundes vom 3. Juli 1869 hob *„alle noch bestehenden, aus der Verschiedenheit des religiösen Bekenntnisses hergeleiteten Beschränkungen der bürgerlichen und staatsbürgerlichen Rechte"* auf und stellte damit die Gleichberechtigung der Juden her. Dementsprechend blieb über alle staatsrechtlichen Veränderungen hinweg die nun unter die Aufsicht der Preußischen Regierung gestellte Landesjudenschaft des Herzogtums Westfalen bestehen. In der gesamten hier behandelten Zeit, nämlich von 1780 bis 1832, amtierte als ihr Landesrabbiner Hirsch Cohen (Rappaport) in Geseke.[24] Desgleichen blieben die bisher schon bestehenden rechtlich als Vereine betrachteten jüdischen Gemeinden unangetastet.

Zwei Verordnungen legten den Juden zusätzliche Beschränkungen auf. Um dem *„gefährlichen Herumstreifen der Juden"* zu begegnen, wurden 1821 unbemittelten Juden bestimmte Auflagen für Angaben in ihren Pässen gemacht. 1823 wurde die Aufnahme fremder Juden und Jüdinnen in den Gesindedienst untersagt.

Das nicht mehr beachtete Judenprivileg der Stadt Arnsberg von 1671 zahlte sich nun in barer Münze aus, denn der preußische Staat beglich den vom Magistrat der Stadt 1818 vor dem Königlich Preußischen Hofgericht erhobenen Anspruch auf Rückzahlung der damals gezahlten Summe nach entsprechender Umrechnung einschließlich eines Teils der geforderten Zinsen.[25]

Erste Hinweise auf das Bestehen einer jüdischen Gemeinde in Arnsberg liegen aus dem Jahre 1824 vor. Klarer ist, ab wann in Arnsberg eine jüdische Schule bestand. Bereits durch eine Verordnung von 1817 waren die Eltern jüdischer Kinder gleich denen christlicher Kinder verpflichtet, ihre schulpflichtigen Kinder einzuschulen und Schulgeld zu zahlen. Eine vorläufige Bestimmung über *„die Beaufsichtigung des Jugend-Unterrichts unter den Juden"* im Amtsblatt der Königlichen Regierung in Arnsberg von 1822 machte *„Vorschriften zur Verbesserung des Unterrichtes, führte den Schulzwang ein, befreite jüdische Kinder vom christlichen Religionsunterricht und schrieb die Konzessionierung der jüdischen Privatlehrer durch die Regierung vor"*[26]. 1824 unterrichtete in einem als Synagoge genutzten Betraum der aus Padberg stammende Lehrer Bendix Heimberg sechs schulpflichtige jüdische Kinder.

Zusammenfassung

Für die katholische Kirche erwies sich der durch die Säkularisation herbeigeführte *„Verlust aller direkten politischen Herrschaft als außerordentlich günstig. Er befreite sie von Bedingungen, die sich im Verlauf der Geschichte nur allzu oft als für ihre religiöse Aufgabe hinderlich erwiesen hatten ... Sie war fortan ganz auf den geistigen Einfluß über Menschenherzen angewiesen."*[27]

Die evangelischen Kirchen blieben organisatorisch dem Staatskirchentum verhaftet. Nach wie vor war der Monarch von Gottes Gnaden auch das Oberhaupt der Landeskirche. Insofern war die Säkularisation weitgehend an den evangelischen Kirchen vorbeigegangen. Durch den Anstoß des preußischen Königs zur Schaffung einer unijerten Kirche konnten jedoch zumindest die konfessionellen Gegensätze zwischen Reformierten und Lutheranern aufgehoben werden.

Für die Juden im Herzogtum Westfalen blieb die völlige Gleichberechtigung zunächst noch ein Wunschtraum.

Anmerkungen

1 SCHMIDT, KURT DIETRICH, Grundriß der Kirchengeschichte, 3. Aufl. Göttingen 1960. ; GOSMANN, MICHAEL, Maximilian Franz von Österreich, Kurfürst von Köln (1756-1801). In: Zuflucht zwischen Zeiten 1794-1803. Kölner Domschätze in Arnsberg. Arnsberg 1994, S. 214.

2 FEAUX DE LACROIX, KARL, Geschichte Arnsbergs. Arnsberg 1895, S. 274.

3 FEAUX DE LACROIX, Anm. 2, S. 328.

4 SCHUMACHER, ELISABETH, Das kölnische Westfalen im Zeitalter der Aufklärung unter besonderer Berücksichtigung der Reformen des letzten Kurfürsten von Köln, Maximilian Franz von Österreich. Olpe 1967.

5 SCHUMACHER, Anm. 4, S. 252f.

6 SCHUMACHER, Anm. 4, S. 259.

7 HENDRICKS, JOSEF, Friedrich Adolph Sauer - Lehrer der Lehrer im Sauerland. In: Heimatblätter, Zeitschrift des Arnsberger Heimatbundes, Heft 8 1987, S. 8ff.

8 SCHUMACHER, Anm. 4, S. 222.

9 FEAUX DE LACROIX, Anm. 2, S. 464.

10 SCHUMACHER, Anm. 4, S. 209, Anm. 224.

11 SAURE, WERNER, Religionsgemeinschaften, Juden in Neheim und Hüsten. In: 625 Jahre Neheim und Hüsten. Arnsberg 1983.

12 SCHÖNE, MANFRED, Das Herzogtum Westfalen unter hessen-darmstädtischer Herrschaft 1802–1816. Olpe 1966, S. 116f.

13 SCHÖNE, Anm. 12, S. 115.

14 Ebenda, S. 118.

15 Ebenda, S. 121ff.

16 Ebenda, S. 106ff.

17 Ebenda, S. 109ff.

18 PHILIPPS, WERNER, Geschichte der Evangelischen Kirchengemeinde Arnsberg, 2. Auflage. Arnsberg 1995, S. 6 ff. ; SCHÖNE, Anm. 12, S. 114.

19 PHILIPPS, Anm. 18, S. 77ff.

20 TIMMERMANN, FRITZ, „....wo das Großherzoglich hessische Ministerium das (Juden-)Privilegium in hiesiger Stadt aufhob", „sind unser 11 Familien". In: Juden in Arnsberg. Arnsberg 1991, S. 22.

21 PHILIPPS, Anm. 18, S. 12ff.

22 Ebenda, S. 15ff.

23 Ebenda, S. 80f.

24 HOVEN, HORST, Die Arnsberger Synagogengemeinde. In: Juden in Arnsberg. Arnsberg 1991, S. 55.

25 FEAUX DE LACROIX, Anm. 2, S. 293, ; HOVEN, Anm. 24, S. 55.

26 GOSMANN, MICHAEL, Die jüdische Schule und ihre Lehrer. In: Juden in Arnsberg, S. 77.

27 SCHMIDT, Anm. 1, S. 403.

"Es war eine Zeit wo sie nützlich, wo sie nothwendig waren; diese ist nicht mehr..."

Die Klosterlandschaft im Herzogtum Westfalen bis zur Säkularisation

Michael Schmitt

Der auf Schloss Canstein am östlichen Rand des Sauerlandes geborene Hofkammerpräsident Franz Wilhelm Freiherr von Spiegel war ein eifriger und aufgeklärter Verfechter der Klosteraufhebungen. Der vorletzte Landdrost lehnte insbesondere das Bettelmönchtum der Kapuziner im Herzogtum Westfalen, so in Werl, Rüthen, Kloster Brunnen und Marsberg, als unnütz radikal ab. Den fundierten Klöstern konstatierte er in seiner Denkschrift vom Oktober 1802 zumindest für die Vergangenheit Verdienste um die Christianisierung und Kultivierung des Landes sowie die Tradierung des antiken Bildungsgutes. So notierte er: *"Es war eine Zeit wo sie nützlich, wo sie nothwendig waren; diese ist nicht mehr, und so dürfen sie sich dann mit dem Schicksal aller Dinge und Wesen troesten, die die Zeit nur so lange bestehen läßt, als die Vorsehung sie nothwendig haelt, und sie aufhoeren laeßt, so bald der Zweck ihres Daseyns nicht mehr vorhanden ist."*[1] Zur selben Zeit verzeichnete der Geheime Rat Ferdinand Josef von Wrede 17 fundierte Klöster und Stifte, davon acht männliche und neun weibliche, für das kurkölnische Herzogtum Westfalen. Daneben bestand die Deutschordenskommende in Mülheim an der Möhne, die zugleich Sitz des westfälischen Landkomturs des Ordens war. Desweiteren gab es im Herzogtum sieben Medikantenklöster, d. h. Niederlassungen von Bettelorden. Einige monastische Institutionen waren bereits im Laufe der Geschichte vor dem Jahr 1803 aufgehoben worden. Doch die große Welle erfolgte 1803 und 1804. Um sich flächenmäßig und inhaltlich einen Überblick über die reiche Fülle der Klöster und Stifte im kurkölnischen Herzogtum Westfalen machen zu können, sollen die monastischen Institute in alphabetischer Reihenfolge der heutigen Großgemeinden zusammengestellt werden. Es gilt also die im folgenden aufzuführen:[2]

Stadt Altena

Aus dem westlichen Randgebiet des Herzogtums ist zuerst die Prämonstratenserniederlassung **Berentrop** zu nennen, deren Gebiet heute zur Stadt Altena gehört. Seit 1356 bestand dort an der Grenze der Grafschaft Mark zu Kurköln ein Priorat des Klosters Scheda, das aber 1630 durch die Verpachtung des Besitzes de facto aufhörte zu bestehen.

Gemeinde Anröchte

1322 errichtete Luzia, die Witwe des Ritters Rutger von Mellrich, auf dem Grund und Boden ihres Hofes in Waltringhausen ein Frauenkloster nach der Augustinerregel, welches bald den Namen **Annenborn** erhielt. Aus unbekannten Gründen endete das klösterliche Leben bereits 1408 wieder. Die Besitzungen gingen im Soester St. Walburgis-Kloster auf.

Stadt Arnsberg

Um 1170 gründete Graf Heinrich von Arnsberg am Ort der Grabstätte seiner Vorfahren südlich vor den Toren der Stadt als Sühne für den von ihm verschuldeten Tod seines Bruders die Prämonstratenserabtei St. Maria und Laurentius **Wedinghausen**.

Sie übernahm nicht nur die Pfarrseelsorge in der gräflichen und nach 1368 kurkölnischen Residenzstadt, sondern gewann darüber hinaus überörtliche Bedeutung. Diese 1173 durch den Kölner Erzbischof bestätigte Gründung wurde nach 630 Jahren am 15. November 1803 aufgehoben. Nach grundlegenden Reformen der Jahre 1600 und 1613 kam es 1643 zur Gründung eines Gymnasiums, welches heute im altehrwürdigen Laurentianum fortbesteht. Die Pflege der Musik spielte in Wedinghausen immer eine besondere Rolle. Von 1794 bis 1803 residierte hier das aus Köln geflüchtete Domkapitel und wies dem frühgotischen Gotteshaus die Aufgabe einer Quasi-Kathedrale zu. Ebenso fanden der Kölner Domschatz, die Dombibliothek sowie das Domarchiv in diesen Jahren Aufnahme im Sauerland, wodurch ein abendländischer Kulturschatz von Weltbedeutung vor dem Untergang bewahrt wurde. Die ehemalige Kloster- und Pfarrkirche, die seit der Aufhebung des Stiftes allein der Pfarrseelsorge dient, erhob Papst Pius IX. 1859 in den Rang einer Propstei. Trotz Verlusten blieb der größte Teil des Inventars erhalten. Wedinghausen hatte nicht nur mit Werl und Hüsten inkorporierte Pfarreien, die es wie in Arnsberg selbst mit Stiftsherren aus den eigenen Reihen besetzte, sondern übte auch die Paternität über die auf heutigem Arnsberger Stadtgebiet liegenden ehemaligen weiblichen Zweige des Prämonstratenserordens in Rumbeck und Oelinghausen aus.

Graf Heinrich I. von Arnsberg stiftet Kloster Wedinghausen. Ölbild, Henning Strodtmann zugeschr., 1669   D 2

Aus dem 1188 durch Graf Heinrich der Abtei Wedinghausen geschenkten „*curtis Rumbike*" entstand recht bald ein Frauenkloster des Ordens, welches 1191 durch den Erzbischof Philipp von Heinsberg seine Bestätigung fand. Neben dem Gebet als Hauptaufgabe hatten die Schwestern von **Rumbeck** in der Handarbeit und besonders im Sticken ein Betätigungsfeld, das wegen ihrer künstlerischen Fähigkeiten hohe Anerkennung fand.

Antependium von 1728 aus der Klosterkirche Rumbeck   E 10

Das Wirken der Schwestern endete per Erlass am 5. April 1804. Bis zu ihrem endgültigen Aussterben führten die Nonnen, von denen vor allem die letzte Priorin Franziska Peters besondere Erwähnung verdient, das klösterliche Leben bis zum Tode der letzten Schwester im Jahre 1835 weiter. Die ehemalige Klosterkirche mit ihrer reichhaltigen Ausstattung dient heute der Pfarrgemeinde St. Nikolaus Rumbeck zum Gottesdienst, das vormalige Priorat als Pfarrhaus. Kurz vor ihren Rumbecker Schwestern, bereits am 13. März 1804, fand das Wirken der Prämonstratenserinnen von **Oelinghausen** sein Ende. Sie gingen auf die Gründung des adeligen Ehepaares Sigenand und Hathwiga von Basthusen zurück, die ebenfalls vom Kölner Erzbischof Philipp von Heinsberg 1174 zu Soest die urkundliche Bestätigung erhielt. 1246 ist die Rede von einem eigenen Hospital. Das bedeutendste weibliche Kloster des Herzogtums diente später vor allem der Familie von Fürstenberg als wichtiger Stützpunkt, weshalb es um 1600 als „*St. Petri de Fürstenberg*" verspottet wurde. Als wichtigste Vertreterinnen seien die Äbtissinnen Ottilia und Anna von Fürstenberg genannt.

In der ersten Hälfte des 17. Jahrhunderts war es gut zwanzig Jahre freiweltliches Damenstift, bevor es zur Augustinerregel der Prämonstratenser zurückkehren musste. Die anschließende Blütephase des Konventes wirkte sich auch in

Ottilia von Fürstenberg (1549-1621), Äbtissin in
Oelinghausen und Neuenheerse. Ölbild, nach 1600 E 3

Stadt Attendorn

Im Mittelalter, in der Zeit von 1317 bis 1370, ist in der alten Hansestadt Attendorn bereits ein **Beginenhaus** belegt.

Größere Bedeutung hatte die Stiftung des Attendorner Kaufmanns Johann von der Becke. Er stiftete 1396 an der dortigen Pfarrkirche ein **Kollegiatstift**, welches durchschnittlich fünf bis sieben Mitglieder umfasste und erst 1825 durch den Paderborner Generalvikar und Weihbischof Richard Dammers aufgehoben wurde.

Der Kurfürst und Erzbischof Ferdinand von Bayern entsprach 1637 der Bitte des Stadtrates und der Franziskaner, ein **Franziskanerkloster** in der Stadt zu gründen. Seine Mönche wirkten dort segensreich bis 1822. Die Klosterkirche zerstörte 1945 eine Explosion.

Der aus Schönholthausen stammende und zu großem Reichtum gelangte Kaufmann Heinrich Wecke gründete aus Dankbarkeit über seinen beruflichen Erfolg 1420 vor den Toren der Stadt das Augustiner-Chorherrenstift **Ewig**, dem auch ein Armenhospital angegliedert sein sollte.

baulicher und künstlerischer Hinsicht aus: Bis in die Gegenwart zeugen die Barockausstattung mit Hochaltar und Orgelprospekt sowie der weitaus größte Teil des Altargeräts in der frühgotischen Pfarr- und Marienwallfahrtskirche davon. Nachdem die Marienhiller Missionare die Gebäude nach dem Zweiten Weltkrieg genutzt hatten, wirken dort seit 1992 Heiligstätter Schulschwestern aus dem Bergkloster in Bestwig und erfüllen die Gebäude mit neuem monastischen Leben.

In der Residenzstadt **Arnsberg** selbst ist die durch Kurfürst Maximilian Henrich 1652 gegründete **Jesuitenresidenz** zu erwähnen. Die drei bis fünf Personen umfassende Niederlassung in der Arnsberger Altstadt versorgte bis zur allgemeinen Aufhebung des Ordens 1773 neben der Schlosskapelle vor allem den Bereich der katholischen Erneuerung durch die von ihnen durchgeführten Volksmissionen im Herzogtum.

Von 1685 bis 1717 wirkten für kurze Zeit in Arnsberg die **Augustiner-Chorfrauen**, welche sich ihrem Ordensideal nach in besonderer Weise um die weibliche Jugend sorgten.

Kelch aus dem Franziskanerkloster Attendorn.
Frankreich 1470/80 F 6

Nach der Aufhebung 1803 wurde die Kirche drei Jahre später dem Erdboden gleichgemacht, das Konventsgebäude dient heute als Justizvollzugsanstalt. Die liturgische Ausstattung gelangte größtenteils in die Pfarr- und die Franziskanerkirche nach Attendorn, der Hochaltar in die Kirche in Schönau. Vom Kunstschaffen der Chorherren kündet noch heute im Erzbischöflichen Diözesanmuseum in Paderborn das Schönholthauser Missale, welches nachweislich 1477 in Ewig geschaffen wurde.³

Ab 1640 hatte der Deutsche Orden für dreißig Jahre eine Kommende in **Waldenburg**, die 1692 an die Familie von Fürstenberg verkauft wurde. In der dortigen Kapelle verehrt man heute die Schmerzhafte Mutter von Waldenburg.

Stadt Brilon

Nachdem im Mittelalter von einem **Beginenhaus** berichtet wird, sorgte sich die im Oktober 1803 aufgehobene und in ihren Ursprüngen auf das Jahr 1653 zurückgehende **Minoritenniederlassung** vor allem um eine höhere Schulbildung in der Stadt.

Die Patres übersiedelten im Zuge der Säkularisierung im April 1804 nach Rüthen, ihr Gebäude diente später dem Progymnasium, dann einer Hauptschule als Domizil. Die spätbarocke Klosterkirche St. Nikolai mit ihrer zeitgenössischen Einrichtung bildet bis heute ein künstlerisches Kleinod der Stadt.

Stadt Drolshagen

Nach 1235 gründete Graf Heinrich III. von Sayn mit seiner Gattin Mechthild das **Zisterzienserinnenkloster** Drolshagen im Südsauerland. Bereits am 13. Oktober 1803 wurde die letzte Äbtissin mit ihren nur noch vier Chorfrauen in Pension geschickt.

Die romanische Pfeilerbasilika St. Clemens nutzte man bis zum Bau eines eigenen Gotteshauses für den Schwesternkonvent 1763, das vierzig Jahre später schon wieder abgerissen wurde, als Pfarr-und Klosterkirche gemeinsam. Ein Altar kam angeblich in die Olper Kreuzkapelle, die Orgel fand in Neuenkleusheim eine neue Aufgabe.

Oberlichtgitter mit den Initialen der letzten Äbtissin des Klosters Drolshagen Josepha Maria von Lilien

Gemeinde Ense

Bis zur endgültigen Zerstörung durch die Fluten der Möhnekatastrophe 1943 erhob sich in diesem Flusstal die 1246 durch die Arnsberger Gräfin Adelheid in der Pfarrei Bremen gegründete Zisterzienserinnenabtei **Himmelpforten** mit ihrer prächtigen barok-

Bildnis des Everhard Koch mit Ansicht des Minoritenklosters Brilon.
Ausschnitt aus einem Ölbild von 1696   F 1

Modell des Klosters Himmelpforten   F 12

ken Altarausstattung. Interessanterweise erließ bereits 1790 der letzte Kurfürst und Erzbischof Maximilian Franz von Österreich aufgrund der dort herrschenden lockeren klösterlichen Zucht ein generelles Aufnahmeverbot für Schwestern, die dann das endgültige Aus im Mai 1804 gern in Anspruch nahmen. Noch bis ins 16. Jahrhundert hinein lag ein Schwerpunkt der Arbeit im Abschreiben und künstlerischen Gestalten von Handschriften. Das bewegliche Inventar verschleuderte man nach der Aufhebung, wobei allein 21 Messgewänder von der Pfarrei Neheim erworben wurden. Bis auf zwei von ihnen zerstörte sie der große Neheimer Stadtbrand von 1807.[4]

Stadt Erwitte

Als alle Bemühungen des Abtes von Knechtsteden misslangen, das Prämonstratenserstift Cappel im zum Fürstentum Lippe gehörigen heutigen Stadtteil von Lippstadt zu rekatholisieren, gründete er 1639 auf dessen Besitz in **Eikeloh** eine Propstei. In ihr forderte jeweils ein aus Knechtsteden stammender Vorsteher bis 1803 die Zehntrechte aus der Nachbarschaft ein. Der Sakristeischrank der dazugehörigen Kapelle gelangte später in das Lippstädter Heimatmuseum.

Stadt Geseke

In das erste christliche Jahrtausend reichen die Wurzeln des **Kanonissenstiftes** Geseke: Graf Haold gründete es mit seinen Geschwistern 946 und erwirkte sechs Jahre später seine Privilegierung durch Kaiser Otto I. Der hessische Landesherr bestimmte 1803 die Fortführung des Stiftes, hob aber die katholische Konfessionsverpflichtung, das Adelsprivileg sowie die Residenzpflicht der Stiftsdamen auf. Durch die Verhinderung einer Äbtissinnenwahl nach 1823 erwirkte die preußische Regierung de facto das Ende des Stiftes. Die kreuzförmige Hallenkirche mit ihrer in schwarzem Goldadermarmor und Alabaster geschaffenen Innenausstattung und ein großer Teil des liturgischen Bedarfs dienen bis heute dem Gottesdienst.

In die Zeiten des Dreißigjährigen Krieges gingen die Bemühungen der Stadt und des Kölner Kurfürsten und Erzbischofes Ferdinand von Bayern zurück, ein **Franziskanerkloster** zur katholischen Erneuerung sowie ein angegliedertes Gymnasium zur Hebung der schulischen Ausbildung zu gründen. Aus einer Residenz der Söhne des Hl. Franziskus entwickelte sich 1651 ein Konvent und 1687 das Gymnasium Antonianum. Wie bei den übrigen Medikantenniederlassungen endete das klösterliche Wirken 1834. Die Kirche mit ihrem historischen Inventar dient heute der Westfälischen Klinik für geriatrische Psychiatrie als Krankenhauskapelle.

Im benachbarten Störmede kam es 1483 durch Stiftung der Familie von Hörde zur Gründung des Augustinerinnenklosters **Nazareth**, welches, wie die übrigen Schwesternkonvente dieser Art, in der Reformbewegung der „devotio moderna" ihre geistesgeschichtlichen Ursprünge hatte. Es bestand bis zum Oktober 1804. Der Verbleib des Inventars ist bis auf wenige Stücke im Störmeder Pfarrhaus unbekannt, die ehemalige Propstei dient heute als Pfarrhaus, eine Scheune als Pfarrheim, nur die Kirche blieb nach der Schließung des gut vierzig Jahre dort vorhandenen Schwesternhauses 1967 ungenutzt.

Stadt Lennestadt

In der ältesten Urkunde des südlichen Sauerlandes vom 18. Mai 1000 nahm Kaiser Otto III. das von der Matrone Gerberga errichtete Kloster **Oedingen** in seinen Schutz. Nach gut fünfhundert Jahren erfolgte 1538 die Aufhebung des Kanonissenstiftes durch den Kurfürsten und Erzbischof Hermann von Wied, da eine personelle Weiterführung nicht möglich war. Die Güter gingen an das Mescheder Stift, das im Laufe der Geschichte immer wieder die Geschicke in Oedingen bestimmt hatte. An Stelle der 1670 eingestürzten Kirche erhebt sich heute die Kreuzbergkapelle auf dem Oedinger Berg.

Stadt Lippstadt

Im Jahre 1240 stifteten Ritter Johann von Erwitte und seine Gemahlin Hildegunde an der vorhandenen Kirche in **Benninghausen** aus ihren Gütern ein Zisterzienserinnenkloster.
In den beiden letzten Jahrhunderten bis zur Auflösung 1804 entwickelte sich das Kloster immer mehr zu einem Damenstift. Nachdem in der Gründungszeit dort ca. 50 Chorschwestern wirkten, waren es am Ende gerade einmal noch ein Zehntel davon. Die barocke Altarausstattung der heutigen Pfarrkirche ging durch die purifizierenden Renovierungen des 19. Jahrhunderts verloren. Der großartige spätottonische Kruzifixus über dem Altar, das reich dekorierte Sakramentshäuschen und ein schöner Dreisitz von 1520 geben dort unter anderem Zeugnis vom klösterlichen Kunstschaffen vergangener Jahrhunderte.

Stadt Marsberg

Älteste monastische Einrichtung im südlichen Westfalen bildete die nach 826 von den Corveyer Mönchen gegründete Benediktinerpropstei **Obermarsberg**. Sie geht auf die 785 erbaute Kapelle zurück, die Papst Leo III. 799 geweiht haben soll und die Kaiser Ludwig der Fromme und sein Sohn Lothar der bedeutenden Abtei an der Weser übergab. Nach den schweren Zerstörungen am Ende des Dreißigjährigen Krieges erneuerte man die Gebäude, die sich bis heute majestätisch über der Diemel erheben, und in denen sich die ebenso prächtige Barockausstattung erhalten hat. Bei der Aufhebung 1803 bewohnten nur noch ein als Propst und ein als Pfarrer fungierender Benediktiner die Niederlassung, welcher die Pfarreien Niedermarsberg und Thülen inkorporiert waren.
Die durch eine adelige Schenkung des Jahres 1259 entstandene **Beginenniederlassung** verschwand nach 1412 aus dem Marsberger Stadt-

Anna Selbdritt, Holzplastik, Anfang 16. Jh., aus der Propstei Marsberg E 7

bild wieder. Ein Schwesternhaus hatte zu Beginn der Neuzeit ebenfalls nur wenige Jahrzehnte Bestand.
Die im ausgehenden 17. Jahrhundert geplante **Kapuzinerniederlassung** konnte erst ab 1744 in Marsberg verwirklicht werden und fand bereits im Dezember 1812 ihr Ende. Die Insassen verteilten sich auf die Kapuzinerkonvente Werl, Geseke und Kloster Brunnen, bis sie dort das endgültige Aus 1834 ereilte. Die Gebäude wurden der neu eingerichteten sogenannten „Irrenanstalt" zur Verfügung gestellt. Die Orgel und ein Altar kamen nach Essentho, ein anderer nach Alme. Die Monstranz, welche die Kapuziner zehn Jahre vorher aus Bredelar erhalten hatten, befindet sich in der Marsberger Propsteikirche St. Magnus.
Vom historischen Baubestand der Kapuzinerniederlassung ist nichts mehr erhalten. Auf ihrem ehemaligen Standort erhebt sich heute das Westfälische Landeskrankenhaus.
Das 1170 durch den Kölner Erzbischof Philipp von Heinsberg gestiftete Prämonstratenserinnenkloster **Bredelar** besetzte sein Nachfolger Adolf von der Mark spätestens 1196 mit Zisterziensern aus Hardehausen. Die Schwestern über-

Monstranz aus dem Kloster Bredelar, 1777/79   D 11

Stadt Medebach

Ein kurz vor 1177 gegründetes Augustinerinnenkloster in **Küstelberg** verlegte der Kölner Erzbischof gut zwanzig Jahre später aufgrund der besseren klimatischen Verhältnisse nach **Glindfeld**. Der Kurfürst und Erzbischof Hermann IV. übergab das heruntergekommene Kloster 1499 den Kreuzherren, die hier bis 1804 die einzige Niederlassung ihres Ordens im Herzogtum Westfalen unterhielten. Neben verschiedenen seelsorglichen Betreuungen von benachbarten Gemeinden unterstand dem Kloster das Patronatsrecht über die Pfarrei Medebach und das Präsentationsrecht in Winterberg. Die Kirche ist bis auf geringe Reste verschwunden, ihre Barockausstattung gelangte 1811 größtenteils nach Hesborn.[6] Das Konventsgebäude wurde lange Zeit als staatliches Forstamt genutzt.

Stadt Meschede

Die Gründung des Mescheder Stiftes dürfte in die Zeit um 870 und auf die Initiative des bedeutenden Grafengeschlechtes von Werl-Arnsberg zurückgehen. Sehr bald erwickelte sich der Ort zu einem Kanonissenstift, das die besondere Förderung der deutschen Herrscher erfuhr. So z. B. verlieh 913 König Konrad I. die Immunität und das Recht zur freien Äbtissinnenwahl, und 958 gewährte König Otto I. dem Kloster den gesamten Zoll und die Einkünfte aus dem örtlichen Fleischmarkt. Kunsthistorisch bemerkenswert ist zum einen die bis heute erhaltene vorromanische Krypta, die der Verehrung der Reliquien der Stiftspatronin St. Walburga diente, und zum anderen der um 1020 in Köln für die Mescheder Äbtissin geschaffene Hitda-Kodex, welcher sich heute in der Hessischen Landesbibliothek zu Darmstadt befindet. Diese hochbedeutende Handschrift der ottonischen Buchkunst ist nach zwei Jahrhunderten anlässlich der Arnsberger Ausstellung „Vom Kurkölnischen Krummstab über den Hessischen Löwen zum Preußischen Adler. – Die Säkularisation und ihre Folgen im Herzogtum Westfalen" erstmalig wieder im Sauerland zu sehen.

Durch wirtschaftliche und klösterliche Zerrüttung sah sich Erzbischof Heinrich von Virneburg 1310 genötigt, das Kanonissenstift in einen **Kanonikerkonvent** umzuwandeln. Inkor-

siedelten daraufhin nach Rumbeck. Dem Kloster waren u. a. die Pfarreien Bontkirchen und Giershagen inkorporiert. Ebenso stellte es den Propst bei den Zisterzienserinnen in Himmelpforten an der Möhne. Außerdem ist für das Mittelalter ein Hospiz der Mönche in Obermarsberg bezeugt. Nach dem Untergang des für das östliche Sauerland und die angrenzenden Gebiete bedeutenden Zisterzienserkonventes 1804 diente das Gelände inklusive der Klosterkirche als Industriebetrieb, von dem ein großer Brand 1884 den Südflügel zerstörte. Das Inventar verkaufte man an benachbarte Pfarreien. Die um 1240 im Kloster geschaffene Bredelarer Bibel[5] sowie der ehrwürdige Abtsstab von 1789 gelangten als „Beutekunst" nach Darmstadt. Bis in unsere Tage sollte es dauern, bis weitreichende Initiativen versuchen, die Gebäude dieser bedeutenden christlichen Kulturstätte unserer Heimat vor dem endgültigen Verfall zu bewahren.

Modell der romanischen Stiftskirche
St. Walburga zu Meschede   E 6

porierte Pfarreien des Stiftes waren bis zur Aufhebung 1804 neben Meschede selbst Calle, Eslohe, Eversberg, Hellefeld, Horn, Mellrich, Reiste und Remblinghausen.

Aus der um 1430 auf dem heutigen Klausenberg bei der Stadt errichteten Klausnerinnenniederlassung entstand 1472 das Dominikanerinnenkloster **Galiläa**. Gut ein Jahrzehnt später übersiedelten die Schwestern in das ihnen überlassene Dorf Hückelheim.

Erst am 18. November 1810 erfolgte als letzte Auflösung der fundierten Klöster Westfalens durch die Großherzogliche hessische Regierung das endgültige Aus, nachdem sich die Insassinnen unter Leitung ihrer unerschrockenen Priorin Antonia Prange mehrmals erfolgreich dagegen gewehrt hatten. Der spätgotische Schnitzaltar ziert heute nach einem abenteuerlichen Schicksal die Michaelskapelle auf dem Klausenberg bei Meschede[7], die nach Winterberg verkaufte Orgel ist nicht mehr erhalten.

Stadt Rüthen

Bis in das Jahr 1480 geht die Historie des Rüthener **Schwesternhauses** zurück, das nach den Regeln des Hl. Augustinus lebte. 1739 zerstörte ein Feuer mit den Gebäuden auch das klösterliche Leben, nachdem bereits im 17. Jahrhundert Vereinigungspläne mit dem Kloster Nazareth in Störmede und um 1734 mit den Benediktinerinnen von Odacker gescheitert waren. Die Schwestern verteilten sich in die Ordenshäuser nach Unna, Störmede und Lippstadt. 1749 übernahmen die **Ursulinen** aus Dorsten die Parzelle und begannen kurz darauf mit dem Wiederaufbau der Gebäude, um unter anderem ihren Ordenszielen folgend eine Töchterschule zu errichten. Durch die anhaltenden Wirren des Siebenjährigen Krieges und die ungeheure Schuldenlast endete das klösterliche Wirken der Ursulinen im Januar 1772. Heute befindet sich in dem Gebäude ein Bankinstitut.

Erzbischof Maximilian Henrich erlaubte 1651 den **Kapuzinern**, eine Niederlassung in Rüthen zu gründen, deren Kirche 1693 geweiht werden konnte. Aufgabenfelder waren hauptsächlich die Seelsorge, und hier besonders die Volksmission, sowie die karitative Arbeit. So errichteten sie neben dem Klosterkrankenhaus ein Siechen- bzw. Pesthaus unterhalb der Stadt an der Möhnebrücke. 1804 endete ihre segensreiche Tätigkeit mit der Übersiedlung nach Werl, Marsberg und Kloster Brunnen. Die aus Brilon vertriebenen Minoriten übernahmen die Gebäude und richteten im dortigen Klosterkrankenhaus 1804 ein Gymnasium ein, welches bis 1812 bestand. Sie selbst mussten bereits vier Jahre vorher den Ort ihres neuen klösterlichen Wirkens verlassen. Die Innenausstattung der 1834 abgebrochenen Kirche wurde durch Versteigerung zerstreut, der Hochaltar gelangte nach Eslohe, wo er 1900 einem Brand zum Opfer fiel. Ein Seiten-

Mönchsbildnis mit Ansicht des Klosters Galiläa, 18. Jh.   E 2

altar überlebte in der benachbarten Altenrüthener Pfarrkirche. Nur das prächtige Barockportal, ein Werk des Kapuzinerbaumeisters Ambrosius von Oelde, blieb vor Ort als Friedhofsportal erhalten.

Kirchenportal des ehemaligen Kapuzinerklosters Rüthen, seit 1880 Eingang zum städtischen Friedhof

Stadt Schmallenberg

Bedeutendstes Kloster im Herzogtum Westfalen war die durch Erzbischof Anno von Köln 1072 errichtete und mit Mönchen aus Siegburg besetzte Benediktinerabtei **Grafschaft** im Schatten des Wilzenberges.

1507 reformiert und im folgenden Jahr in die Bursfelder Kongregation aufgenommen, hatte es bis zu seiner Aufhebung 1804 weitreichende Beziehungen im ganzen Sauerland bis in den Hellwegbereich hinein. Die Rechte an den in der Grafschaft Mark gelegenen Kirchen gingen in der Reformationszeit verloren, wurden aber durch die Abpfarrungen der im Herzogtum Westfalen liegenden inkorporierten Gemeinden ausgeglichen. So ist die Geschichte vieler Dörfer und Städte in diesem Bereich mit dem benediktinischen Erbe untrennbar verbunden. Altehrwürdige und prächtige Kirchen wie in Wormbach, Berghausen, Belecke oder Altenrüthen, um nur einige zu nennen, künden bis heute vom Kunst- und Kulturschaffen der Grafschafter Benediktiner. Ihre eigene Klosterkirche, das bedeutendste Gotteshaus des Herzogtums, fiel 1832 nach nur einhundertjährigem Bestehen der Spitzhacke zum Opfer, das Inventar wurde in die nähere und weitere Umgebung verkauft, wertvolle liturgische Handschriften ließ der hessische Landesherr nach Darmstadt bringen. Nur der Gold- und Silberschatz mit dem Abtskelch von 1507 gelangte durch Erbgang des letzten Klostervorstehers Edmundus Rustige in den Besitz der inkorporierten Pfarrei St. Pankratius in Belecke und kann dort in der Schatzkammer bewundert werden.

In der Arnsberger Propsteikirche erinnern sowohl die mächtige Barockkanzel als auch die vier Beichtstühle, in Geseke zwei weitere Beichtstühle, in Belecke die als Intarsienarbeit geschaffene Kommunionbank aus der Mitte des 18. Jahrhunderts und in Winterberg die Apostelfiguren an das ehemalige geistliche Zentrum des Sauerlandes. Die Spolien in Altastenberg sowie zwei Glocken, die seit 1984 in Gleidorf zum Gottesdienst rufen, sind ebenfalls Zeugnisse der untergegangenen benediktinischen Tradition des Sauerlandes. Der nach Attendorn überführte Hochaltar wurde 1884 beseitigt; sein Tabernakel stand bis zur Zerstörung 1945 in Fröndenberg. Die nach Frankenberg an der Eder verbrachte Orgel befindet sich heute in Kloster Banz.

Abtskelch aus Kloster Grafschaft, vor 1509 D 9

Gründungsurkunde des Klosters Grafschaft   D 13

Nach dem Zweiten Weltkrieg fanden die vom Grab der Hl. Hedwig im schlesischen Trebnitz vertriebenen Borromäerinnen in den Barockgebäuden ein neues Zuhause und unterhalten hier ein renommiertes Fachkrankenhaus.

Durch fast ein Jahrtausend hindurch dokumentiert bis heute das Untergeschoss des Turmes den alten monastischen Geist, auf den sich auch die seit 1928 in Meschede angesiedelten Missionsbenediktiner von St. Ottilien berufen. Sie überführten die Gebeine der verstorbenen Grafschafter Mönche auf ihren Friedhof hinter dem mächtigen zeitgenössischen Kirchenbau von Königsmünster.

Stadt Sundern

Einzige klösterliche Niederlassung im Bereich der heutigen Großgemeinde war die idyllisch gelegene Kapuzinerniederlassung **Kloster Brunnen**, deren Wurzeln bis in das Jahr 1705 als Einsiedelei am dortigen Heilbrunnen reichen. Der nach 1724 dort ansässige Konvent ging 1834 unter. Von der prächtigen Barockausstattung der jüngst renovierten Kirche ist der Hochaltar, geschaffen nach einem Entwurf von Johann Conrad Schlaun, eine Stiftung des Kölner Kurfürsten Clemens August von Bayern aus dem Jahr 1744.

Für die Finanzierung der Seitenaltäre sorgte der landsässige Adel. Die Klosterkirche dient heute der katholischen Pfarrvikarie als Gotteshaus, das Konventsgebäude wird als Diözesanzentrum der Katholischen Jungen Gemeinde (KJG) im Erzbistum Paderborn genutzt.

Innenraum der Kirche von Kloster Brunnen (Klosterbrunnen)

Stadt Warstein

Im Jahre 1064 bedachte Erzbischof Anno zuerst die Abtei Siegburg, 1072 Grafschaft mit dem Zehnten von Belecke. Hier entwickelte sich bis spätesten 1270 eine Propstei, die 1804 aufgehoben wurde. Der letzte Abt von Grafschaft, der bereits erwähnte und 1816 auf dem Warsteiner Zehnthof gestorbene Edmundus Rustige, fand in Belecke seine letzte Ruhestätte. Die alte Pfarrscheune birgt heute die von Abt Edmundus überbrachten Pretiosen aus Grafschaft, die in der eingerichteten Schatzkammer eine würdige Stätte gefunden haben. Das bis heute Propsteikirche genannte Gotteshaus enthält zum einen die barocke Altarausstattung von 1665, die im Zuge des Neubaus der Grafschafter Abteikirche 1738-43 von dort nach Belecke gebracht wurde, sowie die aus Kloster Odacker mit anderen Einzelstücken überführte frühgotische Madonna, das ehemalige Wallfahrtsbild des kleinen Benediktinerinnenkonvents unterhalb Hirschbergs. In Warstein selbst erinnert der Klosterzehnthof mit Eingangstor und Nebengebäuden auf dem östlichen Stadtberg an die ehemalige wirtschaftliche Verbindung zur Abtei Grafschaft.

In die benediktinische Tradition gehört auch das bereits erwähnte kleine Frauenkloster **Odacker** zwischen Warstein und Hirschberg. Aus einer 1484 erwähnten Klause entwickelte sich 1508 ein Augustinerinnen- und auf Befehl des Kölner Kurfürsten und Erzbischofes Hermann IV. von Hessen 1513 ein Benediktinerinnenkloster, welches Grafschaft unterstand und ein Jahr später sogar den Konfraternitätsbrief der Bursfelder Kongregation erhielt. Bis zur Auflösung 1804 wirkten die Schwestern trotz einfachster, ja ärmlicher Ausstattung segensreich, unterhielten ein Hospital und eine Schule mit kleinem Internat zur Unterrichtung der ländlichen Jugend und gewährten bei den großen Hirschberger Stadtbränden 1597, 1778 und 1788 den Bürgern Obdach und Hilfe. Wegen des wirtschaftlichen Niederganges waren sie „mit Ungeduld nach Auflösung" ihres Klosters erfüllt. Nur die kleine St. Anna-Kapelle markiert heute das ehemalige Klosterareal.

Eine Niederlassung des Deutschen Ritterordens im Herzogtum Westfalen kam 1266 durch die Stiftung des Ritters Hermann von **Mülheim** auf seinem Hof an der Möhne zustande. Sie konnte im Laufe der Jahrhunderte beträchtliche Ländereien ihr eigen nennen. Mülheim war darüber hinaus seit 1554 Sitz des Landkomturs der Ballei Westfalen. Als im Zuge der Säkularisierung 1809 die Deutschordensballei aufgehoben wurde, war das klösterlich-ritterliche Leben seit langem schon an der Möhne erloschen, da der Adel die Verwaltung der Kommende Ordensbeamten überlassen hatte. Das Gotteshaus, welches heute als Pfarrkirche genutzt wird, mit den mächtigen Klostergebäuden, in denen nacheinander Salvatorianerinnen, Olper Franziskanerinnen und heute die Gemeinschaft der Seligpreisungen Unterkunft fanden und finden, künden vom alten Ruhm. Der bedeutende Petrus-Pokal des Ordens, ein reich mit Renaissanceornamenten verzierter Prunkpokal von 1569[8], wird heute im Hessischem Landesmuseum in Darmstadt aufbewahrt.

Im Besitz der Deutschordenskommende Mülheim befanden sich 1590 die Besitztümer des ehemaligen Schwesternhauses von **Niederbergheim**: Die bereits 1465 erwähnte Klause begründete die adelige Familie von Uden zwischen 1484 und 1495 neu und besetzte sie mit Augustinerinnen aus Rüthen. In der knapp einhundertjährigen Geschichte des Konventes lebten dort durchschnittlich vier Schwestern mit ihrer Vorsteherin. Über den Fundamenten des

Professformel der Ordensschwester Walburgis Köller aus dem Kloster Odacker, um 1756   E 14

kleinen Gotteshauses erhebt sich heute der ältere Teil der Niederbergheimer Kapelle.

Stadt Werl

Die wenigen Nachrichten des 1429 erstmalig erwähnten **Beginenhauses** erstrecken sich bis zum Ende des 16. Jahrhunderts, als es in die Besitztümer des Werler Hospitals überging.
1645 gründete dann der Kurfürst und Erzbischof Ferdinand von Bayern im Zuge der katholischen Erneuerung eine **Kapuzinerniederlassung** in der Stadt, die aber auf Widerstand der Werler Bürgermeister und der mit der dortigen Pfarrseelsorge betrauten Prämonstratenser aus Wedinghausen stieß. Erst vier Jahre später gelang es, ein Haus unter der Leitung des Paters Barnabas aus Warstein zu beziehen. Großen Aufschwung und eine neue Aufgabe für den Konvent und die Stadt brachte die Überführung des aus dem 13. Jahrhundert stammenden thronenden Marienbildes aus Soest nach Werl 1661. Das Gnadenbild der „Muttergottes von Werl" zog und zieht bis heute unzählige Pilger aus nah und fern an. Nach der 1835 durchgeführten Aufhebung des Kapuzinerkonventes übernahmen 1848 die Franziskaner Kloster, Seelsorge und Wallfahrt.

In alphabetischer Reihenfolge nach Klosternamen waren im Herzogtum Westfalen bis zum angegebenen Jahr der jeweiligen Auflösung bzw. des Unterganges vorhanden:

Annenborn	Augustinerinnen	1408
Arnsberg	Augustiner-Chorfrauen	1717
	Jesuiten	1773
Attendorn	Beginen	1370
	Franziskaner	1822
	Kollegiatstift	1825
Belecke	Benediktiner	1804
Benninghausen	Kanonissen	1804
Berentrop	Prämonstratenser	1650
Bredelar	Zisterzienser	1804
Brilon	Beginen	Mittelalter
	Minoriten	1803
Drolshagen	Zisterzienserinnen	1803
Eikeloh	Prämonstratenser	1803
Ewig	Augustiner-Chorherren	1803
Galiläa	Dominikanerinnen	1810
Geseke	Kanonissen	1823
	Franziskaner	1834
Glindfeld	Kreuzherren	1804
Grafschaft	Benediktiner	1804
Himmelpforten	Zisterzienserinnen	1804
Kloster Brunnen	Kapuziner	1834
Meschede	Kanoniker	1804
Mülheim	Deutschordensritter	1809
Nazareth	Augustinerinnen	1804
Niederbergheim	Augustinerinnen	vor 1590
Nieder-Marsberg	Kapuziner	1812
Ober-Marsberg	Beginen	nach 1412
	Benediktiner	1803
Odacker	Benediktinerinnen	1804
Oedingen	Kanonissen	1538
Oelinghausen	Prämonstratenserinnen	1804
Rüthen	Augustinerinnen	1739
	Ursulinen	1772
	Kapuziner	1804
	Minoriten	1808
Rumbeck	Prämonstratenserinnen	1804
Waldenburg	Deutschordensritter	1692
Wedinghausen	Prämonstratenser	1803
Werl	Beginen	Ende 16. Jh.
	Kapuziner	1835

Gnadenbild „Muttergottes von Werl". Holzplastik, 13. Jh.

Soweit die Auflistung der Klöster und Stifte des Herzogtums Westfalen. Mit ihnen ging eine große Epoche der abendländischen Kultur- und Glaubensgeschichte unter. Bei der Generalversammlung des Sauerländer Heimatbundes im August 2002 in Drolshagen resümierte dazu Prof. Dr. Karl Hengst in seinem Vortrag zum Thema „Glanz und Untergang der Klöster im Sauerland"[9]:

„*Über mehr als tausend Jahre ist das Sauerland ein Land der Stifte und Klöster gewesen. Die Region war entscheidend geprägt vom Geist und von der kulturprägenden Tatkraft monastischen Wirkens. Da lebten die Ideale der großen Gestalten der abendländischen Kultur: die Tatkraft eines Benedikt von Nursia in den Benediktinerabteien, der Reformgeist des Bernhard von Clairveaux bei den Zisterziensern und das Organisationstalent eines Norbert von Xanten bei den Prämonstratensern, die Einfachheit des Franz von Assisi in den verschiedenen Zweigen seines Ordens sowie die Innigkeit eines Thomas von Kempen in den Häusern der Devotio moderna, bei den Augustiner-Chorherren und den Kreuzherren und in den Süsterhäusern der Augustinerinnen. Die Sauerländer Stifte und Klöster hatten wesentlichen Anteil an den Großbauten der Region, am Aufblühen des Schulwesens und der Wissenschaftspflege, dem hohen Stand einer für alle offenen Karitas, dem Fortschritt in der Land-, Fisch- und Forstwirtschaft sowie der Kunstpflege auf dem Gebiet der Malerei, der Musik, des Theaters und nicht zuletzt der uns noch heute in Erstaunen setzenden Buchkunst, deren Werke wir leider nicht mehr an ihren Ursprungsorten, den Klöstern des Sauerlandes, sondern als „Beutegut" in den staatlichen Archiven und Museen als bedeutende Stücke der deutschen Kulturgeschichte wiederfinden können.*"

Franz Wilhelm von Spiegel hatte wohl recht mit dem ersten Teil seiner Äußerung „*Es war eine Zeit wo sie nützlich, wo sie nothwendig waren*". Ob man seine dann folgende Aussage „*diese ist nicht mehr*" teilen möchte, bleibt einem jeden selbst überlassen. Zumindest können wir auch noch nach 200 Jahren tiefen Respekt zollen vor den geistlichen, geistigen, sozialen und kulturellen Leistungen dieser verlorengegangenen Epoche, deren einzelne Facetten uns bis auf den heutigen Tag erhalten geblieben sind!

Anmerkungen

1 KLUETING, HARM, Die Säkularisation im Herzogtum Westfalen 1802-1834 (Kölner Historische Abhandlungen, Band 27). Köln, Wien 1980, S. 67f.

2 Die folgenden Informationen sind dem Lexikon entnommen: HENGST, KARL (Hg.), Westfälisches Klosterbuch. Lexikon der vor 1815 errichteten Stifte und Klöster von ihrer Gründung bis zur Aufhebung, Bände 1 und 2. Münster 1992 und 1994. Dieser Artikel sei dem Andenken des unermüdlichen Restaurators der ehemaligen Abtei Wedinghausen, dem verstorbenen Arnsberger Propst Karl-Gerd Kopshoff, sowie dem Herausgeber des Westfälischen Klosterbuches, Herrn Prof. Dr. Karl Hengst von der Theologischen Fakultät in Paderborn, aus Anlass der Vollendung seines 65. Geburtstages und seines 40jährigen Priesterjubiläums im Jahr 2004 gewidmet!

3 PÜTTMANN, PAUL, Das Missale aus dem Jahre 1477. In: KENNEMANN, VOLKER, Schönholthausen - ein altes Pfarrdorf im kurkölnischen Sauerland, Schönholthausen 1990, S. 172 – 175.

4 WIENSTEIN, FRANZ JOSEF, Der Weg durch die Jahrhunderte. In: Himmelpforten - Gottes Lob durch sieben Jahrhunderte, Niederense-Himmelpforten 1949, S. 15 - 22, hier S. 22.

5 Vergleiche dazu: VEREIN FÜR ORTSGESCHICHTE BREDELAR e.V., Das Kloster Bredelar und seine Bibel, Marsberg 1990.

6 DEHIO, GEORG, Westfalen, ohne Ort und ohne Jahr, S. 233

7 Vergleiche dazu: TÖNNESMANN, HUBERT, Klausenkapelle St. Michael in Meschede, Meschede 1998, hier S. 107.

8 REISSLAND, INGRID, „Ein gewisses silberne vergoldtes Trinckgeschier...gnädigst verehret...". Zur Ikonographie des Arnsberger Landständepokals. In: GOSMANN, MICHAEL (Hrsg.), Der Arnsberger Landständepokal von 1667 - Eine Stiftung des Kölner Kurfürsten Maximilian Henrich von Bayern für das Herzogtum Westfalen (Städtekundliche Schriftreihe über die Stadt Arnsberg 23). Arnsberg 1997, S. 11-31, hier S. 12.

9 Abgedruckt in: SAUERLAND - Zeitschrift des Sauerländer Heimatbundes 1/2003.

Die Säkularisation am Beispiel des Klosters Grafschaft

Manfred Wolf

Der Begriff Säkularisation, der allgemein mit der Zeit am Beginn des 19. Jahrhunderts verbunden wird, hatte tatsächlich als Rechtsinstitut eine lange Vorgeschichte. Ohne dass er dafür verwandt wurde, waren ja in der Reformationszeit Bistümer in weltliche Staaten umgewandelt worden, was dann durch den Westfälischen Frieden sanktioniert wurde, und in protestantischen Territorien von den Landesherren Klöster aufgehoben worden. Kaiser Karl V. hatte dafür ein Beispiel geboten, als er 1528 dem Bistum Utrecht die weltlichen Herrschaftsbefugnisse entzog und es auf die geistlichen Funktionen beschränkte. Selbst der Papst schloss sich von ähnlichen Vorgängen nicht aus, indem nämlich Papst Clemens XIV., wenn auch nicht ganz von sich aus, 1773 ein Verbot des Jesuitenordens aussprach und der Verwendung von dessen Vermögen für Bildungseinrichtungen, immerhin aber für weltliche Zwecke, den Weg öffnete. Dem gleichen Motiv entsprang im Bistum Münster im Jahre 1774 die Aufhebung des Stifts Überwasser durch den Generalvikar von Fürstenberg und die Zuweisung von dessen Besitz für den Unterhalt von Universität und Gymnasium. Im großen Umfang und schroffer Form führte schließlich Kaiser Joseph II. 1781/82 die Säkularisation von Klöstern in seinen Erblanden durch.

Wenn Aufklärer die Existenz von Klöstern in Frage stellten, so ist es bemerkenswert, dass auch Katholiken, und zwar Inhaber von geistlichen Ämtern, wie Karsicky, Bischof von Ermland, und der kurkölnische Hofkammerpräsident Franz Wilhelm Freiherr von Spiegel, den Klöstern sehr kritisch gegenüberstanden und für ihre Aufhebung plädierten. Wirkung konnten solche Äußerungen freilich nur durch die politischen Rahmenbedingungen gewinnen. Reale Gestalt nahmen die Säkularisierungspläne erst an, als Preußen im Reichskrieg gegen Frankreich aus der Koalition ausscherte, um bei der Erweiterung seines Staatsgebiets durch die polnischen Teilungen freie Hand zu haben. Im Sonderfrieden von Basel am 5. April 1795 erklärte es sich in einer Geheimklausel mit einer eventuellen Abtretung des linksrheinischen Reichsgebiets einverstanden und bedang sich lediglich für seine Verluste eine Entschädigung auf rechtsrheinischem Gebiet aus. Diese konnte aber nur in der Säkularisation geistlicher Staaten bestehen.[1]

Österreich mußte nach einigen Niederlagen ebenfalls den Kampf einstellen und mit Frankreich am 17. Oktober 1795 den Frieden von Campo Formio schließen. In diesem versprach es, ebenfalls in einem geheimen Zusatzartikel, die Abtretung des linken Rheinufers an Frankreich zu unterstützen.[2] Da der Friede von Campio Formio lediglich zwischen Österreich und Frankreich geschlossen worden war, fiel nun dem nach Rastatt einberufenen Kongreß die Aufgabe zu, den Frieden zwischen dem Reich und Frankreich herzustellen. Dazu wurde vom Regensburger Reichstag eine Reichsfriedensdeputation benannt, die unter der Leitung von Kurmainz stand, und der fünf katholische und fünf evangelische Reichsstände angehörten. Zu letzteren zählte auch Hessen-Darmstadt. Die übrigen Reichsstände waren berechtigt, ebenfalls einen Gesandten nach Rastatt zu entsenden. Dieser durfte zwar nicht an den Sitzungen teilnehmen, hatte aber das Recht, Reklamationen und Beschwerden vorzulegen. Da die bevorstehende Säkularisation der geistlichen Staaten kein Geheimnis mehr war und die Entschädigungsfrage fast alle Reichsfürsten interessierte, waren diese nahezu vollständig in Rastatt vertreten.[3] Die Verhandlungen schlugen sich in zwei Beschlüssen nieder:

1. Die Reichsdeputaion stimmte am 11. März 1798 der Abtretung des gesamten linken Rheinufers an Frankreich zu.

2. Am 4. April 1798 erklärten sich die Mitglie-

der der Delegation mit der Säkularisation der geistlichen Staaten einverstanden.

Die Beratungen über die Frage, wie die Entschädigungen im einzelnen zu gestalten seien, konnten jedoch zu keinem Ergebnis gebracht werden, da am 1. März 1799 erneut der Krieg ausbrach, in dem sich Frankreich einer Koalition von Österreich und Rußland gegenübersah, während sich Preußen neutral verhielt. Als Rußland das Bündnis verließ, sah sich auch Österreich zum Frieden genötigt, der am 9. Februar 1801 zu Lunéville geschlossen wurde. Die wohl wichtigste Bestimmung des Friedensvertrages enthielt der Artikel 7, in dem festgehalten wurde, dass „*im Einklang mit den auf dem Rastatter Kongreß förmlich aufgestellten Grundsätzen, das Reich gehalten (sei), den erblichen Fürsten, welche sich auf dem linken Rheinufer außer Besitz gesetzt finden, eine Entschädigung im Schoße des Reichs zu gewähren*"[4]. Auf dem Reichstag zu Regensburg wurde der Friedensvertrag im März 1801 innerhalb von wenigen Tagen ratifiziert. Bei der Umsetzung des Artikels 7 ergaben sich aber Probleme. Der Kaiser lehnte es im Juni 1801 ab, die ihm in einem Reichsgutachten vom April 1801 angetragene Durchführung der Säkularisation und des Entschädigungsgeschäfts zu übernehmen. Er glaubte, sich mit der Erledigung dieser Aufgabe mehr Feinde als Freunde zu verschaffen. Die dadurch entstandene Lücke und die gebotene Chance für eine Intervention Frankreichs und eine Einflußnahme im Reich nutzte der französische Außenminister Talleyrand und bot die Vermittlung an. Die Berechtigung dazu leitete er aus den Bestimmungen des Westfälischen Friedens von 1648 und des Friedens zu Lunéville ab. So einigten sich Frankreich und Rußland im Geheimvertrag vom 10. Oktober 1801, bei der gebietlichen Umgestaltung des Reichs eine aktive Rolle einzunehmen.

Talleyrand entsandte drei französische Diplomaten nach Regensburg. Die Leitung hatte im Range eines außerordentlichen Ministers Laforest. Unter ihm standen Bacher, der vorher sein Land in der Schweiz vertreten hatte, und der aus Straßburg stammende Matthieu, der am ehesten mit den deutschen Verhältnissen vertraut war. Als die Reichsdeputation, bestehend aus Kurmainz, Kursachsen, Kurbrandenburg, Böhmen, Bayern, Württemberg, Hessen-Kassel sowie Hoch- und Deutschmeister, am 24. August 1802 zu ihrer ersten konstituierenden Sitzung zusammentrat, wurde ihr von den drei Diplomaten, d.h. von den vermittelnden Mächten, ein Entschädigungsplan vorgelegt. Über den gab es wenig zu diskutieren.

Wenn von einzelnen Reichsständen Reklamationen eingingen, nahm die Reichsdeputation nur in Ausnahmefällen dazu Stellung. In der Regel wurden sie an die vermittelnden Mächte weitergeleitet. Durch Bestechung und Protektion gelang es einzelnen Reichsständen, den ihnen zugefallenen Anteil bei der Entschädigung zu vermehren. Bei einem Widerspruch riskierten sie aber, ganz von der Liste gestrichen zu werden.[5] So stellte die Bezeichnung „Reichsdeputationshauptschluß" eigentlich einen Etikettenschwindel dar. Es ging eher um einen Verzicht auf Einwendungen. Die französisch-russische Konvention vom 3. Juni 1802 bekräftigte nicht nur die Säkularisation der geistlichen Staaten, sondern sah auch die Einbeziehung der Klöster und Stifte als Entschädigungsobjekte vor. Auf diesem Felde, der sogenannten Binnensäkularisation, fand allerdings eine gewisse Beratung der Reichsstände statt, und es wurde für die Versorgung bzw. die Festlegung der Pensionen für die Kleriker der aufgehobenen Klöster und Stifte ein gewisser Rahmen festgelegt. Diese Fragen fanden im § 64 des Reichsdeputationshauptschlusses[6] ihre Aufnahme. Da die vermittelnden Mächte auf den Abschluß der Verhandlungen drängten, konnten diese am 23. November 1802 beendet und der Reichsdeputationshauptschluß am 25. Februar 1803 verabschiedet werden.

Die führenden Mächte in Deutschland wie Preußen, Bayern, Württemberg und auch Hessen-Darmstadt hielten es für unter ihrer Würde, sozusagen bei subalternen Beamten in Regensburg um ihre Entschädigung zu feilschen. Sie wandten sich direkt nach Paris, wobei sie damit rechneten, dort Gehör zu finden. In Vorverträgen sicherten sie sich vorab den größten Teil der Entschädigungsmasse. So erwirkte auch der Gesandte August Wilhelm von Papenheim am 26. Juli 1802 für Hessen-Darmstadt die Zustimmung Napoleons zur - wenn auch nur provisorischen - Besetzung des Herzogtums Westfalen.[7] Hessen-Darmstadt ließ daraufhin am 6. bis 8. September 1802 seine Truppen in das kurkölnische Westfalen einrücken. In Arnsberg wurde der Freiherr Ludewig von Grolmann als Zivilkommissar eingesetzt. Am 6. Oktober 1802 verkündete man das Okkupationspatent. Wo an öffentlichen Gebäuden das kurkölnische Wappen, das schwarze Kreuz auf silbernem Grund, angebracht war, wurde es abgeschlagen und dafür das hessische Wappen mit dem Löwen angeheftet.[8]

Nachdem damit Monate vor dem Abschluß der Verhandlungen in Regensburg eigentlich vollendete Tatsachen geschaffen worden waren, ließ sich Hessen-Darmstadt im Reichsdeputationshauptschluß[9] vom 25. Februar 1803 im § 7 noch einmal seine Erwerbungen reichsgesetzlich absichern.

Nach der Inbesitznahme des gesamten Landes folgte auch die einzelner Objekte.

So wurde am 26. und 28. Oktober 1802 die Zivilbesitzergreifung des Klosters Grafschaft vollzogen.[10] Auch hier wurde das Wappen mit dem hessischen Löwen an den Toren der Abtei angebracht. Gleichzeitig erfolgte die Versiegelung des Archivs. Novizen durften von da an nicht mehr zur Profeß zugelassen werden. Wichtigste Amtshandlung war aber die Aufnahme des Vermögensstandes mit den Activa und Passiva. Diese war nur provisorisch. Da der Wert der einzelnen Objekte nur geschätzt werden konnte, war die Übersicht nicht sehr zuverlässig. So wurden neben 81 einzelnen Parzellen 78 abhängige Höfe vermerkt. Tatsächlich waren es 143 Gewinngüter. Die Eigenwirtschaft des Klosters zu Grafschaft und Latrop umfaßte nicht 326 Morgen, davon 215 Morgen Ackerland, sondern 597 preußische Morgen, davon 441 Morgen Ackerland.

Die Binnensäkularisation vollzog Landgraf Ludewig X. nicht für alle Klöster gleichzeitig, sondern von Fall zu Fall. Nachdem das Kloster Wedinghausen am 17. Oktober 1803 betroffen war, fiel für das Kloster Grafschaft am 17. Dezember 1803 in Darmstadt die Entscheidung (es folgten dann das Kloster Bredelar und das Stift Meschede). Der Aufhebungsbeschluß wurde der Organisationskommission bzw. Rentkammer in Arnsberg übermittelt. Mit der Ausführung wurden die Hofkammerräte Klipstein und der zu Bilstein wirkende Freusberg beauftragt. Sie begaben sich am 17. Februar 1804 zum Kloster Grafschaft, um den Beschluß mitzuteilen und die entsprechenden Bedingungen, insbesondere die Höhe der zugestandenen Pensionen, festzusetzen. Man erlaubte es dem Abt, abweichend von der Regel, selber seinem Konvent die Aufhebung zu verkünden.[11] Die Mönche durften bis zum 21. März 1804 im Kloster bleiben. An diesem Tage begingen sie zum letzten Male in althergebrachter Weise mit einem feierlichen Hochamt das Fest ihres Ordensgründers St. Benedikt. Zum letzten Male ertönte die Orgel zur feierlichen Vesper. Darauf verließen die Mönche unter Tränen die ihnen liebgewordene klösterliche Heimat.[12]

Bei der Vermögensaufstellung des Klosters wurden Gesamteinnahmen von jährlich 20 359 Gulden ermittelt. Diesen stand ein Schuldenstand von 137 965 Gulden gegenüber.[13] Für einen Teil der Schulden waren linksrheinische Korporationen die Gläubiger. Diese Schulden entfielen, so dass aber immerhin noch 104 884 Gulden zu Buche standen. Diese Summe könnte den Eindruck erwecken, die Mönche hätten gepraßt und über ihre Verhältnisse gelebt oder seien doch zumindest schlechte Wirtschafter gewesen. Dieser Vorwurf wäre jedoch nicht berechtigt.

Zu Beginn des 17. Jahrhunderts befand sich das Kloster in einem solch verarmten Zustand, dass sich der Kölner Erzbischof mit dem Gedanken trug, es aufzuheben und den Besitz dem bischöflichen Tafelgut zuzuweisen. In dieser Notsituation wichen die Mönche von ihrer Gewohnheit ab, ihren Abt aus dem eigenen Konvent zu wählen, und beriefen aus dem Kloster Abdinghof den dortigen Kellner, der sich als Ökonom einen guten Ruf verschafft hatte, Gabel Schaffen (1612-1634). Diesem gelang eine erfolgreiche Umschuldung und Sanierung. Mit aufgenommenen Darlehen löste er die in beträchtlicher Zahl verpfändeten Höfe ein, bezahlte von den nun wieder fließenden Einnahmen die Zinsen und trug die Darlehen ab. Er führte nicht nur eine solide Rechnungsführung ein, sondern festigte durch genaue Vorschriften die Klosterdisziplin. Er förderte die Spiritualität und baute für die Bildung der Konventualen eine beachtliche Bibliothek auf.

Nord-West-Ansicht des Klosters Grafschaft. Federzeichnung von Ferdinand Holzapfel, vor 1832   D 6

Im Dreißjährigen Krieg und den nachfolgenden kriegerischen Ereignissen wurde das Kloster Grafschaft zwar nicht gänzlich verschont, vergleichsweise aber doch weniger als andere Klöster geschädigt. So konnte man von 1729-1747 einen Neubau der Klosterkirche und der Klostergebäude vornehmen.

Hart getroffen wurde dann aber das Kloster durch den Siebenjährigen Krieg. Die durchziehenden Truppen verhielten sich zwar relativ diszipliniert. Vom Übel waren aber die sogenannten Ranzionierungen, die Geiselnahmen, in der Regel des Abts. Dessen Befreiung konnte nur durch die Zahlung von hohen Summen erreicht werden. Durch die aufzunehmenden Darlehen wurde das Kloster nicht nur für den Augenblick geschädigt, sondern auch für lange Zeit die Zukunft belastet.

Neue Beeinträchtigungen ergaben sich zum Ende des Alten Reichs durch die Reichskriege gegen Frankreich. Durch die zahlenmäßige Vergrößerung der Heere mußte der Reichstag zu Regensburg den einzelnen Territorien immer höhere Beiträge auferlegen. Diese konnten von den normalen Steuerpflichtigen, den Bauern, nicht mehr aufgebracht werden. In dieser Notsituation war es üblich, dass Adel und geistliche Einrichtungen ausnahmsweise in der Form eines sogenannten *subsidium karitativum* auf ihre Steuerfreiheit verzichteten. Aus einer Ausnahme wurde jedoch eine Gewohnheit.

Lebten zur Zeit der Klosterreform 1509 nur noch neun Mönche in Grafschaft und hatte sich auch nach der Reform ihre Zahl nicht wesentlich vermehrt, so stieg unter Abt Gabel Schaffen die Zahl der Konventualen auf 40, ein äußeres Zeichen für die Blütezeit des Klosters in dieser Zeit. Die Kosten für ihren Unterhalt glaubte Abt Gabel Schaffen nur dadurch sichern zu können, dass er eine möglichst große Zahl von Konventualen als Pfarrer in den abhängigen Pfarreien unterbrachte. Dort wurden sie aber nicht immer gerade mit offenen Armen empfangen. Obwohl sie beispielsweise in Pestzeiten nicht fluchtartig ihre Pfarreien verließen und getreu an den betreffenden Orten ausharrten, glaubten die Pfarrangehörigen oft, dass die Mönche mehr auf ihr Kloster ausgerichtet seien und sich nicht so sehr mit ihren Pfarreien identifizierten.

Auch die Kölner Generalvikare waren den Mönchspfarrern nicht besonders wohlgesinnt, da sie anders als Weltgeistliche ihnen gegenüber eine größere Unabhängigkeit an den Tag legten oder an den Tag zu legen schienen. Schon immer wirkte einer der Mönche als Propst und Pastor in der Außenstelle Belecke. Mindestens seit dem 16. Jahrhundert waren die Pfarreien Wormbach und im Dorf Grafschaft von Mönchen betreut. Nachdem seit der Reformation die Kirchen im Märkischen entfallen waren, wurde die Zahl der abhängigen Pfarreien durch Abspaltung von den Mutterpfarreien ausgeglichen So wurden außer den genannten die Kirchen zu Altenrüthen, Warstein, Langenstraße und Effeln sowie Schmallenberg, Berghausen, Fredeburg und Lenne von Mönchen als Pfarrer betreut. Einige Mönche wirkten in diesen zudem als Kapläne. Ein Konventuale diente den Nonnen zu Odacker als Beichtvater. Im Jahre 1803 waren im Konvent noch 32 Mönche vorhanden, darunter zwei Novizen. Bei der Zuweisung der Pensionen wurde zunächst bestimmt, dass diese entfallen sollten, wenn der Betreffende sich außer Landes begab. Diese Bestimmung wurde dann aber dahingehend abgeändert, dass sie in einem solchen Falle um ein Viertel gekürzt werden sollten. Die Pensionen wurden außerdem in den Fällen nicht gezahlt, wenn eine andere Versorgung vorhanden war. Die hessischen wie später die preußischen Beamten waren darauf bedacht, dass die Ausgaben des Staates durch das Wirken der ehemaligen Mönche in den Pfarrstellen vermindert wurden, da deren Unterhalt von den jeweiligen Pfarreien zu tragen war. Die Mönche selber fühlten sich von sich aus dazu gedrängt, da die vom Staat gewährten Pensionen nicht gerade üppig bemessen waren. Sie blieben daher in den bisher betreuten Pfarreien oder übernahmen auch Pfarrstellen in Pfarreien, die früher nicht zum Kloster Grafschaft in Beziehung gestanden hatten.

Im § 64 des Reichsdeputationshauptschlusses[14] war festgelegt, dass die Pensionen für die einfachen Konventualen 300 bis 600 Gulden betragen sollten. Die hessischen Beamten hielten es angesichts der nicht eben glänzenden finanziellen Lage des Klosters Grafschaft für angemessen, sich bei der Festlegung der Pensionen an den untersten Satz von 300 Gulden zu halten. Dem Abt wurden, wie vorgesehen, 2000 Gulden Jahrespension zuerkannt. Der Senior bekam immerhin eine Zulage von 50 Gulden. Eine Sonderstellung nahm der Mönch ein, welcher die Pfarre im Dorf Grafschaft betreute. Da diese voll in das Kloster inkorporiert gewesen war, mußte der Staat auch die Besoldung des Pfarrers übernehmen, so dass er mit einer Pension von 500 Gulden bedacht wurde. Außerdem durfte er seine Wohnung in den ehemaligen Klostergebäuden nehmen. Dort leisteten ihm zwei ehemalige Mitbrüder (Schmidtmann und Hohoff) Gesellschaft, diese allerdings gegen Mietzahlung. Sie glaubten, sich nicht von ihrem Kloster trennen zu können.

Das Schicksal der früheren Mönche ergibt sich aus folgender Aufstellung:

1. **Abt Edmund Rustige**, *1746 zu Erwitte, lebte danach auf dem ehemaligen Zehnthof zu Warstein, †1816, begraben in der Kirche zu Belecke.

Edmund Rustige, von 1786-1804
35. und letzter Abt des Klosters
Grafschaft. Ölbild, um 1800   H 1

2. **Prior Franciscus Strauss**, *1746, Pastor von Grafschaft, †1824.
3. **Senior Coeslestin Bessen**, *1733 zu Paderborn, †1811 als Pastor in Langenstraße.
4. **Heinrich Sieker**, *1738 zu Gehrden, †1813 als Pastor zu Wormbach.

5. **Carl Rübig**, *1737 zu Medebach, †1811 als resignierter Pastor zu Berghausen.
6. **Emericus Becker**, *1743 zu Winkhausen, †1743 als resignierter Pastor.
7. **Bonifatius Surmont**, *1743 zu Paderborn, †1805 zu Brilon.
8. **Antonius Risse**, *1754 zu Winkhausen, letzter Oekonom zu Latrop, †1805.
9. **Beda Behr**, *1755 zu Vilmar (bei Limburg, Erzdiözese Trier), letzter Kellner, †1830 als Propst zu Belecke.
10. **Everhard Flören**, *1755 zu Paderborn, †1813 als Pastor zu Altenrüthen.
11. **Columban Schäffer**, *1753 zu Limburg, †1831 als resignierter Pastor zu Fredeburg.
12. **Alexander Gastreich**, *1756 zu Kirchhundem, †1820 als Pastor zu Schmallenberg.
13. **Wolfgang Wulff**, *1757 zu Rüthen, †1806 als Pastor zu Lenne.
14. **Emil Eiffler**, *1759 zu Limburg, †1831 als Pastor in Velmede.
15. **Godefried Ludewig**, *1751 zu Limburg, letzter Beichtvater der Nonnen in Odacker, †1816 zu Hultrop.
16. **Odilo Girsch**, *1758 zu Kamberg in Nassau, †1847 als resignierter Pastor zu Kirchrarbach.
17. **Ferdinand Schmidtmann**, *1766 zu Geseke, letzter Lektor der Theologie und Philosophie, †1819 zu Grafschaft.
18. **Theodor Ekard**, *1765 zu Elleringhausen (Ksp. Bigge), Kaplan in Belecke, †als Pastor zu Berghausen.
19. **Gallus Silberg**, *1765 zu Westfeld, Kaplan in Oberfleckenberg, wurde nicht mit einer Pension bedacht, †1836 als Pastor in Wormbach.
20. **Joseph Hohoff**, *1767 zu Erwitte, letzter Küchenmeister, †1827 als Pastor in Hultrop.
21. **Placidus Hunstiger**, *1768 zu Erwitte, Kaplan und Katechet in Grafschaft, erhielt keine Pension, †am 2. 2. 1804 in Erwitte.
22. **Maurus von Soest**, *1770 zu Störmede, letzter Faktor in Silbach, †1806 als Pastor in Wenholthausen.
23. **Bernhard Stümmel**, *1770 zu Paderborn, lebte privat in Rhode, †schon 1804.
24. **Augustin Houbben**, *1776 zu Erwitte, †2. 11. 1804 zu Erwitte.
25. **Gerhard Richter**, *1756 zu Paderborn, Pfarrer zu Kirchrarbach, †am 6. Mai 1803 im Kloster (an gebrochenem Herzen).

Noch nicht als Priester geweiht:
26. **Gregor Severin**, *1773 zu Geseke, geisteskrank, konnte daher nicht geweiht werden, lebte bei den Franziskanern zu Geseke, †1846.
27. **Benedikt Ratte**, *1782 zu Fredeburg, seit 1813 Pastor in Langenstraße, Dechant des Dekanats Rüthen, †1853 als letzter Benediktiner der Abtei Grafschaft.
28. **Ambrosius Weber**, aus Geseke, wurde 1806 geweiht, †schon 1808.
29. **Anno Volmer**, *1784 zu Geseke, seit 1808 letzter Benediktinerkaplan in Belecke, †1851 als privater Priester zu Geseke.
30. **Amandus Rauch**, *1779 zu Störmede, ging 1804 zum Studium nach Münster, lebte nicht geweiht privat.
31. **Josias Bosbach**, Novize, wurde nach der Aufhebung Franziskaner, †1809 in Wetzlar.
32. **Ludewig Köchling**, *1784 zu Brilon, †1839 als Pastor zu Anröchte.

Der Klosterbesitz wurde nach der Aufhebung von einem hessischen Rentmeister verwaltet. Das früher in Eigenwirtschaft betriebene Gut Latrop, das man zunächst in Zeitpacht vergeben hatte, wurde im Jahre 1826 dem Pächter Carl Halberstadt in Erbpacht gegen einen Jahreszins von 99 Reichstalern (178 Gulden) überlassen.[16] Obwohl die Klostergebäude nicht unbewohnt waren - sie enthielten ja neben der Wohnung des Pfarrers die des Rentmeisters, später auch die des Lehrers und beherbergten schließlich die Schule des Ortes - bemerkte der Oberpräsident Vincke in einem Erlaß an die Regierung Arnsberg vom Jahre 1825, die Gebäude der früheren Abtei Grafschaft seien gänzlich verfallen. Alles Eisenwerk sei aus den Keleröffnungen gestohlen und mit dem Ausbruch der Stangen auch die Fenstersteine verdorben. Es regne an vielen Orten durch, wovon das zunehmende Verfaulen des Holzwerks die unmittelbare Folge sei. Der Chor des Chores stürze teilweise herab. Obwohl die Kirche verschlossen sei und der Schlüssel in Bilstein verwahrt werde, werde dennoch alles Holzwerk und die Quadern des Fußbodens daraus weggestohlen.[17] Aus diesem Grunde hielt es der Oberpräsident für angebracht, die Domäne Grafschaft in private Hände zu überführen. Eine im

Amtsblatt angekündigte Auktion brachte am 30. Oktober 1826 kein Ergebnis. Dagegen zeigte der Major (Rittmeister) Clemens Maria von Fürstenberg (1791-1844) Interesse. Als nachgeborener Sohn des Friedrich Leopold von Fürstenberg-Herdringen (1766-1835) stammte er also aus der Familie, die seit dem 16. Jahrhundert Vögte des Klosters Grafschaft gewesen waren. Clemens Maria von Fürstenberg war in den Dienst von Hessen-Darmstadt getreten und führte auch den Titel eines Kammerherrn. Er wohnte auf der Adolfsburg (Oberhundem). Da dieses Schloß Fürstenbergscher Familienbesitz war und ihm nicht gehörte, erwarb er Borbeck (Essen), die frühere Sommerresidenz der Fürstäbtissin des Stifts Essen, und begründete dort eine Fürstenbergische Nebenlinie. Nachdem er auf einer zweiten Auktion ein Angebot abgab, dieses aber vom preußischen Staat als nicht ausreichend angesehen wurde, erhöhte er die Kaufsumme auf 36 000 Reichstaler (64 800 Gulden).[18]

Für diesen Betrag gingen durch den Kaufvertrag vom Jahre 1828 folgende Besitzungen in sein Eigentum über: die Kirche und die Klostergebäude, das früher von den Mönchen in Eigenwirtschaft betriebene Hauptgut mit 293 Morgen Ackerland und 85 Morgen Wiesen, 5 Fischteiche, Waldungen von 648 Morgen, Jagdrechte im Latroper Forst, in den Sorper Waldungen und um Grafschaft sowie verschiedene Zeitpachtgrundstücke.[19]

Im Jahre 1807 bot die hessen-darmstädtische Regierung der Kirchengemeinde im Dorf Grafschaft die Übernahme der früheren Abteikirche im Tausch gegen ihre Dorfkirche an. Da das Dorf nur 600 Einwohner zählte, glaubte der Kirchenvorstand, den Unterhalt der für die Kirchengemeinde zu großen Kirche nicht tragen zu können und lehnte das Angebot ab. Die hessen-darmstädtische Hofkammer erneuerte ihr Angebot im Jahre 1813 zu verbesserten Bedingungen. Der Staat wollte weiter der auf dem Zehnten haftenden Kirchenbaupflicht nachkommen. Die Kirchengemeinde sollte lediglich die Brandversicherung bezahlen. Da zu dieser Zeit Reparaturkosten in Höhe von 900 Gulden anstanden und das Inventar der Kirche nicht mehr vorhanden war, lehnte die Kirchengemeinde wiederum ab. Ein drittes Mal verhandelte man von 1829 bis 1831 über die Übernahme der früheren Klosterkirche. Der neue Eigentümer, der Freiherr von Fürstenberg-Borbeck, verlangte jetzt aber als Entschädigung die Abtretung eines Areals von 100 Morgen, den Wegfall der auf dem Fleckenberger Zehnten haftenden Kirchenbaulast und den Verzicht der Kirchengemeinde auf das Jagdrecht in Fleckenberg. Was dem Kirchenvorstand früher als geschenkt zu teuer gewesen war, war für ihn auch jetzt nicht akzeptabel. So entschloß sich der Eigentümer nach Beendigung der Verhandlungen 1831 zum Abbruch der Kirche, die als „Sauerländer Dom" nur achtzig Jahre gestanden hatte. Vergeblich setzte sich eine Aktionsgemeinschaft, in der sich besonders der Pfarrer zu Grafschaft, Droste, und noch lebende ehemalige Mönche engagierten, für den Erhalt der Kirche ein.

Die ehemalige Klosterkirche wurde 1832 abgebrochen. Um die entstandene Lücke im Gebäudegeviert zu schließen, wurde später auf dem Platz der ehemaligen Kirche ein weiterer Flügel aufgezogen. Im Jahre 1842 sah sich der Oberpräsident Vincke veranlaßt, sich die Akten über den Abbruch der Klosterkirche vorlegen zu lassen. Nach deren Prüfung kam er zu der Feststellung, dass dem Freiherrn von Fürstenberg-Borbeck wegen der Niederlegung der Kirche kein Vorwurf zu machen sei.[20]

Landgraf Ludewig X. von Hessen-Darmstadt ließ sich die von der Bibliothek des Klosters erstellte Bücherliste vorlegen und bezeichnete eigenhändig die wertvollen Handschriften, die er seiner Hofbibliothek eingereiht wissen wollte. Zwei Handschriften aus dem Kloster Grafschaft befinden sich noch heute in der Landesbibliothek Darmstadt.[21] Der Hauptbestand der Grafschafter Bibliothek wurde nach Arnsberg gebracht. Dahinter stand die Vorstellung des Aufbaus einer Provinzialbibliothek. Die Bücher gelangten aber vornehmlich in die Bibliothek der Regierung in Arnsberg. Bei der Gründung der Ruhruniversität Bochum wurden sie zum Aufbau einer Universitätsbibliothek dorthin abgegeben. Ein Teil der Bücher, die man nicht für wertvoll hielt, wurde zum Verkauf freigegeben. So finden sich gelegentlich aus Grafschaft stammende Bücher in Pfarrhäusern und auch in Privathäusern der Umgebung des früheren Klosters.

Von der Innenausstattung der Klosterkirche war im Jahre 1814 nichts mehr vorhanden. Kanzel und vier Beichtstühle (imitierter Marmor) wurden von der ehemaligen Klosterkirche Wedinghausen, die in Arnsberg weiter als Pfarrkirche genutzt wurde, übernommen. Der Pfarrpropsteikirche in Belecke waren 1749 beim Neubau der Grafschafter Klosterkirche der 1656 geweihte Hochaltar und zwei 1665 von Paderborner Bischof Ferdinand von Fürstenberg gestiftete Seitenaltäre (rechter Seitenaltar zu Ehren der Gottesmutter und der hl. Scholastika, linker Seitenaltar zu Ehren des hl. Anno und des hl. Benedikt) überlassen worden. Jetzt gesellte sich dazu die das Mannawunder, den Lebensbrunnen und die Speisung des Elias zeigende Kommunionbank, eine Intarsienarbeit aus bunten Hölzern. Der 1750 neu angefertigte Hochaltar gelangte in die Stadtkirche zu Attendorn, wurde aber dort 1884 bis auf den Tabernakel abgebrochen. Dieser kam in die katholische Pfarrkirche in Fröndenberg, ging aber 1945 durch Bombentreffer verloren. Die im dritten Viertel des 17. Jahrhunderts entstandenen Statuen der Apostel befinden sich heute in der Pfarrkirche in Winterberg. Die 1745-1748 in Würzburg gebaute Orgel erwarb die katholische Kirchengemeinde in Frankenberg. Als sie gegen Ende des 19. Jahrhunderts reparaturbedürftig war, wurde sie in das Lager eines Orgelbauers zu Marburg gestellt. Ihr Verbleib geriet dadurch in Vergessenheit. Sie befindet sich aber heute im Kloster Banz. Die große Glocke wurde nach Belecke verkauft, kleinere Glocken kamen nach Silbach bzw. später nach Gleidorf. Als im Jahre 1508 bei der Klosterreform die adligen Mönche durch solche bürgerlich-bäuerlicher Herkunft ersetzt wurden, schenkte der davon betroffene Everhard von Cobbenrode, der als Pfarrer und Dechant in Wormbach fungierte, zum Zeichen dafür, dass er die getroffenen Maßnahmen hinnahm, dem Kloster vier mit der Jahreszahl 1509 versehene Kelche. Davon befindet sich noch einer in Fredeburg, ein anderer, der sogenannte Prälatenkelch, in Belecke (vgl. D 9).

Die Säkularisation wurde von den Betroffenen eher gelassen hingenommen. Auch die Bevölkerung sah den verfügten Aufhebungen relativ gleichgültig zu. Jedenfalls regten sich keine Proteste.[22] Die Säkularisation des Jahres 1803ff. richtete sich ja auch nicht, wie etwa der Klostersturm der bolschewistischen Revolution nach 1917, direkt gegen die Religion, sondern war mehr ein Verwaltungsakt. Die Kirche erlitt zwar dadurch großen materiellen Schaden. Zu beklagen war der im Gefolge zu verzeichnende Verlust an Kulturgütern. Gleichzeitig boten aber der den Bischöfen aufgenötigte Verzicht auf weltliche Herrschaft und auch die Aufhebung von Klöstern und Stiften, die häufig reine Versorgungsanstalten geworden waren, der Kirche die Möglichkeit zur Besinnung auf ihre eigentlichen Aufgaben und eröffneten ihr damit große Chancen.

Anmerkungen

1 HUBER, ERNST RUDOLF, Deutsche Verfassungsgeschichte seit 1789, Bd. 1, 2. Auflage 1967, S. 30.

2 Ebenda, S. 32.

3 HÜFFER, HERMANN, Der Rastatter Kongreß und die zweite Koalition, Erster Teil. Bonn 1878, S. 88.

4 HÄUSSER, LUDEWIG, Deutsche Geschichte vom Tode Friedrichs des Großen bis zur Gründung des deutschen Reichs, Bd. 2, 1859, S. 281.

5 Vergl. WOLF, MANFRED, Die Entschädigung des Herzogs von Croy im Zusammenhang mit der Säkularisierung des Fürstbistums Münster. In: Westfälische Zeitschrift 137, 1987, S. 130ff.

6 ZEUMER, KARL, Quellensammlung zur Geschichte der deutschen Reichsverfassung in Mittelalter und Neuzeit. (Quellensammlung zum Staats-, Verwaltungs- und Völkerrrecht 2) 2. Auflage Tübingen 1913, S. 513.

7 DEMANDT, KARL E., Geschichte des Landes Hessen, 2. Auflage Kassel, Basel 1972, S. 561ff. – DIETRICH, JULIUS REINHARD, Hessen und der Reichsdeputationshauptschluß (Quartalblätter des Hist. Vereins für das Großherzogtum Hessen NF (1903), S. 368-371.

8 KLUETING, HARM, Die Säkularisation im Herzogtum Westfalen 1802-1834. Köln, Wien 1980, S. 73f. – SCHÖNE, MANFRED, Das Herzogtum Westfalen unter hessen-darmstädtischer Herrschaft 1802-1816 (Landeskundliche Schriftenreihe für das kölnische Sauerland 1) Olpe 1966.

9 ZEUMER, Quellensammlung, Anm. 6, S. 525.

10 Staatsarchiv Münster, Großherzogtum Hessen II A Nr. 166, Bl. 6-7.

11 Staatsarchiv Münster, Großherzogtum Hessen II D Nr. 25, Bl. 59-64.

12 MONUMENTA MONASTERII GRAFSCHAFTENSIS, Denkwürdigkeiten aus der Geschichte des Klosters Grafschaft (Staatsarchiv Münster, Kloster Grafschaft, Akten Nr. 543). – Ausgewertet von WIETHOFF, FRENN, Kloster Grafschaft und Wilzenberg, 1935, 2. Auflage 1975. – Übersetzung der Chronik von WOLF, MANFRED, 1975.

13 KLUETING, Säkularisation, Anm. 8, S. 85 (mit Bezug auf Staatsarchiv Münster, Großherzogtum Hessen II D Nr. 25, Bl. 1-9).

14 ZEUMER, Quellensammlung, Anm. 6, S. 525.

15 Mit gewissen Abweichungen bei KLUETING, Säkularisation, wie Anm. 8, S. 136; MONUMENTA, Anm. 12, S. 196 und bei GROETEKEN, FRIEDRICH ALBERT, Die Benediktiner-Abtei Grafschaft, die Pfarrei Grafschaft und ihre Tochtergemeinde Gleidorf, 1957, S. 60-62.

16 KLUETING, Säkularisation, Anm. 8, S. 222 (mit Bezug auf Staatsarchiv Münster, Regierung Arnsberg III A Verträge Nr. 59).

17 Ebenda, S. 222 (mit Bezug auf Staatsarchiv Münster, Regierung Arnsberg III A Nr. 135).

18 Ebenda, S. 224 (mit Bezug auf Staatsarchiv Münster, Regierung Arnsberg III A Verträge Nr. 135,11,1 und 135,11, 2).

19 Ebenda, S. 235 (Staatsarchiv Münster, Regierung Arnsberg III A Verträge Nr. 1385).

20 BECKER, HORST, Das Ende der Grafschafter Abteikirche in kritischer Sicht. In: Grafschaft, Beiträge zur Geschichte von Kloster und Dorf, hg. Von WIEGEL, JOSEF, Grafschaft 1972, S. 199-211. – GROETEKEN, Grafschaft. wie Anm. 15, S. 42. – Der Forstinspektor Ferdinand Holzapfel zeichnete um 1830 Ansichten der Klostergebäude und der zu diesem Zeitpunkt noch vorhandenen Kirche von Nordwesten und Südwesten aus (heute in Pfarrpropstei Belecke, wiedergegeben bei WIEGEL, Grafschaft, Tafel 8 und 9).

21 KNAUS, HERMANN, Grafschafter Handschriften in Darmstadt. In: Grafschaft, Anm. 20, S. 95-105.

22 MÜLLER, HANS, Säkularisation und Öffentlichkeit. Münster 1971, S. 129ff.

Wir LUDEWIG X. von Gottes Gnaden
Landgraf zu Hessen, Fürst zu Hersfeld, Graf zu Catzenelnbogen,
Diez, Ziegenhain, Nidda, Hanau, Schaumburg, Isenburg und Büdingen ꝛc. ꝛc.

Entbieten dem Dhom-Capitel, den geistlichen Stiftern, wie auch der übrigen Geistlichkeit, der Ritterschaft, den Lehns-Leuten und sämmtlichen Einwohnern und Unterthanen des Herzogthums Westphalen Unsre Gnade und alles Gute!

Demnach Uns und Unsern Erben für Unsre abgetretene Lande und Besitzungen unter andern auch das Herzogthum Westphalen im Säcularisations-Zustande, und als eine erbliche Besitzung dergestalt zugetheilt worden, daß solches auf ewige Zeiten Unserm Fürstlichen Hause angehören soll; So haben Wir für zuträglich erachtet und beschlossen, nunmehr von besagtem Herzogthum und allen seinen Orten und Zubehörungen provisorischen Civil-Besitz nehmen zu lassen, und die Regierung darinnen anzuordnen.

Wir thun solches demnach hiermit und in Kraft dieses Patents, verlangen von allen und jeden Eingesessenen des Herzogthums Westphalen, weß Standes und Würden sie auch seyn mögen, so gnädig als ernstlich, daß sie sich Unserer Regierung unterwerfen, vollkommenen Gehorsam in aller Unterthänigkeit und Treue leisten, und sich dieser Besitznehmung und den Verfügungen der zu dem Ende von Uns abgesandten Commissarien und Truppen auf keine Weise widersetzen, auch sich alles und jeden Recurses an auswärtige Behörden bei Vermeidung ernstlicher Ahndung enthalten und, sobald Wir es erfordern werden, die gewöhnliche Erbhuldigung leisten.

Dagegen ertheilen Wir Ihnen zugleich die Versicherung, daß Wir Ihnen mit Huld und Gnade jederzeit zugethan verbleiben, Ihnen Gerechtigkeit und allen Schutz angedeihen lassen, und Ihrem Wohl Unsre Landesväterliche Fürsorge unermüdet widmen werden.

Urkundlich Unsrer eigenhändigen Unterschrift und beigedruckten Insiegels.

Darmstadt den 6ten October 1802.

(L.S.)   **LUDEWIG, L.**

Von Westfalen nach Hessen.
Eine Auswahl bedeutender
Kunstobjekte

Die liturgische Handschrift als Künstlerbuch. Zur kulturhistorischen Bedeutung des Darmstädter Hitda-Codex

Silvia Uhlemann

Es gehört generell zu den Besonderheiten illuminierter Prachthandschriften des Mittelalters, dass sie sich im Spannungsfeld zwischen ihrem kirchlichen Gebrauch in der Liturgie oder anderen Riten und einer davon unabhängigen (Fort-) Existenz als eigenständige Kunstwerke befinden. Dies war sowohl in ihrer Entstehungszeit so, als sie sich auch uns Heutigen als Zeugnisse einer derartigen Zwischenstellung präsentieren, die allerdings den Kodikologen wie den Theologen und nicht zuletzt den Kunsthistorikern interdisziplinäre Einblicke in verschiedene Schichten der kulturellen Überlieferung in Text und im Bild ermöglichen.

Die Handschrift Hs 1640 der Hessischen Landes- und Hochschulbibliothek Darmstadt, der nach seiner Auftraggeberin und Widmungsträgerin so benannte Hitda-Codex, präsentiert sich in besonderem Maße als Gesamtkunstwerk aus Bibeltext, freier Dichtung und Malerei, in dem sich der vom sakralen Rahmen vorgegebene formale Aufbau und der Einsatz künstlerischer Elemente gegenseitig bedingen.

Der Codex, um das Jahr 1000 von der Äbtissin Hitda des Damenstiftes in Meschede in Auftrag gegeben und in Köln im Benediktinerkloster St. Pantaleon geschrieben und gemalt, gelangte während der Französischen Revolution in das Kloster Wedinghausen bei Arnsberg, dessen Besitz nach der Säkularisation 1803 an den Landgrafen von Hessen-Darmstadt fiel. Das Ereignis seiner Präsentation in der Ausstellung besteht somit vor allem darin, dass er zum ersten Mal nach 200 Jahren wieder in die unmittelbare Umgebung seiner Provenienzheimat zurückkehrt.

Die Entstehungszeit läßt sich, obwohl von oder über Hitda selbst keine Zeugnisse mehr existieren, dennoch relativ genau bestimmen, da es urkundliche Hinweise darauf gibt, dass Hitda zwischen den eindeutig belegten Äbtissinnen Thiezswied 978 und Gerburgis 1042 gewirkt haben muß. Sie selbst tritt in der Handschrift im Text- sowie Bilddokument auf: Das Widmungsbild fol. 6r zeigt, einschließlich entsprechender Beschriftung der dargestellten Personen, Hitda, wie sie der Schutzheiligen ihres Klosters, Walburga, das kostbare Buch überreicht. Außerdem werden auf der ersten, ungezählten verso-Seite der Handschrift die Geschenke der Äbtissin (hier als „Hidda") an das Kloster Meschede beschrieben: *H(a)ec munera HIDDA peregrina istius loci p(ro)curatrix d(e)o et s(an)c(t)e WALTBURGI dono dedit ... librum I auro et gemmis et duos aureos.* (Diese Gaben machte die Pilgerin Hitda, dieses Ortes Fürsorgerin, Gott und der hl. Walburga ... zum Geschenk ... ein Buch, mit Gold und Gemmen geschmückt und zwei mit Gold verzierte (Bücher).

Die prachtvolle Ausstattung gibt den unmittelbaren Hinweis auf die Verwendung der Handschrift eher als Teil der Liturgie denn als deren Vorlage; will sagen: Ein Codex mit derart hoher Intensität der Verzierung und einem so großen Anteil künstlerischer Elemente diente in der religiösen Kultur des Mittelalters mehr dem Schmuck der Kirche als ein heiliger Gegenstand (ähnlich den Sakramenten) statt zur Lektüre oder gar als Gebrauchsschrift. Das Widmungsbild seinerseits bezeugt den Übergang des Buches von der profanen in die sakrale Sphäre: zugleich mit der *dedicatio* wird es als geweiht und damit von Gott erwählt betrachtet. Die Verehrung einer Prachthandschrift beinahe im Sinne einer Reliquie läßt sich anhand eines Evangeliars, zu welcher Gattung der Hitda-Codex, wie viele andere vergleichbare Handschriften der ottonischen Epoche, gehört, besonders anschaulich vergegenwärtigen, da die Evangelientexte als Darstellung des Lebens Christi ebenso als dessen unmittelbare Verkörperung verstanden werden konnten wie die

Hitda-Codex, Widmungsbild fol. 6r

übrigen heiligen Gegenstände des Ritus. Dass dieses Verständnis vom Zweck eines prächtig ausgestatteten Buches bereits im frühen Mittelalter eine gewisse Tradition begründet hatte, läßt sich unter anderem daran zeigen, dass die den Evangelientexten üblicherweise vorangestellten Kanontafeln – eine Art Konkordanz von inhaltlich entsprechenden Textstellen in den vier Evangelien – wegen ihrer zahlreichen Fehler und Auslassungen schon zu dieser Zeit kaum mehr für die tatsächliche Anwendung gedacht gewesen sein konnten. Andererseits schafft gerade der überlieferte Vorrat textlicher und bildhafter Elemente im kunstvoll ausgeschmückten Evangeliar den notwendigen formalen Rahmen für den Ausdruck künstlerischen Stilwillens.

Das äußere Gerüst bilden die dem Buchtypus Evangeliar fest zugeordneten Bilder der Majestas Domini und des Hieronymus auf den ersten Seiten des Codex sowie Evangelistenbilder und Incipit-Schmuckseiten zu Beginn jedes Evangeliums. Innerhalb der vorgegebenen kanonischen Abfolge der vier Evangelientexte (Matthäus, Markus, Lukas, Johannes), die seit der Reform des Hieronymus im 4. Jahrhundert als verbindlich galt, legt dann der Buchmaler Zeugnis seines künstlerischen Willens ab, indem er die Vierzahl durch die Einfügung von jeweils vier Bildern mit chronologisch angeordneten Szenen aus dem Leben Jesu im Anschluß an die Textteile spiegelt.

Die Verwendung neutestamentlicher Themen in der Buchmalerei liturgischer Handschriften war durchaus verbreitet; es hat sich jedoch kein frühmittelalterliches Evangeliar mit derartigen Bildfolgen erhalten, so dass über eventuelle Vorbilder unseres Künstlers nur spekuliert werden kann. Seine inhaltlichen Gestaltungswünsche zeigen sich unter anderem auch an seiner Vorliebe für die Wunderszenen innerhalb der Taten Jesu. Außer den Momenten aus der Jugend (Verkündigung fol. 20r, Geburt fol. 21r, Anbetung der Magier fol. 22r, Darbringung im Tempel fol. 23r, Taufe fol. 75r), einer Lehrszene (die Ehebrecherin fol. 171r) sowie der Kreuzigung wählt der Künstler offenbar gezielt 8 Wundertaten aus. Es sind dies: Heilung des Besessenen fol. 76r, Heilung der Schwiegermutter des Petrus fol. 77r, Heilung des Mannes mit der verdorrten Hand fol. 114r, Auferweckung des Jünglings von Nain fol. 115r, Heilung des Blinden fol. 116r, Sturm auf dem Meer fol. 117r, Hochzeit zu Kana fol. 169r, Heilung des Lahmen fol. 170r.

Hinzu kommen, als individuelles Element des Hitda-Codex und ohne Beispiel in der Buchmalerei des frühen Mittelalters, in einer synthetischen Verbindung aus Text- und Bildelementen, auf jeder den Bildern gegenüberliegenden Seite Schmuckseiten mit lateinischer Versdichtung in goldener Urkundenschrift auf Purpurgrund, die auf besondere Weise die stilistische Grundierung dieser Form der Buchkunst in antiker und christlicher Kultur gleichermaßen bezeugt. Die Zusammenstellung von gattungstypisch festgelegten und freien Elementen bewirkt einen Rhythmus der Illumination, der den damaligen ästhetischen Vorstellungen insofern entspricht, als er die Überlagerung von spätantiken und frühmittelalterlichen Bestandteilen zum kompositorischen Gestaltungsprinzip eines sakralen Künstlerbuches erhebt.

Stilistisch zeigen die Illustrationen den Einfluß sowohl spätkarolingischer als auch byzantinischer Vorbilder; eine Synthese, die insgesamt signifikant für die Kölner Malerschule ist und die einer Harmonisierung der beiden kulturellen wie politischen Zentren des west- und oströmischen Reiches mit künstlerischen Mitteln entspricht. Diese Verschmelzung zweier unterschiedlicher ästhetischer Tendenzen erscheint gerade in Köln um so plausibler, als hier durch die Heirat der byzantinischen Kaiserin Theophanu mit Otto II. im Jahre 972 der östliche Einfluß buchstäblich im Gefolge einer maßgeblichen Person mit der westlichen Kultur in Berührung kam.

So liegt die kulturhistorische Bedeutung des Hitda-Codex vor allem darin, dass er, über die außerordentliche Qualität seiner bildlichen Darstellungen hinaus, als zugleich theologisches wie kunsthistorisches Dokument einen stilbildenden Moment der frühmittelalterlichen Geistesgeschichte bezeugt und lebendig erhält. Dies sowie die bestechende Einheit von Inhalt und Form machen ihn zweifellos zu einem Kunstwerk von übergeordnetem Rang, das mit seiner vielseitigen Verarbeitung und Kompilation verschiedenster geistiger Einflüsse zugleich für eine frühe europäische Einigung auf kultureller Ebene steht.

"Der Sturm auf dem Meer" – die bekannteste Miniatur des Hitda-Codex und ihre bildhafte allegorische Aussage

P. Michael Hermes OSB

Die Miniaturen des Hitda-Evangeliars beziehen sich zwar alle auf Erzählungen in den Evangelien, wollen aber mehr sein als schlichte Abbildung des Textgeschehens. Das ergibt sich nicht nur aus der Tatsache, dass sich die Bilder nicht in der Nachbarschaft der Texte befinden, sondern auch aus den Worten der ihnen vorangestellten Tituli, und mehr noch aus der Gestaltung der Miniaturen selbst.[1] Die Miniaturen sind Meditationsbilder.

Wenn die Evangelien erlesen und gehört werden sollten, dann sollten die Bilder betrachtet, das heißt mit den leiblichen Augen gesehen und mit den „Augen des Herzens" verinnerlicht werden. Dafür standen dem mittelalterlichen Buchmaler und dem mittelalterlichen Betrachter eine Fülle von Kenntnissen und Wissen aus der antiken und der frühchristlichen theologischen Literatur der Väter und ihrer eigenen zeitgenössischen Theologen zur Verfügung. Ihre Werke wurden abgeschrieben, studiert und verinnerlicht. Überdies standen den Schreiber- und Malermönchen, wenn sie in St. Pantaleon zu Köln in einem Kloster des Hl. Benedikt lebten, nach dessen Regel täglich einige Stunden zum Üben des Lesens mit den Ohren des Herzens und zum Üben des Betrachtens mit den Augen des Herzens zur Verfügung. Solche „Übungen" nennt die Regel des Hl. Benedikt „meditatio".

Die Miniatur „Der Sturm auf dem Meer" ist wohl die bekannteste des Hitda-Codex. Sie befindet sich auf der Seite 117r, im aufgeschlagenen Buch also rechts. Ihr zugeordnet auf der vorhergehenden Seite 116v, also links, steht in goldenen Minuskeln auf purpurfarbenem Grund der Titulus: *„imperio summi obediunt mare et venti"* - Dem höchsten Herrscher gehorchen das Meer und die Winde.

Sieht man das Bild und liest man den Titulus oberflächlich, lassen sich beide nicht in Übereinstimmung bringen. Das Bild zeigt nicht, wie Jesus dem Meer und den Winden gebietet, wie es in anderen Illustrationen der Ottonenzeit üblich ist. Dieser Titulus ist als eine „gute Botschaft" hineingesprochen in die Aufgewühltheit des Seesturms - und der Herzen auch der heutigen Betrachter. Allerdings muss letzterer sich mit den kulturellen Gegebenheiten der Entstehungszeit des Bildes befassen, wenn er weitergeführt werden möchte, als seine eigene Imaginationsfähigkeit es zulässt.

Die Meerfahrt war den Völkern der Antike rings um das Mittelmeer eine unmittelbar erfahrbare und erlebbare Metapher für die Welt und das Leben in ihr. In Dichtung, Reden, philosophischen Abhandlungen findet sich ein Fülle von Gleichnissen und Bildern aus dem Bereich der Seefahrt. Am bekanntesten ist uns Homers Epos vom meerfahrenden Odysseus. Die frühe Kirche und ihre Theologen, die Väter, haben die bekannte antike Bildwelt und ihre Metaphorik unter dem Blickwinkel des christlichen Glaubens übernommen und in ihren Werken benutzt. Dies war einer der Hauptgründe, warum in christlichen Schulen auch „heidnische" Autoren abgeschrieben und gelesen wurden. So ist die karolingische Wandmalerei mit Motiven der Seefahrt im Westwerk von Corvey, vor allem der Kampf des Odysseus gegen das dämonische Meeresungeheuer der Skylla, nicht eine Illustration des Homerschen Epos, sondern eine Botschaft, die den Sieg des Guten über das Böse, des Lebens über den Tod und schließlich den Sieg Christi über die dunklen Mächte des Todes und die Befreiung des Menschen aus der Verstrickung der Schuld verkündet.

Auch der Maler im Skriptorium von St. Pantaleon in Köln wollte mehr gestalten, als was heute ein Foto leisten könnte. In seinem „Meeressturm" schwingen all die von ihm gehörten und erlesenen Texte der bildhaften allegorischen Theologie mit, um die wir uns als heutige Betrachter erst wieder bemühen müssen. Doch auch ohne solches Wissen können wir

„Der Sturm auf dem Meer" – die bekannteste Miniatur des Hitda-Codex und ihre bildhafte allegorische Aussage

„Sturm auf dem Meer", Seite 117r aus dem Hitda-Kodex   E 1

uns zunächst einmal dem überlassen, was uns in diesem Bild beeindruckt. Es ist wohl die eigentümliche Ambivalenz, die Gegensätzlichkeit, die das Bild ausstrahlt: Aufgewühltsein und Stille, Gefährdung und Sicherheit, Glaube und Zweifel, Angst in Ausweglosigkeit und Hoffnung auf den bergenden Hafen.
Das Meer ist horizontlos, das Schiff im Nirgendwo. Es stürzt in die Tiefe, den Rahmen sprengend. Die Ruder greifen nicht, das Segel ist dem Sturm ausgeliefert, die Takelage zerrissen. Vergeblich sucht einer, wohl Petrus, das Segel zu sichern. Die Augen der Jünger sind ängstlich auf den Mastbaum gerichtet, als drohe er zu zerbrechen. Kein anderes Zeugnis der Buchmalerei des 11. Jahrhunderts mit dem gleichen Thema ist so expressiv in der Darstellung der Dramatik der Verlorenheit.
Geichzeitig empfinden wir Zeichen von Ruhe und Sicherheit, vor allem im schlafenden Jesus,

dessen Gewandkonturen die stürzenden Linien durchschneiden. Und mit einer kleinen, fast übersehbaren Geste, aber genau in der Mitte des Bildes, im Mittelpunkt eines imaginären Kreises, der durch die Weiterführung der Linie der bergenden Schiffsrundung gefunden werden kann, wendet sich einer der Jünger Jesus zu und berührt dessen Schulter. In der Mitte des Chaos die Geste des Vertrauens. Diese Glaubensgewissheit hat der Maler auch noch einmal angedeutet, wenn er die goldenen Heiligenscheine, das Zeichen für die Anwesenheit des göttlichen Geistes, wie wehrhafte Schilde malt und zu einem großen Schutzschild vereint über die Köpfe der Jünger legt.

Vielleicht sind uns solche Gedanken ohne das Studium der Vätertheologie möglich. Vielleicht kennen wir auch noch die Erzählung von Jona, der im Bauch des Meerungeheuers überlebte und gerettet wurde, und entdecken dieses Meerungeheuer auf unserem Bild und in dessen Bauch die Jünger und Jesus, der *„mehr ist als Jona"* (Lk 11,32).

Um sich den Sinn des Bildes in seiner Bandbreite und Tiefe zu erschließen, müssen wir uns jedoch in die Gedankenwelt der antiken Literatur und der Väter begeben. Für die seefahrenden und seeerfahrenen Menschen des Mittelmeeres war es faszinierend zu erleben, dass ein „kleines Stückchen Holz", die Schiffsplanke, die Menschen zu weit entfernten Orten bringen konnte und sie gleichzeitig über dem Abgrund des Todes hielt. Holz und Schiff wurden für sie ein Synonym. Der Theologe Eusebius (260-339) schreibt: *„Der Mensch allein von allen Wesen auf Erden vertraut dem kleinen Stück eines Holzbaumes sein Leben an, lenkt das Schiff auf dem Rücken des Meeres, überlässt sich der Tiefe des Wasserelements und stößt den Tod zurück, der ihm nahe ist, indem er nach oben schaut und an den Steuermann des Alls das Ziel der Rettung für den Seefahrer knüpft."*[2]

Zwischen Tod und Leben liegt ein kleines Stückchen Holz. Im biblischen Buch der Weisheit steht *„Die Menschen vertrauen ihr Leben einem winzigen Holz an und fahren wohlbehalten durch die Brandung. Denn Segen ruht auf dem Holz, durch das Gerechtigkeit geschieht."* (Weish 14,5.7). Das Holz, auf dem Segen ruht und durch das Gerechtigkeit geschieht, bedeutet für die altchristliche Theologie das Kreuz. Und so entsteht in der Theologie der Väter die Gleichbedeutung von Schiff, Holz und Kreuz. Der im hölzernen Schiff schlafende Jesus ist der am Holz des Kreuzes zur Erlösung und Auferweckung entschlafene Christus. Hugo Rahner[3] weist überzeugend darauf hin, dass der Satz *„ascendit in naviculam"* - Er stieg hinauf in das Schiff, mit dem die Seesturmerzählung beginnt, von Origenes (185-254) bis ins hohe Mittelalter allegorisch ausgelegt wird als: *„Er stieg an das Kreuz hinauf"*. So schreibt Hrabanus Maurus (780-856): *„Das Schiff ist das Kreuz Christi, wie im Evangelium gesagt wird: Jesus stieg hinauf auf das Schiff und durchfuhr die Meeresenge und kam am Ende an, weil Christus hinaufgestiegen ist ans Kreuz, hinausging aus dieser Welt und im himmlischen Vaterland ankam."*[4] Und Augustinus (354-430) sagt in einer Predigt: *„Es ist notwendig, dass wir in einem Schiff sind und das bedeutet, dass wir vom Holz getragen werden, damit wir über das Meer fahren können. Dieses Holz aber von dem unsere Schwachheit getragen wird, ist das Kreuz des Herrn, mit dem wir besiegelt wurden und durch das wir vor dem Untergang in dieser Welt gerettet wurden."*[5]

Im Hymnus „Crux fidelis inter omnes" von Venantius Fortunatus (540-600), der heute noch in der Karfreitagsliturgie gesungen wird, heißt es, das Kreuz sei die *„arca mundo naufrago"* - die Arche, die aus dem Schiffbruch der Welt (errettet).

Ein anderer bekannter Hymnus des gleichen Dichters, der im 11. Jahrhundert wie noch heute im Stundengebet der Passionszeit gesungen wird, bringt uns noch einen weiteren Aspekt des Sturmbildes aus dem Hitda-Codex nahe. Der Hymnus beginnt mit den Versen *„Vexilla regis prodeunt, fulget crucis mysterium"* - Des Königs Banner wallt empor, hell strahlt das Geheimnis des Kreuzes auf. Es geht auf unserem Bild um den Schiffsmast, die Rahe oder Antenne, an der das Segel hängt. Den Blick der Jünger auf Segel, Rahe und Mast kann man als starr vor Angst interpretieren. Er kann aber auch als gläubig vertrauend und hoffnungsvoll angesehen werden, wenn man weiß, dass gerade diese drei, Mast, Querstange und Segel, in den Werken der Väter als Siegeszeichen, als *tropaion*, gedeutet werden.⁶

Der Mastbaum und die Querstange bilden ein Kreuz und mit dem an der Querstange hängenden (Segel)Tuch bildet es das *vexillum*, die Siegesfahne.⁷ Der Blick der Jünger sucht in der Todesangst das Siegeszeichen des Königs Christus, die *vexilla regis*. Er könnte beinhalten, was eine weitere Strophe des Vexilla regis-Hymnus so ausdrückt: „*O crux, ave, spes unica, hoc passionis tempore*" - Sei gegrüßt, o Kreuz, du einzige Hoffnung in dieser Zeit des Leidens. In einem anderen Hymnus nimmt Venantius Fortunatus das Thema noch einmal auf: „*Ich bitte, Christus, lenke die Seelen durch dieses Gewoge mit dem Kreuz, diesem Mast und der segelgeschmückten Antenne, bis deine Rechte nach der Brandung des irdischen Strudels uns die Ruhe gewährt im Hafen des ewigen Lebens.*"⁸

Die Rechte des Herrn, die hier angesprochen ist, die auf allen anderen Miniaturen des Hitda-Codex deutlich segnend und heilend in Szene gesetzt wird, ist auf dem Seesturmbild (noch) verhüllt. Noch herrscht Todesgefahr und das Dunkel des Unwetters. Doch wie der Schlaf „im Holz" nur zum Ostersieg führt, wie die „Rechte" verdeckt ist, um zu heilen und um „Winden und Meer den Gehorsam zu befehlen", so steht im Kreuznimbus Jesu, wie auf allen Miniaturen des Codex, mitten im Dunkel „*lux*" - das Licht.

Das Bild vom Meeressturm im Hitda-Codex beeindruckt nicht nur durch seine hohe künstlerische Qualität. Durch seine Hintergründigkeit und seine symbolische Tiefe, die aus der überbordenden Fülle von Gedanken der Vätertheologie erschlossen werden kann, erreicht es auch die Tiefenschichten des Herzens. Beides, die außerordentliche Kunst von Komposition, Farbgebung und Pinselführung, und die Tiefe und Breite der symbolischen Aussagen, machen dieses kleine Bild zu einem einzigartigen Kunstwerk des Mittelalters, das bei seiner Betrachtung auch uns Heutigen etwas zu sagen hat:

Es gibt im Leben, das sich immer als gefährdet erweist, inmitten der Gefahr, doch die Gewissheit, dass Not und Tod nicht das letzte Wort haben.

Anmerkungen

1 MAYR-HARTING, HENRY, Ottonische Buchmalerei. Stuttgart 1991, S. 289ff.

2 EUSEBIUS VON CAESAREA, Syrische Theophanie 1,54.

3 RAHNER, HUGO, Symbole der Kirche. Salzburg 1964, S. 353ff.

4 HRABANUS MAURUS, Allegoriae in Scripturam II.

5 AUGUSTINUS VON HIPPO, Sermo 75,2.

6 RAHNER, HUGO, Anm. 3, S. 377-405.

7 In der späteren Kunstgeschichte wird es üblich, dem Auferstandenen eine solche Siegesfahne in die Hand zu geben.

8 VENANTIUS FORTUNATUS, Miscellanea VIII, 6.

Zwei Bibelhandschriften aus der Hessischen Landes- und Hochschulbibliothek Darmstadt

Silvia Uhlemann

Die Ausstattung der beiden unten beschriebenen Handschriften aus verschiedenen Klöstern des heutigen Hochsauerland-Kreises vermag einen repräsentativen Eindruck davon zu vermitteln, wie überaus reich und vielfältig die Buchproduktion klösterlicher Skriptorien im Westfalen des frühen 13. Jahrhunderts gewesen sein muss.

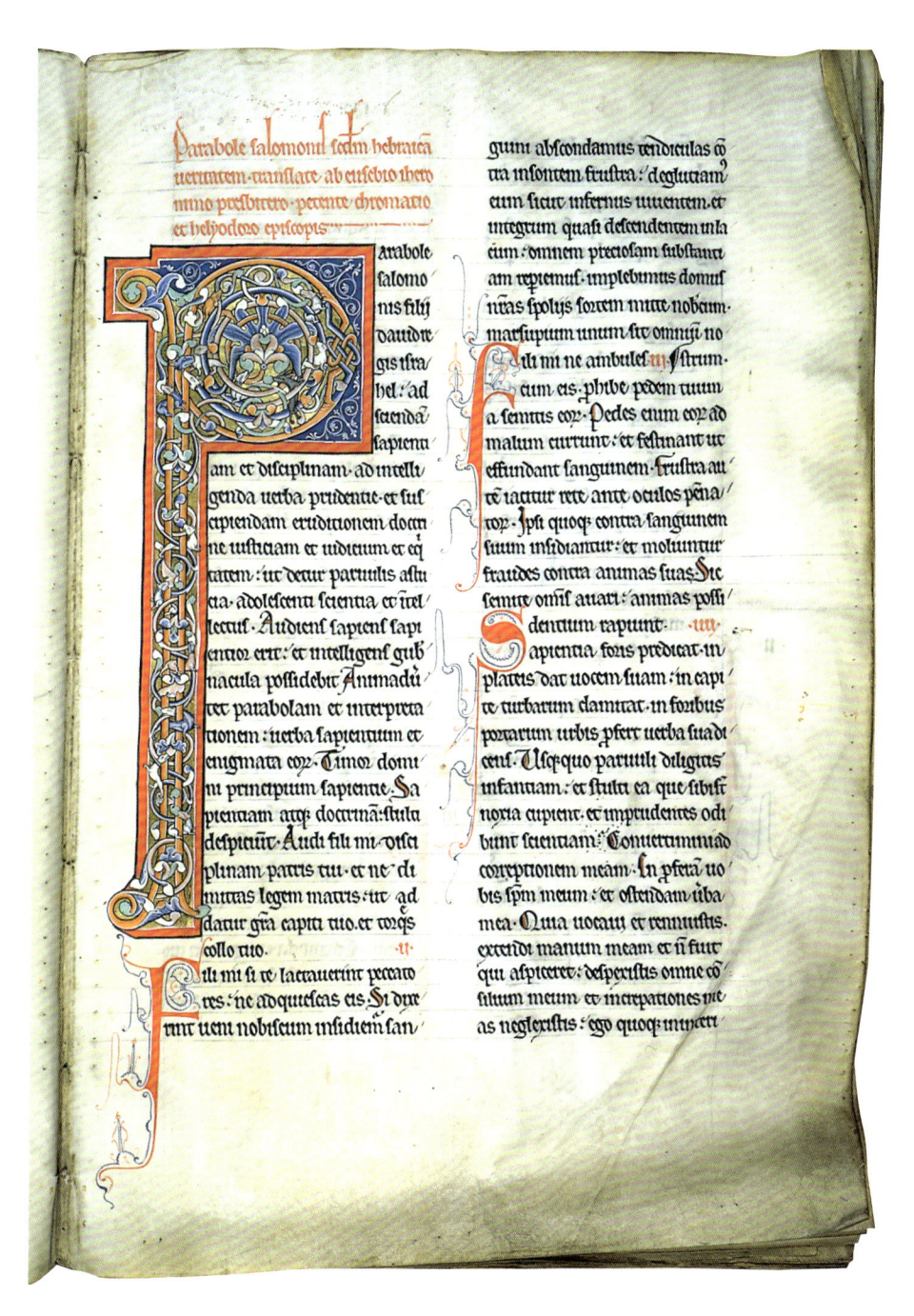

Vetus Testamentum aus dem Kloster Wedinghausen, um 1220   D 5

Vetus Testamentum (omisso psalterio), um 1220 (Hs 48/2)

Wie der Hitda-Codex gehört auch diese großformatige Bibelhandschrift, die das Alte Testament enthält, zum ursprünglichen Bestand des Klosters Wedinghausen, was durch mehrere Besitzeinträge aus dem 13. und 14. Jahrhundert bezeugt ist. Auch der Schreiber nennt sich in Bd. l auf fol. 273v selbst als „*Lodhewicus*" und begegnet zudem an zwei anderen Stellen, wo er sich zweifelsfrei für Wedinghausen nachweisen lässt: in einer Urkunde von 1224 sowie im Nekrolog des Klosters.

Der Buchschmuck der Handschrift besteht aus prächtigen Initialen, einmal in jedem Band auf Goldgrund, die jeweils zu Beginn der Prologe und biblischen Bücher auftreten. Sie weisen die zeittypische Motivik aus floral-ornamentalen und figürlichen Elementen auf, deren Mischung die frühgotische Buchmalerei in der gleichen Weise kennzeichnet, wie man sie auch als Schmuck sakraler Bauwerke derselben Zeit kennt.

Die gemalten Initialen werden durch gezeichnete ergänzt, die jeweils die Eingangskapitel einleiten: rote Körper mit blauen Linien und Fleuronné.

Die Handschrift besitzt noch einen historischen, wenn auch beschädigten, Ledereinband auf dicken Holzdeckeln.

Biblia Sacra omissis psalterio et libris prophetarum, 1241 (Hs 824)

Diese Bibelhandschrift, der 3. Band von drei Bänden, die sich ebenfalls im Besitz der Hessischen Landesbibliothek befinden (Hss 1993 und 825), stammt aus dem ehemaligen Besitz des Zisterzienserklosters Bredelar, Kreis Brilon. Der Inhalt dieses Bandes sind die Bücher Esra, Nehemia, Makkabäer, die Evangelien und die Paulus-Briefe.

Wie die beiden Schwesterhandschriften enthält sie einen Besitz- und Datierungseintrag fol. 1r: *Liber sancte Marie perpetue virginis in Breydelare. Scribendo consummatus anno gracie domini MCCXLprimo ...*, der sie eindeutig dem Kloster Bredelar und dem Jahr 1241 zuweist.

Der Buchschmuck ist im gleichen Stil gehalten wie bei der Wedinghausener Bibelhandschrift: Große Initialen mit Figuren-Schmuck zu Beginn der Bücher und Prologe.

Von Hermann Knaus[1] stammt die Beobachtung, dass die drei Handschriften von zwei Illustratoren-Händen bearbeitet worden sind: einem konservativeren, der rein ornamental im Stile des 12. Jahrhunderts arbeitete, sowie einem jüngeren, der die figürliche Darstellung verwendete. Die vorliegende Handschrift weist nur noch Zeugnisse des späteren der beiden Maler auf.

Anmerkungen
1 Westfälische Handschriften in Darmstadt. In: Durch der Jahrhunderte Strom. Beiträge zur Geschichte der Hessischen Landes- und Hochschulbibliothek Darmstadt. Frankfurt a. M. 1967.

Weitere Literatur
Die Handschriften der Hessischen Landes- und Hochschulbibliothek Darmstadt, Bd. 4: Bibelhandschriften. Beschr. von Kurt Hans Staub, Ältere Theologische Texte. Beschr. von Hermann Knaus. Wiesbaden 1979, Nr. 3 u. 37.

Arnsbergs alte Schriften. Handschriften und Drucke aus sieben Jahrhunderten. Arnsberg 1988

ieh.

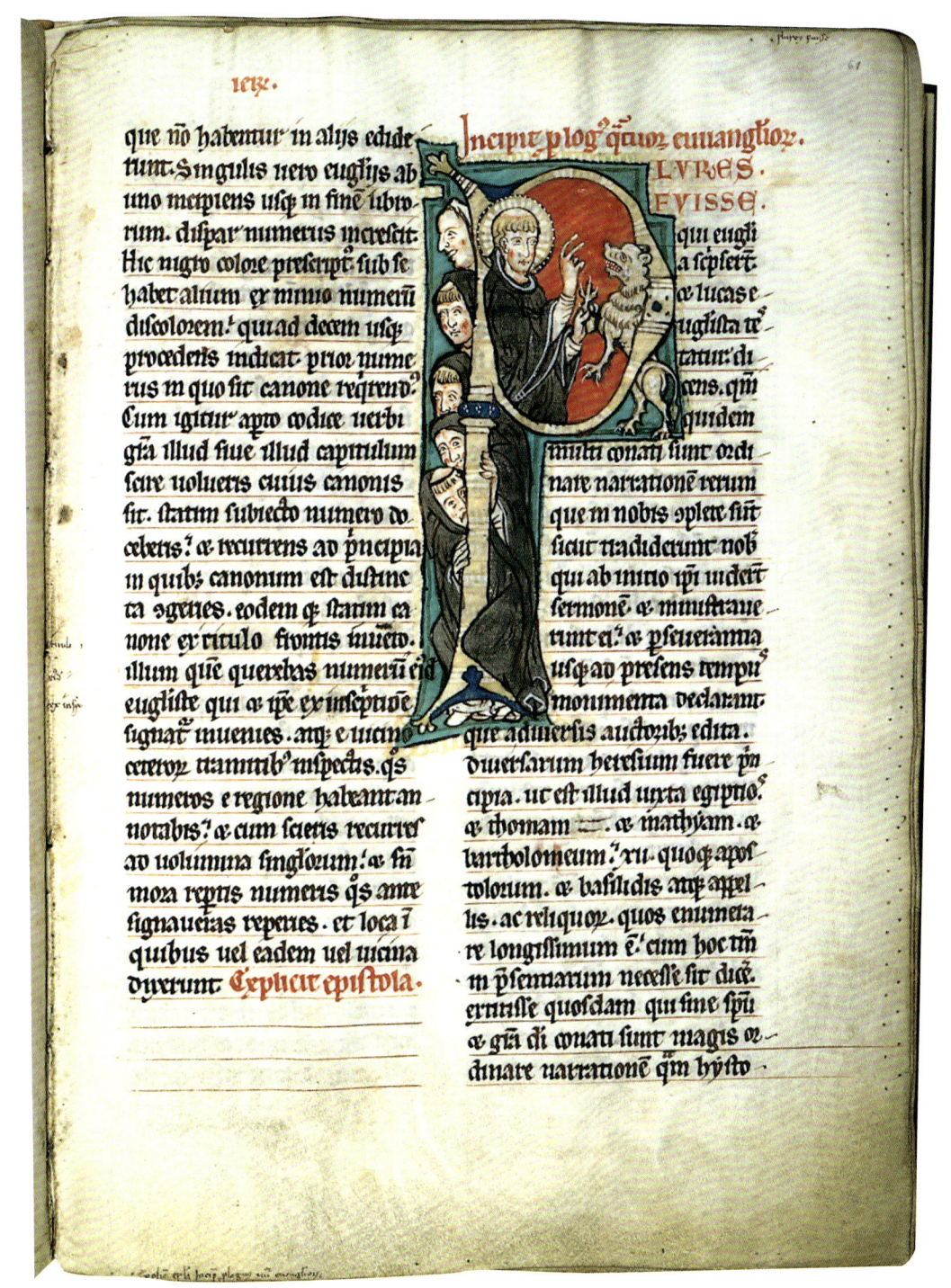

que ñ habentur in alijs edidetunt. Singulis uero euglijs ab
uno incipiens usq; in fine librorum. dispar numerus increscit.
Hic nigro colore prescript͡ sub se
habet aliu͡ ex minio numeru͡
discolorem.' qui ad decem usq;
procedens indicat. prior numerus in quo sit canone reqrend͡͡
Cum igit͡ apto codice uerbi
gra illud siue illud capitulu͡
scire uolueris cuius canonis
sit. statim subiecto numero do
ceberis.' & recurrens ad p͡ncipia
in quib; canonu͡ est distincta agentes. eodem q; statim ca
none ex titulo frontis inuen͡.
illum que querebas numeru͡ e͡
eugliste qui & ipe ex inscripti͡o͡e
signat͡ inuenies. atq; e uicino
ceteroꝝ transitib; inspectis. qs
numeros e regione habeant an
notabis.' & cum scieris recurres
ad uolumina singlorum.' & su
mora reptis numeris qs ante
signaueras reperies. et loca in
quibus uel eadem uel uicina
dixerunt. **Explicit epistola.**

Incipit p͡log͡ quatuor euuangliorx.
LUCAS
EUISSE.
qui euglia scripsit
ex luca se
euglista te͡
statur' di
cens. qn͡
quidem
multi conati sunt ordinare narratione͡ rerum
que in nobis ꝯplete su͡t
sicut tradiderunt nob
qui ab initio ip͡i uide͡t
sermone͡ & ministraue
runt ei.' & p͡seuerantia
usq; ad presens tempu͡
monimenta declarut
que aduersis auctorib; edita.
diuersarum heresium fuere p͡ncipia. ut est illud uixta egiptio͡s
& thomam. & mathyam. &
bartholomeum.' xij quoq; apostolorum. & basilidis atq; appel
lis. ac reliquoꝝ. quos enumera
re longissimum e͡' cum hoc t͞m
in p͡seruaru͡ necesse sit dic͡.
extitisse quosdam qui sine sp͡u
& gra d͡i conati sunt magis or
dinare narratione͡ qm hysto

Biblia Sacra (Bredelarer Bibel), 1241

Drei bedeutende Exponate aus dem Hessischen Landesmuseum Darmstadt

Wolfgang Glüber

Der Petruspokal der St. Georgs-Kommende Münster, 1569

Die ausschließlich auf Petrus und das Hirtenamt bezogene Aussage des Pokals verweist ihn, was seine Entstehung betrifft, eigentlich in ein päpstliches Umfeld. Leider gibt es keine Aufzeichnungen darüber, für wen das Gefäß ursprünglich bestimmt war. Durch die Marken gesichert ist seine Herkunft aus Straßburg. Gearbeitet hat ihn der dort ansässige Silberschmied Linhard Bauer. Eine Stiftungsinschrift im Inneren des Deckels besagt, dass der Pokal im Jahre 1658 von August Oswald von Lichtenstein (gestorben 1663) für das ihm anvertraute Ordenshaus St. Georg in Münster gestiftet wurde. Lichtenstein war Komtur des Deutschen Ordens für Mülheim und Münster von 1653 bis 1663, ab 1655 hatte er zusätzlich das Amt eines Landkomturs der Ballei Westfalen inne. Da der Pokal nachweislich fast hundert Jahre früher entstanden ist, handelt es sich bei der Stiftung eindeutig um eine Zweitverwendung. Ein Grund für die Stiftung könnte gewesen sein, dass sich Lichtenstein 1657 die de facto seit Beginn des Dreißigjährigen Krieges existente Vereinigung der Kommenden Mülheim und Münster nochmals feierlich bestätigen ließ, um über die Einkünfte des Münsteraner Ordenshauses verfügen zu können. Möglicherweise wollte er der Georgskommende ein Jahr später seine Wertschätzung durch das Geschenk bekunden. Wahrscheinlich wurden um diese Zeit herum die unter O 14 erwähnten Ergänzungen vorgenommen.
Die Stiftungsinschrift schließt mit dem Gebot: *„Gott strafe denienigen der / ihn den Hause / veralieniert / [entfremdet]"*. Dem widersetzte sich Großherzog Ludewig I. von Hessen, als er den durch den hessischen Hofrat und Arnsberger Regierungsdirektor Ludwig Minnigerode 1810 übersandten Pokal entgegennahm. Allerdings befand sich dieser wohl schon seit einiger Zeit nicht mehr in Münster, denn die Quellen erwähnen als Herkunftsort „Mühlheim".

Eine detaillierte Beschreibung des Pokals findet sich im Katalogteil unter O 14 auf S. 299.

Literatur
ROSENBERG, M., Eine vergessene Goldschmiedestadt. In: Kunstgewerbeblatt 2, 1886, S. 45, 47f.

(BACK, FRIEDRICH) Großherzoglich Hessisches Landesmuseum in Darmstadt. Führer durch die Kunst- und Historischen Sammlungen. Darmstadt 1908, S. 83.

BACK, FRIEDRICH, Kunstwerke aus dem Elsaß in Darmstädter Sammlungen. In: Elsässische Rundschau, Bd. XV, H. 2/3 (1913), Abb. 5-7.

DEGEN, KURT, Bicchieri Decorativi a Darmstadt. Estratto da „antichità viva" N. 8. Florenz, Oktober 1963, o. S., Abb. 4.

GOSMANN, MICHAEL (Hrsg.), Der Arnsberger Landständepokal von 1667. Eine Stiftung des Kölner Kurfürsten Maximilian Henrich v. Bayern für das Herzogtum Westfalen. Arnsberg 1997, S. 12, S. 45.

Der Arnsberger Landständepokal, vor 1667

Der ausgesprochen prunkvolle Pokal wurde am 22. Januar 1667 von dem Kölner Kurfürsten Maximilian Henrich von Bayern für die Landstände des zum Kurstaat gehörenden Herzogtums Westfalen gestiftet. Symbolisch vereint er drei Herrschaftszeichen: den Doppeladler für das Heilige Römische Reich Deutscher Nation, das Wappen des Kölner Kurfürsten und das springende Roß für das Herzogtum Westfalen. In Arnsberg aufbewahrt, diente das Gefäß als „Willkomm" bei Versammlungen der Landstände. Zahlreiche Archivalien über Reparaturen sprechen für eine häufige Nutzung. Im Jahre

Petruspokal von Linhart Bauer (Bawer), Straßburg 1569   O 14

1706 kam wohl die obere der beiden Glasschalen zu Schaden. Auf Kosten der Landstände wurden zwei Ersatzgläser geliefert, von denen jedoch nur eines Verwendung fand. Es war der erhaltenen Schale angeglichen, jedoch etwas zu groß geraten. Möglicherweise aus diesem Grund beschloß der mit der Reparatur beauftragte Arnsberger Goldschmied Albert Wrede, die noch erhaltene Glaskuppa als Deckel umzuarbeiten. Dies erklärt das im heutigen Zustand kopfstehende Wappen. Um die neu angefertigte Schale anzupassen, mussten deren Rippenenden abgeschliffen werden, was in recht grober Weise geschah. Die Herkunft der Gläser ist noch unbestimmt. Der hervorragende Schnittdekor des Deckels lässt an böhmische oder thüringische Zentren der Glasschneidekunst denken. Die Blumenstengel wurden auch auf der neuen Glasschale nachgeahmt. Sie erscheinen allerdings viel steckenhafter und steifer als auf dem Vorbild. Hinzugefügt hat der Glasschneider zahlreiche Insektendarstellungen, während sich auf der alten Schale nur eine einzelne versteckte Raupe als Vanitasmotiv befindet.

In einem Landtagsprotokoll von 1706 werden Berlin und Dresden als mögliche Orte für die Herstellung neuer Gläser empfohlen. Eine Gruppe von etwas früher zu datierenden Gläsern im Bayerischen Nationalmuseum weist eine ähnliche, wenngleich weitaus virtuosere Gestaltung auf und wird von Rainer Rückert versuchsweise nach Brandenburg lokalisiert. Eventuell wurde die neue Schale tatsächlich in Berlin oder Umgebung gefertigt.

Der ungemarkte Pokal kann bis heute nicht eindeutig zugeschrieben werden. Tellerfuß und Doppeladler weisen stilistisch nach Augsburg. Das vermutlich als eigenständiges Objekt gearbeitete Pferd weist eine andere plastische Auffassung auf, könnte aber ebenfalls in Augsburg hergestellt worden sein. Wiederum unterschiedlich erscheinen der Wulstring des Deckels und das Weinlaub. Ingrid Reißland vermutete 1997, dass das Prunkgefäß aus vorhandenen, ursprünglich nicht zusammengehörigen Teilstücken montiert wurde. Als Goldschmied wird der Kölner Meister Christian Schweling d. Ä. ins Gespräch gebracht, der für Maximilian Henrich bereits eine Monstranz gefertigt hatte. Er wäre dann für die Montage und die Herstellung der dafür benötigten zusätzlichen Teile sowie für den nachträglich aufgebrachten Steinbesatz verantwortlich. Möglich wäre jedoch auch eine Jesuitenwerkstatt. Die Glasflüsse, die dem Pokal eher den Charakter einer kirchlichen Goldschmiedearbeit geben, sind auf Wunsch des Erzbischofs hinzugefügt worden. In der Stiftungsurkunde heißt es ausdrücklich, die Steine seien nach *„selbst eigener invention [Erfindung]"* gefertigt worden, möglicherweise durch des Kurfürsten eigene Hand.

Der Landständepokal befand sich bis 1808 in Arnsberg und wurde dann auf Wunsch des Großherzogs Ludewig I. von Hessen nach Darmstadt überführt.

Eine detaillierte Beschreibung des Pokals findet sich im Katalogteil unter K 9 auf S. 276/277.

Literatur
ROSENBERG, M., Eine vergessene Goldschmiedestadt. In: Kunstgewerbeblatt 2, 1886, S. 48.

WALTHER, PH. A. F., Die Sammlungen von Gegenständen des Alterthums, der Kunst, der Völkerkunde und von Waffen im Großherzoglichen Museum zu Darmstadt. Darmstadt 1844 (2. Auflage), S. 8.

(BACK, FRIEDRICH) Großherzoglich Hessisches Landesmuseum in Darmstadt, Führer durch die Kunst- und Historischen Sammlungen. Darmstadt 1908, S. 83, Abb. Taf. 62.

Deutsches Glas. Zweitausend Jahre Glasveredelung. Hessisches Landesmuseum Darmstadt. Sommer 1935, Nr. 591.

Aufgang der Neuzeit. Nürnberg 1952, Nr. M 86, S. 116.

FRITZ, ROLF, Der Pokal der westfälischen Landstände. In: Westfalenspiegel, 7,1960, S.28 ff.

DEGEN, KURT, Bicchieri Decorativi a Darmstadt. Estratto da „antichità viva" N. 8. Florenz, Oktober 1963, o. S., Abb. 8, 9.

Köln-Westfalen 1180-1980. Landesgeschichte zwischen Rhein und Weser. Münster 1980, Bd. l, Abb. S. 255, Bd. II, Nr. 317, S. 124f.

RÜCKERT, RAINER, Die Glassammlung des Bayerischen Nationalmuseums München. Bd. II. München 1982, S. 272.

GOSMANN, MICHAEL (Hrsg.), Der Arnsberger Landständepokal von 1667. Eine Stiftung des Kölner Kurfürsten Maximilian Henrich v. Bayern für das Herzogtum Westfalen. Arnsberg 1997 (mit weiterer Literatur).

Arnsberger Landständepokal, Deutschland (Köln?), vor 1667

K 9

Drei bedeutende Exponate aus dem Hessischen Landesmuseum Darmstadt

Krümme des Hirtenstabes des Bredelarer Abtes Josephus Kropff von Ignaz Innozenz Eimberger, Mainz 1789   D 10

Die Krümme des Hirtenstabs von Josephus Kropff, Abt von Bredelar, 1789

Der Krummstab wurde für den Abt des Zisterzienserklosters Bredelar, Josephus Kropff (1733-1790), angefertigt. Dessen Abtsweihe, zu der traditionell die Verleihung des Hirtenstabes gehört, fand bereits 1777 statt. Der vorliegende, zwölf Jahre nach der Weihe datierte Stab muss demnach das alte Pastorale ersetzt haben. Möglicherweise existiert ein Zusammenhang mit dem Großbrand im Kloster im Jahre 1787. Dies gälte es jedoch noch zu verifizieren.

Das Bredelarer Pastorale, Symbol des dem Abt obliegenden Hirtenamtes, ist als „blühender Stab" gestaltet. Allgemein kann man die ab dem 13. Jahrhundert auftretenden, mit vegetabilen Ornamenten verzierten Krümmen ikonographisch auf den „grünenden Stab" Aarons zurückführen, durch den dessen Priesterschaft legitimiert wurde (Num 17, 16ff.). Im Falle des Bredelarer Abtstabes darf noch eine weitere, persönlichere Deutungsebene vermutet werden: In der Legenda Aurea ist ein blühender Stab das Zeichen, dass Joseph von Nazareth von Gott zum Gemahl der Jungfrau Maria erwählt wurde. Im Barock gehörten Stab, Jesusknabe und Lilie zu den gebräuchlichen Attributen des Heiligen. Sein Namensvetter Josephus Kropff - so sollte assoziiert werden - trägt seine mit Ranken versehene Insignie ebenfalls als Zeichen der gottgewollten Berufung zu seinem Amt.

Wann genau der Abtsstab nach Darmstadt kam, ist ungewiss. Unter den Einsendungen an Großherzog Ludewig I., die der Archivar Dupuis und der Arnsberger Regierungsdirektor Minnigerode zwischen 1803 und 1813 veranlassten, wird er nicht explizit erwähnt.

Eine detaillierte Beschreibung findet sich im Katalogteil unter D 10 auf S. 240.

Literatur

(BACK, FRIEDRICH) Großherzoglich Hessisches Landesmuseum in Darmstadt. Führer durch die Kunst- und Historischen Sammlungen. Darmstadt 1908, S. 85.

Historisches und neues Kirchengerät. AK Deutsches Goldschmiedehaus Hanau, 4. April bis 2. Mai 1965. Hanau 1965, S. 24, Nr. 66.

Goldschmiedekunst im kurkölnischen Sauerland aus 8 Jahrhunderten. Ausstellungskatalog (AK) 6. bis 16. November 1977. Arnsberg 1977, Nr. 167.

Monastisches Westfalen. Klöster und Stifte 800-1800. AK Westfälisches Landesmuseum Münster 26. 9. bis 21. 11. 1982. Münster 1982, S. 603, Nr. 127.

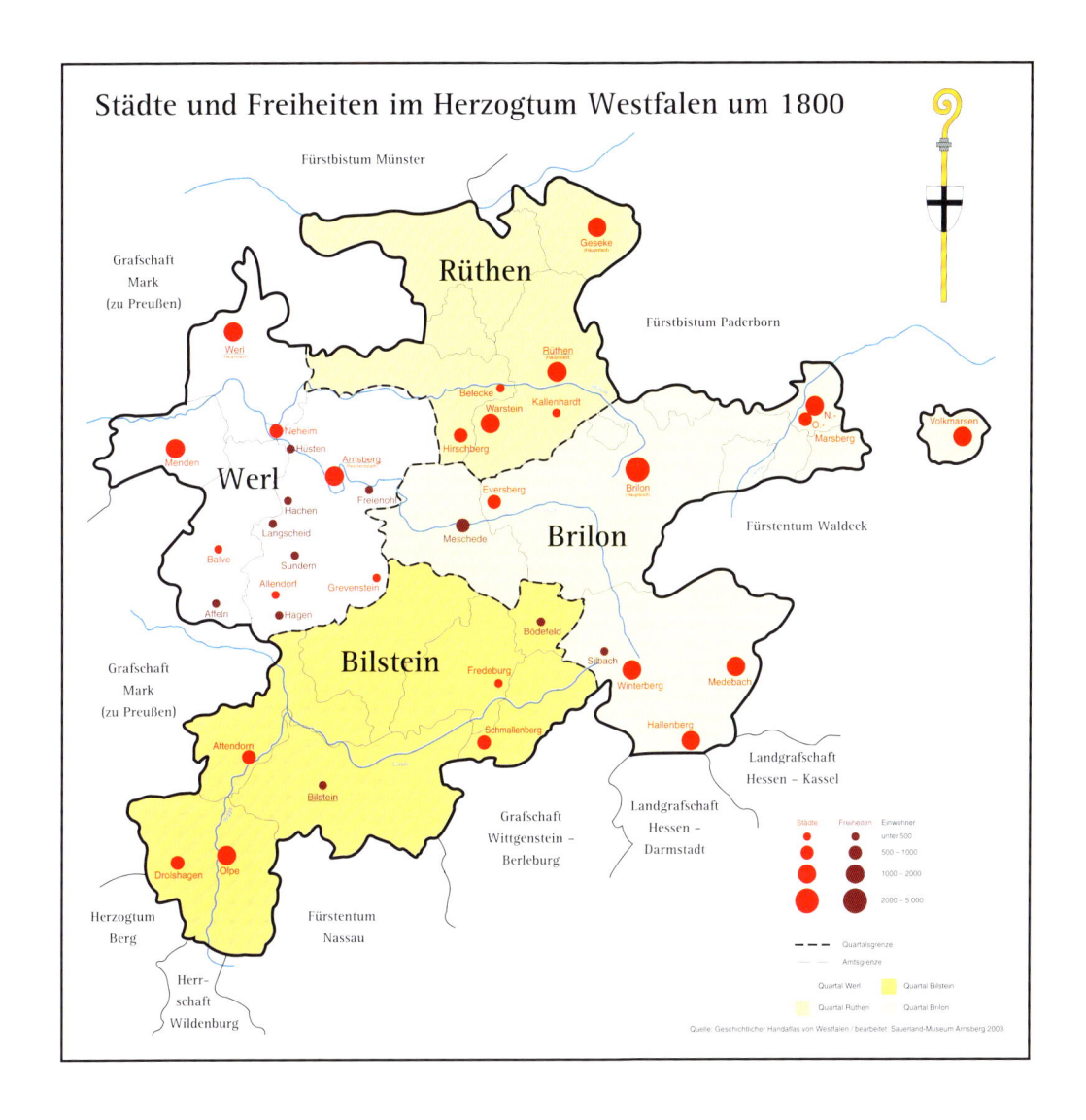

Städte und Freiheiten im Herzogtum Westfalen um 1800

Städte im Umbruch

Arnsberg – die westfälische Landeshauptstadt vor und nach der Säkularisation 1803

Hans-Josef Vogel

Arnsberg bleibt Standort regionaler Herrschaft

„Für das heutige Westfalen hat die Zeit von 1800 die Grundlagen geschaffen", schreibt Klaus Bußmann, Leiter des Westfälischen Landesmuseums für Kunst und Kulturgeschichte, in seinem Vorwort zum Buch für die gleichnamige Ausstellung „Zerbrochen sind die Fesseln des Schlendrians. Westfalens Aufbruch in die Moderne"[1].

Für das heutige Arnsberg – und gemeint ist hier das alte Arnsberg – gilt dies nicht. Die Grundlagen Alt-Arnsbergs wurden 1371 gelegt, als Kaiser Karl IV. den Erzbischof von Köln mit der Grafschaft Arnsberg belehnte. Arnsberg wurde danach Hauptstadt des Herzogtums Westfalen und Residenz der Kölner Kurfürsterzbischöfe.[2]

Die heutige Regierungsstadt Arnsberg ist ohne die mittelalterliche Ordnung nicht denkbar. Wäre Arnsberg nicht Landeshauptstadt des Herzogtums Westfalen gewesen, wäre es nicht Hauptstadt des Regierungsbezirks geworden. Arnsberg als Standort organisierter Herrschaft verbindet also die Zeiten und Inhalte von Stadt und Region miteinander bis heute. Die Säkularisation bedeutete für Arnsberg als Regierungsstadt keine Zäsur. Sie stellte aber für das Regieren oder die Regierung der Region einen Übergang dar in modernes, großräumigeres Regierungshandeln.

Klaus Bußmann schreibt zum heutigen Westfalen weiter: *„Doch die Region steht auf dem Prüfstand. Vor dem Hintergrund zunehmender Europäisierung, Globalisierung und Ökonomisierung werden alte regionale Bezüge diskutiert."*[3]

Dies gilt nun auch für die heutige Regierungsstadt Arnsberg. Der Regierungsstandort Arnsberg stand im 19. und 20. Jahrhundert wiederholt, aber stets erfolgreich auf politischen Prüfständen. Er steht selbstverständlich auch im 21. Jahrhundert auf dem Prüfstand.

An dieser Stelle soll nicht über die Zweckmäßigkeit regionaler administrativer Handlungs- und Bündelungsstrukturen im 21. Jahrhundert geschrieben werden. Hier ist auch nicht das Thema der administrativen Übermöblierung auf dem Hintergrund schrumpfender Bevölkerung formuliert. Und hier geht es auch nicht um neue Formen gesellschaftlicher Selbstorganisation in der Region. Sondern: Wer trotz guter Gegenargumente und trotz Erfahrungswissen die Bezirksregierungen in Nordrhein-Westfalen in drei Mittelinstanzen Rheinland, Ruhrgebiet und Westfalen überleitet, der kommt auch in Zukunft nicht an Arnsberg vorbei.

Arnsberg ist zentraler und guter Standort auch einer Westfalen-Behörde und fordert den Sitz der Leitung einer solchen westfälischen Behörde. Denn Münster als Universitätsstadt bedarf dieses Sitzes nicht und Arnsberg ist – wie die über 800jährige Regierungsgeschichte in dieser Stadt zeigt - repräsentativ für Westfalen, das nicht durch Großstädte, sondern durch Mittel- und Kleinstädte geprägt ist. Westfalens Stärke ist bis heute seine dezentrale Struktur.

Im übrigen ist die Zusammenführung der Spitze bei Aufrechterhaltung dezentraler Behördenstandorte für Westfalen nichts Besonderes. Vor der Säkularisation wurden die Fürstbistümer Münster und Paderborn sowie das Herzogtum Westfalen personell häufiger in der Regierungsspitze zusammengeführt. Der Landesherr des Herzogtums Westfalen war seit 1723 identisch mit dem Landesherrn des Fürstbistums Münster. Für Paderborn galt dies unter der langen Regentschaft Clemens Augusts von Bayern in der Zeit von 1719 bis 1761.

Arnsberg wurde als Regierungsstadt im Mittelalter geboren. Zuvor war Arnsberg als eine an die Grafenburg lediglich angelehnte Siedlung entstanden. Die Regierungsstadt hat als solche die Säkularisation überlebt. Ja, die Säkularisation hat Arnsberg als Standort regionaler Herr-

Ansicht der Stadt Arnsberg von Südsüdosten, vor 1803. Kolorierte Umrißradierung von
Anton Wilhelm Strack

D 1

Arnsberg vor 1803

Arnsberg ist als Annex zur Grafenburg auf dem Adlerberg (= Arnsberg), heute Schloßberg genannt, entstanden. Die Burg war es, welche die ersten Siedler zur Niederlassung anlockte. Sie suchten Hilfe und Schutz der Grafenburg und zahlten dafür Steuern.

Auch nach der Ära der Arnsberger Grafen entwickelte sich die Stadt nicht aus sich selbst heraus weiter, sondern als Hauptstadt des Herzogtums Westfalen und als Jagd- und Nebenresidenz der Kölner Kurfürstbischöfe, d. h. wiederum lediglich in Anlehnung an die regionale Herrschaft und ihre Orte: an die Zentralbehörden des Herzogtums Westfalen und an das kurfürsterzbischöfliche Schloss, das an die Stelle der Grafenburg getreten war.

Wie stark die Anlehnung an die „Herrschaftsorte" in Arnsberg war, zeigt der Volksmund, der heute nicht mehr vom „Adlerberg", also von dem Berg spricht, der Arnsberg den Namen gegeben hat, sondern vom „Schlossberg".

schaft gefördert. Die regionale Herrschaft wurde auf einen größeren Raum bezogen.

Stadtentwicklung in Anlehnung an den Regional- oder Landesherrn bedeutet dann auch angelehntes oder sogar ausgeliehenes Selbstbewusstsein und damit verbundene Grenzen der eigenen, der städtischen Entwicklung.

Katrin Liebelt hat diese Abhängigkeit der gesellschaftlichen Struktur von der Haupt- und Residenzstadtfunktion für das 17. Jahrhundert trefflich beschrieben.[4]

Die Zentralbehörden des Herzogtums Westfalen und das Schloss prägten die Sozial- und die Wirtschaftsstruktur Arnsbergs. Da waren:
- die kurfürstlichen Beamten, die sich durch wirtschaftliche Überlegenheit, Verkörperung politischer Macht und ein hohes Maß an Sozialprestige auszeichneten,
- das Gefolge des Kurfürsten, das nur sporadisch und zeitlich befristet in der Stadt und in vieler Hinsicht völlig autark war,
- das hauptstadt- bzw. residenzspezifische Gewerbe, das auf zweierlei Art den gesteigerten Bedarf der hauptstadt- und residenzspezifischen Bevölkerung an Luxus- und Konsumartikeln befriedigte: durch spezialisierte Handwerker und Gewerbetreibende, die der

„Sogwirkung" der Zentralbehörden und des Hofes folgten und somit das stadteigene Potential ergänzten, sowie durch das alteingesessene Handwerk und Gewerbe, das sich den Anforderungen durch Spezialisierung und Differenzierung anpasste: Buchbinder und Brillenmacher, Uhrmacher und Goldschmied, Maler und Musikus, Pauker und Narr, kurfürstliche Unterbeamte und Bedienstete.

Solche Bevölkerungsgruppen, insbesondere die hohen Beamten bzw. die spezialisierten und die Hofhandwerker, gab es in anderen einwohnerschwachen Ackerbürgerstädten nicht. Diese Gruppen rissen aber zugleich auch tiefe Gräben in der Arnsberger Bevölkerung. Die städtischen Einwohner waren von sich aus nicht in der Lage, einen gesellschaftlichen oder wirtschaftlichen Gegenpol zu bilden. Sie blieben die „Ansiedler" im Schatten der Grafenburg.

So prägten die Behörden des Herzogtums Westfalen und das Schloss die Sozialstruktur Arnsbergs und „ernährten" große Teile der Bevölkerung. Dabei hatte die Hauptstadtfunktion eine stärkere Wirkung als die Residenzfunktion, da das Schloss lediglich kurzfristig und auf Zeit Hof und Gefolge nach Arnsberg „zog". Die in vielfacher Hinsicht autarke Bevölkerungsgruppe „auff'm Schloss" berührte das Leben Arnsbergs nur unwesentlich.

Hauptstadt- und Residenzfunktion bewirkten aber auch, dass Arnsberg ungeachtet seiner sonstigen wirtschaftlichen Bedeutungslosigkeit immer wieder landesherrliche Beachtung fand. Hier konnte Stadtplanung Fürstensache werden, etwa, wenn es darum ging „wüste Haus-Stätten" zu bebauen, um die Zahl der Steuerzahler zu vermehren und die Unterbringung des Hofstaates zu garantieren.

Die Bedeutung des Prämonstratenserklosters Wedinghausen und die Gründung der Jesuitenmission im Zuge der Gegenreformation sind nur im Kontext des Interesses der Kölner Fürstbischöfe an ihrer Hauptstadt zu sehen.

Die hohen Beamten des Herzogtums Westfalen wollten in Arnsberg nicht auf medizinische Versorgung verzichten, was das Gesundheitswesen der Stadt gefördert hat.

Die indirekten Auswirkungen der Hauptstadt- und Residenzfunktion kam der gesamten Einwohnerschaft zugute. Beispiele sind die Gründung des Gymnasiums Laurentianum, die Erneuerung der Armenpfründe, die Verbesserung der hygienischen Verhältnisse (nachdem sich Beamte und Landstände über Misthaufen, Schweineställe und ungepflasterte Wege beschwert hatten) und die Weiterentwicklung der Trinkwasserversorgung, weil der Residenzstadt ein repräsentativer Brunnen gebührte.

Zusammenfassend kann man sagen, dass die residenz- und hauptstadtspezifischen Bevölkerungsgruppen Maßnahmen initiierten, welche die Bildungsmöglichkeiten, die Gesundheitsvorsorge und die Lebensbedingungen der gesamten Einwohnerschaft Arnsbergs verbesserten. Und nicht zuletzt bedeuteten Hauptstadt- und Residenzfunktion einen enormen Imagegewinn für Arnsberg.

Arnsberg nach 1803

Die Säkularisation löste nun das geistlich-weltliche Herzogtum Westfalen auf, dessen Hauptstadt Arnsberg war. Und dennoch stellt sie keine Zäsur in der Entwicklung Arnsbergs dar.

Die Residenzfunktion war bereits unwiederbringlich mit der Zerstörung des Schlosses 1762 während des Siebenjährigen Krieges erloschen. Die Auswirkungen auf die Struktur der Stadt blieben begrenzt. Hof und Gefolge waren eben nur sporadisch und kurzfristig im Schloss und damit in der Stadt.

Die Hauptstadtfunktion blieb Arnsberg trotz Säkularisation erhalten. Personelle Kontinuität in den Behörden führte zur Kontinuität von direkten und indirekten Wirkungen auf die Stadt. Für Arnsberg wechselte die Regierung, mehr nicht, aber auch nicht weniger.

Bereits im Jahre 1802 war der Übergang des Herzogtums Westfalen an Hessen-Darmstadt klar. Nach der militärischen Besetzung am 8. September 1802 nehmen Anfang Oktober 1802 landgräfliche Zivilkommissare unter der Leitung von Ludwig von Grolmann in Arnsberg die ersten Arbeiten auf. Sie bringen den hessischen Löwen an öffentlichen Gebäuden in der Stadt an, versiegeln Archive und beschlagnahmen Kassenbestände.

Am 17. Oktober 1802 verpflichten sich der Landdrost Clemens August Freiherr von Weichs und die Mitarbeiter der kurfürstlichen Arnsberger Behörden gegenüber dem neuen hessischen Landesherrn. Damit war zugleich die personelle Kontinuität gesichert, die Arbeitsplätze der Beamten blieben erhalten oder wurden sogar vermehrt.

Der Reichsdeputationshauptschluss vollzieht am 25. Februar 1803 nur noch die neuen Fakten nach und legitimiert sie. Arnsberg wird Hauptstadt der neu eingerichteten hessen-darmstädtischen Provinz Herzogtum Westfalen. Reformen werden nun mit dem alten Beamtenapparat des untergegangenen geistlich-weltlichen Staates umgesetzt.

Ein Beispiel: Hessen unterstellte die Tätigkeit der kirchlichen Behörden der staatlichen Aufsicht. Die zuständige Landesbehörde wurde der Kirchen- und Schulrat in Arnsberg. Vier Mitglieder des neuen Kirchen- und Schulrates waren bereits Mitglieder der ehemaligen Westfälischen Schulkommission. Lediglich zwei neue Mitglieder kamen hinzu.

Die Stadt zog, wie schon im kurkölnischen Herzogtum Westfalen, Vorteile aus dem Sitz der zentralen Behörden. Nachdem die Gymnasien in Attendorn und Geseke 1804 aufgehoben worden waren, existierte in der hessischen Provinz Herzogtum Westfalen nur noch eine höhere Schule, das Gymnasium Laurentianum in Arnsberg mit sechs Klassen.

Die Hessen gehen in Arnsberg umsichtig vor. Nach der unsicheren Periode der Französischen Revolution, in der das Kölner Domkapitel mit den Kölner Heiligtümern vom Dreikönigsschrein bis zum Domschatz sowie zahlreiche Flüchtlinge Zuflucht in Arnsberg gefunden hatten, schaffen es die Hessen, wieder ein Gefühl der Sicherheit zu vermitteln. Die Stadt Arnsberg blühte – wiederum in Anlehnung an die Hauptstadtfunktion – jetzt in Anlehnung an die hessische Provinzhauptstadt auf. Sie entwickelte sich weiter. Die Zahl der bewohnten Häuser in Arnsberg stieg in der hessischen Zeit von 245 auf 300.

Arnsberg wird nach der Säkularisation sogar als katholischer Bischofssitz für Hessen-Darmstadt ins Spiel gebracht. Der Reichsdeputationshauptschluss hatte angeordnet, dass der Zustand der Bistümer solange erhalten bleiben sollte, „bis eine andere Diözesaneinrichtung auf reichsgesetzlicher Art getroffen sein wird", d.h. bis zum Abschluss eines Reichskonkordates. So wurden verschiedene Planspiele angestellt, u. a. Arnsberg als katholischen Bischofssitz für Hessen in Erwägung gezogen. Aus diesen Überlegungen wurde nichts, weil Arnsberg von der Residenz in Darmstadt zu weit entfernt war und in Arnsberg geeignete Gebäude fehlten.

1816 geht das Herzogtum Westfalen, wie in der Wiener Kongressakte vom 9. Juni 1815 festgelegt, an Preußen über. Die Verordnung zur „Eintheilung des preußischen Staates nach seiner neuen Begrenzung" vom 30. 04. 1815 sieht zunächst die Bildung der drei Regierungsbezirke Münster, Minden und Hamm vor. Die alte Landeshauptstadt Arnsberg setzte sich jedoch nach engagierten Verhandlungen gegenüber Hamm durch. Insbesondere der preußische Zivilgouverneur, Ludwig Freiherr Vincke, hatte für Arnsberg auf allen Ebenen Partei ergriffen. Die endgültige Entscheidung fiel am 13. Mai 1816 in einem Spitzengespräch mit dem preußischen Innenminister und Finanzminister in Berlin. Die offizielle Bekanntgabe der drei neuen Regierungssitze erfolgte am 14. Juli 1816. Ein Tag später fand der Festakt der Übernahme des Herzogtums Westfalen statt.

Am 01. 08. 1816 nimmt die Königliche Bezirksregierung Arnsberg mit rund 60 Beamten nebst Büro- und Kassenpersonal sowie Botendienste ihre Tätigkeit auf. An die Stelle des Herzogtums Westfalen mit vor der Säkularisation rund 120.000 Einwohnern tritt nun der Regierungsbezirk Arnsberg, der aus vierzehn Kreisen mit etwa 370.000 Einwohnern besteht. Heute leben im nordrhein-westfälischen Regierungsbezirk Arnsberg ca. 3,6 Mio. Menschen.

Wiederum bestimmte die regionale Herrschaftsform – zunächst die preußische Bezirksregierung, dann die nordrhein-westfälische Bezirksregierung – die Entwicklung der Stadt. In Anlehnung an diese neuen modernen, auf einen größeren Raum bezogenen Regierungsformen entwickelte sich auch Arnsberg weiter. Städtebauliches Zeugnis dafür ist das nach 1817 entstandene „Klassizismusviertel", das neue „preußische Regierungsviertel" mit seiner einzigartigen Auferstehungskirche am Arnsberger Neumarkt.

Waren es früher Hauptstadt- und Residenzfunktion, so waren es in den letzten bald 200

Jahren die Bezirksregierungen, die Arnsberg prägten, die weitere Behörden anzogen und sicherten, aber auch Arnsberg verführten, auf die Herausbildung eines eigenen unabhängigen Stadtbewusstseins zu verzichten und wirtschaftliche, insbesondere industrielle Entwicklungen sehr zurückhaltend zu behandeln. Arnsberg lehnte sich wiederum an die regionale Regierung an.

So verwundert es nicht, dass Arnsberg und seine Einwohner ein weiteres Ereignis der Säkularisation 1803, die Aufhebung des Klosters Wedinghausen, kaum beachteten, ja Ort und Kultur des Klosters vergaßen.

Während Kloster Oelinghausen und Kloster Rumbeck, die heute im Stadtgebiet des 1975 erweiterten Arnsbergs liegen, für viele Menschen ein Begriff sind, wurde das ehedem bedeutendere Kloster Wedinghausen im alten Arnsberg zu einem vergessenen und damit ein verlorenen Ort.

Die „Kulturbetriebsstillegung"[5] des Klosters Wedinghausen

Die Säkularisation des Klosters Wedinghausen wurde am 17. 10. 1803 vom Landgrafen Ludewig X. von Hessen-Darmstadt verfügt und am 15. 11. 1803 von Beamten der hessisch-darmstädtischen Regierung durchgeführt. Sie betrifft immerhin 55 Personen: 25 Mönche, 30 Gesindekräfte, knapp 5 Prozent der Arnsberger Einwohner. Mönche und Klosterpersonal werden pensioniert.

Das Vermögen des Klosters fällt in das Dispositionsrecht des neuen Staates, wird dominalisiert. Es bestand u.a. aus 300 Morgen Äckern, Wiesen, Weiden und Gärten, 78 Morgen Kolonenwäldern, Eigenwaldungen, Markenberechtigungen, Jagd- und Fischereirechten, dem Eigenbetrieb einer Mal- und Schleifmühle. Das Kloster als Träger und Stätte der Kultur wird stillgelegt.

Das Klostergymnasium war bereits am 15. 08. 1803 für kurze Zeit geschlossen worden, nachdem es 1781/82 unter staatliche Aufsicht gestellt worden war. Hatte es 1730/40 über 180 Schüler, waren es bei Schliessung rund 40.

Arnsberg nimmt dies hin, selbst mehr konzentriert auf die neue, die hessische Regierung. Der Arnsberger Graf Heinrich I. hatte 1170 das Kloster als Sühne für einen zuvor begangenen Brudermord gestiftet. Er hatte den europäischen Reformorden der „Prämonstratenser"[6] aus Kloster Marienweerd bei Utrecht nach Arnsberg geholt.

Kloster Wedinghausen lehnte sich gerade nicht an den Landesherrn an. Es war nominell aller erzbischöflichen Gewalt und Gerichtsbarkeit entzogen und, abgesehen von der unmittelbaren Bindung an Rom und mit Ausnahme der reinen Seelsorge, völlig selbständig und frei.

Es bildet ein wichtiges theologisches geistliches und kulturelles Zentrum in der Region mit europäischen Bezügen und Beziehungen. Stichworte sollen hier Hinweise geben.

- Wedinghausen ist das einzige Prämonstratenser-Kloster in Westfalen, das auch Bürgerliche aufnimmt.
- Die Wedinghauser Klosterschule ist seit 1300 dokumentiert. Das Klostergymnasium Laurentianum besteht seit 1643. Es gewährt Zugang auch für Jungen aus ärmeren Schichten.
- Die Leistungen in der Schreib- und Buchkunst sind herausragend. Der englische Klosterschreiber Richardus Anglicus († 1190), auch Richard von Arnsberg genannt, schrieb das Buch „De canone Missae" sowie die Vita der Heiligen Ursula. Der Klosterschreiber Ludhovicus (um 1220) schrieb eine zweibändige Ausgabe des Alten Testaments mit über 60 farbigen Initialen und soll eine Vorlage für die Thidrekssaga verfasst haben. Im 15. Jahrhundert hatte Kloster Wedinghausen eine eigene, künstlerisch hochstehende Schreibstube mit eigener Hausbuchbinderei.
- Wedinghausen verfügt über die umfangreichste Klosterbibliothek des Herzogtums Westfalen, die im Zuge der Säkularisation an Hessen-Darmstadt geht. Im Buchbestand des Klosters zeigt sich auch seine Bedeutung als theologische Bildungsstätte der Gegenreformation. Kloster Wedinghausen ist nicht nur ein zentraler Ort der Kultur des Lesens und Schreibens. Es pflegt und entwickelt Musik und Theater. Seit Abt Michael Reinhartz († 1688) kann nur in das Kloster eintreten, der ein Musikinstrument beherrscht. Der Musikunterricht am Klostergymnasium besitzt einen hohen Stellenwert, zählt zum Schulpro-

fil. Jährlich finden Theateraufführungen und Konzerte statt, Musiktheater wird geboten.
- Kloster Wedinghausen prägt die Seelsorge in der Region, nimmt geistliche und administrative Führungsaufgaben wahr, bringt bedeutende Persönlichkeiten hervor. Neben den schon erwähnten Klosterschreibern sind hier zu nennen der erste Propst Rainer von Arnsberg († 1184), Christian von Wedinghausen (Abt seit 1186) - beide werden vom Oekumenischen Heiligenlexikon[7] als Heilige bezeichnet - oder Abt Gottfried Reichmann († 1643).[8] Besondere Bedeutung erlangte Johann Richard Rham († 1663), der an verschiedenen europäischen Fürstenhöfen als Diplomat tätig und in unterschiedlichen wissenschaftlichen Gebieten (Alchemie, Medizin, Philosophie, Theologie) hoch gebildet war.[9]

Zum Ende hin macht Kloster Wedinghausen Weltgeschichte als Zufluchtsort für Kult, Kunst und Kultur. Von 1794 bis 1803 sucht und findet das Kölner Domkapitel Asyl in Kloster Wedinghausen. Das Kloster rettet die Heiligtümer Kölns und der Weltkirche: den Dreikönigsschrein mit den Reliquien der Hl. Drei Könige, Domschatz und Domarchiv vor der Vernichtung durch die auf Köln stürmenden französischen Revolutionstruppen.

Nach der Säkularisation 1803 wird Kloster Wedinghausen zu einem vergessenen Ort. Arnsberg vergisst das Kloster und verliert damit einen bedeutenden Kulturort, einen Anknüpfungspunkt für eigenständige Zukunftsgestaltung.

200 Jahre später, im Jahr 2003, versucht das heutige Arnsberg, durch eine anspruchsvolle Neugestaltung des Westflügels und des Klosterinnenhofes den verlorenen Ort Kloster Wedinghausen wiederzugewinnen. Damit unternimmt Arnsberg den Versuch, sich nicht mehr nur an Regierungsfunktionen anzulehnen, sondern aus sich selbst heraus eigene kulturelle Identitäten zu unterstreichen, ja vielleicht sogar neu zu begründen. Es ist zudem der Versuch, verlorene Traditionen mit der Moderne zu versöhnen, um eigene Zukunft zu gewinnen.

Dabei geht es auch, aber nicht nur, um den Standort. Denn nicht nur die Region Westfalen, wie Klaus Bußmann schrieb, oder Arnsberg steht auf dem Prüfstand. Es ist die Moderne selbst. Der Philosoph Jürgen Habermas hat unter dem Eindruck der Ereignisse des 11. September 2001 in seiner Friedenspreisrede im Oktober 2001 den Begriff „postsäkular" verwendet. Habermas, ein durchweg „säkularer Denker", führt damit aus, dass Modernisierung zwar zur Entstehung einer religiös neutralisierten und in diesem Sinne säkularisierten Staatlichkeit führe, nicht aber zum generellen Bedeutungsverlust von Religion.

„Postsäkular" ist für Habermas eine Gesellschaft, *„die sich auf das Fortbestehen religiöser Gemeinschaften in einer sich fortwährend säkularisierenden Gesellschaft einstellt"* und diese auch ausdrücklich will! Er plädiert deshalb für eine andere Form des Dialogs zwischen Philosophie und Religion/Theologie/Spiritualität, die dann auch eine angemessene geistige Auseinandersetzung mit religiösem und politischem Fundamentalismus möglich macht.

Anmerkungen

1 BUSSMANN, KLAUS, in: Weiß, Gisela/Dethlefs, Gerd (Hrsg.), Zerbrochen sind die Fesseln des Schlendrians. Westfalens Aufbruch in die Moderne. Katalog Münster 2003, S. 8.

2 Vgl. KLUETING, HARM, Arnsberg als Hauptstadt und Wechselresidenz in der Zeit der Kölner Kurfürsten. In: Arnsberger Heimatbund (Hrsg.), 750 Jahre Arnsberg. Arnsberg 1989, S. 65-108 (70-72).

3 BUSSMANN, Anm. 1.

4 LIEBELT, KATRIN, Die Sozialstruktur der Residenzstadt Arnsberg im 17. Jahrhundert. Dortmund 1996.

5 Vgl. allgemein: BURGDORF, WOLFGANG, Die erste Kulturbetriebsstillegung. Am Grab des heiligen Deutschland: Mit den Säkularisationen von 1803 ging eine moderne Welt unter, in: F.A.Z. vom 23. Juni 2003.

6 Vgl. SEIBT, FERDINAND, Die Begründung Europas. Ein Zwischenbericht über die letzten tausend Jahre. Frankfurt/Main 2002, S. 216.

7 www. Heiligenlexikon.de

8 DE CLERK, DONATIAN (Hrsg.) u.a., Hagiologion. Lebensbilder der Heiligen, Seligen und großen Gestalten des Prämonstratenser-Ordens. Windberg 1999, S. 16, 169, 181.

9 Vgl. DEISTING, HEINRICH JOSEF/JOLK, MICHAEL/ RHAM, JOHANN RICHARD, Ein Wedinghauser Kanoniker an europäischen Fürstenhöfen. In: Heimatblätter. Zeitschrift des Arnsberger Heimatbundes e.V., Heft 13/1992, S. 42-51.

Attendorn – zögerlicher Aufschwung nach inneren Unglücksfällen und äußerer Bedrängnis

Otto Höffer

Als der Landgraf von Hessen-Darmstadt am 6. Oktober 1802 Besitz vom Herzogtum Westfalen ergriff, endete auch für Attendorn formal die jahrhundertealte kurkölnische Verwaltung. Für die Stadt selbst aber hatte eine neue Zeitrechnung bereits am 13. Juli 1783 begonnen: An diesem Tag vernichtete eine Feuersbrunst innerhalb eines Tages mehr als 250 Häuser, die Pfarrkirche, das Rathaus mit dem Stadtarchiv, die Franziskanerkirche und die Bibliothek des Gymnasiums. Neun Menschen kamen in den Flammen um, weitere 125 Personen starben im folgenden Monat an den Folgen der Katastrophe.

Der Wiederaufbau der Stadt gestaltete sich in den nächsten Jahren äußerst schwierig, da beispielsweise Bauholz in der direkten Umgebung der Stadt nicht zur Verfügung stand. Dies hatte man bereits einige Jahre zuvor bei einem anderen Brand verbauen müssen. Auch Steinmaterial war für die Instandsetzung von 260 Häusern nicht zu beschaffen, so dass man sich schließlich 1812 dazu entschloss, die mittelalterliche Stadtbefestigung abzureißen, die ohnehin im Verlauf von 20 Jahren zu einem Torso verkommen war.

Zur äußeren Zerstörung der Stadt kam eine eigene innere Verkehrtheit und Engstirnigkeit hinzu, die den Verfall der Stadt am Ende des 18. Jahrhunderts beschleunigte. Denn als die kurfürstliche Regierung gegen dessen Ende eine neue Landstraße von Köln aus durch das Herzogtum Westfalen anlegen wollte und hierzu die gerade Linie über Meinerzhagen und Attendorn aussah, wusste die Stadtbehörde die Ausführung des Planes zu verhindern, weil man erhöhte Truppendurchmärsche befürchtete. So wurde später die neue Straße über Olpe und Bilstein nach Grevenbrück angelegt. Auch

Ansicht der Stadt Attendorn von Norden, um 1800

eine zweite neue Straße nach Plettenberg wurde nicht über Attendorn gebaut, sodass die Stadt bald völlig von der Außenwelt isoliert war.

Am 19. Mai 1788 erließ die kurfürstliche Regierung eine neue Ratsordnung, wodurch den bisherigen Missbräuchen und Unordnungen bei der Wahl der Bürgermeister und bei der Verwaltung der städtischen Einkünfte ein Ziel gesetzt werden sollte.

Eine weitere Verschlechterung der Lage trat für die Stadt durch die Ereignisse der französischen Revolution ein. So wurden Stadt und Amt Attendorn 1795 und 1796 zur Zahlung von derart hohen Kriegssteuern verpflichtet, dass selbst die altehrwürdige Nikolausbruderschaft 100.000 Livres aufbringen sollte. Im Oktober 1796 wurde die Stadt verpflichtet, täglich 193 Brote, 49 Metzen Hafer und 20 Zentner Heu zu liefern. Als schließlich die Stadt 15.000 Livres zurückbehielt, wurden Bürgermeister Harnischmacher und Gograf Joanvahrs bei Nacht und Nebel verhaftet und nach Köln geführt. Harnischmacher wurde erst nach vier Wochen wieder freigelassen.

Die neuen Verhältnisse infolge des Reichsdeputationshauptschlusses brachten auch für Attendorn erhebliche Veränderungen. So wurde das ehemalige Augustinerchorherrenstift Ewig aufgelöst und in eine Domäne umgewandelt. Außerdem hob man das Franziskanergymnasium des 1637 gegründeten Klosters 1804 auf und wandelte es in eine Bürgerschule um, die völlig mittellos dastand. Zwar blieben die Franziskanerpatres noch in der Stadt, doch war dies bis zur völligen Auflösung des Klosters 1822 nur noch eine Frage der Zeit.

1810 entzog man dem Magistrat die städtische Gerichtsbarkeit und übertrug sie dem Justizamt. Am 12. November 1812 wurde die alte Magistratsverfassung aufgehoben und an ihre Stelle ein Stadtschultheiß sowie ein aus vier Personen bestehender Gemeinderat eingesetzt. Erst mit der Übernahme Westfalens durch die preußische Regierung 1816 konnte sich auch Attendorn nach langen Jahren innerer Unglücksfälle und äußerer Bedrängnisse allmählich erholen. Dieser Aufschwung verlief allerdings recht langsam, da der Stadt anfänglich alle Voraussetzungen für einen wirtschaftlichen Aufstieg fehlten.

Literatur
BRUNABEND, JOSEF/PICKERT, JULIUS/BOOS, KARL, Attendorn, Schnellenberg, Waldenburg und Ewig. Ein Beitrag zur Geschichte Westfalens. 2. Aufl. Münster 1958.

HÖFFER, OTTO/BREER, RALF, Attendorn, Portrait zur Jahrtausendwende. Attendorn 1997.

Balves kurzer Weg von Kurköln nach Preußen

Harald Polenz

Als 1368 der kinderlose Graf Gottfried IV. von Arnsberg seine Grafschaft an den Erzbischof von Köln verkaufte, gehörte Balve von diesem Zeitpunkt an zum kurkölnischen Herzogtum Westfalen. Der Arnsberger Adler wurde durch das schwarze kölnische Kreuz abgelöst. Noch heute dokumentiert die Stadt Balve diesen Umstand in ihrem Wappen, das ein halbes kölnisches Kreuz und einen halben Arnsberger Adler zeigt.

Die Grafen von der Mark als Nachbarn des Herzogtums Westfalen reagierten auf die „Schenkung" der Arnsberger an Köln mit Befestigung der Grenzen. Das war für Balve von Bedeutung, denn es war nun Grenzstadt geworden. Die Märker befestigten das unweit südlich von Balve gelegene Neuenrade, und die nördliche Grenze erhielt mit der Burg Klusenstein eine wehrhafte märkische Feste.

Die Landesherren in Köln reagierten ihrerseits und erhoben Balve 1430 zur Stadt, die sich durch Ummauerung schützen konnte. So erlebte die kleine Grenzstadt im Verlauf der folgenden Jahrhunderte einerseits, bedingt durch ihre Situation als Grenzstadt, kriegerische Ereignisse, andererseits richtete man sich unter der Regierung des Krummstabes ein, denn die Herrschaft saß fern in Köln. Balve nahm eine alles in allem beschauliche Entwicklung als Ackerbürgerstadt. Vor allem blieb man im „geistlichen Territorium" katholisch, daran hatten Reformation und Dreißigjähriger Krieg nichts ändern können.

In Folge der Französischen Revolution von 1789 bahnten sich allerdings für Gesamtwestfalen einschneidende Änderungen an. Den neuen Ideen des revolutionären und napoleonischen Frankreichs hatten die beschaulich-rückständigen geistlichen Kleinfürstentümer nicht viel Kraft entgegenzusetzen. Als französische Truppen die linke Rheinseite besetzten, kam den Balvern der Fürst schon näher, denn er musste in seine Residenzstadt Arnsberg ausweichen. Die einzelnen Landesherren im Westfalen um 1800 sollten für ihre linksrheinischen Gebietsverluste entschädigt werden, endgültig festgelegt durch den Reichsdeputationshauptschluß von 1803. Durch französischen Druck konnte die Säkularisation durchgesetzt werden, das heißt die Enteignung von Kircheneigentum und die Aufhebung der geistlichen Territorien[1]. Für Balve brachen neue und für die Ackerbürger jener Tage ungewisse Zeiten an.

Manche Ereignisse werden die Balver als Vorzeichen gedeutet haben. In der Nacht vom 23. auf den 24. Juli 1789 brach eine der größten Brandkatastrophen aus, die das Städtchen je erlebt hatte. Durch Fahrlässigkeit beim Brauen des Bieres für das nahe Schützenfest fing das Haus des Wirtes Feuer. Die Flammen breiteten sich rasend aus und von den 85 bebauten Hausplätzen wurde 64 Wohngebäude und 25 Nebengebäude zerstört. Ein letztes Mal musste die kurfürstliche Regierung in Arnsberg tätig werden, um den Schaden aufzunehmen, Hilfen zu leisten und neue Bauverordnungen festzusetzen.[2]

Zu aller Sorge um die Wiederrichtung der Stadt kamen in den Folgejahren immer wieder Flüchtlinge aus Frankreich und französische Truppenteile nach Balve. Die französischen Revolutionssoldaten durchzogen während der sogenannten Koalitionskriege, die u.a. Preußen und Österreich gegen Frankreich führten, das Städtchen und quartierten sich hier zeitweise ein. Die Balver Ratsakten[3] geben eine ganze Reihe Nachrichten davon. Das in den Protokollen genannte Dragonerregiment blieb bis 1798 in der Stadt; ihm folgte ein Husarenregiment, dessen General dem Balver Bürgermeister befahl, Wege für die Truppen auszubauen. Auseinandersetzungen der Soldaten untereinander und der Bürger mit den Soldaten waren fast an der Tagesordnung und brachten das alltägliche

Leben im noch kurkölnischen Städtchen durcheinander.

An eine Begebenheit dieser unruhigen Zeit erinnert sich das kurkölnische Balve besonders gern. Vor dem Heranrücken der französischen Heere beschloss das Domkapitel zu Köln, die Kunstschätze des Doms in Sicherheit zu bringen. Besonders war ihnen an den Reliquien der Heiligen Drei Könige und deren kostbarem Schrein gelegen. Ein geeigneter Ort erschien das Prämonstratenserkloster Wedinghausen in Arnsberg.

Es war im Herbst 1794, da weilte ein Knecht des Fuhrherren Friedrich Clute-Simon aus dem sauerländischen Allendorf in Köln. Er wurde von einem ihm Unbekannten des nachts 2 Uhr mit zwei Planwagen an die Deutzer Rheinbrücke bestellt. Dort übergab ihm ein Domherr den Schrein mit den Reliquien sowie weitere Teile des Kölner Domschatzes und verpflichtete ihn zu strengstem Stillschweigen. Darum lässt sich die Reiseroute der Heiligen Drei Könige nur vermuten. Der Fuhrknecht wird die alte Handelsstraße benutzt haben, die von Köln aus ins Sauerland führte. Auf dem Gut Simon in Allendorf hängt noch heute eine Gedenktafel, die an jene Nacht erinnert, in der die Reliquien auf der Tenne des Hofes standen. Neun Jahre blieb der Schrein im Arnsberger Kloster versteckt.

1803 beschloss das Domkapitel, die Reliquien nach Köln zurückzuholen. Wieder übernahm der Allendorfer Fuhrherr den Transport. Auf seiner Fahrt nach Köln machte er in Balve Station und stellte die Fracht für eine Nacht im Gasthaus des Bürgermeisters Glasmacher ab. Auch an diesem Gebäude erinnert heute noch eine Gedenktafel an den Aufenthalt der Heiligen Drei Könige und jene Zeit des Aufbruchs in eine neue Zeit.[4] Die Gaststätte heißt heute sinnigerweise „Hotel Drei Könige".

Mit dem Transport der Drei-Königs-Reliquien erlebte Balve nur einen kleinen Teil der Auswirkungen der Säkularisation, denn auf dem Stadtgebiet und in den Dörfern der kurkölnischen Amtsdrostei befand sich kein Kloster, allerdings reicher Klosterbesitz des Prämonstratenserinnen-Klosters Oelinghausen bei Arnsberg. Deren wirtschaftlich einträglichster Hof stand in der Grübeck, im Einflußbereich des Balver Amtsdrosten.

In der Folge der Auflösung der geistlichen Territorien wurde das Herzogtum Westfalen in Paris an den Landgrafen Ludewig X. von Hessen-Darmstadt vergeben, der sein neues Land inoffiziell schon am 6. Oktober 1802 in Besitz nahm. Balve wurde somit nach 438 Jahren kurkölnischer Herrschaft hessisch-darmstädtisch. Verwaltungsreformen nach preußischem Muster standen an. Die hessisch-darmstädtische Provinzialbehörde wurde in Arnsberg eingerichtet. In der Zentralbehörde wirkten „landfremde" Beamte, während auf niederer Ebene die Landesbediensteten aus fürstbischöflicher Zeit übernommen wurden.

Balve bekam die ersten Auswirkungen der Verwaltungsreform mit einer Anordnung vom 15. Oktober 1804 zu spüren. Es heißt dort:

„Extractus protocolli der Landgräflichen Heßischen für das Herzogthum Westphalen angeordneten Regierung, Arnsberg den 15. Oktober 1804, die Magistrats Wahl zu Balve betrefs. An den Stadtrat zu Balve: Er habe binnen 14 Tagen bestimmt hierher zu berichten

1. aus wieviel Personen der dasige Magistrat bestehe,

2. wie viele Bürgerrepräsentanten daselbst vorhanden seyen,

3. auf welche Art die Wahl sowohl der Magistrats-Mitglieder, als der Repräsentanten geschehe?

und zu diesem Ende die etwa vorhandene Raths-Wahl-Ladung mit einzuschließen, auch bis auf nähere Verfügung die bevorstehende neue Raths-Wahl nicht vorzunehmen, sondern bis dahin die jetzigen Magistrats-Personen ihre resp. functionen fortsetzen zu lassen."[5]

So blieben den Balvern mit dem Amtsdrosten Ignaz von Landsberg und dem ebenfalls ehemals kölnisch-kurfürstlichen Richter Hofrat Franz Schultes immerhin bekannte Gesichter erhalten. Bürgermeister Hülter führte die laufenden Ratsgeschäfte weiter. Man gab ihm zwei Assessoren und einen Stadtsekretär zur Hand. Die Polizeigewalt übernahm nach hessischem Muster ein Polizeioffizier, der wissen ließ, dass die hessische Regierung verlange, dass er - der Polizeioffizier - von jedem Untertanen als oberste Polizeigewalt anzuerkennen und zu respektieren sei. Zwölf Punkte erließ er. Ein großer Teil betraf den Feuerschutz, der so weit ging, dass schon bestraft wurde, wer mit einer brennenden Pfeife über die Straße ging. Punkt 5 der Polizeiverordnung dürfte die Balver besonders getroffen haben: *"Kein Wirt darf seine Gäste länger als 9 Uhr abends aufhalten."* Alle Musik in Wirts- und Privathäusern wurde fortan verboten, wenn sie nicht vorher angemeldet worden war. Alle Gefäße mußten nach hessischem Maß geeicht werden. Der Klerus war angehalten, die neuen Verordnungen von den Kanzeln zu verkünden.[6]

Die Hessen schnitten alte Zöpfe ab. Durch die Aufhebung der landständischen Verfassung am 1. Oktober 1806 fiel die Steuerfreiheit des Adels und der Kirche weg. 1807 setzten sie den Amtsdrosten ab und erkannten den Freiheiten und Städten ihre alten städtischen Reche ab. Balve war nun den Landgemeinden gleichgesetzt. Die Hessen änderten auch die Grenzen des alten Amtsdrosteibezirkes, der in einen Justiz-Amtsbezirk umgewandelt wurde, zu dem neben Balve eine ganze Reihe Dörfer der Umgebung gehörten. Statt des Amtsdrosten stand nun an der Spitze des neuen Amtsbezirkes ein Justizamtmann, der als Richter und Polizeiverwalter tätig war.

Da Hessen-Darmstadt zum Rheinbund Napoleons gehörte, mußten zum Krieg gegen die Koalitionsmächte Truppen gestellt werden. In den Jahren 1810 und 1811 zogen Rekrutierungskommandos in Kompaniestärke durch den Amtsbezirk und hoben Rekruten aus. Selbst die Arbeiter des aufblühenden Bergbaues und der Eisenverarbeitung wurden nicht verschont. So mußte der Hammerschmied Franz Betten aus Wocklum marschieren. Die Berg-und Hüttenleute aus dem Umfeld der Luisenhütte in Wocklum wurden gedrängt, als Mineure und Pioniere in den Militärdienst einzutreten. Wer sich weigerte, bekam die volle Härte der neuen Regenten zu spüren. Als der Jude Samuel Abraham sich beim Balver Magistrat darüber beschwerte, dass sein Sohn ausgehoben worden sei, schlugen ihn hessische Soldaten auf dem Markt mit Ruten.

In der Zeit des „hessischen Zwischenspiels", wie Lokalhistoriker die Herrschaft der Hessen nannten, verpflegten das Amt und Stadt Balve eine Menge Soldaten in französischen Diensten. Zwar erhielten die Bauern zwischen 1813 und 1815 24.000 Mark Vergütung für geleistete Fouragedienste, doch die Summe wird den Schaden, den die Soldaten anrichteten, nicht komplett gedeckt haben. Wenn das Geld nicht reichte, hielten sich die neuen Machthaber am Kirchenvermögen gütlich. Zwar gab es, wie schon erwähnt, kein Kloster zu enteignen, doch selbst die alte Klause, die seit Menschengedenken am nördlichen Ausgang der Stadt stand, fiel unter Staatsvermögen.

Den Drangsalen jener Zeit standen durchaus postive Neuerungen gegenüber. 1805 bestimmte die hessisch-darmstädtische Regierung Balve als Sitz einer Apotheke, förderte die Ausbildung der Hebammen und das Gerberei- und Brauereigewerbe in der Stadt.

Als 1813 die Entscheidung in Leipzig fiel und Napoleon vernichtend geschlagen wurde, schien es, als sei die hessische Zeit nur ein Spuk gewesen. Bei der Neuaufteilung Europas auf dem Wiener Kongreß fiel das alte Herzogtum Westfalen an Preußen. Die Hessen zogen sich erst 1816 aus Balve zurück, so dass die kleine Stadt ab diesem Zeitpunkt zum neuen preußischen Regierungsbezirk Arnsberg in der Provinz Westfalen gehörte. In diesem Jahr legten die Preußen politische Grenzen fest, die erst während der kommunalen Neuordnung 1975 verändert wurden. Interessanterweise stammte der erste Landrat des neuen Kreises Iserlohn vom Schloß Melschede im Amtsbezirk Balve. Es war Ferdinand Friedrich von Wrede zu Melschede. Seinen Amtssitz richtete er in Balve ein, sehr zum Verdruss der Iserlohner. Die erste Gebietsreform gab es bereits am 1. Januar 1832 und Balve wurde dem Kreis Arnsberg zugeteilt. Zu dieser Zeit war Freiherr v. Wrede zu Melschede aus dem Amt Balve längst kein Landrat mehr.

Tagebuchnotizen eines Bauern zeugen davon, dass der Alltag den Menschen in Stadt und Amt Balve näher war, als das nun schon Jahrzehnte währende Theater auf der europäischen Bühne. Bauer Lübke auf dem „Middeltsten Hof" in der Grübeck notierte für 1833: *"sehr dürrer Sommer, Vorwinter immer Sturm und Regen - wenig Schnee, Frost, besonders gelinder Winter."* Und für 1837: *"viel Schnee im April. Einer konnte nicht den anderen aufsuchen. Mitte Mai erst wenig Buchenlaub, Wenig Roggen,*

Kartoffeln und Äpfel, dagegen viel Heu, Birnen. Kaum Hafer."[7]

Ein Wetterbericht aus der beginnenden preußischen Zeit!

Anmerkungen

1 Westfälische Geschichte: LAHRKAMP, MONIKA, Die französische Zeit. Düsseldorf 1983.

2 Balve - Buch vom Werden und Sein der Stadt: HÖYNK, ANTON, Der Brand von Balve im Jahre 1789. Balve 1930.

3 Archiv des Märkischen Kreises, Ratsakten Balve, Lüdenscheid

4 Archiv der Volkskundlichen Kommission Münster, SCHNELL, CLEMENS, Darstellung des Zugs der Dreikönigs-Reliquien. 1959.

5 Ratsakten Balve, weiterzitiert in POLENZ, HARALD, Zur Geschichte des ehemaligen Amtes und der Stadt Balve. Balve 1980, S. 295-312.

6 Ebenda, S. 356-357.

7 Ebenda, S. 302-303.

Brilon – eine Stadt im politischen Umbruch des beginnenden 19. Jahrhunderts

Norbert Föckeler

Durch den Reichsdeputationshauptschluss vom 25. Februar 1803 wurde das sich in Auflösung befindliche Heilige Römische Reich deutscher Nation territorial neu gegliedert. Kernpunkt hierbei war eine Säkularisation, mit der sämtliche geistliche Reichsstände aufgelöst wurden. Brilon als Bestandteil des Herzogtums Westfalen hatte seit Jahrhunderten die Kölner Erzbischöfe in ihrer Eigenschaft als Herzöge von Westfalen als Landesherren. Im Vorgriff auf den Reichsdeputationshauptschluss hatte der hessen-darmstädtische Landgraf Ludewig X. (später Großherzog Ludewig I.) schon im September 1802 vom Herzogtum Westfalen Besitz ergriffen. Bereits 1816 musste er aufgrund der Beschlüsse des Wiener Kongresses diese Neuerwerbung an den König von Preußen abtreten.

Das bisher von relativer Stetigkeit geprägte Leben im Sauerland war durch diese beiden schnellen staatlichen Wechsel Veränderungen gewichen, die neben dem politischen auch sozialen und wirtschaftlichen Wandel einleiteten und unser Leben bis in die heutige Zeit prägen. Brilon, 1220 als Stadt bezeugt und einstmals durch Fernhandel schnell zu wirtschaftlicher Blüte gelangt, war im Laufe der Zeit zu einer Ackerbürgerstadt abgesunken. Dennoch hatte sie überregionale Bedeutung, indem sie die führende Rolle in der Städtekurie des Herzogtums Westfalen einnahm und in der Zeit des Umbruchs mit ca. 2.700 Einwohnern (1817) die größte Stadt dieses Territoriums war. Anhand der Stadt Brilon soll an einigen Beispielen aufgezeigt werden, wie sich der Übergang von Kurköln über Hessen-Darmstadt an Preußen auf das kommunale Gemeinwesen und seine Bevölkerung auswirkte.

Ferdinand Lohmann (1772-1828), Briloner Posthalter, Gastwirt und Kaufmann etc., hat interessante Lebenserinnerungen hinterlassen und schreibt unter 1802 „... *Dieses war betreffs der Witterung ein schönes Jahr, aber immer merckwürdig in der Geschichte Westphalens. Der Friede von Lüneville, der alle geistlichen Staaten saecularisiert hatte, nahm uns auch unsern neugewählten Churfürsten Anton Victor von Oesterreich und teilte uns Hessen-Darmstadt zu, von denen wir am 7ten September in Besitz genommen wurden.*"

Offiziell in Brilon verkündete am 16. Oktober Stadtsekretär Krüper vor dem Rathaus die Besitznahme des Landes durch den Landgrafen von Hessen-Darmstadt. Zugegen waren der hessen-darmstädtische Oberstleutnant Graf von Lehrbach und seine in Brilon in Garnison liegenden Offiziere. Umrahmt wurde dieser Akt von einer „Paradierung des Militärs".

Im Folgejahr bekamen die seit knapp 150 Jahren ansässigen Minoritenbrüder mit ihrem Kloster und der angegliederten Klosterschule die Konsequenzen der neuen Zeit zu spüren. Die 1655 von den Minoriten eröffnete Klosterschule, das Gymnasium „Ambrosio Antoniani" war 1784 von dem letzten regierenden Kölner Kurfürsten Maximilian Franz (reg. 1784-1801) geschlossen worden. Im Folgejahr erhielt die Stadt auf ihre Intervention hin ein Wiedererrichtungsdekret. Die Professoren, die weiterhin der Orden stellte, standen nun unter staatlicher Aufsicht, was zu erheblichen Spannungen im Orden führte. Auf der Grundlage des Reichsdeputationshauptschlusses traf am 1. November 1803 ein Aufhebungsdekret der hessischen Regierung für Schule und Kloster ein, worauf die Minoriten am 6. April 1804 Brilon verließen, zunächst in Rüthen in das aufgelöste Kapuzinerkloster evakuiert wurden und sich nachher auf verschiedene Klöster verteilten. Das Kloster, dessen Inventar verkauft wurde, ließ Landgraf Ludewig X. in eine Kaserne umwandeln, die von einer Abteilung der Brigade „Erbprinz" belegt wurde. Deren Kommandeur Graf von Lehrbach bezog den Nordflügel, der seither als Kommandantenflügel bezeichnet wird. Die

Klosterkirche wurde zum Pferdestall und Magazin umfunktioniert.

Nachdem Preußen die hessen-darmstädtische Regierung abgelöst hatte, wurden in der selbstbewussten Bevölkerung Brilons Rufe nach einer höheren Bildungsanstalt laut. Durch eine Stiftung des aus Brilon stammenden Vikars Johann Bernhard Brökeler war ein wirtschaftlicher Grundstock gegeben. Der preußische König bestätigte selbige Stiftung und übereignete das frühere Kloster und die Kirche. Weiterhin gewährte er eine jährliche Subvention aus dem westfälischen Schulfonds, und die Stadt verpflichtete sich zu einem jährlichen Zuschuss. Auf dieser Grundlage konnte 1821 das neue Progymnasium eröffnet werden, aus dem sich das heutige Gymnasium Petrinum entwickelte.

Der Magistrat der Stadt Brilon bestand bis 1798 aus einem Bürgermeister und elf Ratsherren und wurde jeweils für ein Jahr gewählt. Da von Ort zu Ort verschiedene Regelungen bestanden, hatte Kurfürst Maximilian Franz 1798 eine Angleichung eingeleitet. Nunmehr gab es zwei Bürgermeister, die im jährlichen Wechsel den Vorsitz führten, und sechs Senatoren, welche ohne zeitliche Beschränkung amtierten. Im Laufe der hessen-darmstädtischen Zeit wurde die Schultheißenverfassung eingeführt. Der Schultheiß, der umfassende Vollmachten besaß, wurde ohne Einfluss der Bevölkerung von der Regierung ernannt. Vertreter aus der Bürgerschaft hatten lediglich beratende Funktion. Von kommunaler Selbstverwaltung konnte hierbei keine Rede mehr sein. Einziger Briloner Schultheiß war Albert Lohmann (1779-1857), der aus Brilon stammte und vormals Richter in Marsberg war. 1816 unter Preußen wurde wieder ein Bürgermeister eingesetzt, der hauptamtlich tätig war, aber auch von der Regierung eingesetzt wurde. Das Recht zur Wahl des Bürgermeisters durch den Rat wurde erst 1837 mit der Einführung der Städteordnung wieder erlangt.

Mit der Eingliederung des Herzogtums Westfalen in das Königreich Preußen kam es zu weiteren einschneidenden Änderungen der Verwaltungsstrukturen. Wenn auch der preußische Staat durch obrigkeitliches Denken und Handeln geprägt war, erhielt das Element der kommunalen Selbstverwaltung nach und nach wieder mehr Bedeutung.

Mit der „Verordnung wegen verbesserter Einrichtung der Provinzialbehörden" vom 30. April 1815 hatte Preußen sein bisheriges Staatsgebiet in 10 Provinzen und diese in 25 Regierungsbezirke unterteilt. Die Regierungsbezirke sollten wiederum in Kreise gegliedert werden. Durch den Übergang des alten Herzogtums Westfalen und anderer Gebiete an die preußische Krone ein Jahr später wurde diese neue Behördenstruktur auch auf die neuen Landesteile ausgeweitet. Die hierbei in Arnsberg für die heimische Region eingerichtete und am 3. August in „Wirksamkeit getretene" Bezirksregierung legte am 6. Oktober 1816 einen Vorschlag zur Einteilung des Bezirks in Kreise vor, den König Friedrich Wilhelm III. (reg. 1797-1840) am 16. Januar 1817 durch eine Kabinettsordre an den Staatskanzler Karl August Fürst von Hardenberg genehmigte: *„Das mir von Ihnen vorgelegte Projekt der Regierung zu Arnsberg zur Einteilung ihres Bezirks in die 13 Kreise..., Brilon... ist im ganzen zweckmäßig, und Ich genehmige daher auch, dass... solches zur Ausführung gebracht werde...".*

Brilon war nun Sitz des gleichnamigen neuen Kreises, der aus den bisherigen Justizämtern Brilon und Marsberg bestand, ein Gebiet, dass im Wesentlichen die heutigen Städte Brilon, Marsberg und Olsberg umfasste. Zum ersten Landrat ernannte der preußische König am 16. Oktober 1817 Maximilian Freiherr Droste zu Vischering-Padberg, der am 1. Januar 1818 sein Amt antrat. Dieser hatte sich bereits am 8. August 1816, also als noch kein offizieller Vorschlag zur Einteilung der Kreise vorlag, um eine entsprechende Position beworben. Die erste Kreisstube wurde im sogenannten Kommandantenflügel der ehemaligen Klosterschule bezogen. Seine Aufgaben ermittelte der Landrat u.a. durch Bereisungen des Kreisgebietes. In seinen 1821 abgeschlossenen Aufzeichnungen vermerkt er für die Stadt Brilon, dass die Geschäftsführung des Bürgermeisters kontrolliert werde. Das Rathaus sei *„demnächst, wo noch nicht geschehen, mit Fenstern und nothwendig mit einem Schornstein zu versehen"*. Die Fenster des Polizei-Gefängnisses müssten *„eiserne Gitter"* bekommen. Er verlangte auch das *„Probieren der Feuersprütze und das Einschmieren* *der trockenen Schläuche"*. Weiterhin forderte er den Erlass einer Verfügung an die Bewohner Brilons *„wegen des zweimal wöchentlichen Kehrens der Hauptstraße bis vor die Tore".*

Die territoriale Einteilung der neuen Kreise sollte sich als Provisorium erweisen. Schon zum 1. Januar 1819 erfolgte eine Gebietsreform, durch die der Kreis Brilon den östlichen Teil des Kreises Medebach erhielt, das ehemalige Justizamt Medebach, welches aus den heutigen Städten Medebach, Winterberg und Hallenberg bestand. In dieser Form bestand der Kreis bis zur kommunalen Neugliederung im Jahr 1975. Der bis dahin bestehende Kreissitz, den Brilon seiner früheren geschichtlichen Bedeutung im Herzogtum Westfalen, seiner Größe und nicht zuletzt seiner relativ zentralen Lage im Kreisgebiet zu verdanken hatte, trug sicherlich auch zu seiner künftigen Entwicklung maßgeblich bei.

Wie das übrige Sauerland war Brilon stets katholisch gewesen. Lediglich während der truchsessischen Wirren – Kölns Erzbischof Gebhard Truchseß zu Waldburg (reg. 1577-1583) war zum protestantischen Glauben übergetreten – folgte die Stadt 1583 für ein Jahr ihrem Landesherrn. Nach dessen Absetzung begann sein Nachfolger Ernst von Bayern (reg. 1583-1612) sofort mit der Rekatholisierung, ließ sich am 15. Juni 1584 in Brilon von den Bürgern huldigen und setzte den aus seinem Amt vertriebenen katholischen Pfarrer Suitbert Steven wieder ein. Mit Landgraf Ludewig X. von Hessen-Darmstadt erhielt das Herzogtum Westfalen nun einen protestantischen Regenten, der bei allem Interesse für seine protestantischen Untertanen konfessionelle Toleranz übte. Schon früher hatte er der katholischen Minderheit in seinen alten hessen-darmstädtischen Landen erlaubt, sich bei Bedarf einen katholischen Geistlichen aus dem Herzogtum Westfalen kommen zu lassen. 1802 erlaubte er im gleichen Sinne den protestantischen Untertanen des kurkölnischen Sauerlandes, sich eines protestantischen Geistlichen aus den angrenzenden Landen zu bedienen. Der Anteil der Protestanten im Herzogtum Westfalen lag zu jener Zeit bei lediglich 1,09 %. Für Brilon selbst sind für die hessen-darmstädtische Zeit keine protestantischen Gemeindemitglieder genannt.

Mit dem König von Preußen bekam die Bevölkerung einen weiteren protestantischen Landesherrn. Als nunmehr preußische Garnisonsstadt und Sitz eines preußischen Landratsamtes wurden in Brilon protestantische Beamte eingesetzt, welche die Keimzelle der 1837 eingerichteten evangelischen Kirchengemeinde bildeten.

Die politische Umgestaltungen der damaligen Zeit erforderten auch eine kirchliche Neuordnung. Durch päpstliche Bulle vom 16. Juli 1821 gelangte Brilon mit dem bisher unter Kölner geistlicher Jurisdiktion stehenden Gebiet des Herzogtums Westfalen an die Diözese Paderborn.

Der Friedhof hatte seit alter Zeit immer auf dem Gelände um die Pfarrkirche gelegen. Hygienische Gründe bezüglich des Grundwassers und somit weitsichtiges Handeln mögen die hessen-darmstädtische Regierung bewogen haben, die Stadt 1804 aufzufordern, den Friedhof vor die Stadt zu verlegen. Der Magistrat zeigte Widerstand – jedoch zwecklos. 1807 wurde der Friedhof außerhalb der damaligen Stadt neu angelegt und am 27. August eingesegnet, nachdem dort schon am 17. Juli die erste Beerdigung stattgefunden hatte.

In der hessischen Zeit versuchte der neue Landesherr die Schulreformen des letzten Kölner Herrschers fortzusetzen. Die Hauptgedanken der neuen Unterrichtsmethoden stellte der Geheime Referendar Vreden dar. Danach sollte der Unterricht kein bloßer Mechanismus sein, sondern die Denkkraft aller Kinder in Tätigkeit gesetzt werden. Kein Kind dürfe auf Kosten der übrigen *„besonders vorgenommen"* werden. Lehrgegenstände sind nun neben den bekannten Disziplinen auch Kirchengesang, Volkslieder, Gesundheits- und Wohlanständigkeitslehre, Haus- und Landwirtschaftsregeln, Naturlehre und Naturgeschichte, Erdbeschreibungen (besonders des Vaterlandes), weibliche Handarbeit sowie Baum- und Gartenzucht. Ferner wurde der alte Brauch, dass jedes Kind morgens einen Holzscheit für die Heizung des Schulraumes mitbrachte, aufgehoben und die Holzlieferungspflicht auf die Stadt übertragen. Ferner regte Vreden an, zu erwägen, dass die Lehrer, die bei allen Beerdigungen das Misere sangen, zur Vermeidung von Unterrichtsausfall nur noch mit „*größeren Leichen*" gehen. Die hessische Regierung bestimmte darauf hin, dass nur noch ein Lehrer bei Begräbnissen mitgehen darf.

Streitigkeiten gab es um Schulgelder und das Gehalt der Lehrer, die eine Aufbesserung forderten. Auf Anweisung der Regierung sollte anstatt eines Lehrers nunmehr ein Ratsmitglied die Schulgelder einziehen. Da diese mehrfach rückständig blieben, forderte die Regierung Amtmann von Stockhausen auf, die fehlenden Schulgelder bei den Ratsmitgliedern zu pfänden. Ebenfalls beschloss die hessische Regierung die Anhebung der Lehrergehälter, für welche die Stadt aufzukommen hatte. Hierbei zeigte sie wenig Einfühlungsvermögen gegenüber der Bevölkerung und ihrem kulturellen Erbe. So verkaufte sie 73 gusseiserne Grabplatten, mit deren Erlös von wenigen Talern die Stadt die Gehälter der Lehrer aufbessern sollte. Ferner schlug die Regierung vor, sämtliche um Brilon gelegenen Kapellen abzureißen, weil sie nach ihrer Meinung *„keinen vernünftigen Zweck haben."*

Eine weniger überhastete und weitschauendere Schulpolitik erfuhr die Briloner Lehranstalt unter Preußens Krone. Gleich nach der Besitzergreifung ersuchte die Briloner Lehrerschaft den Kronprinzen und späteren König Friedrich Wilhelm IV. (reg. 1840-1861) um Verbesserung der Schulverhältnisse, insbesondere der unzureichenden Gebäude und der Gehälter. Ein nach Brilon gesandter Baurat bestätigte viele Missstände und bezeichnet die Schullokale als *„Höhlen"* und *„Löcher"*. In der Folgezeit wurde auf Druck der neuen Regierung eine neue Schule gebaut sowie eine weitere Lehrkraft eingestellt.

Brilons Wälder, die vornehmlich durch Eichen und Buchen geprägt waren, hatten im 17. und 18. Jahrhundert an Urwüchsigkeit und Pracht eingebüßt. Ursachen waren unkontrollierte Einschläge für die Köhlerei (Eisenhütten, Hammerwerke), den privaten Feuerungsbedarf sowie kostenloses Bauholz für die Bürger. Versuche der kurkölnischen Landesherren, die Holzentnahme zum Schutz der Wälder zu regulieren, scheiterten am örtlichen Schlendrian, dem die Hessen-Darmstädter durch ein Regulativ über die Holzrechte der Briloner Bürger Einhalt gebot. Jeder Bürger konnte fortan jährlich bis zu 10 Malter (knapp 20 cbm) Scheit- und Prügelholz sowie beim Hausbau 500 lfd. Fuß (ca. 157 m) Eichenholz beanspruchen. Weiterhin wurde der Holzverkauf an produzierende Handwerker geregelt, der Verkauf an Auswärtige verboten, die Ziegenhude eingeschränkt sowie bestimmt, dass die Verkaufserlöse in die Stadtkasse flossen. Durch die hessische Forstverwaltung hielt auch die Fichte vermehrt Einzug in die Briloner Wälder. Erste Versuche mit Fichten hatte es kurz nach 1790 in Alme gegeben. 1797 tauschte der Magistrat Briloner Ahornbäume gegen Fichtensetzlinge aus dem Almer Forstbestand des Grafen von Bochholtz.

Zu den Segnungen der kurkölnischen Zeit zählte das Fehlen einer allgemeinen Wehrpflicht. Im Bedarfsfall waren Städte wie Brilon verpflichtet, eine jeweils festgesetzte Anzahl von Rekruten *„auszuheben"* und dem Landesherrn zur Verfügung zu stellen, womit man hier und dort auch Gelegenheit hatte, sich von unliebsamen Zeitgenossen zumindest zeitweilig zu trennen. Mit der Einführung der Wehrpflicht am 1. Februar 1804 zog sich die hessen-darmstädtische Regierung nicht nur den Unmut der Briloner Bevölkerung zu. Sie umfasste alle Männer zwischen 17 und 25 Jahren, sofern sie nicht die einzigen Söhne ihrer Eltern waren. Weiterhin konnte ein Sohn nach dem Tod beider Eltern dispensiert werden, wenn er für seine Geschwister zu sorgen hatte. Besonders hart wurde die lange Dienstzeit von 10 Jahren empfunden. Mit dem Übergang an Preußen unterlagen die jungen Männer weiterhin einer Wehrpflicht, die in Preußen jedoch nur fünf Jahre betrug.

Die Briloner Schützen, deren Bestehen schon 1417 durch eine Satzung gesichert ist und die ihre ursprüngliche Aufgabe in der Sicherung der Wehrhaftigkeit der Stadt sahen, hatten in der kurkölnischen Zeit für die Stadt und den erzbischöflichen Landesherren vielfältige Polizeiaufgaben wahrgenommen. In der hessischen Zeit verloren sie diese hoheitlichen Aufgaben, wie u.a. die Einstellung von zwei Polizeidienern zeigt. Mit Erlass vom 7. Januar 1814 führte Großherzog Ludewig I. in seinen Landen eine Landwehr ein, in der alle wehrfähigen Männer zwischen dem 17. und 60. Lebensjahr, die nicht als Soldaten dienten, zwangsverpflichtet waren. Eingeteilt in drei Altersklassen konnte die erste Klasse (17–36 Jahre) außerhalb des Großherzogtums eingesetzt werden und stellte somit eine Art Reserveheer dar. Die zweite Klasse der 37–45-Jährigen war im Bedarfsfall für die Heimatverteidigung sowie mit der dritten Klasse (46–60-Jährige) für Polizeiaufgaben zuständig, wozu der Schutz der öffentlichen Sicherheit und Ordnung, die Verhütung von Unruhen sowie Verhaftungen und Unterstützung der Justizbehörden gehörten. Letzteres stellte Aufgaben dar, welche früher die sich freiwillig der Schützengesellschaft angeschlossenen Männer aus bürgerschaftlichem Engagement wahrnahmen, während nunmehr staatlicher Zwang alle tauglichen Bürger erfasste. Die Schützengesellschaft wandelte sich zu einem rein privaten Verein zur Pflege der Geselligkeit und verlor an Bedeutung. Auch wenn es nicht über jedes einzelne Schützenfest damaliger Zeit Nachrichten gibt, ist überliefert, dass nur 1815 und 1816 das Fest nicht stattgefunden hat. Ein offizielles Verbot der bestehenden Schützen ist nicht bekannt. Ebenso wenig ist eine Selbstauflösung überliefert. Eine Eintragung im 1750 angelegten „Renovierten Schützenbuch" vom 17. April 1817 – jetzt unter Preußens Krone – spricht jedoch davon, dass die Schützengesellschaft von *„der vorigen Landes-Regierung bey Constituirung der Landwehr aus aller Activitaet gesetzt"* worden sei.

Schon wenige Wochen nach dem Übergang an Preußen äußerte der Oberpräsident der Provinz Westfalen Ludwig Freiherr Vincke am 27. August 1816 in einer am 15. Februar 1817 im „Amts-Blatt der Königl. Regierung zu Arnsberg" veröffentlichten Verfügung den Wunsch, *„daß die alte löbliche... Uebung des Scheiben- und Vogelschießens überall, wo solche stattgefunden hat, wieder auflebe..."*. Bereits wenige Wochen nach der Bekanntgabe konstituierten sich die Briloner Schützen am 17. April 1817 aufs Neue.

Ferdinand Lohmann, von dem eingangs berichtet wurde, hat die genannte Zeit mit Höhen und Tiefen durchlebt. 1803 berichtet er, dass viele Fremde von Hessen-Darmstadt über Brilon nach Arnsberg reisten, *„wodurch mein Verdienst ziemlich erhöht wurde"*. 1816, nach mehreren Ernüchterungen, schreibt er: *„In diesem Jahre, nehmlich am 15ten July wurde Westphalen vom König von Preussen in Besitz genommen. Das ganze Landt war mit Freude angefült, von dem harten Joche der Darmstädter befreiet und unter dem milden Scepter Friedrich Wilhelms vereinigt zu sein."* Alle Jahreszeiten waren dem Winter gleich. Unwetter verdarben und behinderten weitgehend die Ernte. Infolgedessen kam es zu einer Hungersnot, die Lohmann im Folgejahr eindrucksvoll beschreibt. *„.... Aber so wie nun das Elend am größten war,... da sandte der gütige Vater im Himmel seinen Kindern Rettung. Er erweichte die Hertzen mancher Menschen, die ihren Mitbrüdern Trost und Labsal zusandten... Selbst unser guter König erbarmte sich seiner Untertahnen und schickte Korn in Menge, die er in den Ostseehäfen aufgekauft hatte, seinen bedrängten Landeskindern zu..."*.

Der letzte Kölner Erzbischof Maximilian Franz hatte erkannt, dass Reformen in vielen Bereichen des öffentlichen Lebens, insbesondere eine Vereinheitlichung des Rechts, vonnöten waren. Reformansätze scheiterten aber oft an den schmalen öffentlichen Kassen und dem selbstbewussten Willen der Bevölkerung. Die hessendarmstädtische Regierung hat in ihrer nur 14 Jahre währenden Herrschaft die Verwaltung nach ihren Vorstellungen umgestaltet und viele Reformen auf den Weg gebracht, die oft positiver waren als ihre Resonanz in der Bevölkerung. Gründe hierfür dürfte das fehlende Fingerspitzengefühl für gewachsene Strukturen und Traditionen sein; selbst der in Brilon heilig geltende Schnadezug war ihnen aufgrund der daraus der Stadt entstehenden Kosten ein Dorn im Auge. Darüber hinaus müssen aber auch die ungünstigen Zeiten berücksichtigt werden. Es war eine von Kriegen und großen politischen Umwälzungen geprägte Epoche. Die Preußenzeit brachte für einen längeren Zeitraum eine gewisse Kontinuität, die den Hessen fehlte. Die Kornlieferung des Preußenkönigs am Anfang seiner Herrschaft über das Sauerland war ein gelungener Einstand, der eine höhere Akzeptanz des neuen Herrschers und seiner Reformen förderte.

Quellen

Das Hochsauerland Gestern-Heute-Morgen. 150 Jahre Landkreis Brilon. Brilon 1969.

750 Jahre Stadt Brilon. Brilon 1970.

BRÖKEL, GERHARD, Schon vor 1800 wuchsen Tannen in der Briloner Gegend. In: BRILONER HEIMATBUND (Hrsg.), Briloner Heimatbuch (Bd. 1). Brilon 1991, S. 77-89.

BRÖKEL, GERHARD, Friede ernährt – Unfriede verzehrt. Aus der Geschichte des Schützenwesens in Brilon. Festschrift zum 575jährigen Jubiläum der St. Hubertus-Schützenbruderschaft 1417 Brilon. Brilon 1992.

BRÖKEL, GERHARD, Die Magistratswahl in Brilon im 18. Jahrhundert. In: BRILONER HEIMATBUND (Hrsg.), Briloner Heimatbuch (Bd. 3). Brilon 1994, S.92-104.

BRUNS, ALFRED, Brilon 1816-1918. Brilon 1988.

FINGER, PETER, Kleine Sozialgeschichte der Stadt Brilon 1800-1933. Bonn 1983.

GEDASCHKE, VOLKER/HÜLSBUSCH, HEINRICH, Von der Klosterschule „Ambrosio Antoniani" zum Gymnasium „Petrinum". Brilon 1999.

NIEMANN, FRANZ-JOSEF, Das Schulwesen der Stadt Brilon. Düsseldorf 1908.

PADBERG, MAGDALENA, Als wir preußisch wurden. Das Sauerland von 1816 bis 1849. Fredeburg 1982.

RICHTER, ERIKA, Von der Kreisstube zum Dienstleistungszentrum im Hochsauerlandkreis. Landräte und Oberkreisdirektoren im Hochsauerland von 1817-1988. (Schriftenreihe des Hochsauerlandkreises, Bd. 1). Fredeburg 1988.

RÜTHER, JOSEF, Heimatgeschichte des Landkreises Brilon. Münster 1956.

SCHÖNE, MANFRED, Das Herzogtum Westfalen unter hessen-darmstädtischer Herrschaft 1802-1816. (Landeskundliche Schriftenreihe für das kurkölnische Sauerland, Bd. 1). Olpe 1966.

SEIBERTZ, JOHANN SUIBERT, Chronik des Minoritenklosters (2. Auflage). Brilon 1892.

WEBER, DORLIES (Hrsg.), Im Gewitter der Zeit. Aus dem Leben des Briloner Posthalters der Thurn- und Taxisschen Post Ferdinand Lohmann (1772-1828). Brilon 1986.

„ ... Und Geseke webt Leinen bei reichgefüllten Scheunen"[1]
Wirtschaftliche Aspekte der Umbruchszeit

Wolfgang Maron

Stadt und Amt Geseke, das Gebiet des kurkölnischen Gogerichts Geseke, bildeten seit dem Mittelalter den äußersten nordöstlichen Teil des Herzogtums Westfalen. 1802 mit dem Herzogtum an Hessen-Darmstadt, 1816 schließlich an Preußen gefallen, behielt das Gebiet auch in der Folgezeit eine Randlage, da das benachbarte Fürstbistum Paderborn nach einem ersten preußischen Zwischenspiel von 1807 bis 1813 dem napoleonischen Königreich Westfalen angehörte. Nach der Bildung der preußischen Provinz Westfalen blieben die alten Territorialgrenzen als Grenze der Regierungsbezirke Arnsberg, zu dem der Raum Geseke als Teil des 1816 geschaffenen Kreises Lippstadt gehörte, und Minden erhalten.

Hatte diese Randlage der mittelalterlichen Stadt Geseke eine militärisch-strategische, ihre Lage am Hellweg auch eine gewisse wirtschaftliche Bedeutung gegeben, so war davon am Ende des 18. Jahrhunderts wenig geblieben.[2] Zwar gehörte Geseke zu den großen Städten des Herzogtums, doch bot ihr äußeres Bild wie das vieler anderer Orte der Region einen eher bescheidenen Anblick. Die Verteidigungsanlagen waren lange außer Funktion, Mauern und Türme teilweise verfallen oder vom Einsturz bedroht.

Der Handel spielte für das Wirtschaftsleben der Stadt kaum noch eine Rolle. Die Einwohnerschaft war vielmehr weitgehend verbäuerlicht, was im übrigen auf die Mehrzahl der Städte in dieser Zeit nicht nur in Westfalen zutraf. Finanziell drückte seit dem Dreißigjährigen Krieg eine erheblich Schuldenlast auf der Stadt. Wohlstand war, wie der langjährige Syndikus und Bürgermeister der Stadt, Laurentz Reen, in seiner 1822 verfassten Chronik feststellt, unter der Bevölkerung kaum zu finden. Jeden dritten Einwohner bezeichnet er vielmehr als arm und unvermögend. Geseke müsse daher zu den ärmsten Städten des gesamten Herzogtums gezählt werden.[3] Diese Einschätzung trifft ohne Zweifel auch auf die Zeit der Jahrhundertwende zu.

Das Amt Geseke umfasste nach kurkölnischer Einteilung die Orte Störmede, Langeneike, Ehringhausen, Ermsinghausen, Esbeck, Rixbeck, Mönninghausen, Bönninghausen und Dedinghausen, die zu den drei Kirchspielen Störmede, Mönninghausen und Esbeck zusammengefasst waren. Im Jahr 1781 zählten die neun Dörfer insgesamt 352 Wohngebäude, doch schwankte die Größe der einzelnen Ortschaften zwischen 102 Wohnhäusern in Störmede (dazu Schloss und Kloster) und nur neun Wohnhäusern in Bönninghausen. Nach der preußischen Zählung des Jahres 1818 lebten hier insgesamt 2.706 Menschen, was in etwa der Einwohnerzahl der Stadt Geseke entsprach.

Die Stadt Geseke zählte im Jahr 1781 450 Wohngebäude und damit deutlich mehr als die nächst größeren Orte Marsberg mit 410 sowie Brilon und Werl mit je 406 Wohngebäuden. Dazu passen die Angaben, die der Magistrat Anfang 1803 für die neue hessische Regierung in Arnsberg zusammengestellt hat. Danach besaß Geseke zu Beginn der Hessenzeit 413 Bürger, 35 Beilieger mit Frauen und Kindern sowie 67 Witwen. Ferner wurden 125 jüdische Personen separat gezählt. Die erste preußische Zählung von 1818 bestätigt dieses Bild. Geseke zählte in diesem Jahr 2.741 Einwohner. Damit blieb die Stadt zwar hinter Hellwegstädten wie Soest und Paderborn zurück, in denen rund 5.000 Menschen lebten. Im preußisch gewordenen Herzogtum Westfalen blieb Geseke aber die bevölkerungsreichste Stadt vor Brilon (2.735), Arnsberg (2.628) und Werl (2.465).[4]

In wirtschaftlicher Hinsicht war Geseke wie die übrigen Städte der Region von der Landwirtschaft geprägt. Der Schwerpunkt der Landwirtschaft im Raum Geseke lag auf dem Ackerbau, in erster Linie dem Getreideanbau. Auch für die Stadt mit ihrer rund 20.000 Morgen großen Ge-

Geseke von Südosten. Ölbild von F. Tonnelier, 1881

markung bildete der Ackerbau den wichtigsten Wirtschaftszweig. Die hier vorherrschenden Bördeböden ermöglichten reichliche Getreideerträge, doch waren die Landwirte durch zahlreiche Geld- und Naturalabgaben belastet, häufig auch durch Verschuldung bei jüdischen Händlern.

Neben dem Getreideanbau gestatteten die agrargeographischen Voraussetzungen auch den Anbau von Flachs. In dem erwähnten Bericht des Magistrats über die Stadt von Anfang 1803 wird der Flachsanbau in einem Atemzug mit dem Ackerbau genannt, ohne ihn könne kaum jemand existieren.[5] Der evangelische Pfarrer Carl Hengstenberg aus Wetter fand für seine 1819 erschienene *„Geographisch-poetische Schilderung sämtlicher deutschen Lande"* den als Überschrift dieses Beitrages gewählten Vers, mit dem er die wirtschaftlichen Schwerpunkte der Stadt treffend charakterisiert hat. Die *„reichgefüllten"* Scheunen müssen angesichts der vielfach bezeugten Armut dieser Zeit wahrscheinlich als dichterische Freiheit angesehen werden.

Auf dieser Grundlage hatte sich wie in vielen Teilen Westfalens die Leineweberei als agrarisches Nebengewerbe entwickelt. Es schloss sich räumlich unmittelbar an die Zentren der Leineweberei im Fürstbistum Paderborn um Boke und Delbrück an und bildete gewissermaßen den südlichen Ausläufer der großen, vom Leinen bestimmten Wirtschaftslandschaft, die von Tecklenburg und Osnabrück im Norden bis an die Oberläufe von Ems und Lippe reichte.[6]

Die Anfänge der Leineweberei im Raum Geseke lassen sich nur schwer fassen. Die wohl früheste und ausführlichste Darstellung im zeitgenössischen Schrifttum, enthalten in einer 1804 ohne Verfasserangabe erschienenen ökonomisch-statistischen Beschreibung des Herzogtums Westfalen, rechnet das Geseker Amt neben dem Amt Brilon zu denjenigen Teilen des Herzogtums, in denen die Herstellung von Leinen als Nebengewerbe der Landbevölkerung besonders stark betrieben werde. In vielen Dörfern soll hier fast jedes Haus einen Webstuhl besessen haben.[7] Auch ein landeskundliches Manuskript aus dem Jahr 1812 führt das Amt Geseke als ein Zentrum der *„Leinwandfabricierung aus selbst gezogenem und gesponnenem Flachs"* innerhalb des Herzogtums auf.[8]

Neben der ländlichen Weberei gab es in der Stadt Geseke auch die Leineweberei als städtischen Wirtschaftszweig. Ihm gilt in der zeitgenössischen Literatur eine besondere Aufmerksamkeit, die so weit geht, dass das Geseker Leinengewerbe geradezu als Gegenargument gegen das verbreitete Bild von der wirtschaftlichen und sozialen Rückständigkeit des Herzogtums Westfalen gebraucht wird.

Der Grund für diese besondere Aufmerksamkeit war neben der Menge des hier hergestellten Leinens die Einrichtung eines städtischen Schauamtes, des Geseker Linnenstempels. Schon vorher muss in Geseke in nennenswertem Umfang Leinen gewebt worden sein. Ein erster greifbarer Hinweis auf diesen Wirtschaftszweig liegt aus dem Jahr 1724 vor, als die in der Stadt ansässigen Leinewebermeister die Gründung einer Zunft beantragten und um Genehmigung einer Zunftordnung baten.[9] 1784 wurden dann in der Stadt 27 Weber gezählt, von denen 25 Leinwand herstellten. Bei insgesamt 101 Handwerksmeistern war Ende des 18. Jahrhunderts somit jeder vierte Handwerker in Geseke ein Leineweber. Für 1803 werden dann in der schon erwähnten Darstellung des Magistrats für die Arnsberger Regierung die Namen von 29 zünftigen Leinewebern aufgeführt. Damit stellten sie die größte Zunft, vor Schneidern (23), Schuhmachern und Schreinern (je 21). Dazu kamen noch fünf unzünftige Linnenweber. Insgesamt entfiel auf dieses Gewerbe auch jetzt ein Anteil von über 20 Prozent.[10]

Seit November 1779 war der Geseker Linnenstempel in Funktion. Er war eine Besonderheit für das ganze Herzogtum Westfalen. Als Einrichtung der Qualitäts- und Absatzförderung besaß er typische Kennzeichen einer Leinenlegge, die besonders in den preußischen Landesteilen verbreitet waren. Jeden Donnerstag wurden im Geseker Rathaus die von den Webern vorgelegten Leinenstücke von zwei Webermeistern unter Aufsicht des Kämmerers auf Größe, gewöhnlich 20 Ellen lang, und Qualität geprüft und anschließend gestempelt. Auf diese Weise erhielten sie ein allgemein anerkanntes Qualitätssiegel. Anhand der Gebühreneinnahmen von 90 bis 100 Reichstalern errechnete der Verfasser der schon zitierten Schrift von 1804 eine jährliche Leinenproduktion von 60.000 bis 70.000 Ellen. Das Leinen wurde nur zum Teil im Lande verkauft, zum anderen Teil aber auch in den benachbarten Territorien Paderborn und Münster sowie im märkischen und bergischen Land.[11] Geseke scheint also Sitz eines exportorientierten Textilgewerbes gewesen zu sein.

Der Geseker Linnenstempel wies eine charakteristische Besonderheit auf. Anders als etwa die Leggen in den preußischen Landesteilen war er keine staatliche Einrichtung, sondern eine Schöpfung des Geseker Magistrats. Wie die erhaltenen Register ausweisen, konnten hier ausschließlich die ortsansässigen Weber ihre Produkte prüfen lassen, während die Landbevölkerung ausgeschlossen blieb. Der Linnenstempel war somit ein Instrument zur Existenzsicherung des städtischen Handwerks. Weitergehende Impulse in Richtung auf eine allgemeine Gewerbeförderung in Stadt und Land, wie sie eine planende Wirtschaftspolitik des Landesherrn hätte anstreben können, waren mit seiner Gründung nicht beabsichtigt.

Der Linnenstempel überstand sowohl den Herrschaftswechsel des Jahres 1802 als auch den von 1816, als Geseke nach dem hessischen Zwischenspiel mit dem Herzogtum Westfalen preußisch wurde. Die neuen Landesherren ließen ihn als örtliche Einrichtung bestehen, veränderten seinen Charakter aber nicht. Somit blieb der Linnenstempel ein Geseker Spezifikum mit vorwiegend örtlicher Bedeutung.

Die in der folgenden Tabelle zusammengestellten Zahlen über die abgerechneten Jahresmengen zeigen gewisse Schwankungen. Vor allem nach 1804 und nach 1816 sind deutliche Rückgänge sichtbar. Diese sind aber wohl weniger

Stempel und Siegel der Geseker Leinweber-Innung

den politischen Herrschaftswechseln zuzuschreiben als vielmehr den konjunkturellen Entwicklungen in der napoleonischen Epoche, die sich auch in anderen Leinenregionen nachzeichnen lassen, sowie für 1816 bis 1819 der Agrarkrise dieser Jahre.

Zusammenstellung der auf dem Geseker Linnenstempel abgerechneten Leinenstücke 1779 - 1827[12]

Jahr	Stückzahl	Jahr	Stückzahl
1779/81	3817	1819	1861
1782	3098	1820	2978
1783	2524	1821	ca. 3300
1791	3484	1822	ca. 3380
1804	2597	1823	3179
1805	2013	1824	3324
1806	2251	1825	3356
1816	ca. 2200	1826	2407
1817	1750	1827	2553
1818	1907		

Insgesamt zeigen die Zahlen, dass die Geseker Leinenproduktion ihren frühen Höhepunkt des späten 18. Jahrhunderts auch in den zwanziger Jahren des 19. Jahrhunderts erreichte, darüber hinaus aber keine Anzeichen einer Weiterentwicklung erkennen ließ. Die faktische Stagnation der Produktion ist somit ein Zeichen dafür, dass das Gewerbe bei den im späten 18. Jahrhundert vorhandenen Strukturen des Zunfthandwerks verharrte. Mengenmäßig wurden die Werte der großen Leggen in den preußischen Landesteilen zu keiner Zeit erreicht.

Muss somit die Bedeutung des städtischen Leinengewerbes relativiert werden, so gilt das auch für das Ausmaß der ländlichen Leineweberei. Statistische Angaben über die Webstuhldichte aus den zwanziger Jahren des 19. Jahrhunderts bestätigen die Einschätzung der zeitgenössischen Literatur nämlich nicht. 1822 besaß der Kreis Lippstadt, zu dem der Raum Geseke ab 1816 gehörte, insgesamt nur 172 Webstühle, von denen 141 im Haupterwerb und 31 im Nebenerwerb liefen. Bei rund 25.000 Einwohnern ergab dies eine Webstuhldichte von sieben Stühlen je tausend Einwohner, eine sogar für das südliche Westfalen äußerst geringe Zahl. Selbst wenn man davon ausgeht, dass Ende des 18. Jahrhunderts mehr Webstühle vorhanden gewesen sind und diese sich überwiegend um Geseke konzentriert haben, so kann die Leineweberei auf dem Land als Wirtschaftsfaktor kaum eine herausragende Rolle gespielt haben.[13]

Wenn das Geseker Leinengewerbe um 1800 für die Verhältnisse im Herzogtum Westfalen nennenswert gewesen sein mag, so blieb es im Vergleich mit anderen Regionen in Nord- oder Ostwestfalen nur von untergeordneter Bedeutung. Für eine Mechanisierung oder gar Industrialisierung reichten die vorhandenen Strukturen bei weitem nicht aus. Vor allem fehlte - was hier nur knapp angesprochen werden kann - eine kapitalkräftige Kaufmannschaft, die Impulse für eine Weiterentwicklung des Gewerbes hätte geben können, wie es beispielsweise die wohlhabenden Textilverleger Ostwestfalens taten.

So kam seit der Jahrhundertmitte, als im Zuge der Industrialisierung die Mechanisierung von Garnspinnerei und Weberei einsetzte, rasch das Ende der Leineweberei in Geseke. Nachdem der Linnenstempel seine Tätigkeit bereits in den dreißiger Jahren eingestellt hatte, gaben nach der Jahrhundertmitte mehr und mehr Weber ihr Gewerbe auf. 1856 betrieben noch zwölf Webermeister ihr Gewerbe im Haupterwerb. Ihr Versuch, in diesem Jahr durch die Gründung einer Innung die Konkurrenz der Industrie auszuschalten und so ihr Gewerbe zu retten, schlug indessen fehl. Tatsächlich verschwand das Weberhandwerk in den folgenden Jahrzehnten auch aus Geseke fast vollständig.[14]

Seitdem erinnern nur noch zahlreiche Exponate zur Flachsbearbeitung im städtischen Hellwegmuseum an dieses Kapitel der Geseker Wirtschaftsgeschichte.

Die Geschichte des Geseker Leinengewerbes zeigt indessen, dass das Bild des wirtschaftlichen Entwicklungsstandes des Herzogtums Westfalen um 1800 weiter differenziert werden muss.

Anmerkungen
1 HENGSTENBERG, CARL, Geographisch-poetische Schilderung sämtlicher Deutschen Lande. Essen 1819, S. 124.
2 Vgl. HÖMBERG, ALBERT K., Lippstadt - Geseke - Rüthen. Ein historischer Vergleich. In: DERSELBE, Zwischen Rhein und Weser, Münster 1967, S. 159-173.

3 Chronik der Stadt Geseke, angefertigt von Hofkammerrat Laurentz Reen, ehem. Stadtscr. u. Freigraf sowie Bürgermeister zu Geseke. Geseke 1909, S. 18.

4 Angaben für 1781 nach KLUETING, HARM, Statistische Nachrichten über das Herzogtum Westfalen aus dem Jahre 1781. In: Westfälische Forschungen 30, 1980, S. 130; für 1818: REEKERS, STEPHANIE/SCHULZ, JOHANNA, Die Bevölkerung in den Gemeinden Westfalens 1818-1950. Dortmund 1952. Angaben für 1803 nach RIELÄNDER, JOSEF, Geseke unter Hessen-Darmstadt. In: Geseker Heimatblätter 40, 1982, S. 71.

5 Ebenda, S. 77.

6 Vgl. die Karte „Textile Gewerbe in Westfalen". In: Westfälische Geschichte. Hrsg. v. WILHELM KOHL, Band 1. Düsseldorf 1983, S. 666.

7 Einige statistische Bemerkungen über das Herzogtum Westfalen. Arnsberg 1804, S. 40. Die entsprechende Passage findet sich zitiert bei REEKERS, STEPHANIE, Beiträge zur statistischen Darstellung der gewerblichen Wirtschaft Westfalens um 1800. Teil 4: Herzogtum Westfalen. In: Westfälische Forschungen 20, 1967, S. 82.

8 Das Vaterland, ein Versuch für die obern Klassen der bessern Bürger- und Landschulen auch Anständige Junge und Alte des Herzogthums Westfalen von einem Schul- und Volksfreunde, 1812. Staatsarchiv Münster, Altertumsverein Münster, Mscr. Nr. 309, S. 77.

9 Stadtarchiv Geseke A XVIII 2, Angelegenheiten des Linnenweberamtes zu Geseke 1724.

10 Zahlen für 1784 nach REEKERS, STEPHANIE, Beiträge zur statistischen Darstellung der gewerblichen Wirtschaft Westfalens um 1800. Teil 10: Die Gewerbe in den Städten Westfalens unter besonderer Berücksichtigung der Textilgewerbe. In: Westfälische Forschungen 34, 1984, S. 138-139; für 1803 RIELÄNDER, Geseke, Anm. 4, S. 74.

11 In: Einige statistische Bemerkungen, Anm. 7, S. 40.

12 Zusammengestellt nach den Rechnungsbüchern des Linnenstempels für die entsprechenden Jahre im Stadtarchiv Geseke A III 32 und B III 121. Die Angaben für die Jahre 1816, 1821 und 1822 sind aufgrund der im Kommunaletat ausgewiesenen Gebühreneinnahmen geschätzt.

13 Vgl. REEKERS, Herzogtum Westfalen, Anm. 7, S. 83.

14 MARON, WOLFGANG, Gewerbe in der Ackerbürgerstadt. Zur Entwicklung des Handwerks in Geseke. In: GREVELHÖRSTER, LUDGER/MARON, WOLFGANG (Hrsg.), Region und Gesellschaft im Deutschland des 19. und 20. Jahrhunderts. Studien zur neueren Geschichte und westfälischen Landesgeschichte. Vierow 1995, S. 88.

Marsberg – Aspekte der Säkularisation und ihrer Folgen

Bernd Follmann

Der weitaus größte Teil des Gebietes der heutigen Stadt Marsberg gehörte 1802 zum Herzogtum Westfalen. Ein kleinerer Teil mit den früher selbständigen Gemeinden Essentho, Meerhof, Oesdorf und Westheim, die erst 1975 der neuen Stadt Marsberg eingegliedert wurden, gehörte dagegen zum damaligen Fürstbistum Paderborn. Die Säkularisation führte in diesem Bereich zum Übergang der Landesherrschaft an das Königreich Preußen. Darauf wird unter Berücksichtigung der Themenstellung, die sich auf das Herzogtum Westfalen bezieht, nicht eingegangen.

Die Übernahme der Landesherrschaft im Herzogtum Westfalen durch den Landgrafen von Hessen-Darmstadt hatte umfassende Reformen in der Verwaltung und in vielen Lebensbereichen der Menschen zur Folge. Die Zeit der hessen-darmstädtischen Herrschaft wird deshalb auch als „*Brückenschlag in ein neues Zeitalter*"[1] bezeichnet. Diese Feststellung gilt auch für das damalige Amt Marsberg, so dass hier keine Besonderheiten im Vergleich zu anderen Landesteilen festzustellen sind.

Anders sieht es allerdings aus, wenn man die im Rahmen der Vermögenssäkularisation durchgeführte Aufhebung der Klöster im Raum Marsberg betrachtet. Mit dem Zisterzienserkloster in Bredelar, der Benediktinerpropstei in Obermarsberg und dem Kapuzinerkloster in Niedermarsberg waren es immerhin gleich drei Klöster, deren Existenz beendet wurde. Dies war in enger Nachbarschaft eine relativ große Anzahl, was im übrigen kurkölnischen Sauerland ohne Beispiel war.

Bevor auf die Auflösung der Klöster näher eingegangen wird, muß in Zusammenhang mit der Säkularisation die Person des Freiherrn Franz Wilhelm von Spiegel zum Diesenberg erwähnt werden. Da er in Canstein geboren wurde und dort auch gestorben ist, darf man ihn unter Anwendung heutiger Maßstäbe als Marsberger Persönlichkeit bezeichnen. Zeitlebens hat er sich Canstein heimatlich verbunden gefühlt, was in einem von ihm verfassten Gedicht zum Ausdruck kommt. Dort heißt es in der letzten Zeile „*Mein Herz bleibt ewig doch von allen Dir* (gemeint ist Canstein) *gewogen.*"[2]

Spiegel wurde am 30. 1. 1752 auf Schloß Canstein geboren. Nach Studien in Göttingen und Rom übernimmt er 1779 nach dem Tode seines Vaters von diesem das Amt des Landdrosten im Herzogtum Westfalen. 1786 wird er zum Hofkammerpräsidenten in Bonn berufen. Seine politische Laufbahn geht zu Ende mit der Säkularisation der geistlichen Territorien. Spiegel zieht sich nach Canstein zurück, er stirbt dort am 7. 8. 1815. Auf Grund eigener Bestimmung findet er sein Grab in Hildesheim.

Was Franz Wilhelm von Spiegel in Bezug auf die Säkularisation bedeutsam macht, ist seine entschieden vorgetragene Kritik an den Orden und ihren Klöstern. Schon 1781 verfasst er die Schriften „Das Grab der Bettelmönche" und „Nicht mehr und nicht weniger als zwölf Apostel", die anonym erscheinen.

Ausführlicher und mit noch deutlicherer Aussage ist seine 1802 verfasste Denkschrift „Gedanken ueber die Aufhebung der Kloester und geistlichen Stifter im Herzogthum Westphalen". Scharf zieht er insbesondere gegen die Bettelorden und hier besonders gegen die Kapuziner zu Felde. So heißt es in § 4 der Einleitung zu dieser Schrift über die Kapuziner „*Diese leben nur, um immer stupider zu werden, wer den hoechsten Grad der Verstandesverläugnung unter ihnen erreicht, ist der vollkommenste Capuziner, und auf diesen Zweck sind ihre Studien musterhaft eingerichtet.*"[3]

Nachsichtiger geht Spiegel mit den fundierten Klöstern um. Diesen bescheinigt er immerhin, dass sie sich um die Urbarmachung des Landes und die Verbreitung des Christentums verdient gemacht haben. Allerdings sei ihre Zeit, wo sie nützlich und notwendig waren vorbei; so sei auch ihre Auflösung erforderlich.⁴

Im Raum Marsberg wurden in chronologischer Folge die Klöster in Bredelar, in Obermarsberg und in Niedermarsberg aufgelöst. Gemessen an der Einschätzung Spiegels in seiner Denkschrift also geradezu in umgekehrter Reihenfolge. Diese Reihenfolge mag durch das Maß des von der hessen-darmstädtischen Herrschaft erhofften wirtschaftlichen Vorteils bei der Inbesitznahme der Klöster bestimmt gewesen sein.

Die Aufhebung des Klosters Bredelar, des einzigen Zisterzienserklosters im Herzogtum Westfalen, erfolgte am 20. 2. 1804. Abt Laurentius Schäferhoff und weitere 17 Mönche hatten das Kloster zu verlassen. Mit Ausnahme des Abtes, der recht großzügig versorgt wurde, erhielten sie eher kärgliche Pensionen. Einige von ihnen waren weiterhin in der Seelsorge tätig, andere kehrten vermutlich in ihre Familien zurück. Wohl als letzter ehemaliger Bredelarer Zisterzienser starb am 13. 5. 1856 Ernst (Klostername Franciscus) Böschen als Pfarrer in Meschede.

Abt Laurentius ging nach der Aufhebung des Klosters nach Mülheim an der Möhne. Dort ist er am 6. 9. 1821 gestorben und in der Totengruft der Ordensritter des Deutschen Ordens, die sich in der ehemaligen Kommendekirche in Mülheim befand, beigesetzt worden. 1938 ist diese Totengruft in Zusammenhang mit der Anlage einer Heizungsanlage aufgehoben worden, und die vorgefundenen Gebeine wurden auf den heutigen alten Friedhof in Mülheim umgebettet.⁵ Das Grab ist bis heute erhalten.

Hinsichtlich des inneren Zustandes scheint es im Kloster Bredelar in den letzten Jahren vor der Aufhebung nicht zum Besten bestellt gewesen zu sein. Johann Suibert Seibertz spricht in seiner „Geschichte der Abtei Bredelar" von „*Uneinigkeit und Intrigen*"⁶ innerhalb des Konventes. In diese Richtung weist auch ein Schreiben des letzten Priors des Klosters, P. Ferdinand Gallenkamp. Am 30. 11. 1821, also kurz nach dem Tode des Abtes, schreibt er an Propst Beda Behr in Belecke, der Verwalter des Nachlasses des Verstorbenen war. In dem Schreiben bittet er den Propst darum, ihm aus dem Nachlaß eine Summe von 30 Kronthalern zu zahlen. Dabei handele es sich um den Rest des Geldes, das er dem Abt bei der Klosteraufhebung geliehen habe. Zwar habe er den Abt mehrfach in Mülheim aufgesucht und um Rückzahlung auch der Restsumme gebeten, doch habe dieser immer nur geantwortet „*das sollen Sie wohl kriegen.*"⁷ Angesichts des großen Unterschiedes zwischen der Pension des Abtes (1.600 Florin) und der des Priors (300 Florin)⁸ ein unverständliches Verhalten des Abtes.

Die Feststellung der Vermögensverhältnisse in Bredelar muß für Hessen-Darmstadt recht ernüchternd gewesen sein. Mit mehr als 40.000 Reichstalern war das Kloster erheblich verschuldet. Der Grund dafür wird wohl darin zu suchen sein, dass die Kosten für den raschen und 1804 nicht ganz vollendeten Wiederaufbau des Klosters nach dem verheerenden Brand im Jahre 1787 den Klosteretat noch sehr belasteten.

Nach Aufhebung des Klosters gelangten wertvolle Handschriften und Drucke nach Darmstadt in die damalige Hofbibliothek des Landgrafen. Darunter war auch die berühmte Bredelarer Bibelhandschrift aus dem 13. Jahrhundert – vgl. D 4 und S. 118/119. Andere Bücher sind heute in Bibliotheken in Berlin, Boston, Liverpool, Manchester, Oxford, Paderborn, Paris und Washington nachweisbar. Der größte Teil der Klosterbibliothek, d.h. die Bücher, die aus damaliger Sicht keinen besonderen Wert hatten, ist verschollen. Möglicherweise sind diese Bücher über Arnsberg nach Münster gekommen und dort im 2. Weltkrieg bei einem Bombenangriff vernichtet worden.

Einige Kunstgegenstände aus dem Kloster befinden sich noch heute in Pfarreien der Umgebung. Ein Abtsstab aus dem Jahre 1789 wird im Hessischen Landesmuseum Darmstadt aufbewahrt – vgl. S. 124/125 und D 10.

Nach Aufhebung des Klosters wurde die Landwirtschaft 1804 verpachtet. Zur Bewirtschaftung und Verwaltung des Klosterwaldes wurde eine Oberförsterei eingerichtet. 1825 wurde die „Domaine Bredelar" insgesamt zum Verkauf ausgeschrieben.⁹ Es kam aber nicht sofort zum Verkauf, sondern der Hüttenbesitzer Anton Ulrich und sein Sohn Theodor aus Brilon wurden Erbpächter des früheren Klosters. 1842 löste Theodor Ulrich die Pacht ab und wurde Eigentümer.

Schon in der Ausschreibung der Arnsberger Regierung wurde darauf hingewiesen, dass sich

Das ehemalige Kloster Bredelar vor 1884.
Zeitgenössische Fotografie

hier eine „*gute Gelegenheit zu Fabrik-Anlagen*" biete. Diese Gelegenheit nutzte Ulrich zur Errichtung einer Eisengießerei. Der Betrieb florierte und eine größere Anzahl von Arbeitsplätzen wurde geschaffen. Zusammen mit der 1872 eröffneten Eisenbahnstrecke war er die Grundlage für das Entstehen des Ortes Bredelar. Erst 1900 wurde Bredelar, das bis dahin zur Gemeinde Giershagen gehörte, selbständige politische Gemeinde.

Nach dem Tode Theodor Ulrichs im Jahre 1871 wurde die industrielle Nutzung der ehemaligen Klosteranlage durch andere Eigentümer fortgesetzt. Ein großer Brand im Jahre 1884 sowie zahlreiche Umbauten führten zu erheblicher Veränderung und Beeinträchtigung der Bausubstanz.

Einige Jahre nach Beendigung des 2. Weltkrieges ist u.a. eine Terazzomahlanlage in die ehemalige Kirche eingebaut worden. Andere Räumlichkeiten wurden als Wohnungen oder Lagerräume vermietet bzw. standen leer. Es ist zu einem Verfall der Gebäude gekommen, die in diesem Zustand nur noch ahnen lassen, welche Bedeutung Kloster Bredelar für die Region hatte.

Eine hoffnungsvolle Perspektive zur Rettung und für eine angemessene Nutzung der Gebäude hat sich im Sommer 2000 mit der Gründung des Fördervereins Kloster Bredelar eröffnet. Mit viel Engagement gehen Vereinsmitglieder und Vorstand an die Aufgabe heran, die Gebäude des Klosters Bredelar zu restaurieren und nutzbar zu machen.

Der Beginn der Restaurierungsarbeiten an der Westfassade der ehemaligen Klosterkirche am 30. 7. 2002 war für alle ein erstes Erfolgserlebnis. Der Fortgang der Arbeiten ist fest geplant und der Schmerz „*auf dem Weg von Brilon nach Marsberg immer wieder am ehemaligen Zisterzienserkloster Bredelar vorbeifahren zu müssen*"[10] wird hoffentlich bald in Freude verwandelt sein.

In Bredelar wird allerdings nicht ein Gebäude als Kloster wiederhergestellt. Die Zeit der industriellen Nutzung – für ein ehemaliges Kloster eine außergewöhnliche Verwendung – ist zu berücksichtigen, d.h., dass dieselbe auch in Zukunft an Teilen der wiederhergestellten Gebäude ablesbar sein wird.

Die Aufhebung des Benediktinerstiftes Obermarsberg, einer Propstei des Klosters Corvey, hat nicht zu Problemen besonderer Art geführt. Der letzte Propst Friedrich Wilhelm Amecke starb während der Vorbereitungen zur Aufhebung am 7. 5. 1805, so dass es nicht zu einer formellen Aufhebung kam. Der einzig sonst noch in Obermarsberg anwesende Benediktiner war Pater Anton Mang, der seit 1800 dort Pfarrer war und dies auch bis zu seinem Tode 1831 blieb.

Die Stiftskirche St. Peter und Paul blieb Pfarrkirche für Obermarsberg, was sie stets gewesen war. Die wertvolle Ausstattung der Kirche blieb erhalten und macht sie bis heute zu einer besonderen Sehenswürdigkeit. Außer der Kirche ging auch ein Teil des Stiftsgebäudes in das Eigentum der Pfarrgemeinde über. Dieser Gebäudeteil wird nach wie vor als Wohnung für den Pfarrer und als Pfarrheim genutzt. Der andere Teil wurde zunächst vermietet und 1830 zusammen mit einigen Gartengrundstücken verkauft. Käufer war der Direktor der Irrenanstalt in Niedermarsberg, Dr. Julius Wilhelm Ruer.

In den Jahren 1839 bis 1867 waren die von Dr. Ruer erworbenen Räumlichkeiten von der Irrenanstalt angemietet worden, um einer drohenden Überfüllung der Anstalt vorzubeugen. Für etwa 15 bis 20 Patienten, die dort untergebracht wurden, schaffte man das Essen per Esel auf den Berg, und dort wurde es wieder erwärmt. Nach Eröffnung einer zweiten westfälischen Irrenanstalt in Lengerich 1867 war der Platzmangel in der Niedermarsberger Anstalt behoben und die Station im Stiftsgebäude Ober-

Obermarsberg. Stiftskirche und Stiftsgebäude um 1880.
Zeitgenössische Fotografie

marsberg konnte wieder aufgegeben werden.[11]
Wie Harm Klueting[12] richtig annimmt, hat Dr. Ruer das Gebäude als Privatmann gekauft, nicht etwa als Vertreter der Irrenanstalt. Beweis dafür ist auch die Tatsache, dass seine Erben den Besitz 1875 weiterverkauft haben. Neuer Eigentümer wurde Clemens Freiherr von Fürstenberg.
1917 schließlich erwarben die Brüder Karl und Otto Hein diesen Teil des früheren Stiftes. Die Familie Hein, d.h. genauer gesagt die Hein-Stichting in Utrecht/Niederlande, ist bis heute Eigentümerin geblieben. Nach umfangreichen Renovierungsmaßnahmen werden die Räume als Ferienwohnung genutzt.
Als letztes der Klöster im heutigen Stadtgebiet Marsberg wurde das Kapuzinerkloster in Niedermarsberg bzw. in Stadtberge, wie die damalige Ortsbezeichnung lautete, aufgehoben. Das Kloster war erst 1744 gegründet worden und damit im Herzogtum Westfalen die letzte Klostergründung vor der Säkularisation.
Aufgehoben wurde es durch Dekret vom 27. 12. 1812, also vergleichsweise sehr spät. Vermutlich deshalb zu diesem späten Zeitpunkt, weil man annahm, dass bei den Klöstern der Bettelorden, zu denen die Kapuziner gehörten, „nichts zu holen" war.
Auch wenn es hier nicht um materielle Güter ging, gab es doch erbitterten Widerstand gegen die Aufhebung dieses Klosters. Der Marsberger Justizamtmann Schulte versuchte zwar in einer am 28. 1. 1813 vor dem Konvent gehaltenen Ansprache,[13] diesem die Unausweichlichkeit der Klosteraufhebung zu vermitteln, doch scheint er damit auf wenig Verständnis gestoßen zu sein. Die Patres, die in ihrer Mehrzahl von anderen Klöstern aufgenommen werden sollten, versuchten unter Vorwänden am Ort zu bleiben oder kehrten nach kurzer Zeit aus den aufnehmenden Klöstern zurück. Aber auch die Bevölkerung der Orte, in denen die Kapuziner seelsorglich tätig waren, setzte sich für den Verbleib der Patres ein. Es bedurfte schließlich einigen Nachdrucks, bevor der größte Teil des Konventes das Kloster verließ.
Die Klostergebäude sollten ursprünglich zu einem „Stock- und Zuchthaus" umgewandelt werden.[14] Diese Absicht wurde aber bald aufgegeben, denn schon im Dezember 1811 entstand der Plan zur Nutzung der Gebäude als Irrenanstalt, weil eine solche im Herzogtum Westfalen fehlte. Der Plan wurde in die Tat umgesetzt und es kam zur Errichtung einer Irrenanstalt, *„die wenn nicht die erste in Deutschland, doch eine der ersten war, die neben der bloßen Verpflegung auch einen entschieden ausgesprochenen Heilzweck verfolgte."*[15]
Die neue Anstalt wurde am 28. 1. 1813 eröffnet. Von den bei Aufhebung des Klosters dort anwesenden 12 Konventsmitgliedern verblieben in der neuen Irrenanstalt Pater Gabriel Kligge als deren erster Direktor, Frater Rochus Leonardi als erster Kranker und Bruder Bonaventura Wintermeyer als Koch. Der neue Direktor gab sein Amt aber schon nach kurzer Zeit auf und „zog nach Paderborn zu den Seinigen."[16]
Schon am 27. 7. 1813 wurde der bereits erwähnte Dr. Julius Wilhelm Ruer, der in Marsberg als Amtsarzt eingesetzt war, zum provisorischen Direktor der Irrenanstalt bestellt. Dieses Provisorium endete mit Ruers endgültiger Bestellung am 14. 10. 1814. Mit dem Übergang des Herzogtums Westfalen an Preußen im Jahre 1816 wurde die Irrenanstalt am 1. 6. 1816 zur ersten Provinzial-Irrenanstalt in der Provinz Westfalen.
Von den Klostergebäuden wurde im Jahre 1818 zunächst die Kirche bis auf den Chor abgebrochen. Danach diente der Chor bis 1869 als Hauskapelle der Anstalt, bevor auch er im Jahre 1869 abgerissen wurde. Die übrigen Klostergebäude folgten schließlich 1876.
Die damalige Irrenanstalt besteht unter der Bezeichnung „Westfälische Klinik für Psychiatrie

"Das Irrenhaus zu Nieder-Marsberg, vormaliges Kapuzinerkloster". Aquarell von Alfred Yark, um 1840   H 10

und Psychotherapie" noch heute. Zusammen mit dem 1881 gegründeten St. Johannes-Stift, einem Fachkrankenhaus für Kinder- und Jugendpsychiatrie, und dem erst in jüngster Zeit errichteten Therapiezentrum „Bilstein", einer Einrichtung zur Behandlung suchtkranker Rechtsbrecher, ist die Stadt Marsberg heute ein bedeutender Standort für Einrichtungen des Gesundheitswesens. Der Träger dieser Einrichtungen, der Landschaftsverband Westfalen-Lippe, ist der größte Arbeitgeber in der Stadt. Hier zeigen sich also auch nach langen Jahren Folgen der Säkularisation, die für die Stadt Marsberg größte Bedeutung haben.

So betrachtet, waren hier die damaligen Geschehnisse tatsächlich ein „Aufbruch in die Moderne".

Anmerkungen

1 SCHÖNE, MANFRED, Das Herzogtum Westfalen unter hessen-darmstädtischer Herrschaft 1802-1816. Olpe 1966, S. 151.

2 Zit. nach BRAUBACH, MAX, Die Lebenschronik des Freiherrn Franz Wilhelm von Spiegel zum Diesenberg. Münster 1952, S. 35.

3 Zit. nach KLUETING, HARM, Franz Wilhelm von Spiegel und sein Säkularisationsplan für die Klöster des Herzogtums Westfalen. In: Westfälische Zeitschrift 131/132 (1981/1982), S. 47-68.

4 Ebenda, Einleitung § 6.

5 SCHOPPMEIER, HEINRICH, Die Geschichte der Pfarrgemeinde und Kommende Mülheim. In: SCHOPPMEIER, HEINRICH / SÜGGELER, KASPAR, Die Geschichte der Gemeinden Sichtigvor, Mülheim, Waldhausen. Balve 1968, S. 31.

6 SEIBERTZ, JOHANN SUIBERT, Geschichte der Abtei Bredelar. In: Historisch-geographisch-statistisches-literarisches Jahrbuch für Westfalen und den Niederrhein. Coesfeld 1817, S. 82-165. Zit. nach dem Wiederabdruck in: Das Kloster Bredelar und seine Bibel, hrsg. vom Verein für Ortsgeschichte Bredelar. Marsberg 1990, S. 73.

7 Archiv des Propsteipfarramtes Belecke, Bd. 1, Ziff. 3b.

8 Beträge nach KLUETING, HARM, Die Säkularisation im Herzogtum Westfalen 1802-1834. Köln, Wien 1980, S. 134.

9 Amtsblatt der Königlichen Regierung zu Arnsberg, Jg. 1825, Nr. 833.

10 ARENS, DETLEV, Sauerland mit Siegerland und Wittgensteiner Land. Köln 1985, S. 230.

11 KOSTER, (FRIEDRICH), Geschichte der westfälischen Provinzial-Irrenanstalt zu Marsberg. Supplement-Heft zum XXIV. Bande der Allgem. Zeitschrift für Psychiatrie. Berlin 1867, S. 101.

12 KLUETING, Anm. 8, S. 255.

13 Überliefert von KOSTER, Anm. 11, S. 17-19.

14 HAGEMANN, LUDWIG, Aus Marsbergs Geschichte. Niedermarsberg, o. J. (1939), S. 158.

15 KOSTER, Anm. 11, S. 16.

16 HAGEMANN, Anm. 14, S. 159.

„Verkappte Intoleranz" und wirtschaftliche Blüte – Menden zwischen Kurköln und Preußen

Rico Quaschny

An der Wende vom 18. zum 19. Jahrhundert bot Menden äußerlich das Bild eines sich verändernden Ortes. 1276 durch den Kölner Erzbischof Siegfried von Westerburg zur Stadt erhoben, verschwanden erst seit dieser Zeit überflüssig gewordene, für Menden jedoch charakteristische äußere Merkmale. Von den einst zur Stadtmauer gehörenden zwölf Türmen und drei Stadttoren - eines von ihnen ist seit dem Mittelalter Siegel- und Wappenmotiv Mendens - blieben nur zwei Türme erhalten. Die übrigen baufälligen Wehrbauten, sofern sie um 1790 überhaupt noch erhalten waren, wurden bis 1813 abgebrochen, und die Stadtbefestigung selbst fiel Stück für Stück in den folgenden Jahren. Menden hatte sich damit vom Korsett der Stadtmauer befreit, vor deren Toren noch um 1800 keine Häuser gestanden haben. Ein weiterer markanter Bau war ebenso 1791 dem Abbruch zum Opfer gefallen. Das alte Amtshaus, Teil des kurfürstlichen Schlosses, das seit 1789 in städtischem Besitz stand und vermutlich um 1350 errichtet worden war, wurde bis auf die Fundamente abgerissen und um 1800 durch ein repräsentatives Bürgerhaus des Advokaten Amecke ersetzt.[1]

Um 1800 lebten in den rund 235 Häusern der Stadt ca. 1.200 überwiegend katholische Mendener, die sich von Handwerk, Handel oder Landwirtschaft ernährten. Eine „Ackerbürgerstadt" war Menden dennoch nicht, da die überwiegende Mehrheit der Einwohner (ca. 68 %) ihren kleinen Grundbesitz lediglich zur landwirtschaftlichen Selbstversorgung bewirtschaftete.[2] Menden nahm damals mit rund 235 Häusern unter den 25 Städten des Herzogtums Westfalen, Arnsberg (252 Häuser) folgend, den 10. Platz ein.[3]

Den Mendenern verkündete am 8. September 1802 in der St. Vincenz - Kirche Pfarrer Zumbroich ein Schreiben des Landdrosten, in dem die bevorstehende Besetzung des Herzogtums Westfalen durch Truppen des Landgrafen von Hessen-Darmstadt bekanntgegeben wurde.[4] Kurz darauf mußten 142 Soldaten in der Stadt untergebracht werden, was den Magistrat zu einer Beschwerde veranlaßte. Man trat den neuen Regierenden selbstbewußt gegenüber.

Zunächst änderte sich an der städtischen Verfassung nur wenig. Bürgermeister und Rat blieben nach 1802/03 im Amt, erst 1804 kam es zu

Ansicht der Stadt Menden von Norden. Zeichnung von Heinrich Brakel, 1849

einer Neuwahl. Kurz nach der Wahl des neuen Bürgermeisters erreichte den Magistrat eine Polizeiverfügung, die aufgrund der vorgesehenen hohen Strafen selbst für geringe Vergehen negativ aufgenommen wurde. Sie brachte dem Inhaber der Polizeigewalt, Leutnant Jesse, im Volksmund den Titel „*Bettelvogt*" ein.⁵ Empörte Mendener schlugen dem Advokaten Amecke, der Mitglied der Polizeideputation war, sogar mehrmals die Scheiben seines neuen Hauses ein.⁶ 1808 wurde der schon 1804 gewählte Bürgermeister Düllmann erneut gewählt und auch andere, aus alteingesessenen Mendener Familien stammende Gemeinheitsdeputierte blieben in ihren Funktionen.⁷

1807 wurde Menden bei der neuen Verwaltungseinteilung des Herzogtums Westfalen Sitz eines Amtsbezirkes, dem neben der Stadt und dem ehemaligen kurkölnischen Amt Menden das Gericht Neheim (ohne Moosfelde), Höllinghofen und das Patrimonialgericht Voßwinkel (diese Teile kamen 1819 zum Kreis Arnsberg) sowie das Gericht Sümmern angegliedert wurden. Nach der formalen Einführung der Hessischen Städteordnung im Herzogtum Westfalen im Jahr 1811 änderte sich in Menden zunächst nichts, da der Rat an der alten Ratsverfassung festhielt. Erst 1813 wurde der Advokat Bering Schultheiß; er amtierte bis 1821.

Wie wenig die Mendener selbst von der neuen Stadtverfassung hielten, belegt der Umstand, dass zur Wahl der Stadtdeputierten nur ein einziger Bürger erschien und dieser erklärte, „*wenn nicht unbedingt ein neuer Stadtvorstand gewählt werden müsse, könne ja auch der alte im Amt bleiben.*"⁸

Bis in die ersten Jahrzehnte der preußischen Zeit hinein erfuhr die Verwaltung der Stadt Menden mehrfache Eingriffe und Veränderungen. 1836 wurden die Stadtverordneten nach der revidierten Städteordnung von 1831 gewählt. Die kommunale Selbstverwaltung war jedoch, wie Gisbert Kranz es für das Herzogtum Westfalen und insbesondere für Menden darstellte, „*in der Kölnischen Zeit längst in Entwicklung*"⁹.

Entscheidender für die Stadt Menden war die Entwicklung der Wirtschaft, die schon vor der hessischen Regierungsübernahme neue Impulse bekommen hatte. So waren um 1800 rund 100 Personen in der Nadelfabrikation beschäftigt. Das Tuchmachergewerbe und eine Seiden- und Samtmanufaktur erlebten zur Jahrhundertwende eine Blüte, auch wenn diese nur bis in die 1820er Jahre anhalten konnte. Immerhin wurde Menden noch 1835 als „*kleine Stadt mit 280 Häusern und 2.450 Einwohnern, welche Nähnadeln, Leder, Tuch und Sammet liefern*"¹⁰ charakterisiert.

Probleme bereiteten dem hessischen Landesherrn vor allem die Zünfte. Ihre althergebrachten Privilegien wurden zu Staatsangelegenheiten erklärt, die der Polizeiaufsicht unterstanden. Nach vergeblichen Protesten der Großen Gilde in Menden drohte die Situation zu eskalieren, als die Bäcker erklärten, ihr Brot nicht zu den festgesetzten Preisen verkaufen zu können und darauf in Menden kein Schwarzbrot mehr erhältlich war.¹¹ Erst Strafandrohungen behoben den Notstand. Der Protest der Bäcker verdeutlicht das vergebliche Beharren auf alten Strukturen. Schon 1811 wurden diese mit der Auflösung der Zünfte gänzlich aufgebrochen.

Wirtschaftlich gestärkt wurde Menden durch die Wiedereröffnung des traditionellen Kornmarktes im Juni 1806 und seit 1809 zudem durch zwei Schweinemärkte.¹² Bedeutendere Auswirkungen hatten jedoch gewerbliche Unternehmungen, mit denen die Industrialisierung des Mendener Raumes begann. Abgesehen von den Freiherren von Dücker zu Rödinghausen, die im Hönnetal schon seit dem 18. Jahrhundert als Wirtschaftspioniere wirkten, stammten die Gründer der Metallindustrie aus dem ehemals märkischen Raum Iserlohn. Zwischen 1825 und 1835 entstanden u.a. das Walzwerk zu Rödinghausen (1826), das Neuwalzwerk in Bösperde (1827), das Walzwerk Hönnenwerth bei Menden (1834) und das Puddel- und Walzwerk an der Hönne (1835).¹³ Diese metallverarbeitenden Betriebe, in deren Nachfolgewerken z.T. noch heute in Menden gearbeitet wird, verdanken ihre Entstehung insbesondere den guten natürlichen Voraussetzungen des Mendener Raumes: der Wasserkraft der Hönne.

Die Veränderung der Infrastruktur der Stadt Menden kennzeichnete die oben erwähnte Erweiterung über den Ring der alten Stadtbefestigung hinaus, die jedoch zunächst nur zaghaft begann und erst in der zweiten Hälfte des 19. Jahrhunderts schneller voranschritt. Im Stadtkern hatte sich schon die hessische Verwaltung um geordnetere Verhältnisse bemüht und angeordnet, dass die drei Hauptstraßen von Düngerstätten, Holzhaufen und Fuhrwerken zu befreien seien. Zudem verbot eine Polizeiverfügung offenes Licht und das Rauchen in Ställen, Dachböden und Scheunen. Den um die St. Vincenz - Kirche gelegenen katholischen Friedhof verlegte man 1822 vor die ehemalige Stadtmauer. Immerhin schon von 1808 bis 1810 wurden die Straßen nach Balve, Wickede und Iserlohn ausgebaut, von 1817 bis 1819 eine Chaussee nach Iserlohn angelegt und 1840 eine befestigte Verbindung nach Balve geschaffen. Trotz früherer Vorstöße gelang der Anschluss an das Eisenbahnnetz jedoch erst 1872.

Allein die Entwicklung der Einwohnerzahlen zwischen 1816 und 1871 verdeutlicht, welchen Aufschwung die Stadt in über fünf Jahrzehnten preußischer Herrschaft nahm. Zählte man 1816 in Menden nur 1.806 Einwohner, hatte sich diese Zahl bis 1871 mehr als verdoppelt: 4.435 Menschen lebten nun hier.[14] Ebenso stieg die Zahl der Häuser von 274 auf 503. Besonders bemerkenswert ist der Anstieg der evangelischen Einwohner von 39 (1816) auf 715 (1871). Wie auch die jüdische Bevölkerung (1816: 47; 1871: 62), die 1821 eine Synagoge in der Innenstadt bauen ließ, wurde diese Minderheit zunehmend selbstbewusster. Nach der Einrichtung einer ersten evangelischen Gottesdienststätte (1830) dauerte es bis zum Bau einer Kirche aber noch mehrere Jahrzehnte. Erst 1864 wurde sie geweiht.

Nach dem Übergang an Preußen kamen die Stadt Menden und das gleichnamige Amt 1817 zum neu gebildeten Kreis Iserlohn. Vermutlich waren dafür vor allem wirtschaftliche Gründe ausschlaggebend. Dass der Mendener Raum damit aus seiner historischen Einbindung in das Herzogtum Westfalen herausgelöst und ehemals märkischem, d.h. protestantischem Gebiet angeschlossen wurde, sorgte für verständlichen Unmut und Misstrauen auf katholischer Seite. Noch 1830 wurde das Thema auf dem Provinziallandtag in Münster debattiert. Dass die Vorurteile jedoch nicht nur einseitig waren, belegt ein Zitat des ehemaligen Landrates des Kreises Iserlohn, Peter Eberhard Müllensiefen (1766-1847) aus dem Jahre 1836: *„Die Stadt Menden ist durch ihren Kornmarkt berühmt. Der gleichnamige Bezirk, und zwar die Strecke von Rödinghausen durch das romantische Hönnetal bis zur Ausmündung der Hönne in die Ruhr, vereinigt alles, was zur Ansiedlung in Verbindung mit Fabrikanlagen nur gewünscht werden mag. Leider aber steckt finsterer Sektengeist, verkappte Intoleranz und ein verödeter, gleichsam inficierter, stets rechnender Krämersinn den (übrigens sehr besonnenen) Eingessenenen hemmend im Wege. Desto freudiger dagegen blühen die dort vom diesseitigen evangelischen Fabrikinhaber ausgeführten Unternehmungen zu Neuwalzwerk, Hönnewerth und Menden, welche nebst den Anlagen zu Rödinghausen wahrhaft großartig zunehmen und einer bedeutenden Erweiterung noch fähig sind."*[15]

Im Amt Menden gab es demnach auch Persönlichkeiten, welche die neuen Möglichkeiten der Zeit zu nutzen verstanden. Ein Beispiel dafür ist Theodor von Dücker zu Rödinghausen (1791-1866). Obgleich er aus einer Familie stammte, die jahrzehntelang in kurkölnischen Diensten gestanden hatte, konvertierte er zum Protestantismus, gab durch die Gründung verschiedener Industriebetriebe an der Hönne wirtschaftliche Impulse und wurde schließlich 1829 als Kreisdeputierter sogar Vertreter des Iserlohner Landrates.[16]

Auch wenn die Ansichten des protestantischen Fabrikanten und Verwaltungsmannes Müllensiefen überzogen, ja gehässig erscheinen, so ist nicht zu leugnen, dass die Stadt Menden seit 1800 zwar äußerlich die Relikte der über 600-jährigen kurkölnischen Herrschaft abgestreift hatte, jedoch die meisten Einwohner der „Zeit unter dem Krummstab" innerlich noch lange verhaftet blieben. Der unter hessischer und preußischer Herrschaft einsetzenden dynamischen Fortentwicklung der bereits in kurkölnischer Zeit begonnenen Veränderungsprozesse standen sie skeptisch gegenüber.

Anmerkungen

1 Vgl. TÖRNIG-STRUCK, JUTTA, Aus Fachwerk, Bruchstein und Beton. Stadtgeschichte in Kunst- und Bauwerken. Bd. 1. (Menden in Geschichte und Gegenwart 2). Menden 1995, S. 12-58.

2 Vgl. die neuere Untersuchung von BÖNEMANN, THEO, Stadt und Land im Wandel. Bauen, Wohnen und Wirtschaften im 18. und 19. Jahrhundert in Menden und Lendringsen. Menden 2000.

3 SCHUMACHER, ELISABETH, Das kölnische Westfalen im Zeitalter der Aufklärung unter besonderer Berücksichtigung der Reformen des letzten Kurfürsten von Köln, Max Franz von Österreich. (Landeskundliche Schriftenreihe für das kölnische Sauerland 2). Olpe 1967, S. 267.

4 Die ausführlichste Behandlung der Jahre 1802-1816 und 1816-1914 bieten KOCH, PAUL, Das Hessische Zwischenspiel. In: Menden (Sauerland) - eine Stadt in ihrem Raum. Hrsg. von der Stadt Menden. Bearb. von Paul Koch. Menden 1973, S. 114-137 und BRÜNING, HANS-JOACHIM, Unter Preußischer Herrschaft. In: Menden (Sauerland), S. 138-164. - Zum Stand der Stadtgeschichtsforschung in Menden allgemein vgl. QUASCHNY, RICO, Die Stadtgeschichtsschreibung in Menden (Sauerland). Ein kritischer Überblick. In: Der Märker, 48. Jg., 1999, Heft 4, S. 143-151.

5 KRANZ, GISBERT, Die Verfassung der Stadt Menden mit besonderer Berücksichtigung der Kölnischen Zeit. Menden 1928, S. 53-55.

6 KOCH, Anm. 4, S. 124.

7 Vgl. KRANZ, Anm. 5, S. 95-97.

8 Zitiert nach KOCH, Anm. 4, S. 132.

9 KRANZ, Anm. 5, S. 62.

10 BRUNS, ALFRED (Hrsg.), Westfalenlexikon 1832-1835. (Nachdrucke zur westfälischen Archivpflege 3). Münster 1978, S. 72.

11 KOCH, Anm. 4, S. 123.

12 Ebenda, S. 124.

13 Vgl. RÖTTGERMANN, HEINZ, Die Geschichte der Industrie des Wirtschaftsraumes Menden/Fröndenberg und seine Probleme seit Beginn des 19. Jahrhunderts. 2., erw. Aufl. (Beiträge zur Geschichte des Hönnetals 3). Menden 1952.

14 Für diese und die folgenden Einwohnerzahlen vgl. PAPENHAUSEN, [JOSEPH], Lagerbuch der Stadt Menden. Menden 1872, S. 120.

15 Zitiert nach BRUNS, ALFRED, 700 Jahre Stadt Menden. Festvortrag am 14. Februar 1976. Menden 1976, S. 2.

16 BIROTH, ULRICH, „.... zum Zwecke der Verwaltung der Angelegenheiten des Kreises ..." Verfassungs- und Verwaltungsgeschichte des Märkischen Kreises und seiner Vorgänger. (Veröffentlichungen des Kreisarchivs des Märkischen Kreises 1). Altena 1996, S. 7.

Die Freiheit an der Ruhr in den Zeiten des Umbruchs – Meschede in der Säkularisations-Epoche

Erika Richter

Meschede hatte noch nicht einmal den Namen „Stadt", sondern nur den Status einer „Freiheit", als das 18. Jahrhundert zu Ende ging und das 19. begann, das der alten Freiheit zu ganz neuem Rang verhelfen sollte. Der Namen Freiheit besagte, der Ort sei aus dem ländlichen Gerichtsbezirk „exemt", d.h. gefreit. Ein Hauptunterschied verglichen mit Nachbarstädten bestand im Fehlen von Befestigungsmauern, die die Stadt umrundeten. Sie hatte nach einem Verzeichnis von 1781 172 Wohnhäuser und 38 Nebengebäude. Bei 191 Familien erreichte Meschede damals knapp 1000 Einwohner.[1]

Die Freiheit übertraf an Alter alle benachbarten Städte, denn ihr Ursprung ging auf ein im 9. Jahrhundert entstandenes Kanonissenstift zurück. Die ältesten Teile der dazu gehörigen St. Walburga-Kirche entstammen dieser Zeit. Das 1310 aufgelöste Kanonissenstift wurde in ein Kanonikerstift umgewandelt. Am Ende des 18. Jahrhunderts lebten hier 13 Kanoniker. Sie besaßen auch eigene Häuser in der Nähe der Stiftskirche, die ihren Wohlstand verrieten.

Wie lebten die übrigen Mescheder Bürger? Wir haben darüber nur wenige Nachrichten, denn eine lokale Zeitung gab es in Meschede um 1800 noch nicht. Als „Presse" im heutigen Sinn fungierte in der kurkölnischen Metropole nur das „Arnsberger Intelligenzblatt" mit seinen Berichten über besondere Ereignisse im Umkreis. Ein besonderes Ereignis war 1801 der frühe Tod des Landesherrn, Erzbischofs und

Porzellantasse mit Ansicht Meschedes mit Stiftskirche und Pfarrkirche, vor 1839   O 11

Kurfürsten Maximilian Franz am 26. Juli 1801 gewesen. Das Ende der geistlichen Herrschaft drohte seit dem Lunéviller Friedensschluss vom Februar 1801. Aber das Kölner Domkapitel, das schon 1794 vor den Franzosen nach Arnsberg geflohen war, hatte schnell entschlossen Anton Victor, wieder einen habsburgischen Prinzen, als Nachfolger von Maximilian Franz gewählt, von dem man vielleicht hoffte, er werde das Ende des Kurstaats eventuell noch verhindern können. Die Wahl war am 7. Oktober erfolgt, ein Bericht im „Arnsberger Intelligenzblatt" vom 30. 10. schildert die Inszenierung der Feier dieser Wahl durch alle, die in Meschede Rang und Namen hatten, samt der Schützenkompagnie, die mit ihrem Salut und den beliebten Böllerschüssen der Veranstaltung einen lautstarken festlichen Hintergrund verlieh.[2]

„*Heute Morgen wurde von der versammelten Stiftsgeistlichkeit ein sehr feyerliches hohes Amt gehalten, wobei ein Ausschuß von der hiesigen Schützenkompagnie unter Fahnen mit der schönsten Ordnung und Erbaulichkeit paradirte. Diesem hohen Amt wohnten, neben dem kurfürstlichen Gerichtspersonal, Bürgermeister und Rath mit einer zahlreichen Versammlung hiesiger Bewohner und Pfarrgenossen sammt der Schuljugend mit festlicher Ordnung und innig gerührt bey. Während demselben wurden von der, außerhalb der Kirche, auch noch paradirenden Schützenkompagnie, einige Salve's gegeben, dabei ein Böller mehrfach abgefeuert. Nach abgesungenem Te Deum äußerte sich der laute Jubel: Es lebe Anton Victor, unser Neugewählter Kurfürst! Bey anbrechendem Abend beleuchtete man nach Möglichkeit die Straßen, um den frohen Tag zu verlängern, und diese Beleuchtung fiel über alle Erwartung niedlich aus.*"

Besonders hervorgehoben wird der Rathauseingang mit einer schön gemalten Inschrift, die auf den Namen des Neugewählten Victor = Sieger anspielt und ihm Unbesiegbarkeit wünscht. Der Bericht schließt mit der Schilderung, am Abend habe noch eine frohe Gesellschaft auf dem Rathaus „*munter und vergnügt*" gefeiert und man dürfe „*ohne Schmeichelei sagen, daß unsere Freude nicht nur herzlich, rein und edel war, sondern es reicht auch der hiesigen Bürgerschaft zur besonderen Ehre daß alles mit der pünktlichsten Ordnung geschah.*"

Die Schilderung vermittelt den Eindruck einer wohlgeordneten Stadtgemeinde. Es gibt aber auch andere Urteile. So hatte wenige Jahre zuvor der junge preußische Leutnant v. Knesebeck bei einer Reise durch Westfalen auch Meschede besucht, das er „*einen der wohlhabendsten Orte in Sauerland*" nennt. Zunächst erwähnt er das Kollegienstift von 14 Kanonikern und Vikaren, deren jeder ungefähr 400-500 Rtlr (Reichstaler) Einkünfte jährlich habe. Als industriell bemerkenswert listet er Pottaschensiedereien, einige Eisenhämmer und Pulvermühlen in der dörflichen Umgebung auf. Meschede sei ein wichtiger Knotenpunkt, doch seien die Straßen in schlechtestem Zustand. Zur Freiheit selbst heißt es: „*Auf den Straßen der Stadt liegt durchgängig der Mist umher, so daß man kaum durchwaten kann, verursacht eine ungesunde Luft und üblen Geruch.*"[3]

Sein Gesamturteil, das den ordnungsliebenden überzeugten protestantischen Preußen verrät, lautet: „*Städte und Dörfer sind durchaus schlecht gebaut... Aufklärung und Geisteskultur gehören hier nicht zuhause. Die Bildung des Volkes ist ausschließlich in den Händen der Mönche. Ein Buchladen oder eine Lesegesellschaft ist in dem ganzen Lande nicht.*"

Mit diesem vernichtenden Urteil über die kulturelle Situation kontrastiert eine französische Sicht. Graf Louis de Graimberg, einer der zahlreichen Emigranten in Westfalen, veröffentlichte 1807 seine „Lettres sur la Westphalie", Briefe an seinen Bruder über seine Reisen u.a. durch das Sauerland. Dabei schildert er ein Souper beim damaligen Mescheder Bürgermeister Jodokus Althaus: „*Beim Abendessen war man außerordentlich munter. Gewiß hätten die Unterhaltung, der gute Wein, der Rehbraten, die Krammetsvögel und die Forellen in einem Franzosen aus Paris niemals den Verdacht aufkommen lassen, daß er sich in einem Flecken Westfalens befände.*"[4]

Wir erfahren aber nicht nur die kulinarischen Genüsse, die immerhin etwas über die Eßkultur der Honoratioren besagen, sondern auch über die Inhalte der französisch geführten Unterhaltung der am Souper beteiligten Herren. Sie drehte sich nicht nur um Voltaires „Candide" und dessen Westfalenkritik, sondern auch um die Werke französischer Historiker und Klasssiker wie Corneille, Racine, Molière oder La Fontaine, den Meschedern offenbar vertraut. Kein Beispiel für die „traurige Geisteskultur", wie sie Knesebeck pauschal den Sauerländern zuschreibt.

Gibt es überhaupt Gewißheiten über die Situation der Freiheit in der Umbruchszeit von kurkölnischer zur hessischen Herrschaft? Am 8. September 1802 war das hessische Bataillon Erbprinz in Meschede eingezogen. Die kurkölnischen Hoheitszeichen mit dem westfälischen Pferd wurden durch entsprechende Wappenschilder mit dem hessischen Löwen ersetzt. Die neue hessische Regierung mit ihrer Zentrale in Arnsberg mußte sich schnellstens einen Überblick über ihre neuerworbenen Gebiete verschaffen. Daher erließ Freiherr von Weichs, vorher kurfürstlicher Landdrost und nun im hessischen Dienst, schon im Dezember 1802 einen Fragebogen über die Bevölkerung der Städte und Freiheiten, ihre soziale und wirtschaftliche Lage und die Art der Verwaltung.[5] Der Mescheder Magistrat nennt: 138 Bürger, 24 Beilieger, 17 Witwen und sechs jüdische Familien, die namentlich aufgeführt werden. Bei den Handwerkern dominieren mit großem Abstand die Tuchmacher, deren Zunft die Hessen bald auflösen werden. Doch werden auch wegen der Meschede durchkreuzenden Landstraßen die Möglichkeiten der Bürger erwähnt, sich *„durch Vorspannen ihre täglichen Warenausgaben zu bestreiten"*. Die landwirtschaftlichen Erträge werden sehr gering angesetzt, *„die Hälfte an benötigter Brotfrucht müsse zugekauft"* werden. Betont wird, dass die Bürgerschaft nicht „fronbar" sei und auch mit unverkennbarem Selbstgefühl die Form der Selbstverwaltung durch einen jährlich gewählten Bürgermeister und Kämmerer. Meschede habe auch seit uralten Zeiten Jurisdiktion ausgeübt und bekleide das gewöhnliche Gericht auf dem Rathause. Das Bewußtsein einer „uralten" Eigenständigkeit kommt auch in der Antwort auf die Frage zum Ausdruck, *„Ob bisher der Landesherr durch seine Beamten und Collegien von der Gemeinds-Verwaltung Notitz genommen habe?"* Diese Frage wird lakonisch beschieden: *„Dieses ist nie geschehen".*

Diese Auskünfte haben wohl die Auffassung der neuen Landesherren von der bisher sehr lässigen Verwaltung bestärkt, so dass eine ergiebige Nutzung der Neuerwerbung nur durch neue Formen der Kontrolle erreicht werden könne. Damit beginnt der Umbruch der bisherigen Zustände. Alles bisherige Grundeigentum mußte als Grundlage eines neuen Katasters erfaßt werden, dessen Grobvermessung 1814 abgeschlossen, allerdings erst in preußischer Zeit genauer vollendet wurde.[6] Die Vermessung war kein Selbstzweck, sie sollte einer gerechteren Besteuerung dienen, da in kurkölnischer Zeit noch mittelalterliche Privilegien wie die Steuerfreiheit des Adels bestanden. Sie wurde nun 1806 aufgehoben. Die allgemeine Besteuerung der Bevölkerung nahm aber zu, denn die Hessen mußten als Satelliten Napoleons enorme Kriegskosten aufbringen. Die zahlreichen erheblichen „Schatzungen" steigerten sich zur Erbitterung der Bevölkerung. Dazu kam die Einführung einer zehnjährigen Wehrpflicht für die 17-25 jährigen jungen Männer, der sich viele durch - streng bestrafte - Desertion zu entziehen versuchten.

Statt der bisherigen Selbstverwaltung ernannte nun der Großherzog auch einen von ihm abhängigen Schultheiß als wirksame Kontrollinstanz im Sinne eines „nachgeholten Absolutismus".[7] Der Schultheiß Schaefer hatte in Meschede nun als Aufsichtsbeamter über Ordnung und Sicherheit viele Obliegenheiten, z. B. auch Prüfung des Feuerlöschwesens, bei der Vielzahl strohgedeckter Häuser, die das erste Feuersozietätskataster von 1809 ausweist, eine wichtige Aufgabe. Zuständig war er auch für das Gesundheits- und Wohlfahrtswesen, wozu die hessische Bestimmung gehörte, dass Friedhöfe außerhalb des Siedlungsbereichs einer Ortschaft angelegt werden mußten, wo das Trinkwasser nicht verseucht werden konnte. Das veränderte den Raum um die Walburgakirche einschneidend. Nach der Verlegung des Friedhofs an die Langeloh-Kapelle (heute Südfriedhof) durchtrennte nun im Zuge rigoroser hessischer Verkehrsmaßnahmen eine neue Straße das Stiftsgelände. Das Haus des früheren Freiheitssekretärs Witte wurde abgerissen und auf dem Kirchspielsfriedhof neu aufgebaut. Die Hausinschrift datierte genau: *„Deo favente, Napoleone protegente & Ludovico X regente domus haec extructa est Anno Domini MDCCCX, XXXI Julii."*[9]

Das Stiftsgelände hatte seinen Charakter als geistlicher Bezirk nun ohnehin verloren. Das Kanonikerstift war am 20. April 1805 aufgelöst worden. Die Kanoniker verzichteten auf ihre Einnahmen aus den Stiftspfründen zugunsten von Pensionen zwischen 390-495 Florin (Gulden), erhielten aber teilweise noch die lebenslängliche Nutzung ihrer Häuser und Grundstücke. Wie sie die Auflösung empfanden? Wir wissen es ebenso wenig wie die Resonanz der Mescheder Bevölkerung auf das Ende der altehrwürdigen Institution im Kern der Freiheit. Da seit der Vereinigung von Kirchspiels- und Stiftskirche 1791 aber die Gottesdienste in der Stiftskirche stattfanden, konnten sie die Feste des Kirchenjahres im wesentlichen weiterhin vollziehen, und der Bruch war ihnen wohl wenig spürbar. Vermutlich haben sie auch nicht wahrgenommen, dass der kostbarste Schatz der Kirche, der Hitda-Codex, wohl auf hessische Veranlassung bereits 1803 in die Abtei Wedinghausen geschafft worden war.[10] Der Geheimrat Minnigerode, die Leidenschaften seines Herrn für alte Kostbarkeiten wohl kennend, ließ das großartige Evangeliar in die Darmstädter Hofbibliothek bringen, wo es heute noch gehütet wird.

Aber die Umbruchzeit brachte so viele Veränderungen, Auflösungen und täglichen Wandel mit sich, wie konnte da ein Einzelvorgang noch als Verlust bewußt empfunden werden? Der Abschied von der Krummstabzeit war als bleibender Einschnitt in alle bisherigen Traditionen unausweichlich.

Anmerkungen

1 KLUETING, HARM, Statistische Nachrichten über das Herzogtum Westfalen aus dem Jahr 1781. In: Westfälische Forschungen 30/1980, S. 124-141.

2 ARNSBERGER INTELLIGENZBLATT vom 30. 10. 1801, abgedruckt in: Zuflucht zwischen Zeiten 1794 - 1803. Arnsberg 1994, S. 110.

3 SCHÖNE, MANFRED, Das Herzogtum Westfalen aus der Sicht eines Preußen. In: Westfälische Forschungen 20/1967, S. 195-207.

4 PADBERG, MAGDALENA, Ein frühes Lob des Sauerlandes. In: Jahrbuch Westfalen 1988, S. 51-56.

5 MESCHEDER VERHÄLTNISSE im Spiegel eines Fragebogens von 1802. In: Die Freiheit Meschede. Meschede 1986, S. 62ff.

6 SCHÖNE, MANFRED, Das Herzogtum Westfalen unter hessen-darmstädtischer Herrschaft 1802-1806. Olpe 1966.

7 KLUETING, HARM, Nachholung des Absolutismus. Die rheinbündischen Reformen im Herzogtum Westfalen. In: Westfälische Zeitschrift, 137. Band 1987, S. 227-244.

8 FEUERSOZIETÄTSKATASTER 1809. In: Die Freiheit Meschede, Anm. 5, S. 220.

9 HAUSSTÄTTENFOLGE. In: Die Freiheit Meschede, Anm. 5, S. 165. INSCHRIFT: Durch Gottes Huld, unter Napoleons Schutz und unter der Herrschaft von Ludwig X. wurde dieses Haus errichtet im Jahr 1810 am 31. Juli. - Heute ist das Haus abgebrochen wegen des 1932 in Betrieb genommenen Neubaus der Post.

10 Über den Hitda-Codex erscheint 2003 eine Schrift von Michael Schaefer, Meschede. Siehe dazu auch die Beiträge von Dr. Silvia Uhlemann und P. Michael Hermes OSB im vorliegenden Katalog S. 110-116.

Neheim, eine kleine Landstadt in der Umbruchzeit

Gerd Schäfer

Im ausgehenden 18. Jahrhundert bot Neheim äußerlich noch ein durchaus „mittelalterliches" Bild. Das kurkölnische Landstädtchen lag auf einem vor Überschwemmungen geschützten Hügel im Mündungswinkel von Ruhr und Möhne, umgeben von einer Stadtmauer mit drei Toren, dem Ruhr-, Möhne- und Obertor, von wo aus die Straßen nach Menden, Werl und Arnsberg führten.

Ruhr, Möhne und Mühlengraben gewährten in früheren Jahrhunderten natürlichen Schutz vor Angriffen, während die von Natur aus ungeschützte Südwestseite durch eine Befestigung gesichert war, die sich etwa 600 Meter lang mit den Burghäusern Schüngel, Freseken und Gransau, dem Drostenhof und der eigentlichen, aber schon im Dreißigjährigen Krieg zerstörten landesherrlichen Burganlage hinzog, an die jetzt nur noch der Name „auf der Burg" erinnert. Die Südseite war durch einen Wall und einen künstlich gestochenen Graben geschützt. In diesem kleinen Viereck drängten sich eng aneinander neben Kirche, Rathaus und Schule 165 strohgedeckte Fachwerkhäuser, fast alle mit kleinem Hinterhof und Stallanbau. Dass eine solche Bauweise Brandunglücke geradezu herausforderte, verwundert nicht. In Neheim gab es um 1800 überhaupt nur 16 steingemauerte Schornsteine.

Die Kirche – daneben die Schule – stand in der Mitte der Stadt nahe dem Möhnetor, noch umgeben vom Friedhof, auf dem ziemliche Missstände herrschten. Eine Friedhofsordnung und einen Totengräber gab es nicht. Die Gräber wurden von den Nachbarn der Verstorbenen ausgehoben, wobei man sich nicht immer „an die Reihe" hielt und auch nicht an die Ruhezeiten, so dass es, wie es in einem Bericht heißt, *„durch das öftere Aufgraben zu bösen Ausdünstungen und Krankheiten"* komme.

Der letzte Graf von Arnsberg, Gottfried IV, hatte dem Gemeinwesen 1358 Stadtrechte verliehen, wodurch die Stadt wichtige Privilegien erhielt, wie das Recht der Bürgermeisterwahl und eine eigene Stadtgerichtsbarkeit. 1360 kam noch die Befugnis hinzu, jährlich einen freien Markt abzuhalten.

Ein Glücksfall für alle folgenden Zeiten trat ein, als Graf Gottfried IV. der Stadt 1368 einen 925 Morgen großen Wald schenkte. In Not-

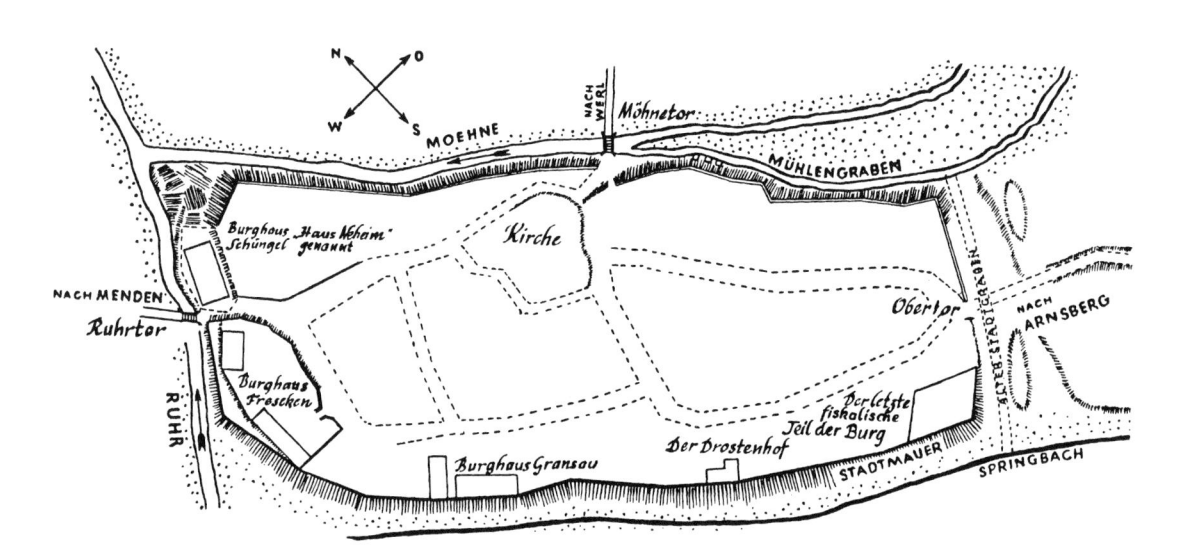

Grundriß der Stadt Neheim vor dem großen Brand von 1807

und Inflationszeiten bedeutete dieser Besitz einen gleichbleibenden realen Wert. Holzverkäufe stopften bei schlechter Kassenlage so manches Haushaltsloch.

Sonst war die Stadt im Zeitenlauf nicht gerade vom Glück begünstigt worden. Während der Soester Fehde wurde sie 1446 ganz zerstört. 1575 und 1676 brannte sie vollständig ab. Auch 1718 und 1782 wüteten schwere Brände. Man kann also sagen, dass Neheim ca. alle 100 Jahre völlig zerstört wurde.

Wovon lebten die etwa 1000 Einwohner? Handel, Handwerk und Gewerbe waren sehr bescheiden. Verbreitet war die Tuchmachermanufaktur. Es gab 41 kleine Tuchmacherbetriebe, die schlecht und recht ihr Brot verdienten, daneben die üblichen Handwerker, einige Händler und Tagelöhner. Fast alle Familien waren noch „Kleinbauern" mit etwas Landwirtschaft, zumindest großen Gärten und Vieh.

Das Städtchen wurde „regiert" von Bürgermeister und Rat gemäß einer Magistratsverfassung, wie sie, jedoch mit Abweichungen, in allen Städten des Herzogtums galt. Der Stadtvorstand bestand aus dem ersten und zweiten Bürgermeister, zwei Kämmerern und zwei Beisitzern. Jedes Jahr am Sonntag nach Ostern fanden Neuwahlen statt, Wiederwahl war möglich. Sieht man sich über längere Zeiträume die Namen des Stadtvorstands an, insbesondere die der Bürgermeister und Kämmerer, so findet man häufig dieselben Familien. Das bedeutete, dass nur einige wirtschaftlich gut gestellte Familien sich gegenseitig die Bälle zuspielen konnten.

Das Stadtpersonal bestand aus zwei Polizeidienern, zwei Nachtwächtern, einem Förster und einigen Holzknechten. Zur Unterstützung der Bürgermeister gab es noch einen Stadtsekretär. Ein Schullehrer musste von der Stadt bezahlt werden, seine Bezüge bestanden jedoch zum großen Teil in Naturalleistungen.

Der jährliche städtische Etat betrug etwa 2.000 Reichstaler. Einnahmen und Ausgaben besorgten der erste Bürgermeister und der erste Kämmerer. Sie mussten oft persönlich in Vorlage treten, wenn die Ausgaben zeitweise die Einnahmen überstiegen. Ein Grund dafür, dass diese Ämter nur von Begüterten ausgeübt werden konnten.

Es ging aber verhältnismäßig großzügig zu. Besondere Bücher wurden nicht geführt, fällige Bürgerabgaben oft jahrelang nicht erhoben, Ausgaben für Getränke und Verzehr findet man häufig. Ende März/Anfang April eines jeden Jahres erfolgte vor dem Magistrat die Rechnungslegung, die diesen Namen eigentlich nicht verdiente. Von einer wirksamen Kontrolle konnte keine Rede sein.

Bürgermeister und Kämmerer legten dar, wie viel sie eingenommen und ausgegeben hatten. Mehreinnahmen mussten zurückgezahlt werden, aber auch darin war man großzügig. Die zurückerstatteten Summen wurden oft jahrelang nicht eingezogen, sehr verwunderlich, da die Stadt noch vom Siebenjährigen Krieg mit 5.000 Reichstalern verschuldet war.

Spürte man in dem kleinen Landstädtchen die im letzten Jahrzehnt heraufziehenden Veränderungen als Folge der Ereignisse in Frankreich? Im täglichen Leben sicher nicht, wenn auch die Koalitions- und Reichskriege gegen Frankreich Spuren hinterließen.

1796 wurde die Ruhr Demarkationslinie zwischen Preußen und Frankreich. Das rechts der Ruhr liegende Neheim war nun sozusagen Grenzstadt und hatte laufend preußische Einquartierungen zu tragen. Sogar eine Kompanie des „Kurkölnischen Reichskontingents Bataillons" musste im Mai 1801 untergebracht werden. Ein prominenter Flüchtling, der von seinen französisch gewordenen linksrheinischen Besitzungen vertriebene Reichsfreiherr Theodor von Fürstenberg-Stammheim, ließ sich in Neheim nieder und wohnte im Burghaus Gransau. Er wurde in den folgenden Jahren ein Wohltäter der Armen, von denen es in der Stadt reichlich gab. Auch mehrere vertriebene Geistliche wohnten in der Stadt.

Dass im Reich tiefgreifende Wandlungen und Veränderungen bevorstanden, dass schließlich ein neuer Landesherr Einzug halten und Kurköln wie andere geistliche Gebiete von der Landkarte verschwinden sollte, war Anfang des neuen Jahrhunderts kein Geheimnis mehr, und so löste der Einmarsch hessischer Truppen im September 1802 sicher keine große Überraschung mehr aus.

Am 11. September erschien dann auch in Neheim ein 40 Mann starkes Kommando und nahm die Stadt militärisch in Besitz. Die Zivilbesitznahme erfolgte am 28. Oktober durch den

Regierungsrat Leußler und seinen Sekretär Lindt in Begleitung einer kleinen Abteilung Soldaten, die das hessische Wappen an die Rathaustür hefteten.

Obwohl im allgemeinen während der hessischen Besitzergreifung von Widerspenstigkeit oder gar Auflehnung nicht die Rede war, wurde in Neheim das hessische Wappen von Unbekannten „verunreinigt", woraufhin die neue Organisationskommission in Arnsberg für den Wiederholungsfall schwere Zuchthausstrafen androhte.

Dass nun ein anderer Wind wehte, drückte sich schon in den Anreden der amtlichen Schreiben aus, die dem Magistrat von Arnsberg aus zugingen. Begannen die früheren Schreiben vom kurkölnischen Landdrost und Räten oft mit der schönen Redewendung: *„Wohlverehrte, wohlachtbare, günstige gute Freunde"* und schlossen *„mit Empfehlung Gottes"*, so hieß es jetzt: *„Man begehrt zu wissen"* oder gar: *„Wir befehlen Euch"*. Das klang schon recht deutlich nach Aufsicht und Unterordnung, wovon in kurkölnischen Zeiten in der Praxis kaum die Rede war. Zum Jahreswechsel 1802/03 erschien im Arnsberger Intelligenzblatt ein langes Lob- und Jubelgedicht auf den neuen Landesherren Ludewig, dessen erste zwei Strophen lauteten:

*„Wie vieles hat in kurzen Jahren
Das Schicksal umgekehrt.
Auch wir – wir haben viel erfahren,
Bei Darmstadts Löwen steht Westfalens Pferd.*

*Mitbürger! Seht nicht bang zurücke
in die vergang'ne Zeit,
Die Zukunft lacht ja auch mit reinem Blicke
Uns Seeligkeit."*

Eine neue Zeit war wirklich angebrochen, da hatte der unbekannte Poet recht.

Für das Städtchen Neheim aber begannen schwere Zeiten, von Seeligkeit war man weit entfernt, wenn auch die Hauptursache, die Brandkatastrophe von 1807, mit der neuen politischen Situation nichts zu tun hatte.

Im ersten Jahr der Hessenzeit änderte sich für die Stadt nichts. Der Magistrat blieb im Amt, wurde auch wiedergewählt. Jedoch schon 1804 sahen sich die Bürger mit ersten unerfreulichen Neuerungen konfrontiert. Die Mitte des Jahres in allen Städten eingeführte Polizei Deputation war eine Quelle jahrelangen Ärgers. Der Vorsitzende, Hauptmann La Roche, fungierte nach dem Motto der „neuen Besen, die gut kehren" und führte sich auf wie ein Stadtkommandant. In kürzester Zeit kam eine Fülle von Anordnungen auf die Bürger zu, die tief in den Alltag eingriffen, was den Magistrat veranlasste, sich mehrfach beschwerdeführend an die Organisationskommission zu wenden. Es nützte aber nichts.

1804 erfolgte auch die Aufhebung der in Neheims Nachbarschaft gelegenen Klöster Oelinghausen und Himmelpforten, die aber im religiösen Leben der Stadt bisher keine besondere Rolle gespielt hatten. Pastor Greve erwarb beim Verkauf des Inventars von Kloster Himmelpforten für 607 Reichstaler kostbare Paramente, die aber im großen Stadtbrand drei Jahre später vernichtet wurden.

Die ebenfalls 1804 eingeführte Militärdienstpflicht löste wie überall gerade in diesen unruhigen Zeiten natürlich keine Freude aus, und die im April festgesetzte neue Vermögenssteuer war schon ein Vorbote eines – auch durch Kriegszeiten bedingten – immer stärker ausufernden Steuersystems.

Das Jahr 1807 bescherte Neheim dann die größte Katastrophe des Jahrhunderts. Am 10. April, morgens, brach im Möhnequartal Feuer aus. Begünstigt durch einen heftigen Südweststurm standen innerhalb einer Stunde fast alle Wohnhäuser, Scheunen, Stallungen, Rathaus, Kirche und Schule in Flammen. Bei diesem Feuersturm gab es nichts zu löschen, man konnte nur versuchen, das nackte Leben, etwas Hausrat oder Vieh zu retten. Die Bilanz: 1 Toter, viele Verletzte, etwa 50 Stück Großvieh verbrannt, sämtliche Gewerbeeinrichtungen und Vorräte vernichtet. Es gab keine Stadt mehr, nur noch rauchende Trümmer.

Alles Geschehen der nächsten Jahre war darauf gerichtet, mehr schlecht als recht zu überleben. Die Veränderungen der kommenden Zeit, wie neue Magistrate, neue Ämtereinteilung, die städtische Schultheißenverordnung, die Aufhebung der Zünfte u. a., berührten die Neheimer Bürger kaum noch. Man erkennt das an dem völligen Desinteresse bei städtischen Wahlen und an städtischen Ämtern.

Was erstaunt, ist die Energie und Schnelligkeit, mit welcher der Wiederaufbau betrieben wurde. Arnsberg setzte zwei „Brandkommissare" ein, den Richter Hüser und den Geometer Wulff, die sofort ans Werk gingen. Stadtmauer und Burgreste wurden abgetragen. Die Stadt dehnte sich um die doppelte Fläche aus, da aus Feuerschutzgründen besondere Hausabstände vorgeschrieben waren.

Schon Mitte des Jahres gab es die ersten neuen „Haushebungen", alles aber noch provisorisch, nur damit man vor dem nächsten Winter ein Dach über dem Kopf hatte.

Viele junge Männer konnten beim Aufbau nicht helfen, da sie inzwischen in der Brigade Erbprinz dienten. Der Magistrat richtete flehentliche Bittbriefe an den Landesvater – jetzt Großherzog – Ludewig I. und appellierte an *„Hochdero weltbekannte Huld und Menschenliebe"*. Aber Hochdero Landesvater dachte nicht daran, die Bitten der armen Stadt zu erfüllen. Er musste als Rheinbundfürst im Militärbündnis mit Napoleon 4.000 Soldaten zum Krieg gegen Russland und Preußen stellen. Was zählte da ein abgebranntes Städtchen in Westfalen?

Die Bewältigung der Brandfolgen und die Fülle der Probleme wuchsen dem Magistrat wohl über den Kopf. In den nächsten Jahren geriet die Verwaltung derart durcheinander, dass Arnsberg sich gezwungen sah, einen staatlichen Kommissar – den Rechnungsprüfer Franzmadhes – einzusetzen, um wieder Ordnung zu schaffen. Seine Bemühungen dauerten bis 1815. Erst am Ende der Hessenzeit traten also in Neheim wieder „normale" Zustände ein.

Die Stadt jedoch war arm und musste sich obendrein noch lange den Spottnamen „Biäddel Naime" gefallen lassen. Das Tuchmachergewerbe, die bisherige Haupterwerbsquelle, war verschwunden. Neheim war wieder ein reines Ackerbürgerstädtchen geworden.

Rechungsprüfer und Kommissar Franzmadhes drückte die Lage in einem seiner letzten Berichte so aus: es *„...wurden die Bürger aus ihren bisherig glücklichen Verhältnissen in Umstände geworfen, in denen sie sich zufrieden stellen mussten, wenn sie nur ihr dürftiges Leben fristeten."*

Der Beginn der preußischen Zeit sah Neheim also in der traurigsten Lage. Verwaltungsmäßig gehörte die Stadt nun zum Kreis Arnsberg. Die hessische Schultheißenverordnung wurde 1826 aufgehoben und die bisherigen Bezirke Neheim, Hüsten, Hachen, Vosswinkel und Echthausen zur sogenannten Bürgermeisterei Neheim vereinigt, an deren Spitze ein von der Regierung ernannter Bürgermeister stand. Aus jeder Ortschaft standen ihm gewählte Gemeinderäte zur Seite, aus Neheim vier.

Die wirtschaftliche Lage besserte sich auch in den nächsten Jahren nicht. Verzweifelt richtete Schultheiß Binhold Bitten nach Arnsberg, man möge doch sich dafür einsetzen, *„dass sich Fremde hier niederlassen, wodurch wieder Verdienst in das arme Städtchen kommen kann."* Die Situation wird beleuchtet durch eine Stellungnahme des Kreisphysikus Dr. Weber zur Anlegung einer Apotheke, worum die Stadt sich 1826 bemühte. Er lehnte ab mit der Begründung *„...Neheim ist ein armer Ort, ist kaum ein achtel wohlhabend. Der übrige Teil des Publikums sind Dürftige, Arme und Bettler."*

Erst Anfang der 30er Jahre gab es einen ersten kleinen Lichtblick. Durch Bemühungen des Freiherrn Vincke konnten bescheidene Fabrikationen Eingang finden. Man hatte wohl erkannt, dass der Platz Neheim gute Grundlagen für industrielle Unternehmen bot: aus dem Möhnefluß abgeleitete Wasserkraft, gute Landstraßen sowohl nach Menden als auch nach Werl, Arnsberg und Balve, dazu ein Potential an Arbeitskräften.

Langsam aber stetig ging es nun voran. Von einer Stecknadel- und Panzerwarenfabrik über Nagelproduktion bis zur Fertigung von Knopfwaren und vielerlei Metall- und Bronzesachen. In den 40-er Jahren finden wir dann schon die Anfänge der später weltbekannten Lampenproduktion.

1858 wurde die erste Dampfmaschine in der Stadt aufgestellt. 1850 arbeiteten ungefähr 250 Personen in den Fabrikbetrieben, dazu kamen etwa 110 Handwerker, die noch 55 Gehilfen beschäftigten.

Die Einwohnerschaft war von 1.300 zu Beginn der preußischen Zeit auf 2.000 gestiegen. Bemerkenswerterweise auch die Zahl der evangelischen Einwohner im gleichen Zeitraum von 5 auf 80. Die Einwohnerzahl sollte sprunghaft weiter steigen. Am Ende des 19. Jahrhunderts zählte Neheim 7.000 Bewohner.

Olpe vom großen Stadtbrand 1795 bis zum Aufstieg zur Kreisstadt 1819

Günther Becker

Der Stadtbrand von 1795 und seine Folgen

Am 28. April 1795 wurde die an der oberen Bigge gelegene kurkölnische Stadt Olpe von einer verheerenden Feuersbrunst heimgesucht. Von 276 Hauptgebäuden brannten 213 total nieder, ebenso alle 16 Nebengebäude. Teilweise verbrannt waren 17 Gebäude, darunter die Pfarrkirche, das Pfarrhaus und das Rathaus. Innerhalb des Mauerrings wurden 95% der Gebäude gänzlich eingeäschert, außerhalb waren es in den sogenannten „Vorstädten", wo rund 600 der insgesamt etwa 1.500 Bewohner lebten, 61%.[1]

In der neuzeitlichen Geschichte der 1311 gegründeten Stadt hat kein anderes Vorkommnis so weitreichende Folgen für ihre bauliche Entwicklung gehabt wie dieser Brand im letzten Jahrzehnt der kurkölnischen Herrschaft. Mit ihm sank das in Jahrhunderten gewachsene, noch ganz und gar mittelalterlich wirkende Stadtbild mit seinen engen Gassen, an denen sich strohgedeckte Fachwerkhäuser aneinander drängten, in Schutt und Asche.

Der auf kurfürstliche Anweisung von Hofkammerrat Johann Adam Stahl entworfene Wiederaufbauplan basierte auf einem völlig neuen Grundriß mit drei parallelen, geradlinig in der Längsachse des bisherigen ovalen Mauerrings verlaufenden breiten Straßen und sie rechtwinklig verbindenden Nebenstraßen. Im Zentrum sah der Plan in Sichtverbindung mit der nahen Kirche einen quadratischen Markt-

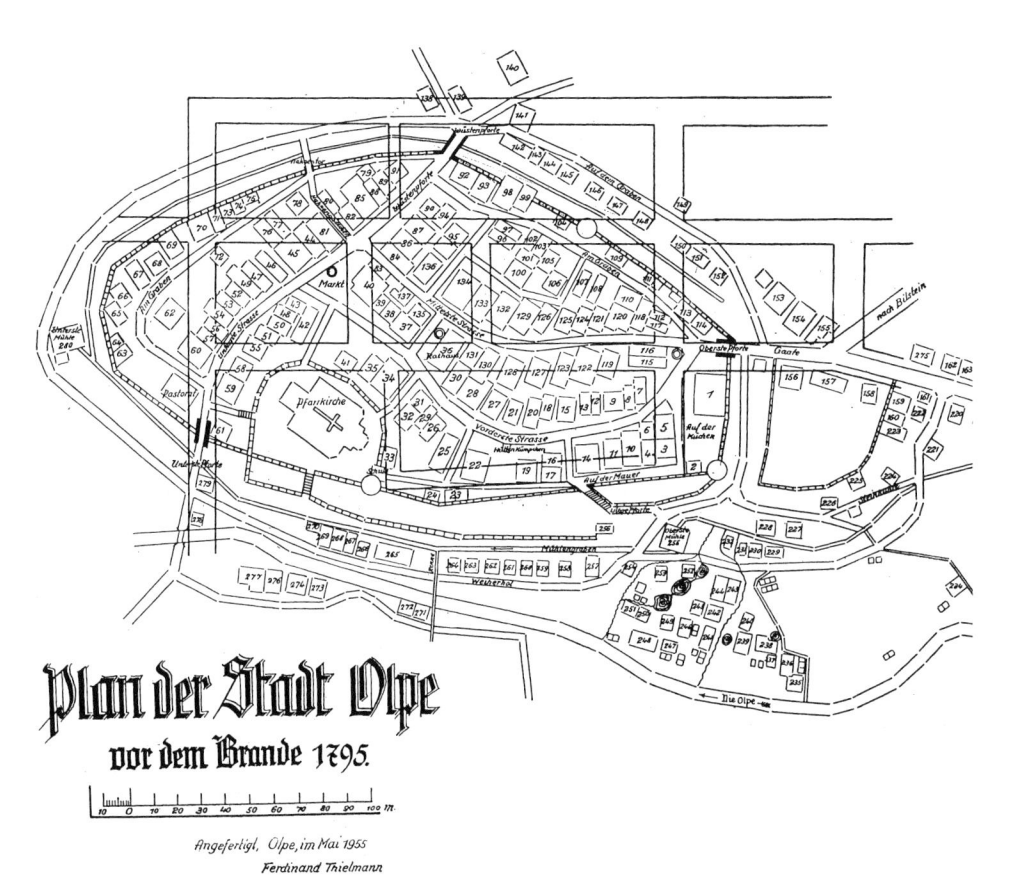

Olpe vor dem Brand von 1795 ohne die östliche Vorstadt Felmicke. Mit der geplanten neuen Straßenführung. Zeichnung von Ferdinand Thielmann, 1955 (Quelle: Stadtarchiv Olpe)

platz vor. Um einer Ausdehnung der Stadt nach Norden und Osten Raum zu geben, mußte die 700 m lange Stadtmauer, die ein nur etwa 3 ha großes Areal umgab, bis auf ein den Südhang zum Weierhohl stützendes Teilstück von 110 m niedergelegt werden.

Die Olpe aufgezwungene, von klassizistischen Stadtplanungs- und Bauvorstellungen inspirierte „Reißbrett-Stadt"[2] scheint bei den Bürgern auf nahezu völlige Ablehnung gestoßen zu sein und führte zu einer erheblichen Verunsicherung der Betroffenen. Als äußerst schwierig und konfliktreich gestaltete sich die Vergabe der ausgewiesenen Bauplätze, weil sich die meisten Brandgeschädigten ein Grundstück möglichst nahe bei ihrem früheren Hausstandort und im Umkreis des Marktes wünschten. Im Frühjahr 1796 war der Wiederaufbau soweit fortgeschritten, dass die meisten Neubauten, teils noch in unfertigem Zustand, bezogen werden konnten. Doch noch viele Jahre blieb manche vorgesehene Maßnahme unausgeführt. Mit der Straßenpflasterung wurde erst 1808 begonnen. Auf ein neues Rathaus mußte die verschuldete Stadt 27 Jahre, bis 1822, warten.

Die vernichtende Feuersbrunst traf die Stadt in einer ohnehin schweren Zeit. 1792 hatte der 1. Koalitionskrieg begonnen, in dem auch das Herzogtum Westfalen Aufenthalts- und Durchzugsgebiet von Truppen verschiedenster Herkunft war.[3] In Olpe gab es besonders nach der Besetzung des linken Rheinufers durch die Franzosen im Spätsommer und Herbst 1794 neben ständiger Einquartierung immer wieder Durchmärsche von Militär. Der Wiederaufbau verschonte die Stadt nur eine kurze Zeit vor solchen Widrigkeiten. Schon im Sommer 1796 kam es zu einer Plünderung durch ein französisches Korps. In der Folgezeit erging es den Bürgern nicht viel besser. Lapidar heißt es in einer späteren städtischen Akte: „*In den Jahren 1797, 98, 99 und die folgenden Jahre hatte die Stadt bedeutende französische Einquartierung und außerdem durch bedeutende Requisitionen zu leiden. Die mehrsten der städtischen Schulden rühren aus dieser Zeit her.*"[4]

Grundriß der Stadt Olpe nach einer Urkatasterkarte von 1831 mit Nachträgen zum Gebäudebestand bis 1877 (Aus: Schöne, Manfred – vgl. Anm. 1)

Wirtschaftsleben und Verkehrswege

Den Schwerpunkt der gewerblichen Tätigkeit der Olper Bürger bildete im 18. Jahrhundert und auch noch im frühen 19. Jahrhundert die Erzeugung von Blechen und Platten auf Breithämmern und ihre Weiterverarbeitung zu Handelsgegenständen verschiedenster Art. Die zulässige Zahl der Breithämmer war auf 15 festgeschrieben. Davon arbeiteten 1781 12 im Gericht Olpe und 3 im benachbarten Gericht Drolshagen. Dem Verbot, die Kunst des Breitschmiedens aus dem Bezirk der drei Gerichte Olpe, Drolshagen und Wenden zu verbringen, verdankte das Breitschmiedehandwerk eine monopolartige Stellung.[5] Seine Interessen nahm die Zunft der Breitschmiede wahr, das sogenannte Breitwerksamt, das sich über die Stadt und die genannten Gerichte erstreckte. Daneben gab es die 1567 statuierte, auf die Stadt Olpe beschränkte Schmiedezunft (Schmiedeamt) als Zusammenschluß der Kessel- und Pfannenschmiede. Ihr mußten auch alle angehören, die mit irgendeiner Art von Eisen oder Eisenwaren handelten. 1781 nennt der Olper kurfürstliche Richter von Stockhausen das Schmiedehandwerk *„daß Beträchtlichste Handwerk in Olpe".*[6]

Von größerer Bedeutung war auch die Lederfabrikation. Nach von Stockhausen zählte man 1781 in den vor der Stadt gelegenen Lohgerbereien allein über 20 Rotgerbermeister, die zusammen mit den Weißgerbern das Löheramt bildeten. Das erzeugte Leder ging zu einem erheblichen Teil in den Fernhandel.[7]

Spätestens im 18. Jahrhundert war Olpe unbestritten der wirtschaftliche Schwerpunkt im südlichen Sauerland. Ihren Aufstieg verdankte die Stadt der Entwicklung und Konzentration des Bergbaus und des Eisengewerbes im Gebiet um die obere und mittlere Bigge seit der zweiten Hälfte des 16. Jahrhunderts. Als Standortvorteil erwies sich dabei die Nähe zum erzreichen und eisenwirtschaftlich starken Siegerland, mit dem Olpe durch die sogenannte Eisenstraße verbunden war.

Der auch als „Frankfurter Heerstraße" bezeichnete Fernweg verlief von Frankfurt über Siegen und Olpe nach Hagen und Dortmund und weiter nach Holland.[8] Im späten 18. Jahrhundert wurde er im südlichen Westfalen als erster westdeutscher Handelsweg zu einer Kunststraße (Holland-Frankfurt-Chaussee) ausgebaut. Für den Olper Eisen- und Eisenwarenhandel war diese um 1800 die Haupthandelsroute zu den Märkten zwischen Frankfurt und der Nordsee. Eine zweite Fernverbindung, die Olpe berührte, war der sogenannte Römerweg Bonn – Paderborn, im 18. Jahrhundert auch „Landtagsweg" genannt, weil er die kurfürstliche Residenz Bonn mit Arnsberg, dem Sitz der Regierung des Herzogtums Westfalen, verband. Auch er wurde in den 1780er und 90er Jahren im Olper Raum chausseemäßig befestigt.

Reformen in hessischer Zeit

Den Weg über die Holland-Frankfurt-Chaussee benutzten auch die 2.400 Soldaten des Landgrafen Ludewig X. von Hessen-Darmstadt, die am Morgen des 6. September 1802 eineinhalb Wegstunden östlich von Olpe zwischen Krombach und Altenkleusheim die Grenze zum Herzogtum Westfalen überschritten, um – im Vorgriff auf eine endgültig erst mit dem Regensburger Reichsdeputationshauptschluß vom 25. Februar 1803 getroffene Bestimmung – das Hessen-Darmstadt als Entschädigungsland in Aussicht gestellte Territorium zu besetzen.[9]

Die mit der Besetzung des Landes beginnende hessische Herrschaft über das Herzogtum Westfalen, das nun eine der drei Provinzen Hessen-Darmstadts bildete, zeichnete sich durch einen unter dem Kölner Krummstab nicht gekannten Reformwillen aus. In allen Bereichen staatlichen Handelns gab es mehr oder weniger einschneidende Neuerungen. Auf der lokalen Ebene waren es vor allem Änderungen der Kommunalverfassung und -verwaltung sowie neue Weichenstellungen im Wirtschaftsleben, die den Bewohnern des Sauerlandes zeigten, dass für sie eine neue Zeit begonnen hatte.

Olpe bekam das zum ersten Mal zu spüren, als die hessische Regierung in einer Verfügung vom 4. Juni 1804 nach den in der Vergangenheit häufiger vorgekommenen Jurisdiktionsstreitigkeiten zwischen dem landesherrlichen Gericht und dem Olper Stadtrat die beiderseitigen Kompetenzen unter Beschränkung hergebrachter Rechte der Stadt neu regelte.[10] 1807 wurden bei der Einteilung des Herzogtums Westfalen in 18 Ämter die bisherigen Gerichte

Olpe, Drolshagen und Wenden zum Amt Olpe vereinigt. Vier Jahre später – 1811 – erfolgte unter Aufhebung der bisherigen Magistratsverfassung auch für die Städte die Einführung der bereits seit 1808 für die Landgemeinden geltenden Schultheißenordnung und damit die Verstaatlichung der Stadtverwaltungen. An der Spitze der Olper Stadtverwaltung stand nun ein von Großherzog Ludewig I. – diesen Titel hatte der Landesherr nach seinem Beitritt zum Rheinbund 1806 angenommen - direkt ernannter, dem Justizamtmann unterstellter Schultheiß. Als beratendes Gremium war ihm ein Gemeinderat beigegeben, dem vier von den Haus- und Grundbesitzern gewählte Männer angehörten.[11]

1811 verlor die Stadt durch die Vereinigung des Olper Bergamtes mit dem Briloner Bergamt zu einem in Eslohe residierenden Bergamt eine Behörde, die zum ersten Mal für das Jahr 1678 in Olpe bezeugt ist.[12]

Folgenschwer für das Olper eisenverarbeitende Handwerk war die Einführung der Gewerbefreiheit. 1811 erließ Großherzog Ludewig I. eine Verordnung, mit der aller Zunftzwang und alle Zunftmonopole beseitigt wurden.[13] Auf eine Bitte um Bestätigung ihrer Vorrechte hin wurde der Breitschmiedezunft 1812 zwar unter Vorbehalt die zahlenmäßige Begrenzung der Breithämmer auf 15 zugesagt, doch die Beschränkung des Handwerks auf den Distrikt des Amtes Olpe aufgehoben. Damit war der Niedergang des Olper Breitschmiedehandwerks nur noch eine Frage der Zeit. 1815 ist zum letzten Mal die Aufnahme neuer Mitglieder in die Zunft vermerkt. 1817 wurden die letzten Lehrlinge von insgesamt 203 seit 1769 aufgenommen.[14] Im selben Jahr war die Zahl der Breithämmer im Olper Raum bereits auf 11 zurückgegangen.[15]

Dem Bestreben des Staates, Maßnahmen gegen die fortschreitende Waldverwüstung durch exzessive Holzkohlegewinnung und andere Arten der Übernutzung des „Holzbodens" einzuleiten, sollte die am 6. Januar 1810 erlassene „Forst-Verordnung für das Amt Olpe" dienen. Gegen die Umsetzung der Verordnung gab es jedoch unter den Betroffenen erhebliche Widerstände, so dass ihre Realisierung erst in preußischer Zeit erfolgen konnte.[16]

Keine Gegenliebe fand bei den neuen Landeskindern die bereits 1804 eingeführte Wehrpflicht, die es unter Kurköln nicht gegeben hatte. Als hessische Soldaten mußten nun auch junge Olper im Heer Napoleons ins Feld ziehen, bis der Großherzog im November 1813 auf die Seite der antinapoleonischen Koalition überwechselte. Von den Olper Teilnehmern der Kriege seit 1806, zuletzt der Befreiungskriege von 1813 bis 1815, sahen wenigstens zwölf ihre Heimatstadt nicht wieder. 1813 und 1814 war diese wiederum Ort von Durchzügen und Einquartierungen zuerst französischer, dann russischer und deutscher Truppen.[17]

Am 4. Mai 1810 traf die Stadt erneut ein großes Brandunglück, als die halbe Vorstadt Weierhohl, die 1795 verschont geblieben war, in Flammen aufging.[18] Von den dort stehenden 21 Gerbhäusern wurden 15 total vernichtet, dazu zwei der vier Lohmühlen. Von 11 Wohnhäusern verbrannte eines völlig, ein anderes teilweise.

1819: Olpe wird Kreissitz

1816 endete nach nur knapp 14 Jahren die hessische Zeit, an die in Olpe als sichtbares Zeichen noch heute die Wetterfahne mit dem hessischen Löwen auf dem Hexenturm (Küchenturm) erinnert. 17 Monate nachdem der Wiener Kongreß das Herzogtum Westfalen dem Preußenkönig Friedrich Wilhelm III. zugesprochen hatte, fand am 15. Juli 1816 in Arnsberg die feierliche Besitzübergabe statt. 14 Tage später nahm die in Arnsberg residierende neue Bezirksregierung ihre Tätigkeit auf.

Am 16. Januar 1817 wurde der Regierungsbezirk Arnsberg in 13 Kreise eingeteilt.[19] Zu ihnen gehörte der Kreis Bilstein, der die alten kurkölnischen Ämter Bilstein und Waldenburg mit den Gerichten Olpe, Drolshagen und Wenden umfaßte. Zum ersten Landrat mit Sitz in Bilstein wurde der vormalige großherzoglich-hessische Justizamtmann Caspar Ferdinand Freusberg ernannt.

Die Bindung des Kreissitzes an Bilstein war jedoch nur von kurzer Dauer. Wie es heißt, sollen 1818 bei einer Kreisrevision die Beamten in Bilstein kein von ihnen für angemessen erachtetes Quartier gefunden haben, so dass eine Verlegung des Landratssitzes nach Olpe ins Auge gefasst wurde, der mit 1.629 Einwohnern

Attendorn (1.231 Einwohner) größten Stadt des Kreises. Am 18. September 1818 gab die Arnsberger Regierung bekannt, dass ab dem 1. Januar 1819 Olpe Kreisstadt sei und in der Folge der bisherige Kreis Bilstein nach ihr benannt werde. Am 8. Mai 1819 erschien die erste landrätliche Bekanntmachung mit dem Ausstellungsort Olpe.[20]

Anmerkungen

1 Zum Brand und Wiederaufbau: FORCK, HERMANN, Geschichte der Stadt Olpe in Form einer Chronik. Olpe 1911 (Nachdruck: Kreuztal 1991), S. 260ff. – SCHÖNE, MANFRED, Alt-Olpe. Siedlung und Verkehr im 19. Jahrhundert. Olpe 1968, S. 213ff. – WEBER, PETER, Entwicklung der Stadttopographie bis ins 19. Jahrhundert. In: BECKER, GÜNTHER/WERMERT, JOSEF/WOLF, MANFRED (Red.), Olpe. Geschichte von Stadt und Land, Band 1. Olpe 2002, S. 95ff, hier S. 104ff.

2 SCHÖNE, Anm. 1, S. 223.

3 FORCK, Anm. 1, S. 258ff., 268ff. – HIRSCHMANN, AUGUST, Geschichte der Pfarrei Olpe im Rahmen der Orts- und Landesgeschichte. Olpe 1930, S. 272ff.

4 FORCK, Anm. 1, S. 269.

5 SCHEELE, NORBERT, Die Schmiedezunft in Olpe. In: Heimatstimmen aus dem Kreise Olpe (HSO) 1 (1948), S. 15-26.

6 FORCK, Anm. 1, S. 247.

7 Ebenda.

8 Zu den Fernstraßen des Olper Raumes im 18. und 19. Jh.: SCHÖNE, Anm. 1, S. 177ff.

9 SCHÖNE, MANFRED, Hessenherrschaft von 1802 bis 1816. In: BECKER/WERMERT/WOLF, Anm. 1, S. 263-274.

10 FORCK, Anm. 1, S. 276ff.

11 Ebenda, S. 289f.

12 Ebenda, S. 290.

13 SCHÖNE, MANFRED, Das Herzogtum Westfalen unter hessen-darmstädtischer Herrschaft. Olpe 1966, S. 86.

14 SCHEELE, NORBERT, Von der Olper Breitschmiedezunft. In: Heimatblätter für den Kreis Olpe 17. Jg. (1940), S. 5-15.

15 Beschreibung des Regierungs-Bezirkes Arnsberg in der Königlich-Preußischen Provinz Westfalen. Arnsberg 1819.

16 FORCK, Anm. 1, S. 283ff. - STREMMEL, RALF, Wirtschaftsgeschichte. In: BECKER/WERMERT/WOLF, Anm. 1, S. 359ff., hier S. 364.

17 FORCK, Anm. 1, S. 293. – HIRSCHMANN, Anm. 1, S. 313ff.

18 SCHÖNE, Anm. 1, S. 218f.

19 SCHÖNE, MANFRED, Wie der Kreis Olpe entstanden ist. In: HSO 66 (1967), S. 3-14.

20 Ebenda, S. 9.

„Tempora mutantur et nos mutamur in illis."
Rüthen im Umbruch

Friedhelm Sommer

Französische Einflüsse

Über die revolutionären Ereignisse und Vorgänge in Frankreich seit 1789 erfuhr man in Rüthen zunächst nur sporadisch. Zeitungen, welche von den umwälzenden Geschehnissen - durchweg aus Sicht der Obrigkeit - berichteten, gab es zu dieser Zeit nur in geringer Zahl, und diese wurden, wenn überhaupt, wohl nur von wenigen wohlhabenden Bürgern der Stadt per Boten bezogen.[1] Die meisten Neuigkeiten, allerdings mehr in Form von Gerüchten und dubiosen Spekulationen, erfuhren die Rüthener Bürger vermutlich auf den zwei üblichen Wochenmärkten und den 6 traditionellen Jahrmärkten, die zwischen Februar und November innerhalb ihrer Mauern stattfanden und auch von auswärtigen Händlern und fremden Kaufinteressenten besucht wurden. Weitere Nachrichten erhielt man üblicherweise durch das fahrende Volk (Studenten, Bettler, Gaukler etc.).[2] Seriösere Berichte brachten dagegen sicherlich Bürgermeister, Kämmerer und Stadtsekretär mit, die jeweils vierteljährlich neben den Vertretern von Brilon, Geseke und Werl als Repräsentanten der landständischen Städtekurie zur Rechnungslegung des Landpfennigmeisters nach Arnsberg reisten oder dort mit den Deputierten von Adel und Domkapitel am jährlichen „Landtag der Stände des Herzogtums Westfalen" teilnahmen.[3] Die große Bedeutung all dieser Informationen aber sollte auch im abgelegenen Rüthen bald ihre Wirkung zeigen: Im Februar 1791 verlangten einige Bürger unter Hinweis auf ihre in der Ratswahlordnung von 1584 festgeschriebenen Rechte vom Bürgermeister Franz Anton Offermanns die außergewöhnliche Wahl und Einsetzung des sogen. 24er Ausschusses, eines Gremiums von Gemeinheitsrepräsentanten, das über Tun und Lassen des amtierenden Magistrats nun Rechenschaft verlangen sollte.[4]

Man argumentierte, die Stadt befände sich „*in einem solchen zerrütteten und schuldenvollen Zustand, dass es höchste Zeit sei, diesen kläglichen Zustand zu verbessern und alle vereinigten Kräfte zu ergreifen, um sich aus der großen Schuldenlast von Jahren zu Jahren retten zu wollen.*" Dies aber führe nur dann zum Erfolg, „*wenn wir hiebey alle eigennützigen Absichten und sträfligen Nachleßigkeiten abstellen und jene Wege einschlagen, dass die jährlichen Abgaben vermindert und die oeconomischen Zustände unserer Stadt verbessert werden.*" Dabei war der zusätzliche Hinweis der Bürgervertreter, man wolle möglichst vermeiden, „*den geringsten Aufruhr, wie von unseren Nachbahren geschehen, zu veranlaßen*", zu dieser Zeit für Bürgermeister und Magistrat wohl deutlich genug.[5] Wahl und Einsetzung des Bürgergremiums geschahen umgehend, wobei der Bürgermeister mit ausschweifenden Dank- und Lobesworten den offenkundigen Geist des Unmuts zu beschwichtigen suchte.[6] Bis Mai 1791 fanden mehrfache Zusammenkünfte von Magistrat und Ausschuss statt, bei denen die Beschwerden und Vorschläge der Bürgervertreter verhandelt wurden. Diese hatten einen Katalog von 15 „*Propositionen*" vorgelegt, die sich vorwiegend mit dem desolaten Finanz- und Rechnungswesen der Stadt, der unüberschaubaren Prozesslage, der willkürlichen Holznutzung, den Auswirkungen der expandierenden Schaftriften und vielen anderen langjährigen Ärgernissen befassten.[7] Waren die meisten dieser Beschwerden dem Magistrat schon seit Jahren bzw. Jahrzehnten bekannt, so ließ doch eine neue Forderung aufhorchen. Der Ausschuss verlangte nämlich, neben dem Bürgermeister und Stadtsekretär nun auch selbst freien Zugang zum städtischen Archiv zu erhalten, mit dem Hinweis, „*dies sei in älteren Zeiten der Gebrauch gewesen.*"[8] In Erahnung des Vorbilds dieser Forderung, wie auch angesichts der latenten Aufbegehrungsabsicht der Bürger, stellte der Magistrat die Aushändigung eines dritten Schlüssels in Aussicht, *"obgleich solches gegen die hiesige Verfassung niemals geschehen."*[9] Auch bei den übrigen Punkten machte man mehr oder weniger konkrete Zusagen, ohne sich jedoch fest zu binden, wußte im Übrigen aber wohlwollend zu vertrösten und zu vertagen und damit letztlich dem schwelenden Unruhegeist der Bürgervertreter auf probate Art erfolgreich zu begegnen.[10]

Begehrte Altlast der Vergangenheit: Die Stadtbefestigung

Auch in den 90er Jahren des 18. Jh. wurde die Topographie Rüthens noch immer von den mittelalterlichen Befestigungswerken bestimmt. Doch nach den Erfahrungen des Siebenjährigen Krieges (1756-63) hatte der über 3 km lange Stadtmauerring mit Gräben und Wällen, 4 Toren, 11 Türmen und 2 Blockhäusern seine militärische Wehrfunktion verloren. Man hatte deshalb fast alle über Generationen kontinuierlich notwendigen Reparaturen an den Mauern und Befestigungswerken eingestellt, was Stadt und Bürger von erheblichen Kosten befreite und die Pfahlbürger der 3 Stadtdörfer, die zu Rüthen seit dem ausgehenden Mittelalter als Bürger minderen Rechts in einem stets auch umstrittenen Untertanenverhältnis standen, von den zahlreichen lästigen Hand- und Spanndiensten an der Befestigung entband. So geriet der Mauerring mehr und mehr in Verfall und weckte doch neue Begehrlichkeiten: Verkaufte die Stadt eingebrochene Mauerstücke an bauwillige Bürger auf Abbruch, um Nebeneinnahmen für den schlaffen Stadtsäckel zu erzielen, so bediente sich der Großteil der Bürgerschaft zunehmend nach eigenem Gutdünken am Gestein von Mauern und Türmen, um es für private Zwecke zu verwenden (Gartenmauern, Befestigung von Wegen und Zufahrten).[11] Dadurch aber wurde der Einsturz an vielen Stellen beschleunigt, sodass die stark einfallenden Stein- und Geröllmassen die anliegenden Gärten verwüsteten und zur wachsenden Gefahr für Mensch und Tier wurden. Weil *"willkürlicher Steinraub an der Tagesordnung ist"* und um die so entstandenen *"großen Lücken, welche dem Vieh, und jedem gewissenlosen Raubgesindel einen Weg darbiethen"*,[12] zu sichern, einigten sich Magistrat und Gemeinheitsrepräsentanten 1795 darauf, die Mauer insgesamt bis auf 5 bis 6 Fuß abzutragen und mit den brauchbaren Steinen die Lücken wieder zu schließen. Das übrige Abbruchgut samt den baufälligen Türmen sollte den Bürgern zum Hausbau wie auch zur Sicherung der Wege und Gärten verkauft werden und der Erlös wiederum dem Erhalt des in der Höhe einheitlich reduzierten Mauerrings dienen.[13] Die konkrete Umsetzung dieses Vorhabens scheiterte jedoch in den Folgejahren sowohl an fehlenden Fachkräften und der mangelnden Finanzkraft der Stadt wie insbesondere auch an der bürgerlichen Einstellung, die von der gewohnten eigensinnigen Gebrauchspraxis nicht nur hier beeinflußt wurde. Erst eine hessische Verordnung von 1808 zum sofortigen Abbruch aller einsturzgefährdeten ehemaligen Festungswerke verschaffte dem Plan von 1795 nun Nachdruck und die Möglichkeit der Realisierung.[14] In einer umfangreichen Stellungnahme beschrieb Bürgermeister Caspar Anton Förstige den zeitigen Zustand des Mauerrings von 1809 als ein *"Bild größten Ruins"*, verursacht *"durch den Zahn der Zeit als auch, und zwar am meisten, durch diebische Habsucht"*[15] vieler Bürger. Bis dato, so der Bürgermeister, seien wohl mehrere hundert Fuder Gestein entfernt worden. Eine Rest an Mauerhöhe müsse aber im Sinne der Verordnung erhalten bleiben, um vor allem Mensch und Vieh vor den Gefahren der sich nahezu überall direkt an die Rüthener Mauer anschließenden Gräben und Steilabhänge zu sichern. Auf diese Weise ging das städtische Vorhaben von 1795 mit der Regierungsverordnung von 1808 konform und bewahrte letztlich die mittelalterlichen Mauerrelikte vor der restlosen Beseitigung durch Egoismus, persönliches Besitzdenken und bürgerschaftliche Gleichgültigkeit.[16]

Symptome bürgerschaftlichen „Schlendrians"

Während die alten Funktionen von Wehrmauer und Türmen allseits als überflüssig und unzeitgemäß angesehen wurden, legte der Magistrat großen Wert auf den Erhalt der 4 Stadttore. Dienten sie doch wie eh und je als einzige offizielle Zugänge zur Stadt dazu, den passierenden Verkehr an Menschen, Vieh und Waren überwachen und entsprechend auch besteuern

Das Rüthener Hachtor überstand die Zeit des Umbruchs.
Fotografie, um 1900

zu können.[17] Diese Kontrolle bekam um so mehr Bedeutung, als sich im ausgehenden 18. Jh. die Nutzung der bürgerlichen Holzrechte vermehrt willkürliche Bahn brach. Zu den überkommenen Bürgerrechten gehörte u. a. das freigestellte Sammeln von Brennholz in den weitläufigen städtischen Waldungen. Daneben bestand auch ein Anspruch auf eine bedarfsgerechte Menge an Nutzholz für Neu- und Umbauten, Reparaturen sowie Haus- und Ackergeräte, welcher allerdings vom Rat gesondert genehmigt und zugewiesen wurde.[18] Im Laufe der Zeit hatten jedoch immer mehr Bürger ihr Recht auf Sammlung von Brennholz zunehmend eigenmächtig auf die weiten Nutzholzbereiche des Waldes ausgedehnt, was dort zwangsläufig immer mehr zu gravierenden Schäden, vor allem an den jungen Beständen mit Pflanzeichen und -buchen führte. Besonders zweckdienlich für diesen Raubbau erwiesen sich dabei die von den Bürgern gehaltenen Holzesel, mit denen man leicht abseits der offiziellen Waldwege in die Nutzholzbestände eindringen konnte und die sich dort vorzüglich nicht nur zum Transport des legitimen Brennholzbedarfs eigneten.[19] Mit Hilfe der 4 Holzknechte, die traditionell die Aufsicht über den Rüthener Wald führten, und durch die verschärfte Überprüfung der holzbeladenen Esel an den Stadttoren sowie unter Anwendung seiner Gerichtshoheit, war der Magistrat bemüht, dem zunehmenden Übel zu begegnen, ohne dass sich erkennbare Erfolge einstellten. Ab 1794 beschäftigte man zeitweise zusätzliche auswärtige Forstaufseher, die man an den Holzbrüchten beteiligte und erhöhte die Zahl der heimischen Holzknechte.[20] Erst das neue hessische Forstwesen mit der Einsetzung qualifizierter Förster und einer eigenen strengen Forstgerichtsbarkeit bewirkte dann allmählich einen Wandel sowohl im Bereich der vielfachen *„Holzexcesse"* als auch auf dem Sektor nachhaltiger Aufforstung und sinnvoller Holzbewirtschaftung - ein langwieriger Prozess, der erst zu preußischer Zeit im Bewußtsein der Rüthener Bürger Anerkennung finden sollte.[21]

Der im Rüthener „Holzunwesen" der 90er Jahre eskalierende Eigensinn der Bürger manifestierte sich auch im Desinteresse an der Übernahme öffentlicher Ämter in der Selbstverwaltung der Stadt. Schon in den Jahren 1778-1792 waren in das jährlich wechselnde Amt des Bürgermeisters nur 3 verschiedene Personen, darunter Anton Joseph Graes, gewählt worden. Von 1793 bis 1804 regierte Graes allein die Stadt, auch in den übrigen Ämtern des Magistrats tauchten in dieser Zeit immer seltener neue Personen aus der Bürgerschaft auf.[22]

Offensichtlich dokumentierte sich darin der Rückzug der Bürger „ins Private". Das persönliche Interesse an der aktiven Mitverantwortung und -gestaltung der städtischen Belange war verloren gegangen. Persönlicher Eigensinn und bürgerliche Gleichgültigkeit förderten so die personelle Stagnation in der Ratsbesetzung wie auch in der Arbeit des Magistrats. Hier verstärkte sich eine Entwicklung, die dem Sinn der alten Ratswahlordnung von 1584 krass zuwiderlief, durch jährliche personelle Rotation in den Ämtern Eigensucht, Nepotismus und Cliquenwirtschaft zu begegnen und dem bürgerschaftlichen Geist, Verantwortungsgefühl und Engagement stets neue Chancen zu eröff-

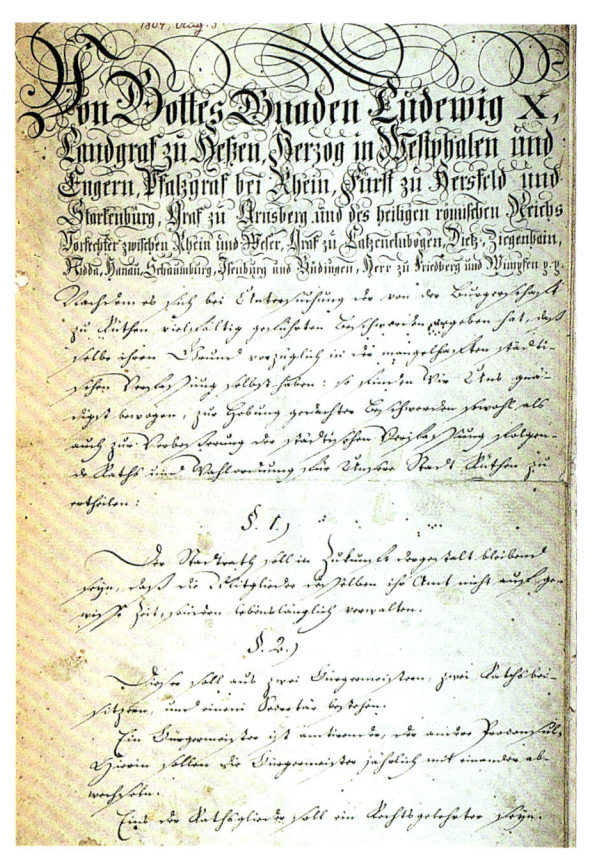

Die von Hessen 1804 wegen der Bürgerbeschwerden revidierte Ratsverfassung von Rüthen

nen. Die Lage der Stadt am Ende des 18. Jh. entsprach dieser negativen Einstellung - und umgekehrt. Ein lähmender status quo, der für notwendige Veränderungen in den öffentlichen Belangen Rüthens kaum Raum zu bieten schien.[23]

Eine nachhaltige Reform von außen: Die Normalschule

Die an traditionelle Strukturen und Gewohnheiten gebundenen Lebensverhältnisse in der Ackerbürgerstadt Rüthen, die Ende des 18. Jh. ca. 300 Wohnhäuser und etwa 1600 Einwohner umfasste, wurden allerdings 1795 durch eine neuartige, von außen kommende Institution erweitert.[24] So beauftragte der u.a. um eine Reform des Schulwesens bemühte Kurfürst Maximilian Franz den seit 1790 in Rüthen amtierenden Pfarrer Friedrich Adolph Sauer, welcher in Bonn neben seinem Theologiestudium die dort erstmals für das Erzstift eingerichtete „Normalschule" als Lehrerbildungsstätte mit großem Erfolg absolviert hatte, mit dem Aufbau einer ebensolchen Institution in Rüthen. In den Räumen des seit 1772 aufgehobenen Ursulinenklosters begann Sauer, der zuvor das als vorbildlich geltende Schulsystem im Stift Würzburg studiert hatte, halbjährliche, mit einer Abschlussprüfung verbundene Schulungskurse für Lehrer durchzuführen. Absicht war es, das insbesondere im ländlichen Bereich des Herzogtums Westfalen desolate Schulwesen durch einen Unterricht zu verbessern, der erstmals nach einem einheitlichen Fächerkanon, zeitgemäßen Lehrmethoden und grundlegenden Bildungsstandards ausgerichtet war.[25]

1803 verlegte die hessische Regierung die Rüthener Kurse nach Arnsberg und konnte schon 1804 vermelden, dass durch das erfolgreiche Wirken des Rüthener Pfarrers die 260 Schulen im Herzogtum Westfalen mit 200 Lehrern und Lehrerinnen, die seine Normalschule besucht hatten, versorgt würden. Auch für die Schulverhältnisse in der Stadt Rüthen strebte Sauer nach Verbesserungen. Neben ihrem üblichen allzu mäßigen Stadtsalär erhielten die von nun ab ausschließlich geistlichen Leiter der beiden Knabenschulen auch die Einkünfte der örtlichen Vikarie SS. Trium Regum und die Lehrerin der Mädchenschule Erträge aus einer Stiftung nebst einer festen Wohnung in der Annenvikarie zugewiesen. Soziale Rahmenbedingungen, die zweifellos dem örtlichen Bildungswesen insgesamt zugute kamen.[26]

Eine befristete Reform im Innern: Die Steinhauer- und Maurergilde

Waren es möglicherweise auch die vor Ort in Rüthen miterlebten Bildungsreformen Sauers, so sicherlich primär der seit Jahren wachsende Bedarf an qualifizierten Maurern in Verbindung mit dem Bestreben eines reorganisierten Abbaus und Vertriebs der seit alters vorhandenen Grünsandsteinvorkommen, welche Mitte der 90er Jahre im Wirtschaftsleben der Stadt neue Akzente setzten. 1795 ließen sich 3 Rüthener Steinhauer mit dem Mutungsrecht über die örtlichen Steinbrüche belehnen und gründeten 1796 eine Maurer- und Steinhauergilde, welche durch den Kurfürsten umgehend urkundliche Bestätigung fand.[27] Nach Vorbild einer berufsspezifischen Landeszunftordnung von 1683, die man jedoch den Zeitbedürfnissen anpasste, enthielten die 43 Zunftartikel vorwiegend Regelungen für die qualifizierte Ausbildung von Lehrlingen und Gesellen sowie die fachgerechte Arbeitsleistung der Meister. Bewußt zielte man auf die Aufnahme auswärtiger Mitglieder in die neue Zunft ab, um im Zusammenhang mit der monopolrechtlichen Sandsteinverarbeitung in Rüthen ein ökonomisch attraktives Bauzentrum zu entwickeln. Die Regelung der Zunftrechtsbarkeit überließ man dabei bewußt dem Magistrat, der sich mit der Unterstützung des Vorhabens zweifellos auch eine lokale Wirtschaftsförderung und Verbesserung der Einnahmen versprach.[28] Dies war von den übrigen 5 vorhandenen Gilden nicht mehr zu erwarten, die - überwiegend erstarrt in ihren Jahrhunderte alten Zunftordnungen - nur noch innerorts ihre Berufsprivilegien hüteten, ansonsten die überkommenen religiösen Rituale pflegten und nur noch durch die Mitwirkung an der Organisation des Feuerlöschwesens der Stadt von Nutzen waren.[29] Die ökonomischen Ambitionen der neuen Gilde ließen sich in der Folge allerdings auch nur in Ansätzen verwirklichen. Sie geriet mit Aufbau und Entwicklung in eine Zeitphase, in der ungeahnte euro- und reichspolitische Veränderungen vor sich gingen, die sich schließlich auch in Rüthen als Umbruch der gewohnten handwerklichen Verhältnisse offenbarten.[30]

Demonstration des Umbruchs: Eine Klostersäkularisation

Die seit 1654 in der Stadt ansässigen Kapuzinermönche erfreuten sich allseitiger Beliebtheit. Vergessen war der anfänglich große Widerstand des Rates gegen die Klostergründung, da sie dem Konvent zugleich Steuerfreiheit gewährte. Durch ihre intensive Seelsorgearbeit in Form von Beichten, Predigten, Volksmissionen und dem katechetischen Unterricht für die Jugend, aber auch durch ihre Krankenfürsorge, waren die Mönche fester Bestandteil im Lebenswandel der Rüthener Bürger geworden. Ihren bescheidenen Lebensunterhalt bestritten sie aus Stiftungen, Spenden und dem Terminierrecht in zugewiesenen Orten und Regionen.[31] Aber auch in diese sonst abgeschlossene Welt des Rüthener Kapuzinerklosters wirkten die Veränderungen der Zeit: Seit 1791 nahm der Konvent französische Ordensbrüder auf, die als Emigranten durch die dortige Revolution vertrieben worden waren. Auch machte der zeittypische „Schlendrian" keinen Halt vor den Klostermauern. So führte der Rüthener Guardian 1798 darüber Klage, dass - beeinflusst durch die weltlichen Wirren - etliche Mönche des Konvents aus Überdruß am Ordensleben das Kloster verlassen wollten, die Ordensregeln bewußt missachteten, aufsässig wären und ein anstößiges Glaubensleben führten, das sie *„zur Abscheu der frommen Ordensleute und zum Ekel der Weltlichkeit"* hätte werden lassen. Ihr Ausschluß aus dem Orden war die Folge.[32]

In diese schwierige Situation des Rüthener Klosters brach 1803 der *Reichsdeputationshauptschluß* mit der ihm nachfolgenden Säkularisation ein, die schon am 06. April 1804 zu seiner Aufhebung durch den hessischen Kommissar Friedrich Karl Herold führte. Die 18 Konventualen (13 Patres und 5 Laienbrüder) mußten an diesem Tag Rüthen verlassen und wurden den zunächst weiter geduldeten Klöstern Werl, Marsberg und Brenschede zugewiesen. In die Rüthener Gebäude zogen gleichzeitig die aus Brilon vertriebenen Minoriten ein, welche aber ebenfalls 1808 weichen mußten. Das von ihnen im Rüthener Kloster mit hessischer Duldung fortgeführte Briloner Gymnasium hatte bis 1812 Bestand, in den Jahren 1812-1815 diente der Gebäudekomplex als Kaserne. Damit hatten 150 Jahre fruchtbaren Zusammenlebens von Kapuzinermönchen und Rüthener Einwohnerschaft ihren jähen und von beiden Seiten unbeeinflussbaren Abschluss gefunden.[33]

Der darin für alle Zeitgenossen spürbare Umbruch in den über Generationen gewohnten geistlichen und weltlichen Verhältnissen wurde in der Folgezeit durch die zahlreichen von der neuen hessischen Landesherrschaft bewirkten Veränderungen dann noch offensichtlicher.[34]

Ein nachhaltiger Schlusssatz

Kurz und doch prägnant kommentierte der letzte Guardian der Rüthener Kapuziner, Pater Liberatus Caesar, aus der zeitgenössischen und doch zugleich distanzierten Sicht eines weltkritisch-kontemplativen Mönchs den sich abzeichnenden epochalen Wandel durch einen Aphorismus,

Das 1804 aufgehobene Rüthener Kapuzinerkloster heute

mit dem er die alte Klosterchronik schloss: *„Tempora mutantur et nos mutamur in illis."*[35]

Anmerkungen

1 Infrage käme hier z.B. die wöchentliche *Lippstädtische Postzeitung*, die von 1710 bis 1832 nächst Rüthen erschien. Das vom Magistrat regelmäßig seit 1766 bezogene *Arnsbergische Intelligenzblatt* enthielt dagegen nur amtliche Mitteilungen. - Vgl. Stadtarchiv Rüthen (SAR), Stadt Rüthen Akten A, S. 8.

2 Vgl. dazu SAR, Anm. 1, (1789ff), hier besonders die Kapitel *„Armenausgaben"*. - Zu den Wochen- u. Jahrmärkten vgl. BENDER, JOSEPH, Geschichte der Stadt Rüden. Werl/Arnsberg 1848 (unv. Nachdruck Werl 1973), S. 330ff., bes. S. 332.

3 Vgl. SAR, Anm. 1, hier bes. die Kapitel *„Ausgaben zu Deputations- und Rechtssachen"*. - Zum politischen Leben in Rüthen vgl. GÜNTHER, RALF J., Politik, Verfassung und Gericht im frühneuzeitlichen Rüthen. In: BOCKHORST, WOLFGANG/MARON, WOLFGANG (Hrsg.), Geschichte der Stadt Rüthen. Paderborn 2000, S. 509-540, hier bes. S. 512ff.

4 Vgl. SAR, Stadt Rüthen Akten A, B 2 e, S. 1-6. Der Ausschuss hatte seit 1787 nicht mehr getagt und trotz jährlicher Neuwahl nur noch pro forma bestanden. - Zur Ratswahlordnung von 1584 siehe BENDER, Anm. 2, S. 251-257. - Vgl. auch Kap. 3.

5 Vgl. SAR, Anm. 4, S. 24f.

6 Ebenda, S. 36-41.

7 Ebenda, S. 26-35.

8 Ebenda, S. 32. - Zu den älteren Beschwerden vgl. die sogen. *„Bürger-Sprachen"* in: SAR, Stadt Rüthen Akten A, B 2 c-d.

9 Ebenda, S. 17. - Die Öffnung und allgemeine Zugänglichkeit der Archive gehörte zu den Grundforderungen und ersten Erfolgen der französischen Revolutionäre.

10 Ebenda, S. 12-22 - S. 42ff. Sofort wurde lediglich eine Teilprivatisierung von Hudeflächen zur Verbesserung der Stadteinnahmen durchgeführt. - Vgl. auch SAR, Stadt Rüthen Akten A, P 11, bes. S. 9: Noch im Jahr 1796 mahnte der Ausschuss - vergeblich - die zugesagte Herausgabe des Archivschlüssels an, wie er auch 1792-1804 immer wieder die Abhilfe der meisten Beschwerden von 1791 einforderte (vgl. a.a.O., P 11 insges.). Letzterem kam erst die hessische Regierung mit ihren Gesetzes- und Verwaltungsreformen nach.

11 SAR, Stadt Rüthen, Akten A, D 3. - So verkaufte die Stadt 1795 z.B. an den Gogerichtsschreiber Friedrich Karl Herold 10 vierspännige Fuder Mauer- und Turmsteine (vgl. a.a.O., S. 1).

12 Ebenda, S. 5.

13 Ebenda, S. 6f.

14 Ebenda, S. 11. - Anlass war der Einsturz eines Stadttores in Marsberg, der ein Todesopfer forderte. - Vgl. auch a. a. O, S. 13. Der in diesem Zusammenhang angeordnete restlose Abbruch des ebenfalls einsturzgefährdeten Rüthener Hexenturms wurde - wohl in Kenntnis und Achtung seiner blutigen Vergangenheit - damals nicht durchgeführt. - Vgl. dazu auch SAR, Stadt Rüthen Akten B, Nr. 349, 656 u. 1419.

15 SAR, Anm. 11, S. 28f.

16 Ebenda, S. 29f. - Die willkürlichen Steinfuhren seitens der Bürger dauerten allerdings noch bis 1811 an, erst dann konnte sich der nunmehrige hessische Schultheiß Förstige mit staatlichem Nachdruck endgültig durchsetzen. - Vgl. dazu: Lippstädter Heimatblätter, 26. Jg. (1944) Nr. 10, S. 98.

17 So erhielt das Hachtor noch 1802 eine neue Bedachung. - Vgl. dazu SAR, Stadt Rüthen Akten A, S 8 (1801/02), f. 41.

18 LAPPE, JOSEPH, Mast, Jagd und Fischerei. In: PREISING, JOSEPH, Rüthen in geschichtlichen Einzelbildern. Lippstadt 1924, S. 21f. - Generell zur Rüthener Waldwirtschaft s. GÜNTHER, RALF J., Wald und Marken in der Rüthener Geschichte. In: BOCKHORST/MARON, Anm. 3, S. 269-284, hier bes. S. 269-272.

19 Gegen Ende des 18. Jh. wurden ca. 200 Esel in der Stadt gehalten. - Vgl. dazu: Heimatborn 12. Jg. (1932) Nr. 1, S. 4.

20 Im Jahr 1802 beschäftigte man 5 Holzknechte.- Vgl. dazu SAR, Stadt Rüthen Akten A, S 8 (1802/03) f. 63v. Schon 1794 erhielt ein zusätzlich angeheuerter *Holzförster* neben seinem Lohn 1/3 der Forstbrüchten. Die Ahndung für die Holzfrevel umfasste zu dieser Zeit 2/3 aller jährlichen vom Magistrat abgeurteilten Vergehen und Straftaten.

21 Schon 1791 hatte der 24er Ausschuss hier neue Maßnahmen verlangt. - Vgl. SAR, Anm. 4, S. 24. - 1815 waren die Forststrafen um 50% zurückgegangen. - Vgl. SAR, Stadt Rüthen Akten A, S 8 (1814/15), S. 38. 1817 wurden dann genaue Regelungen festgelegt, welche die Bedürfnisse der Bürger und die Möglichkeiten des Waldes in Einklang zu bringen suchten. - Vgl. dazu: BENDER, Anm. 2, S. 149.

22 Vgl. dazu die entsprechenden Ratslisten in: SAR, Stadt Rüthen Akten A, S 8 (1778-1803). - Der hessische Landesherr erließ deshalb 1804 für Rüthen eine revidierte Ratsverfassung.

23 Zum Desinteresse an einer Amtsübernahme trug wohl auch die s. Z. massive Kritik des 24er Ausschusses an der Magistratsarbeit bei, so z.B. die Forderung, dass wegen der rückständigen Rechnungslegung kein davon betroffener Kämmerer wieder ein Amt annehmen dürfte und keine neuen Maßnahmen des Magistrats ohne Zustimmung des Ausschusses von diesem anerkannt würden. - Vgl. SAR, Anm. 4, S. 32 u. S. 5.

24 BENDER, Anm. 2, S. 325. - Zu Größe u. Strukturen vgl. KLUETING, HARM, Rüthen im 17. u. 18. Jh. In: BOCKHORST/MARON, Anm. 3, S. 540-585, bes. S. 540.

25 Ab 1797 wurde die literarisch-methodische Ausbildung durch den sogen. Industrieunterricht (Handfertigkeiten) nach der Theorie und Praxis des Pfarrers Melchior Ludolf Herold aus dem Rüthener Gogerichtsdorf Hoinkhausen ergänzt. - Vgl. dazu: Lippstädter Heimatblätter, 46. Jg. (1965), S. 29ff u. 58. Jg. (1978), S. 121. - Ein typisches Beispiel 'alter' Lehrertätigkeit findet sich in: STILLE, FRANZ, Anröchte - Dorf und Pfarrei im Wandel der Zeiten. Lippstadt 1937, S. 226ff.

26 BRACHT, HANS-GÜNTHER, Rüthen als Standort der Lehrerausbildung. In: BOCKHORST/MARON, Anm. 3, S. 741-762, hier bes. S. 741-746. - Umfassend zu Sauers Leben u. Werk: STADT MENDEN (Hrsg.), Der Reformer des sauerländischen Schulwesens - Friedrich Adolf Sauer (1765-1839). Menden. 1990 (Veröffentlichungsreihe des Stadtarchivs Menden Nr. 2).

27 SIEGMUND, IRMLIES, Der Rüthener Grünsandstein - Entstehung, Verbreitung, Abbau und Verwendung. Rüthen 1992 (Wissensch. Examensarbeit), S. 39. - Zur Maurer- u. Steinhauerzunft vgl. SAR, Stadt Rüthen Urkunde Nr. 1496. - SAR, Stadt Rüthen Akten A, S. 121 (kurfürstliche Zunftreformen).

28 SAR, Stadt Rüthen Akten A, N 2 S. 95ff. - Anreiz war wohl auch eine frühere Periode erfolgreicher Rüthener Steinverarbeitung, vgl. dazu: HENNEBÖLE, EBERHARD, Baumeister, Steinhauer, Bildschnitzer und Maler in Rüthen nach dem 30jährigen Kriege bis um 1750. Lippstadt 1974. - Zur Landeszunftordnung v. 1683 vgl.: SüdWestfalenArchiv 2. Jg. (2002), S. 118-140.

29 SAR, Anm. 28, S. 1-176 u. SAR, Anm. 27, Urk. Nr. 1507. - 1803 gab es noch diese 'alten' Gilden in Rüthen: Bäcker, Schmiede, Schneider, Schuhmacher, Schreiner. - Vgl. SAR, Stadt Rüthen, Anm. 28, S. 123 u. S. 131ff u. M 7, S. 155ff. - Bereits einige Jahre vor 1803 hatte sich die alte Gilde der Rüthener Wollweber aufgelöst (vgl. dazu BENDER, Anm. 2, S. 341f).

30 SAR, Anm. 28, S. 115. Im Jahr 1803 bestand die Maurer- und Steinhauergilde aus 4 Meistern (1 Maurer, 3 Steinhauer), 5 Steinhauergesellen (4 auswärtige) und 4 Maurergesellen. - 1811 wurden durch die hess. Regierung alle Gilden u. Zünfte aufgehoben und die allgemeine Gewerbefreiheit eingeführt.

31 PREISING; JOSEPH, Das Kapuzinerkloster. In: BOCKHORST/MARON, Anm. 3, S. 477-484.

32 Provinzialarchiv der rhein.-westf. Kapuziner, Koblenz-Ehrenbreitstein, ANNALES RUTHENSES FRATRORUM ST. FRANCISCI CAPUCINORUM (Dt. Übersetzung von DAHLHOFF, WALTER in: SAR, Bibliotheksverz. Nr. 462 (Klosterchronik), hier S. 90 u. S. 97 (Zitat).

33 Staatsarchiv Münster (SAM), Großherzogtum Hessen II D 43, bes. f. 29ff. - Aus dem Kapitalvermögen des Klosters von nur 192 Rtlr. waren die sonst üblichen Pensionszahlungen nicht möglich. - Zur Klosteraufhebung und seiner Nutzung bis 1815 vgl. auch: SAM, Großherzogtum Hessen II D 44. - PREISING, JOSEPH, Anm. 31, S. 483-486. - POTTHOFF, MARIE-THERESE, Rüthen-Kapuziner. In: HENGST, KARL (Hrsg.), Westf. Klosterbuch, Bd. 2. Münster 1994, S. 308-312.

34 SOMMER, FRIEDHELM, Die hessische Zeit 1802-1816. In: BOCKHORST/MARON, Anm. 3, S. 643-658.

35 „Die Zeiten ändern sich, und wir ändern uns mit ihnen." - SAR, Anm. 32, S. 113.

Warstein 1802/03 – eine Stadt im Umbruch.
Lokalgeschichtliche Beiträge zu den Auswirkungen von Säkularisation und wechselnder Landesherrschaft

Dietmar Lange

In vielen Städten und Gemeinden wird der einschneidenden Ereignisse der Jahre 1802/03 gedacht. Mit dem Begriff „Säkularisation" verbinden sich dabei sowohl die Gedanken an die Aufhebung der kirchlichen Güter als auch der Wechsel der Landesherren in den Ländern mit geistlicher Territorialherrschaft. Mit dem ehemaligen kurkölnischen Sauerland traf auch Warstein als zu Ausgang des 13. Jahrhunderts mit Stadtrechten versehene kölnische Gründung dieses Schicksal. Inwiefern diese Zäsur für Jahre die damalige Bürgerschaft in Denken und persönlichem Handeln prägte, ist nicht bekannt. Alles, was mit Verwaltung, Obrigkeit und Wirtschaft zu tun hatte, musste zwangsläufig mit der neuen Landesherrschaft in Verbindung treten. Nachvollziehbar dürfte allerdings auch sein, dass der fast zeitgleich stattfindende verheerende Stadtbrand am 31.12.1802 nicht nur die wirtschaftliche Entwicklung stark beeinflusste, sondern auch für die Folgejahre im gesellschaftlichen Leben Warsteins seine Spuren hinterließ. Dieses Ereignis beendete die mittelalterliche Stadtanlage auf dem Stadtberg und eröffnete zu Beginn eines neuen Jahrhunderts mit der zukunftsweisenden Ansiedlung im Tal an den beiden Flüssen Wäster und Range gleichsam als äußeres sichtbares Zeichen eine neue Zeitepoche. Eine Stadt im Umbruch dürfte Warstein vor 200 Jahren gewesen sein: Seit mittelalterlicher Zeit hatte man dem kurkölnischen Herzogtum Westfalen angehört und sah in dem Erzbischof von Köln seinen geistigen und weltlichen Landesherrn. Entsprechend der Städteordnung verwaltete sich die Stadt weitgehend selbst durch einen Magistrat, an deren Spitze der Bürgermeister und sein Stellvertreter, im Jahre 1803 Bürgermeister Henke und stellvertretender Bürgermeister Enste, standen. Sollte mit dem Ende der geistlichen Herrschaft mit dem neuen aufgeklärten Landesherrn ein neuer politischer Wind durch Stadt und Bürger wehen? Schaffte die Neuansiedlung Warsteins in den Jahren nach 1802 die Integration der Bürgerschaft, die seit 1789 in Folge des „Patriotenkrieges" unter starken Spannungen litt? Erhielt die gesellschaftliche Struktur Warsteins nicht noch zusätzlichen Zündstoff, indem der letzte Abt der am 25.3.1804 endgültig aufgehobenen Benediktinerabtei Grafschaft, die über Jahrhunderte in Warstein oftmals zum Verdruß der Einwohner auf ihrem Zehntrecht bestanden hatte, seine Wohnung auf dem bis dahin klostereigenen Zehnthof auf dem Stadtberg nahm? Die Auswirkungen des Reichsdeputationshauptschlusses vom 25.2.1803 scheinen in Warstein wohl auf vielen Ebenen spürbar gewesen zu sein.

1802/03 – Warstein wird hessisch

Seit dem Frieden von Lunéville am 9.2.1801 in Auseinandersetzung mit napoleonischen Truppen hatte dem Herzogtum Westfalen die Säkularisation gedroht. Die Reichsdeputation in Regensburg bestätigte am 24.8.1802, dass das kurkölnische Westfalen an den Landgrafen von Hessen-Darmstadt fallen sollte, ein Vorschlag, der Napoleon selbst zugeschrieben wird. Am 6.9.1802 hatten hessische Truppen bei Olpe die Grenze überschritten, später erschien überall das Okkupationspatent des Landgrafen, der erklärte, dass das kurkölnische Westfalen „für ewige Zeiten" zu Hessen gehören solle. Wahrscheinlich am 7./8.9.1802 war mit anderen wichtigen strategischen Punkten des Herzogtums Westfalen auch Warstein besetzt und die militärische Okkupation vorerst beendet worden. Am 17.10.1802 verpflichtete sich mit der ehemaligen kurkölnisch-westfälischen Regierung auch der aus Warstein stammende Hofrat Caspar Theodor Pape (1741-1814) per Handschlag der neuen Regierung. Nur wenig später versprach auch die gesamte Stadt im Staatsakt der Erbhuldigung in Rüthen der neuen Landesregierung Treue.

Das damalige Warstein war durchaus überschaubar. Es zählte in 170 Wohnhäusern 1.258 Einwohner, von denen 31 jüdischen Bekenntnisses waren.[1] Die Bürger ernährten sich in erster Linie als Ackerbürger von der Landwirtschaft und regional begrenztem Handwerk. Dazu hatten sich zuvor die Ämter der Schmiede und Zimmerer und der Schneider und Schuster gebildet. Eine gewisse industrielle Tätigkeit führte insbesondere im ersten Drittel des 18. Jahrhunderts zu wirtschaftlichem Fortkommen. Die Familien Zahn, Retberg und Möller hatten gegenüber ihrem Familienwohnsitz, dem heutigen Stadtmuseum „Haus Kupferhammer", einen Kupferhammer zum Mittelpunkt ihres verzweigten Netzes industrieller Tätigkeit gemacht. An der Stadtgrenze nach Suttrop war seit 1739 eine Eisenhütte etabliert, die den bestehenden Eisenerzbergbau nutzte und in einem nördlich gelegenen Eisenhammer weiterverarbeitete. Der große Waldbesitz brachte zusätzliche städtische Einnahme.

Eine wenig homogene Bürgerschaft – der „Patriotenkrieg" im ausgehenden 18. Jahrhundert

Eine erste Zäsur in die bis dahin weitgehend homogene Struktur der Bürgerschaft brachten Ereignisse, die zeitgleich mit der Französischen Revolution, genährt durch aufgeklärtes Gedankengut, 1789 Warstein erschütterten. Schon 1776 hatte der Bürger Peter Struif als Wortführer der unzufriedenen Bürgerschaft beim Kurfürstlichen Hofrat in Bonn die ordnungsgemäße Ablage der Stadtrechnungen durch die jeweiligen Kämmerer verlangt. Am 19.11.1789 legte der Stadtrat die zurückliegenden Register seit 1755 offen, erreichte aber trotzdem nicht die Genugtuung der verunsicherten Bürger. Die Bedenken der Bürgerschaft entzündeten sich anlässlich der jährlichen Ratswahlen. Man empfand es als Ungerechtigkeit, dass die Wahl der Ratsherren durch vier „Churherren", von denen allein drei vom ausscheidenden Rat gewählt worden waren, geschah und die breite Bürgerschicht weitgehend ausgeschlossen blieb. „*Es fehlte nicht viel, dass aufm Rathauß Ströhme von Bürgerblut geflossen wären*"[2] notierte der Stadtsekretär Franz Anton Seißenschmidt in seinen Bericht an den Landdrosten in Arnsberg. Parteiungen der alten Magistratsmitglieder, der „Prinzen", versuchten ihre Rechte gegen die „Patrioten" zu wahren, die zeitweise als neuer Magistrat fungierten, jedoch wenig fruchtbare Ergebnisse vorzeigen konnten. Gewalttätige Auseinandersetzungen, Inhaftierungen und kurfürstliche Ermahnungen waren Folge der mehrjährigen Auseinandersetzungen, die mit einem Erfolg für die „Prinzen" 1794 endete. Misswirtschaft hatte in diesen Jahren die Verwaltung der Stadt derartig beeinflusst, dass 1796 weitreichende Reformen im politisch-wirtschaftlichen Leben erfolgen mussten. In diesem Zusammenhang regelte man das schulische Leben in der Art, dass die Einkünfte und das Vermögen der aufgelösten Schützenkompanie der Bürgerschützen für die Anstellung des Vikars als Schullehrer und einer weiblichen Lehrerin dienen sollten. Der „belobte Stadtrath" hatte am 1.12.1795 erklärt, dass „*besagte Schützen-Compagnie in keiner Hinsicht nützlich sei, wohl aber zu ärgerlichen Schwärmereien, Luxus und unnöthigen Kosten Anlaß gebe*".[3] Damit hatte man zweifellos die Verantwortlichen aus den Reihen der Schützen treffen wollen, die kurze Zeit vorher als „Patrioten" den in Politik und Verwaltung etablierten „Prinzen" die städtische Herrschaft streitig machen wollten und nun auf andere Weise „bestraft" wurden.

Bestimmendes Fanal einer neuen Zeit – der Stadtbrand vom 31.12.1802

Nur wenige Jahre später galten die Sorgen der Verantwortlichen den Folgen des verheerenden Stadtbrands vom 31.12.1802. „*Wir Bürgermeister und Magistratspersonen zu Warstein müssen Allen und Jeden, die den gegenwärtigen Brief zu lesen überkommen werden, eine gräuliche Feuersbrunst und kaum zu ersetzenden unsere Mitbürger betreffenden Schaden bekannt geben*".[4] Mit diesen Worten begannen die Verantwortlichen der damaligen Warsteiner Bürgerschaft einen Brief, den sie an viele Städte und Gemeinden des Umlandes schickten, um auf die erlebte Katastrophe am Silvestertag des Jahres 1802 aufmerksam zu machen. „*Der jüngste Tag nämlich des vergangenen Jahres schien der schaudervolle jüngste Tag für das Dasein unserer Mitbürger und der ganzen Stadt werden zu wollen*",[5] so die Mitteilung weiter. Und tatsächlich scheint das Gefühl allgemeiner Ohnmacht und Hilf- und Perspektivlosigkeit vorgeherrscht zu haben.

Wenngleich alle paar Jahrzehnte der vergangenen Jahrhunderte die mittelalterliche Stadt auf dem Stadtberg ein Raub der Flammen geworden war, stellte dieser Stadtbrand alles in den Schatten. Am Morgen des 31.12.1802 entstand in dem „Hunoldes"-Haus, in dem die Familie des Ackerbürgers Joseph Müller und die zur Miete wohnende Familie Gaudenz Hense lebte, eine *„erschröckliche ja unbeschreibliche Feuersbrunst"*.[6] Während in der damaligen Pfarrkirche, der heutigen Alten Kirche, die Schulmesse gehalten wurde, entzündeten sich, begünstigt durch einen heftigen Ostwind, um 7.30 Uhr innerhalb einer Viertelstunde 96 Häuser, die Kirche mit ihrem Turm, das westlich davon gelegene Rathaus und andere öffentliche Gebäude. Ein anderer Bericht spricht dabei von 92 Häusern, die in weniger als 10 Minuten brannten. Die Löschmöglichkeiten waren äußerst dürftig. Mit einer „Wasserkunst" gelangte das Wasser lediglich durch hölzerne Rohre in drei kleine „Tempelkümpe". Auch die vorhandenen ledernen Feuereimer konnten dabei dem Feuer eigentlich nichts entgegensetzen.

Fast unglaublich ist dabei, dass das Feuer *„gleich einem reißenden wilden Strohme ohne möglichen Widerstand auf alle Gassen der Stadt"*[7] nur ein Menschenleben forderte. Der 80jährige Knecht Peter Pahn erstickte in einem Stall. Pferde, Kühe, Schweine und anderes Vieh wurden ungezählt Opfer der Flammen, wie auch alle Vorräte, die im Herbst des Vorjahres eingefahren worden waren. *„Alles ist dahin und schier den Armseeligen nichts als die Augen übrig, womit sie ihr unglückliches Schicksal beweinen"*[8] schreibt man in dem eingangs erwähnten Brief an die Öffentlichkeit weiter und offenbart damit seine Ohnmacht in privater und gesellschaftlicher Zukunft.

Neben ersten Erfahrungen des kurze Zeit vorher eingeleiteten Wechsels der Landesherrschaft bestimmte seit den Januartagen 1803 ein anderer Gedanke die Bürger Warsteins: Etwa 700 Menschen waren in kurzer Zeit obdachlos geworden. Welche Perspektive hatte das mehr als 500 Jahre alte Gemeinwesen?

Immer wieder erste Sorge – der Wiederaufbau Warsteins im Tal an Wäster und Range

„Jetzt irrt der dürftige Mensch mit Stabe und Sacke gerüstet bettelnd im Lande herum, um nicht zu Grunde zu gehen" beschreibt ein unter dem Synonym „Wiener Schmierhannes" arbeitender einheimischer Dichtender im Jahre 1803 die sich nach dem Stadtbrand darstellende Lage der Warsteiner Familien im kalten Winter 1803.[9] Not lindern konnten die Familien in den Wohnhäusern der Unterstadt „Auf dem Bruch" und im Bereich der heutigen oberen Hauptstraße und kleiner Seitengassen. Ein Wiederaufbau der Stadt sollte zuerst einmal die betroffenen Familien vor unübersehbare finanzielle Belastungen stellen. Zwar waren die Gebäude durch eine „wohltätige Brandassecurationsgesellschaft" versichert, hingegen war ihre Summe so niedrig, dass man damit nur einen Teil ihres Anwesens wieder errichten konnte. Spenden trafen aufgrund der weit reichenden Aufrufe von allerorten ein, gerade auch von den heute noch hessischen Städten, die seit wenigen Monaten mit Warstein dem gleichen Landesherrn gehorchten. Hier ließ gerade auch der Besitzer von Haus Kupferhammer, Johann Christian Möller, seine Geschäftsverbindungen spielen. Auch von Seiten des neuen Landesherrn kam jede mögliche Fürsorge. Am 21.1.1803 traf eine Kommission der hessischen Regierung ein, die aus dem Regierungsrat Floret und dem Oberstwachtmeister Sandfort bestand. Sie beriet mit den Repräsentanten der Stadt den Wiederaufbau Warsteins und ging dabei auch auf die Vorgabe des Stadtrates ein, der unter dem Vorsitz des Bürgermeisters Henke und des „Prokonsuls" Enste eine erneute Bebauung des Stadtberges wünschte und zuerst vor allem gegen eine Ansiedlung im Tal an der Range votierte. Schon am 14.1.1803 hatte man das wilde Holzeinschlagen im Wald verboten, um einen geordneten Wiederaufbau in die Wege zu leiten.

Der zuerst gefasste Plan, den alten Stadtberg mit einer Erweiterung auf dem Kohlmarkt wieder zu bebauen, hatte vor allem wirtschaftliche Hintergründe. Warsteins Ackerbürger konnten von hier aus schnell ihre Felder erreichen.

Die Regierungsvertreter brachten erneut das Rangetal ins Gespräch, da die Wasserversorgung des Kohlmarktes noch schlechter als auf dem Stadtberg sei. Als Ergänzung plante man zusätzliches Siedlungsgelände im „Dieploh". Von hier aus seien Felder und Äcker im Westen gut zu erreichen und die geforderte Straßenbreite von 64 Fuß und die 24 Fuß große Entfernung zwischen jedem Wohnhaus zu verwirklichen. Ortsbesichtigungen ergaben, dass die Verantwortlichen der Stadt zwar weiterhin am Kohlmarkt festhalten wollten, gegen die Pläne, an Range und Dieploh zu bauen, jedoch nichts einwenden konnten. Warsteins Stadtsekretär Franz Anton Seißenschmidt (1738-1815) befürwortete die Pläne der Regierung und erkannte in ihnen die zukunftsweisenden Perspektiven für Landwirtschaft, Handel, Handwerk und frühe Industrialisierung. Im April und Mai 1803 legte man gemeinsam die Größe und Art der Häuser fest, wobei auch oft gegen heftigen Widerstand der Bürger, die hessische Bauweise – vornliegender Wohnteil in klassizistischer Form und rückwärts liegender Wirtschaftsteil mit seitlicher Deeleneinfahrt – durchgesetzt wurde. Mit den Bürgern nahm man wiederum Ortsbesichtigungen vor, setzte eine Kommission zur Bewertung der Grundstücke ein und nahm gleichzeitig eine Verlosung der Grundstücke vor, damit jedem Verdacht irgendwelcher Bevorzugungen entgegnet werden konnte. Nicht immer gingen diese Tage ohne Reibereien vor sich. Dem Aktuarius, so heißt es im Protokoll, habe sich *„der Bernd Heinrich Göke bei seinem Erscheinen durch die frechsten Grobheiten ausgezeichnet, indem er mit den ungezogensten Gebehrden geradehin erklärt habe, er störe sich an nichts, bis Antwort von dem Fürsten eingegangen sei."*

Unter Anführung des Hofgerichtsrats Caspar Theodor Pape hatten sich einige betroffene Bürger aufgrund vermeintlicher Fehlleistungen der Kommission direkt an den Landgrafen von Hessen-Darmstadt gewandt. *„Komm mal her und schlag mich, so sollt Ihr sehen, wie es euch gehen soll, für alle die, die hier sind, bin ich nicht bange"* hatte Göke in seinem Zorn der Kommission erwidert, die sich hierauf genötigt sah, die Beratungen zu unterbrechen.[10]

Im Mai 1803 erklärte die Regierungskommission ihre Arbeit für beendet und hinterließ dem Magistrat die Planungsgrundlagen für den Wiederaufbau an Range und „Dieploh", der heutigen Dieplohstraße, der oberen Hauptstraße bis zur Einmündung des Herrenbergswegs und der Hochstraße. Dabei gab sie auch die Anweisung, den Rangebach ordentlich zu regulieren und legte damit die Grundlage für das charakteristische Aussehen der Rangestraße bis in die 1970er Jahre.

Ein Großteil der fast 100 Wohnhäuser wurde schon im gleichen Jahr nach einheitlichem Maßstab mit kleineren Differenzierungen in Aussehen und Aufteilung errichtet. Das damalige Wohnhaus der Familie Cramer (gnt. Plückers), die heutige „Domschänke", weist in seiner Inschrift den 22.7.1803 auf, das benachbarte Haus der Familie Enste (gnt. Kosmelchers) den 26. 6. 1803. Eine Inschrift im Haus Wrede (gnt. Müllers) an der Range datierte vom 21. 10. 1803.

Das besonders charakteristische damalige Schulgebäude, der spätere „Alte Kindergarten" an der Straßenecke Hauptstraße/Aufm Bruch entstand auch zu dieser Zeit durch große finanzielle Leistungen des Industriellen Johann Christian Möller auf Haus Kupferhammer, währenddessen die Wiederherstellung der Alten Kirche noch einige Jahre auf sich warten ließ.

Warstein und Kloster Grafschaft – ein nicht immer unbelastetes Verhältnis

Seit mittelalterlicher Zeit spielte der Zehnthof eine dominierende Rolle in der mittelalterlichen Stadt. Mit seinem Gebäude verband man die seit Gründung der Abtei im Jahre 1072 andauernde Beziehung zwischen Grafschaft und Warstein. Der Zehnthof repräsentierte ein Stück wirtschaftlicher Abhängigkeit, besaß doch Kloster Grafschaft jahrhundertelang das Zehntrecht über große Teile der Warsteiner Feldflur. In seelsorglicher Hinsicht stand Grafschaft für die Besetzung der Pfarrstelle, und auch hier kam es manches Mal zu Auseinandersetzungen. Nicht nur optisch hob sich das mit Toren eingefasste Gelände der Benediktinerabtei Grafschaft hervor.

Vom Stadtbrand blieb der eigentliche Zehnthof und umliegende Wirtschaftsgebäude unberührt, wenngleich 1802/03 mit dem Ende der Existenz der Abtei auch der Zehnthof säkularisiert werden sollte. Bereits im Oktober 1802 hatten sich hessische Regierungskommissare die Finanzen des Klosters und seines Zehnthofes vorlegen lassen. Ein Jahr später hob man am 17.12.1803 das 1072 gegründete Kloster auf, am 21.3.1804 musste mit den Mönchen auch Abt Edmundus Rustige die Klostergebäude verlassen. Während die Mönche sich im gesamten Bereich des Sauerlandes niederließen, wählte der Abt zu seiner künftigen Wohnung den Zehnthof, auf dem er zurückgezogen gegen eine jährliche Miete von 60 Gulden bis zu seinem Tod am 21.6.1816 wohnte. Eine jährliche Pension von 2.000 Gulden gestattete ihm eine wohlsituierte Lebensführung auf dem Warsteiner Zehnthof. Ein in den Jahren 1813 bis 1821 erstelltes Familienverzeichnis nennt als Bewohner des Zehnthofes folgende Insassen: *„Der Hochwürdige Herr Abt Edmundus Rustige, Coniuges Carl Philip Weinert aus Kupferberg in Böhmen, Eleonora Feghelm und vier Kinder".*[11] Zusätzlich gab es mehrere Bedienstete für Haushalt und Wirtschaft. Seine Ruhestätte fand Abt Edmundus Rustige in der Propsteikirche in Belecke, in der als Niederlassung des Klosters im nördlichen Sauerland über Jahrhunderte hinweg mehrere Benediktiner gelebt hatten.

Die Zehnthofsgebäude verblieben vorerst in hessischem Besitz. Da die klösterlichen, nun dem Landgrafen von Hessen zukommenden Einkünfte als Frucht- und Geldgefälle gerade in der Gegend von Warstein anfielen, richtete die Hessische Regierung 1808 eine besondere Rentei in Rüthen aus, der Zehnthof in Warstein galt neben dem aufgehobenen Kapuzinerkloster in Rüthen als Rezeptur. Der dem Kloster Grafschaft und seit 1803 Hessen-Darmstadt zustehende Zehnte wurde gegen eine jährliche Summe der Stadt Warstein in Erbpacht überlassen. Übrigens hatte sie aufgrund dieser Rechtsnachfolge in der Mitte des 19. Jahrhunderts die neue Pfarrkirche St. Pankratius im Tal zu errichten.

Ausblick

Die Folgen dieser Zeit des Umbruchs für Warstein wurden schon wenige Jahre später überdeckt durch zwei neue Strukturlinien in der jüngeren Geschichte der Stadt. Im Zuge der preußischen Verwaltungsreformen gewann Warstein im nordöstlichen Teil des Kreises Arnsberg mehr und mehr Mittelpunktsfunktion und wurde ab 1829 Sitz des Bürgermeisters bzw. Amtmannes des 1844 arrondierten Amtes Warstein.

Etwa zeitgleich geht eine Intensivierung der Industrialisierung vonstatten. Aufgrund der Eisenerzvorkommen, der Holzkohle in den städtischen Waldungen und dem Wasser errichtete man ab 1834 vornehmlich durch die Gewerken Wilhelm Bergenthal und Ferdinand Gabriel eine Reihe eisenverarbeitender Betriebe, die mit dem bestehenden Warsteiner Gruben & Hüttenverein und seinem angeschlossenen Eisenhammer Warstein zur wirtschaftlichen Blüte brachten, so dass sich die Einwohnerzahl innerhalb von einhundert Jahren ungefähr verdreifachte. Vor diesem Entwicklungsschub verloren die Auswirkungen der Jahre 1802/03 ihren Stellenwert.

Anmerkungen

1 BENDER, J., Geschichte der Stadt Warstein. Werl/Arnsberg 1844, S. 5.

2 MUES, B., Der Warsteiner Patriotenkrieg (1789-1794). Sowieso-Reihe. Warstein 1989, S. 16.

3 GIESE, W., Chronik der Bürgerschützengesellschaft Warstein. Warstein 1988, S. 23.

4 BENDER, Anm. 1, S. 168ff.

5 Ebenda.

6 Ebenda.

7 Ebenda.

8 Ebenda.

9 STADTARCHIV WARSTEIN A 238.

10 Ebenda.

11 Pfarrarchiv St. Pankratius Warstein, Warsteiner Familienverzeichnis 1813.

„... elende Gassen (lassen) den Wohlstand nicht vermuten ..., der hier wirklich herrscht."

Werl in der Säkularisationszeit

Heinrich Josef Deisting

Wäre der etwa zwanzigjährige Autor des obigen Zitates nicht der den geistlichen Fürstentümern gegenüber in einseitig – rationalistisch verhafteter Kritik und für den Staat Friedrich des Großen von Preußen eingenommene Karl Justus Gruner aus Osnabrück (1777–1820) gewesen, der sich am Ende des 18. Jahrhunderts mit seinen roten Haaren – unter denen er litt!– auf einer Fußreise in Westfalen und dann auch in Werl umsah, sondern der Kurfürst-Erzbischof von Köln, der seiner „Wechselresidenz" am Hellweg einen Besuch abstattete, wäre das Zitat und der übrige Bericht günstiger ausgefallen, denn der Landesherr pflegte seine Visiten anzukündigen. Rat und Bürgerschaft der Wallfahrts- und Salinenstadt waren dann jeweils eifrig bestrebt, sich durch Putzen, Fegen und Aufräumen von der besten Seite zu zeigen. Gruners Darstellung soll hier auf das Wesentliche reduziert zitiert sein:

„*Werl...eine alte, sehr häßliche Stadt...*", „*.... schlechte Wege und scheußliches Straßenpflaster...*", „*Die Mannspersonen versammeln sich abends gewöhnlich auf einen eben nicht brillanten Billard, wo das Bedürfnis der Geselligkeit unter den Edelleuten und den Bürgern eine seltene Annäherung und Gemeinschaft hervorbringt, die Unterhaltung aber natürlich um so verschiedenartiger ist, als Werl in Hinsicht der Aufklärung sich nicht sehr rühmlich auszeichnet.*" „*...dieser enge und schmutzige, von drohenden alten Mauern und finsteren Häusern eingezwängte Ort...*"[1]

Welches Bild bot sich aber wirklich dem Besucher Werls? Man hört manchmal, das 18. Jahrhundert sei recht „statisch" gewesen, unterm Krummstab der Kölner Fürsterzbischöfe sei in dieser Epoche nicht viel passiert, doch dies ist zu kurz gesehen.

Werl, wohl 1218 zur Stadt erhoben und von etwa 1434–1614 Mitglied der Städtehanse unter der mächtigen Nachbarstadt Soest, präsentierte sich dem Reisenden noch um 1800 im Kranz der etwa 2,2 km langen und mit acht Türmen besetzten Stadtmauer, die eine Fläche von ca. 30 Hektar umschloß. Vier ebenfalls mit Türmen versehene Stadttore, die vier Türme des kurfürstlichen Schlosses und das Neuertor sowie drei Kirchtürme im Inneren ergaben ein Panorama mit 20 Türmen, welches wir heute nur noch durch das 1999 geschaffene Stadtmodell „Werl 1600–1700" nachempfinden können. Der Blick auf die Stadt muß bei klarem Wetter und in den laubfreien Monaten vom Haarstrang und von der Höhe bei Haus Borg aus imponierend gewesen sein. Leider gibt es von diesem Szenario keine zeitgenössische bildliche Darstellung.

Am südlich der Stadt verlaufenden Hellweg war noch die 1816 auf Abriß verkaufte St. Georgskapelle vorhanden, das zugehörende Siechenhaus/Leprosorium war bereits Ende des 18. Jh. abgetragen worden. Nicht mehr vorhanden waren die Antoniuskapelle mit Klause sowie die Liebfrauenkirche an der heutigen Straßenkreuzung Hellweg-Waltringerweg-Neheimerstraße. Vor dem Melstertor im Osten lag der seit etwa 1560 bestehende Judenfriedhof, und auf der etwas weiter östlich liegenden städtischen Gänsevöhde stand eine 1680 errichtete, der Gottesmutter geweihte Kapelle, die noch heute vorhanden ist. Im Nordwesten lagen vor der Stadt die vom Salzbach getriebene Stadtmühle und gegenüber innerhalb der Mauern die uralte Stadtsaline. An der heutigen Hammerstraße befanden sich die Salinen Höppe und noch weiter nördlich Neuwerk.

Über die Stadtsaline haben wir einen Bericht des Salinisten Karl Christian Langsdorf aus der Zeit um 1784/87: „*Werl...ein köllnisches Städtgen, hat sehr ergiebige 7 löthige Quellen... . Das Salzwerk liegt zum Theil inner zum Theil außerhalb der Stadt, welches letztere ich aus Mangel der Zeit nicht besehen konnte. Das*

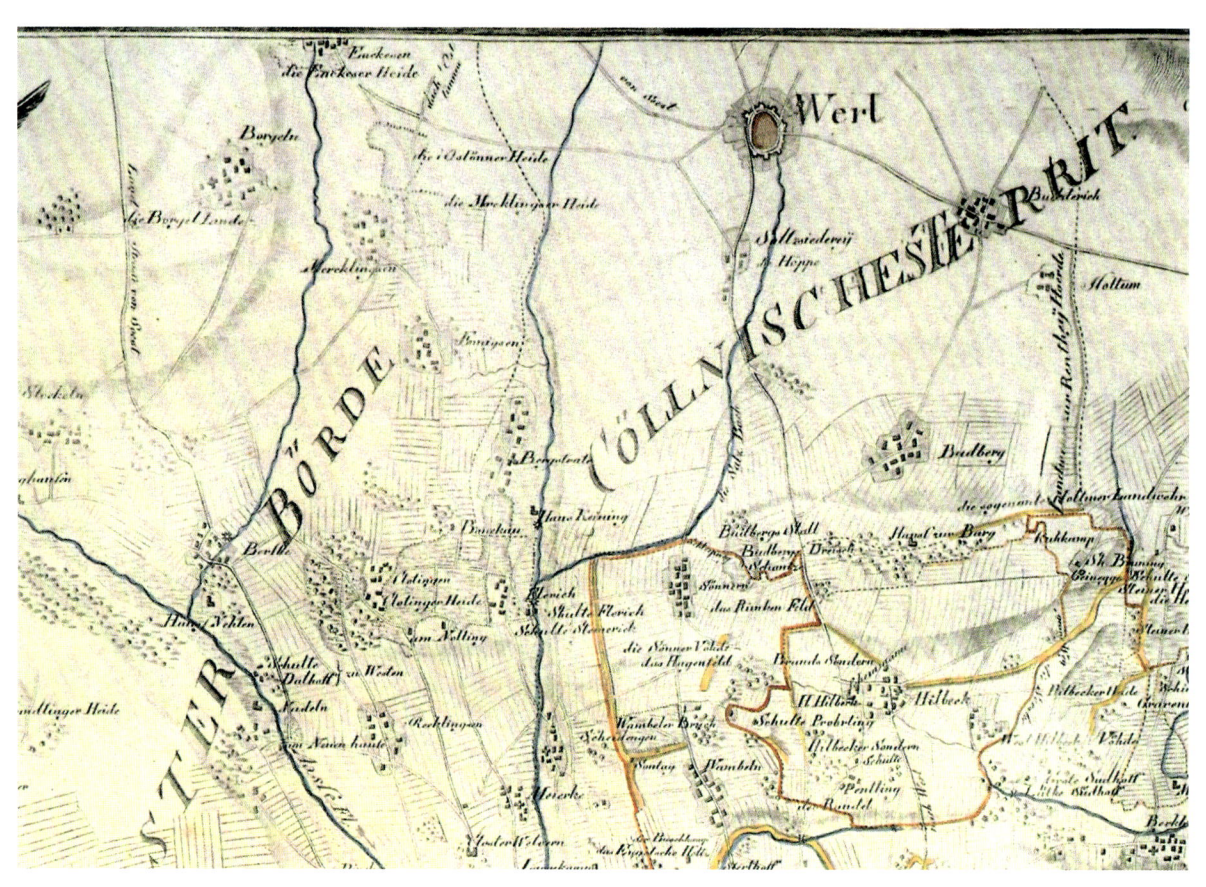

"Special Charte von dem Amte Hamm", 1799 (Gosebruchkarte)

innerhalb der Stadt gelegene ist in sehr elender Verfassung. Viele kleine elende Gradirhäußer stehen auf engem Platz innerhalb der Stadtmauer beisammen, verhindern einander allen Zutritt der Luft, und verdienen daher kaum mit dem Namen der Gradirhäuser belegt zu werden. Auch das Siedhaus, welches ich besahe, war in eben solchen kümmerlichen Umständen, – kurz, dieß ist das elendeste Salzwerk, welches mir noch zu Gesicht gekommen ist. Das außer der Stadt gelegene Salzwerk soll sich in weit bessern Umständen befinden und sehenswürdig sein. Sonst wird in Werl überhaupt ein gutes und viel Salz fabricirt".[2]

Während sich die Saline Höppe um 1800 im gemeinschaftlichen Besitz der adeligen Propstei Scheda, der Familien v. Fürstenberg, v. Lürwald, Erben der Voigt v. Elspe, v. Plettenberg, der Werler Erbsälzer und des Klosters Himmelpforten befand, wurden die beiden anderen Salinen seit 1652 von dem adeligen *„Erbsälzerkollegium zu Werl und Neuwerk"* als Gemeinschaftsbetrieb geführt. Aus verschiedenen Ursachen schwankte die Salzproduktion erheblich, wie die nachfolgende Aufstellung zeigt. Zudem waren Salzpreis und Währung instabil (Angaben in Rthlr.).[3]

Jahr	Stadtsaline	Neuwerk	Gesamtertrag
1652	9680	11093	20773
1658	7441	8687	16128
1667	21994	19549	41543
1672	25139	17339	42478
1740	26773	7464	34237
1784	13357	4196	17553
1796	102641	31022	133663
1799	68538	19261	87799

Im Zentrum der Stadt befand sich der Marktplatz mit mehreren öffentlichen Brunnen. Auf diesen zu liefen die Grenzen der vier innerstädtischen Verwaltungsbezirke („Hofen"). Wenige Schritte südlich des Marktplatzes lag die der Prämonstratenserabtei Wedinghausen inkorporierte Pfarrkirche St. Walburga (seit 1892 „Propstei"). Das Rathaus mit eigenem Turm und zwei Treppengiebeln stand in der Südwestecke des Marktes, daneben das städtische

Weinhaus. Die mit einem kleinen Turm versehene städtische Nicolaikapelle (vormals Erzbischöfliche Pfalz) war an das Rathaus angebaut, wurde jedoch wegen Baufälligkeit bereits vor 1779 bis auf Fundamentreste abgetragen. Etwas weiter westlich befand sich am später sogenannten Kälbermarkt, am Beginn der Bäckerstraße, das um 1320 errichtete, in städtischer Verwaltung stehende Hospital mit der Hospitalkirche/Kapelle St. Laurentius u. St. Elisabeth, ebenfalls mit einem Turm versehen.[4] Zu den letzten Reformen des Kurfürsten Max Franz gehörte übrigens die 1801 verordnete Vereinigung des Vermögens von Hospital und Siechenhaus zu einem städtischen Armenfonds, dessen Rechnungslegung bereits 1802 in einem gedruckten Bericht vorgelegt wurde.[5] Östlich des Marktes lag das 1645 gegründete Kapuzinerkloster mit dem „Neubau" der 1786/89 nach Plänen von Arnold Boner errichteten Klosterkirche, versehen mit einem Dachreiter. Die Kapuziner betreuten das ihnen von Erzbischof Maximilian Henrich im Jahre 1661 anvertraute, aus der Soester Wiesenkirche stammende Marien-Gnadenbild, welches Werl zu einem der bedeutendsten Wallfahrtsorte Deutschlands werden ließ und welches einen nicht hoch genug zu schätzenden Faktor der städt. Wirtschaftskraft darstellte und noch immer darstellt.

Gruner schrieb hierzu: *„Einen (...) bedeutenden Erwerbszweig gewährt das hiesige Kapuzinerkloster durch das hier befindliche wohltätige Marienbild, zu welchem immerwährend eine große Menge von Wallfahrten stattfinden soll, und zwar vorwiegend aus den protestantischen Orten der Grafschaft Mark, namentlich aus der Soester Börde".*

Im Südwesten der Stadt befand sich das als Festung konzipierte und in die Stadtmauer integrierte 1519 ff. errichtete kurfürstliche Schloß, welches dem Erzbischof als „Wechselresidenz" diente, oft für längere Zeit kölnische Garnison war und zudem als Amtssitz des Drosten der Stadt und des Amtes Werl fungierte. Von den ehemals vier Türmen des recht großen Baues haben sich der größere, zur Stadt hin gelegene Batterieturm erhalten, sowie fast vollständig die Kellergebäude. Zum Schloßbereich gehörten ein (Zier)Garten sowie eine Reitbahn. Durch Beschießungen im Siebenjährigen Krieg 1761/63 und den Verlust militärischer Bedeutung verfiel der Komplex zusehends, galt 1816 als sehr baufällig und diente 1825ff. trotz erheblicher Bürgerproteste als Steinbruch für den Straßenbau, insbesondere der Chaussee nach Hamm.[6] Auf Justus Gruner wirkte die Örtlichkeit ehemaligen Glanzes bedrückend: *„Auch beherbergt es wirklich noch in den Resten einer ehemaligen Zitadelle mehrere Kerker, deren Anblick mit Grauen und Abscheu erfüllt, und die noch vor wenigen Jahren von einer Menge Unglücklicher bewohnt gewesen, jetzt aber – gottlob! – leer waren".*

Die Gerichtsverhältnisse der Stadt um 1800 stellen ein komplexes Thema dar. Für den Bereich des kurköln. Amtes Werl soll nur erwähnt sein, daß Nieder- und Oberbergstraße (heute Stadt Werl) mit damals 35 Häusern als private Unterherrschaft das Patrimonialgericht Bergstraße bildete, welches der Grafenfamilie v. Plettenberg-Lenhausen zu Hovestadt gehörte. Die letzten beiden Werler Stadt- und Amtsdrosten wurden bis 1805 von dieser Familie gestellt. Vertreter *(„Vizedroste")* des Amtsdrosten war der Stadt- und Amtsrichter des weltlichen

Wallfahrtsplakat 2003

Gerichtes, Lic. jur., kurköln. Hofrat Caspar Anton Johann Floret (1748–1817), zudem von 1772–1786 noch Werler Bürgermeister. Später war er noch Großherzoglich Hessischer Justizamtmann. Floret übte in den Orten des Amtes Werl die alleinige Straf- und Zivilgerichtsbarkeit aus. In der Stadt Werl hatte er nur die alleinige Strafgerichtsbarkeit, während er in Zivilsachen mit dem „Gericht" des Stadtmagistrates konkurrierte. Neben seiner Tätigkeit als Amtsrichter oblagen Floret noch Polizeifunktionen innerhalb des Amtes Werl. Die den Stadtmagistraten in Konkurrenz zum Amtsrichter zustehende Gerichtsbarkeit oblag dem 1. der beiden Werler Bürgermeister allein. Die übrigen Ratsmitglieder erfüllten in der Stadt ihnen zugewiesene Polizeifunktionen.[7] (Es soll nicht unerwähnt sein, daß die Masse der Aufgaben, die heute ein städt. Ordnungsamt erfüllt, früher „*Polizeisachen*" waren).

Für den Bereich der Salzplätze, des Betriebsgeländes der Salinen Werl und Neuwerk, die eigene Immunitätsbereiche darstellten, besaß das Erbsälzerkollegium, welches nach der kaiserlichen Reichsadelsstandsanerkennung von 1708 und deren kurkölnischer Bestätigung von 1723 im Jahre 1726 förmlich aus der Werler Bürgerschaft ausgetreten war und fortan ein „*corpus separatum*", ein „*collegium nobilium*" in Werl außerhalb der Werler Bürgerschaft bildete, ein eigenes sogenanntes „*Salzplatzgericht*".[8] Die Masse der behandelten Fälle waren Streitigkeiten des Salinenpersonals untereinander, auch deren „*Blutrünstigkeiten*" sowie die zivile freiwillige Gerichtsbarkeit (z. B. Erbsachen, Vormundschaften, Testamente).[9] Vor dem Gericht, dem der Salzplatzrichter, ein auf Lebenszeit gewählter Erbsälzer, vorstand, konnten auch Mitglieder des Erbsälzerkollegiums belangt werden, ja es war sogar möglich, das gesamte Kollegium vor diesem Gericht in erster Instanz zu verklagen, obgleich dadurch Beklagte zugleich Richter waren.[10] – Die „*altständische Welt*" war voller Kuriositäten!

Justus Gruner spricht in seinem Reisebericht zu Werl von den „*Beamten der hiesigen Gerichte*", so bleibt es fraglich, ob ihm die Bedeutung des höchsten Werler Gerichtes bekannt war. Das Offizialatsgericht Werl hatte die Gerichtsbarkeit sowohl in geistlichen wie in zivilen Sachen, und zwar bald in erster und bald in zweiter Instanz. Seine räumliche Kompetenz erstreckte sich über das ganze Herzogtum Westfalen sowie über das kurkölnische „Nebenland", das Vest Recklinghausen!

Entgegen der immer wieder zu hörenden Aussage, daß das Offizialatsgericht 1450 von Soest nach Werl verlegt wurde, haben neuere Forschungen (Ingeborg Buchholz-Johanek) folgende Gerichtsstandorte ergeben:

Vor 1434 (möglich ab 1368)	Arnsberg
1434–1440/41	Soest
1440/41–ca. 1478/83	Arnsberg
1478/83–1802	Werl
1802–evtl. 1808	Werl (nur für Kirchensachen)

Am Offizialat waren außer den Gerichtsboten (Expeditor) mindestens sieben Juristen, Rechtsgelehrte oder Praktiker tätig. Das Gericht ließ Werl demnach zu einem für Juristen attraktiven Ort werden. Für die Stadt stellte es einen bedeutenden Wirtschaftsfaktor dar, wie es auch schon Hermann Zelion-Brandis (1612–1676) in seiner Stadtgeschichte von 1673 hervorhob. Einen großen Anteil an den Verdienstmöglichkeiten hatten sicherlich die Werler Gastwirte, welche oft die von weither angereisten Rechtsuchenden für Tage oder Wochen beherbergten und versorgen konnten. Durch Wallfahrt und Offizialat hatte bzw. hat die Hellwegstadt in Westfalen den Status eines zentralen Ortes!

Die Verhandlungen der Parteien geschahen in der Privatwohnung des Offizials oder in den Wohnungen des übrigen Gerichtspersonals. Für Entscheidungen bzw. die Verkündung des Schlußurteils war der noch vorhandene, üppig ausgestattete Gerichtsstuhl aus der Zeit um 1725 in der St. Walburgakirche vorgeschrieben.[11] Diesen bezeichnete Georg Dehio als eine „in ihrer Art einmalige Anlage".[12]

In gerader Richtung gegenüber dem Gerichtsstuhl befindet sich an der Ostwand des Südschiffs ein sehr hohes steinernes Altarziborium mit durchbrochenem achtseitigen Baldachinhelm, mit einem ikonographisch bemerkenswertem Wandbild: Kreuzigung und Gnadenstuhl, wie das Ziborium aus der Zeit um 1420 stammend. Das Kreuz mit stark ergänztem Kruzifixus des 13. Jahrhunderts ist plastisch eingefügt. Dehio wertet diesen Altar des Hl. Kreuzes

Gerichtsstuhl des Offizialates in der St. Walburgakirche

von Werl als *"seltenes Beispiel dieser Gattung"*. Lange schon vor dem Beginn der Marienwallfahrt war dieses Hl. Kreuz ein zentraler Punkt des Glaubens und der Frömmigkeit für Pilger von nah und fern.[13] All dies scheint einem unbekannten Autor bewußt gewesen zu sein, als er im Jahre 1860 (7. Juli) im Centralvolksblatt für den Regierungsbezirk Arnsberg schrieb: *"Eine eigentümliche Anziehungskraft in religiöser Beziehung hat Werl schon von altersher gehabt"*.[14]

In Werl erinnern zudem noch ein Straßenname und eine schwarze Marmorplatte mit goldener Inschrift an einer eigens vom Heimatverein 1996 errichteten Grünsandsteinmauer an der Stelle seines leider 1971 abgerissenen Wohnhauses auf dem Kirchplatz an den letzten Oberfreigrafen des Frei- und Femegerichts des Herzogtums Westfalen. Der Inhaber dieses mit vielen Mystifikationen belegten Amtes, welches von der Säkularisation hinweggefegt wurde, stand am Ende einer langen, bis ins Mittelalter zurückgehenden Reihe von Amtsträgern, über die in breiteren Kreisen der Öffentlichkeit nicht viel bekannt ist. Der letzte Amtsinhaber war durch Erzbischof Maximilian Friedrich am 29.5.1783 ernannt und durch dessen Nachfolger Erzbischof Maximilian Franz am 11. 9. 1784 in seinem Amt bestätigt worden. Es war dies der Assessor am Offizialatsgericht und Advocat Dr. jur. (Mainz), späterer Hofgerichtsassessor Franz (auch Friedrich) Wilhelm Norbert Engelhard(t), welcher, aus Olpe stammend, 1788 das Bürgerrecht in Werl erworben hatte (*1754, †1835 Werl).[15] Engelhard(t) war seinem Schwiegervater und dessen Vater im Amt des Oberfreigrafen gefolgt, und somit ergab sich eine durch die noch vorhandenen Bestallungsurkunden belegbare, bis 1714 zurückreichende Kontinuität.[16]

Ein Charakteristikum im Werler Stadtbild waren die Wohnsitze der adeligen Erbsälzergeschlechter. Von den ca. 19 bedeutenden Besitzungen, deren Hausgeschichten relativ gut bekannt sind, waren um 1800 noch 13 von Erbsälzern bewohnt. Diese verteilten sich auf die Familien v. Papen (5), v. Lilien (4), v. Mellin (3) und v. Zelion-Brandis (1). (Zum Vergleich: 2003 ist kein Erbsälzer mehr in der Altstadt wohnhaft!). Zu berücksichtigen ist ferner, dass sämtliche genannte Familien über adelige Güter verfügten und es ihnen also möglich war, sich je nach Jahreszeit und Bedürfnissen im Stadthaus oder auf dem Landgut aufzuhalten. Der Erwerb von Kotten und Höfen im Raum Werl begann bei den Erbsälzern bereits im 14. Jh. und seit dem 15. Jh. hatten dann bestimmte Erbsälzer der führenden Geschlechter sogenannte freiadelige Güter bzw. auch landtagsfähige Rittergüter durch Kauf, Heirat oder Erbschaft erworben. Um 1800 saßen die v. Papen auf den Rittergütern Koeningen, Westrich und Lohe (alle heute Stadt Werl). Inzwischen wird nur noch Haus Koeningen von den v. Papen voll bewohnt, während auf Lohe eine Witwe v. Papen lebt. Die Häuser waren in Größe und Ausstattung sehr unterschiedlich. Vom sogenannten „*Vier-Türme-Haus*" der v. Lilien-v. Papen am Markt und dem ebenfalls am Markt stehenden v. Lilienschen Hof mit zwei Türmen ging es bis zu Häusern, die sich nur im Rahmen des Durchschnitts der Werler Bürgerhäuser befanden. Auch die Grundstücke der Erbsälzersitze waren in der Größe sehr verschieden. Es gab z.B. recht beachtliche Ziergärten und auch solche mit Garten- und „*Lusthäusern*". Zusammengerechnet machte der Grundbesitz der Erbsälzer innerhalb der Mauern schließlich einen ganzen Stadtteil aus. Die größeren Anlagen waren z.T. nach dem Dreißigjährigen Krieg entstanden, als einige betuchte Sälzer ehemalige (z.T. ruinöse) Hausstätten von Bürgerfamilien erworben und zu Gärten oder kleineren Grünanlagen umfunktioniert hatten. Übrigens ganz zum Leidwesen des Stadtrates, der um seine Steuereinkünfte Sorge hatte.[17]

Ein Vergleich des letzten städtischen Steuerregisters mit Berufs- bzw. Ständeangaben von 1759 mit den Angaben, die anläßlich der Säkularisation 1802 von den hessischen Behörden gesammelt wurden, hat gezeigt, dass die Einwohnerzahl Werls sich während der gut vier Jahrzehnte nicht verändert hatte. Danach besaß die Stadt 1802 ca. 2.600 Einwohner, die in 420 Häusern wohnten. Im Dezember 1802 hatten 357 Werler das Bürgerrecht (Werl hatte ein „Geburts- Bürgerrecht", d. h., Söhne erwarben durch ihre Geburt das städt. Bürgerrecht). 94 Witwen und 3 Beilieger wurden 1802 gezählt. 1806 bezifferte eine Akte die Gebäude der Stadt auf 338 einstöckige und 75 zweistöckige Wohnhäuser, 57 Scheunen und 1.217 Stallräume. Die Zahl der männlichen Einwohner zwischen 15-60 Jahren betrug 549. Aus den folgenden Jahren des 19. Jahrhunderts mögen noch 3 Beispiele der Einwohnerentwicklung genannt werden: 1818 = 2.465 Einwohner, 1843 = 3.802 und 1871 lebten 4.680 Einwohner in 1.011 Haushaltungen.[18]

Mit der folgenden Statistik soll der Versuch unternommen werden, zu ergründen, ob sich die wesentlichen Züge des Charakters der Stadt Werl in wirtschaftlicher Hinsicht stark gewandelt haben, oder ob sie über längere Zeit vor 1800 relativ gleich geblieben sind. Da das jüngste erhaltene Steuerregister der Stadt von 1803 fast ohne Berufsangaben ist,[19] und zudem gezeigt werden konnte, dass die Einwohnerzahl zwischen 1759/1802 stagnierte, kann mit dem Ergebnis der Tabelle u. U. untermauert werden, dass die beruflich/wirtschaftliche Situation Werls zwischen 1759-1802 im Wesentlichen unverändert blieb.

Im „Längsschnitt" wurde das Ergebnis der Zählung der 1.008 Neubürger Werls aus dem Zeitraum 1551–1877 zu Grunde gelegt, von denen eine berufliche Stellung überliefert ist. Man darf sicher davon ausgehen, dass diese Werler Neubürger in das vorhandene berufliche Bild des Werler Geburtsbürgertums passten. Der „Querschnitt" fußt auf dem städt. Steuerregister von 1759.[20]

Längsschnitt, Neubürger 1551–1877		Querschnitt 1759, Einwohner	
475 Handwerker*	= 47,1 %	145 =	43,2 %
93 Kaufleute und Gastwirte	= 9,2 %	26 =	7,0 %
80 Dienstleistungsgewerbe **	= 7,9 %	19 =	4,0 %
75 Landwirtschaft	= 7,4 %	31 =	8,4 %
74 Klerus, Beamte u. Angestellte	= 7,3 %	73 =	20,3 %
73 Salinenbetriebe	= 7,2 %	30 =	8,1 %
73 Justiz	= 7,2 %	21 =	5,6 %
25 Freie Berufe ***	= 2,5 %	5 =	1,4 %
22 Militär	= 2,2 %	1 =	0,2 %
18 Künstlerische Berufe ****	= 1,8 %	3 =	0,8 %
1008 Personen		354 Personen[1]	

[1] Hinzu kommen Mitglieder „sozialer Stände", z.T. nicht im Steuerregister 1759 und in die prozentuale Gegenüberstellung zum Längsschnitt nicht einbezogen: Beiliger/innen und Witwen: 15, ohne Berufsangabe: 36, Juden: 8, Arme: 17, Erbsälzer: 13, Personen, die von ihren Gütern leben: 6.

* Die an den Salinen beschäftigen Handwerker sind unter „Salinenbetriebe" gezählt.

** Außer in der Landwirtschaft. Die ca. 190 Tagelöhner des Längsschnittes und 122 Tagelöhner des Querschnittes bleiben in den Berechnungen unberücksichtigt, da ihre Zuordnung zur Landwirtschaft oder den Salinen unmöglich ist.

*** z. B. Ärzte, Apotheker.

**** z. B. Gold- u. Silberschmiede, Zinngießer.

Bevor wir uns der Zivilbesitzergreifung Werls durch Hessen-Darmstadt und den Auswirkungen der Klostersäkularisation abschließend zuwenden, ist noch eine Betrachtung des Werler Stadtrates am Ende des 18. Jahrhunderts nötig. Dessen Geschichte vom 13. Jahrhundert–1800 hat R. Preising 1963 ausführlich dargestellt. Durch die uralte, von den Landesherren den Erbsälzern privilegierte Besetzung der Hälfte des zwölfköpfigen Stadtrates *(„Halbscheid")* gab es Jahrhunderte hindurch zwischen den Sälzern auf der einen und den drei *„bürgerlichen"* Gilden (auch Zünfte oder Ämter genannt) der Bauleute (Ackerbürger), Kaufleute und Bäcker auf der anderen Seite immer wieder schwere Konflikte. Dies änderte sich erst, als die Erbsälzer 1726 aus der Bürgerschaft und damit sofort auch aus dem Stadtrat austraten. Es blieb jedoch bei der üblichen jährlichen Neuwahl des Rates und auch bei den zwölf Sitzen, die nun aber nur noch von den je zwei Richtleuten (Wahlmännern) der drei bürgerlichen Ämter durch deren Wahl der Ratsherren besetzt wurden.[21]

Wohl als Auswirkung des von Frankreich ausgegangenen demokratischen Ideengutes erließ der reformfreudige letzte Kurfürst Maximilian Franz[22] noch kurz vor dem Ende des Kurstaates für die Stadt Werl am 28.12.1797 eine neue Ratswahlordnung, die mit einer Magistratsverfassung sowie einer Oekonomie- und Polizeiverordnung versehen war und aus 140 Paragraphen bestand. Die wesentlichsten Neuerungen waren: 1. nicht mehr die Richtleute der drei Ämter wählten den Rat, sondern Wahlmänner, die von den Bürgern der vier Hofen (Stadtviertel) gewählt worden waren; 2. die Ratsherren wurden auf Lebenszeit gewählt; 3. der Stadtrat bestand nur noch aus zwei Bürgermeistern und vier Ratsherren, sowie dem Stadtsekretär, der bisher nicht zum Rat zählte; 4. es gab jetzt nur noch einen Kämmerer (nicht wie bisher zwei, die als Ratsherren die Kämmerei verwalteten), der ein vom Rat bestellter Beamter sein sollte.[23] Der Kurfürst begründete seine Maßnahme damit, *„daß auf diese Weise in die Leitung der städtischen Angelegenheiten eine größere Ruhe und Folgerichtigkeit komme, außerdem sei jetzt jedem Bürger in gleicher Weise die Möglichkeit gegeben, auf die Besetzung der Ratsstellen Einfluss zu nehmen."*[24]

Aus mehreren Gründen konnte jedoch von einer *„größeren Ruhe"* in der Stadt nicht die Rede sein, denn eine scharfe Opposition (etwa 80 Bürger) sprach den Wahlmännern aus den Hofen (die bisher mit Dingen der Verwaltung nichts zu tun hatten) jegliche Befähigung für das Geschäft der Ratsetzung ab. Doch dieser Bürgerprotest führte zu nichts, denn letztlich dachte auch Maximilian Franz eher absolutistisch denn demokratisch.[25] Aus dem Rat, als einem Organ der bürgerlichen Selbstverwaltung und zumindest mit der Option auf Möglichkeiten einer raschen Veränderung durch jährliche Neuwahl, war jetzt ein Magistrat als Vollzugsorgan des Herrscherwillens geworden – wenn auch nur für kurze Zeit, möchte man hinzufügen!

Ein unbekannter Werler Autor hat uns ein Manuskript zur Geschichte der Stadt hinterlassen, welches als Fragment für die Jahre 1799–1837 erhalten ist.[26] Für das Jahr 1799 notiert er: „*(...) Der Geist der französischen Revolution – der Ruf Freiheit und Gleichheit – war unter den Werler Bürgern erwacht, ein Procurator am weltlichen Gerichte, namens Joseph Glaremin, ein schlauer, gewandter Mensch, weckte denselben bei den bisher ruhigen Bürgern – durch Täuschungen und Versprechungen aller Art – unter andern dadurch, daß keine Bürgergelder – keine Thurmschatzung u.s.w. mehr gezahlt – und ihr Vieh unentgeldlich austreiben sollten etc. etc., brachte er es dahin, daß der ruhige Magistrat der Bürgermeistermeister (so! – d. V.) und Räthe plötzlich abgesetzt – sich an die Spitze der Bürger – als Bürgermeister stellte, ein neues Magistrats = Colleg bildete worin Schneider, Schmiede, kurz Proffessionisten (= Handwerker) aller Arten als Assessoren angestellt. – ferner noch eine Anzahl ausgesuchter Bürger, unter der Benennung Bürger Repräsentanten zusammen gesetzt. Der Graf von Plettenberg – Lennhausen zu Hovestadt als zeitlicher Drost vollzog die Einsetzung des Bürgermeisters und neuen Magistrats, und bestätigte denselben vorderhand auf zwei Jahre – nach Ablauf der selben sollte p. Glaremin auf ewige Zeiten als Consul bestätigt werden. Des Schicksals Launen wollten es indessen anders. – Es trat eine Opposition auf, –warf alles wieder übereinhaufen – Glaremin blieb nicht die zwei Jahre am Ruder, und die alte Ordnung der Dinge wurde zu Theile wieder hingestellt, doch blieb leider manches Nachtheilige – in Folge des Schwindels – Gleichheit – viele früher achtbare und wohlhabende Bürger (besonders Handwerker) welche in dieser Zeitperiode Gestellungen erhalten, besuchten nunmehr die ersten Gesellschaften, Weinhäuser, – brachten ihr früher durch Fleiß und Thätigkeit erworbenes Vermögen in kurzer Zeit durch. – Mehrere verließen die Stadt und zogen anderwärts, da sie den Schmach nicht dulden konnten, nicht mehr Assessor oder Bürger Repräsentant genannt zu werden, u.s.w. Entzweiungen in den Familien, Haß und Verfolgungen im Allgemeinen währten noch lange fort. Glaremin verunglückte in Folge eines Pferdesturzes im Jahre 1802 in Düsseldorff, und liegt allda beerdigt (...)*".[27]

Zur Zivilbesitzergreifung des kurkölnischen Amtes Werl inkl. der Stadt Werl durch Hessen-Darmstadt im Jahre 1802 und damit der Säkularisierung eines Teiles des geistlichen Fürstentums Köln hat Paul Leidinger einen detaillierten Beitrag vorgelegt.[28]

Aus Raumgründen sollen hier nur die wesentlichen Passagen herausgegriffen und mit einigen Anmerkungen festgehalten werden. Gestützt auf das Okkupationspatent vom 6.10.1802[29] erledigten hessische Zivilkommissare in Begleitung einer kleineren Abordnung des Militärkommandos Werl in der Zeit vom 14.–31.10.1802 das Geschäft der Aufhebung der sieben kurkölnischen Verwaltungs- und Gerichtseinrichtungen und deren Verpflichtung auf den neuen weltlichen Herrscher, den Landgrafen Ludewig X. v. Hessen-Darmstadt.

Nachfolgende Aufzählung enthält: Name der Institution / Aufhebungsdatum / Amtsinhaber / Anzahl der Beamten / Bemerkungen.

1. *Offizialatsgericht* / 14.10.1802 / Offizial Bigeleben[30] / acht Juristen.
2. *Stadtrat* / 14.10.1802 / 1. Bürgermeister Alexander Ley, 2. Bürgermeister Hermann Schröder[31] / vier Assessoren, Stadtsekretär und Stadtrentmeister (Kämmerer). / Der vor dem Rathaus versammelten *Bürgerschaft* wurde das Okkupationspatent vorgelesen.
3. *Amtsrichter* / 14.10.1802 / Richter Hofrat Floret.[32] Dem Richter wurde befohlen: „*die bei der Ausübung der Strafgerichtsbarkeit üblichen Methoden der Tortur oder anderer Zwangsmittel, mit deren Hilfe man bislang Geständnisse zu erzwingen versuchte, werden verboten.*" / 11 Beamte, in den *Amtsortschaften* wurde das Okkupationspatent durch Richter Floret und einen Offizier mit Mannschaft vom Militärkommando Werl zwischen dem 16.–23.10.1802 verlesen.
4. *Landesherrliche Kassen* (Salzzehntschreiberei vereinigt mit Unterkellnerei) / Postmeister Ley[33] als landesherrlicher Kameralbeamter. / Die Unterkellnerei erledigte die Abrechnung

der Domänengefälle in Geld und Naturalien. Auf der Saline Neuwerk führte ein *Salzmesser* die Bücher über den landesherrlichen Zehnten / neun Zollstätten *(Zöllner)* im Amt Werl, rechneten mit Zollkommissar Amecke, Menden, ab.

5. *Kapuzinerkloster* / 14.10.1802 keine Aufhebung, sondern Verpflichtung auf Hessen-Darmstadt. Guardian Pater Gotthard erklärte, dass der Konvent gemäß der Ordensregel nur von Almosen lebe. / 28 Personen bildeten den Konvent, der damit der stärkste aller Konvente der Klöster und Stifte im Herzogtum Westfalen war. / Unter den Patres gab es auch einige Franzosen und Ordensbrüder, die vor der französischen Revolution aus dem besetzten Rheinland geflohen waren.[34]
6. *Salzplatzgericht* / 16.2.1802 / Salzplatzrichter Josef v. Mellin / Gerichtspersonal 10 Personen. / Der *Salzwerksbelegschaft* wurde das Okkupationspatent durch den Sälzerobersten Josef v. Lilien am 16.10.1802 verkündet.[35]
7. *Gräfl. v. Plettenberg'sches Patrimonialgericht Bergstrasse* / 18.–31.10.1802 / Patrimonialrichter Clemens Correk (wohnhaft in Neheim), Gerichtsschreiber Notar Brinkmann, Werl und Gerichtschöffe Philipp Beukmann, Luigsmühle. / Den *Untertanen* der Unterherrschaft Bergstraße wurde das Okkupationspatent durch den Richter Correk in Anwesenheit des Gerichtspersonals, des (Dorf)Vorstehers Nottebaum und eines 12 köpfigen Militärkommandos am 31.10.1802 verkündet.

Bereits die Säkularisation des Kölner Kurstaates und seiner lokalen Einrichtungen 1802 brachte für die Menschen in Stadt und Amt Werl gravierende und nachhaltige Veränderungen im täglichen Leben. Damit begann allerdings erst die große Welle der Aufhebung der Klöster und Stifte mit ihren Auswirkungen in fast allen Bereichen des menschlichen Daseins. Man geht sicher nicht fehl zu behaupten, dass damals wohl kaum jemand von diesen Umwälzungen nicht betroffen war. Die Masse der Bauern im Amt Werl waren *„Klostercolonen"* und auch zahlreiche Werler Bürger waren Pächter von Grundstücken aus Klosterbesitz, oder sie hatten sich bei den geistlichen Instituten Kredite geliehen. Die

Clemens August Josef Reichsgraf von Plettenberg-Lenhausen-Hovestadt (1767-1805) in der Kleinen Uniform der ritterschaftlichen Deputierten. Seit 1789 Droste des Amtes Werl, Grundherr im Kirchspiel Westönnen.

Stadt selbst war seit dem Mittelalter Inhaber des Corveyer Lehens Wekebrot zu Büderich. Zudem hatte sie über Jahrhunderte immer wieder bei den Klöstern und Stiften Darlehen aufnehmen müssen, vor allem um die ständigen Kriegslasten bezahlen zu können. Noch 1820 hatte die Kommune Zahlungsverpflichtungen an die Nachfolgebehörden der Klöster Marienfeld, Scheda und Rhynern (Marienhof).[36] Vier Klöster/Stifte waren mit Werl besonders verbunden, indem diese in der Stadt Vogteien (= Verwaltungs-, Rechnungs- oder Sammelstellen für Naturalabgaben) unterhielten. Zwei davon sind noch heute sichtbare Zeugnisse einer seit 200 Jahren abgerissenen Geschichte: die Marienfelder Vogtei in der Neuerstraße[37] (zuletzt Gasthof Rammelmann, datiert 1555, jedoch mittelalterlich, im 18. Jahrhundert neuerbaut) und die Wedinghauser Vogtei in der Schulgasse (datiert 1689, mittelalterlicher Vorläufer, heute kath. Propsteipfarramt St. Walburga).[38]

Durch die sich lange hinziehende Säkularisation blieb für Bürger und Bauern das Leben in steter Unruhe. Von 1802-1814 zog sich der Prozeß der Aufhebung von Klöstern und Stiften hin, die hier Besitzungen hatten. Die Säkularisation des „Bettel-Klosters" der Werler Kapuziner schleppte sich gar von 1802-1836 durch die Zeit. Wenn die Menschen zu den Mönchen auch nicht das Verhältnis ehemaliger Besitzabhängiger hatten, so bestanden zwischen den Patres und Brüdern und zahlreichen Werlern besonders enge menschliche Kontakte, und die Anteilnahme am Schicksal der Kapuziner war entsprechend groß. Somit wird es damals wohl kaum nötig gewesen sein, jemanden den Begriff „Säkularisation" zu erklären. (Übrigens erlebte das Kapuzinerkloster – ab 1848 als Franziskanerkloster erneuert – durch die preußische Klostergesetzgebung während des sogen. Kulturkampfes 1875 eine „zweite Säkularisation").[39]

Abschließend soll erwähnt sein, dass es die Aufhebung der geistlichen Institute mit sich brachte, dass solche Männer und Frauen in ihre Familien zurückkehrten oder bei Bekannten Zuflucht fanden, die mit oder ohne Pension ihren ursprünglichen Lebensmittelpunkt verlassen mußten. Stellvertretend für die noch unbekannte Zahl dieser „Freigesetzten" mag an den ehemaligen Prior des Prämonstratenserstiftes Clarholz, Clemens August v. Dücker-Rödinghausen (1755-1822), erinnert werden, der von 1814 bis zu seinem Tode in Werl lebte und über dessen Zeit in der Marienstadt manche Details bekannt sind.[40]

Um das Material zu straffen, soll in der nachfolgenden Tabelle festgehalten werden, welche Einrichtungen in Werl (Stadt u. Amt) Besitz hatten bzw. selbst vertreten waren. Die chronologisch geordnete Liste bringt den Namen der Einrichtung, das Aufhebungsdatum und einige wenige Bemerkungen.[41] – (St. = die Stadt noch 1820 als Schuldner; Obligationen aus der Klosterzeit)

Corvey, wird 1792/94 Fürstbistum, 1802 säkularisiert an Erbprinz Wilhelm Friedrich v. Oranien-Nassau
Cappenberg, 1802, (Besitz in Hilbeck, seit 1.1. 1975 Stadtteil Werls)
Essen, Stift, 1802
Köln, Kunibertstift, 9.6.1802
Deutz, Stift, 27.1.1803
Marienfeld, März 1803
Wedinghausen, 15.11.1803, Vogtei in Werl. St. - Durch Aufhebung von Wedinghausen änderte sich auch der Status des Werler Klerus, da die Pfarrei St. Walburga von Wedinghauser Konventualen betreut wurde. 1802/03 waren vier Wedinghauser Stiftsherren in Werl tätig, die folgende Benefizien inne hatten: Hochaltar St. Walburga: Pfarrer Arnold Jodocus Ferdinand Schultes („frater Joseph"), Pfarrer bis 1828, †1835 Paderborn; Sälzeraltar St. Michael: Augustin Blanknagel, ab 1803 Pfarrkaplan, †1838 Werl; Schützenaltar St. Sebastian, verbunden mit Kaufmannsaltar St. Petrus: Johann Everhard Kneer, †1821; Altar der Ackerleute St. Johann. Ev.: Heinrich Kreuzmann, später Pfarrkaplan, †1822, Werl[42]
Oelinghausen, 13.3.1804, Vogtei in Werl[43]
Rumbeck, 5.4.1804
Himmelpforten, 5.5.1804, im 18. Jahrhundert wegen zahlreicher Nonnen aus Werler Erbsälzerfamilien auch „das Werlische Kloster" genannt[44]
Kentrup, 12.11.1808
Paradiese, 12.12.1808
Scheda, 1809, Mitbesitz der Saline Höppe, St.
Welver, 18.11.1809
Soest, St. Patrokli, 7.-31.7.1811
Fröndenberg, 1.1.1812, die Vogtei des Stiftes war 1810 an (Bürgermeister ?) Schröder verpachtet[45]
Gevelsberg, 11.1.1812
Soest, St. Walburgis, 1812
Soest, Minoriten, 22.8.1814
Rhynern, 1814, St.
Kapuziner Werl, Verpflichtung auf Hessen-Darmstadt 14.10.1802, bis 1803 Studienkloster (bis 1787 Unterhalt eines Gymnasiums), 1804 Aufnahme von Kapuzinern des aufgelösten Klosters Rüthen, 1813 Aufnahme von Kapuzinern des aufgehobenen Klosters Marsberg, 4.7.1834 Aufhebung durch Kabinettsbeschluß, 1836 letzte Kapuziner verlassen das Kloster.[46]

Die gärende Umbruchzeit, zwischen französischer Revolution[47] und Säkularisation führte möglicherweise in Werl zum „Absterben" einiger religiöser Bruderschaften. Das erste Opfer des Zeitgeistes war die vor 1419 gegründete elitäre Kalandsbruderschaft, die nach 1767 keine Mitglieder mehr aufnahm und dessen letztes Mitglied Ende 1797 zu Grabe getragen wurde.[48] Die Todesangstbruderschaft und die Bruderschaft Jesus Maria Josef sind zwischen 1802/04 erloschen, während von der Scapulierbruderschaft nach 1780 nichts mehr zu hören ist.[49] Die Bruderschaft der Kaufmannsgilde bestand noch bis um 1819. Einige dieser Bruderschaften wurden Mitte des 19. Jahrhunderts neu gegründet. Zum Abschluß sollen zwei Darstellungen zeitgenössischer Autoren gegenübergestellt werden. Justus Gruner beschließt seine Werl-Darstellung mit dem folgenden Fazit:

„verließ (ich) diese düstere Stadt in der trüben Überzeugung, hier das redendste Bild einer gefühllosen Staatsverwaltung gesehen zu haben, die drückender und lähmender in ihren Wirkungen ist als die eigennützigste Willkürherrschaft."[50]

Der unbekannte Werler Autor schrieb zum Jahre 1801 „starb unser allverehrter Landesfürst Max Franz v. Oestereich – letzter Kurfürst von Cöln. Er gehörte zu den aufgeklärtesten Fürsten, damaliger Zeit. Nicht als geistlicher Fürst, sondern auch als Regent. – war ein wahrer Landesvater. Ihm verdanken wir vorzüglich die Beförderung des Schulwesens und mehreres andere Nützliche."[51]

Für die Zeit zwischen 1801/1802 schreibt unser unbekannter Werler Autor noch über ein Ereignis und berichtet in diesen Zusammenhang erstmals von sich selbst indem er anmerkt, dass er Augenzeuge war: „drei Tage vor (...) Auflösung (des in Arnsberg residierenden Domkapitels[52]) ließ dasselbe noch drei Todesurtheile vollziehen; zwei durch den Strick am Galgen aufhangen, eine Weibsperson durchs Schwert den Kopf abschlagen, und drei Andere, wovon zwei Kinder der Verurtheilten waren, mußten die grausame Execution ansehen, und (recte: um) nach Beendigung an derselben Stätte ausgepeitscht (zu) werden. Unter den beiden Aufgehängten befand sich ein 70 jähriger Greis!! Der verstorbene Fürst, höchst seeligen Andenkens bestättigte kein Todesurtheil. – Dieser grausame Act wurde in Erwitte[53] durchs dortige Gericht vollzogen."[54]

Quellen und Anmerkungen

1 GRUNER, JUSTUS, Meine Wallfahrt zur Ruhe und Hoffnung oder Schilderung des sittlichen und bürgerlichen Zustandes Westphalens am Ende des achtzehnten Jahrhunderts, Zweiter Theil. Frankfurt/Main 1803, S. 391-396, S. 415f. kurz zum Werler Offizialat, vgl. S. 425 zum Werler Gymnasium, S. 433: zu Gruners roten Haaren; TIMM, WILLY, Meine Wanderung durch das Hellwegland oder Schilderung des sittlichen und bürgerlichen Zustandes in den Städten Dortmund, Unna, Hamm, Werl und Soest am Ende des 18. Jahrhunderts. Unna 1956, S. 10-12; SCHULTE, WILHELM, Westfälische Köpfe, 300 Lebensbilder bedeutender Westfalen. Münster 1963, S. 99f.

2 LANGSDORF, KARL CHRISTIAN, Vollständige auf Theorie und Erfahrung gegründete Anleitung zur Salzwerkskunde. Altenburg 1784, S. 22f.; JOLK, MICHAEL, Technik und Betrieb der Salinen. Das Leben auf dem Salzplatz, in: ROHRER, AMALIE/ZACHER, HANS-JÜRGEN (Hrsg.), Werl, Geschichte einer westfälischen Stadt, Bd. 2. Paderborn/Werl 1994, S. 1145-1181.

3 KLOCKE, FRIEDRICH VON, Das Patriziatsproblem und die Werler Erbsälzer. Münster 1965, S. 70ff.; DEISTING, HEINRICH JOSEF/KARSTEN, ANNEGRET, Aspekte zur Sozial- und Wirtschaftsgeschichte des 17. und 18. Jahrhunderts, in: ROHRER/ZACHER, Anm. 2, Bd. 1, S. 505ff., insbesondere S. 512f.

4 HALEKOTTE, WILHELM, Stadt Werl 1600-1700. Das historische Stadtmodell und weiterführende Erkenntnisse zur Stadtgeschichte. Werl 1999 (passim).

5 DEISTING/KARSTEN, Anm. 3, S. 525.

6 LEIDINGER, IDA, Das kurfürstliche Schloß, in: ROHRER/ZACHER, Anm. 2, Bd.1, S. 483ff.; HALEKOTTE, Anm. 4, S. 71ff.

7 LEIDINGER, PAUL, Die Zivilbesitzergreifung des kurkölnischen Amtes Werl durch Hessen-Darmstadt 1802, in: Westfälische Zeitschrift, Bd.117/1967, S. 329ff.

8 KLOCKE, Anm. 3, S. 161ff.

9 STADTARCHIV WERL (StA), Dep. Erbsälzerarchiv, Findbuch zum Salzplatzgericht.

10 LEIDINGER, Anm. 7, S. 330.

11 BUCHHOLZ-JOHANEK, INGEBORG, Das Offizialatsgericht, in: ROHRER/ZACHER, Anm. 2, Bd. 1, S. 161ff. Vgl. die Bilder zweier Werler Offiziale bei DEISTING, Anm. 48, S.175. Der Hermelin stand nur dem Kaiser und den Reichsfürsten zu. In der Amtstracht der Offiziale war er ein sichtbares Zeichen, dass der Richter im Auftrag des Fürsterzbischofs und Kurfürsten von Köln tätig war.

12 DEHIO, GEORG, bearb. von KLUGE, DOROTHEA/HANSMANN, WILFRIED, Handbuch der Deutschen Kunstdenkmäler, Nordrhein-Westfalen, 11. Westfalen. München/Berlin 1986, S. 587ff.

13 Ebenda; HALEKOTTE, WILHELM, Stadt und Kreuz, Beiträge zur Werler Stadt-, Kirchen- und Kunstgeschichte von den Anfängen bis 1661. Werl 1987 (passim).

14 HALEKOTTE, Anm.13, S. 42.

15 DEISTING, HEINRICH JOSEF, Werler Bürgerbuch 1551-1877. Münster 1979, S. 159 Nr. 891; Foto des Engelhard(t)schen Hauses siehe ROHRER/ZACHER, Anm. 2, Bd.1, S. 514.

16 StA. Werl, Dep. Erbsälzerarchiv, Urkunden Sa. 156, 158, 160, 161, 163, 164, 165, 167. Auf welchem Weg diese Urkunden in das Erbsälzerarchiv gelangt sind, ist nicht ersichtlich.

17 KLOCKE, Anm. 3, S. 286ff. (Häuser), S. 274ff. (Güter), Abb. des Lilienschen „zwei-Türme-Hauses" S. 466, Abb. 13; Abb. der Landgüter S. 470ff. Alles übrige nach StA. Werl, Ratsprotokollkartei 1608-1690. In Bezug auf ein Werler Ehepaar aus Kreisen der Erbsälzer fällte Gruner übrigens ein überaus positives Urteil, ja geriet geradezu ins Schwärmen: „(...) Indes gibt es hier und da einige helle Köpfe, und ich fand an dem Freiherrn Leopold von Lilien und seiner trefflichen Gattin eine Edelfamilie im wahrhaften Sinne des Wortes; Bildung des Geistes und Güte, Reinheit des Herzens zeichneten beide in gleichem und seltenem Grade aus. Solche stille und tiefe Kenntnis des Wahren und Guten und solchen warmen tätigen Eifer dafür habe ich selten gefunden. Edle, treffliche Menschen! Eure Bekanntschaft, unser näherer Verein hat das finstere Werl mir zu einem der hellsten und freundlichsten Erinnerungspunkte in meinem Gedächtnis verewigt. O, die reine Freude wohnt überall, wo es edle Menschen gibt, und selbst das dumpfe, beängstigende Werl kann für gleichgestimmte Gemüter ein Tempel der Freundschaft werden, wenn es gleich an sich mehr einem scheußlichen Kerker gleicht." (TIMM, Anm. 1, S. 11 f.); vgl. dazu auch KLOCKE, Anm. 3, S. 194; JOLK, MICHAEL, Der Werler Erbsälzer Leopold von Lilien (1770-1829), in: Beiträge zur westfälischen Familienforschung, Bd. 51/1993. Münster 1994, S. 251-269; DERSELBE, Erinnerung an „Werler Köpfe", Leopold von Lilien (1770-1829) und Dr. jur. Carl Seyfried (1784-1850), in: Heimatkalender des Kreises Soest 2003, Soest 2002, S. 55-57.

18 DEISTING, Anm. 15, S. 55f.

19 StA. WERL, Akten B 7, Bl. 368-385; vgl. auch das Bürgerverzeichnis 1803-1805 in: DEISTING, Anm. 15, S. 169ff., Nr. 949-1192.

20 Aus dem Manuskript der zur Edition vorbereiteten städt. Steuerregister 1663-1759 ausgezählt. Die Berufssparten und- zahlen zu 1759 auch ediert bei DEISTING/KARSTEN, Anm. 3, S. 519f. Einige wenige darin enthaltene Fehler wurden in der jetzigen Auszählung korrigiert. Vgl. auch DEISTING, HEINRICH JOSEF, Werl an der Schwelle der Industrialisierung, in: Veranstaltungskalender Stadt Werl 11/1985, S. 14f.

21 PREISING, RUDOLF, Stadt und Rat zu Werl (...). Münster 1963.

22 Zu diesem allgemein: SCHUMACHER, ELISABETH, Das kölnische Westfalen im Zeitalter der Aufklärung unter besonderer Berücksichtigung der Reformen des letzten Kurfürsten von Köln, Max Franz von Österreich. Olpe 1967.

23 PREISING, Anm. 21, Stadt und Rat, S. 34ff.; PREISING, RUDOLF, 700 Jahre Stadt Werl. Werden, wachsen und Schicksale einer westfälischen Stadt am Hellweg. Werl 1972, S. 34ff.; StA. WERL, Akten B 33 e; B 37, Bd. V., Nr. 10-11, 13-17; B 45, Nr. 76; Ratsprotokolle, Akten C 1 Nr. 35, Bl. 309-333. Zum Stadtrat vgl. auch CONRAD, HORST, Anm. 39, S. 668ff.; 1802 verlor die Stadt Werl durch die Säkularisation auch den Sitz in der Städtekurie des westf. Landtages. Hier hatte sie seit alters als eine der vier „Quartalshauptstädte" vier Stimmen, während die übrigen 24 Städte und 11 Freiheiten des Herzogtums Westfalen nur 2 Stimmen besaßen. SCHUMACHER, Anm. 22, S. 29. In diesem Zusammenhang vgl. auch die Rechtsstellung der Bauern von Werl-Blumenthal; DEISTING, Anm. 15, S. 43.

24 PREISING, Anm. 21, Stadt und Rat, S. 35.

25 Ebenda.

26 FAMILIENARCHIV KLAUK, Werl (Erben der Werler Bürgermeisterfamilie Fickermann (19. Jh.)). Kopie und Transkription in: Privatarchiv DEISTING, Akten 1443. Intensive Bemühungen (2000), den Autor zu ermitteln, scheiterten bisher. Aus dem Manuskript sind in dieser Darstellung erstmals Zitate publiziert. Der Familie Klauk ist für die freundliche Bereitstellung dieser Quelle und großer Teile des Familienarchivs sehr zu danken.

27 PREISING, Anm. 21, Stadt und Rat, S. 81, Anm. 97. Vorstehendes zu korrigieren nach Kirchenbuch St. Walburga Werl, Taufregister Jg. 1760, S. 97: Franz Anton Josef Glaremin, geboren 30. 12. 1759, getauft 1. 1. 1760. Eltern: Johann Theodor Glaremin u. Maria Catharina Oesberg. Paten: Erbsälzer Franz Anton v. Schöler, Fräulein Catharina v. Lilien. Der Vater Johann Theodor war Gärtner (am Schloß zu Werl?), stammte aus dem Gogericht Erwitte und wurde am 6. 8. 1746 Werler Bürger (DEISTING, Anm. 15, S. 125 Nr. 626). F. A. J. Glaremin starb zu Düsseldorf am 12. 12. 1802, Kirchenbuch St. Lambertus, Düsseldorf. Freundliche Auskunft des Stadtarchivs Düsseldorf, Frau Wehofen, 25. 5. 2000. Die näheren Umstände des Reitunfalls konnten dort nicht geklärt werden.

28 LEIDINGER, Anm. 7. Grundlegend: SCHÖNE, MANFRED, Das Herzogtum Westfalen unter hessen-darmstädtischer Herrschaft 1802-1816. Olpe 1966.

29 Text des Okkupationspatentes bei Schöne, Anm. 28, S. 158.

30 PREISING, RUDOLF, Sacerdotium Werlense. Geistliche in und aus Werl bis zum Ende der kurkölnischen Zeit. Münster 1961, S. 97.

31 PREISING, Anm. 21, S. 81, Anm. 92, 95, 96, 99; Deutsches Geschlechterbuch, Bd. 152, Westfälisches Ge-

schlechterbuch, Bd.2, Limburg/Lahn 1970, S. 309ff.; J. H. J. Wilhelm Schroeder, 27.5.1761 Werl – 24.12.1826 Werl, war Dr. jur. utr., zeitw. Patrimonialrichter in Bergstraße, Hofgerichtsadvokat u. Salzplatzrichter (!), StA Werl, Dienstregistratur 26,0 Teil 1, Bl. 5.

32 Deutsches Geschlechterbuch, Anm. 31, S. 308 Ziff. 111.

33 Ebenda., S. 314 Ziff 111 c.

34 LEIDINGER, Anm. 7, Die Zivilbesitzergreifung..., S. 336f.

35 KLOCKE, Anm. 3, S. 201 u. 194.

36 StA WERL, Akten E 13 a Nr. 9.

37 Foto s. ROHRER/ZACHER, Anm. 2, Bd.1, S. 107.

38 Foto s. PREISING, Anm. 30, neben S. 72.

39 CONRAD, HORST, Bürger und Verwaltung. Die Stadt im 19. Jahrhundert bis zum Ende des Kulturkampfes, in: ROHRER/ZACHER, Anm. 2, Bd.2, S.667-757, insbesondere S. 737 ff.

40 DEISTING, HEINRICH JOSEF, Die Entwicklung der Bruderschaft bis zum frühen 19. Jahrhundert, in: Bernhard Schulte (Hrsg.): 500 Jahre Schützen in Werl 1494-1994, Geschichte der über 500 Jahre alten St. Sebastianus- Schützenbruderschaft. Werl 1994, S. 76 u. ebenda S. 228, 231, 236.

41 Hauptquelle: HENGST, KARL (Hrsg.): Westfälisches Klosterbuch. Lexikon der vor 1815 errichteten Stifte und Klöster von ihrer Gründung bis zur Aufhebung, 2 Teile. Münster 1992-1994.

42 Weitere 1802/03 in Werl tätige Geistliche waren: der Weltpriester Joh. Wolrad Fischer, hat 1802 das Agathabenefizium der Bäckergilde an St. Walburga inne, ist erst Diakon und verlässt Werl 1812, Franz Joseph Hülsberg aus alter Werler Familie, ist 1779 frater Menolphus im Zisterzienserkloster Bredelar (aufgehoben 20.2.1804), hatte 1803 das Familienbenefizium, die sogenannte „Reinhartzsche Kommende" an St. Walburga inne, † 1829; der Weltpriester Franz Anton Joseph Tyrell ist 1782 Nikolaivikar, obwohl die Kapelle nicht mehr existiert, hat noch 1802/03 das Benefizium, † 18.5.1823 auf Gut Oevinghausen b. Wickede/Ruhr, begraben in Bremen bei Werl; PREISING, Sacerdotium, Anm. 30, S. 101 u. 104; Deutsches Geschlechterbuch, Anm. 31, S. 276. Pater Ferdinand Tyrell, dessen jüngerer Bruder (ebenda S. 277f. u. Bild vor S. 273), schreibt über ihn: „Die Philosophie seiner Eremitage bestand in dem Grundsatz: Beatus ille homo, qui manet in sua domo et sedens ad fonacem, fumat suam pipam tabaci".

43 DEISTING, HEINRICH JOSEF, Zur Geschichte der Vogtei des Klosters Oelinghausen in Werl, in: SAURE, WERNER (Red.), Oelinghauser Beiträge, Aspekte aus 825 Jahren Klosterleben. Arnsberg 1999, S. 41-57.

44 KLOCKE, Anm. 3, S. 369f.

45 RODEN, GÜNTER VON, Wirtschaftliche Entwicklung und bäuerliches Recht des Stiftes Fröndenberg an der Ruhr. Münster 1936, S. 67f.

46 FALKE, DIDACUS, Geschichte des früheren Kapuziner -und jetzigen Franziskanerklosters zu Werl. Nach meist ungedruckten Quellen zusammengestellt. Paderborn 1911, insbesondere S. 40ff. (materialreich und sehr lesenswert!); HENGST, Anm. 41, Teil 2, S. 458ff.; CONRAD, Anm. 39, S. 706ff.; RÜDEN, WILFRIED VON, Ein Bild, das die Menschen lieben. Seit 1661 ununterbrochene Wallfahrt zur Werler Madonna, in: ROHRER/ZACHER, Anm. 2, Bd. 1, S. 391ff.

47 Es ist nicht ausgeschlossen, dass führende Kreise Werls schon ab ca. 1795 (oder eher) nähere Nachrichten über die französische Revolution durch Augenzeugen erhielten, da sich vor 1798 sechs französische geflohene Priester in Werl aufhielten und hier auch starben, vgl. PREISING, Anm. 30, S. 99, 101 u. 105f. Wichtig ist die Beachtung des sozialen Ranges der nachgewiesenen Quartiergeber!

48 Zum Kaland zuletzt: DEISTING, HEINRICH JOSEF, Der Kaland zu Werl, in: HENGST, KARL/SCHMITT, MICHAEL (Hrsg.): Lob der brüderlichen Eintracht. Die Kalandsbruderschaften in Westfalen (...). Paderborn 2000, S. 161-179, insbesondere S. 178f.

49 DEISTING, HEINRICH JOSEF, Die Mitglieder der Rosenkranz-, Scapulier- und Todesangstbruderschaft 1729-1780/1804 zu Werl Westfalen, in: Zeitschrift GENEALOGIE, Neustadt/Aisch 1986, Heft 9, S. 280-295, Heft 10, S. 327-333, Heft 12, S. 395-398.

50 TIMM, Anm. 1, S. 12.

51 FAMILIENARCHIV KLAUK, Anm. 26.

52 6.10.1802, vgl. SCHÖNE, Anm. 28, S. 23f.

53 Das StA. Erwitte konnte hierzu in der örtlichen Überlieferung nichts feststellen. Dank an den Kollegen H. P. Busch.

54 FAMILIENARCHIV KLAUK, Anm. 26. Abschließend sei noch zur Lektüre empfohlen: ROHRER, AMALIE, Die Hessen-Zeit (1812 (recte: 1802)-1816), in: ROHRER/ZACHER, Anm. 2, Bd.1, S. 645-666; ROHRER, AMALIE, Vor 200 Jahren: Der Reichsdeputationshauptschluß betraf auch Werl, in: Werl gestern, heute, morgen, Jg. 19, Werl 2002, S. 51-61.

Lebensbilder

Maximilian Franz von Österreich (1756-1801) Kurfürst und Erzbischof von Köln

Michael Gosmann

„Ich werde versuchen, die Verfassung unseres deutschen Reiches, von der das Wohl so vieler Individuen abhängt, aufrecht zu erhalten und zu neuem Leben zu bringen, ungeachtet irgendwelcher Aussichten oder Vorteile, die man mir anbieten könnte, und ich werde mein ganzes Leben lang die Sprache der Wahrheit, des Gesetzes führen, indem ich den andern die Sprache der Politik überlasse". Diese Bemerkung aus einem Brief des letzten regierenden Kölner Kurfürsten Maximilian Franz von Österreich vom 24. November 1790 an den österreichischen Diplomaten Graf Franz Georg von Metternich-Winneburg (1746-1818) stellt fast ein „politisches Glaubensbekenntnis" des Kölner Kurfürst-Erzbischofs dar.[1]

Maximilian Franz von Österreich, das 16. und jüngste Kind von Maria Theresia und Kaiser Franz I., wurde am 8. Dezember 1756 in Wien geboren. Er sollte eine militärische Karriere einschlagen und das „Kriegsfach" erlernen, *„dem einzig passenden für Prinzen von hoher Geburt"*, wie seine Mutter meinte.[2] Schon am 3. Oktober 1769 hatte das Generalkapitel des Deutschen Ordens ihn in Brüssel einstimmig zum Koadjutor (Amtsgehilfe mit Nachfolgerecht) seines Onkels, des Hochmeisters Karl von Lothringen, gewählt.[3] Im selben Jahr war eine Anfrage an den Wiener Hof ergangen, ob der jüngste Erzherzog als Koadjutor des Kölner Erzbischofs zur Verfügung stände. Unter den entsprechenden Bericht ihres Kanzlers Fürst Kaunitz schrieb Maria Theresia eigenhändig: *„schönn zu bedankhen, khlar erkhlären, das niemals zulassen wurde, das ein sohn von mir geistlich werde."* Ähnliche Anfragen aus Speyer (1770), aus dem Stift St. Gereon in Köln (1771), aus Bamberg (1773) und nochmals aus Köln (1775) wurden ebenso beantwortet.[4]

Mit großem Eifer sorgte Maria Theresia für eine angemessene Erziehung ihres jüngsten Sohnes. Maximilian Franz, der zusammen mit seinem Bruder Ferdinand von namhaften Lehrern ausgebildet wurde, besaß Geist und Talent, eine rasche Auffassungsgabe sowie umfassende Sprachenkenntnisse. Ende April 1774 brach der über 17jährige inkognito als „Graf von Burgau" mit mehreren Begleitern zu einer „Kavalierstour" auf. Sie führte ihn in die österreichischen Niederlande nach Brüssel und nach Frankreich. Am 7. Februar 1775 traf er bei Paris seine Schwester Marie Antoinette, die Gemahlin des französischen Königs Ludwigs XVI. Hier lernte er das ausschweifende Leben am französischen Hof kennen. Anfang März 1775 verließ er Paris wieder, hegte aber seitdem eine lebenslange Antipathie und ein Gefühl der Verachtung gegen die hochmütigen und frivolen französischen Aristokraten, „die dem Staate und sich selbst das Grab schaufelten."[5]

Über Nancy, Straßburg, Mannheim, Ulm und München kehrte er am 24. März 1775 nach Wien zurück, um im April weiter nach Italien aufzubrechen. Bei seinem Besuch Salzburgs ließ der Fürstbischof am 23. April 1775 eine von Wolfgang Amadeus Mozart zu Ehren von Maximilian Franz komponierte Oper aufführen. Am Abend des folgenden Tages spielte der Komponist am Klavier für den hohen Gast. Über Innsbruck, Mailand und Venedig ging es nach Süditalien, wo er Neapel und den Vesuv besuchte. Am 28. Juni 1775 erreichte er Rom und wurde von Papst Pius VI. in Audienz empfangen. Auf seiner Rückreise berührte er Florenz, Bologna, Genua, Turin, Mailand und traf am 13. Dezember 1775 wieder in Wien ein. Seine Mutter war von den Fortschritten, die ihr Jüngster während der Reise gemacht hatte, sehr angetan.[6]

Im Winter 1775/76 erhielt er theoretische Unterweisungen, danach begann seine praktische soldatische Schulung. Im April 1776 rückte er zum „Frontdienst" nach Ungarn aus, von dem er Mitte Juni „mager und gebräunt, doch vergnügt und befriedigt" nach Wien zurückkehrte. Maximilian Franz hatte am „Soldatendasein" Freude gefunden und bewährte sich auch in der Folgezeit.[7]

Im bayerischen Erbfolgekrieg 1778 begleitete er seinen Bruder Kaiser Josef II. ins Feldlager nach Böhmen. Der Kaiser verlangte sich und seiner Umgebung große Strapazen ab, Unterbringung und Verpflegung waren mangelhaft. Maximilian Franz zeigte sich jedoch stets guten Mutes, war hilfsbereit und nie verdrossen. Doch die Verhältnisse waren vielleicht für seine Konstitution zu hart. Nach einer leichten Erkältung brach er Anfang September 1778 gesundheitlich regelrecht zusammen. Ein schweres Fieber setzte seiner Militärlaufbahn ein Ende. Lange Monate laborierte er an einer Geschwulst unterhalb des rechten Knies, die ihm das Gehen unmöglich machte. Ein ganzes Jahr verstrich bis zur Genesung.

Nun wandelte Maria Theresia ihre Meinung und hoffte, durch Erwerb des Kölner Kurhutes und des Bistums Münster ihren jüngsten Sohn gut zu versorgen. Gleichzeitig konnte so der Einfluss Preußens auf Norddeutschland geschmälert werden. Als dem ahnungslosen Prinzen im Oktober 1779 der Plan eröffnet wurde, antwortete er schroff *„Niemals: er verspüre keinerlei Neigung zum geistlichen Stand."*[8] Allmählich fand er jedoch immer mehr Gefallen daran, zumal seine Mutter ihm bedeutet hatte, der Papst würde ihm Dispenz erteilen, so dass er zehn Jahre lang keine Weihen empfangen müsse.

Der Wiener Hof ging daraufhin auf das Angebot des kurkölnischen Ministers Caspar Anton von Belderbusch ein, dem Erzherzog die Koadjutur zu verschaffen. Zwar war der greise Kölner Kurfürst Maximilian Friedrich von Königsegg (reg. 1761-1784) noch nicht gewillt, einen Koadjutor anzunehmen. Doch das ungeschickte Vorgehen des preußischen Kandidaten, des Kölner Domkapitulars Prinz Joseph von Hohenlohe, nutzte Belderbusch, um dem Kurfürsten den Erzherzog zu empfehlen. Aber erst ein eigenhändiges Schreiben Maria Theresias war erforderlich, den alten Kurfürsten umzustimmen. Am 13. Juni 1780 empfahl er dem Domkapitel dringend, Erzherzog Maximilian Franz zu seinem Koadjutor zu wählen. Großzügige „Geschenke" an Kurfürst und Domkapitel sicherten seine Wahl. Gegen den Willen Preußens – König Friedrich II. hatte abmahnende Briefe an Max Friedrich gesandt - wählte das Domkapitel am 7. August 1780 den Erzherzog fast einstimmig zum Koadjutor.

Schwieriger war seine Wahl in Münster zu erreichen. Der verdienstvolle Minister, Domkapitular Franz von Fürstenberg (1729-1810), rechnete sich selbst Chancen auf eine Kandidatur aus. Doch auch hier konnte geschicktes Vorgehen der österreichischen Diplomaten die Mehrheit im Domkapitel zur Wahl des Erzherzogs bewegen. Wegen einiger Formfehler wurde der Wahlvorgang von der Fürstenberg-Partei angefochten, größere Verwicklungen drohten. Da gab Fürstenberg seinen Widerstand auf und erklärte am 14. August: *„daß er und die ihm Gleichgesinnten durch ihren Beitritt die von ihren Mitbrüdern begangenen Nichtigkeiten aufheben und durch eine einhellige, rechtliche Wahl ihrem Bischofe den von ihm begehrten Coadjutor geben wollten."*[9] Am 16. August 1780 wurde Maximilian Franz einstimmig zum Koadjutor in Münster gewählt. Die österreichische Diplomatie hatte gegen preußische Widerstände einen großen Erfolg erzielt – allerdings um den Preis von mehr als 950.000 Gulden Gesamtkosten, wie Kaiser Joseph II. 1787 berechnen ließ.[10]

Schon vor den Wahlen erhielt Maximilian Franz in Wien die Tonsur (09. 07. 1780) und am 1. August die vier niederen Weihen. Seine Kleidung war seitdem der schwarze Rock, womit er nun seinen Klerikerstand dokumentierte. Der Papst hatte ihm für fünf Jahre Dispens von den höheren Weihen erteilt.[11] Im September 1780 kam der Gewählte von Wien an den Rhein und stellte sich als neuer Koadjutor vor. Durch sein freundliches und bescheidenes Auftreten hinterließ er einen ungewöhnlich guten Eindruck. Auf der Rückreise übernahm er am 23. Oktober 1780 in Mergentheim die Würde des Hochmeisters des Deutschen Ordens. In einer eigenhändigen, in München am 8. November 1780 verfassten „Nota" formulierte er aus, welche Grundprinzipien er für seine Zukunft sehe: *„Die Stelle, die ich dermalen bekleide, hat drei*

Maximilian Franz von Österreich (1756-1801) – Kurfürst und Erzbischof von Köln

Maximilian Franz von Österreich (1756-1801) Kurfürst und Erzbischof von Köln. Ölbild, vor 1786   B 5

Hauptgegenstände für sich: die Schützung und Erhaltung unserer katholischen Religion als Erzbischof, die Erhaltung des dermaligen Reichssystems als Kurfürst und die Wohlfahrt der Untertanen und Länder als Landesherr. Diese drei Fächer erfordern jedes eine besondere Kenntnis, Anwendung und Fleiß und sind alle drei zu meiner dermaligen und zukünftigen Lage unentbehrlich." Gemäß diesen Erfordernissen hat er ein theologisches Studium aufgenommen und sich in den folgenden Jahren zielstrebig fortgebildet, um seine künftigen Aufgaben meistern zu können.[12]

Vier Jahre später, am 15. April 1784, starb Maximilian Friedrich, Kölner Kurfürst und Bischof von Münster. Als Maximilian Franz am 21. April 1784 vom Tod des Kurfürsten erfuhr, brach er umgehend auf und reiste in nur vier Tagen von Wien nach Bonn. Die Übernahme der Regierungsgeschäfte ging reibungslos vonstatten. Am 3. Mai erließ er das erste Manifest an seine Untertanen und begab sich am 5. Mai nach Münster.

Im Kölner Dom wurde er am 5. August 1784 als Erzbischof und Kurfürst feierlich inthronisiert. Bald danach besuchte er zum ersten Mal die Hauptstadt des Herzogtums Westfalen. In Arnsberg hielt er persönlich mit den Ständen den Landtag ab und blieb bis Ende August hier. Er bereiste das ganze Herzogtum, und der westfälische Landdrost Franz Wilhelm von Spiegel zum Desenberg (1752-1815) hatte die Ehre, ihn zu begleiten und den Kurfürsten von Brilon aus sogar zu seinem Familiensitz Schloss Canstein zu führen. Dann brach Maximilian Franz nach Münster auf, um hier am 11. und 12. Oktober als Fürstbischof eingeführt zu werden und die Huldigungen entgegenzunehmen. Die Rückreise nach Bonn führte ihn über das Vest Recklinghausen. So konnte er in kurzer Zeit seine Länder kennenlernen. Maximilian Franz ließ sich im November/Dezember 1784 im Kölner Priesterseminar unterweisen, erhielt daraufhin die Priesterweihe durch den päpstlichen Nuntius Bellisomi und wurde am 8. Mai 1785 vom Trierer Erzbischof im Bonner Münster konsekriert. Seine Bischofspflichten hat er sogar selbst wahrgenommen und z. B. bei seinem zweiten Aufenthalt im Herzogtum Westfalen im Sommer 1785 in Brilon, Grafschaft und Olpe Tausenden die Firmung persönlich gespendet. Diese Volksnähe hat ihm bei den einfachen Leuten große Anerkennung erworben.[13]

Es begann für ihn eine Zeit intensiver Arbeit. Erfüllt von Gedanken der Aufklärung wollte er Besserungen im Justiz-, Schul-, Erziehungs- und Medizinalwesen, in der Wirtschafts- und Wohlfahrtspolitik und in der Verwaltung erreichen. Jedoch nicht auf dem Wege umstürzender Reformen, wie sein ungestümer Bruder Kaiser Josef II. Er wollte an den von ihm beschworenen Verfassungen seiner Länder nichts ändern und den Ständen ihre Rechte belassen. *„Man müsse immer sanft und vorsichtig zu Werke gehen"* war seine Devise. Freilich wurde ihm das manchmal als Zögerlichkeit und Ängstlichkeit ausgelegt. Er war ein *„Muster an Pflichttreue"*[14], arbeitsam, ordnungsliebend, wollte helfen, ordnen und bessern. An sich und andere stellte er hohe Anforderungen. Seine natürlichen Anlagen, *„eine erstaunlich richtige Urteilskraft gegenüber Sachen und Personen und ein gutes Gedächtnis"* halfen ihm bei seinen Vorhaben.[15]

Sein kenntnisreicher und umsichtiger Biograph Max Braubach zeichnet folgendes Bild des Menschen Max Franz: *„Vom 28. bis zum 38. Lebensjahre hat Max Franz in Bonn residiert. Die Bilder zeigen uns ein großes, volles Gesicht von leicht geröteter Farbe. Unter der auffallend hohen Stirne blicken helle, blaue Augen ... den Beschauer an. Die etwas gebogene Nase verleiht dem Profil einen charakteristischen Zug, während die den kleinen Mund umschließenden leicht aufgeworfenen Lippen den Habsburger verraten. Fleischige, herabhängende Backen und der starke Ansatz zum Doppelkinn geben dem ganzen Kopf einen jovialen Ausdruck. ... (Unter der) Perücke ... verbergen sich wirre, wohl dunkelblonde Haare, die vorne über der Stirne stark gelichtet sind. ... Max Franzens Körper war stark gebaut, fast untersetzt konnte man ihn nennen. Aus dem ehemals so hageren Jüngling war ein stattlicher, bald allzu stattlicher Mann geworden. ... Den Ausgang hat dieser Hang zur Fettleibigkeit wohl in jener Zeit des langen Liegens während seiner schweren Krankheit im Jahre 1779 genommen... Die Korpulenz, die von Jahr zu Jahr - durch eine unvorteilhafte Diät gefördert - zunahm, ent-*

stellte ihn, wie er denn überhaupt kein Adonis war."[16]

Auf sein Äußeres scheint er keinen großen Wert gelegt zu haben. Meist sah man ihn in Bonn angetan mit einer schwarzen Weste und Hose, einem schlechten grauen Überrock, Stiefeln und abgetragenen großen Strümpfen. Nur an seinem kleinen dreieckigen Hütchen, von dem große goldene Troddeln herabhingen, soll man ihn erkannt haben. So wie seine beinahe schäbige Einfachheit der Kleidung war auch seine Hofhaltung. Er war kein Freund der Jagd, jedoch einer der guten Tafel. Er aß viel, trank jedoch nur Wasser. Der neue Kurfürst lebte - ganz im Gegensatz zu seinen pomp- und prachtliebenden Vorgängern - außerordentlich bescheiden. In Bonn wohnte er nicht im weitläufigen Schloss, sondern im ehemaligen Mastiauxschen Haus in der Fischergasse, das er für sich erworben hatte. In Münster stieg er in einem kleinen Haus am Domhof ab, das prächtige Schloss war ihm zu entlegen. In Arnsberg wohnte er z. B. im Landsberger Hof oder ließ sich das sehr bescheidene Sommerhaus der Wedinghauser Prämonstratenser auf dem Klosterberg für die Dauer seines Aufenthaltes herrichten.

Maximilian Franz war im Bonner Stadtbild, auf der Promenade und in der Lesegesellschaft zu sehen und hasste es, wenn deshalb Umstände gemacht wurden. Jedermann konnte mit ihm reden und diese Ungezwungenheit, mit der er sich seinen Untertanen gegenüber gab, und die „Liebenswürdigkeit und Leutseligkeit", welche er den einfachen Leuten gegenüber zeigte, waren der Grund der lange über seinen Tod hinaus dauernden Popularität im Rheinland und in Westfalen. Überhaupt scheint er persönlich bescheiden gewesen zu sein und ersehnte eher ein geruhsames Privatleben als eine „bedeutende Tätigkeit in der Welt." Im Jahre 1785 klagte er, die Pflichten seines doppelten Amtes als Fürst und Bischof drückten ihn sehr und er sehne sich nach jener Zeit zurück, *„wo ich, ohne selbst mitzuspielen, ein Zuschauer der großen Weltkomödie sein konnte; meine Einsamkeit und zuweilen das Gesprächstischelchen war mir mehr Vergnügen als meine dermalige Lage, wo man stets mehr tun muß, als man zum Denken Zeit hat."*[17]

Doch wie jeder Mensch hatte auch er Schattenseiten. Entgegen seiner äußerlichen Liebenswürdigkeit hegte er Misstrauen gegen jedermann. Es gab wenige, die ihm nahe standen, „wirkliche Freunde hat er wohl kaum gehabt". Rücksichtslosigkeit, Undankbarkeit, schneidender Sarkasmus und Herzenskälte sind ihm vorgeworfen worden. Eigensinnig konnte er auf Meinungen bestehen.[18] Der westfälische Landdrost Franz Wilhelm von Spiegel, den Maximilian Franz im Jahre 1786 von Arnsberg als Kammerpräsident nach Bonn holte, hat in seiner „Lebenschronik" den Kurfürsten hart kritisiert. Die übergroßen Hoffnungen auf Reformen, die v. Spiegel in ihn gesetzt hatte, konnte Maximilian Franz nur teilweise erfüllen. Auf einem Notizzettel bemerkte v. Spiegel verbittert und enttäuscht über dessen Charakter: *„in der Kirche Hypokrit* [= Heuchler, M. G.], *in der Freundschaft Egoist, im Rate Machiavell, im Umgang ‚verstellerisch'*, „*dies ist das Bild eines Mannes, dem ich meine besten Lebensjahre gewidmet habe, und dass Undank mein Lohn war, bedarf keines Erinnerns."*[19]

Entgegen dieser persönlichen, vielleicht im Unmut niedergeschriebenen Einschätzung Spiegels, erreichte der Kurfürst doch manches durch die von ihm angestoßenen Reformen. In nur zehn Jahren gelang ihm die Neuordnung des Justizwesens sowie die Besserung des Volksschulwesens. 1786 erhob er die Bonner Akademie zur Universität. Im sogenannten „Nuntiaturstreit" unterstützte er die Versuche der Erzbischöfe von Trier und Mainz, den Einfluss der römischen Kurie und der päpstlichen Nuntiaturen im Reich zurückzudrängen (1786 Emser Punktation).

Seine Vielseitigkeit brachte der Kurfürst auch in seinem Engagement für Musik und Kunst zum Ausdruck.

Wenig bekannt ist die Förderung, die Maximilian Franz Ludwig van Beethoven (1770-1827) angedeihen ließ. Dessen gleichnamiger Großvater (†1773) war 1733 von Lüttich nach Bonn gekommen und als Basssänger in die Hofkapelle eingetreten, deren Kapellmeister er später wurde. Sein Sohn Johann van Beethoven war Tenorist. Dessen berühmter Sprössling Ludwig wird 1784 charakterisiert: „Ist von guter Fähigkeit, noch jung, von guter, stiller Aufführung und arm."²⁰ Der Kurfürst brachte dem jungen Bonner Komponisten Mozart nahe und ermöglichte ihm einen Besuch in der Kaiserstadt. Beethoven hatte schon von März bis Mai 1787 Wien besucht, war aber vorzeitig heimgekehrt, um seine todkranke Mutter noch zu sehen. Im Jahre 1792 gewährte der Kurfürst ihm ein Stipendium. Ursprünglich sollte Beethoven Unterricht bei Wolfgang Amadeus Mozart (1756-1791) nehmen. Nach Mozarts frühem Tod war Joseph Haydn (1732-1809) dazu ausersehen worden. Beim Abschied von Bonn, das Beethoven Anfang November 1792 verließ, war nicht abzusehen, dass der Komponist seine Geburtsstadt nie wiedersehen würde. Beethoven hat die Förderung durch seinen ehemaligen Dienstherrn nicht vergessen. Im Juni 1801 äußerte er die Absicht, Maximilian Franz seine 1. Symphonie Opus 21 zu widmen. Der Kurfürst jedoch starb noch vor der Vollendung des Stückes; das Werk wurde schließlich dem Baron Gottfried van Swieten (1733-1803) gewidmet.²¹

Der Kurfürst hatte nicht einmal zehn Jahre Zeit, unter einigermaßen „normalen" Bedingungen zu regieren und seine Reformen voranzutreiben. Die Französische Revolution brachte schon bald den Kölner Kurstaat in Schwierigkeiten. Mit Skepsis sah Maximilian Franz die vielen Emigranten, die das Erzstift überschwemmten. Er sorgte sich um die Sittlichkeit der Untertanen und fürchtete den Unwillen Frankreichs, wenn man die Flüchtlinge in seinen Landen zu sehr unterstützte. Am 11. April 1792 verordnete er: Städte durften nicht mehr als 20-30 Emigranten in ihrem Bereich dulden, kein Emigrantencorps durfte bewaffnet durch das Erzstift ziehen, Waffenübungen oder Werbungen wurden ihnen untersagt.

Schon 1792 verließ der Kurfürst seine Residenzstadt Bonn aus Angst vor den herannahenden französischen Revolutionstruppen, kehrte aber bald wieder zurück. Am Nachmittag des 3. Oktober 1794 musste er Bonn schließlich für immer verlassen und floh zuerst ins Westfälische. Nach einem Schlaganfall im März 1795 hat er Arnsberg zuletzt im April 1795 besucht. Seit Herbst 1794 war der Kurfürst meistenteils auf Reisen und auf der Flucht vor den Kriegsunbilden. Hin- und hergerissen zwischen der Hoffnung auf Rückkehr an den Rhein und der Ahnung, dass die alte Ordnung nicht wiederherzustellen sei, gab er seine Regierungsaufgaben jedoch nicht aus der Hand und arbeitete diszipliniert weiter. Er bemühte sich von seinen verschiedenen Residenzen und Aufenthalten aus (Münster, Mergentheim, Frankfurt, Leipzig, Wien) um den Erhalt des Erzstifts und des kölnischen Kurstaates sowie des Fürstbistums Münster.

Doch die große Politik wurde von den Großmächten Österreich, Preußen und Frankreich bestimmt. Schon im August 1796 hatte Preußen einer Abtretung des linken Rheinufers an Frankreich zugestimmt. Noch versuchten die Verhandlungen in den Präliminarien von Leoben (18.04.1797) bzw. im Frieden von Campo Formio (17.10.1797) zwischen Österreich und Frankreich die Reichsintegrität zu wahren. Doch der Kongress zu Rastatt erkannte am 9. März 1798 die Abtretung des linken Rheinufers an. Die anwesenden Gesandten der geistlichen Staaten fühlten sich geächtet und wurden gemieden. Der Grund wurde offenbar, als am 4. April der Kongress auch den Grundsatz der Säkularisation dieser Staaten zur Entschädigung weltlicher Fürsten anerkannte.²²

Die Existenz der drei geistlichen Kurfürstentümer war damit noch nicht in Frage gestellt. Maximilian Franz kämpfte in der Folgezeit darum, einen geistlichen Kurstaat rechts des Rheines neu zu schaffen und gleichzeitig damit auch das Fürstbistum Münster zu erhalten. Sein einziger Bundesgenosse in dieser Frage war Wien. Im Januar 1799 übersandte er dorthin seine Vorstellungen über die Zusammensetzung einer neuen „Kur Westfalen". Dazu sollten ihm die rechtsrheinischen Überreste des Kölner Erzstiftes zusammen mit dem Vest Recklinghausen und dem Herzogtum Westfalen sowie das Fürstbistum Münster verbleiben. Da diese Teile allein nicht ausreichen würden, eine Kur zu etablieren, wären zu einer weiteren Ausstattung das Bistum Paderborn, das Stift Essen und das Bistum Osnabrück besonders geeignet.²³

Aufgrund dieser Pläne stritten das Domkapitel in Münster und das seit 1794 in Arnsberg residierende Kölner Domkapitel intensiv über ihre zukünftigen Rollen und suchten den Kurfürsten für ihre Positionen einzunehmen. Doch mit der Überschreitung des Rheines durch französische Truppen am 28. Februar 1799 wurden diese Perspektiven zunichte gemacht und der Krieg begann erneut. Von Frankfurt aus zog Maximilian Franz über Mergentheim ins fränkische Ellingen. Seit Anfang Dezember 1799 machten ihm größere Gesundheitsprobleme zu schaffen.²⁴ Er litt immer stärker an Wassersucht und Fettleibigkeit. Schon 1797 konnte er sich nur noch mühsam bewegen. Im April 1800 brach er von Ellingen nach Regensburg auf, um von dort per Schiff donauabwärts Wien zu erreichen. Am 28. April 1800 langte er hier an und bezog eine Wohnung im früheren Garten des Fürsten Esterhazy. Im Mai 1801 übersiedelte er aus der Stadt nach Hetzendorf in die Nähe Schönbrunns. Hier bewohnte er ein kleines, dem Grafen Seilern gehörendes Landhaus. Noch einmal trat Maximilian Franz in der Öffentlichkeit auf. Am 11. Juni 1801 nahm er seinen Neffen Erzherzog Karl, den Bruder Kaiser Franz II., als seinen Koadjutor feierlich in den Deutschen Orden auf.

Am 24. Juni 1801 verfasste der Kurfürst im Deutschordenshaus in Wien im Beisein der kölnischen Domherren von Hohenlohe und von Mylius und der münsterischen Kapitularen von Ketteler und Kesselstadt sein Testament. Darin erklärte er den Sohn seines Bruders Ferdinand, Erzherzog Maximilian, zum Universalerben. Zurück in Hetzendorf, verfiel er Mitte Juli 1801 in Lethargie. Seine Sprache war kaum verständlich. Am 26. Juli aß er abends mit Appetit und hatte bis 23.00 Uhr Gesellschaft. Eine Stunde später bekam er einen Erstickungsanfall und in zwanzig Minuten trat der Tod ein.

Max Braubach hat ihn als Landesfürsten folgendermaßen beurteilt:

„Max Franz umriß selbst seine Aufgabe mit dem Regierungsmotto und Leitspruch: „Trachte Dein Volk klüglich zu regieren und glücklich zu machen." Diesen Leitspruch hat er in der Tat ... zu befolgen gesucht. Bei weitem nicht alles, was er anstrebte, hat er wirklich erreicht. Aber daran trug weniger er Schuld, als das Schicksal, das rauh in seine Arbeit eingriff, bevor sie vollendet war." Und weiter: *"... da müssen wir gestehen: ein Friedrich der Große war er nicht, zu den überragend bedeutenden Männern kann er nicht gezählt werden. ... Was ihn auszeichnete, das war ein gesunder Menschenverstand, der allen Lagen gerecht wird, der kühl und ruhig abwägt und das als richtig Erkannte mit derselben Ruhe und Überlegung durchführt... kein blinder Idealist, kein Himmels- und Erdenstürmer, vielmehr nüchtern und hausbacken, ein solider Geschäftsmann, so steht er vor uns."*²⁵

Wenigen kritischen Stimmen über Maximilian Franz stehen zahlreiche wohlwollende gegenüber, auch von Männern, die geistliche Fürsten verachteten. So lobte ihn der Protestant Ernst Moritz Arndt, der im August 1799 zum ersten Mal die von den Franzosen besetzten Lande links des Rheins besuchte. In seiner Reisebeschreibung spricht er von einem *„menschlichen und freien Fürsten"*, der sich *„mit Abwerfung allen Pompes als den ersten Bürger seiner Staaten"* zeigte. Arndt war überrascht, *„wie sehr man dem vertriebenen Landesherrn nachtrauerte, der neues und frisches Leben seinen Untertanen gebracht hatte und durch den das kölnische Land glücklich geworden wäre, wenn der verheerende Krieg nicht seine edelmütige Arbeit unterbrochen hätte. ... Die gleiche Zuneigung hat man ihm auch in seinen westfälischen Landen entgegengebracht."* Braubach resümiert nüchtern: *„Es ist kein Grund vorhanden, ihn (Max Franz, M. G.) übermäßig zu bewundern, gewiß aber besaß er höhere Regententugenden als irgendeiner der geistlichen Kurfürsten jener Zeit."*²⁶

Anmerkungen

1 Der vorliegende Beitrag ist eine veränderte und ergänzte Fassung meiner Lebensskizze des Kurfürsten in: MICHAEL GOSMANN (Hg.), Zuflucht zwischen Zeiten 1794-1803. Kölner Domschätze in Arnsberg. Arnsberg 1994, S. 213-215. - Zu Maximilian Franz siehe die Allgemeine Deutsche Biographie (ADB), Bd. 21, S. 56ff. (Artikel von Hermann Hüffer) sowie immer noch grundlegend MAX BRAUBACH, Maria Theresias jüngster Sohn Max Franz. Letzter Kurfürst von Köln und Fürstbischof von Münster. Wien/ München 1961; hier auf S. 207 das angeführte Zitat. Der erwähnte Metternich war der Vater des späteren österreichischen Außenministers und Staatskanzlers Clemens Wenzel Lothar Fürst von M. (1773-1859).

2 BRAUBACH, Anm. 1, S. 39.

3 Ebenda, S. 26.

4 ADB 21, S. 57.

5 BRAUBACH, Anm. 1, S. 27f. u. 31.

6 Ebenda, S. 37.

7 Ebenda, S. 40.

8 Ebenda, S. 55.

9 ADB 21, S. 59.

10 BRAUBACH, Anm. 1, S. 64.

11 Ebenda, S. 63.

12 Ebenda, S. 74f.

13 BRAUBACH, MAX, Die Lebenschronik des Freiherrn Franz Wilhelm von Spiegel zum Diesenberg. Münster 1952, S. 208f.

14 Ebenda, S. 472.

15 Ebenda, S. 92.

16 Ebenda, S. 235f.

17 Ebenda, S. 208 und 237.

18 Ebenda, S. 242.

19 BRAUBACH, Anm. 13, S. 130.

20 BRAUBACH, Anm. 1, S. 251.

21 Ebenda, S. 251ff. - Vgl. auch BRAUBACH, MAX, Beethovens Abschied von Bonn (Rheinisch-Westfälische Akademie der Wissenschaften, Geisteswissenschaften, Vorträge G, Heft Nr. 166). Köln/Opladen 1970.

22 BRAUBACH, Anm. 1, S. 407ff.

23 Ebenda, S. 417ff.

24 Ebenda, S. 446 und 456ff.

25 Ebenda, S. 90f.

26 Ebenda, S. 245 und 475f.

Freiherr Franz Wilhelm von Spiegel zum Desenberg

Johannes Stemmer

Der Freiherr Franz Wilhelm von Spiegel zum Desenberg auf Canstein war ein typischer Vertreter der katholischen Aristokratie im Deutschland des späten 18. Jahrhunderts.
Obwohl Spiegel Domherr in zwei Domkapiteln war (in Hildesheim und Münster), war er ein leidenschaftlicher Anhänger der Aufklärung und stand zeitweise der Freimaurerei sehr nahe. Obwohl er dem geistlichen Stand angehörte, kritisierte er heftig die Institutionen und religiösen Gepflogenheiten seiner Kirche; obgleich sein Dienstherr ein Erzbischof war, machte sein fanatischer Reformeifer auf kulturpolitischem Gebiet auch vor radikalen Eingriffen in angestammte Rechte der Kirche nicht Halt (bis hin zu dem wiederholt gemachten Vorschlag der Aufhebung aller Klöster und Stifte im Herzogtum Westfalen); obwohl er sich als Vorkämpfer des aufklärerischen „Fortschritts" verstand, hielt er doch hartnäckig an den alten Rechten der Landstände und speziell an den Privilegien seines Standes fest. So wie Spiegel dachten viele seiner Standesgenossen in den Kapiteln und Stiften, in den Verwaltungen der geistlichen Staaten in Deutschland.
Franz Wilhelm von Spiegel wurde am 30. Januar 1752 auf Schloss Canstein geboren. Sein Vater Theodor Hermann (1712–1779) war seit 1758 Landdrost des Herzogtums Westfalen. Franz Wilhelm war das dritte und letzte Kind aus der ersten Ehe seines Vaters. Von seinen zwei jüngeren Halbschwestern und fünf jüngeren Halbbrüdern ist besonders Ferdinand August (1764–1835) hervorzuheben. Dieser wurde 1825 der erste Erzbischof von Köln nach der Säkularisation des Erzstiftes.
Seine Lehrjahre verbrachte Spiegel am Jesuitengymnasium in Bonn, an der Hochschule in Löwen und an der Universität in Göttingen, wo er an der juristischen Fakultät eingeschrieben war. Der aufgeklärte Geist des Lehrbetriebes an dieser damals so berühmten Universität hat ihn nachhaltig geprägt. Hier hat sich seine Weltanschauung ausgebildet und ein für alle Mal verfestigt. Ein kurzes, aber sehr intensives Engagement in der Freimaurerei, das in Göttingen begann, hat der sechzigjährige Spiegel in der Rückschau als Jugendsünde heruntergespielt und zu bagatellisieren versucht.
Nach seiner Ernennung zum Hofrat in Bonn (Juni 1775) hat Spiegel erfolglos um die Hand der von ihm sehr geliebten Clara von Leerodt angehalten. Diese herbe Enttäuschung, die ihn zeitweise – nach dem Vorbild Werthers – an Selbstmord denken ließ, sein eigenes geringes Einkommen als Hofrat und die zerrütteten Finanzen seiner Familie brachten Spiegel dazu, dem ständigen Drängen des Vaters, zwecks standesgemäßer Versorgung eine Domherrenstelle anzustreben, schließlich doch nachzugeben und seinen „*wirklichen Abscheu gegen den geistlichen Stand zu überwinden*"[1]. Im Sommer 1776 begab sich Spiegel nach Rom, um dort den für die Übernahme einer Domherrenpräbende notwendigen Nachweis eines Studiums in Theologie und Kanonistik zu erwerben. Nach seinem Romaufenthalt empfing er die niederen Weihen, um sich die Dompfründe in Hildesheim endgültig zu sichern. Wenige Jahre vor seinem Tod hat Spiegel in seiner Lebenschronik noch einmal freimütig bekannt, dass ihm die geistliche Laufbahn „*von der ersten Stunde bis auf den jetzigen Augenblick ... zuwider*"[2] gewesen sei. Spiegel habe seinen Eintritt in den geistlichen Stand nicht als „Heuchelei" empfunden, so jedenfalls meint Braubach, sondern als unabwendbare Voraussetzung für seine aufklärerische Tätigkeit innerhalb der Kirche und in der Öffentlichkeit.[3] In jedem Falle bedeutete dieser entscheidende Schritt einen unheilbaren Bruch in Spiegels Leben.
Aus rein politischen Gründen wurde Spiegel dann auch in das Domkapitel von Münster aufgenommen, um dort die dem verdienten Minis-

ter Franz von Fürstenberg feindlich gesonnene proösterreichische Partei zu verstärken. Um bei der 1780 stattfindenden Wahl eines Koadjutors des Fürstbischofs Max Friedrich von Königsegg stimmberechtigt zu sein, empfing er die dazu notwendige Weihe zum Subdiakon. Fürstenberg unterlag bei der Wahl, der Erzherzog Max Franz wurde zum Koadjutor gewählt und Fürstenberg als Minister entlassen.

Als Spiegel beim Tod seines Vaters (1779) dessen Amt des Landdrosten im Herzogtum Westfalen angetragen wurde, griff er sofort zu. Unverzüglich entwarf der 27-jährige Spiegel in seiner Denkschrift mit dem Titel „*Gedanken über die wahren Ursachen des Verfalls unseres Landes und über die Art, wie solchem abzuhelfen ist*" ein Programm, um wirksame Abhilfe zu schaffen.[4] So schlug er u. a. vor: gerechtere Steuerverteilung, staatliche Förderung bei der Errichtung neuer Fabriken, Verkündung der Toleranz, Schaffung von Landschulen. Sein typisch aufklärerischer Vorschlag, alle Klöster und Stifte im Herzogtum aufzuheben und mit dem Erlös das Gymnasium Laurentianum der Abtei Wedinghausen in Arnsberg zu einer pädagogischen Musteranstalt auszubauen, fand in Bonn wenig Gefallen. Der Kurfürst ließ die Klöster jedenfalls unangetastet, stellte aber das Gymnasium Laurentianum erstmals unter staatliche Kontrolle (1782).[5]

Insgesamt war Spiegels Wirken als Landdrost in Arnsberg nicht besonders erfolgreich, denn seine neuartigen Reformpläne stießen „*in der Tat nicht nur auf die hartnäckige Opposition von Adel, Klerus und Bürgerschaft, sondern erregten teilweise auch den Unwillen der gemeinen Untertanen.*"[6]

An den alten Kompetenzstreitigkeiten zwischen der Kanzlei in Arnsberg und dem Hofrat in Bonn war Spiegel als Landdrost kräftig beteiligt, ging es doch um mehr als nur um die Kompetenzen seines Amtes; es ging grundsätzlich um die Behauptung der Eigenständigkeit des Herzogtums Westfalen im kurkölnischen Staatsverband.

Spiegel hat als Minister von Bonn aus diese Auseinandersetzung energisch fortgeführt – jetzt allerdings auf der Gegenseite. Dieser Streit um die Über- bzw. Unterordnung ist bis in die letzten Tage der Zugehörigkeit des Herzogtums Westfalen zum Erzstift Köln mit Eifer und Zähigkeiten von beiden Seiten fortgesetzt worden.[7]

War Spiegels Erfolg als Landdrost in Arnsberg noch sehr bescheiden, so wurde er als Minister in Bonn sehr rasch eine in ganz Deutschland bekannte und vielerorts gefeierte Persönlichkeit. Kurz nach dem Regierungswechsel (1784) wurde Spiegel vom Kurfürsten Max Franz zum Präsidenten der Hofkammer und des Akademierates ernannt (Juni 1786). Als „Finanzminister" hat er mit Energie und Erfolg die vorgefundene Unordnung in der Finanzverwaltung beseitigt, das Zollwesen reformiert, einen Schuldenabbau begonnen und u. a. versucht, durch staatliche Arbeitsbeschaffungsmaßnahmen (im Park von Brühl z.B.) die Not der unteren Bevölkerungsschichten zu lindern. Sein Hauptaugenmerk richtete Spiegel aber zweifellos auf die Kulturpolitik. Als „Kultusminister" hatte er nun endlich die Möglichkeit, die Ideen und Reformvorhaben zu verwirklichen, die ihm schon immer vorgeschwebt hatten. Vom Kurfürsten Max Franz persönlich tatkräftig unterstützt, begann Spiegel sofort eine Reform der Volksschulen (Verbesserung der Lehrerausbildung, Einhaltung der Schulpflicht, Herausgabe neuer Schulbücher etc.), gab den Gymnasien in Bonn und Arnsberg neue Strukturen und Lehrinhalte und baute die Bonner Akademie zu einer Universität aus, die rasch in den gebildeten Kreisen Deutschlands Beachtung fand.

Bei der feierlichen Einweihung der neuen Universität (November 1786) war es Spiegel selbst, der als Universitätskurator in seiner Eröffnungsrede „*der neuen Anstalt das Ziel setzt, die Aufklärung in den rheinisch-westfälischen Landen zum Sieg zu führen*"[8].

Dank Spiegels Bemühungen florierte die junge Universität, bis französische Truppen 1794 das Rheinland endgültig besetzten. Aber längst vorher hatte sich das Lager der Kritiker Spiegels (besonders im Kölner Domkapitel) formiert; selbst die Kurie in Rom griff mit einem Breve in den Streit ein. So warf man Spiegel u. a. vor, er dulde als Kurator Irrlehren und Unglauben an der Universität, und man verdächtigte ihn sogar, ein „Demokrat" zu sein – ganz zu Unrecht, denn die Revolution und ihre Ideen hat Spiegel eindeutig und wiederholt verurteilt. Dass er im-

Freiherr Franz Wilhelm von Spiegel zum Desenberg

Freiherr Franz Wilhelm von Spiegel (1752-1815). Ölbild, um 1810   G 1

mer wieder Kritik auf sich zog, lag nicht zuletzt an Spiegel selbst, denn *„er war und blieb einseitig, voll Leidenschaft auf die Förderung und Durchsetzung der neuen Ideen versessen, voll Misstrauen gegen jede Tradition, ohne Sinn für die Notwendigkeit einer allmählichen Evolution."*[9]

Das anfangs gute Verhältnis zwischen Max Franz und seinem Hofkammerpräsidenten kühlte im Laufe der Zeit auf beiden Seiten ganz deutlich ab. Wenn der Kurfürst Spiegel auch gewähren ließ, so war er in seiner klugen Vorsicht aber keineswegs immer mit dem oft stürmischen Eifer seines Kurators einverstanden. Bei diesem aber verfestigte sich immer mehr die Überzeugung, sein Dienstherr nutze ihn aus und habe seine Dienste und Leistungen nie angemessen entlohnt.

Nach der Rheinlandbesetzung durch französische Truppen begab sich Max Franz nach Mergentheim, die Hofkammer ließ sich in Brilon nieder. Spiegel wohnte meist in seinem benachbarten Schloss Canstein und führte von dort aus seine Ämter weiter. Spiegels Lebenshorizont verdunkelte sich zunehmend: Gichtanfälle plagten ihn immer häufiger; eine schwere Krise der Staatsfinanzen musste bewältigt werden (1798); die Querelen mit dem räumlich weit entfernten Dienstherrn nahmen an Heftigkeit zu. Nach dem Tod von Max Franz (1801) musste Spiegel sich persönlich vor dem ihm verhassten Kölner Domkapitel in Arnsberg verantworten; schließlich musste er ohnmächtig dem Drama der Säkularisation und des Unterganges des Kurstaates zusehen.

Aber noch hatte Spiegel nicht gänzlich resigniert. Bereits im Oktober 1802, einen Monat nach Besetzung des Herzogtums Westfalen durch hessen-darmstädtische Truppen, übermittelte er den neuen Behörden eine Denkschrift, in der er sein altes Projekt der Klostersäkularisation wieder aufgriff. Harm Klueting vermutet, Spiegel habe diese Denkschrift wohl in der Hoffnung verfasst, von dem neuen Landesherrn ein hohes politisches Amt übertragen zu bekommen.[10] Die Denkschrift ist betitelt „*Gedanken ueber die Aufhebung der Kloester und geistlichen Stifter im Herzogthum Westphalen*". In der „Einleitung" formuliert der fünfzigjährige Spiegel noch einmal sein Credo als Aufklärer: „*Das, was bey fortschreitendem Verstande weder die Critik der reinen noch der practischen Vernunft aushaelt, zerfaellt in sich. Das Mönchthum ist eine aegyptische Pflanze, welche dort, wo sie sich jetzt noch befindet, nicht mehr die Früchte trägt, welche ihre Anpflanzer von ihr erwarteten. Der Genius der Zeit hat sie auch ohnehin unbrauchbar gemacht. Jeder Catholik, der den gelaeuterten Principien seiner Religion folgen wollte, wünscht schon längst die Aufhebung der Kloester, aber auch zugleich, dass die Einkünfte derselben, den Bedürfnissen der Zeit nach, auf eine wohlthaetige Art verwendet würden.*"[11]

Spiegels Hoffnungen gingen jedoch nicht in Erfüllung. Seine Weiterverwendung in der Politik wurde nicht ernsthaft in Erwägung gezogen; ja nicht einmal seine Pensionsansprüche wurden von Darmstadt anerkannt. Damit war Spiegels politische Laufbahn definitiv beendet. Der Freiherr von Spiegel war insgesamt eine zwiespältige Persönlichkeit. Er war ein bedingungsloser Vorkämpfer der Freiheit, aber nur im Bereich der Bildung und in Fragen der Religion. In zentralen Fragen der Politik war er jedoch ein konservativ denkender Standesherr, der von der Vortrefflichkeit der verfassungsmäßigen Zustände sowohl im Reich als auch im kölnischen Kurstaat fest überzeugt war. Sein latent schon immer vorhandenes anti-französisches Ressentiment ließ ihn bald zu einem entschiedenen Gegner der französischen Revolution werden. Napoleons Politik und das Verhalten der Rheinbundfürsten verabscheute er zutiefst; den Untergang des alten Reiches und des Kurstaates beklagte er sehr – und wirklich empörend fand der Freiherr die Aufhebung der westfälischen Landstände und seiner eigenen Standesprivilegien durch den hessen-darmstädtischen Großherzog Ludewig I. (1806).

Am 6. August 1815 starb Franz Wilhelm von Spiegel auf seinem Schloss Canstein.

Anmerkungen

1 SPIEGEL, FRANZ WILHELM VON, Chronik meines Lebens. In: BRAUBACH, MAX, Die Lebenschronik des Freiherrn Franz Wilhelm von Spiegel zum Desenberg. Zugleich ein Beitrag zur Geschichte der Aufklärung in Rheinland-Westfalen. Veröffentlichungen der Historischen Kommission des Provinzialinstituts für westfälische Landes- und Volkskunde XIX, Band IV. Münster 1952, S. 173.

2 Ebenda, S. 183.

3 BRAUBACH, MAX, Anm. 1, Einleitung, Kapitel 4, S. 94 ff.

4 BRAUBACH, MAX, Franz Wilhelm von Spiegel. In: Westfälische Lebensbilder, Band VI. Münster 1957, S. 68ff.

5 HÖING, NORBERT, Das Gymnasium Laurentianum zu Arnsberg. Teil 2: Von 1712 bis 1815. In: Städtekundliche Schriftenreihe über die Stadt Arnsberg, Heft 17. Arnsberg 1990, S. 120ff.

6 SCHUMACHER, ELISABETH, Das kölnische Westfalen im Zeitalter der Aufklärung unter besonderer Berücksichtigung der Reformen des letzten Kurfürsten von Köln, Max Franz von Österreich. In: Landeskundliche Schriftenreihe für das kölnische Sauerland, Band 2. Olpe 1967, S. 45.

7 SCHUMACHER, Anm. 6, S. 51–55.

8 BRAUBACH, Anm. 4, S. 73.

9 Ebenda, S. 74.

10 KLUETING, HARM, Die Säkularisation im Herzogtum Westfalen 1802–1834. Vorbereitung, Vollzug und wirtschaftlich - soziale Auswirkungen der Klosteraufhebung. In: Kölner historische Abhandlungen, Band 27. Köln und Wien 1980, S. 67.

11 KLUETING, HARM, Franz Wilhelm von Spiegel und sein Säkularisationsplan für die Klöster des Herzogtums Westfalen. In: Westfälische Zeitschrift, Band 131/132 (1981/82), S. 53.

Ludewig X. Landgraf von Hessen-Darmstadt / Ludewig I. Großherzog von Hessen und bei Rhein

Johannes Stemmer

Ludwig wurde am 14. Juni 1753 in Prenzlau (Uckermark) geboren, wo sein Vater als Oberst in preußischem Militärdienst stand. Nach einem zweijährigen Studium in Leyden und nach Reisen in England, Frankreich und Deutschland begab sich Ludewig für längere Zeit nach Russland (Teilnahme an der Vermählung seiner Schwester Wilhelmine mit dem Großfürsten Paul, dem späteren Zaren Paul I., Teilnahme als Generalmajor an einem Feldzug der Russen gegen die Türkei).

Im Februar 1777 heiratete Ludewig seine Cousine Louise Caroline Henriette von Hessen-Darmstadt, die ihm in einer langen und glücklichen Ehe 8 Kinder schenkte.

Der Erbprinz war aufgrund der Erziehung durch seine Mutter Henriette Caroline, die Goethe respektvoll die „Große Landgräfin" genannt hat, an geistigen Dingen sehr interessiert. Bei wiederholten Aufenthalten am Hof in Weimar (Ludewigs Schwester Louise war die Frau des Herzogs Carl August von Sachsen-Weimar) war er mit dem Kreis um Goethe, Wieland und Herder in Berührung gekommen und hatte deren Wirken mit großem Interesse verfolgt.

Auch Schiller kam gelegentlich von Mannheim an den erbprinzlichen Hof nach Darmstadt. Dort wurde die Musik besonders intensiv gepflegt, denn Ludewig war ein großer Musikliebhaber. Er spielte selbst gut Violine und dirigierte nicht selten die Konzerte bei Hofe.

Als Ludewig am 6. April 1790 seinem Vater Landgraf Ludwig IX. auf dem Thron folgte, hatte die Französische Revolution bereits begonnen, und es brachen schwere Jahre für Hessen-Darmstadt an. In den Kriegen, die ab 1792 zwischen Frankreich einerseits und den anderen europäischen Großmächten andererseits geführt wurden, konnte Ludwig X. sich nicht neutral verhalten. Er musste geschickt taktieren und in der Wahl seiner Bündnispartner besonders vorsichtig sein, um die Selbstständigkeit seines kleinen Landes nicht aufs Spiel zu setzen.

Folgende Stationen markieren den Zickzackkurs, den der Landgraf gesteuert hat:
- Kampf an der Seite des Kaisers gegen Frankreich
- Neutralitätsabkommen mit Frankreich (März 1799)
- Bündnis mit Napoleon (Januar 1806)
- Beitritt zum Rheinbund (Juli 1806)
- Beitritt zur Allianz der Gegner Napoleons (November 1813).

Diese Schaukelpolitik Ludewigs war durchaus erfolgreich. Er konnte nicht nur die Selbstständigkeit Hessen-Darmstadts bewahren, sondern darüber hinaus auch noch seine Erhebung zum Großherzog durch Napoleon erreichen (August 1806); außerdem konnte er auch - natürlich nur nach ausdrücklicher Zustimmung Napoleons – erhebliche Landgewinne im Zuge des Reichsdeputationshauptschlusses (1803) und bei der Mediatisierung benachbarter reichsständischer Besitzungen verbuchen. Als Ludewig schon auf die Seite der Gegner Napoleons gewechselt hatte, bekannte er im Jahr 1814: *„Napoleon ist mein Freund, ich bin ihm Dank schuldig und werde ihm immer dankbar sein, so lange ich lebe".*[1]

Zu den Landgewinnen Ludewigs gehörte auch das Herzogtum Westfalen, das ihm bereits im Frühjahr 1802 von Napoleon zugesprochen worden war. Die Reformen, die Ludewig als neuer Landesherr dort in Gang setzte, betrafen alle Bereiche der Innenpolitik und bedeuteten einen beachtlichen Modernisierungsschub für das Land. Veränderungen (teils auch sehr einschneidende) wurden eingeleitet in Verwaltung und Verfassung (Aufhebung der Landstände 1806), im Finanzwesen (Einführung einer Vermögens- und Verbrauchssteuer), im Rechtswesen (Aufhebung der Steuerfreiheit des Adels,

Großherzog Ludewig I. von Hessen und bei Rhein mit seiner Gemahlin Louise Caroline Henriette, um 1820 K 1

Einführung der Religionsfreiheit), im Militärwesen (Einführung der allgemeinen Wehrpflicht 1804), in der Wirtschaft (Einführung der Gewerbefreiheit) und im Gesundheitswesen. Diese Reformen konnten aber ihre Wirkung nicht voll entfalten, denn das hessen-darmstädtische Regiment war nach 14 Jahren schon wieder beendet, und das Herzogtum Westfalen ging in preußischen Besitz über. Natürlich fanden diese Reformen nicht ungeteilten Beifall im Land. Besonders die vielen neuen Steuern und die lange zehnjährige (!) Wehrpflicht führten zu einer erheblichen Unzufriedenheit in der Bevölkerung.

Insgesamt stellt die hessen-darmstädtische Herrschaft für das Herzogtum Westfalen aber einen *„Brückenschlag in ein neues Zeitalter"*[2] dar.

Allerdings hatte die Politik Ludewigs auch ihren Preis. Als Bundesgenosse Napoleons musste er wie die anderen Rheinbundfürsten an allen Kriegen Napoleons teilnehmen. So kämpften hessisch-darmstädtische Truppen auf französischer Seite gegen Preußen und Österreich, in Spanien und Russland und auch in der Völkerschlacht bei Leipzig (Oktober 1813). Die Kriege kosteten viele Menschenleben und trieben die Schulden des Staates weiter in die Höhe.

Wenn Ludewig durch Beschluss des Wiener Kongresses das Herzogtum Westfalen auch wieder verlor, so wurden ihm als Ausgleich dafür andere Gebiete übertragen, so dass er sein Territorium abrunden und wirtschaftlich stärken konnte. Der Verlust des Herzogtums Westfalen bedeutete keine wirkliche Einbuße für Hessen - Darmstadt.

Nach dem Wiener Kongress mussten zunächst im Innern die Folgen der langen Kriegszeit beseitigt werden und dann musste das wesentlich vergrößerte Territorium, das jetzt aus ganz heterogenen oberhessischen, rheinhessischen und ehemals reichsständischen Gebieten bestand, zu einem geschlossenen einheitlichen Staat geformt werden. Der Großherzog führte ein neues Gesetzbuch nach österreichischem Muster ein, schaffte alle Staatsfronen ab und hob die Leibeigenschaft auf. Zur Hebung der Wohlfahrt wurden die Landwirtschaft gefördert und das Straßennetz verbessert und ausgebaut. Eine sparsame Hofhaltung sollte helfen, die hohen Staatsschulden abzubauen.

Ludewig, der die Französische Revolution entschieden ablehnte, war Zeit seines Lebens ein absolutistisch eingestellter Fürst und eigentlich nicht bereit, eine Beschneidung seiner Herrschaftsrechte durch eine Verfassung hinzunehmen. *„Was Recht und Staat? Bin ich nicht souveräner Herr? In mir ist alles Recht und der ganze Staat"*[3]. Sein in Notzeiten gemachtes Versprechen, seinem Land eine Verfassung zu geben, löste er zwar widerstrebend im Dezember 1820 ein, er war aber nicht gewillt, den Volksvertretern eine wirkliche politische Mitbestimmung einzuräumen.

Wie in anderen deutschen Staaten, so bildete sich auch in Hessen-Darmstadt eine Opposition gegen das System der Restauration. Kritisiert wurde der Rückfall in alte autoritäre Regierungsformen, die Bespitzelungen, Verdächtigungen und Verfolgungsmaßnahmen nach den Karlsbader Beschlüssen von 1819. Die wohl radikalste Gruppe innerhalb der deutschen Burschenschaft, die sogenannten „Schwarzen", hatte im hessischen Gießen ihr Zentrum und in dem Privatdozenten K. Follen ihren fanatischen Führer. Ihren stärksten Ausdruck fand die Kritik wohl 1834 in Georg Büchners Schrift „Der Hessische Landbote" mit der Kampfparole *„Friede den Hütten! Krieg den Palästen!"*

Am 6. April 1830 ist Ludewig gestorben. Seine vierzigjährige Herrschaft fiel in eine schwierige und politisch sehr bewegte Zeit. Man hat ihn *„den Retter und Neugründer Hessen-Darmstadts"*[4] genannt. In der Erinnerung der Nachwelt lebt der erste Großherzog als großer Förderer der Künste und Wissenschaften fort.

Anmerkungen

1 KNODT, MANFRED, Die Regenten von Hessen-Darmstadt. Darmstadt 1976, S. 76.

2 SCHÖNE, MANFRED, Das Herzogtum Westfalen unter hessen-darmstädtischer Herrschaft 1802–1816. In: Landeskundliche Schriftenreihe für das kölnische Sauerland, Band 1. Olpe 1966, S. 151.

3 KNODT, Anm. 1, S. 84.

4 Ebenda, S. 90.

Weitere Literatur

Artikel „Ludwig I., Großherzog von Hessen und bei Rhein". In: „Allgemeine Deutsche Biographie", Band 19, 1884, S. 551–557.

STEINER, JOHANN WILHELM CHRISTIAN, Ludwig I. Offenbach 1842 – Supplement I. Darmstadt 1866–Supplement II. Darmstadt 1869.

Ludwig Freiherr von Vincke – erster Oberpräsident der Provinz Westfalen

Heinz Pardun

Das Geschlecht von Vincke gehört zum ostwestfälischen Uradel; das Stammgut der Familie - Ostenwalde - liegt unweit von Osnabrück. Träger des Namens sind seit dem 13. Jahrhundert mehrfach als Dienst- und Lehnsleute der Fürstbischöfe von Minden und Osnabrück urkundlich nachweisbar.

Ludwig Freiherr von Vincke, der erste Oberpräsident der 1815 gebildeten preußischen Provinz Westfalen, wurde am 23. Dezember 1774 in Minden geboren. Sein Vater war während dieser Zeit als Domdechant zu Minden und Oberstallmeister des Bischofs von Osnabrück tätig. Der junge Vincke erhielt die damals in adeligen Familien übliche höhere Schulbildung, die er 1972 nach dem Besuch des Pädagogiums in Halle mit dem Abiturientenexamen – als Jahrgangsbester – beendete. Es schloß sich an das Studium der Rechts- und Kameralwissenschaften in Marburg, Erlangen, Göttingen und nach dessen erfolgreichem Abschluß die Ausbildung als Referendar bei der kurmärkischen Kammer zu Berlin.

Vincke hat sich seit seiner Jugendzeit stets als Westfale gefühlt. In seinem Tagebuch findet sich eine Notiz aus dem Jahre 1774, die dies klar und überzeugend zum Ausdruck bringt: „Ich gehöre zunächst meinem Vaterlande an; ihm ward ich geboren: es beglückte meine Väter. Ihm will ich auch dienen, ihm meine rastlose Tätigkeit weihen und so der mir stets eigentümlichen Anhänglichkeit für alles, was Westfalen betrifft, genügen: Ich kann auch im Genuß der größten Ehre, des glänzenden Reichtums außer Westfalen nicht glücklich sein."

Am 20. Mai 1797 legte er die Prüfung für den höheren Verwaltungsdienst in Preußen ab und war sodann ein Jahr bei der kurmärkischen Kammer tätig. Bereits 1798 wurde er im Alter von 24 Jahren zum Landrat in Minden ernannt. In dieser Zeit entstand die lebenslang anhaltende Bekanntschaft mit dem Freiherrn Karl vom und zum Stein, der damals dort als Oberkammerpräsident die drei preußischen Kriegs- und Domänenkammern Minden, Hamm und Kleve leitete. Vincke ist fortan sein ganzes Leben mit ihm in Verbindung geblieben. Steins politisches Denken und Handeln hat auf Vincke nachhaltigen Einfluß gehabt und unbeschadet seiner im Grunde konservativen Einstellung auch eine beachtliche Aufgeschlossenheit für liberale Gedanken und Reformen bei ihm entstehen lassen. In den folgenden Jahren unternahm er ausgedehnte Studienreisen nach Spanien und England. Die dabei gewonnenen Kenntnisse und Erfahrungen haben seine Einstellung und Haltung zu Wirtschaftsfragen, Handel und Gewerbe wesentlich beeinflußt und erweitert.

1803 wurde er zum Präsidenten der Kriegs- und Domänenkammer in Aurich und 1804 zum Präsidenten der Kriegs- und Domänenkammern in Münster und Hamm berufen. Schon damals bekundete er starkes Interesse für die Verbesserung der landwirtschaftlichen Verhältnisse und den Straßenbau in Westfalen. Die 1802/1803 begonnene preußische Herrschaft in den Bistümern Münster und Paderborn war nicht von langer Dauer, denn nach der Niederlage Preußens bei Jena und Auerstedt und dem Frieden von Tilsit am 9. Juli 1807 verlor Preußen u.a. seine gesamten Besitzungen westlich der Elbe. Vincke verblieb zwar zunächst in der Position eines Vorsitzenden des unter dem französischen Generalgouverneur für das Großherzogtum Berg stehenden Administrationskollegiums im Verwaltungsdienst, wurde aber nach wenigen Monaten entlassen.

Es folgten verschiedene Tätigkeiten bei preußischen Zentral- und Mittelbehörden. Im Jahre 1808 war er, offenbar im Auftrag des Freiherrn vom und zum Stein, mit der Erarbeitung von Vorschlägen zur Staatsreform befaßt. Auf eigenen Wunsch wurde er am 31. März 1810 aus dem preußischen Verwaltungsdienst entlassen. Im gleichen Jahr heiratete er Eleonore von Syberg und nahm seinen Wohnsitz auf dem der Familie seiner Frau gehörigen Gut Ickern nördlich von Castrop.

Nach dem Zusammenbruch der französischen Herrschaft auf deutschem Boden wurde Vincke am 21. November 1813 zum Zivilgouverneur für die Gebiete zwischen Rhein und Weser mit Sitz in Münster ernannt. Am 21. Juni 1815 hatte der preußische König Friedrich Wilhelm III. während seines Aufenthaltes in Wien die „Verordnung wegen verbesserter Einrichtungen der Provinzialbehörden vom 30. April 1815 (GS. 1815, Nr. 9, S.85)" unterzeichnet. In einer dieser Verordnung beigefügten Anlage war die „Eintheilung des preußischen Staates nach seiner neuen Begrenzung" enthalten. Damit war die preußische Provinz Westfalen mit den drei Regierungsbezirken Münster, Minden und (zunächst) Hamm geschaffen. Zum erstenmal seit der Zerschlagung des alten Stammherzogtums Sachsen durch Kaiser Friedrich Barbarossa auf dem Reichstag zu Gelnhausen im Jahre 1180 war wieder ein geschlossenes westfälisches Verwaltungsgebiet entstanden.

Am 25. Mai 1815 ist dann Vincke definitiv zum Oberpräsidenten dieser Provinz Westfalen ernannt worden. Als Hauptaufgaben standen ihm die Neuorganisation einer nach preußischem Vorbild gestalteten Verwaltung in Westfalen sowie die Hebung und Förderung von Landwirtschaft, Handel und Gewerbe, der Beginn des Straßenbaus und die Schiffbarmachung von Ruhr und Lippe bevor.

Es ist hinreichend bekannt, daß Vincke sich bei den Berliner Zentralbehörden nachdrücklich und erfolgreich für Arnsberg statt Hamm als Sitz der Bezirksregierung für den südwestfälischen Bereich der Provinz Westfalen eingesetzt hat. Kein Zweifel, eine für die Stadt Arnsberg und deren Entwicklung im 19. und 20. Jahrhundert außerordentlich wichtige Entscheidung, deren Tragweite bis heute fortwirkt. Ausschlaggebend dafür sind sicherlich nicht - wie häufig zu lesen ist - die landschaftlichen Schönheiten gewesen. Eine gewisse, letztlich nur untergeordnete Bedeutung mag die „zentrale Lage" Arnsbergs in dem neuen Regierungsbezirk im Vergleich zu der Randlage der Stadt Hamm gehabt haben. Hierzu mögen seine eigenen Worte hier wiedergegeben werden: *„Teils, weil diese Stadt geographisch viel besser situiert sei* (als Hinweis auf die Randlage Hamms im Regierungsbezirk zu verstehen - d. V.), *teils, weil die neu erworbenen Länder der Aufsicht mehr bedürfen und der Etablierung der Zentralbehörden in ihrer Mitte sich mehr mit Preußen assimilieren würden".* Vinckes Erklärungen in seiner Proklamation an die Bewohner der seit 1614 preußischen Grafschaft Mark lassen aber deutlich erkennen, dass ihn letztlich klare Einsichten in Verwaltungs- und Wirtschaftsgegebenheiten zu seinem Eintreten für Arnsberg veranlaßt haben. Es heißt dort: *„Ihr Markaner helft euch selbst, hier im Herzogtum müssen wir aber erst das Leben erwecken."* Ein Beweis dafür, wie sehr er die Förderung des Herzogtums Westfalen, dessen wirtschaftlichen Aufschwung und eine Integration in den preußischen Staatsverband als sein besonderes Anliegen betrachtete.

Im Jahre 1817 hielt Vincke offensichtlich den Zeitpunkt für gekommen, in einer umfassenden und in die Einzelheiten gehenden Berichterstattung an den preußischen Staatskanzler von Hardenberg - so seine eigenen Worte - „ein allgemeines Bild des Landes (das Herzogtum Westfalen - d. V.) aufzustellen". Einleitend bringt der Verfasser zum Ausdruck, dass er nach der Übernahme des Herzogtums Westfalen in den preußischen Staatsverband bemüht gewesen sei, sich über die Verfassung, Verwaltung und die Beschaffenheit des Landes näher zu unterrichten. Der Eindruck mag nahe liegen, daß er mit der Erstellung dieser Gesamtübersicht bis zum Jahre 1817 gewartet hat, um sich zunächst zutreffende Informationen zu verschaffen. In teils längeren Ausführungen gibt Vincke einen Überblick über Landwirtschaft, Handel und Gewerbe, Steueraufkommen nebst Schuldenstand, Verwaltungsorganisationen, Gesetzgebung und Rechtspflege mit Hinweisen auf die kurkölnische und hessische Zeit. Wie ohne weiteres erkennbar ist, enthält der Bericht eine zeitbedingte Beurteilung. Sicherlich hat sich Vincke bei seinen Vergleichen und seinen Schlussfolgerungen von den in der preußischen Verwaltung geltenden Grundsätzen leiten lassen, die durch eine straffe hierarchisch geglie-

Ludwig Freiherr (von) Vincke. Kopie nach einem Ölbild von Friedrich Boser

derte Verwaltungsorganisation geprägt war. Immerhin bietet sein Bericht über das Herzogtum Westfalen vom Jahre 1817 ein aufschlussreiches Bild über „Land und Leute" im kurkölnischen Sauerland jener Zeit.

Es ist Vinckes geschichtliches Verdienst, in der Provinz Westfalen eine straff gegliederte, leistungsfähige, billig und gerecht denkende und handelnde Verwaltung geschaffen zu haben. Ziel seiner Tätigkeit war die Förderung und Hebung der Landwirtschaft, des Handels und Gewerbes, des Straßenbaus, die Vollendung der Bauernbefreiung in Westfalen und damit im engen Zusammenhang die Gründung von Rentenbanken, die er seit dem Jahre 1829 sehr gefördert hat. In diesen Zusammenhang gehört auch die von ihm eingeleitete Aufteilung der Feldmarken. Nennen wir noch seine Mitwirkung bei der Ausarbeitung der Revidierten Städteordnung von 1831 und der Landgemeindeordnung sowie nicht zuletzt seine Verdienste bei der Errichtung der ersten Anstalten für

"Das Arbeitszimmer des Oberpräsidenten Ludwig Freiherr Vincke im oberen Stock des Schlosses zu Münster".
Stahlstich von Hermann Sagert nach Georg Friedrich Reichmann, um 1845
Der Armlehnenstuhl links ist im Original in der Ausstellung zu sehen (vgl. N 10). N 3

Blinde, Taubstumme und Geisteskranke. Und abschließend: Alle Freunde der Schützenbruderschaften im kurkölnischen Sauerland werden es gern hören und lesen: Vincke war der Initiator und nachdrückliche Förderer der Wiedererrichtung der historischen Schützenbruderschaften in Westfalen.

Vinckes schlichte, durch westfälische Art, hohes Pflichtbewußtsein, hervorragende Sachkunde in allen Verwaltungsbelangen und besonderes Einfühlungsvermögen für die Notwendigkeiten von Reformen und wirtschaftlichen Förderungen geprägte Persönlichkeit ist in Westfalen unvergessen. Er verstarb am 2. März 1844 in Münster und fand auf eigenen Wunsch seine letzte Ruhestätte bei dem heute im Bereich der Stadt Hagen gelegenen Haus Busch, dem Stammsitz der Familie seiner Frau.

Obige Ausführungen sind in gekürzter und überarbeiteter Form dem Beitrag „Ludwig Freiherr von Vincke. Der erste Oberpräsident der Provinz zu Westfalen und sein Bericht vom Jahre 1817 über das Herzogtum Westfalen" von Heinz Pardun, erschienen im Jahrbuch HochSauerlandKreis 2001, S. 106–109, entnommen.
Der korrekte Name Vinckes ist: Freiherr Ludwig Vincke. Viele Adelsnamen, besonders in Österreich, bleiben üblicherweise ohne „von". In Westfalen gilt das nur für die Familie Vincke, aber hier gilt es! (freundliche Mitteilung von Prof. Dr. Dr. Harm Klueting). Da aber, z. T. auch schon im 19. Jh., das „von" in Vinckes Namen häufig gebraucht wurde und wird, ist der Verfasser obigen Beitrages bei dieser Namensbezeichnung geblieben (d. Red.).

Friedrich Wilhelm III. König von Preußen

Jürgen Schulte-Hobein

Friedrich Wilhelm III. trat am 16. November 1797 die Nachfolge seines Vaters Friedrich Wilhelm II. (reg. 1786–1797) an. Nach dem Großen Kurfürsten (reg. 1640-1688) und Friedrich II. (reg. 1740-1786) war er der Hohenzoller mit der längsten Regierungszeit. Die Universitäten Berlin und Breslau trugen lange Zeit seinen Namen, die in Bonn ist heute noch nach ihm benannt.

In Arnsberg erinnert die Königstraße, die vom damaligen Regierungsgebäude geradlinig nach Süden verläuft und 1820 fertiggestellt wurde, an diesen preußischen König. Als Zeitgenosse bekannter Persönlichkeiten wie Goethe, Kant, Beethoven, Fichte, Humboldt, Schleiermacher und Stein blieb Friedrich Wilhelm III. jedoch selbst eher unbekannt.[1]

Bei seinem Regierungsantritt setzten sowohl die Anhänger der Aufklärung als auch die Verfechter eines absolutistischen Regierungsstils hohe Erwartungen in den neuen König. Anders als sein Vater galt er als einfach, sittenstreng, sparsam, pflichttreu und charaktervoll. In selbstverfassten Gedanken über Regierungskunst hatte er dargelegt, dass der Herrscher in seinen Untertanen freie Bürger sehen müsse. In der Französischen Revolution sah er ein abschreckendes Beispiel für schlechte Regenten. Trotz dieser Einsichten und Kenntnisse fehlte es ihm an Entschlusskraft und Wendigkeit. Gehemmt, scheu und wankelmütig war er nicht der Mann, von sich aus große Entscheidungen zu treffen.[2] Schon zu seinen Lebzeiten hat man die Ursachen dieses Charakters mit der Kindheitsgeschichte des Monarchen zu erklären versucht.

Friedrich Wilhelm III. wurde 1770 in Potsdam geboren und war beim Tod des „Alten Fritz" fast erwachsen. Nachfolger Friedrichs II. wurde dessen Neffe, Friedrich Wilhelm II., verheiratet mit Prinzessin Friederike von Hessen-Darmstadt. In dieser sehr unglücklichen Ehe war Friedrich Wilhelm III. das älteste von insgesamt acht Kindern.

Nicht seine Eltern, sondern der über alles wachende Friedrich der Große sorgte für die Erziehung des kommenden Thronfolgers. Die strengen Instruktionen und disziplinarischen Maßnahmen des alten Königs hemmten das sensible Kind in seiner Entfaltung. Es wurde unselbstständig und verstockt.[3]

1793 heiratete Friedrich Wilhelm III. die in Darmstadt aufgewachsene mecklenburgische Prinzessin Luise (1776-1810). Aus dieser Liebesheirat gingen sieben Kinder hervor. 1795 wurde Kronprinz Friedrich Wilhelm IV., 1797 der spätere deutsche Kaiser Wilhelm I. geboren. Nach seiner Thronbesteigung beendete Friedrich Wilhelm III. die unter seinem Vater vorherrschende Mätressenwirtschaft und entließ gleichzeitig einige der exponierten Berater am Königshof. Die Zeit der Günstlinge war vorbei, dafür gewannen die zu Kabinettsräten aufgestiegenen ehemaligen königlichen Geheimschreiber beträchtlichen Einfluss auf die Staatsleitung. Außenpolitisch entschied sich der König für Neutralität und lehnte den Beitritt zur „Zweiten Koalition" gegen Frankreich ab. Erst der Streit mit Frankreich um den Besitz Hannovers 1806 führte in Preußen zu einem Stimmungsumschwung, dem schließlich auch der König folgte. Er verbündete sich mit Russland und erklärte Napoleon zu einem denkbar ungünstigen Zeitpunkt den Krieg, da Preußen auf sich allein gegen Napoleon gestellt war und damit rechnen musste, dass die europäischen Mächte eine Niederlage Preußens als gerechte Strafe für opportunistisches Taktieren betrachteten.

Friedrich Wilhelm III. berief den alten Herzog von Braunschweig zum Oberbefehlshaber und zog selbst mit ins Feld. In der Doppelschlacht von Jena und Auerstedt siegten am 14. Oktober 1806 die überlegene Fechtweise und Führung der französischen Armee über Zerfahrenheit, Langsamkeit und mangelnde Entschlusskraft seiner Führung. Als der Herzog von Braunschweig tödlich verwundet wurde, unterließ es der König, für alle sichtbar und entschlossen den Oberbefehl zu übernehmen.[4] Statt dessen ergriff er mit seinen geschlagenen Truppen panikartig die Flucht, zog sich zusammen mit der königlichen Familie bis nach Ostpreußen zurück und richtete in Memel eine provisorische Residenz ein. Napoleon besetzte dagegen am 27. Oktober mit seinen Truppen die Hauptstadt Berlin.

Nach der Winterpause nahm Friedrich Wilhelm III. an der Seite der russischen Armee den Krieg in Ostpreußen wieder auf. In einem neuen Bündnis mit Russland sicherte Zar Alexander I. zu, sich für die Wiederherstellung Preußens im Umfang von 1806 einzusetzen. Auch diese zweite Phase des Krieges schlug fehl. Alexander schloss mit Napoleon einen Waffenstillstand, dem sich Preußen anschließen musste. Im Frieden von Tilsit rettete der Zar zwar die Existenz Preußens, trotzdem verlor der Hohenzollernstaat die Hälfte seines Staatsgebiets und seiner Einwohner, darunter alle Gebiete westlich der Elbe. Außerdem musste sich Preußen am Wirtschaftskampf gegen England beteiligen (Kontinentalsperre) sowie Kriegsentschädigungen und Kontributionen zahlen, deren Höhe erst noch errechnet werden sollte. Vergebens bat die preußische Königin Luise Napoleon um Milderung der harten Bestimmungen.

Nach dem Zusammenbruch erwies sich ein Neuanfang des preußischen Staates als notwendig. Friedrich Wilhelm III. war bei den anstehenden Reformen nicht die treibende Kraft, hat aber den Reformern die Möglichkeit zur Verwirklichung einiger ihrer Ideen gegeben. Der preußische König berief auf Wunsch Napoleons den aus Nassau an der Lahn stammenden Reichsfreiherrn Karl vom Stein an die Spitze des Ministeriums. Stein machte das absolutistische System für die politischen Missstände verantwortlich und leitete umfassende Reformen ein. Das Edikt zur Bauernbefreiung hob 1807 die bäuerliche Erbuntertänigkeit in ganz Preußen auf und beseitigte alle ständischen Beschränkungen. Die Freiheit der Person, des Besitzes, des Berufes und der Rechtsgleichheit wurde garantiert. Die Städteordnung von 1808 führte die Selbstverwaltung der Besitzbürger durch gewählte Stadtverordnete (Magistratsverfassung) ein.

Steins Staatsauffassung war geprägt durch die religiös-moralische Tradition seines Elternhauses und die Bildungselemente der Aufklärung. Der Französischen Revolution stand er skeptisch gegenüber, ihren Radikalismus lehnte er entschieden ab. Als die französische Geheimpolizei einen kompromittierenden Brief Steins abfing, in dem dieser seine Hoffnung auf eine deutsche Volkserhebung gegen Frankreich deutlich ausgesprochen hatte, entsprach Friedrich Wilhelm III. der Forderung Napoleons und entließ ihn. Karl August von Hardenberg setzte die Reformen fort und leitete die Säkularisation der geistlichen Güter in Preußen ein. Ein persönliches Anliegen war dem König die Militärreform durch Scharnhorst, Gneisenau und Clausewitz.

Nachdem ein großer Teil der Kriegskontributionen an Frankreich gezahlt worden war, räumten die Franzosen Berlin. Das Königspaar kehrte am Ende des Jahres 1809 in die Hauptstadt zurück. Wenige Monate später starb am 19. Juli 1810 die Königin Luise an den Folgen einer Lungenentzündung.

Als sich der französisch-russische Gegensatz zuspitzte, widersetzte sich Friedrich Wilhelm III. den Patrioten, weil er die Auffassung vertrat, dass das Überlebensinteresse des preußischen Staates eine Allianz mit Napoleon erforderlich mache. Hierdurch verhinderte er, dass der preußische Staat in aussichtsloser Lage in den Kampf gegen Frankreich eintrat. Statt dessen zogen preußische Truppen an der Nordflanke der „Grande Armée" nach Russland, mussten aber den Marsch nach Moskau nicht mitmachen. Während Napoleons Hauptarmee in Russland unterging, blieb das preußische Kontingent am linken Flügel der französischen Front relativ intakt.

Auch nach dem Untergang der „Grande Armée" ließ sich der König zunächst nur zögernd von der patriotischen Volksstimmung zur Befreiung Deutschlands von der französischen Herrschaft mitreißen. Eigenmächtig und ohne Zustimmung des Königs hatte der Kommandeur der preußischen Hilfstruppen, General

Friedrich Wilhelm III. König von Preußen (1770-1840). Ölbild von Ernst Gebauer (?) nach Franz Krüger, nach 1836

M 1

York, mit den Russen die Konvention von Tauroggen geschlossen und damit den Anstoß zur Erhebung in Preußen gegeben. Am 20. Januar 1813 verließ Friedrich Wilhelm III. das von französischen Truppen umlagerte Berlin und verlegte seine Residenz nach Breslau. Am 10. März, dem Geburtstag der verstorbenen Königin, stiftete er den Tapferkeitsorden des „Eisernen Kreuzes". Eine Woche später erließ er den von Staatsrat Hippel verfassten Aufruf „An mein Volk", der in geschickter Form eine Brücke zwischen Volk und Fürst zu schlagen versuchte. Der König blieb bei den Freiheitskämpfern und rückte am 31. März 1814 mit den verbündeten Monarchen in Paris ein. Es gehörte zum Charakter Friedrich Wilhelms III., dass seine siegreiche Rückkehr nach Berlin nicht zu einer Demonstration überschäumenden Stolzes wurde.

Auf dem Wiener Kongress erschien er vielen als „Lakai" des russischen Zaren. So zwang er seinen Chefunterhändler Hardenberg dazu, die russische Position zu unterstützen, selbst dann, wenn er nicht von deren Richtigkeit überzeugt war. Die Rückkehr Napoleons von Elba sah er gelassen, dessen Niederlage bei Waterloo hielt er nicht für endgültig und prophezeite seinem Sohn Wilhelm die Rückkehr des Korsen von der Atlantikinsel St. Helena.[5]

Nach dem Wiederaufstieg Preußens war er immer weniger geneigt, die Reformen weiter fortzuführen. Innen- wie außenpolitisch lehnte er sich an den österreichischen Staatskanzler Metternich an. Er unterstützte die Restauration und befürwortete 1819 gemeinsam mit Metternich die „Karlsbader Beschlüsse", in denen die deutschen Fürsten ihre Maßnahmen zur Unterdrückung der Freiheitsbewegung festlegten. Mit dem russischen Zaren und dem österreichischen Kaiser schloss er die „Heilige Allianz" zur Verteidigung der Ansprüche der angestammten Dynastien des Ancien Régime und der Restauration der legitimen Ordnung. Nach Hardenbergs Tod im Jahr 1822 wurde das Staatskanzleramt nicht weiter fortgeführt. Friedrich Wilhelm III. gewöhnte sich wieder einen Regierungsstil an, wie er 1806 die besondere Kritik Steins und anderer Reformer hervorgerufen hatte.

1824 ging der preußische König mit der jungen Gräfin Auguste Harach gegen die öffentliche Meinung und die Stimmung seiner Kinder eine morganatische Ehe ein.

Seinem Interesse entsprach der Zusammenschluss der Lutheraner und Reformierten im Jahr 1817. An der bedeutendsten Leistung der preußischen Politik in dieser Zeit, der Schaffung des preußisch-deutschen Zollvereins, nahm er keinen Anteil.

Friedrich Wilhelm III. hat seinen siebzigsten Geburtstag nicht mehr erlebt. Er starb am 7. Juni 1840 im Kreis seiner Familie im königlichen Palais Unter den Linden zu Berlin. In seinem Testament verpflichtete er seine Nachfolger auf die Beibehaltung des Absolutismus in Preußen.

Anmerkungen

1 STAMM-KUHLMANN, THOMAS, Friedrich Wilhelm III. In: Preussens Herrscher, hrsg. von Frank-Lothar Kroll. München 2000, S. 197.

2 BRAUBACH, MAX, Von der Französischen Revolution bis zum Wiener Kongreß. In: GEBHARDT, Handbuch der deutschen Geschichte Bd. 14. München 1976, S. 63f.

3 GERSDORFF, DAGMAR VON, Königin Luise und Friedrich Wilhelm III. Reinbek bei Hamburg 2002, S. 16ff.

4 STAMM-KUHLMANN, Preussens Herrscher, Anm. 1, S. 210.

5 Ebenda, S. 214ff.

Einband des Ritterbuches des Herzogtums Westfalen, 17./18. Jahrhundert

Katalog

Raum A

A 1 – A 6
Sechs Bildnisse von Kölner Kurfürst-Erzbischöfen

Alle NN, Öl/L., 18. Jh. Maße, leicht differierend, ca. 225 x 130 cm
Sauerland-Museum des Hochsauerlandkreises Arnsberg

Einige Gemälde der Kölner Erzbischöfe und Landesherren des kurkölnischen Herzogtums Westfalen sollen sich ehemals im 1762 zerstörten Arnsberger Schloß befunden haben. Später schmückten sie den Rittersaal des Arnsberger Rathauses. Der künstlerischen Qualität nach zu urteilen, scheint es sich bei den lebensgroßen Repräsentationsporträts um Kopien zu handeln. Dargestellt sind: 1. Ernst von Bayern (reg. 1583-1612), 2. Ferdinand von Bayern (reg. 1612-1650), 3. Maximilian Henrich von Bayern (reg. 1650-1688), 4. Joseph Clemens von Bayern (reg. 1688-1723), 5. Clemens August von Bayern (reg. 1723-1761) und 6. Maximilian Friedrich von Königsegg-Rothenfels (reg. 1761-1784). (I.R.)

A 7
Maximilian Franz von Österreich (1756-1801) Kurfürst-Erzbischof von Köln und Fürstbischof von Münster

NN, Ende 18. Jh., Öl/L.,185 x 140 cm (mit Rahmen)

LG: Stadt Arnsberg
Lit.: GOSMANN, MICHAEL (Hrsg.), Zuflucht zwischen Zeiten 1794-1803. Kölner Domschätze in Arnsberg. Arnsberg 1994.

Maximilian Franz, 16. und jüngstes Kind der Kaiserin Maria Theresia, regierte das Erzstift Köln von 1784 bis 1801. Erfüllt von Gedanken der Aufklärung setzte er – besonders im Herzogtum Westfalen – vielfältige Reformen und Besserungen durch. 1794 vor den französischen Revolutionsheeren aus Bonn flüchtend, bemühte er sich bis zu seinem Tode von verschiedenen Aufenthaltsorten aus (u.a. Münster, Mergentheim, Wien) um den Erhalt des Kurfürstentums Köln. Das Gemälde aus dem Rittersaal des Alten Rathauses in Arnsberg zeigt den Kurfürsten sitzend in purpurnem Gewand, Hermelinumhang und mit Brustkreuz (das gleiche wie bei B 5! – I.R.). Der Erzbischof hält mit seiner Rechten den roten Bischofshut, dahinter steht die Mitra, rechts daneben der Kurhut. Maximilian Franz war gleichzeitig Hochmeister des Deutschen Ordens, daher links auf weißem Tuch das schwarze Deutschordenskreuz. Der Bildrahmen wurde im Jahre 1992 vom Arnsberger Heimatbund e. V. gestiftet. (M.G. in Zuflucht..., s. o., S. 242, Nr. A 1).

A 8
Wappen des Kölner Kurstaates bzw. des Herzogtums Westfalen bis 1802

Moderne Umzeichnung
Sauerland-Museum des Hochsauerlandkreises Arnsberg

Der gevierte Schild ohne Prachtstücke (sogen. unvollständiges Wappen) zeigt:
1. in Weiß (silber) ein schwarzes Kreuz
   = Kurfürst von Köln
2. in Rot ein weißes (silbernes) Roß
   = Herzog von Westfalen
3. in Rot drei gelbe (goldene) Herzen
   = Herzog von Engern
4. in Blau ein weißer (silberner) Adler mit goldener Bewehrung = Graf von Arnsberg

Seit 1921 Wappen des Sauerländer Heimatbundes e. V.

A 9
Maximilian Franz von Österreich (?) (1756–1801) Kurfürst-Erzbischof von Köln 1784–1801

Abb. S. 77

NN, Öl/L., um 1785, 120 x 79,5 cm
LG: Förderverein des Sauerland-Museums Arnsberg

Der in einer Architekturrahmung fast en face in schwarzer priesterlicher Kleidung halbfigurig Dargestellte ist durch seine Attribute, vor allem durch das Goldkreuz an breitem goldgewirktem Band auf der Brust und durch die am linken Bildrand angedeutete Mitra, als hoher geistlicher Würdenträger gekennzeichnet. Er sitzt in aufrechter, steifer Haltung auf einem am rechten Bildrand angedeuteten Armlehnsessel und stützt seinen linken Arm auf dessen Lehne. Seine beringte rechte Hand fasst in die Seiten eines schmalen Buches.

Das Bild wurde von privat im Kunsthandel erworben und dem Förderverein des Sauerland-Museums als Geschenk übereignet. Der Überlieferung nach soll es sich um ein Bildnis des Kölner Kurfürst-Erzbischofs Maximilian Franz handeln. Im Gegensatz zu seinen bekannten und gesicherten Porträts (vgl. A 7 und B 5) ist hier ein jünger und schlanker wirkender Mann dargestellt. In der Nasen- und Mundpartie bestehen aber durchaus Ähnlichkeiten. (I.R.)

A 10
Gartenfest beim Kölner Kurfürst-Erzbischof Clemens August von Bayern

Dieter Schalk, Diorama, Material: Zinn, Blei, Antimon, bemalt. In Vitrine 60 x 120 cm
LG: Privat (Dauerleihgabe)

In parkähnlichem Gelände vergnügt sich eine galante, z. T. essende und trinkende Hofgesellschaft, an Gauklern, Hofmusikern und -sängern und einer Theaterdarbietung.

A 11
Faltstuhl des Kölner Kurfürst-Erzbischofs Maximilian Franz von Österreich

Holz, schwarz, gold- und silberfarben bemalt, um 1790
LG: Katholische Propsteigemeinde St. Laurentius Arnsberg

Wahrscheinlich bei seinem letzten Aufenthalt in Arnsberg im Jahre 1795 hat Kurfürst Maximilian Franz diesen klappbaren Reisestuhl als Bischofsstuhl im Kloster Wedinghausen zurückgelassen. Bei Aufhebung des Klosters 1803 gelangte der Stuhl in private Hände und wurde nach einer Restaurierung im Jahre 1854 von den Eheleuten Rimm der Kirchengemeinde geschenkt. Heute dient er dem Zelebranten als Sitzgelegenheit. Der Stuhl zeigt auf der Schauseite das farbige kurkölnische Wappen mit dem Kreuz des Hochmeisters des deutschen Ordens sowie als Herzschild das Habsburger Hauswappen des Kurfürsten. Auf der anderen Seite ist sein verschlungenes Monogramm M und F zu lesen. (M.G.)

Derartige Scherenstühle sind typische höfische Repräsentationsmöbel, Zeremonialmöbel, deren Grundform sich seit dem 15. Jh. nicht wesentlich änderte. Seit dem 17. Jh. meist nicht mehr klappbar, waren sie bis ins späte 18. Jh. hinein gebräuchlich und dienten als Amtsstuhl, von dem aus der Inhaber dekretierte. Dessen Würde und die Rechtsgewalt fand ihre äußerliche Entsprechung in der archaischen Stuhlform, um so eine schon von vielen Vorgängergenerationen vertretene Macht zu legitimieren. - Der bewegliche Faltstuhl des Kölner Erzbischofs und Kurfürsten Maximilian Franz ist stilistisch ein typisches Beispiel des Zopfstils (zwischen 1760 und 1780/90), einer zwischen Rokoko und Klassizismus angesiedelten deutschen Kunstrichtung. Das verdeutlichen vor allem die Schnitzereien an den Scheren, Kufen und Armstützen. (I.R.)

A 12
Deutschland 1789 bei Beginn der französischen Revolution

Wandkarte, Reproduktion aus: Großer historischer Weltatlas. München 1991. 70 x 100 cm

Raum B

B 1 Abb. S. 35
Friedrich Ferdinand Freiherr von Hörde (1751-1819)

Johann Christoph Rincklake (1764-1813), Öl/L., um 1801/1803, 62,0 x 48,6 cm (Rahmen erneuert)

LG: Westfälisches Landesmuseum für Kunst und Kulturgeschichte Münster, Inv. Nr. 2073 LM
Lit.: WESTHOFF-KRUMMACHER, HILDEGARD, Johann Christoph Rincklake. Ein westfälischer Bildnismaler um 1800. München/Berlin 1984. S. 379 Nr. 165; VOGT, D., Ritterschaftliche Uniformen in Westphalen. In: Westphälisches Magazin Bd. 3. Bielefeld 1787, S. 415-416; Staatsarchiv Münster, Hzm. Westfalen Landstände Nr. 44, Bl. 32 (1778), Nr. 4022-4025 (Landtagsprot. 1792-1801)

Der mächtige Kopf, die kräftige Nase, der Entschlossenheit bezeugende Mund und der selbstbewußte Blick und nicht zuletzt seine Kleidung charakterisieren den Freiherrn von Hörde als Mitglied des Herrschaftsstandes im Herzogtum Westfalen, als adeligen Gutsbesitzer. Dort war Hörde als Herr zu Schwarzenraben 1781 aufgeschworen worden. Zwischen 1792 und 1794 erwarb er zudem die Mitgliedschaft in den Ritterschaften der Hochstifte Münster, Paderborn und Osnabrück, als einziger westfälischer Adeliger.

Seine Kleidung – der rote Rock mit den blauschwarzen Aufschlägen und den goldenen Stickereien – ist eine ritterschaftliche Uniform, wie sie seit 1777 in den meisten geistlichen Staaten Westfalens eingeführt worden war. Diese war den zur Ritterschaft aufgeschworenen Gutsherren vorbehalten: jedes Territorium hatte seine eigene, vom Landesherrn privilegierte Uniform, deren Schnitt jeweils der Herrenmode folgte.

Die 1785 eingeführte ritterschaftliche Uniform des kurkölnischen Sauerlandes bestand aus einem blauen Rock, „pfirsichblütenfarbenen" (roten), goldgestickten Aufschlägen und weißer Weste, wie sie ein Bildnis des Wilhelm Ferdinand von Droste zu Erwitte im Besitz der Stadt Erwitte zeigt. Die Uniform hatte den Nachteil, dass das „Königsblau" und das „Pfirsichblütenrot" keine normierten Farben waren, so dass jeder Schneider Tuch von leicht abweichender Farbe verwendete. Daher machte die Ritterschaft schon 1792 eine Eingabe um Änderung der Uniform. Die Gala-Uniform sollte aus einem scharlachroten Rock bestehen und dunkelblaue Kragen und Aufschläge sowie weiße Weste und Beinkleider besitzen. Der Kurfürst genehmigte diese Neuerung jedoch nicht, so dass die Ritterschaft 1801 den Antrag wiederholte mit dem Zusatz, die Uniform solle auch Rabatten nach preußischem Vorbild sowie goldene Epauletten, goldene Knöpfe und goldene Bordüren an den dunkelblauen Kragen, Rabatten und Aufschlägen haben. Zwar kam es nicht mehr zu einer offiziellen Bewilligung, aber Hörde, seit 1790 immerhin ritterschaftlicher Deputierter, hatte sich diese neue Uniform schon schneidern lassen. – Von Malweise und Porträtauffassung zeigt das Porträt die Handschrift des münsterischen Bildnismalers Rincklage. Es dürfte bald nach seinen Studienaufenthalten in Dresden und Berlin (1796-1799) um 1801/1803 entstanden sein. (G.D.)

B 2
Liegebildnis des Kölner Kurfürsten Maximilian Franz auf dem Katafalk unter Baldachin, mit Wappen und Insignien, o. J. (1801)

Gebrüder Klauber, Augsburg, nach G. Gisser jun., Mergentheim. Frontispiz aus: Leichenpredigt „Trauer-Rede auf den ... Herrn Herrn Maximilian Franz ... zu Mergentheim ... vorgetragen von Georg Peter Höpfner... Am 31. August 1801." Radierung und Kupferstich, 34,1 x 43,1 cm (Blatt), 29,3 x 30,7 cm (Platte)

LG: Westfälisches Landesmuseum für Kunst und Kulturgeschichte Münster, Inv.Nr. K 57-225 LM
Lit.: WEISS, GISELA/DETHLEFS, GERD, Zerbrochen sind die Fesseln des Schlendrians. Westfalens Aufbruch in die Moderne. Münster 2002, S. 14; BRAUBACH, MAX, Max Franz. 1961. S. 408-431, 468-469; ARETIN, KARL OTMAR VON, Heiliges Römisches Reich 1776-1806. Wiesbaden 1967, S. 431-451

Das Frontispiz zu der Leichenpredigt auf den Kölner Kurfürsten Max Franz, die in Mergentheim, seiner Residenzstadt als Hochmeister des Deutschen Ordens erschien, folgt den bei süddeutschen geistlichen Fürsten seit dem 17. Jahrhundert üblichen Bildern des auf dem Katafalk aufgebahrten Herrn und bildet keine Realität ab. Max Franz war in Hötzendorf bei Wien am 26. Juli 1801 verstorben und in der Kapuzinergruft beigesetzt worden. Gleichwohl war das Bild, das die Leiche mit den Insignien seiner weltlichen und geistlichen Macht, als Ezbischof und Kurfürst von Köln, Bischof und Fürst von Münster, Hoch- und Deutschmeister zeigt, wie ein Menetekel auf das Ende einer Epoche – das Ende der deutschen Reichs- und Adelskirche. Ein Jahr später wurden seine Territorien säkularisiert. Max Franz hatte diese seit 1797 absehbare Entwicklung noch aufzuhalten versucht: Da bei der Entschädigung der linksrheinisch „depossedierten" Fürsten die Reichsverfassung erhalten bleiben sollte – also auch die geistlichen Kurfürsten – strebte Max Franz die Überführung seiner rechtsrheinischen Länder in ein „Kurfürstentum Westfalen" an. (G.D.)

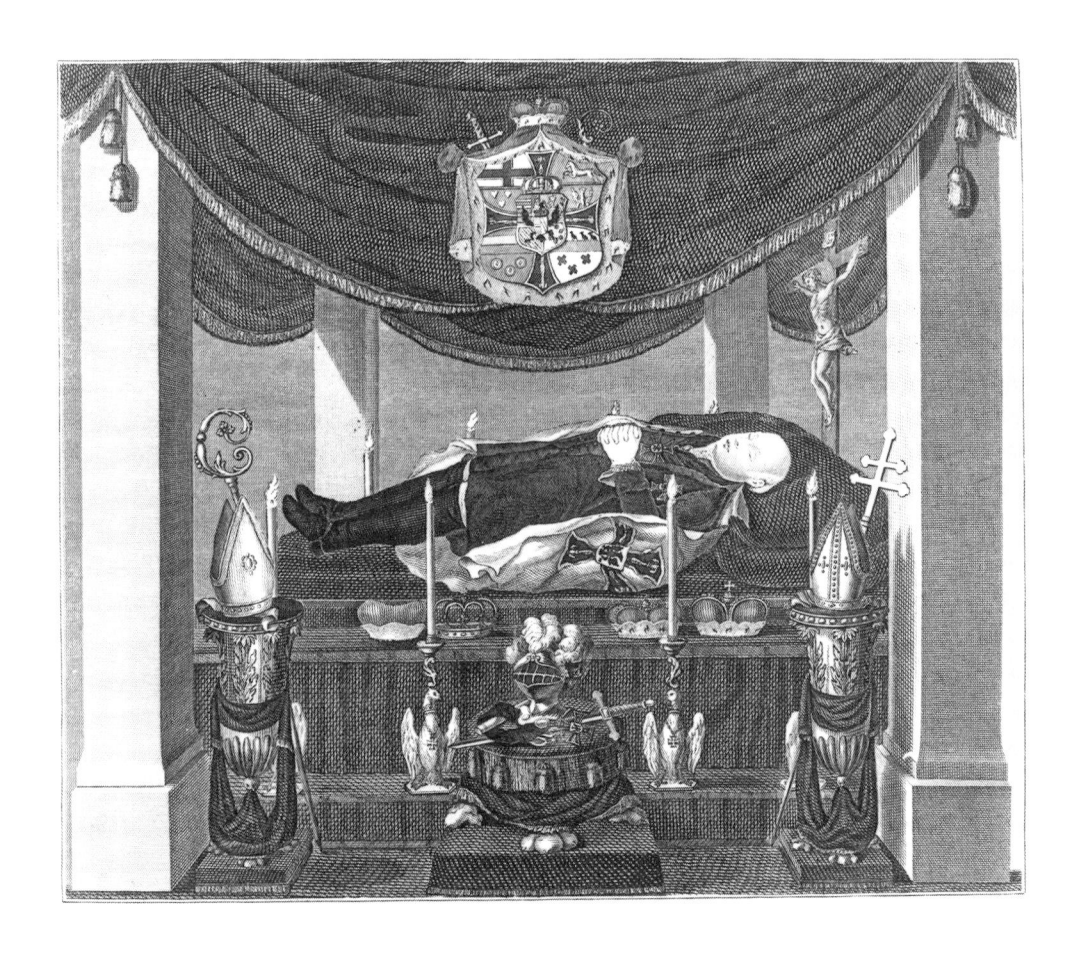

Katalog

B 3
Ansicht der Stadt Arnsberg von Osten, nach 1799

Undatiert und unsigniert, Pinselzeichnung in Schwarz und Sepia, z. T. weiß gehöht, 9,7 x 31,2 cm

Sauerland-Museum des Hochsauerlandkreises Arnsberg
Lit.: REISSLAND, INGRID, „Oldt Aarenspergh, diu feine...". Arnsberg in historischen Stadtbilddarstellungen. Arnsberg 1996, S. 82, Nr. 28

Aus den ersten Jahrzehnten nach der Zerstörung des Schlosses 1762 sind zunächst keine Stadtansichten Arnsbergs bekannt. Die bis dahin übliche Westansicht war durch das Fehlen der wichtigsten städtebaulichen Dominante unattraktiv geworden. Die nach 1799 zu datierende Zeichnung ist eine sorgfältig komponierte und ausgeführte Schilderung der Stadt in ihrem landschaftlichen Umfeld.
Diese Ansicht von Osten aus gesehen wurde für die nächsten Jahrzehnte die bevorzugte Art der Darstellung. Die Stadtsilhouette wird als perspektivische Seitenansicht vom Klosterkomplex im Süden bis zum nördlichen Altstadtbereich exakt wiedergegeben, das Ruinengelände des Schlossberges allerdings durch einen großen Laubbaum kaschiert.
Die Blickführung geht über die Ruhrwiesen mit der detailliert gezeichneten Johannes-Nepomuk-Kapelle hin zur Klosterbrücke, die etwa so bis zum Neubau 1869 existierte. Am westlichen Ruhrufer verläuft der 1770/80 auf Anregung des Kölner Kurfürsten Maximilian Friedrich angelegte Promenadenweg. Während spätere Ortsansichten zumeist nur den Chor der Klosterkirche Wedinghausen mit in die Gestaltung einbeziehen, sind hier das südlich anschließende Kapitelhaus und ein Teil der Klostermauer mit dargestellt. (I. R., Text gekürzt aus oben angegebener Literatur)

B 4 Abb. S. 43
Clemens August Maria Joseph Adam Freiherr von Weichs zur Wenne (1736-1815)

NN, Öl/L., um 1800, 44 x 34 cm

LG: Privatbesitz
Lit.: CONRAD, HORST, Landdrost Clemens Maria von Weichs zur Wenne (1736-1815). In: Zuflucht zwischen Zeiten 1794-1803. Kölner Domschätze in Arnsberg. Arnsberg 1994, S. 233-235

Das Bildnis zeigt ihn als Kniestück mit Flinte und Hund vor einem großen Baumstamm in einer baumreichen Landschaft mit wolkigem Himmel sitzend. Seine repräsentative grüne Uniform mit goldenen Epauletten, goldenen Knöpfen und golddurchwirkten Bandborten kennzeichnet ihn als kurfürstlichen Oberjägermeister.
Der Dargestellte war der letzte Landdrost im Herzogtum Westfalen (1786-1806). Er stand im Dienst dreier Kurfürst-Erzbischöfe von Köln und blieb auch nach dem Anfall des Herzogtums Westfalen an Hessen-Darmstadt in Amt und Würden. Seine politische Laufbahn begann 1757 mit der Ernennung zum Kammerherren des Kurfürsten Clemens August. 1766 wurde er als Deputierter der westfälischen Ritterschaft auf dem Arnsberger Landtag aufgeschworen. Mit zwei Patenten ernannte ihn Kurfürst Maximilian Friedrich 1767 zum westfälischen adeligen Rat und 1781 zum Wirklichen Geheimen Staatsrat.
Höhepunkt seiner politischen Karriere im Herzogtum Westfalen war 1786 die Ernennung

zum westfälischen Landdrosten durch den Kurfürsten Maximilian Franz in der Nachfolge Franz Wilhelm von Spiegels.

Er sollte als letzter kurkölnischer Landdrost des Herzogtums Westfalen in die Geschichte eingehen. 1803 ernannte ihn Landgraf Ludewig X. von Hessen-Darmstadt zum Präsidenten des Regierungskollegs im Herzogtum Westfalen mit dem Charakter eines Wirklichen Geheimen Rates und mit dem Recht, seine Landdrostenstelle und die Stellung als ritterschaftlicher Deputierter formal beibehalten zu dürfen. 1808 wurde er mit dem Großherzoglich Hessischen Verdienstorden ausgezeichnet.

Nachdem er durch Erbgang das sogen. „Vogeliushaus" in Arnsberg in Besitz nehmen konnte, hatte er 1771 das Bürgerrecht der Stadt erworben. Das seither „Weichsscher Hof" genannte Anwesen (Soester Str. 1) gehört noch heute zu den bedeutendsten Denkmalen Alt-Arnsbergs. Der Familiensitz Haus Wenne, seit dem späten Mittelalter kurkölnisches Lehngut, erfuhr zu seinen Lebzeiten ebenfalls umfangreiche Veränderungen. (I.R.)

B 5   Abb. S. 202
Maximilian Franz von Österreich (1756-1801) Kurfürst-Erzbischof von Köln 1784-1801

NN, Öl/L., vor 1786, 69, 0 x 54,5 cm

Sauerland-Museum des Hochsauerlandkreises Arnsberg

Das Bildnis stellt den etwa dreißigjährigen Maximilian Franz kurz nach seiner Ernennung zum Kurfürst-Erzbischof von Köln dar. Sich seiner Würde bewusst hoheitsvoll dreinblickend, ist er als Gürtelstück im priesterlichen Habit dargestellt. Besondere Sorgfalt verwandte der Maler auf die Darstellung der Gesichtszüge, während der Körper im schwarzen priesterlichen Gewand fast mit dem Hintergrund verschmilzt. Farbige Akzente setzen das am roten Band getragene repräsentative Bischofskreuz und das auf der linken Brust getragene Deutschordenskreuz. Maximilian Franz hatte am 23. Oktober 1780 in Mergentheim die Würde des Hochmeisters des Deutschen Ordens verliehen bekommen. Der Orden ist präzise wiedergegeben: 1190 als einfaches schwarzes Kreuz gestiftet, fügte König Heinrich von Jerusalem 1192 ein goldenes Kreuz hinzu, König Ludwig der Heilige von Frankreich (1215-1297) die Lilien in den vier Ecken und Kaiser Friedrich II. (1194-1250) den Reichsadler im Schild. (I.R.)

Das Porträt befand sich ehemals im Rittersaal („Fürstensaal") des Rathauses der Stadt Arnsberg. Es war aus Bonn in die westfälische Residenzhauptstadt geschenkt worden. Der Rahmen wurde von den Landständen angeschafft. Meister Johannes Strattmann in Geseke stellte ihn nach einem zuvor eingesandten Entwurf her (1786/87) und sein Bruder A. Stratmann in Paderborn nahm die Vergoldung vor. (Stadtarchiv Arnsberg, Arnsberg Urk. Nr. 101). (M.G. in: Zuflucht zwischen Zeiten 1794-1803. Kölner Domschätze in Arnsberg. Arnsberg 1994, S. 282, Nr. K 6). - Zur Biografie siehe auch den Beitrag von Michael Gosmann im vorliegenden Katalog auf S. 200-207.

B 6
Druckstempel mit Wappen des Kölner Kurfürsten Maximilian Franz, um 1784-1801

Messing mit gedrechseltem Griff, H 123 mm, Stempel 59 x 55 mm

LG: Westfälisches Landesmuseum für Kunst und Kulturgeschichte Münster, Inv. Nr. SI-90 LM

Der ursprüngliche Verwendungszweck dieses Druckstempels, der das Wappenbild des letzten Kölner Kurfürsten Max Franz zeigt, ist bisher unklar. (G.D.)

B 7
Münzprägungen des Erzbistums Köln und Münzwaage

Sauerland-Museum des Hochsauerlandkreises Arnsberg

In der Vitrine befinden sich vor allem Kleinmünzen (Pfennige, Stüber, Heller, Groschen) sowie drei Taler, welche unter den Kürfürsten Ferdinand v. Bayern (2 Expl.) und Clemens August von Bayern (1 Expl.) geprägt worden sind. Köln war seit 919 eine feste Münzstätte der deutschen Kaiser und Könige. Mitte des 11. Jh. ging diese in die Hände der Kölner Erzbischöfe über. Die Stadt Köln erhielt 1474 eigenes Münzrecht und nahm dies bis 1793 wahr. - Zu den mehrfach wechselnden Münzstätten des Erzbistums gehörten auch Andernach, Bonn, Rees, Neuß und Xanten sowie in den westfälischen Gebietsteilen vor allem Soest. Die sog. Kölner Mark war bis Ende des 18. Jh. die wichtigste Gewichtseinheit, welche als Grundlage für die Einteilung und Legierung der Währungsmünzen diente. In den Reichsmünzordnungen bzw. Landesmünzgesetzen wurde jeweils festgesetzt, wie viele Münzen einer Sorte aus einer Kölner Mark geprägt werden sollten. - Die Kurfürsten aus bayerischem Hause sorgten für eine vielfältige Münzprägung im Kölner Erzbistum. Der letzte Taler von Kurköln erschien 1777. (I.R.)

B 8 Abb. S. 223
Einband des Ritterbuches des Herzogtums Westfalen, 17./18. Jh.

Eichenholzdeckel, mit Leder bezogen; mit vier Schlössern und Messingbeschlägen versehen, 43 x 60 x 18 cm

LG: Nordrhein-Westfälisches Staatsarchiv Münster: Herzogtum Westfalen, Landstände – Akten Nr. 67 (Einband)

Der Beschlag in der Mitte zeigt das springende Westfalenroß, das Wappenbild des kurkölnischen Herzogtums Westfalen, das hier jedoch abweichend nach heraldisch links gewandt ist. Ursprünglich enthielt das Ritterbuch 300 farbige auf Pergament gezeichnete Aufschwörungstafeln von Angehörigen der Ritterschaft des kurkölnischen Herzogtums Westfalen.
Wegen des erheblichen Gewichtes des Bandes (29 kg) wurden die Aufschwörungstafeln herausgenommen und zu drei einzelnen Bänden neu formiert, um eine „leichtere" Benutzbarkeit zu ermöglichen. (P.V.)

B 9 Abb. S. 25
„Das zum Erzstift und Kurfürstenthum Koelln gehörige Herzogthum Westphalen", um 1790

Kolorierter Kupferstich, beschriftet u. r. in Kartusche: „Das / zum / Erzstift und Kurfürstenthum / KOELLN /gehörige/ HERZOGTHUM / WESTPHALEN. / Nro. 229., 27,5 x 33,5 cm
Sauerland-Museum des Hochsauerlandkreises Arnsberg

Die Karte zeigt die Ausdehnung des Herzogtums Westfalen im Jahr 1790. Es umfaßte eine Fläche von ca. 3.300 qkm mit rund 120.000 Einwohnern. Die Bevölkerung lebte in 25 Städten, 11 „Freiheiten" und 693 Dörfern, Wohnplätzen und Einzelhöfen. Neben der Haupt- und Residenzstadt Arnsberg galten die Städte Brilon, Rüthen und Werl als „Hauptstädte" mit dem Recht, auf dem Landtag durch vier Ratsmitglieder vertreten zu sein, während die anderen Städte und Freiheiten nur zwei Vertreter entsenden durften. (J.S.H.)

B 10
2 Briefe des Kölner Kurfürst-Erzbischofs Maximilian Franz von Österreich an Abt Franz Josef Fischer von Wedinghausen, 1793

Jeweils Doppelfolioblatt, handschriftlich mit Unterschrift des Kurfürsten und des kurkölnischen Ministers Freiherrn von Waldenfels

Sauerland-Museum des Hochsauerlandkreises Arnsberg

Münster 22. Februar 1793
Der Oelinghauser Propst Augustinus J. M. Schelle (1726-1795) hat den Kurfürsten um Erhöhung des Jahresgehaltes gebeten, da er einen großen Teil davon an die Abtei Wedinghausen abtreten muss. Der Kurfürst missbilligt diese Vorgehensweise, da er in der Verfassung des Prämonstratenserordens dafür keinen Grund findet. Er weist den Abt an, dem Schelle freie Kost und Wohnung zu geben, wie allen anderen Mitbrüdern auch. Zugleich wird der geistliche Rat Freusberg als erzbischöflicher Kommissar des Klosters Oelinghausen zur Berichterstattung in diesem Fall beauftragt.

Bonn 29. April 1793
Die Werler Pfarrei St. Walburga gehörte dem Arnsberger Kloster Wedinghausen. Der Abt besetzte die Pfarrstelle mit Wedinghauser Konventualen. Zwischen dem Pfarrer und den Kaplänen war es zu Differenzen über Unterhaltsfragen gekommen. Der Kurfürst hatte daraufhin den Werler Richter Hofrat Floret eingeschaltet und dieser berichtete, dass die beiden Werler Kapläne über hinlängliche Einkünfte verfügen. Daraufhin setzt der Kurfürst das an den Werler Pastor von den Kaplänen zu entrichtende Kostgeld auf 60 Reichstaler fest, informiert mit vorliegendem Schreiben den Abt darüber und bittet ihn um sorgfältige Überwachung dieser Verordnung. (M.G.)

B 11
Arnsbergisches Intelligenzblatt von 1801

LG: Stadtarchiv Arnsberg, Zeitungssammlung

Im Arnsberger Intelligenzblatt Nr. 63 vom 11. August 1801 wird der Tod des letzten Kölner Kurfürsten angezeigt. Maximilian Franz von Österreich war am 27. Juli 1801 in Hetzendorf bei Wien gestorben. Das Intelligenzblatt berichtet in den kommenden Wochen von den Trauerfeierlichkeiten und der Bestattung des Fürsten, sowie über Fragen seiner Nachfolge und der Erbregelungen. Im September und Oktober 1801 bringt das Intelligenzblatt Berichte über die Wahl des Erzherzogs Anton Victor von Österreich zum Fürstbischof von Münster am 9. September 1801 in Münster und seine Wahl zum Kölner Kurfürsterzbischof am 7. Oktober in Arnsberg. Anton Victor trat seine neuen Ämter jedoch nicht mehr an. (M. G.)

Raum C

C 1   Abb. S. 61
Ansicht des Schlosses Hirschberg, nach 1753

Ferdinand Holzapfel († 1848), aquarellierte Federzeichnung, 44,5 x 54 cm

Sauerland-Museum des Hochsauerlandkreises Arnsberg
Lit.: REISSLAND, INGRID, „Oldt Aarenspergh, diu feine...". Arnsberg in historischen Stadtbilddarstellungen. Arnsberg 1996, S. 70, Nr. 22

Die etwas dilettantisch-naive Zeichnung des kurkölnischen Forstinspektors Ferdinand Holzapfel kann, geht man von seinem Sterbedatum 1848 aus, nur nach dem Tode des Kurfürsten Clemens August aus der Erinnerung angefertigt sein, oder sie ist eine Kopie nach einem unbekannten Original. – Die 1650-1668 auf Veranlassung des Kölner Kurfürsten Maximilian Henrich zum Hirschberger Schloß um- und ausgebaute Arnsberger Grafenburg wurde auch von Kurfürst Clemens August favorisiert. Er ließ 1753 ein dreiflügeliges repräsentatives Eingangstor errichten, das von Johann Conrad Schlaun entworfen und dessen plastische Bekrönung (Parforce-Jagdszene) vermutlich von J. Chr. Manskirch oder J. Chr. Schlaun geschaffen worden ist.
1802 auf Abbruch verkauft, wurde das Schloß bis auf den Marstall abgerissen. Das Prunktor

ist 1824 auf Veranlassung des Arnsberger Landrats Franz Anton Thüsing (vgl. N 5) nach Arnsberg verbracht und 1826 an der Stelle des abgebrochenen Pförtnerhauses von Kloster Wedinghausen wieder aufgerichtet worden. (I. R., Text gekürzt aus oben angegebener Literatur).

C 2
Plan des kurfürstlichen Tiergartens bei Arnsberg, 1653

NN, aquarellierte Federzeichnung, 63,5 x 76,5 cm

Sauerland-Museum des Hochsauerlandkreises Arnsberg
Lit.: REISSLAND, INGRID, „Oldt Aarenspergh, diu feine...". Arnsberg in historischen Stadtbilddarstellungen. Arnsberg 1996, S. 38, Nr. 7

Die in Bezug auf Örtlichkeiten und Flurbezeichnungen exakt ausgeführte Karte ist vermutlich im Auftrag des Kölner Kurfürsten Maximilian Henrich gefertigt worden. Die Geländeaufnahme erfolgte mit genauer Ortskenntnis und erfasst das durch Wallgraben, Wall und Staketenzaun abgegrenzte Gebiet des nach dem Erwerb des Gutes Obereimer, der bewaldeten Hälfte des Rüdenberges und dem Ankauf weiterer Ländereien ab 1652 angelegten kurfürstlichen Tiergartens. Das umfangreiche Gewässernetz mit der Ruhr im Vordergrund erhöht die Plastizität des Kartenbildes. (I. R., Text gekürzt aus oben angegebener Literatur).

C 3
Karte der Kurfürstlichen hohen Arnsberger Wildbahn im 18. Jahrhundert

NN, aquarellierte Federzeichnung, nach 1762, 29,7 x 40,5 cm

Sauerland-Museum des Hochsauerlandkreises Arnsberg

Lit.: REISSLAND, INGRID, „Oldt Aarenspergh, diu feine...". Arnsberg in historischen Stadtbilddarstellungen. Arnsberg 1996, S. 78, Nr. 26

Die Karte stellt das Gelände des Arnsberger Waldes zwischen Möhne und Ruhr dar, welches für die landesherrliche Jagd von größter Bedeutung war. Sie diente der Fixierung der Jagd- und sonstigen Forstrechte und entstand vermutlich auf Betreiben der kurkölnischen Forstverwaltung. Geländestrukturen, Höhenzüge und dazwischen eingeschnittene Wasserläufe sind topographisch einigermaßen exakt wiedergegeben. Orte sind durch Gebäudesymbole gekennzeichnet. Die Stadt Arnsberg wird durch ein festes mehrgeschossiges Haus symbolisiert, das Kloster Wedinghausen durch ein Sakralgebäude rein formelhaft dargestellt. (I. R., Text gekürzt aus oben angegebener Literatur).

C 4
Jagdpokal für den Kölner Kurfürst-Erzbischof Clemens August von Bayern (1700-1761)

Ausformung, vor 1941, nach Johann Joachim Kändler (1706-1775), Porzellan, Staatliche Porzellanmanufaktur Meißen, farbig gefasst, H 36,0 cm, Dm 15,6 cm. Unterglasurblaue zweifach durchschliffene Schwertermarke mit Nr. 267, Nr. 14 sowie Nr. 66 unter den Schwertern

Sauerland-Museum des Hochsauerlandkreises Arnsberg
Lit.: Aus der Fülle der Literatur sei stellvertretend genannt: Katalog Porzellan, Kunstgewerbemuseum der Stadt Köln 1980, Nr. 134. Dort weitere Literatur.

Reich faconnierte Kuppa auf Eichbaumschaft, vor dem zu Füßen eines Pikörs, der mit dem Hifthorn die Jagd abbläst, ein Hirsch liegt. Auf dem Deckel ein von neun Hunden angesprungener, auf ein Hüttendach geflüchteter Hirsch. Der Pokal wurde 1741 von J. J. Kaendler, vermutlich nach einer Entwurfszeichnung Johann Konrad Schlauns, im Auftrag der westfälischen Landstände zu Münster für den Kölner Kurfürs-

Raum D

D 1 Abb. S. 129
„Arnsberg und die Abtei Wedinghausen an der Ruhr in dem Herzogthum Westphalen.", vor 1803

Anton Wilhelm Strack (1758–1829), kolorierte Umrissradierung, 33,2 x 48,2 cm. Aus: Strack, Wilhelm, Malerische Reisen durch Westphalen, III. Heft. Bückeburg 1806

Sauerland-Museum des Hochsauerlandkreises Arnsberg
Lit.: REISSLAND, INGRID, „Oldt Aarenspergh, diu feine...". Arnsberg in historischen Stadtbilddarstellungen. Arnsberg 1996, S. 86, Nr. 30

Diese von oberhalb des Klostergartens im Eichholz aus gesehene Südsüdost-Ansicht steht chronologisch an der Schwelle zu 19. Jh., in welchem die größte Anzahl der Arnsberg-Ansichten entstand. Der von A. W. Strack erstmals gewählte (und erst seit der Klostersäkularisierung allgemein zugängliche) Standpunkt ermöglichte die beste Darstellung des sich in den ersten Jahrzehnten des 19. Jh. rasch vergrößernden Stadtgefüges. Optischer Ausgangspunkt ist der linke Bildrand mit dem Chor der Klosterkirche und einem Teil der Klostermauer, an der sich um einen runden Tisch Prämonstratensermönche gruppieren; daher die zeitliche Einordnung vor 1803. – Die Stadt mit der imposanten Schlossruine auf dem Schlossberg zeigt sich auf der Ost- und Südseite „entfestigt", wie dies im Zusammenhang mit dem Wiederaufbau der 1799 abgebrannten Gebiete und der Stadterweiterung geschah. Der von Brand und Abriß verschonte Stadtmauerturm („Honekamps Turm") steht beziehungslos inmitten der größtenteils noch nicht wieder aufgebauten Brandstätte. (I. R., Text gekürzt aus oben angegebener Literatur).

ten Clemens August gefertigt. Über die Entstehung informiert das Arbeitsbuch Kaendlers. Mit diesem Geschenk an Clemens August huldigten die Landstände sowohl seiner Jagdleidenschaft als auch seiner Vorliebe für kostbares Porzellan. Das dargestellte Ereignis soll auf einer wahren Begebenheit beruhen, nach der auf einer Parforce-Jagd des Kurfürsten in den Wäldern bei Börger auf dem Hümmeling 1739 sich ein Hirsch auf einen Schafstall flüchtete.

Das Original, ursprünglich auf Schloß Falkenlust bei Brühl, ist nicht erhalten. Es existieren, in der Größe und Farbgestaltung variierend, mehrere Ausformungen nach der alten Form des Originals von 1741 und mehrere Nachformungen, z. B. von Prof. Erich Hösel in Meißen 1924. Es lassen sich sowohl rein weiß glasierte als auch gefasste Exemplare feststellen.

Der hier ausgestellte Pokal wurde 1941 durch das Sauerland-Museum Arnsberg von der Staatlichen Porzellanmanufaktur Meißen erworben. Dort werden weiterhin Ausformungen hergestellt und in der Regel farbig gefasst. (I.R.)

D 2
Graf Heinrich I. von Arnsberg stiftet Kloster Wedinghausen

Abb. S. 87

Henning Strodtmann (zugeschrieben), Öl/L., 1669, 180 x 115 cm

Sauerland-Museum des Hochsauerlandkreises Arnsberg
Lit.: REISSLAND, INGRID, „Oldt Aarenspergh, diu feine...". Arnsberg in historischen Stadtbilddarstellungen. Arnsberg 1996, S. 44, Nr. 10

Die Stiftung erfolgte um 1170/73 als Sühne für den von Heinrich I. verschuldeten Tod seines jüngeren Bruders Friedrich. Um diese Tat zu rächen, belagerten 1165 der Sachsenherzog Heinrich der Löwe, Erzbischof Rainald von Köln und die Bischöfe von Paderborn, Minden und Münster die Arnsberger Burg und zerstörten sie. Graf Heinrich I. entkam zwar, musste sich aber dem Kölner Erzbischof unterwerfen und zur Sühne seinen Haupthof Wedinghausen in ein Kloster umwandeln.

Das Bildmotiv zeigt den Klostergründer im weißen Ordensgewand der Norbertiner. Mit seinen ausgestreckten Händen bietet er das Modell der Klosterkirche ihren beiden Schutzpatronen, der rechts oben aus den Wolken herabschauenden gekrönten Maria mit dem Jesusknaben und dem rechts neben ihr sichtbaren St. Laurentius dar.

Die Landschaftsstaffage im Hintergrund zeigt eine Ortsansicht Arnsbergs. Links ist Kloster Wedinghausen mit der Abteikirche zu sehen. Deren Nordfront gleicht dem Modell, welches Heinrich I. von Arnsberg in den Händen hält. Es dokumentiert den Zustand des 17. Jh. und nicht das Aussehen des romanischen Gründungsbaus. (I.R., Text gekürzt aus oben angegebener Literatur).

D 3
Franz Josef Fischer (1740-1806), letzter Abt des Klosters Wedinghausen

Carl Joseph Haan (Hahne), Öl/L., vor 1798. 95 x 65 cm (mit Rahmen)

LG: Katholische Propsteigemeinde St. Laurentius Arnsberg
Lit.: KESSLER, FRANZ, Das Arnsberger Kunsthandwerk im 17. und 18. Jahrhundert. In: RUHRWELLEN Nr. 4/5, April/Mai 1939

Franz Josef Fischer (1740-1806) war der 43. und letzte Abt des Klosters Wedinghausen. Er wurde am 7. August 1781 gewählt, worauf die unten zitierte Bildinschrift verweist. Im weißen Habit der Prämonstratenser dargestellt, repräsentiert er in einem gemalten Oval vor neutralem Hintergrund mit den Insignien seiner Würde: der etwas überdimensionierten Mitra und dem Krummstab im Rücken, dem Kreuz auf der Brust und dem Ring an seiner rechten Hand. Die zeitgenössische Beschriftung am Unterrand lautet: F. FRANCISCVS FISChER CANONIAE HVIATIS AbbAS,/CANONICE ELECTVS MENSE AVGVSTO 1781. / VIVO EGO-POST TENEbRAS-DE TERRA SVRRECTVRVS-SPEROLVCEM sowie unten links: Iob. 17. ET. 19. WEDINGHAUSEN. Die Signatur unten Mitte verweist auf den Arnsberger Fassmaler Carl Joseph Haan (Hahne), †1798, welcher die letzten Wedinghauser Äbte porträtierte. (Frdl. Mitt. v. M. Gosmann; I.R.)

D 4 Abb. S. 119

Biblia Sacra omissis psalterio et libris prophetarum (Bredelarer Bibel), 1241

LG: Hessische Landes- und Hochschulbibliothek Darmstadt, Hs 824

Diese Bibelhandschrift ist der dritte von drei Bänden, die sich alle im Besitz der Hessischen Landesbibliothek Darmstadt befinden (Hss 1993 und 825). Sie stammt aus dem ehemaligen Besitz des Zisterzienserklosters Bredelar und wird darum auch als Bredelarer Bibel bezeichnet. Ausführlicher Text von Dr. Silvia Uhlemann und Abbildung siehe im vorliegenden Katalog auf S. 118/119.

D 5 Abb. S. 117

Vetus Testamentum (omisso psalterio) – Wedinghauser Altes Testament, Bd. 2, um 1220

Klosterschreiber Ludovicus, Pergamenthandschrift
LG: Hessische Landes- und Hochschulbibliothek Darmstadt, Hs 48/2

Auch diese großformatige Bibelhandschrift, die das Alte Testament enthält, gehörte zum ursprünglichen Bestand des Klosters Wedinghausen, was durch mehrere Besitzeinträge aus dem 13. und 14. Jahrhundert bezeugt ist. - Ausführlicher Text von Dr. Siliva Uhlemann und Abbildung siehe im vorliegenden Katalog auf S. 117/118.

D 6 Abb. S. 102

„Nordwestliche Ansicht von der ehemaligen Benedictiner Abtej Grafschaft", vor 1832

Fotoreproduktion nach einer Federzeichnung von Ferdinand Holzapfel († 1848), 40 x 58 cm. Eine Originalgrafik mit den Maßen 44 x 68 cm befindet sich in der Propstei Belecke

Sauerland-Museum des Hochsauerlandkreises Arnsberg
Lit.: WP, Bd. 1, Bielefeld 1987, S. 237/38 als WP 80/4/461

Dargestellt ist in seinem landschaftlichen Umfeld der komplette Klosterkomplex vor dem Abriß der Klosterkirche 1832. Ganz rechts zu sehen ist das noch heute bestehende Haupttor mit zwei Türmen, woran je ein zweiflügeliger Wirtschaftstrakt angebaut ist. Links davon die Klausurgebäude, eine Dreiflügelanlage mit Ehrenhof. Daran schließen sich der (in Teilen noch erhaltene) Kirchturm und das Kirchenschiff mit Vierungsturm an. Nördlich der Klosterkirche sind die Pfarrkirche und einige Häuser des Dorfes Grafschaft sichtbar. (I.R.)

D 7

„Rote Kapelle" (liturgische Gewandung für die Feier eines Pontifikalamtes) aus dem Kloster Wedinghausen, 1717

Roter gepunzter Samt, gelbes Leinen, Goldfäden und Flussperlen, Goldborten, 1717

LG: Katholische Propsteigemeinde St. Laurentius Arnsberg
Lit.: GOSMANN, MICHAEL (Hrsg.), Zuflucht zwischen Zeiten 1794-1803. Kölner Domschätze in Arnsberg. Arnsberg 1994, S. 250, Nr. D 9

Die sog. „Rote Kapelle", besonders aufwendig geschmückte Paramente (Chorgewand, Meßstola, zwei Dalmatiken, Diakonstola, drei Manipel, Kelchvelum, Bursa) wurde unter dem Wedinghauser Abt Karl Berg (1715-1724) – in einer Blütezeit des Klosters – angeschafft. Die liturgischen Gewänder zeigen auf gelbem Leinen und rotem schwerem Samt aufwendige Goldfaden- und Flussperlenstickerei. Noch heute werden sie zu Pfingsten, zum Patrozinium und bei feierlichen Anlässen getragen. Auf dem Rücken einer Kasel ist z. B. ein Goldkreuz aufgestickt, das das Zeichen IHS - Jesus-Christus-InHocSigno – (In diesem Zeichen...wirst Du siegen) trägt. Auf der Vorderseite wächst aus einem Rost, dem

Märtyrersymbol des Hl. Laurentius, ein stilisierter Lebensbaum. Daneben findet sich z. B. das gestickte „MRA" (=Maria)-Monogramm.
Die Gewänder wurden zwischen 1991 und 1994 in einer Paramentenstickereiwerkstatt restauriert. (M.G. in oben angegebener Literatur)

D 8
Gotische Turmmonstranz aus dem Kloster Wedinghausen

Nürnberg, Anfang 16. Jh. (um 1510?), Silber, teilweise vergoldet, getrieben, gegossen und graviert, H 82 cm

LG: Katholische Propsteigemeinde St. Laurentius Arnsberg
Lit.: BKW Arnsberg, S. 39, T. 8; BRÜGGEMANN, C./RICHTERING, H., Abtei Wedinghausen, Propsteikirche St. Laurentius. Arnsberg 1971, S. 31 m. Abb.,; Kat. Attendorn, Nr. 129, Abb. 38; HEPPE, Gotische Goldschmiedekunst, Nr. 17, S. 247ff.; Kat. Konservieren Restaurieren. Münster 1974, Nr. 135 m. Abb.; Kat. Goldschmiedekunst, Nr. 29, S. 30 m. Abb. 23; GOSMANN, MICHAEL (Hrsg.), Zuflucht zwischen Zeiten 1794-1803. Kölner Domschätze in Arnsberg. Arnsberg 1994, S. 255/256, Nr. D 23

Die Monstranz ist ein Meisterwerk spätgotischer Goldschmiedekunst und in Westfalen ohne vergleichbares Gegenstück. Ein vierpassiger, seitlich ausgezogener Fuß trägt auf sechskantigem Fußhals und Schaft mit Knauf das Schaugefäß (moderner Glaszylinder). Es wird seitlich gerahmt von einer plastischen Verkündigungsgruppe. Über dem Glaszylinder unter dem mittleren Baldachin eine Figur des Schmerzensmannes. An den beiden äußeren Pfeilern kleine Figuren des hl. Christophorus und des hl. Sebastian. Daneben nach außen zwei Wiederholungen der seitlichen oberen Gesprengeformen (erst im 18. Jh. hinzugefügt?). Unter dem Schaugefäß hängen u. a. barocke Medaillen; die mittlere Gesprengspitze ist modern. Nach einer Inschrift wurde die Monstranz „*1712 verbessert und vergrößert*". (M.G. in oben angegebener Literatur)

zu D 8

D 9
Abtskelch des Benediktinerklosters Grafschaft, vor 1509

Abb. S. 94

Köln (?), 1509, Silber, vergoldet, getrieben, gegossen und graviert. H 21,5 cm

LG: Katholische Kirchengemeinde St. Pankratius Warstein-Belecke
Lit.: Katalog „Goldschmiedekunst im kurkölnischen Sauerland aus 8 Jahrhunderten. Arnsberg 1977; dort weitere Literatur

Der Kelch besitzt einen Sechspassfuß mit reich profilierter Zarge über dem schrägen Stehrand. Kurzen, aus den Seiten des Fußhalses herausgetriebenen kantigen Sternstrahlen sitzt ein verkantetes Sockelgeschoß auf, das von Vierblättern durchbrochen und von Zinnen bekrönt ist. Die Schaftstücke – mit dem gravierten Namen JHESUS und OMARIA – rahmen sich überschneidende Rundstäbe; die hohe glockenförmige Kuppa sitzt auf einem Unterfang aus durchbrochenen Maßwerkfeldern, deren oberen Rand ein gekordelter Draht und ein kleinteiliger Blattkranz umziehen. Der Knauf hat eine für den Beginn des 16. Jahrhunderts äußerst charakteristische Form: die konventionelle Grundform ist flachkugelig gedrückt mit kaum vorspringenden Querrauten; sich überschneidende bogenförmige Grate besetzten Ober- und Unterseite des Knaufes.

Die Inschrift auf dem schrägen Stehrand gibt Auskunft über den Stifter: „REVEREN).AC. VALIDUS.DOMIN) EVERHAR).A KOBBENRODT.DEKAN).IN.WORBECK..OLIM COVENTALIS.IN.GRASSCHAFF.ME.FIERI.FECIT.1509" (Der hochwürdige Herr Eberhard von Kobbenrode, Dechant in Wormbach, ehemals Conventuale in Grafschaft, ließ mich machen.1509).

Er war das einzige Mitglied des Grafschafter Benediktinerkonvents, das nach der Reform des Klosters dort blieb. Der Wormbacher Dechant schenkte den formschönen Kelch seinem Kloster zum Gebrauch durch den Abt. Auf Grafschaft weist auch die Gravierung des Patrons St. Alexander auf dem Fuß; seitlich davon finden sich die gravierten Wappen des Stifters und der Belecker Propsteikirche (letzteres aus dem 19. Jh.): Nach der Inschrift unter dem Fuß hat den Kelch der letzte Grafschafter Abt Edmund Rustige der ehemaligen Grafschafter Propsteikirche in Belecke geschenkt, wo er begraben ist: „ECCAE PRAEP:BEL:DON:ULT ABBAS GRAESCHAT:RMS D:EDMUD:1816" (Der Propsteikirche in Belecke schenkte mich der letzte Abt von Grafschaft, der hochwürdigste Herr Edmund 1816).

Der Belecker Kelch steht in seiner Formgebung auf der Höhe seiner Zeit; das fortschrittliche Werk von strenger Formdisziplin kann nur in einer führenden Werkstatt einer bedeutenden Stadt entstanden sein, am ehesten in Köln; dafür spricht auch die Verwandtschaft wesentlicher Details mit rheinischen Arbeiten. (Karl Bernd Heppe in oben angegebener Literatur, S. 29).

D 10 Abb. S. 124
Krümme eines Abtsstabes aus dem Kloster Bredelar

Ignaz Innozenz Eimberger, Mainz, 1789
Silber, teilvergoldet, gegossen, getrieben und ziseliert. Krümme 73 cm, Meisterpunze I:E (im Rechteck)

LG: Hessisches Landesmuseum Darmstadt, Inv. Nr. Kg 63:272
Lit.: Siehe S. 125

Der Krummstab wurde für den Abt des Zisterzienserklosters Bredelar, Josephus Kropff (1733 - 1790), angefertigt.
Die Krümme besteht aus einer mit Ranken umwundenen und mit Knospen versehenen, teilvergoldeten Volute und einem aus stilisiertem Blattwerk aufgebauten, in einem Knauf endenden Schaft. Zur Krümme gehört ein zweiteiliger, 116,5 cm langer unverzierter Stab. Der von Blüten eingefasste Knauf trägt zwei von Lorbeerkränzen gerahmte Medaillons: Das eine zeigt das Abtswappen, das andere die gravierte Inschrift *Rmus. Dnus. F. Josephus Kropff Abbas in Bredelar 1789*. Während die Volute noch ganz den Geist des Rokoko widerspiegelt, ist das Schaftstück durch seine strengere Stilisierung dem Zopfstil verbunden, der den Übergang zwischen Rokoko und Klassizismus markiert. (W.G.)
Siehe dazu auch den Beitrag von Dr. W. Glüber im vorliegenden Katalog auf S. 125.

D 11 Abb. S. 92
Strahlenmonstranz aus dem Kloster Bredelar

Augsburg, Johann Carl Burger, 1777/79. Silber, teilweise vergoldet, getrieben, gegossen, farbige Steine. H 61 cm. Beschauzeichen: Augsburg R3276. Münzzeichen: R3971 (am Fuß, Strahlenkranz, Deckelrückseite)

LG: Katholische Propsteigemeinde St. Magnus Marsberg

Lit.: Katalog „Goldschmiedekunst im kurkölnischen Sauerland aus 8 Jahrhunderten. Arnsberg 1977; dort weitere Literatur

Der achtpassige geschweifte hohe Fuß mit Stehrand und profilierter Zarge wird mittels einer gekerbten Kehle ins Oval überführt, dessen gestufte Wölbung von zwei breiten und zwei schmalen Muschelwerk-Kartuschen mit Blütensträußen dekoriert ist, die auf die Zarge übergreifen Den Schaft bildet ein dreiseitiger Muschelwerk-Baluster. Das vierpassige ovale Schaugefäß wird in drei Schichten von einem goldenen und einem silbernen, durchbrochen gearbeiteten Muschelwerkrahmen mit Blüten sowie einem tief eingeschnittenen, gezackten Strahlenkranz umgeben. Silberne Blattranken mit Blüten aus wechselnd roten und weißen Steinen überziehen die Muschelwerkgitter und setzen sich auch auf dem bekrönten Kranz fort. Die nach der Tradition aus Kloster Bredelar stammende Monstranz hat ein Gegenstück in der ebenfalls 1777/79 entstandenen Monstranz desselben Meisters in Straßburg, Ste. Madelaine. Die nahezu um ein Drittel größere Straßburger Monstranz ist in gleicher Weise aufwendig dekoriert, jedoch konservativer in den weniger schlanken Proportionen. (Karl Bernd Heppe in oben angegebener Literatur S. 76, Nr. 152 u. Abb. 33).

D 12
Teil einer Wasserleitung aus dem Kloster Wedinghausen

Eichenholz, mit Eisenringen, teilbeschädigt, Dm 20 cm (außen) und 10,5 cm (innen), L 133 cm

Sauerland-Museum des Hochsauerlandkreises Arnsberg
Lit.: HERBOLD, HERMANN, Die städtebauliche Entwicklung Arnsbergs von 1800 bis 1850. = Städtekundliche Schriftenreihe über die Stadt Arnsberg, H. 1. Arnsberg 1967, S. 13; REUT-

HER, FERDI, Erste Arnsberger Wasserleitung. In: HEIMATBLÄTTER, H. 23, Arnsberg 2002, S. 21

Die Wasserversorgung für Kloster Wedinghausen und auch für Alt-Arnsberg erfolgte jeweils mittels einer „Wasserkunst". Derartige mittelalterliche Trinkwasserhebeanlagen sind vielerorts bekannt; die älteste deutsche Anlage entstand 1411 in Augsburg. Die Wasserförderung geschah in Förderstufen mittels Saugpumpen in Hochbehälter, von wo aus das Wasser durch hölzerne Röhren weitergeleitet wurde.

Als Rohmaterial dienten Baumstämme (Eiche, Lärche, Kiefer) von mindestens 2 m Länge. Der Durchmesser betrug bei Wasserleitungsröhren mindestens 3 Zoll (1 Zoll entspricht, örtlich differierend, ca. 2,5 bis 3 cm). Seit dem 17. Jh. wurden neben den Holzröhren auch gegossene, mit Zinn verlötete Bleirohre verwendet. Eiserne Rohre sind seit dem späten 18. Jh. bekannt. Traditionell waren jedoch Holzröhren bis ins 19. Jh. hinein vorherrschend, da die Korrosionsgefahr entfiel und die Röhren ohne großen Aufwand selbst hergestellt werden konnten. Die Bohrung führten Brunnenmeister, Kunstmeister bzw. Kunstbohrer aus. Das geschah zumeist mit Wasserkraft oder auch von Hand.

Die städtische Wasserkunst Alt-Arnsbergs wurde von einem Wehr (Schlacht) östlich des Schlossberges aus gespeist. Ein Druckwerk beförderte das Ruhrwasser in einem Holzschacht nach oben in das Hauptbassin auf dem Hanstein, von wo aus es durch ein Röhrensystem in die öffentlichen Brunnen geleitete worden ist.

Das Kloster Wedinghausen deckte seinen Wasserbedarf mittels einer Wasserkunst unterhalb des Eichholzes bei der Klostermühle aus der Ruhr bzw. dem Mühlengraben. Sie bestand bis 1806. Über den sog. Eselsweg wurde das Wasser zu einem Hochbehälter auf der Höhe des Eichholzes gefördert und von dort aus ins Klostergelände geleitet.

Die ausgestellte Holzröhre wurde der Überlieferung nach auf dem Gelände des ehemaligen Klosters Wedinghausen geborgen. Nähere Angaben waren nicht zu ermitteln. Sie gehörte aber mit Sicherheit zum Wasserleitungssystem des Klosters. Eine genauere Datierung ist schwierig, da sich die Herstellung derartiger Holzröhren vom Mittelalter bis ins 19. Jh. hinein handwerklich kaum unterschied.

Bei Grabungsarbeiten gefundene mit Steinen abgedeckte Steinrinnen und gemauerte Stollen im Bereich Alter Soestweg, die evtl. ins 13. oder 14. Jh. datiert werden können, dienten vermutlich der Wasserversorgung der Arnsberger Burg bzw. des Schlosses. (I.R.)

D 13 Abb. S. 95
Gründungsurkunde des Klosters Grafschaft von 1072

Pergamenthandschrift von ca. 1085/1124, H 39 cm, Br. 65 cm

LG: Nordrhein-Westfälisches Staatsarchiv Münster, Kloster Grafschaft, Urk. Nr. 1
Lit.: SEIBERTZ, JOHANN SUIBERT, Urkundenbuch zur Landes- und Rechtsgeschichte des Herzogtums Westfalen, Bd. I. Arnsberg 1839, Nr. 30; WOLF, MANFRED (Bearb.), Das Archiv des ehemaligen Klosters Grafschaft. Urkunden und Akten (Landeskundliche Schriftenreihe für das kölnische Sauerland 4). Arnsberg 1972, Nr. 1, 1f.; BAUERMANN, JOHANNES, Die Grafschafter Stiftungsurkunden. Kritische Studien. In: Josef Wiegel (Hg.), Grafschaft. Beiträge zur Geschichte von Kloster und Dorf. Schmallenberg 1972, S. 9-51; GLASMEIER, HEINRICH (Hg.), Bildwiedergaben ausgewählter Urkunden und Akten zur Geschichte Westfalens. Mappe I (II. Auflage): Urkunden von 813-1368, bearbeitet von Ludwig Schmitz-Kallenberg. Velen 1931, S. 11-13, Nr. 7/8

Anno, Erzbischof von Köln (1056-1075), stiftet an dem von ihm erworbenen Ort Grafschaft (heute Stadt Schmallenberg, Hochsauerlandkreis) ein Benediktinerkloster und bestimmt dessen Privilegien und Besitzungen.

Die Ausfertigung in lateinischer Sprache stammt nicht aus dem in der Datierungsangabe genannten Jahr 1072. Sie ist ein nachträglich erstelltes Dokument aus der Zeit zwischen 1085 und 1124. Das stark beschädigte, aufgedrückte Siegel zeigt die halbe Figur des Erzbischofs, der in der linken Hand ein geöffnetes Buch hält.

Eine ältere, von Erzbischof Anno ausgestellte „Gründungsurkunde" als Vorlage existierte wahrscheinlich nicht. Auf jeden Fall schließt die Anfertigung nach Annos Tod nicht aus, dass die Urkunde zuverlässige und glaubhafte Angaben enthält, die aus der Zeit der Klostergründung stammen. Insbesondere die Besitzliste, auf die sehr viele Orte des kurkölnischen Sauerlandes ihre Ersterwähnung zurückführen, kann als authentisch gelten. Sie stellt zumindest den Umfang des klösterlichen Ausstattungsbesitzes dar, wie er bis zur Regierungszeit des Kölner Erzbischofs Sigewin (1079-1089) dem Kloster zugekommen war. (M.G.)

Raum E

E 1   Abb. S. 111 u. 114
Evangeliar der Äbtissin Hitda aus dem Stift Meschede; sog. Hitda-Codex

Köln, um 1000. Pergament, 219 Blätter, H 28,5 cm, B 21,5 cm

LG: Hessische Landes- und Hochschulbibliothek Darmstadt

Siehe dazu die Texte von Frau Dr. Silvia Uhlemann und Pater Michael Hermes OSB im vorliegenden Katalog S. 110-116

E 2   Abb. S. 93
Dominikanermönch mit Ansicht des Klosters Galiläa

NN, Öl/L., 18. Jh., 110 x 88 cm

Sauerland-Museum des Hochsauerlandkreises Arnsberg

Der als Kniestück porträtierte Mönch ist mit einer weißen Tunika mit weißem Skapulier bekleidet. Er steht unter einem roten gerafften Vorhang vor einer dunklen neutralen Wand. Die Bücher auf dem seitlich vor ihm stehenden Tisch symbolisieren seine Gelehrsamkeit ebenso wie der in seiner Linken gehaltene Rosenkranz seine Frömmigkeit.

Links im Hintergrund, vermutlich als Wandbild gemeint, ist eine Landschaft mit hohem weitem Himmel zu sehen. Im Vordergrund dominiert ein großes Kruzifix mit Totenschädel am Kreuzesfuß. Rechts im Hintergrund ist eine Ansicht des Klosters Galiläa erkennbar.

Dieses wurde 1484 als Dominikanerinnen-Kloster gegründet und 1810 aufgehoben. Von seinem baulichen Aussehen ist wenig bekannt und noch weniger erhalten, denn 1860 wurde die Kirche nebst den Klostergebäuden bis auf einen Flügel abgebrochen. Daher ist vorliegende Darstellung auch ein außerordentlich wichtiges topographisches Zeugnis dieses einzigen Dominikanerinnen-Klosters im Herzogtum Westfalen. (I.R.)

E 3   Abb. S. 88
Ottilia von Fürstenberg (1549–1621), Äbtissin in Oelinghausen und Neuenheerse

NN, Öl/L., frühes 17. Jh.

LG: Privatbesitz
Lit.: KNEPPER-BABILON, OTTILIE, Ottilia von Fürstenberg. In: Fürstenberger Skizzen. Arnsberg 1995; dort eine anschauliche Lebensbeschreibung mit Quellen und weiterer Literatur

Ottilia von Fürstenberg, 1549 auf Burg Waterlappe geboren, kam neunjährig in das Kloster Oelinghausen, wurde mit 35 Jahren dessen Leiterin, mit 40 Jahren außerdem Äbtissin des Stifts Heerse. Mit Unterstützung ihrer Brüder wandelte sie Oelinghausen in ein weltliches Damenstift um. Nach 63 Jahren relativ ungebundenen Stiftslebens starb sie hier 1621. (Zitiert nach O. Knepper-Babylon, a. a. O., S. 51).
Die Insassinnen von Kloster Oelinghausen lebten nicht in strenger Abgeschiedenheit nach asketischen Ordensregeln, sondern führten ein relativ ungebundenes Klosterleben in eigenen

Häusern. Als Antwort auf eine vom Wedinghauser Abt Reichmann angedrohte Exkommunikation erlangte Ottilia von Fürstenberg mit Hilfe ihrer Brüder 1618 die päpstliche Erlaubnis, das Kloster in ein weltliches Damenstift umzuwandeln, welches bis 1641 existierte. Auch Heerse wurde zu Ottilias Zeiten ein freies adeliges Damenstift.

Das Bildnis bringt diese großzügige Variante klösterlichen Lebens deutlich zum Ausdruck.

Die Äbtissin, deren Hang zu einem feudalen standesgemäßen Leben unbestritten ist, wird als Gürtelstück dargestellt. Als äußerliches Zeichen ihrer Würde trägt sie das Kreuz auf der Brust. Ihre Kleidung zeigt modische Details, die bei einer Ordenstracht leicht befremdlich wirken. Der weiße spitzenbesetzte Schleier ist haubenartig um den Kopf gewunden und lässt ihr beiderseits des Gesichtes in langen Locken herabfallendes Haar sichtbar werden. Durch die geschlitzten und nur bis zum Ellenbogen reichenden Ärmel des Obergewandes wird ein weißes Untergewand erkennbar, das sich an den Unterarmen faltenreich bauscht. (I.R.)

E 4
Kopie des Werler Gnadenbilds

Monogrammiert A. C., Öl/L., 18. Jh., 69,0 x 44,5 cm

Sauerland-Museum des Hochsauerlandkreises Arnsberg

Die Inschrift am Unterrand des Bildes „*Effiges statuae miracolosa Beatae MARIAE virginis, quae frequenti hominum visitationae colitur Werlis A.C.*" (mit Monogramm) weist auf das Vorbild der gemalten Kopie hin. Im Original eine gefasste Schnitzplastik aus dem 13. Jh., wurde das Motiv hier ikonenhaft und in volkstümlicher Manier von einem unbekannten Maler in die Zweidimensionalität der Leinwand umgesetzt. Maria ist vor dunklem Hintergrund unter einem in gleichmäßige horizontale Falten gelegten roten Baldachin frontal als erhabene thronende Gottesmutter und als Regina Coeli, die Himmelskönigin, dargestellt. Durch den auf ihrem Schoß sitzenden Jesus wird sie, die Thronende, zugleich zum Thronsitz des Christusknaben und damit zum Sitz der Weisheit. Beide tragen mit Steinen reich besetzte Kronen byzantinischer Art.

Das Bild wurde lt. Museumsinventar in Oelinghausen erworben. - Vgl dazu auch Nr. F 4. (I.R.)

E 5
Die heilige Agatha

NN, Öl/L., wohl 18. Jh., 65 x 51 cm

Sauerland-Museum des Hochsauerlandkreises Arnsberg

Die hl. Agatha stehend, Kelch und Palmzweig in ihren Händen haltend, vor Architekturhintergrund.

Sie gilt als Beschützerin in Feuersgefahr; ihr zu Ehren geweihte Kerzen sollen vor Brandunglück durch ihre Fürbitte bewahren.

E 6 Abb. S. 93
Modell der ersten um das Jahr 900 erbauten romanischen Stiftskirche St. Walburga zu Meschede

Holz, ungefaßt, H 55 cm, Br 105 cm
LG: Katholische Kirchengemeinde St. Walburga Meschede

Die heutige katholische Pfarrkirche St. Walburga ist im Kern eine der bedeutendsten frühchristlichen Gründungen in Westfalen. Archäologische Grabungen von 1965/67 und 1981 erwiesen, dass die Kirche auf den Grundmauern eines vorromanischen Baus steht. Dieser wurde lt. dentrochronologischer Untersuchungen zwischen 897 und 913 errichtet. Der noch vorhandene wehrhafte Westturm und die Krypta gehören noch zu diesem Bau. Reste seines quadratischen Chors mit einem kleinen gemauerten Altar wurden 1965 unter dem jetzigen Chor freigelegt. – Das Modell versucht eine Rekonstruktion dieser ersten Bauphase. (I.R.)

E 7 Abb. S. 91
Anna Selbdritt aus der Propstei Marsberg

Lindenholz, gefasst, Anfang 16. Jh., H 104 cm, Br ca. 33 cm

LG: Katholische Kirchengemeinde St. Peter und Paul Obermarsberg

Die hl. Anna, Frau des Joachim und Mutter der Jungfrau Maria, wird seit dem 14. Jh. bevorzugt als „Anna Selbdritt", als geschlossene Dreiergruppe, dargestellt. So auch hier. Sie tritt uns als mütterliche Frau mit Renaissancekopfputz entgegen und trägt auf ihrem rechten Arm das Jesuskind, dessen Kopf sich auf gleicher Höhe mit ihrem Gesicht befindet. Ihr linker Arm umfasst die mädchenhafte Maria, deren Haar ihr in zwei dicken Flechten bis auf die Brust reicht. Die Gewänder bilden eine faltenreiche, bewegte Einheit. Von der tradierten Variante (rotes Kleid, grüner Mantel) abweichend, trägt die hl. Anna hier ein grünes Kleid und einen blauen Mantel.

Sie gilt als Patronin der Bergleute. Der Standort ihrer Verehrung mag mit dem ehemals betriebenen Kupferbergbau in der Umgebung Marsbergs zusammenhängen. Diese Plastik gehört zu den qualitätsvollsten Einzelfiguren in der katholischen Pfarrkirche SS. Peter und Paul in Marsberg-Obermarsberg. (I.R.)

E 8
Kruzifix aus dem Kloster Oelinghausen

Eichenholz, westfälisch, um 1380. H 60 cm (Korpus); H 122 cm, Br 72 cm (Kreuz insgesamt)

LG: Katholische Kirchengemeinde St. Petri Oelinghausen, Arnsberg-Holzen

Der bis auf eine schmale Goldsaumleiste am Lendenschurz ungefasste Korpus ist auf ein schmales grünes Astkreuz montiert, welches auf ein breiteres (ergänztes) lateinisches Kreuz aufgelegt ist. Christus begegnet uns ruhig und friedvoll als Gestorbener mit geschlossenen Augen. Die äußeren Zeichen durchlittener Marter sind nur sparsam gesetzt. Das leicht geneigte Haupt strahlt eine auch unter der größten Pein bewahrte göttliche Würde aus.

Ob das Kruzifix, wie die Überlieferung weiß, als Vortragekreuz diente, ist aufgrund seiner Beschaffenheit fraglich. (I.R.)

E 9
Strahlenmonstranz aus dem Kloster Oelinghausen

Johann Zeckel, Augsburg, 1698. Silber, matt und poliert, teilweise vergoldet, getrieben, gegossen. H 61 cm. Beschauzeichen: Augsburg R3 199, Münzzeichen: R3 756

LG: Katholische Kirchengemeinde St. Petri Oelinghausen, Arnsberg-Holzen
Lit.: Katalog Goldschmiedekunst im kurkölnischen Sauerland aus 8 Jahrhunderten. Arnsberg 1977

Der vierpassige ovale Fuß mit gestuftem Stehrand und zahlreichen plastischen Nasen zeigt auf den Pässen vier Engelsprotome mit sich überschneidenden Flügelspitzen, Fruchtkörben über den Köpfen und Akanthusranken unterhalb der Flügel. Die Akanthusranken am Fußhals sind wie der übrige Dekor weitgehend silbern belassen. Den vasenförmigen Balusterschaft schmückt am Standring der gleiche Dekor wie er am Ciborium in Niederense (...) begegnet. Der Knauf zeigt Kartuschen mit glatten Reserven. Das herzförmige Schaugefäß mit ornamentiertem Rand umgibt ein ovaler Kranz gewellter und geflammter Strahlen, dem silberne Akanthusranken mit getriebenen figürlichen Reliefs vorgelegt sind: unterhalb des Schaugefäßes die Halbfigur der Maria Orans mit Strahlenkranz über Wolken, oberhalb Gottvater mit der Weltkugel im Strahlenkranz über den Wolken und darüber die Taube des hl. Geistes, ebenfalls im Strahlenkranz; seitlich stehen zwei Engel in silberner Albe und goldenem peplos mit den Leidenssymbolen Kreuz und Leiter. Die Ranken an der Spitze des Strahlenkranzes, die vermutlich den Baum des Lebens darstellen, schmückt ein Lilienkreuz mit geflammten Strahlenbündeln und einem grünen Stein. Die gravierte Inschrift unter dem Fußrand „Diese Monstranz verehre Gott und der Kirche zu ÖLINGHAUSEN Ich Ioanna Maria Catharina Freyfrewlein von Winckelhausen im Jahre 1698", nennt die Stifterin. Die Tochter des Ludger von Winckelhausen und Nichte des Osnabrücker Domdechanten Wilhelm von Winckelhausen war Äbtissin in Neuenheerse.

Die auf der Rückseite gänzlich schmucklose Monstranz ist schlanker proportioniert als die vermutlich etwas ältere desselben Augsburger Meisters in Stockum (...). Weitere Arbeiten von Zeckel im Sauerland sind das bereits erwähnte Ciborium in Niederense und eine Strahlenmonstranz in Meschede. Auch rheinische Kirchenschätze besitzen mehrere Werke des vielbeschäftigten, technisch hochbegabten Meisters der berühmten Ingolstädter Lepanto-Monstranz, der häufig nach Entwürfen anderer Künstler arbeitete. (Karl Bernd Heppe in oben angegebener Literatur, S. 51/52).

E 10 Abb. S. 87
Antependium aus der Klosterkirche Rumbeck, 1728

Buntstickerei (Nadelmalerei), Plattstich auf Seidendamast, auf Holzrahmen aufgezogen. H 231 cm, Br 87 cm

LG: Katholische Kirchengemeinde St. Nikolaus Arnsberg-Rumbeck

Das Gründungsdatum des Prämonstratenserinnenklosters Rumbeck ist nicht überliefert. Eine Ersterwähnung erfolgte 1191. Die geistliche Leitung oblag dem jeweiligen Abt des nahegelegenen Klosters Wedinghausen. 1804 wurde das Rumbecker Kloster säkularisiert. Die mit geringen Pensionen abgefundenen Insassinnen durften aber bis an ihr Lebensende dort verbleiben.
Die Rumbecker Nonnen waren bekannt für die Herstellung feinster Handarbeiten. So verwundert es nicht, dass sich in Kirchenbesitz u. a. auch dieses kunstvoll gestickte Antependium befindet. Solche Altartücher für die Bekleidung der Vorderseite des Altars sind in der Regel eher als Vorsatztafeln aus Holz, Stein, Silber oder Kupfer gefertigt oder auch auf Leinwand wie ein Tafelbild bemalt. Das mit floralen barocken Motiven reich bestickte Rumbecker Exemplar ist eine in der Technik der „Nadelmalerei" gefertigte Buntstickerei, in der die Farbe Grün dominiert. Das Zentrum der vielteiligen Komposition bildet, queroval gerahmt, das Lamm Christi mit der Siegesfahne. Es wird umgeben von reichem, die ganze Fläche ausfüllenden Blumen- und Rankenwerk. Am Unterrand ist die Jahreszahl ANNO 1728 eingestickt. Am Altartisch befestigt, dürfte es einen optischen Höhepunkt des raumhohen, mehrfach gestuften aber sonst in schlichten barocken Formen gehaltenen Hochaltars der Rumbecker Kirche St. Nikolaus darstellen. (I.R.)

E 11
Strahlenmonstranz aus dem Kloster Benninghausen

Silber, vergoldet, getrieben, gegossen, graviert, H 56 cm, um 1780

LG: Katholische Kirchengemeinde St. Martin Lippstadt-Benninghausen

Typologisch noch den barocken sogen. Sonnen- oder Strahlenmonstranzen verpflichtet, gehört der ganz auf Symmetrie bedachte Dekor dieses liturgischen Gefäßes eindeutig schon dem Zopfstil an. Der runde mit Lorbeerkranz und Festons geschmückte Fuß endet in einer Blattmanschette, die in den Balusterschaft überleitet. Auch der Balusterknauf ist mit schönen Festons geschmückt. Das darüber liegende knospenartige Blattwerk trägt das reich verzierte ovale Schaugefäß mit der Lunula. Dieses wird gerahmt durch Perlstab, Blattkranz und einen kleinen Strahlenkranz. Die große äußere Rahmung hat in etwa die Form eines Wappenschildes. Sie besteht aus einem tief eingeschnittenen gezackten Strahlenkranz, der über einer Blattkartusche von einem Kruzifix bekrönt wird. Vom Kreuzesfuß aus führt seitlich je eine Blütenranke hin zu zwei rahmenden stilisierten Lebensbaummotiven mit Früchte tragenden Weinranken in Vasen. Zusammen mit den mittig sich kreuzenden Ährenbündeln stehen sie symbolisch für die Person Christi (Brot und Wein als Leib und Blut Christi). (I.R.)

E 12
Ansicht von Drolshagen, um 1720/30

Fotoreproduktion, 40 x 58 cm, nach Renier Roidkin (* ?, †1741), Federzeichnung über Bleistift. Beschriftet oben im Bild: vue de la ville de Rolshagen enté en westphalie pais de Cologne; Beschriftung in Bleistift wiederholt

Sauerland-Museum des Hochsauerlandkreises Arnsberg
Lit.: Westfalia Picta, Bd. I. Bielefeld 1987, S. 129 (WP 80/4/537)

Fernsicht auf die Stadt. Die Wohnbebauung ist nur im groben Umriß, dazu einige Mauerzüge der Stadtbefestigung wiedergegeben. Rechts im Stadtbild dominiert die romanische Clemenskirche. Ihr Turmhelm mit vier Ecktürmchen ist zu steil geschildert, der Dachreiter wohl fälschlich auf dem Langhaus anstatt auf dem niedrigeren Chor. Der Weg und zwei Mühlengebäude im Vordergrund akzentuieren die landschaftliche Umgebung. (I.R.)

E 13
Kreuzreliquiar des hl. Blasius und der hl. Agatha aus dem Kloster Glindfeld

Messing, vergoldet, gegossen, getrieben, Glaszylinder, Ende 15. Jh., H 44 cm

LG: Katholische Kirchengemeinde St. Peter und Paul Medebach

Es handelt sich um eine sog. Zylindermonstranz mit Strebe- und Filialwerk. Der Glaszylinder enthält ein kleines glattes silbernes Kreuz, in dem hinter ovalen Glasfensterchen Reliquien eingeschlossen sind: in der Mitte ein Kreuzpartikel, in den vier Armen auf der Vorder- und Rückseite Reliquien verschiedener Heiliger. In der unsachgemäß veränderten Spitze unter einem Baldachin die hl. Kaiserin Helena. (I.R.)

E 14 Abb. S. 96
Professformel von Walburgis Köller aus dem Kloster Odacker, um 1756

Handschrift auf Papier, 9 x 22 cm

LG: Katholische Kirchengemeinde St. Pankratius Warstein-Belecke

Mit diesem im Beisein des Abtes Ludovigus und der Oberin Dorothea in lateinischer Sprache geschriebenen Versprechen stellte sich die aus Belecke stammende Walburgis Köller, spätere Vorsteherin des Klosters Odacker, unter die Ordensregel der Benediktinerinnen des Klosters Odacker bei Hirschberg. Jahrhundertelang lag die Aufsicht über diesen Konvent bei dem Abt von Grafschaft. (I.R.)

E 15
Gebet zu den Patronen des Klosters Odacker, 2. H. 18. Jh.

Handschrift auf Papier, 6,8 x 10,5 cm

LG: Katholische Kirchengemeinde St. Pankratius Warstein-Belecke

Der kleine eng beschriebene Zettel verrät eine des Schreibens wenig geübte Hand. In dem kurzen lateinischen Text werden als Klosterpatrone die Jungfrau Maria, der Erzengel Michael, Johannes der Täufer, der Apostel Petrus, der hl. Achatius und seine Begleiter, die Bekenner Nikolaus (von Tolentino) und Landelinus sowie die hl. Maria Magdalena und die hl. Ursula mit ihren Begleiterinnen benannt. (I.R.)

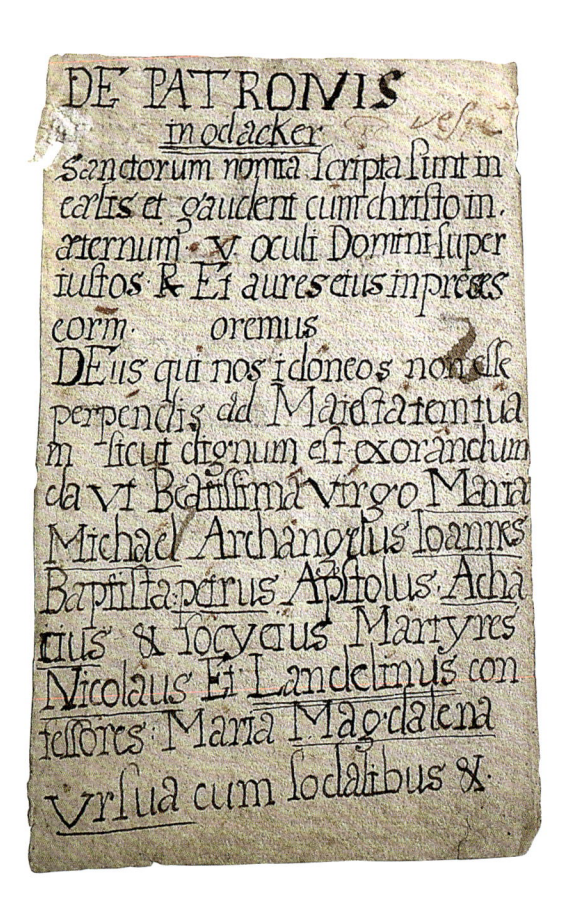

E 16
Äbtissinnenstuhl aus dem Kloster Odacker

Zopfstil, deutsch (Westfalen?), Eiche, Schnitzdekor, roter neuer Samtbezug, um 1780
H 114,5 cm, Br 57,5 cm, T 65 cm

LG: Privatbesitz

Der deutsche Möbel-Dekorationsstil der Jahre um 1770 bis ca. 1806 ist von einer - zunächst zögerlichen - Abwendung vom Rokoko gekennzeichnet. Die Sitzmöbel folgen in der Form anfangs oft noch dem barocken Schema, wie dies auch bei dem Armlehnsessel aus Kloster Odacker deutlich wird. Auch hier ist der sparsame Dekor der Rückenlehne mit Blattwerk und Blüte noch leicht der Ornamentik des Rokoko verhaftet, im Gegensatz dazu auf aber Symmetrie bedacht und von einer gewissen Schwere. Die sich nach unten verjüngenden Vorderbeine sind, wie bei den meisten Möbeln aus dieser Epoche, kanneliert. Die leicht geschweiften gepolsterten Armstützen enden klauenartig.

Wir haben ein einfaches und äußerst schlicht gehaltenes Sitzmöbel vor Augen, welches auf das charakteristische Vokabular des Zopfstils wie z. B. hängende Girlanden, Medaillons, Kränze, Vasen und üppige feine Blattranken verzichtet, trotzdem aber durchaus zeittypisch ist. (I. R.)

Raum F

F 1
Bildnis des Everhard Koch († 1696) mit Ansicht des Minoritenklosters Brilon

Abb. S. 89

NN, 1696, Öl/L., 132 x 88 cm
LG: Katholische Propsteigemeinde St. Petrus und Andreas Brilon
Lit.: Westfalia Picta, Bd. I. Bielefeld 1987, S. 120/21 (WP 81/4/552)

Der Stifter der Rochusvikarie Everhard Koch wird in schwarzem Priestergewand als Dreiviertelporträt dargestellt. Seine linke Hand umfasst die Seiten eines aufgeschlagenen Buches. Mit seiner Rechten weist er auf die Anlage des Briloner Minoritenklosters hin, welches von der Kapellenstraße aus gesehen ist. Rechts die wohl um 1230 neu errichtete Nikolaikapelle, die 1652 den Minoriten übergeben worden war, ein mehrjochiger, durch starke Strebepfeiler gegliederter Bau. Daran ansetzend die eigentlichen, mehrflügeligen Klostergebäude des 17. Jh. Auf dem südlichen Flügel ein mehrgeschossiger Dachreiter als Glockenturm für die Kapelle. Diese wurde nach 1782 abgerissen, nachdem die noch heute bestehende Kirche fertig erbaut war.
Am Unterrand ausführliche Inschrift: Plurimum R. dus Doctissimusque Dnus D: Everardus Koch / ... obiit 1696. (I.R.)

F 2
Westfälischer Sakristeischrank, 18. Jh.

Weichholz, zweitürig, bemalt. H 183,5, Br 109, T 46 cm

Sauerland-Museum des Hochsauerlandkreises Arnsberg

Wegen ihres giebelartigen Dachabschlusses werden derartige Möbel auch als Giebelschränke bezeichnet. Dieser Möbeltypus fand im deutschsprachigen Raum erstmals um 1300 in Kirchen und Burgen Verwendung und war - mit zeitbezogenen stilistischen Veränderungen in Form und Dekor – über Jahrhunderte hinweg im Gebrauch. Giebelschränke kommen unbemalt, dann aber oft mit reicher Schnitzornamentik versehen, und auch bemalt vor.
Auch der hier gezeigte bemalte Schrank weist relativ zeitlose Formen auf. Er lässt sich vor allem anhand seiner Beschläge ins 18. Jh. datieren. Die christliche Symbolik der Malerei weist auf seine Verwendung im sakralen Bereich hin. Die Außenseiten der Türen schmücken volkstümlich aufgefasste Symbole wie geflügelte Engelsköpfe, Sonnen und als Blumensträuße in Vasen stilisierte Lebensbäume; die Innenseiten sind einfacher aufgefasst. Die Rückseite des Schrankinneren ist auf blaugrünem Sternengrund großformatig mit dem von einer leuchtenden Strahlensonne (als Christuszeichen) umgebenen Jesusmonogramm IHS (Jesus Hominum Salvator bzw. Jesus Heiland Seligmacher) geziert. (I.R.)

F 3
Zwei Chorbücher aus dem Damenstift Geseke, 1721/23

LG: Katholische Stiftspfarrei St. Cyriakus Geseke

Anfang des 18. Jh., in der Amtszeit der Äbtissin Anna Luberta von Calenberg, erlebte das

Geseker Damenstift eine Blütezeit. Die Kirche wurde mit Orgel und Altären, Paramenten und vielen Ausstattungsstücken neu eingerichtet und die Stelle eines Kommendatars neu geschaffen. Die Wallfahrt zum Gnadenbild der Stiftskirche erfreute sich großen Zuspruchs.

In dieser Zeit entstanden auch die Geseker Chorbücher. Es handelt sich um zwei für die Doppelchörigkeit der Kirche – im Westen die Empore der Stiftsdamen, im Osten der Herrenchor – angelegte Paare von je einem Graduale und einem Antiphonar. Es sind überraschend späte Handschriften. Für die Erstellung zeichnete der Franziskaner Franciscus Gigandet verantwortlich.

Das Kölner Proprium wird ergänzt durch Texte für die beiden Festtage des Stiftspatrons, des hl. Cyriakus, dessen Reliquien sich vermutlich seit 958 in Geseke befinden. Die beiden Feste wurden als Eigenfeiern als Hochfeste begangen. Entsprechend aufwendig ist die Ausgestaltung gerade dieser Seiten.

Die Vollständigkeit, Einzigartigkeit und Zweckbestimmung zum Gebrauch in der Geseker Stiftskirche machen diese Werke zu nahezu unverzichtbaren originalen und authentischen Einrichtungsgegenständen der Kirche. Sie stehen in ihrer repräsentativen Aufmachung, was Einband, Schrift, Noten und bildliche Ausstattung angeht, als Zeugnisse für eine Blütezeit des geistlichen, vor allem liturgischen Lebens im Stift. Ihr Wert ist nicht nur antiquarisch-bibliophil, sondern in engem Bezug zum Geseker Stift auch kultur-, frömmigkeits- und liturgiegeschichtlich bedeutsam.

Anfang 2003 wurden die Bücher aufwendig restauriert, um eine weitere Nutzung zu ermöglichen und größere Schäden zu vermeiden. (G.H.)

F 4
Kopie des Werler Gnadenbildes für das Kloster Brunnen

Holz mit Fassungsresten, wohl 18. Jh., H 36,5, Br 18 cm

LG: Katholische Kirchengemeinde St. Sebastian Sundern-Endorf

Am 3. November 1661 übergab Kurfürst-Erzbischof Maximilian Henrich von Köln dem Guardian der Werler Kapuziner ein Marien-Gnadenbild aus dem 13. Jh., das sich bis dahin in der Soester Wiesenkirche befunden hatte.

Dieses Ereignis war der Beginn der Wallfahrt zum Gnadenbild von Werl. Die Stadt entwickelte sich zu einem der bedeutendsten Wallfahrtsorte Deutschlands.

Im 18. und 19. Jahrhundert wurde es vor allem in Westfalen Brauch, für „daheimgebliebene" Pilger eine Nachbildung der „Muttergottes von Werl" aufzustellen. Dies waren zumeist dem Original frei bis sehr frei nachempfundene Schnitzplastiken, z. T. auch Gemälde (vgl. E 4). Als freie Nachbildung ist auch das hier ausgestellte Exponat anzusehen, das zur historischen Ausstattung der Kirche von Kloster Brunnen gehört.

Die breit und ausladend auf einem kleinen Pfostenstuhl sitzende gekrönte Himmelskönigin mit dem Apfel (als „neue Eva") in ihrer Rechten verkörpert den Thron der Weisheit für das auf ihrem Schoß mit gekreuzten Beinen sitzende ebenfalls gekrönte Kind. Jesus hält in seiner Linken ein Buch und vollführt mit seiner Rechten den Segensgestus. (I.R.)

F 5
Armlehnstuhl aus dem Kloster Rüthen

Deutsch (Westfalen), Weichholz, Schnitzdekor, um 1750. H 120 cm

LG: Privatbesitz

Der Armlehnstuhl ist eine bescheidene Arbeit noch ganz nach barockem Schema. Der sparsame Dekor auf der Rückenlehne, auf deren Mittelsteg und auf der Zarge ist noch dem Rokoko verhaftet und lebt von leicht unsymmetrischen und etwas steifen Rocailleschwüngen. Die leicht geschwungenen Armlehnen sind vorn eingerollt, die Vorderbeine geschweift, der Mittelsteg leicht verziert.
Das gespiegelte Monogramm PP auf der Rocaillekartusche der Rückenlehne wird als „Pater Provinzial" gedeutet. Der Überlieferung nach verfolgte er, in diesem Stuhl sitzend, den Gottesdienst vom Fester des Gästezimmers aus. Das Exponat gelangte nach der Versteigerung des Klosterinventars in Privatbesitz. (I.R.)

F 6 Abb. S. 88
Kelch aus dem Franziskanerkloster Attendorn, 1470/80

Frankreich, 1470/80, Silber, vergoldet, getrieben, punziert, mit Emailmedaillons. H 20,5 cm, Dm Fuß 16 cm, Kuppa 10,3 cm
Marken: bekrönte Lilie, bekröntes F (Kupparand und unter dem Fuß)

LG: Südsauerland-Museum Attendorn (Rivius-Gymnasium Attendorn), Inv. Nr. II 395
Lit.: Katalog Arnsberg 1977, S. 27; BKW Olpe, S. 22; Dehio Westfalen, S. 27; Katalog Attendorn 1972, Nr. 93; PIEPER, PAUL, Ein kostbarer Fremdling in Attendorn. In: Rivius-Gymnasium der Stadt Attendorn 1875-1975. Attendorn 1975, S. 49 ff. m. Abb.; HEPPE, K. B., Gotische Goldschmiedekunst in Westfalen vom zweiten Drittel des 13. bis zur Mitte des 16. Jahrhunderts. Münster 1977, Nr. 22

Der Achtpaßfuß zeigt auf der Zarge eingetieft eine Wellenranke; mit den glatten Pässen kontrastiert der vom Innenkreis aufsteigende Fußhals mit 16 herabzüngelnden Strahlen auf gepunztem Grund. Der runde glatte Schaft springt über einem Doppelring mit Wellenranke und gekordeltem Draht weit zurück. Der Knauf zeigt ebenfalls auf gepunztem Grund züngelnde Strahlen, die jeweils zu zehn vom Schaft zur Knaufmitte reichen; hier sind in runden Fassungen mit gekordelten Drähten zehn Email-Medaillons mit den Köpfen der Apostel eingelassen. Ein weiteres großes Medaillon mit der Pieta und den Arma Christi ist in den Fuß eingelassen. Einer der Pässe zeigt in zarter Punktpunzierung das Wappen Frankreichs mit den Initialen DH und W. Nach der Inschrift unter dem Fuß „ST. CIRE DE MONESTAU PRES D'AUCERRE" hat sich der Kelch im 16. Jh. in Burgund befunden; er ist nach der französischen Revolution von emigrierten Geistlichen, die auf Gut Nierhof bei Listerscheid lebten, nach Attendorn gekommen und diente den Franziskanern zum Gebrauch während der Gymnasialgottesdienste.
Vergleichbare Kelche befinden sich in Solothurn (aus der Burgunderbeute von 1477) und in Sens (1474 gestiftet); weitere verwandte Stücke in L'Argentiere (Hautes-Alpes) und Provins (Seine-et-Marne). Die bekrönte Lilie des Attendorfer Kelches möchte der Verf. als Beschau von Lille deuten. Die Herkunft des „burgundischen Kelches" aus der burgundischen Grafschaft Flandern ist nicht erstaunlich, da die nördlichen Gebiete dieses kurzlebigen Reiches zu seinen reichsten und künstlerisch produktivsten gehörten. (Text nach K. B. Heppe in oben angegebener Literatur S. 27).

F 7
Chronik des Franziskanerklosters Attendorn 1637-1822 und Anniversarienbuch des Klosters Ewig 17./18. Jh.

LG: Südsauerlandmuseum Attendorn (Pfarrarchiv St. Johannes Baptist Attendorn), Inv. Nr. B 3

Die Klosterchronik „Ortus et Progressus Conventus Attendoriensis" umfasst die Klostergeschichte von der Gründung 1637 bis zur Aufhebung 1822.
Das Anniversarienbuch des Klosters Ewig nennt die jährlich zu zelebrierenden Jahresgedächtnismessen für verstorbene Mitglieder des Augustinerordens und der Wohltäter des Klosters, die in den Jahren 1457 bis 1796 verstorben sind. (O.H.)

F 8
Engel, um 1430

Grabungsfund aus Kloster Ewig
Skulpturfragment, Tournai, Sandstein, um 1430, H 8,2 cm

LG: Südsauerlandmuseum Attendorn, Inv. Nr. 93/114
Lit.: Katalog Attendorn 1972, Nr. 37; PIEPER, PAUL, Das Steinrelief aus Kloster Ewig. In: Attendorn, Beiträge zur Geschichte einer kurkölnischen Stadt, Attendorn 1972, S. 86 ff.

Die Skulptur, von welcher der Oberkörper mit Kopf erhalten ist, gehörte mit Maria, Christus und drei weiblichen Heiligen zum Retabel aus dem Kloster Ewig. Der Engel, dessen Gesichtspartien nicht erhalten sind, wendet den Kopf seitlich aufwärts. Obwohl die Hände fehlen, lässt sich erahnen, dass sie gefaltet waren. Der lockige Schopf und die Federn der Flügel sind schwungvoll durchgestaltet. An den Haaren befinden sich Reste alter Bemalung. (O.H.)

F 9
Lautenspieler, 16./17. Jh.

Grabungsfund aus Kloster Ewig
Skulpturfragment, weißer Pfeifenton, H 8,6 cm

LG: Südsauerlandmuseum Attendorn, Inv. Nr. 93/115

Die kleine Figur spielt eine Laute mit kurzem abgewinkelten Steg. Die Figur zeichnet sich durch das füllige Gesicht und den stattlichen Leib aus, woraus zu schließen ist, dass es sich hier kaum um einen jugendlichen minnenden Barden handelt, sondern um eine Figur aus einem bacchantischen oder volkstümlichen Fest. Die Vorderansicht des Lautenspielers ist plastisch durchgebildet, während die Seiten und die Rückseite nur flüchtig modelliert sind. (O.H.)

F 10
Christuskopf, um 1500

Grabungsfund aus Kloster Ewig
Rheinland oder Niederlande, Skulpturfragment, weißer Pfeifenton

LG: Südsauerlandmuseum Attendorn, Inv. Nr. 93/112

Das Fragment umfasst die linke Hälfte des Kopfes sowie ein Stück der Fläche oder Wandung, auf welcher der Kopf war. Fläche/Wandung und Kopf sind aus einem Stück. Der Bart Christi ist in der Mitte gescheitelt. Das Exponat verweist auf das Christus Salvator - Patrozinium des Klosters Ewig. (O.H.)

F 11
Löffel, 16. Jh.

Grabungsfund aus Kloster Ewig
Zinnguss, punziert, graviert, L 13,4 cm

LG: Südsauerlandmuseum Attendorn, Inv. Nr. 93/113
Lit.: HAEDEKE, HANS-ULRICH, Zinn. Braunschweig 1963, S. 10f.; DEXEL, Das Hausgerät Mitteleuropas. Braunschweig 1973, S. 69 u. 89; THIER, BERND, Tafelfreuden und Sinneslust. In: Wasser, Wein und Gerstensaft. Attendorn 1995, S. 5ff.

Der Löffel verfügt über eine breite Kelle, die in den Stiel übergeht. Unter der Kelle befindet sich ein Fuß, auf dem man den Löffel ablegen kann, so dass sich der Stiel um etwa 40° vom Boden abhebt. Der Stiel trägt Zierrat aus Schlingranken (graviert) und punzierten Kügelchen. Auf dem Ende des Stieles sitzt ein Figürchen, wie man es auf den Deckeln schlesischer Schleifkannen oder böhmischer Zunftkannen antrifft. (O.H.)

F 12 Abb. S. 90
Modell des Klosters Himmelpforten

Holz

LG: Heimatverein Niederense
Lit.: ACKERMANN, FRIEDHELM, Vor 60 Jahren versank das ehemalige Zisterzienserkloster Himmelpforten im Möhnetal bei Niederense. Mit Abb. und Auszügen aus einem Beitrag von Bernhard Bahnschulte. In: SAUERLAND, Nr. 1/2003, S. 20-23; NIEWÖHNER, HANS, Bau- und Kunstdenkmal Himmelpforten. In: BERGES, HERMANN JOSEF u. a., Himmelpforten. Gottes Lob durch sieben Jahrhunderte. Niederense-Himmelpforten 1949, neu aufgelegt 1993, S. 34-38; Verein für Geschichte und Heimatpflege e.V. Niederense-Himmelpforten (Hrg.), 17. Mai 1943 – 17. Mai 2003. 60. Jahrestag Möhnekatastrophe. 2003

Das Zisterzienserinnenkloster Himmelpforten wurde 1246 von Gräfin Adelheid von Arnsberg, der Gemahlin Gottfried III., gegründet. Dies geschah während der Blütezeit der inkorporierten oder nach Zisterzienserkonstitutionen lebenden Frauenkonvente. Um das Jahr 1250 bestanden allein in Deutschland 220 zisterziensische Frauenklöster; für die nähere Umgebung Himmelpfortens seien diejenigen von Drolshagen (seit 1235), Benninghausen (seit 1240) und Welver (1242 bestätigt) erwähnt.

Die Insassinnen des reich begüterten Klosters Himmelpforten gehörten vorwiegend dem Landadel und dem Soester und Werler Stadtadel an. Bei einer Brandschatzung 1633 gingen sämtliche Klostergebäude samt Kirche in Flammen auf. Das Aussehen des Gründungsbaus ist nicht überliefert. Es muß sich aber, den Regeln der Zisterzienserbaukunst folgend, um einen streng rationalistisch ausgerichteten Bau gehandelt haben. Der Wiederaufbau zog sich über Jahrzehnte hin, und erst 1725 konnte die neue Klosterkirche geweiht werden: eine äußerlich schmucklose, aber im Innern reich und kunstvoll ausgestattete Hallenkirche mit eingezogenem Chor und kleinem Dachreiter im Westen. Im Modell ist der Zustand dieses Bauwerks zusammen mit den weiteren Klostergebäuden in der dazugehörigen Landschaft rekonstruiert.

Kloster Himmelpforten gehörte zu den ersten säkularisierten Klöstern Westfalens (1804). Das Klostergut wurde verpachtet/verkauft, die Kirche 1847 der Gemeinde Niederense als Filialkirche der katholischen Pfarrgemeinde Bremen überlassen und 1921 zur Pfarrkirche der neugegründeten Pfarrei Niederense-Himmelpforten ernannt. Nach der Zerstörung der Möhnetalsperre durch eine Spezialeinheit der Royal Air Force am 17. Mai 1943 fiel auch die Kirche Himmelpforten mit ihrer prächtigen Innenausstattung der Flutkatastrophe zum Opfer. Nur ihre Grundmauern sind noch vorhanden.

Das Modell zeigt eine Rekonstruktion nach historischen Fotos. (I.R.)

F 13
St. Georg aus der Klosterkirche Himmelpforten, 18. Jh.

Schnitzplastik, ungefasst, H 193 cm, Br 80 cm

LG: Katholische Kirchengemeinde St. Bernhard/Himmelpforten Ense-Niederense
Lit.: NIEWÖHNER, HANS, Bau- und Kunstdenkmal Himmelpforten. In: BERGES, HERMANN JOSEF u. a., Himmelpforten. Gottes Lob durch sieben Jahrhunderte. Niederense-Himmelpforten 1949, neu aufgelegt 1993, S. 34-38; Verein für Geschichte und Heimatpflege e.V. Niederense-Himmelpforten (Hrg.), 17. Mai 1943 – 17. Mai 2003. 60. Jahrestag Möhnekatastrophe. 2003

Der Flutkatastrophe vom 17. Mai 1943 fiel auch fast die gesamte Innenausstattung der ehemaligen Klosterkirche Himmelpforten zum Opfer. In den Fluten der Möhne versanken u. a. der Hauptaltar aus Marmor und Alabaster, eine Arbeit des Giershagener Bildhauers Heinrich Papen, zwei Seitenaltäre und weitere Kunstschätze. Einiges davon fand sich, weit verstreut, im Geröll- und Trümmerfeld der durch das Wasser verwüsteten Landschaft wieder. Hans Niewöhner erwähnt 6 lebensgroße Schnitzplastiken aus dem 17. Jh., welche heute die Mittelschiffswände der katholischen Pfarrkirche in Niederense schmücken (St. Benedikt, St. Sebastian, St. Laurentius, St. Stephanus, St. Bernhard und einer der hl. Zisterzienseräbte), ein großes Reliefbild der Hl. Familie, den Hl. Georg, den Hl. Papst Cornelius (gotisch), eine kleine Pieta, 2 Kruzifixe und kleinere Holzplastiken (St. Patroclus, St. Michael, St. Franciscus Xaverius, St. Johannes Nepomucenus) und einen Tresor mit kirchlichem Gerät. Die Figur des hl. Franz von Assisi war sogar bis Schwerte hinweggeschwemmt worden.

Auch die Holzplastik des zu den 14 Nothelfern zählenden St. Georg gehört zu den wiederaufgefundenen „Opfern" der Möhnekatastrophe. Nach Hans Niewöhner wurde sie von der „Schar" der Jugend ausgegraben. Er ist stehend als jugendlicher römischer Krieger und Drachentöter dargestellt und damit augenfälliges Symbol für die Befreiung der Christenheit aus der Drachengewalt des Bösen. Seine Lanze hat er allerdings den Wassermassen opfern müssen. - Es könnte sich um jenen St. Georg handeln, der zusammen mit drei weiteren lebensgroßen Plastiken die Nordseite des Langhauses der Himmelpforter Kirche schmückte. (I.R.)

F 14
Abt Alberich aus der Klosterkirche Himmelpforten, 1. H. 18. Jh.

Holz, gefasst, H 189 cm, Br 97 cm, T 60 cm

LG: Katholische Kirchengemeinde St. Bernhard/Himmelpforten Ense-Niederense
Lit.: NIEWÖHNER, HANS, Bau- und Kunstdenkmal Himmelpforten. In: BERGES, HERMANN JOSEF u. a., Himmelpforten. Gottes Lob durch sieben Jahrhunderte. Niederense-Himmelpforten 1949, neu aufgelegt 1993, S. 35; Verein für Geschichte und Heimatpflege e.V. Niederense-Himmelpforten (Hrg.), 17. Mai 1943 – 17. Mai 2003. 60. Jahrestag Möhnekatastrophe. 2003

Die Langhauswände der Kirche des Zisterzienserinnenklosters Himmelpforten waren mit acht lebensgroßen Heiligenfiguren geschmückt, die St. Georg, St. Stephanus den Abt, St. Benedikt und St. Stephanus den Diakon (Nordseite) sowie St. Sebastian, Abt Alberich, Abt Bernhard und St. Laurentius (Südseite) darstellten. Sechs davon, darunter die Figur des Abtes Alberich, konnten nach der Möhnekatastrophe vom 17. Mai 1943 wieder geborgen werden. Sie wurden im Langhaus der von 1946-1949 neu erbauten Kirche Himmelpforten wieder aufgestellt.
Abt Alberich gehörte zu den ersten Heiligen des Zisterzienserordens. (I.R.)

F 15
Ältestes Plakat der Werler Marienwallfahrt aus dem Kloster Werl (Werler Wallfahrtsplakat) von 1661

Kupferstich, 40,1 x 30,7 cm (Blatt), 48,8 x 38,8 cm (Passepartout)

LG: Propsteigemeinde St. Walburga Werl/Städtisches Museum Haus Rykenberg Werl
Lit.: DEISTING, HEINRICH JOSEF, Maximilian Henrich Herzog von Bayern, Kurfürst und Erzbischof von Köln (1621-1688) – eine biographische Skizze. In: Der Arnsberger Ständepokal von 1667. Arnsberg 1997, S. 79ff.

Am 3. November 1661 übergab Kurfürst-Erzbischof Maximilian Henrich von Köln dem Guardian der Werler Kapuziner ein Marien-Gnadenbild aus dem 13. Jh. Dieses Ereignis war der Beginn der Wallfahrt zum Gnadenbild von Werl. Die Stadt entwickelte sich zu einem der bedeutendsten Wallfahrtsorte Deutschlands. Maximilian Henrich hatte die sitzende Madonna, die bis dahin zum Inventar der Soester Wiesenkirche gehörte, als Sühneopfer der Soester Bürger für ihr jagdfrevlerisches Treiben im Arnsberger Wald entgegengenommen und den Werler Kapuzinern zum Geschenk gemacht.
Der Kupferstich nimmt auf dieses Ereignis Bezug. Über die Hälfte des Blattes wird von dem durch einen symbolischen Blatt- und Blütenkranz gerahmten Gnadenbild eingenommen. In den darunter stehenden beiden Schriftkartuschen mit dem mittigen Wappen des Kurfürsten Maximilian Henrich folgen ausführliche Erläuterungen. Im unteren Viertel befindet sich eine authentische Ansicht der Stadt Werl von 1661. (I.R.)

Raum G

G 1 — Abb. S. 210
Franz Wilhelm von Spiegel zum Desenberg (1752-1815)

NN, Öl/Leinwand, um 1810
LG: Privatbesitz

Der Dargestellte war von 1779-1786 Landdrost des Herzogtums Westfalen und danach bis zur Säkularisation 1803 Präsident der Hofkammer und des Akademierates in Bonn Im Dienste der Kölner Kurfürst-Erzbischöfe Maximilian Friedrich von Königsegg und Maximilian Franz von Österreich suchte er zahlreiche Reformen zur „Landesverbesserung" zu verwirklichen, was ihm im Finanzwesen, der Verwaltung, dem Zollwesen und dem Schulwesen teilweise auch gelang. Die Säkularisation setzte seiner politischen Laufbahn ein Ende.

Das Porträt zeigt ihn als Brustbild in einem gemalten Oval vor neutralem dunklem Hintergrund. Auch der dunkle Rock ist in der Wirkung sehr zurückgenommen. Im Gegensatz dazu lassen das über einem hohen weißen Hemdkragen getragene weiße Jabot und auch der hochstehende weiße Westenkragen das Gesicht „sprechend" zur Geltung kommen und finden ihre optische Entsprechung in seinem weißen Haar (Perücke?). (I.R.)

G 2
Friedrich Adolph Sauer (1765-1839)

Lithographie

Sauerland-Museum des Hochsauerlandkreises Arnsberg

F. A. Sauer wird auch als „Lehrer der Lehrer" bezeichnet. Er war zunächst Pfarrer in Rüthen. Vom Kölner Kurfürst-Erzbischof Maximilian Franz von Bayern mit den Aufgaben eines Normalschullehrers und der Lehrerausbildung beauftragt, eröffnete er 1795 die erste Normalschule in Rüthen. 1803 wurde er vom Großherzog Ludewig I. von Hessen-Darmstadt nach Arnsberg berufen. Als katholischer Pfarrer von St. Laurentius wirkte er dort von 1803-1839. 1804 erfolgte seine Ernennung zum Kirchen-, Schul- und Konsistorialrat bei der hessischen Regierung in Arnsberg. Die preußische Regierung übernahm ihn 1816 als Regierungs- und Konsistorialrat und Studienpräfekten des Gymnasiums.

Das gusseiserne Kreuz, welches sein Grab im Arnsberger Eichholzfriedhof zierte, wurde auf Initiative des Arnsberger Heimatbundes im alten Klostergärtchen unter der Sonnenuhr neu aufgestellt. Die Metallplatte dazu befindet sich heute im Kreuzgang des ehemaligen Kapitelhauses von Kloster Wedinghausen. (I.R.)

G 3
Bildnis Justus Gruner (1777-1820)

SW-Reproduktion eines Gemäldes in Privatbesitz, Öl/L., um 1817/18

LG: Westfälisches Landesmuseum für Kunst und Kulturgeschichte Münster
Lit.: REININGHAUS, Wilfried/WEISS Gisela, Eine Reise in die Moderne. In: „Zerbrochen sind die Fesseln des Schlendrians. Westfalens Aufbruch in die Moderne." Münster 2003, S. 48 oben

„Justus Gruner wurde 1777 in Osnabrück als Sohn des Vizedirektors der fürstbischöflichen Kanzlei und Vorsitzenden des evangelischen Landeskonsistoriums geboren. Nach dessen frühem Tod nahm sich Justus Möser, Freund des Vaters, der insgesamt zehn Kinder an. Gruner studierte in Halle und Göttingen Jura und Staatswissenschaften. 1799 kehrte er nach Osnabrück zurück, verfasste hier neben seiner Tätigkeit als Advokat kleinere Schriften und einen Briefroman. 1800 reiste er vier Monate durch Westfalen, dass heißt, Teile des heutigen Niedersachsens, Westfalen und das Niederrheingebiet. 1802 trat er in den Dienst des preußischen Staates und wurde bereits 1806 zum Direktor der Kriegs- und Domänenkammer in Posen ernannt. Er gehörte zum Kreis hoher Reformbeamter um Hardenberg und stieg

1809 zum Polizeipräsidenten von Berlin auf. Mit seiner „ganz unwestfälischen, quecksilbrigen Beweglichkeit" galt er als „leidenschaftlicher Patriot". Nach den napoleonischen Auseinandersetzungen kehrte er 1813 nach Westdeutschland zurück und wurde 1816 nach einem Intermezzo als Zivilgouverneur des Herzogtums Berg aus innenpolitischen Gründen abgeschoben – auf den Posten eines preußischen Botschafters in der Schweiz. 1820 starb er in Wiesbaden." (Zitierter Text: W. Reininghaus in oben angegebener Literatur)

G 4
Papst Pius VII., Kinder segnend. 1805

J. J. D. B., Radierung. 36,9 x 30,8 cm (Blatt), 35,1 x 29,4 cm (Platte)

LG: Westfälisches Landesmuseum für Kunst und Kulturgeschichte Münster. Inv.Nr. C-949 LM

Die katholische Kirche war angesichts der politischen Umbrüche in Europa weitgehend hilflos. Gegenüber den laizistischen, zum Teil antiklerikalen Strömungen der Aufklärung und der Französischen Revolution besann sich die Kurie auf kirchliche Kernaufgaben - etwa die Seelsorge – unter weitgehendem Verzicht auf weltliche, politische Herrschaftsansprüche. Papst Pius Vll. segnet Kinder - in diesem Bild wird das neue Konzept der Seelsorgekirche anschaulich. (G.D.)

G 5
Denkschrift Franz Wilhelm von Spiegels zum Desenberg zur Aufhebung der Klöster, 1802

LG: Nordrhein-Westfälisches Staatsarchiv Münster, Ghzm. Hessen, I A Nr. 1, fol. 52-72

Die Denkschrift trägt die originale Unterschrift Franz Wilhelm von Spiegels. Sie gliedert sich in fünf Abteilungen. In der 1. Abteilung berichtet er allgemein über das Mönchtum, die Klöster in Westfalen und die allgemeinen Zustände, in der 2. über vorbereitende Maßnahmen zur Aufhebung der Klöster, in der 3. formuliert er „Definitiv-Maßregeln" zur Aufhebung der fundierten Klöster, insbesondere aber der Bettelmönchsniederlassungen. Er benennt die bestehenden Gymnasien, geht vor allem auf das Arnsberger Gymnasium Laurentianum ein und definiert auch Gedanken zur weiblichen Erziehung.

Die 4. Abteilung beschäftigt sich mit konkreten Maßnahmen zur Aufhebung und Verwaltung der aufgehobenen Klöster, und die 5. Abteilung handelt von dem Departement, welchem die Verwaltung anvertraut werden soll. (I.R.)

G 6
Justus Gruner: Meine Wallfahrt zur Ruhe und Hoffnung oder Schilderungen des sittlichen und bürgerlichen Zustandes Westphalens am Ende des achtzehnten Jahrhunderts. 2 Bde., Frankfurt/M. 1802/03

Typendruck, ca. 19 x 24 cm (aufgeschlagen)

LG: Westfälisches Landesmuseum für Kunst und Kulturgeschichte Münster. Bibl. Sign. D 2930

Um 1800 bereiste Justus Gruner, ein junger Osnabrücker, das damalige Westfalen, einen Teil des Niederrheinisch-Westfälischen Reichskreises, zu erkunden. Seine Wertungen zu den verschiedenen Orten und Regionen fielen höchst unterschiedlich und parteiisch aus. Seine Erlebnisse und Meinungen fasste er in einem zweibändigen Werk zusammen. ... Wahrscheinlich verfaßte Gruner, ... , seine „Wallfahrt", als er schon für Preußen, in dessen fränkischen Territorien, tätig war. 1802 veröffentlichte er ... den ersten Band, ein Jahr später den zweiten. Das Gesamtwerk war der Königin Luise von Preußen gewidmet. ... Das Erscheinen der beiden Bände löste ... ein stürmisches Echo aus. Vor allem in den geistlichen Staaten, im Herzogtum Westfalen und in Paderborn, provozierte Gruner Widerspruch. (Auszug aus: Reininghaus, Wilfried/Weiß, Gisela, Eine Reise in die Moderne. In: Katalog „Zerbrochen sind die Fesseln des Schlendrians. Westfalens Aufbruch in die Moderne." Münster 2003, S. 45).

Über das kurkölnische Sauerland bemerkt Gruner: *„Leider gleicht das Land grossentheils dem Zustande seiner Hauptstadt* (Arnsberg, wo sich nach Gruners Meinung „*der Charakter der Armuth, Unreinlichkeit und Indolenz*" überall deutlich ausspricht - ir); *und wenn es gleich bei weitem nicht so verschrieen zu werden verdient, als es unter dem allgemeinen Namen des „köllnischen Sauerlandes" ist, so kann doch auch eine getreue Beschreibung seines gegenwärtigen Zustandes keine angenehmen kosmopolitischen Gefühle wekken, wenn es nicht die Hoffnung thut, dass die bevorstehende Veränderung der öffentlichen Organisation und Verwaltung auch hier einen sehr wohlthätigen Einfluss auf das allgemeine Wohl äussern werde*". Hier zeigt sich deutlich Gruners Eintreten für eine Säkularisation der geistlichen Staaten zugunsten Preußens. (I.R.)

G 7
Antwort Friedrich Adolph Sauers auf die Denkschrift Justus Gruners im „Westfälischen Anzeiger" 1803

Sauerland-Museum des Hochsauerlandkreises Arnsberg

Die Kritik Justus Gruners an den Zuständen im Herzogtum Westfalen wies der Pfarrer und Schuldirektor Friedrich Adolph Sauer (1765-1839) in einer Stellungnahme im „Westfälischen Anzeiger" 1803 scharf zurück. Sauer nahm Bezug auf die umfangreichen Reformen gerade im Bildungswesen des Herzogtums Westfalen und nannte Gruner öffentlich einen „Verleumder". (J.S.H.)

G 8
Konkordat zwischen der Republik Frankreich und dem Hl. Stuhl, o. D. (1801)

Druckerei Farge Paris, Typendruck mit Kupferstich, 38,8 x 35,0 cm (Blatt), ca. 8,0 x 6,5 cm (Platte)

LG: Westfälisches Landesmuseum für Kunst und Kulturgeschichte Münster, Inv. Nr. C-1168 LM

Der im März 1800 zum Papst gewählte Benediktiner Barnaba Graf Chiaramonti (1742-1823) schloß im Juli 1801 mit dem Ersten Konsul Napoleon Bonaparte ein Konkordat ab und machte seinen Frieden mit der Revolution - um die Kirche in Frankreich wiederherzustellen und zumindest die Seelsorge wieder unter die Kontrolle der kirchlichen Hierarchie zu bringen. Artikel 2 bestimmte die Neufestlegung der Bistumsgrenzen durch den Staat, wobei der Papst nur ein Zustimmungsrecht hatte: die Zahl der Bistümer wurde von 139 auf 60 mehr als halbiert. Und Artikel 13 bestätigte ausdrücklich die 1789/91 erfolgte Säkularisation der französischen Klöster!
Damit konnte auch die Neuorganisation der linksrheinisch französisch gewordenen Bistümer erfolgen: die linksrheinischen Teile der Reichsbistümer - wie Köln und Trier - wurden neugegründeten französischen Diözesen zugeschlagen, so an Aachen. Das Kölner Domkapitel, damals in Arnsberg residierend, protestierte erbittert und vergeblich. (G.D.)

Raum H

H 1
Bildnis Edmund Rustige (1746–1816)

Abb. S. 103

NN, Öl/L., um 1800

LG: Katholische Kirchengemeinde St. Pankratius Warstein-Belecke

Edmund Rustige war der 35. und letzte Abt des Klosters Grafschaft (1786-1804). Er lebte nach dessen Säkularisation 1804 auf dem ehemaligen Zehnthof zu Warstein. 1816 wurde er in der Gruft der Belecker Propsteikirche begraben.
Die Propstei Belecke war als „Filialkloster" von Kloster Grafschaft gegründet worden. Da die Propsteikirche zugleich Pfarrkirche der Stadt Belecke war, führte ihr Propst den Titel Pfarrpropst. Dem letzten Prior von Grafschaft und Belecker Pfarrpropst Beda Behr OSB (1803-1830) gelang es 1804, das Propsteieigentum in das Eigentum der Pfarrei St. Pankratius zu überführen. Durch ihn und Edmund Rustige gelangte auch ein großer Teil des Grafschafter Klosterschatzes nach Belecke. Eine Auswahl davon und auch das hier gezeigte Porträt gehören zu den wertvollsten Exponaten des Stadtmuseums Schatzkammer Propstei Belecke, welches 1992 in Zusammenarbeit der Stadt Warstein und der Kirchengemeinde St. Pankratius in den ehemaligen Wirtschaftsgebäuden der Propstei eingerichtet worden ist. – Vgl. dazu auch D 9, E 14, E 15. (I.R.)

H 2
Ludewig I. Großherzog von Hessen und bei Rhein (1753–1830)

Johann Conrad Ulmer (1783-1820), Kupferstich, nach 1806

Sauerland-Museum des Hochsauerlandkreises Arnsberg

Der in einer perspektivischen Rahmung als Gürtelstück dargestellte Großherzog trägt auf der linken Brust den silbernen achtstrahligen Ordensstern des von ihm gestifteten Ludwigs-Ordens. Er verlieh diesen ersten hessischen Haus- und Verdienstorden erstmals am 25. August 1807, dem Ludwigstag.
Sein Lebensbild siehe im Beitrag von Johannes Stemmer auf S. 212-214.

H 3
Johann Georg Freiherr von Schaeffer-Bernstein (1757–1838)

Abb. S. 54

Pastell, 1. Viertel 19. Jh., 60 x 52 cm (mit Rahmen)

Sauerland-Museum des Hochsauerlandkreises Arnsberg
Lit.: GOSMANN, MICHAEL (Hrsg.), Zuflucht zwischen Zeiten 1794-1803. Kölner Domschätze in Arnsberg. Arnsberg 1994

Oberst Johann Georg von Schaeffer-Bernstein (1757-1838) war Kommandeur der hessischen

Truppen im Herzogtum Westfalen. Er hatte von Landgraf Ludewig X. von Hessen-Darmstadt den Befehl zur militärischen Besetzung des kurkölnischen Territoriums erhalten. Umsichtig führte er das Unternehmen durch und berichtete ausführlich über die Aktionen nach Darmstadt. Bis 1816 hat er – mit dienstbedingten Unterbrechungen – als Befehlshaber der hessischen Truppen in Arnsberg gewohnt. (M.G. in: Zuflucht..., s. o., S. 255/256, Nr. D 23)

H 4 Abb. S. 54
Maria Theresia Johanna Caroline Freifrau von Schaeffer-Bernstein, geb. Harbert (1778-1854)

Pastell, 1. Viertel 19. Jh., 60 x 52 cm (mit Rahmen)

Sauerland-Museum des Hochsauerlandkreises Arnsberg
Lit.: GOSMANN, MICHAEL (Hrsg.), Zuflucht zwischen Zeiten 1794-1803. Kölner Domschätze in Arnsberg. Arnsberg 1994

Im Jahre 1809 heiratete der Kommandeur der hessischen Truppen im Herzogtum Westfalen, Oberst Johann Georg von Schaeffer-Bernstein (1757-1838) in Darmstadt die Arnsbergerin Maria Theresia Johanna Caroline Harbert. Nach der preußischen Besitzergreifung des Herzogtums Westfalen im Jahre 1816 folgte sie ihrem Gatten an seinen neuen Dienstort Worms. (M.G. in: Zuflucht..., s. o., S. 256, Nr. D 24)

H 5
Karl Ludwig von Grolmann (1775-1829)

Henri Grevedon nach Zeichnung von Kaspar Georg Wilhelm von Harnier, Lithographie 1828, gedruckt bei v. Lemercier, ca. 47 x 33 cm

LG: Hessisches Staatsarchiv Darmstadt, Bestand R 4 Nr. 17.654/1 GF

Grolmann ist dargestellt in Halbfigur mit aufgeschlagenem Buch, vor Landschaftskulisse.
Carl Ludwig Wilhelm von Grolmann (*1775 in Gießen, +1829 in Darmstadt), Sohn des Geheimen Regierungsrats Adolf Ludwig Grolmann in Gießen und der Anna Sophie von Rauen, ab 1798 verheiratet mit Emilie, einer Tochter des Klever Geheimen Regierungsrats Johann Adam Leonhard van de Wall, wurde nach einem Studium der Rechtswissenschaften, der Philosophie, Naturwissenschaften und Geschichte 1795 Privatdozent, ab 1798 außerordentlicher und ab 1800 ordentlicher Professor der Rechtswissenschaft an der Universität Gießen. Mit seinen jeweils mehrfach aufgelegten Werken über „Grundsätze der Criminalwissenschaft" (1798) und vor allem über „Die Theorie des gerichtlichen Verfahrens in bürgerlichen Rechtsstreitigkeiten nach den gemeinen deutschen Gesetzen" (1800) erlangte er als Rechtsgelehrter große internationale Anerkennung, verbunden mit zahlreichen Rufen an in- und ausländische Universitäten. Seit 1803 arbeitete er in einer hessischen Kommission für die Reform der Strafgesetzgebung sowie später in weiteren legislativen Reformgremien mit. Seine Auseinandersetzung mit dem in einigen Rheinbundstaaten geltenden französischen Recht gipfelte 1810 im ersten Band eines Handbuchs über den Code Napoléon, das sich durch eine objektive Darstellung auszeichnet.
Seine eigentliche politische Karriere begann 1819 mit der Berufung zum alleinigen Staatsminister als Nachfolger des verstorbenen Freiherrn Ludwig v. Lichtenberg. Nach der Neuordnung der Verwaltung übernahm Grolmann 1820 als Präsident der vereinigten Ministerien das Ministerium des Innern und der Justiz. Auf seine Initiative geht die Trennung von Justiz und Verwaltung in der unteren Ebene sowie die Gründung der Oberrheinischen Kirchenprovinz der katholischen Kirche zurück. Seine Vorhaben zur Vereinheitlichung der Gesetzgebung – als Mitglied der Gesetzgebungskommission im Großherzogtum Hessen – konnten allerdings angesichts der großen Rechtszersplitterung nicht umgesetzt werden. (J.F.B.)

H 6
Garde du Corps Darmstadt, um 1790

Unsigniert (Johann Michael Petzinger, 1755-1833), Öl/H., 33 x 44 cm

LG: Schlossmuseum Darmstadt e. V.
Lit.: ECKERT, HEINRICH ABROS/MONTEN, DIETRICH, Das deutsche Bundesheer. Bearbeitung von Georg Ortenburg. Dortmund 1990, S. 469, Taf. 346

Der für seine Uniformbilder bekannte Maler J. M. Petzinger hatte eine direkte Beziehung zum landgräflichen Hof in Darmstadt, denn er stand zwischen 1793 und 1799 im Dienst des Prinzen Friedrich von Hessen-Darmstadt. Das Bild zeigt interessante stadttopographische und militärhistorische Details. Dargestellt ist ein Blick von der Oberen Rheinstraße aus auf den Westflügel des zwischen 1716-1726 erbauten Darmstädter Neuschlosses. Auf der Straße ist, sie ganz ausfüllend, das Garde du Corps offenbar vollzählig angetreten. Ehemals Leibgarde zu Pferde, war es seit 1790 unberitten und versah in der Stärke von 65 Mann den Dienst und die Wachen am Darmstädter Hof. (I.R.)

H 7 - 9
Uniformen des Großherzogtums Hessen-Darmstadt, vor 1834

Dietrich Monten (1799-1834), drei handkolorierte Lithographien aus dem Lieferungswerk „Das deutsche Bundesheer in charakteristischen Gruppen, entworfen und nach der Natur gezeichnet von Heinrich Ambros Eckert und Heinrich Maria Dietrich Monten bei Christian Weiß in Würzburg", 1835 ff., 37,5 x 27,5 cm

Sauerland-Museum des Hochsauerlandkreises Arnsberg
Lit.: ECKERT, HEINRICH ABROS/MONTEN, DIETRICH, Das deutsche Bundesheer. Bearbeitung von Georg Ortenburg. Dortmund 1990

Mit der Unterzeichnung der „Deutschen Bundesakte" 1815 in Wien entstand der Deutsche Bund, ein locker verknüpfter Staatenbund von 39 Staaten. Alle Mitglieder hatten sich am Bundesheer mit genau festgelegten Kontingenten zu beteiligen. Das Kontingent des Großherzogtums Hessen bildete die 3. Division des VIII. Bundesarmeekorps. Das ab 1835 in Lieferungen erschienene Uniformwerk veranschaulicht exakt die Unterschiedlichkeit der Uniformen und stellt zugleich malerisch die Vielfalt des Soldatenlebens dar.
Dargestellt sind (vgl. Tafeln 337, 342, 343a, b) General/Offizier des General-Stabs; Chevauxlegers/Gemeine und Artillerie/ Fußartillerist.
Der Generalstab bestand aus sechs Offizieren.
Die Chevauleger (auf dem Blatt: Chevauxlegers), wörtlich = leichte Pferde, gehörten zur leichten Reiterei, deren Hauptaufgabe in der Sicherung und Aufklärung sowie der Verfolgung des Feindes bestand.
Die Artillerie war in reitenden Artillerie und Fußtruppen unterteilt. Erstere wurde für den schnellen Truppentransport gebraucht und sollte Kavallerie und Infanteriespitzen unterstützen. In der Fußartillerie marschierten die Kanoniere neben ihren Geschützen. (I.R.)

H 10   Abb. S. 155
Das Irrenhaus zu Niedermarsberg, vormaliges Kapuzinerkloster

Alfred Yarck, Aquarell, um 1840, 24,7 x 40,1 cm (Blatt)

LG: Westfälisches Landesmuseum für Kunst und Kulturgeschichte Münster, Inv. Nr. KdZ 323 m LM
Lit.: Westfalia Picta I, S. 159-160; WEISS, GISELA / DETHLEFS, GERD, Zerbrochen sind die Fesseln des Schlendrians. Westfalens Aufbruch in die Moderne. Münster 2002, S. 137; KRAUSE, HILDEGARD, Marsberg-Kapuziner. In: Karl Hengst (Hg.), Westfälisches Klosterbuch, Bd. 1. Münster 1992, S. 579-581; KLUETING, HARM, Die Säkularisation im Herzogtum Westfalen 1802-1834. Köln/Wien 1980, S. 201; SCHÖNE, MANFRED, Das Herzogtum Westfalen unter

hessen-darmstädtischer Herrschaft 1802-1816. Olpe 1966, S. 93

Das 1744 gegründete Marsberger Kapuzinerkloster wurde 1812 von der hessischen Regierung säkularisiert und 1813 in eine Irrenanstalt umgewandelt. Der letzte Guardian des Klosters wurde erster Direktor der Anstalt, einer der pensionierten Mönche fand als erster Patient Aufnahme. In Trägerschaft der Provinz wurde die Anstalt von 1828-1835 ausgebaut und für 190 Kranke eingerichtet. Bis heute existiert in Marsberg auf diesem Grundstück eine große Psychiatrische Klinik in Trägerschaft des Landschaftsverbandes. (G.D.)
Die Ansicht, betitelt „Die Provinzial Irren-Anstalt zu Marsberg", zeigt den baulichen Zustand des Klosterkomplexes nach dem Abriß des Langhauses der Kirche 1818. Gut erkennbar ist ihr Chor, welcher erst 1869 eingelegt wurde. (I.R.)

H 11
Siegelstempel des großherzoglich hessischen Commandos der 19. Landwehrinspektion, um 1814/15

Messing mit gedrechseltem Holzgriff. H 8,0 cm, Stempel Dm 3,1 x 2,7 cm (oval)

LG: Westfälisches Landesmuseum für Kunst und Kulturgeschichte Münster, Inv. Nr. SI-127 LM

Siegelstempel der großherzoglich hessischen 19. Landwehrinspektion, um 1814/15

Messing mit Rohr. H 1,3 cm, Stempel Dm 2,7 cm

LG: Westfälisches Landesmuseum für Kunst und Kulturgeschichte Münster, Inv. Nr. Sl-126 LM
Lit.: SCHÖNE, MANFRED, Das Herzogtum Westfalen unter hessen-darmstädtischer Herrschaft 1802-1816. Olpe 1966, S. 138-139, 144

Die beiden Siegelstempel stammen aus Schloß Schwarzenraben bei Lippstadt, wo der damalige Gutsherr und/oder sein Sohn in der hessischen Landwehr 1814/15 aktiv waren und sich an den Befreiungskriegen beteiligten. Die Landwehr war am 7. Januar 1814 in Hessen-Darmstadt errichtet worden. Im Mai 1814 wurden für das Herzogtum Westfalen die 17. bis 21. Landwehrinspektionen eingerichtet. (G.D.)

H 12
Hessische Grenadiersmütze

Mitte 18. Jh.

LG: Schlossmuseum Darmstadt e. V.

Die Grenadiersmütze geht auf die Zipfelmütze zurück. Sie war die übliche Lager- oder Zeltmütze, die auch im Kampf getragen wurde, wo sie am wenigsten hinderlich war. Im 18. Jh. kamen als Grundform der Grenadiersmützen die Pelzmütze und die auch von den hessen-darmstädtischen Grenadieren getragene spitze Form auf. (I.R.)

H 13
Figurine mit Uniform eines hessischen Soldaten, um 1803

Sauerland-Museum des Hochsauerlandkreises Arnsberg

Gezeigt wird das Replikat eines Musketiers der Leib - Brigade des Großherzogtums Hessen-Darmstadt auf dem Stand von ca. 1803. Die Leib-Brigade war eine von insgesamt drei vorhandenen Brigaden der Infanterie. Sie wurden ab 1806 unter französischem Einfluß in Regimenter untergliedert. Zu unterscheiden waren sie nach der Farbe ihrer Kragen, Rabatten und Ärmelaufschläge. Wie bei vielen anderen Uniformen deutscher Kleinstaaten ist der Einfluß Preußens auf Farbe und Gestaltung zu spüren. Die Uniform ist aufwendig gearbeitet (Knöpfe, Rabatten, Litzen, große Schöße) und zwischen den Truppengattungen und Einheiten nicht austauschbar. (OVG)

H 14
Hessische Fahnenspitze

Bronze, Mitte 18. Jh.

LG: Schlossmuseum Darmstadt e. V.

H 15
Hauptschluß der außerordentlichen Reichsdeputation zu Regensburg vom 25. Februar 1803

Abb. S. 26

Druckausgabe im Auftrag der Kurmainzischen Kanzlei (Reichstagsdirektorium) vom 26. Februar 1806 (eingegangen in der Landgrafschaft Hessen-Darmstadt am 2. März 1803), 44 Seiten (ca. 37 x 22 cm), gebunden

LG: Hessisches Staatsarchiv Darmstadt, Bestand E 1 K Nr. 442/4

Der sogenannte Reichsdeputationshauptschluss (RDHS) ist ein im Auftrag der Regensburger Reichsversammlung zustande gekommener Abschied, der als das letzte rechtsgültige Reichsgrundgesetz eine Regelung zur Entschädigung der durch den Frieden von Lunéville (1801) geschädigten Reichsfürsten brachte. Für die an Frankreich abgetretenen linksrheinischen Gebiete sollte durch Säkularisierungen und Mediatisierungen rechtsrheinischer Gebiete Ersatz gewährt werden. Der im Oktober 1801 vom Reichstag eingesetzten Kommission zur Ausarbeitung eines Entschädigungsplans gehörten neben den Bevollmächtigten der Kurfürsten von Mainz, Sachsen, Brandenburg, Böhmen und Bayern u.a. auch die Landgrafen von Hessen-Darmstadt an. Der Einigung von 1803 ging ein im Juni 1802 geschlossener Vertrag Frankreichs und Russlands über die territoriale Neugestaltung des – noch bestehenden – Heiligen Römischen Reiches voraus. Der am 25. Februar 1803 beschlossene und am 24. März als Reichsabschied verkündete RDHS sah mit seinen 89 Artikeln eine detaillierte Beschreibung der territorialen Neuordnung vor, die auch Bereinigungen und Verschiebungen territorialer Grenzen der rechtsrheinischen Gebiete und Nutzungsrechte sowie die Absicherung von Unterhaltsleistungen und Renten für entlassene bzw. umgesetzte Beamte vorsahen. Opfer der Säkularisierungen wurde u.a. der Kurfürst von Köln, dessen Herzogtum Westfalen mit der Hauptstadt Arnsberg nun überdies aus dem alten Staatsverband gelöst wurde. Schon ein Jahr vor Vertragsschluss hatte es der Landgraf von Hessen-Darmstadt in Besitz genommen (Staatsarchiv Darmstadt, Bestand E 1 L Nr. 16/1).

In § 7 RDHS wurde u.a. festgelegt: *Dem Landgrafen von Hessen-Darmstadt [werden] für die Grafschaft Lichtenberg, die Aufhebung seines Schutzrechts über Wetzlar und des hohen Geleits in Beziehung auf Frankfurt, für die Abtretung der Hessischen Ämter Lichtenau und Wildstädt* [=Willstätt bei Kehl], *Katzenellenbogen, Braubach, Embs* [heute Bad Ems an der Lahn], *Kleeberg, Epstein und des Dorfs Weiperfelden: Das H e r z o g t h u m W e s t p h a l e n mit Zugehörden und namentlich Volkmarsen, samt den im genannten Herzogthume befindlichen Kapiteln, Abteien und Klöstern, jedoch mit einer immerwährenden dem Fürsten von Wittgenstein-Berleburg zu zahlenden Rente von 15.000 fl. [...]*. Unter den nunmehr 131 stimmberechtigten Reichsständen der Reichsfürstenkurie des Reichstags sollte die vergrößerte Landgrafschaft Hessen-Darmstadt nunmehr Platz 60 einnehmen (§ 32). Ausdrücklich wurde vermerkt (§ 33), dass die Landgrafschaft neben den Kurfürsten und dem Gesamthaus Nassau für das gesamte neue Staatsgebiet das – 1747 verliehene – unbeschränkte Appellationsprivileg in Anspruch nehmen durfte.

Wegen der Folgen des RDHS intervenierten besonders Kaiser Franz II. und Papst Pius VII., die gegen die Verschiebung des konfessionellen Gleichgewichts (im Reichsfürstenrat war das Verhältnis der Protestanten zu den Katholiken künftig 77:53, im Kurkolleg 6:3) und die Ermächtigung an die Landesherrn, über die landsässigen Stifte, Abteien und Klöster als „Dispositionsgut" zu verfügen, protestierten. Die im Gegenzug festgelegten Verpflichtungen zu staatlichen Leistungen an die Kirchen sind bis heute grundgesetzlich garantiert (Art. 140 GG). Die verfassungsrechtlichen Reformen konnten im wesentlichen erst nach 1815 von den Regierungen des Deutschen Bundes umgesetzt werden. (J.F.B.)

H 16
Hessen-darmstädtisches Okkupationspatent von 1802

Abb. S. 45

Druck: Darmstadt 6. 10. 1802

LG: Stadtarchiv Arnsberg, Bestand Arnsberg 18/8
Lit.: 750 Jahre Arnsberg, Arnsberg 1989, Abb. S. 109; Kat. 175 Jahre Regierungsbezirk Arnsberg. Arnsberg 1991, Abb. S. 45; GOSMANN, MICHAEL (Hrsg.), Zuflucht zwischen Zeiten 1794-1803. Kölner Domschätze in Arnsberg. Arnsberg 1994, S. 255

Das Patent wurde allen Dienststellen zugeleitet und an geeigneten Orten durch Aushang bekannt gemacht.
Hessen-darmstädtische Truppen, insgesamt 2.400 Mann, hatten schon am 6. September 1802 im Vorgriff auf die Bestimmungen des Reichsdeputationshauptschlusses das Herzogtum Westfalen militärisch besetzt. Einen Monat später erließ Landgraf Ludewig X. von Hessen-Darmstadt das vorliegende Okkupationspatent, mit dem er *„das Herzogtum Westfalen im Säcularisations-Zustande"* *„auf ewige Zeiten"* in Besitz nahm. (M.G.)

H 17
Verschiedene Ausgaben des „Arnsbergischen Intelligenzblattes" von 1801

LG: Stadtarchiv Arnsberg, Zeitungssammlung

Im Arnsberger Intelligenzblatt Nr. 63 vom 11. August 1801 wird der Tod des letzten Kölner Kurfürsten angezeigt. Maximilian Franz von Österreich war am 27. Juli 1801 in Hetzendorf bei Wien gestorben. Das Intelligenzblatt berichtet in den kommenden Wochen von den Trauerfeierlichkeiten und der Bestattung des Fürsten, sowie über Fragen seiner Nachfolge und der Erbregelungen. Im September und Oktober 1801 bringt das Intelligenzblatt Berichte über die Wahl des Erzherzogs Anton Victor von Österreich zum Fürstbischof von Münster am 9. September 1801 in Münster und seine Wahl zum Kölner Kurfürsterzbischof am 7. Oktober in Arnsberg. Anton Victor trat seine neuen Ämter jedoch nicht mehr an. (M.G.)

H 18
Großherzoglich Hessische Zeitung, Darmstadt 19. Februar 1811

LG: Stadtarchiv Arnsberg, Zeitungssammlung

In der Großherzoglich Hessischen Zeitung, auch „Darmstädter Zeitung" genannt, wurden Verordnungen veröffentlicht, die auch für das Herzogtum Westfalen Gültigkeit besitzen konnten. Die Beamten der Ämter im Herzogtum Westfalen erhielten die nötigen Ausgaben der Zeitung, um sie für den öffentlichen Aushang an die Gemeinden und an die entsprechenden „Kirchenkästen" zu verteilen. In der vorliegenden Ausgabe vom Dienstag, dem 19. Februar 1811, wird der erste Teil der „Verordnung über die Forstorganisation im Großherzogtum Hessen" publiziert. In den folgenden Ausgaben vom 21. und 26. Februar 1811 wurden die weiteren Teile der neuen Forstordnung abgedruckt, vgl. I 13. (M.G.)

H 19
Befehl zur Aufhebung des Klosters Grafschaft von 1804

LG: Nordrhein-Westfälisches Staatsarchiv Münster, Ghzm. Hessen, II D Nr. 25, fol. 1-9, 38-42

In dieser Anordnung erteilt der hessische Landgraf Ludewig X. den Geheimen Räten konkrete

Anweisungen zur Klosteraufhebung. Sie werden aufgefordert, den Kammerrat Arndts zu bevollmächtigen, die Aufhebung in Grafschaft persönlich zu verkünden sowie sich an die auf den folgenden Seiten genannten Vorschriften zu halten. U. a. werden die jährlichen Pensionssummen für die Klosterinsassen aufgelistet, wobei dem Abt Edmund Rustige die höchste Summe (2000 Gulden) zugestanden wird. Es geht weiterhin um Regelungen zur Herstellung der Pfarrei Grafschaft, um eine Aufrechnung der Einnahmen und Ausgaben des Klosters, um Bestimmungen zur Veräußerung des Inventars (ohne die Bibliothek) und letztlich um die Güterverwaltung.

Die „Anmerkungen über die Abtei Grafschaft mit ihrem dermaligen Activ und Passiv=Zustand" fol. 1-9 dienten der Vorbereitung der Aufhebung. 1802 nahm ein nicht näher zu definierender hessischer Beamter vor Ort gemeinsam mit dem Prälaten und dem Kellner eine detaillierte Auflistung der jährlichen Einkünfte und Ausgaben vor. Er kam dabei auf ein Kapital von lediglich 6205 Gulden jährlich. Es wurde außerdem eine Auflistung der „pretiosa" erstellt, wobei der Verfasser des Berichts über die Bibliothek vermerkt, dass er außer einigen „alten Canonisten" nichts fand, *„was zu mehr als Krämer Dütten dienen könnte"*. (I.R.)

H 20
Huldigungseid an den Landgrafen von Hessen-Darmstadt, für sämtliche Klöster vorgeschrieben

LG: Nordrhein-Westfälisches Staatsarchiv Münster, Ghzm. Hessen, I A Nr. 20

Die Akte war bis zum Redaktionsschluß des Kataloges leider nicht einsehbar. (I.R.)

H 21
Dankschreiben der Nonnen von Drolshagen

LG: Nordrhein-Westfälisches Staatsarchiv Münster, Ghzm. Hessen, II A Nr. 161, fol. 123 f.

Mit Erlaß vom 1. Oktober 1803 löste Landgraf Ludewig X. das in seinem Territorium gelegene fast 600 Jahre alte Zisterzienserinnenkloster Drolshagen auf. Wie in dem Schreiben erwähnt wird, teilte der Regierungs-Sekretär Haberkorn den Nonnen die Entscheidung fast zwei Wochen später mit und unterrichtete sie gleichzeitig von den Plänen für lebenslängliche jährliche Pensionszahlungen. Die Äbtissin Maria Josepha von Lilien und ihre Sekretärin Maria Edmunda zum Busch bedanken sich im Namen des gesamten Konvents für die „außerdordentliche Gunst". Aus dem Brief lässt sich kaum Protest oder Widerstand gegen die Aufhebung des Klosters herauslesen. Vielmehr scheinen die Nonnen über die Höhe der Pensionszahlungen überrascht gewesen zu sein. Der Äbtissin wurden jährlich 400 Gulden, den anderen Klosterjungfrauen 300 Gulden und den Laienschwestern 150 Gulden zugestanden. Dazu ein Vergleich mit anderen Berufsgruppen: Ein einfacher Kanzleischreiber der Provinzialregierung verdiente jährlich 300 Gulden, ein Berliner Maurergeselle ca. 170 Gulden. (I. R. nach Notizen von Peter Worm, Münster)

H 22
Widerstand der Dominikanerinnen im Kloster Galiläa

LG: Nordrhein-Westfälisches Staatsarchiv Münster, Ghzm. Hessen, II D Nr. 24

Der Band „ACTA Die Auflösung des Klosters Galiläa betr. 1810-1823" enthält einen Lageplan des Klosters. Es folgen Vorschläge zur geplanten Klosterauflösung und zu den Pensionen der Insassinnen. Die jährlichen Einkünfte werden auf 2400 Gulden berechnet, die jährlichen Pensionszahlungen auf 2600 Gulden.

Ein Bericht des Hofkammerrats Weber an die Hessische Hofkammer zu Arnsberg vom 31. Oktober 1810 gibt interessante Einblicke in die Zustände des Klosters. Daraus geht der zähe Widerstand der Nonnen hervor, die das Kloster nur im Falle einer ausdrücklichen bischöflichen Bestimmung verlassen wollten. Sie werden als entweder altersschwach oder krank oder „arm am Geiste" bezeichnet; nur eine junge Frau wird erwähnt. – Im Folgenden geht es immer wieder um Weigerungen und Beschwerden der Nonnen, die sich der zwangsweisen Inventarisierung des Inventars in der Klausur widersetzten bzw. sich nur unter Zwang fügten. Noch 1812 gibt es Schriftwechsel wegen Rückgabe persönlichen Eigentums und wegen der Pensionszahlungen. Diese beliefen sich jährlich auf 3100 Gulden. Die Priorin Antonina Pranghe erhielt 400 Gulden (starb aber schon am 16. 4. 1811), 9 Nonnen je 300 Gulden und die Laienschwestern und Novizinnen je 200 Gulden jährlich. Ob dem Prior eine Pension zustand, wurde unterschiedlich diskutiert. (I.R.)

H 23
„Charte von den Grosherzogthümern Berg und Hessen; den Fürstlich-Primatischen Laendern; dem Herzogthume Nassau und den übrigen ... Laendern.", 1808

Johann Friedrich Wilhelm Schleuen nach Friedrich Wilhelm Streit, grenzkolorierter Kupferstich, Geographisches Institut Weimar, 62,8 x 48,3 cm (Blatt), 55,2 x 46,9 cm (Platte)

LG: Westfälisches Landesmuseum für Kunst und Kulturgeschichte Münster. Inv.Nr. C-13780 LM

Die Karte aus dem damals renommiertesten deutschen Landkartenverlag zeigt das westliche Deutschland mit den von Napoleon 1803/1806 bestimmten mittelgroßen Territorien. Der Landgraf (seit 1806 Großherzog) von Hessen-Darmstadt hatte schon 1802 das bis dahin kurkölnische Herzogtum Westfalen besetzt. Das Großherzogtum Berg hatte Napoleon aus dem ihm von Bayern abgetretenen Herzogtum Berg und aus dem preußischen Cleve geschaffen und 1807 um weitere nordwestdeutsche, meist bisher preußische Territorien erweitert. Die „fürstprimatischen" Lande - neben früher kurmainzischen Gebieten wie Aschaffenburg auch die Grafschaft Löwenstein-Wertheim und die Reichsstadt Frankfurt sowie Regensburg - regierte der frühere Mainzer Kurfürst Carl von Dalberg als „Fürstprimas" des Rheinbundes. (G.D.)

H 24
Deutschland nach dem Reichsdeputationshauptschluß 1803

Wandkarte. Reproduktion aus: Großer Historischer Atlas, München 1991. 70 x 100 cm

Raum I

I 1 Abb. S. 46
Großherzog Ludewig I. von Hessen und bei Rhein (1753-1830)

Louis Ammy Blanc (1810-1885), Öl/L., 1846, 241 x 145 cm

Sauerland-Museum des Hochsauerlandkreises Arnsberg
Lit.: GOSMANN, MICHAEL (Hrsg.), Zuflucht zwischen Zeiten 1794-1803. Kölner Domschätze in Arnsberg. Arnsberg 1994

Aus Anlaß der Enthüllung des Standbildes des Großherzogs Ludewig I. in Darmstadt am 25. August 1844 sandte der Magistrat der Stadt Arnsberg ein Glückwunschschreiben an Großherzog Ludewig II. von Hessen-Darmstadt. Der Magistrat bat den Herrscher bei dieser Gelegenheit um die Überlassung eines Bildes seines verstorbenen Vaters. Unter seiner Regierung, so heißt es in dem städtischen Schreiben, „...*begann im damals noch unwegsamen Herzogtum*

Westfalen der länderverknüpfende Wegebau. Durch weise und liberale Gesetze, welche den Grund ihrer Fortdauer in sich selbst tragen, wurden alle Steuerfreiheiten aufgehoben, die der Landeskultur entgegenstehenden Hindernisse beseitigt und die Kolonargüter des Bauernstandes durch Aufhebung der Leibeigenschaft und des Kolonatnexus Eigentum ihrer Besitzer. Eine kurze und einfache Prozessordnung regelte und beschleunigte den Gang des gerichtlichen Verfahrens. Das Medizinalwesen wurde neu und trefflich organisiert und den Unterrichtsanstalten, schon unter der Regierung des erlauchten Kurfürsten Maximilian Franz auf eine erfreuliche Stufe erhoben, wurde die sorgfältigste Pflege und Unterstützung zuteil...". Großherzog Ludewig II. entsprach in einem eigenhändigen Schreiben der Bitte um ein Bild seines Vaters. Am 1. Dezember 1846 wurde das überlebensgroße Gemälde an die Stadt Arnsberg übersandt. (M.G.; in: Zuflucht ..., s. o., S. 243/44)

Der Porträtmaler Louis Ammy Blanc malte 1846/47 verschiedene Mitglieder der großherzoglichen Familie von Hessen-Darmstadt. Das mit „Blanc, Darmstadt 1846" signierte und datierte ganzfigurige Repräsentationsbildnis des Großherzogs Ludewig I. entstand somit posthum. Die Zeitspanne zwischen der Bitte des Arnsberger Stadtrates 1844 und der großzügigen Schenkung 1846 läßt den Schluß zu, dass das Bildnis zu eben diesem Zwecke gemalt worden ist. (I.R.)

Biografisches siehe im Beitrag von Johannes Stemmer auf S. 212-214.

I 2
Engelbert Caspar Anton von Biegeleben (1798-1851)

Georg Engelbach nach Engelbert Seibertz, Lithographie, Königliches Lithographisches Institut Berlin, um 1840, 46 x 37 cm

Sauerland-Museum des Hochsauerlandkreises Arnsberg
Lit.: GOSMANN, MICHAEL, Geheimrat Caspar Josef Biegeleben (1766-1843). In: Zuflucht zwischen Zeiten 1794-1803. Kölner Domschätze in Arnsberg. Arnsberg 1994, S. 187

Die weitverzweigte Familie Biegeleben stammt von dem Biggeleben-Hof im Dorf Westig bei Fröndenberg. Familienmitglieder stellten seit dem 16. Jh. in Menden Ratsherren, Kaufleute und Bürgermeister. Schon früh rückten Vertreter der Familie in die kurkölnische Verwaltung auf und bekleideten dort einflussreiche Posten. Der sowohl unter kurkölnischer als ab 1803 auch unter hessischer Herrschaft gleichermaßen in hohen Positionen tätige Caspar Josef Biegeleben wurde 1810 mit seinen Brüdern von Großherzog Ludewig I. in den Adelsstand erhoben. Aus seiner ersten Ehe mit Maria Margareta Haas stammt der hier porträtierte Engelbert Caspar Anton v. Biegeleben.

Er war großherzoglich-hessischer Oberappelations-Gerichtsrat in Darmstadt. Die Lithographie entstand nach einem von E. Seibertz gemalten und vermutlich sehr authentischen Porträt. (I.R.)

Katalog

I 3
Plan zur Erweiterung der Stadt Arnsberg, 1806

Friedrich Anton Wulf, Federzeichnung, kopiert 1965 von Ernst vom Wege nach einer Fotokopie des Originals mit unbekanntem Standort

LG: Stadtarchiv Arnsberg, Inv. Nr. 187
Lit.: REISSLAND, INGRID, „Oldt Aarenspergh, diu feine...". Arnsberg in historischen Stadtbilddarstellungen. Arnsberg 1996, S. 88 Nr. 31; vgl. dort auch S. 84 Nr. 29 und S. 274

Der aus Menden gebürtige großherzoglich-hessische Landwegebaumeister Friedrich Anton Wulff war Bauherr des Hauses Jägerstraße 28 und Vater des bedeutenden Arnsberger Bürgermeisters Christian Wilhelm Theodor Wulf. Er hatte schon 1800, bedingt durch den Stadtbrand von 1799, einen Wiederaufbauplan für Arnsberg entworfen, der erstmals die Grenzen des mittelalterlichen Befestigungsringes durchbrach. Von ihm stammt u. a. auch der Wiederaufbauplan für das 1807 abgebrannte Neheim. Der Entwurf von 1806 sah die Erweiterung der Stadt von der Apostelstraße bis weit nach Süden an die heutige Laurentiusstraße vor. Zwei von N nach S nahezu parallel laufende Straßen sollten ein durch einen großen Platz und zwei Querstraßen gegliedertes Gebiet begrenzen. In den Grundzügen des Plans ist die heutige südliche Altstadt erkennbar.

Die rationale Planung mit breiten Straßen und geraden Fluchtlinien wurde wegen fehlender staatlicher Unterstützung nicht ausgeführt, aber als Grundlage für die Stadterweiterung ab 1817 verwendet. (I. R., Text gekürzt aus oben angegebener Literatur).

I 4
Caspar Carl Ferdinand Freiherr von Weichs zur Wenne (1777–1850)

Undeutlich signiert, datiert „am 3ten Maiy 1808", Pastell, 55 x 45 cm

LG: Privatbesitz
Lit.: CONRAD, HORST, Landdrost Clemens Maria von Weichs zur Wenne (1736-1815). In: Zuflucht zwischen Zeiten 1794-1803. Kölner

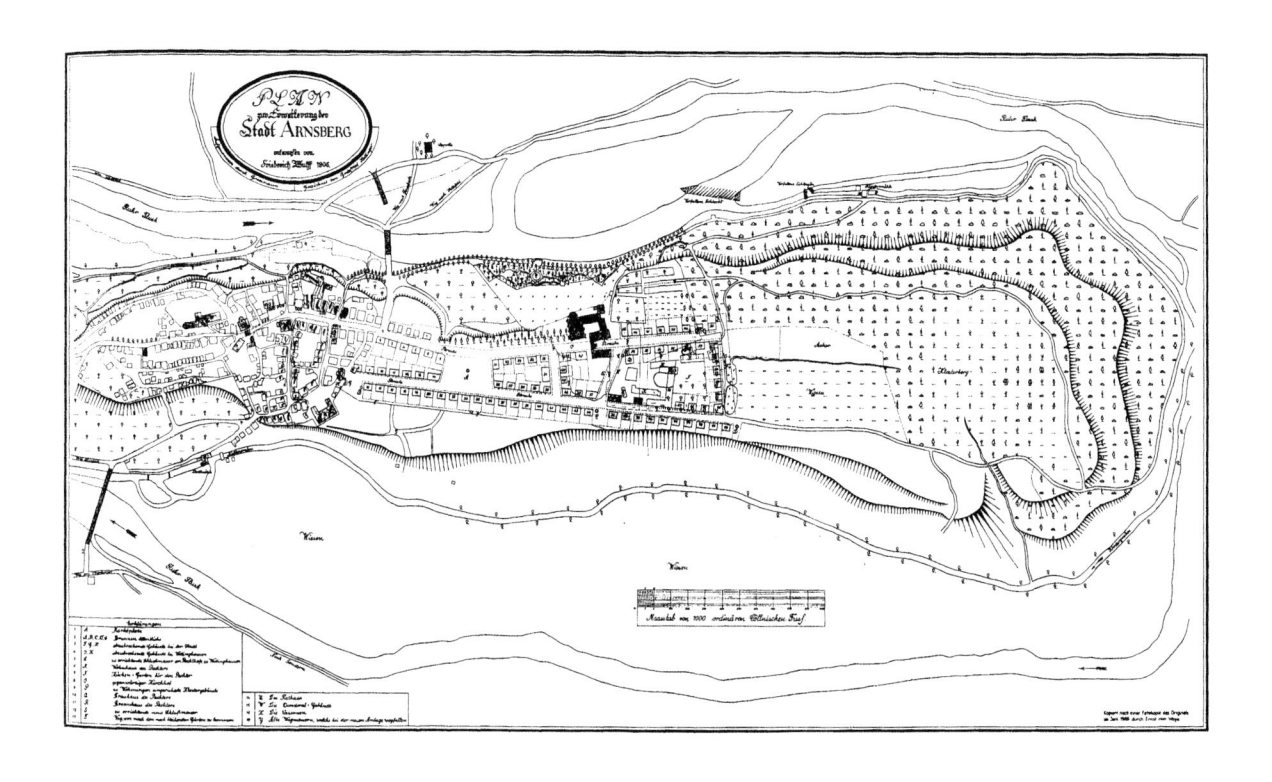

Domschätze in Arnsberg. Arnsberg 1994, S. 233-235

Der vor einer Baumkulisse mit Jagdtasche, Pfeife, Flinte und Hund sehr lebenswahr Dargestellte ist ein Sohn des Clemens August Freiherr von Weichs zur Wenne – vgl. B 4. Er heiratete 1806 Anna Gräfin von und zu Holzbruech Hillenraedt und starb in Geysteren (Niederlande), dem Geburtsort seiner Frau.

Die Familie von Weichs zur Wenne war seit 1771 auch in Arnsberg ansässig und besaß dort das Bürgerrecht. Daraus resultiert vermutlich auch der gewählte landschaftliche Hintergrund des Pastells. Wir erblicken, von Südosten aus gesehen, Alt-Arnsberg etwa vom Bereich Klosterbrücke über die Altstadt mit dem stark überhöhten Glockenturm bis hin zum Burgberg mit der Schlossruine. Diese Arnsberg-Ansicht war bisher offiziell unbekannt. Sie ist eine wichtige Neuentdeckung zur Topographie der Stadt. (I.R.)

I 5
Münzprägungen des Großherzogtums Hessen-Darmstadt von ca. 1800–1813

Sauerland-Museum des Hochsauerlandkreises Arnsberg
Lit.: ARNOLD, PAUL/KÜTHMANN, HARALD/ STEINHILBER, DIRK, Großer deutscher Münzkatalog von 1800 bis heute. München 2000, S. 176

Als erwähnenswerte Stücke befinden sich in der Vitrine zwei Gulden von 1807 mit dem Porträt des Großherzogs Ludewig I.
Grundlage des Münzwesens in Hessen-Darmstadt war die Münzkonvention von 1753, nach der aus der Gewichtsmark Feinsilber (234 g) 10 Konventionstaler zu prägen waren (sogen. 10-Taler- bzw. 20-Gulden-Fuß). Der Taler entsprach 2 Gulden, der Gulden 60 Kreuzer, der Kreuzer 4 Pfennig bzw. Heller. Durch eine Höherbewertung des Talers wurde der 24 und 24 $^1/_2$-Gulden-Fuß üblich; der Konventionstaler galt nun 2 Gulden 24 Kreuzer. Durch den Dresdener Münzvertrag von 1838 entstand die Vereinsmünze, ein 2-Taler- bzw. 3$^1/_2$-Gulden-Stück.
Hingewiesen sei in der Vitrine auch auf eine für das Königreich Westfalen geprägte 5 Franc-Münze von 1813 mit dem Porträt Jérôme Bonapartes. (I.R.)

I 6
„Siegel der Kramer-Zunft zu Brilon Anno 1799"

Messing und Holzgriff, H 9,0 cm, Stempel Dm. 4,9 cm

LG: Westfälisches Landesmuseum für Kunst und Kulturgeschichte Münster, Inv. Nr. SI-37 LM
Lit.: PIEPER-LIPPE, MARGARETE, Westfälische Zunftsiegel. Münster 1963, S. 24-26, S. 54 Nr. 25. Tf. 9-10; WEISS, GISELA/DETHLEFS, GERD, Zerbrochen sind die Fesseln des Schlendrians. Westfalens Aufbruch in die Moderne. Münster 2002, S. 27

Handel und Handwerk waren vielerorts im Herzogtum Westfalen in Zünften organisiert. Als Selbstverwaltungskörperschaften regelten sie die Belange ihres Gewerbes in Eigenverantwortung. Dazu gehörte auch die Qualitätskontrolle. Die ethische Verpflichtung, gute Arbeit zu leisten und den Kunden nicht zu übervorteilen, verbindet sich mit dem Begriff des „ehrbaren Handwerkes".

Für Kaufleute symbolisierte diese Verpflichtung die Justitia - etwa mit der Waage die Vorschrift, nur rechtes Maß und Gewicht beim Abwägen der Waren zu verwenden. Noch 1799 setzten die Kramer zu Brilon diese Verkörperung der Gerechtigkeit auf ihr Siegel. (G.D.)

I 7
Zunftlade der Steinhauer zu Münster, 1774

Verschiedene Furnierhölzer auf Eichenholzkorpus, 51 x 64 x 45 cm

LG: Westfälisches Landesmuseum für Kunst und Kulturgeschichte Münster. Inv. Nr. K-385 LM
Lit.: WEISS, GISELA/DETHLEFS, GERD, Zerbrochen sind die Fesseln des Schlendrians. Westfalens Aufbruch in die Moderne. Münster 2002, S. 24; Kat. Stadtmuseum Münster 1984, Münster 800-1800. 1000 Jahre Geschichte der Stadt, S. 347 Nr. 241

Die mit Abbildungen der Werkzeuge von Steinhauern und Maurern geschmückte Lade bezeugt die letzte Blütezeit der Zunftverfassung in der damals größten Stadt Westfalens. Durch die Verarbeitung des Baumberger Sandsteins hatten die münsterischen Steinhauer im Mittelalter und in der frühen Neuzeit eine überregionale Bedeutung erlangt; im 18. Jahrhundert profitierten sie von der Baukonjunktur des Spätbarock und Klassizismus in Münster, als zahlreiche Adelshöfe und Bürgerhäuser errichtet wurden. In vielen Städten Westfalens war das Gewerbe zünftig organisiert. (G.D.)

I 8
Baumscheibe einer ca. 330 Jahre alten Eiche

Dm 1,43 cm

LG: Staatliches Forstamt Arnsberg

Diese Baumscheibe stammt von einer Eiche, die bis zum Jahr 2002 im Schloßpark zu Gevelinghausen ihren Schatten warf. Sie hatte dort etwa 3 Jahrhunderte überdauert. Aufgrund einer schnell fortschreitenden Stammfäule musste dieser mächtige Baum leider gefällt werden. Eine unversehrte Scheibe konnte erst in 7 Meter Höhe, und zwar oberhalb der Faulhöhe, entnommen werden. Zu den vorhandenen 252 Jahresringen müssen also noch zahlreiche Jahresringe hinzugezählt werden. Das genaue Alter ist daher nicht mehr festzustellen. (H.N.)

I 9
Anstellung des Schulrektors Arnold Schennen zum Kanzlisten beim Hofgericht in Arnsberg, 8. Mai 1815

Urkunde mit großherzoglich-hessischem Staatssiegel, 33,5 x 20,8 cm

Sauerland-Museum des Hochsauerlandkreises Arnsberg

„Ludewig von Gottes Gnaden Großherzog von Hessen, Herzog in Westphalen" ernennt den bisherigen Schuldirektor Arnold Schennen aus Arnsberg auf dessen Gesuch hin und unter Berücksichtigung seiner Qualifikation zum ständigen Kanzlisten beim Hofgericht in Arnsberg. Schennen wird eine Besoldung von dreihundert Gulden in Gold aus der Arnsberger Kammerkasse zugesagt. (J.S.H.)

I 10
Ehe- und Niederlassungserlaubnis für Theodor Everhard Brunswicker, 17. Februar 1816

Urkunde, 29,5 x 20 cm

Sauerland-Museum des Hochsauerlandkreises Arnsberg

Die „Großherzoglich Hessische für das Herzogthum Westphalen angeordnete Regierung" erlaubt mit Urkunde vom 17. Februar 1816 dem aus Hachen im Amt Arnsberg gebürtigen Theodor Everhard Brunswicker, sich zu verehelichen und sich in Hachen als Bürger niederzulassen. (J.S.H.)

I 11
Abschiedsurkunde für den Füsilier Johannes Dampier, 25. 8. 1805

Sauerland-Museum des Hochsauerlandkreises Arnsberg

Der hessische Kommandeur und Obrist Johann Georg Freiherr von Schaeffer-Bernstein erteilt am 25. August 1805 in der Garnison Arnsberg dem hessischen Füsilier Johannes Dampier aus Kirchelden, Amt Attendorn, auf dessen Ersuchen hin den Abschied aus dem Füsilier-Bataillon der Brigade Erbprinz unter dem Kommando des Majors Damm und ersucht alle Militär- und Zivilpersonen, besagten Dampier überall und ungehindert passieren zu lassen. (J.S.H.)

I 12
„Extractus Protocolli der Landgräflich Heßischen für das Herzogthum Westphalen angeordneten Rent=Kammer" Arnsberg, 18. Oktober 1805

Druck mit handschriftlichem Eintrag, 29,5 x 20 cm

Sauerland-Museum des Hochsauerlandkreises Arnsberg

Die landgräflich hessische Rentkammer für das Herzogtum Westfalen fordert von dem landgräflichen Landbaumeister Major Hermann Sandfort Bericht, wann die landgräfliche Rechnungs-Justifikatur in das von Dückersche Haus in Arnsberg einziehen kann.
Die Unterbringung der neuen hessen-darmstädtischen Behörden in Arnsberg erwies sich als schwierig. Die Gebäude des am 17. Oktober 1803 durch landgräfliches Patent aufgehobenen Klosters Wedinghausen wurden teilweise umgebaut und dienten den hessischen Beamten zu Wohnzwecken. Auch in den Gutsgebäuden in Obereimer wurde Forstpersonal bzw. die Forstbehörde untergebracht.
Das von Dückersche Haus in der Arnsberger Altstadt war am 4. November 1803 von dem Kanoniker Caspar Ignatz von Dücker (1759-1839) für 3000 Taler an die hessische Organisations-Kommission verkauft worden. Es sollte – wie das benachbarte Gebäude der ehemaligen Jesuitenmission - ebenfalls zu Verwaltungszwecken genutzt werden und musste daher umgebaut werden. Der hessische Major Hermann Sandfort war als landgräflicher Landbaumeister für alle staatlichen Baumaßnahmen im Herzogtum Westfalen verantwortlich. Die Rechnungs-Justifikatur prüfte die Rechnungen und genehmigte danach ihre Begleichung. (M.G.)

I 13
Großherzoglich-hessische Zeitung vom 26. Februar 1811

LG: Stadtarchiv Arnsberg

Erläuterungen dazu siehe unter H 18

I 14
„Sammlung der in der Großherzoglich hessischen Zeitung vom Jahr 1806 bis 1815 publicirten Verordnungen und höheren Verfügungen"

Sauerland-Museum des Hochsauerlandkreises Arnsberg

Es handelt sich um zehn in Darmstadt gedruckte Bücher, in denen alle in der Zeit von August 1806 bis Ende des Jahres 1815 veröffentlichten Großherzoglich Hessischen Verordnungen und Verfügungen zusammengefasst sind. Teilweise wird unterschieden zwischen „Allerhöchsten Verordnungen" und „Verordnungen und Bekanntmachungen der einzelnen Behörden". (J.S.H.)

I 15
Verlegung des Friedhofes in Arnsberg

LG: Nordrhein-Westfälisches Staatsarchiv Münster, Ghzm. Hessen, II C Nr. 919

Die Akte enthält zahlreiche Berichte aus der Zeit zwischen 1805 und 1809, die sich mit einer hessischen Anordnung über die Verlegung der Friedhöfe von 1804 befassen und der Frage nachgehen, ob auch eine Verlegung des Arnsberger Friedhofs notwendig sei. Dieser befand sich bis dahin auf dem Gelände des Klosters Wedinghausen. Darunter sind auch zahlreiche Protokolle des Arnsberger Kirchen- und Schul-Rathes sowie Stellungnahmen des Pfarrers Adolph Sauer, der zunächst gegen die Verlegung votierte. Er berichtet, dass der Magistrat lediglich den Brückenplatz oder einen Platz am Schlossberg vorschlüge, begründet aber, warum beide Örtlichkeiten nicht geeignet sind. Es wird ein neues Areal von etwa 25.500 Quadratfuß für notwendig erachtet. Der Regierungsreferendar Langsdorf, 1807 damit beauftragt, ein geeignetes Gelände zu ermitteln, empfahl ein dem Geheimrat Boese gehörendes Grundstück westlich der neuen Fahrstraße zum Eichholz. Dieses wurde erworben und dort der neue Friedhof angelegt. (I.R.)

Raum K

K 1   Abb. S. 213
Ludewig I. (1753-1830) Großherzog von Hessen und bei Rhein und seine Gemahlin Louise Caroline Henriette (1761-1829)

Gotthelf Leberecht Glaeser (1784-1851), Öl/L., um 1820, 45 x 38 cm

LG: Schlossmuseum Darmstadt e. V.
Lit.: Thieme/Becker, Bd. 13/14, S. 231

G. L. Glaeser war seit 1813 als vielbeschäftigter Porträtmaler von Öl- und Pastellbildnissen in Darmstadt ansässig und wurde Mitte der 20er Jahre zum großherzoglich-hessischen Hofmaler ernannt.
Seine Porträts gelten als lebenswahr und von oft origineller Auffassung und Farbgebung. Er hat zahlreiche Bildnisse von Angehörigen der großherzoglich-hessischen Familie gemalt. Das Doppelporträt läßt bei aller höfischen Repräsentanz etwas von der Harmonie spüren, welche dem Zusammenleben des Paares nachgesagt wird.
Biographisches siehe im Beitrag von Johannes Stemmer auf S. 212-214. (I.R.)

K 2   Abb. S. 53
Kaiser Napoléon I. (1769-1821) als Oberst seiner Garde

François Gérard (1770-1837), Öl/L., um 1808, 88 x 75 cm

LG: Napoléon-Museum Arenenberg, Mannenbach-Salenstein

François Gerard, der Lieblingsschüler Jaques-Louis Davids, war ein äußerst gefragter Porträtmaler, der schließlich zum Günstling und zum Historiographen der Familie Bonaparte avancierte. Seine „offiziellen" Bildnisse spiegeln –

ganz im Zeitgeist jener Epoche – eine sich immer mehr steigernde pompöse Repräsentationskunst wider.

Als Alternative zu den prunkvollen Staatsporträts – vgl. K 3 – ist bei diesem Bild beabsichtigt, den Kaiser als großen Soldaten zu porträtieren, gedacht zur Ausschmückung von Präfekturen, Rathäusern und anderen Staatsgebäuden. Aus dem noch ganz im „klassischen Porträtstil" und ohne zeremonielles Beiwerk gemalten Bildnis Napoléons in der Uniform eines Obersten der Gardegrenadiere spricht das Bestreben des Malers, dem Betrachter die individuelle Physiognomie und Persönlichkeit des Monarchen zu vermitteln. (I.R.)

K 3
Kaiser Napoléon I. (1769-1821) im Krönungsornat

François Gérard (1770-1837), Öl/L., 1806, 175 x 146 cm

LG: Napoléon-Museum Arenenberg, Mannenbach-Salenstein
Lit.: SCHOCH, RAINER, Das Herrscherbild in der Malerei des 19. Jahrhunderts. München 1975, S. 60 ff., Abb. 47-50

Seit 1804 wurden am Hofe Napoléons jährlich zahlreiche kaiserliche Porträtaufträge vergeben. Die Ateliers der Hofporträtisten waren mit zahllosen Wiederholungen beschäftigt. Etwa zeitgleich mit den Malern Jacques-Louis David, Robert Lefèvre und Anne-Louis Girodet-Trioson formulierte François Gérard den Typus des ganzfigurigen Repräsentationsporträts neu im klassizistischen Sinn. 1806 schuf er das wohl am weitesten verbreitete Staatsporträt Kaiser Napoléons, das ebenfalls in mehreren Ausführungen existiert. Es zeigt ihn lorbeergekrönt in antikischer Imperatorenpose im Krönungsornat vor dem Thron stehend. Die Bildwirkung ist prunkvoll inszeniert. In theatralischer Heldenpose umfasst er mit seiner Rechten das lange Adlerszepter, am linken Bildrand sind auf einem Sessel die „main de justice" und der Reichsapfel niedergelegt. Diese Insignien unterstreichen symbolisch seinen Herrschaftsanspruch: Lorbeerkrone und Adlerszepter gehen auf das römische Kaisertum zurück, der Reichsapfel verweist auf das Reich Karls des Großen, das den Krönungsmantel schmückende Bienenmotiv des Merowingerkönigs Childerich erinnert an die Ursprünge der nationalen Geschichte, und die Übernahme der „main de justice", des Zeichens der Gerichtshoheit der französischen Könige, stellt den Kaiser in die Tradition dieses Königtums.
Dieses Werk François Gérards gehört zu den bedeutendsten jener großen Gruppe seiner Arbeiten, die mit dem Begriff „pompöse Repräsentationskunst" am besten charakterisiert sind. Die theatralische Attitüde wird durch die übermäßige Betonung alles Beiwerks noch unterstützt. Man meint, einen Schauspieler in seiner Glanzrolle posieren zu sehen. (I.R.)

K 4
Franz II. (1768-1835) Kaiser von Deutschland (1792-1806) und Österreich (1804-1835)

De la Richardiére nach François Dumont (1751-1831), Kupferstich, um 1805, 56,6 x 40,9 cm (Blatt), 44,8 x 33,8 (Platte)

LG: Westfälisches Landesmuseum für Kunst und Kulturgeschichte Münster, Inv. Nr. C-600367 PAD, Porträtarchiv Diepenbroick

Franz II. war Kaiser des Heiligen Römischen Reiches Deutscher Nation (1792-1806), als Franz I. österreichischer Kaiser (1804-1835) und König von Böhmen und Ungarn (1792-1835). Mit der Errichtung des österreichischen Kaisertums 1804 und der Erklärung von 1806, das Hl. Römische Reich sei erloschen, vereitelte er Napoleons Streben nach der römischen Kaiserkrone. (I.R.)

K 5
„Europa seit der Französischen Revolution, 9. Periode im Mai 1812"

Kolorierter Kupferstich. Geographisches Institut Weimar, 49,7 x 55,2 cm (Blatt)

LG: Westfälisches Landesmuseum für Kunst und Kulturgeschichte Münster. Inv. Nr. K 75-50 LM

Im Sommer 1812, beim Beginn des Feldzuges in Rußland, stand Napoleon auf dem Höhepunkt seiner Macht. Fast alle Staaten Europas - bis auf Großbritannien und Rußland - waren mit ihm verbündet, von ihm abhängig oder sogar von Angehörigen seiner Familie regiert. (G.D.)

K 6
„Confédération du Rhin"

Charles Etienne Pierre Motte (1785-1836), Lithographie, um 1820/30, 41,2 x 57,6 cm (Blatt), 36,7 x 43,3 cm (Stein), 30,7 x 41,2 cm (Bild)

LG: Westfälisches Landesmuseum für Kunst und Kulturgeschichte Münster. Inv. Nr. C-1088 LM
Lit.: FEHRENBACH, ELISABETH, Traditionale Gesellschaft und revolutionäres Recht: die Einführung des Code Napoleon in den Rheinbundstaaten. 2. Aufl. Göttingen 1978

Durch die Gründung des „Rheinbunds" am 12. Juli 1806 traten 16 Territorien des Reiches aus dem Reichsverband aus und schlossen mit Frankreich ein Defensiv- und Offensivbündnis. Daraufhin legte Kaiser Franz die Kaiserkrone nieder.
Im Dezember 1810 annektierte Napoleon die deutsche Nordseeküste, um den Handel mit England zu unterbinden („Kontinentalsperre"). Der von Napoleon als „Protektor" geführte Rheinbund war für den Kaiser der Franzosen ein politisches Mittel, um Deutschland zu beherrschen und seinen Willen überall durchzusetzen. Die Rheinbundstaaten hatten Napoleon für seine Feldzüge (ab 1808 in Spanien, 1809 gegen Österreich) Hilfstruppen zu stellen. Allein für den Rußlandfeldzug 1812 wurden 120.000 Soldaten aufgeboten. Zwar war der Rheinbund in erster Linie eine Militärallianz, doch erwartete Napoleon von seinen Verbündeten eine Übernahme wesentlicher Errungenschaften der Französischen Revolution: so die Abschaffung von Privilegien des Adels und Klerus und der Leibeigenschaft, eine effektive und gleichmäßige Besteuerung der Untertanen, die Gewerbefreiheit und die Wehrpflicht. Die meisten Mitgliedstaaten betrieben eine den jeweiligen Landesverhältnissen angepaßte Reformpolitik, z. B. Bayern, Baden und Württemberg sowie Hessen-Darmstadt. Als Modellstaaten gründete Napoleon in Westfalen das Großherzogtum Berg und das Königreich Westphalen, die er unter die Herrschaft naher Verwandter stellte. (G.D.)

K 7
Jérôme Bonaparte (1784-1860)
König von Westphalen
(1807-1813)

Werkstatt François Joseph Bosio, weißer Marmor, um 1811/13, H 54 cm

LG: Westfälisches Landesmuseum für Kunst und Kulturgeschichte Münster, Inv. Nr. D-665 LM
Lit.: Vgl. Kat. Landesmuseum Münster 2001, Der Freiherr vom Stein und Cappenberg, S. 134

Die in klassischem Stil gehaltene Büste knüpft an Porträts der römischen Kaiserzeit - und an Bildnisse seines kaiserlichen Bruders an.
Jérôme Bonaparte (1784-1860), jüngster Bruder Napoléons, erhielt 1807 nach dem Frieden von Tilsit das aus Teilen Nord- und Ostwestfalens (Osnabrücker Land, Minden-Ravensberg, Paderborner Land), vor allem aber aus Kurhannover, Braunschweig und Hessen-Kassel gebildete Königreich Westphalen. Er residierte in Kassel und bemühte sich, aus dem Reich einen Musterstaat zu formen. In einer zweisprachigen Ausgabe wurde der „Code Napoléon" als Ge-

setzbuch eingeführt und damit das moderne französische Rechtssystem übernommen. Bei der Gründung erhielt das Königreich im November 1807 die erste Verfassungsurkunde in Deutschland und wurde zur ersten konstitutionellen Monarchie in Deutschland - auch wenn das Parlament nach der Ablehnung eines Budgets 1810 nicht mehr einberufen wurde. Der immense Geldbedarf von Hof, Verwaltung und Kriegführung verursachte zudem eine enorme Staatsverschuldung. (G.D.)

K 8
Karl Reichsfreiherr vom und zum Stein (1757-1831)

Jakob Schorb (1809-1858), Carrara-Marmor, 1842, H 60,5 cm, Br 39,8 cm, T 32,5 cm

LG: Landschaftsverband Westfalen-Lippe Münster
Lit.: APPUHN, HORST, Das Bildnis des Freiherrn vom Stein. Köln 1975, S. 96-98

Karl Reichsfreiherr vom und zum Stein war von 1804 bis Januar 1807 preußischer Finanz- und Wirtschaftsminister und von September 1807 bis November 1808 leitender Minister in Preußen. In dieser Zeit setzte er grundlegende Neuerungen (Bauernbefreiung, Städteordnung) - die sogen. preußischen Reformen - durch.
1833 beschloß der westfälische Provinziallandtag, in seinem damaligen Sitzungssaal, dem Friedenssaal des Rathauses von Münster, eine Büste Steins aufzustellen. Entsprechende Verhandlungen mit den Bildhauern Christian Daniel Rauch (Berlin) und Wilhelm Achtermann (Münster) scheiterten jedoch, da beide den preußischen Minister nie gesehen hatten und sich außer Stande sahen, posthum eine porträtähnliche Büste zu schaffen. Erst Jakob Schorb, der sich 1841 in Münster aufhielt, um eine Büste des Erzbischofs Clemens August Frhr. Droste zu Vischering anzufertigen, nahm den Auftrag an. Er schuf 1841 in Rom nach verschiedenen Vorlagen und Vorbildern eine überlebensgroße Marmorplastik, die, dem Urteil seiner Zeitgenossen nach, zwar nicht sprechend ähnlich ist, aber das Charakteristische des großen Staatsmanns trefflich zum Ausdruck bringt. Ab dem 17. Mai 1843 stand sie im Friedenssaal zu Münster und hat seither mehrfach den Standort gewechselt. (I.R.)

K 9 Abb. S. 123
Pokal der westfälischen Landstände

Augsburg ? und Köln ? (Christian Schweling d. Ä. ?), vor 1667, Glas, formgeblasen, Mattschnitt, Schliff; Silber, vergoldet, gegossen, getrieben, graviert, Glasflüsse. H 70,2 cm; Dm untere Schale 22,3 cm; Dm obere Schale (mit Steinbesatz) 25 cm, Dm Fuß 24,7 cm

LG: Hessisches Landesmuseum Darmstadt, Inv. Nr. Kg 52:60
Lit.: Siehe S. 122

Der Pokal wurde 1667 den westfälischen Landständen in Arnsberg vom Kölner Kurfürst-Erzbischof Maximilian Henrich zum Geschenk verehrt. Er befand sich bis 1808 in Arnsberg und ist dann auf Wunsch des Großherzogs Ludewig I. von Hessen nach Darmstadt überführt worden.
Auf einem gekehlten Scheibenfuß steht, den Reichsapfel im rechten Fang haltend, ein bekrönter Doppeladler. Darauf folgen, getrennt durch einen mit Lorbeer und Eichenlaub verzierten Wulstrand, Kuppa und Deckel aus zwei aufeinandergesetzten gerippten Glasschalen. Beide Schalen sind mit mattgeschnittenen Blumenmotiven versehen und tragen das löwenflankierte kurkölnische Wappen mit wittelsbachischem Wappen im Herzschild. Das Wappen der Deckelschale steht auf dem Kopf, ebenso eine hier zugefügte genrehafte Szene mit Jäger und Hund. Den Abschluß bildet ein vollplastisches springendes Roß auf einem Untergrund aus Weinlaub.
Der Pokal ist mit zahlreichen geschliffenen farbigen Glasflüssen in Kastenfassungen besetzt. Nur auf dem Reif der Deckelschale finden sich dafür speziell vorgesehene Rahmungen. Der restliche Besatz ist zwar symmetrisch verteilt

oder an exponierten Stellen (Stirn und Brust des Rosses, Brust des Adlers) angebracht, jedoch nicht organisch mit dem Untergrund verbunden. (W.G.)
Siehe dazu auch den Beitrag von Dr. W. Glüber im vorliegenden Katalog auf S. 120-122.

K 10
Napoléons Russlandfeldzug 1812/Untergang der Grande Armée

Dieter Schalk, Diorama, Material: Zinn, Blei, Antimon, bemalt. In Vitrine 45 x 59 cm
LG: Privat (Dauerleihgabe)

Winterlandschaft mit Gefallenen, Verwundeten und Flüchtenden, von Wölfen bedroht.

K 11
Napoléons Russlandfeldzug 1812

Farbdruck nach nicht näher bekanntem und bezeichnetem Original, 50 x 70 cm

Sauerland-Museum des Hochsauerlandkreises Arnsberg

Flüchtende Soldaten der Grande Armée in einer Winterlandschaft. Nur ca. 5.000 von ehemals über 600.000 Soldaten erreichten die preußische Grenze.

K 12
Übergang über die Beresina 1812

Farbdruck nach einer Lithographie von Albrecht Adam (1786-1862), 49 x 69 cm

Sauerland-Museum des Hochsauerlandkreises Arnsberg
Lit.: THIEME ULRICH /BECKER FELIX, Allgemeines Lexikon der Bildenden Künste von der Antike bis zur Gegenwart, Bd. 1, München 1992 (Nachdruck von 1907/08) S. 57

1812 erlitt die Grande Armée Napoléons I. bei ihrem Rückzug über die Beresina, einem rechten Nebenfluß des Dnepr, schwere Verluste. Zwei Armeekorps sowie Napoléon selbst und seine Garde konnten sich über die beiden von Pionieren geschlagenen Brücken retten. 5.000 Menschen, darunter auch französische Flüchtlinge aus Moskau mit ihren Familien, blieben am jenseitigen Ufer zurück und gerieten in russische Gefangenschaft.
Der als Pferde- und Schlachtenmaler bekannte Albrecht Adam hat dieses historische Ereignis hier bildhaft umgesetzt. Er war 1812 in Begleitung von Eugène Beauharnais, dem Vizekönig von Italien, Augenzeuge aller Gefechte und Schlachten des Feldzuges nach Russland. 1827-1833 gab er, unter Verwendung seiner Originalskizzen und mit Hilfe seiner Söhne Franz und Benno, eine Sammlung von 100 Lithographien unter dem Titel „Voyage pittoresque et militaire de Willenberg en Prusse jusqu'à Moscou, fait en 1812 etc." heraus. Daraus stammt das hier als Farbdruck vervielfältigte Blatt. (I.R.)

K 13
Deutschland 1807 nach Gründung des Rheinbundes

Wandkarte, Reproduktion aus: Großer historischer Weltatlas. München 1991. 70 x 100 cm.

Sauerland-Museum des Hochsauerlandkreises Arnsberg

K 14
Code Napoléon für das Großherzogtum Berg

Typendruck, Düsseldorf 1810, 20 x 26 cm (aufgeschlagen)

LG: Westfälisches Landesmuseum für Kunst und Kulturgeschichte Münster, Bibl. Sign. J 385 AV
Lit.: FEHRENBACH, ELISABETH, Traditionale Gesellschaft und revolutionäres Recht: die Einführung des Code Napoleon in den Rheinbundstaaten. 2. Aufl. Göttingen 1978

Seit 1800 arbeiteten französische Juristen unter Federführung von Napoléon an einem Zivilgesetzbuch, das 1804 publiziert und durch Gesetz vom 3. September 1807 als Code Napoléon rechtskräftig wurde. In ihm sind die sozialen Errungenschaften der französischen Revolution festgeschrieben. Er wurde am 15. November im Königreich Westphalen und am 1. Januar 1810 im Großherzogtum Berg eingeführt. (I.R.)

zu K 15

K 15   Abb. S. 55
Paraphierter Vertrag zur Gründung des Rheinbundes (Rheinbundakte) vom 13. Juli 1806

Papierlibell, 14 Blatt (31 x 20 cm), an blauem Seidenband 13 aufgedruckte rote Lacksiegel der Unterzeichner (Bl. 13–13v)

LG: Hessisches Staatsarchiv Darmstadt, Bestand A 6 Nr. 38

Die hier in der von den Verhandlungsdelegationen paraphierten Fassung vorliegende Pariser Rheinbundakte ist ein Instrument der napoleonischen Hegemonialbestrebungen über die bisher dem Heiligen Römischen Reich angehörenden Staaten des „Dritten Deutschland". Mit diesem vierzig Artikel umfassenden Dokument, unterzeichnet u.a. von dem französischen Außenminister Charles Maurice Duc de Talleyrand, Antoine de Cetto, Georg Graf v. Wintzingerode, Karl Leopold Graf v. Beust, Sigismund Baron Reitzenstein und Hans Christoph (Jean Ernst) Baron v. Gagern, sagten sich die bisherigen Reichsstände Bayern, Württemberg, Baden, Berg und Kleve, Hessen-Darmstadt, Nassau-Usingen, Nassau-Weilburg, Hohenzollern-Hechingen, Hohenzollern-Sigmaringen, Salm-Salm, Salm-Kyrburg, Isenburg-Birstein, Arenberg, Liechtenstein und von der Leyen sowie der Kurerzkanzler und nunmehrige Fürstprimas v. Dalberg vom Reich los und schlossen sich zu einer Konföderation zusammen, die mit Napoléon als ihrem Protektor formell ein Offensiv- und Defensivbündnis bildete. Neben dem Kurfürst von Baden und dem Herzog von Berg wurde auch der Landgraf von Hessen-Darmstadt, der das alte kurkölnische Herzogtum Westfalen als dritte Provinz erhalten hatte, zum Großherzog erhoben. Als Bundesorgan war ein in Königs- und Fürstenkolleg eingeteilter Bundestag in Frankfurt vorgesehen, der freilich nie zusammentrat.

Die meist erheblich vergrößerten Staatsgebiete der Bündnisglieder waren in ihren Pflichten ganz Frankreich zugeordnet. So war die Stellung von Truppenkontingenten vorgesehen; das Großherzogtum Hessen hatte z. B. 4.000 Mann zu stellen (gegenüber Bayern: 30.000 Mann). Verbunden mit der Gründung des Rheinbunds war der Austritt seiner Mitglieder aus dem Heiligen Römischen Reich, das seinerseits nach einem Ultimatum Napoléons drei Wochen später (am 6. August) aufgelöst wurde. Bis 1808 erweiterte sich der 1806 begründete Bund auf 39 Staaten mit knapp 15 Millionen Einwohnern und einer Gesamttruppenverpflichtung von etwa 120.000 Mann. Nach der Niederlage Napoléons 1813 in der Völkerschlacht bei Leipzig brach auch der Rheinbund auseinander. (J.F.B.)

K 16
Bekanntgabe der Aufhebung der Landstände vom 1. Oktober 1806.

In: Großherzoglich Hessische Verordnungen vom August 1806 bis Ende des Jahres 1808, Darmstadt 1811

Sauerland-Museum des Hochsauerlandkreises Arnsberg

Ludewig, von Gottes Gnaden, Großherzog von Hessen, Herzog in Westfalen, hebt am 1. Oktober 1806 die Landstände in allen Provinzen auf. Er begründet die Aufhebung mit der Vereinheitlichung der Verfassung in seinen alten und neuen Ländern. Die ständische Verfassung hemme außerdem die Administration und sei mit hohen Kosten verbunden. Die Amtsgeschäfte überträgt er den jeweiligen Landesbehörden. Er garantiert die Übernahme der Schulden der Landstände. (J.S.H.)

K 17
Arnsbergisches Intelligenz=Blatt vom 4. März 1814

Zeitungsdruck, 23 x 18,5 cm

Sauerland-Museum des Hochsauerlandkreises Arnsberg

Im Arnsbergischen Intelligenz-Blatt wurden die Verordnungen der „Großherzoglich Hessischen für das Herzogthum Westphalen angeordneten Regierung" in Arnsberg publiziert. In der Ausgabe Nro. 18 vom Freitag, dem 4. März 1814, wird zunächst eine Verordnung des Großherzogs Ludewig X. vom 21. Februar 1814 nach dem Edikt vom 17. Februar zur Erhebung von Steuern näher erläutert. Im weiteren sind gerichtliche Abladungen und Verkäufe sowie ein Kriegerlied für die deutsche Landwehr veröffentlicht. (J.S.H.)

Raum L

L 1
„Und wenn ihr die schwarzen Gesellen fragt: ..."

R. Weber, Öl/Karton, 46,5 x 61,5 cm

Sauerland-Museum des Hochsauerlandkreises Arnsberg

In einer Abstellkammer ist zwischen Stroh ein Ensemble mit Uniformteilen, Waffen, Büchern und Dokumenten sowie Eichenlaub zu sehen, das eindeutig als „Nachlass" eines „Lützowers" erkennbar ist. An der Wand, die mit obiger Zeile aus einem der bekanntesten Gedichte Theodor Körners beschrieben ist, hängt eine Signaltrompete.
Das Bild ist eine Reminiszenz an den deutschen Befreiungskrieg 1813-1815 und speziell an die Ruhmestaten der Lützower, eines 1813 von Major Ludwig Adolf Wilhelm Freiherr von Lützow

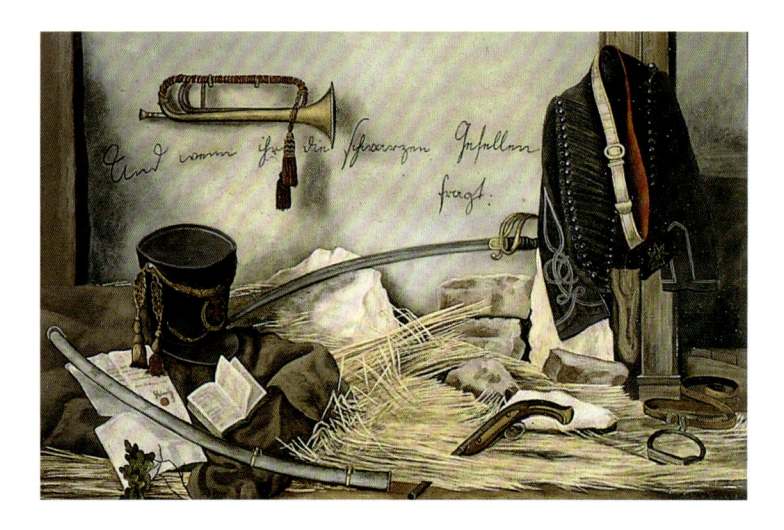

auf der Basis der Selbstausrüstung gegründeten Freikorps von etwa 760 Mann. Zu den Lützowern gehörten u. a. auch die jungen Dichter Theodor Körner (der 1813 fiel) und Joseph Freiherr von Eichendorff. (I.R.)

L 2
Friedrich Wilhelm III. (1770-1840) König von Preußen 1797-1840

Emil Krafft nach einem Gemälde von Ernst Gebauer, Lithographie, 1831, Königlich Lithographisches Institut zu Berlin, 63,5 x 48,0 cm (Blatt)

Sauerland-Museum des Hochsauerlandkreises Arnsberg

Hauptbeschriftung: Friedrich Wilhelm III. / König von Preussen / Allen guten Preußen gewidmet und zum besten der durch die Cholera in Nothstand gerathenen Bewohner der Monarchie, und der / Armen-Speisungs=Anstalten, herausgegeben von / E. Gebauer.

Ernst Gebauer (1782-1865) stellte seine Kunst ganz in den Dienst der Wohltätigkeit, wie auch die Beschriftung dieses großformatigen Blattes zeigt. König Friedrich Wilhelm III. ist als Brustbild vor wolkigem Hintergrund barhäuptig, aber in Uniform und hochdekoriert dargestellt, vgl. auch M 1. (I.R.)

Zur Biografie siehe den Beitrag von Dr. Jürgen Schulte-Hobein im vorliegenden Katalog S. 219-222

L 3
Schnupftabakdose mit dem Porträt des preußischen Feldmarschalls Gebhard Leberecht von Blücher (1742-1819)

Johann Heinrich Stobwasser (1740-1829), Holz, schwarz lackiert, farbige Öllackmalerei mit Klarlackabschluß auf Papiermaché, um 1814/1818. H 1,8 cm, Dm 9,4 cm

LG: Westfälisches Landesmuseum für Kunst und Kulturgeschichte Münster, Inv. Nr. G-1012 LM
Lit.: WEISS, GISELA/DETHLEFS, GERD, Zerbrochen sind die Fesseln des Schlendrians. Westfalens Aufbruch in die Moderne. Münster 2002, S. 312

Der Braunschweiger Lackfabrikant Stobwasser produzierte qualitätvolle Lackarbeiten u.a. mit den Helden der sog. „Befreiungskriege" gegen Napoleon 1813-1815, unter denen der hochdekorierte preußische Marschall Blücher wohl die größte Popularität genoß. Blücher hatte die Preußen im Winter 1813/14 über den Rhein bis nach Paris geführt; unter seinem Kommando gelang es der schon einmal geschlagenen preußischen Armee gemeinsam mit der britischen Armee unter Wellington am 18. Juni 1815 bei Waterloo, dem französischen Kaiser Napoléon die entscheidende Niederlage zuzufügen. (G.D.)

L 4
„Schlacht-Gesang der westphälischen freiwilligen Jäger"

P. H. 1814, Druck, 19,8 x 17,5 cm

Sauerland-Museum des Hochsauerlandkreises Arnsberg

Es handelt sich um ein achtstrophiges Lied, das im Rahmen der Befreiungskriege 1814 entstand. Die Jäger scheinen aus dem Sauerland zu stammen, da die „vaterländische Ruhr" erwähnt wird. Inhaltlich geht es um die Befreiung von der französischen Herrschaft und um die Wiederherstellung der deutschen Freiheit. (J.S.H.)

L 5
Feierlichkeitsbeschreibung vom glorreichen Einzug der Alliierten in Paris am 31. März 1814

Sonderdruck, Arnsberg 19. April 1814, 4 Seiten, 22 x 18,8 cm

Sauerland-Museum des Hochsauerlandkreises Arnsberg

Nach dem Einzug der Alliierten in Paris am 31. März 1814 gelangte die Nachricht hiervon am 6. April nach Arnsberg. Einen Tag später ist dieses denkwürdige Ereignis der Bevölkerung durch Kanonendonner und Glockengeläut zur Kenntnis gebracht worden. Am 16. und 17. April 1814 wurde dann in Arnsberg ein großes Fest gefeiert. Die Altstadt, die Kaserne, die Abtei Wedinghausen und das Eichholz waren illuminiert, der großen transparenten Siegesinschrift am Rathaus die Namen der gefeierten Helden Schwarzenberg, Barklai de Tolly, Blücher und Wrede beigefügt. Auch erleuchtete Denksprüche ließen die Helden hoch leben. Am 17. 4. wurde durch Pfarrer Sauer ein feierliches Hochamt gehalten und der Tag mit einem festlichen Ball beschlossen. (J.S.H.)

L 6
Predigt bei der gottesdienstlichen Feier des Einzuges der verbündeten Heere in Paris am 17. April 1814

Pfarrer Friedrich Adolph Sauer. Gedruckt 1814 bei Franz Herken in Arnsberg, 18 x 17 cm

Sauerland-Museum des Hochsauerlandkreises Arnsberg

Sauer hielt diese Predigt am 17. April 1814 in der katholischen Pfarrkirche (seit 1859 Propsteikirche) zu Arnsberg angesichts des Einzugs der Alliierten Heere in Paris. Er gibt einen umfangreichen Rückblick auf die französische Herrschaft in Deutschland und beklagt die vielen Opfer. Die beiden Leitfragen der Predigt: 1. Wer hat Deutschland und Europa von der Unterdrückung befreit? und 2. Warum dauerte diese Unterdrückung so viele Jahre? beantwortet er aus religiöser Sicht. (J.S.H.)

L 7
„An Mein Volk" – Aufruf des preußischen Königs Friedrich Wilhelm III. vom 20. März 1813

Zeitungsdruck, 20,0 x 14,5 cm

Sauerland-Museum des Hochsauerlandkreises Arnsberg

Mit seinem Aufruf vom 20. März 1813 löste der preußische König Friedrich Wilhelm III. eine Volksbegeisterung gegen die Franzosenherrschaft aus. Aus allen Provinzen strömten die Männer zu den Waffen. Der Aufruf erfolgte in der „Schlesischen privilegirten Zeitung" in Breslau, da die Stadt außerhalb des französischen Besatzungsgebietes lag. (J.S.H.)

L 8
„Urkunde über die Stiftung des eisernen Kreuzes" vom 10. März 1813

In: Gesetz-Sammlung für die Königlichen Preußischen Staaten 1813. Nr. 7. Berlin 1822, S. 31-33, Typendruck. 22,5 x 44,0 cm (aufgeschlagen)

LG: Westfälisches Landesmuseum für Kunst und Kulturgeschichte Münster. Bibl. Sign. J 825 AV-1813

Das Eiserne Kreuz, ein von König Friedrich Wilhelm III. gestifteter preußischer Orden, wurde für Verdienste im Befreiungskrieg 1813-1815 verliehen. Von Karl Friedrich Schinkel nach einem persönlichen Entwurf Friedrich Wilhelm III. gestaltet, besteht es aus zwei Klassen und einem Großkreuz. Dekoration: schwarzes in Silber gefaßtes Andreaskreuz mit dem Namenszug F. W., der königlichen Krone, einer Verzierung von Eichenblättern und der Jahreszahl 1813. 1870, bei Ausbruch des deutsch-französischen Krieges, wurde es mit der Änderung erneuert, dass auf der glatten Vorderseite ein W. mit der Jahreszahl 1870 angebracht worden ist. Weitere Erneuerungen mit zeitgemäßen Veränderungen erfolgten 1914 und 1939. (I.R.)

Raum M

M 1
Abb. S. 221
Friedrich Wilhelm III. (1770-1840) König von Preußen 1797-1840

Ernst Gebauer (?) nach Franz Krüger, Öl/L, nach 1836, 78 x 64 cm

LG: Landgericht Arnsberg

Das Porträt ist eine Teilwiederholung des von Franz Krüger gemalten letzten „offiziellen" Porträts des preußischen Königs. Das Original (Stiftung Preußische Schlösser und Gärten) ist ganzfigurig in Lebensgröße und 1836 datiert. Es hat dem Maler Ernst Gebauer als Kopiervorlage gedient, wie überhaupt zahlreiche Wiederholungen bzw. Kopien, auch im Brustbildformat, existieren. Dazu gehört auch das ehemals im Arnsberger Landgericht hängende Bildnis Friedrich Wilhelms III. Dieser ist in Paradeuniform dargestellt. Die Landschaft unten rechts im Hintergrund zeigt die Silhouette von Berlin mit dem Kreuzbergdenkmal. Dort hat der König gewissermaßen Position bezogen, denn südlich davon lag das Tempelhofer(Manöver-)Feld. (I. R.)

M 2
Gruppenbildnis der Bevollmächtigten beim Wiener Kongreß 1814

Jean Godefroy nach Jean-Baptiste Isabey, Kupferstich,1819, 65,5 x 87,6 cm (Blatt, beschnitten)

LG: Westfälisches Landesmuseum für Kunst und Kulturgeschichte Münster. Inv. Nr. C-505931 PAD, Porträtarchiv Diepenbroick
Lit.: Kat. Landesmuseum Münster 2001, Der Freiherr vom Stein und Cappenberg. S. 151 (mit Abb.)

Die europäischen Monarchen und ihre Gesandten gaben auf dem Wiener Kongreß Europa eine neue politische Ordnung: Am linken Rand stehend Wellington, vor ihm sitzend Hardenberg, vor dem Sessel stehend der österreichische Kanzler Metternich, am Tisch neben dem Lehnstuhl sitzend der Brite Castlereagh, rechts am Tisch sitzend der französische Außenminister Talleyrand. (G.D.)

M 3
Fürst Karl August von Hardenberg (1750–1822)

Anton Wachsmann, Verlag Gebr. Schumann Zwickau, Kupferstich um 1815/20, 26,8 x 21,4 cm (Blatt), 12,1 x 18,3 cm (Platte)

LG: Westfälisches Landesmuseum für Kunst und Kulturgeschichte Münster. Inv.Nr. K 57-336 LM

Hardenberg, seit 1792 preußischer Minister für Franken, war 1803 - 1806 für die Außenpolitik mitzuständig gewesen und 1807 Vorgänger des Freiherrn vom und zum Stein als leitender Minister. Als dessen zweiter Nachfolger ab 1810 setzte er das Reformwerk, allerdings im Sinne eines bürokratischen Obrigkeitsstaates, fort. Als Staatskanzler leitete er sowohl die preußische Reformpolitik und bestimmte zugleich die Außenpolitik. Sein insgesamt geschicktes Taktieren trug wesentlich zum Sieg der verbündeten Mächte über Napoleon bei. Beim Wiener Kongreß betrieb er die Vergrößerung Preußens, erhielt aber statt des erstrebten Königreichs Sachsen nur die Rückgabe der altpreußischen Gebiete in Westfalen, immerhin arrondiert durch das bis dahin hessische Sauerland. (G.D.)

M 4
Musterblatt für ein Relief des preußischen Adlers

Kreidelithographie, o. J. (um 1820/30), 43,1 x 53,0 cm (Blatt)

LG: Westfälisches Landesmuseum für Kunst und Kulturgeschichte Münster. Inv. Nr. C-9986 LM

Dieses aus Soest stammende Blatt ist ein Muster für Bildhauer, um den preußischen Adler in der seit 1815 üblichen Form in ein Relief umsetzen zu können. (G.D.)

M 5
Figurine mit Uniform eines preußischen Artillerieoffiziers von 1813

LG: Privatbesitz

Gezeigt wird das Replikat eines Artilleristen zu Fuß nach der Reorganisation der Preußischen Armee von 1808, notwendig geworden durch die vernichtenden Niederlagen bei Jena und Auerstedt am 14. Oktober 1806.
Der hastige Wiederaufbau der preußischen Armee führte zu einer gewissen Uneinheitlichkeit in der Uniformierung und Bewaffnung der Soldaten. Besonders bei den sich vielerorts bildenden Freikorps wurde Zivilkleidung benutzt oder notdürftig umgeschneidert.
Getragen wird hier der neue „kurze" Rock mit zwei Knopfreihen ohne jede Litzenverzierung, ein Tschako mit Wachstuchüberzug und diesel-

ben Hosen, Schuhe und Gamaschen wie die Infanterie. Die einzelnen Artilleriebrigaden unterschieden sich in ihrer Uniform nur noch durch die Farbe der Achselklappen, die Uniformen wurden also austauschbar.
Die Bewaffnung bestand aus kurzem Säbel nach französischem Vorbild. (OVG)

M 6
Siegelstempel für die „KÖN: PR: BÜRGERMEISTEREI BRILON", nach 1815

Messing mit Dorn, H 2,2 cm,
Stempel Dm 2,6 cm

LG: Westfälisches Landesmuseum für Kunst und Kulturgeschichte Münster. Inv. Nr. SI-70 LM

Die Zentralisierung der preußischen Verwaltung ist ablesbar an der Verwendung des preußischen Adlers auf Dienstsiegeln – sogar von Kommunen, denen oft die Weiterführung älterer Siegelbilder erlaubt wurde. (G.D.)

M 7
Deutschland 1815 nach dem Wiener Kongreß

Wandkarte, Reproduktion aus: Großer historischer Weltatlas. München 1991. 70 x 100 cm

M 8
Wiener Kongressakte vom 9. Juni 1815

LG: Geheimes Staatsarchiv Preußischer Kulturbesitz Berlin

Der Wiener Kongress fand vom 18. 9. 1814 - 9. 6. 1815 statt. Er war die im Pariser Frieden vom 30. 5. 1814 vereinbarte Zusammenkunft der Monarchen und Vertreter der wichtigsten Staaten zur politischen Neuordnung Europas nach den Napoleonischen Kriegen. Die Vertreter der 4 Hauptverbündeten waren: für Russland Zar Alexander I. und K. W. Graf Nesselrode, für Preußen König Friedrich Wilhelm III. und Kanzler K. A. Fürst von Hardenberg, für England R. St. Viscount Castlereagh und A. W. Duke of Wellington, für Österreich Kaiser Franz I. und C. W. Fürst Metternich (Vorsitzender). Frankreichs Vertreter C. M. de Talleyrand erreichte, daß sein Land als 5. entscheidende Macht auftreten konnte.
Anstelle des 1806 aufgelösten Heiligen Römischen Reichs trat der Deutsche Bund. Er war ein lockerer Zusammenschluss von 34 deutschen Einzelstaaten. Gesandte (Botschafter) der Staaten trafen sich auf einem ständigen Gesandtenkongress in Frankfurt am Main, dem „Bundestag". Auch ausländische Mächte waren vertreten: Dänemark für Holstein und Lauenburg, Grossbritannien für Hannover, die Niederlande für Luxemburg und Limburg. (I.R.)

M 9
Ratifikationsurkunde König Friedrich Wilhelms III. von Preußen zu einem Vertrag zwischen Österreich, Preußen und dem Großherzogtum Hessen über die Abtretung des Herzogtums Westfalen, 21. Juni 1815

Papierlibell in rotem Samtumschlag, 6 Blatt (ca. 37 x 25 cm), mit Unterschrift und Siegel (fehlt) des Königs an schwarz-silberner Seidenschnur sowie der Unterschrift des Fürsten v. Hardenberg

LG: Hessisches Staatsarchiv Darmstadt, Bestand A 6 Nr. 151

Der am 10. Juni 1815 in Wien von den Fürsten von Metternich und von Hardenberg namens des Kaisers von Österreich und des Königs von Preußen auf der einen Seite, und dem Baron Johann von Türckheim namens des Großherzogs Ludewig I. von Hessen paraphierte Vertrag, der vierzehn Tage später von den Vertragspartnern ratifiziert wurde, steht in unmittelbarem Zusammenhang mit den kurz vorher nach der endgültigen Niederlage Napoléons vereinbarten Wiener Verträgen, besonders der Bundesakte vom 8. Juni und der Kongressakte vom 9. Juni. Ersterer brachte mit der Errichtung des Deutschen Bundes als eines lockeren Staatenbundes eine – wenngleich noch unbefriedigende - Neuordnung der Verfassungsverhältnisse im Bereich der deutschen Staaten einschließlich Österreichs. Letzterer bestätigte das neu entstandene Gleichgewicht der Großmächte auf europäischer Ebene, das sich durch die Rückeroberung der von Frankreich besetzten und verwalteten linksrheinischen Länder auch auf die territoriale Struktur des Deutschen Bundes auswirkte. Das nun wieder erstarkte Königreich Preußen konnte im Zuge der anstehenden Tauschaktionen vom Großherzogtum Hessen das alte Herzogtum Westfalen erhalten, wohingegen Hessen zur Entschädigung einige linksrheinische Gebiete aus dem Département Donnersberg erhielt, die zu einer neuen Provinz Rheinhessen zusammengefasst wurden.

Der in französischer Sprache verfasste Vertrag vom 10. Juni 1815 fixiert in staatsrechtlich gültiger Weise die sich aus den Territorialverschiebungen zwischen Preußen, Österreich und Hessen-Darmstadt ergebenden Konsequenzen. Im ersten Artikel wurde hinsichtlich Westfalens kurz und bündig erklärt: *Son Altesse Royale le Grand Duc de Hesse céde à sa Majesté le Roi de Prusse le Duché de Westphalie, pour etre possédé par Elle, ses heritiers et successeurs en toute proprieté et Souveraineté.* Darüber hinaus wurde für Westfalen besonders der Übergang der Einkünfte und Verpflichtungen, der Rückzug der Truppen sowie die Übernahme der Beamtenschaft geregelt, z.B. Art. 6: *Sa Majesté le Roi de Prusse se charge des tous les officiers civils employés dans l'administration du Duché de Westphalie, tant de ceux qui sont en activité de service, qu'en état de pension.* (J.F.B.)

M 10
Ratifikationsurkunde Kaiser Franz' I. von Österreich zu einem Vertrag zwischen Österreich, Preußen und dem Großherzogtum Hessen über die Abtretung des Herzogtums Westfalen vom 25. Juni 1815

Papierlibell, 8 Blatt (ca. 37 x 25 cm), mit Unterschrift und Wappensiegel Kaiser Franz' I. an schwarz-goldener Seidenschnur unter Papierdecke

LG: Hessisches Staatsarchiv Darmstadt, Bestand A 6 Nr. 197

Die mit seinem persönlichen Wappensiegel (Doppeladler) versehene Ratifikationsurkunde Kaiser Franz' von Österreich zum Wiener Vertrag vom 10. Juni 1815 ist weniger feierlich ausgefertigt als die preußische Gegenurkunde. Dafür ist sie der Formulierung nach als ein in lateinischer Sprache verfasstes kaiserliches Diplom gestaltet, in dem der französischsprachige Vertrag inseriert (eingerückt) ist. Ganz im Stil der alten Privilegienbriefe erklärt der Kaiser in feierlichen Worten, dass er die Bestimmungen kraft seines kaiserlichen Wortes billige und bestätige (*Nos igitur visis et perpensis omnibus dictae conventionis et articuli separati secreti stipulationibus omnes et singulas adprobavismus atque hisce ratas omnino gratasque habere declaramus verbo nostro caesario regio [...]* - als ob das alte Heilige Römische Reich noch Bestand gehabt hätte und als ob der Kaiser nicht selbst Vertragspartei gewesen wäre.

Der staatsrechtliche Übergang der bisherigen großherzoglich-hessischen Provinz Westfalen an das Königreich Preußen wurde durch das von Ludwig Baron Vincke, dem neuen Oberpräsidenten der Provinz Westfalen, im Namen König Friedrich Wilhelm III. von Preußen unterzeichnete Besitzergreifungspatent vollendet (Staatsarchiv Darmstadt, Bestand E 1 L Nr. 16/8). (J.F.B.)

Raum N

N 1
Ansicht der Stadt Arnsberg von Osten, nach 1820

NN, Öl/Pappe, auf Holz aufgezogen, 33,5 x 45,0 cm

Sauerland-Museum des Hochsauerlandkreises Arnsberg
Lit.: REISSLAND, INGRID, „Oldt Aarenspergh, diu feine...". Arnsberg in historischen Stadtbilddarstellungen. Arnsberg 1996, S. 98, Nr. 36

Der Maler zeigt die Stadt in ihrem landschaftlichen Umfeld. Den Hintergrund begrenzen der Eisenberg und die Wicheler Höhe. Im Vordergrund erblickt man die Felder und Gärten in der Ruhraue mit der 1820 von der Bürgerschützengesellschaft wiedererrichteten Vogelstange, der Johannes-Nepomuk-Kapelle und dem ersten dort erbauten Haus (Faktor Hohoff), an welchem vorbei nun die geänderte Wegeführung nach Rumbeck verläuft. Hier strebt ein Fuhrwerk der Klosterbrücke zu.
Die Stadt wird als eine wenig differenzierte, durchgängige Häuserkette vom Klosterbezirk im Süden bis zur Schlossruine im Norden dargestellt. Die Überbetonung der horizontalen Erstreckung verschleift die für das Stadtbild so charakteristischen Höhenunterschiede. Gut erkennbar sind die ab 1800 einsetzende Bebauung am Klostertor sowie Kaiserspförtchen mit einem Weg zur Ruhr hinab. Die Evangelische Kirche ist noch nicht errichtet. Als kleinere Details sind das sogen. Badehaus an der Ruhr und „Mengen an der Schlacht" berücksichtigt. (I. R., Text gekürzt aus oben angegebener Literatur).

N 2   Abb. S. 74
Ansicht der Königstraße in Arnsberg, um 1830

Christian Tangermann (um 1760–1830), altkolorierte Lithographie, 30 x 46 cm

LG: Arnsberger Heimatbund e. V.
Lit.: REISSLAND, INGRID, „Oldt Aarenspergh, diu feine...". Arnsberg in historischen Stadtbilddarstellungen. Arnsberg 1996, S. 106, Nr. 40

Es handelt sich um ein Widmungsblatt für den „königl. preußischen Kataster Commissions Director" Johann Nikolaus Emmerich (1791-1868), dem Pionier der Landesvermessung und Begründer der wissenschaftlichen westfälischen Landeskunde.

Christian Tangermann schuf die bisher einzige bekannte Ansicht, welche einen authentischen Eindruck vom Aussehen der Königstraße und der Fassade der fast die ganze rechte Bildhälfte einnehmenden „Alten Regierung" vermittelt. Dieser dreigeschossige Dreiflügelbau strahlt eine Repräsentanz aus, welche auch gegenwärtig noch nachvollziehbar ist. Am linken Bildrand, etwa in der Mitte, dokumentiert Honecamps Turm den ehemaligen Verlauf der Stadtmauer. Im Gegensatz zu den die Straße effektvoll belebenden Staffagefiguren ist die Architektur etwas steif und reißbretthaft geraten, was wohl darauf zurückgeht, dass Tangermann vorwiegend als Bildnismaler tätig war. Die zumeist für die preußischen Regierungsbeamten errichteten Häuser der Königstraße (auch der in der Dedikation genannte Direktor Emmerich wohnte dort) boten den gehobenen Wohnkomfort, von welchem die Altstadtbewohner Arnsbergs nur träumen konnten. Die Uniformität der Straßenbildsituation mit Einzelhäusern und Gruppenbauten, zumeist jedoch zweigeschossigen fünfachsigen Putzbauten mit ausgebautem Dachgeschoß und Krüppelwalmdach, wurde durch Freitreppen mit schmiedeeisernen Geländern, die zu den hochgelegenen Hauseingängen führten, geschmackvoll unterbrochen. (I. R., Text gekürzt aus oben angegebener Literatur)

N 3 Abb. S. 218
Das Arbeitszimmer des westfälischen Oberpräsidenten Ludwig Freiherr Vincke (1774-1844) im Schloß zu Münster

Hermann Sagert (1822-1889) nach Georg Friedrich Reichmann (1798-1853), Stahlstich, um 1845, 25,3 x 28,3 cm

LG: Privatbesitz
Lit.: WEISS, GISELA/DETHLEFS, Gerd, Zerbrochen sind die Fesseln des Schlendrians. Westfalens Aufbruch in die Moderne. Münster 2002, S. 213 m. Abb. (aquarelliertes Exemplar)

Die Familie des Freiherrn Ludwig Vincke bewohnte privat Räumlichkeiten im Schloß zu Münster. Dort befand sich auch das hier abgebildete Arbeitszimmer Vinckes. Das Interieur vermittelt einen intensiven Eindruck vom Arbeitspensum dieses vielbeschäftigten preußischen Beamten. Das Zimmer ist mit Biedermeiermöbeln einfach und zweckmäßig möbliert. **Der am Schreibtisch stehende Armlehnstuhl ist erhalten und im Original in der Ausstellung zu sehen** – vgl. N 10. (I.R.)

N 4
Maximilian Freiherr Droste zu Vischering-Padberg (1781-1845), Landrat des Kreises Brilon von 1818-1845

SW-Fotokopie, 18 x 11 cm

LG: Kreisarchiv Hochsauerlandkreis Meschede
Lit.: RICHTER, ERIKA/BRÜSCHKE, RUDOLF, Von der Kreisstube zum Dienstleistungszentrum. Landräte und Oberkreisdirektoren im Hochsauerland von 1817-1988. Fredeburg 1988

Nach einem Jurastudium in Göttingen bewarb sich Vischering-Padberg am 8. August 1816 um die Anstellung als Königlicher Landrat des Kreises Brilon. Die Ernennung geschah – unter Vorbehalt der Prüfung – am 16. Oktober 1817 durch König Friedrich Wilhelm III. Die definitive Ernennung erfolgte am 20. Dezember 1817. Der erste Landrat des Kreises Brilon begann seine Tätigkeit am 1. Januar 1818. Er war 1830/31 stellvertretendes Mitglied im Provinziallandtag für den Wahlbezirk Herzogtum Westfalen und Landrat bis zu seinem Tod 1845. Die Berichte über seine Kreisbereisungen zeigen den Umfang der Aufgaben an, die er zu lösen hatte.
Die Familie Vischering-Padberg gehört zum westfälischen Uradel des Fürstentums Münster. (I.R.)

N 5
Franz Anton Thüsing (1782-1835), Landrat des Kreises Arnsberg von 1817-1835

Braun getönte Fotografie, 20 x 16 cm, nach einer unbekannten Vorlage, vermutlich Ölbild

Sauerland-Museum des Hochsauerlandkreises Arnsberg
Lit.: Neuer Nekrolog der Deutschen 13. Jg. 1835; RICHTER, ERIKA/BRÜSCHKE, RUDOLF, Von der Kreisstube zum Dienstleistungszentrum. Landräte und Oberkreisdirektoren im Hochsauerland von 1817-1988. Fredeburg 1988; PARDUN, HEINZ, Der Kreis Arnsberg. In: 750 Jahre Arnsberg. Arnsberg 1989, S. 411-413

F. A. Thüsing studierte 1802/03 an den Universitäten Würzburg und Göttingen, wurde 1805 Hofgerichtsadvokat in Arnsberg und später zugleich Justitiar in Meschede, Patrimonialrichter zu Lehnhausen und Bergrichter zu Eslohe. Im Jahre 1817 wurde er vom preußischen König Friedrich Wilhelm III. zum Landrat ernannt. Ihm oblag die verantwortungsvolle Aufgabe, die neue landrätliche Verwaltung einzurichten und die Integration des Kreises Arnsberg in den Preußischen Staat möglichst reibungslos durchzuführen. Thüsing war Mitglied des westfälischen Provinziallandtages. In einem Nachruf auf seinen plötzlichen Tod werden ihm Humanität und Liberalität als leitende Grundsätze nachgesagt.

Er ließ sein Wohnhaus in der Arnsberger Klosterstraße erbauen. Ihm ist die Umsetzung des sog. Hirschberger Tores (vgl. C 1), dem prunkvollen Eingangsportal des 1802 auf Abbruch verkauften kurfüstlichen Schlosses zu Hirschberg, nach Arnsberg zu verdanken. Es wurde 1824 nach Arnsberg verbracht und 1826 an der Stelle des abgebrochenen Pförtnerhauses von Kloster Wedinghausen wieder aufgerichtet. (I.R.)

N 6
Caspar Ferdinand Freusberg (1764-1837), Landrat des Kreises Bilstein von 1817-1819 und von 1819-1836 des Nachfolgekreises Olpe

Fotoreproduktion nach einer Zeichnung, 37,5 x 28 cm

LG: Kreisarchiv Olpe

Der ehemalige Richter und Hofkammerrat des Justizamtes Bilstein C. F. Freusberg wurde am 1. April 1817 erster Landrat des durch Kabinettsorder vom 16. Januar 1817 gebildeten Kreises Bilstein. Er wurde am 21. August 1764 auf Burg Bilstein geboren. Nach dem Studium der Rechts- und Staatswissenschaften in Heidelberg und Bonn wurde er am 18. September 1793 zum Kurkölnischen Richter zu Bilstein ernannt. Um das Jahr 1800 erfolgte auch die Ernennung zum Rentmeister. Abgeordneter des Westfälischen Provinzial-Landtages war er von 1828-1831. Der Kreis Bilstein erhielt zunächst für die Dauer von 20 Monaten nach dem Sitz des Landrats seine Namen. Doch schon am 18. September 1818 bestimmte die preußische Regierung in Arnsberg die Stadt Olpe zum Sitz des Landratsamtes. Nach ihr wurde dann auch ein Jahr später der Kreis Bilstein in Kreis Olpe umbenannt. Landrat Caspar Ferdinand Freusberg nahm daraufhin seinen Wohnsitz in Olpe, wo er am 25. Februar 1837 verstarb. (D.T.)

N 7 Abb. S. 217
Ludwig Freiherr Vincke (1774-1844), Oberpräsident der Provinz Westfalen von 1816-1844

Kopie (um 1930) nach Friedrich Boser (1809-1881), Öl/L., um 1930, 74,5 x 57,0 cm

LG: Nordrhein-Westfälisches Staatsarchiv Münster

Lit.: KLOSTERHUIS, JÜRGEN, Vom Knabenbild zur Beamtenikone.-Vincke-Porträts und Denkmäler. In: BEHR, HANS-JOACHIM/KLOSTERHUIS, JÜRGEN, Ludwig Frh. Vincke. Ein westfälisches Profil zwischen Reformation und Restauration in Preußen. Münster 1994, S. 723 ff.

Der Porträtmaler Friedrich Boser schuf 1840 das Bildnis des 66-jährigen Vincke etwa zeitgleich mit dem Porträt von dessen Frau. Es prägte die Vorstellung vom „Vater Vincke" als Muster eines preußischen Verwaltungsbeamten bis ins 20. Jh. hinein und diente als Vorlage für zahlreiche Kopien (Ölbilder und Druckgraphiken). (I.R.)

N 8 Abb. S. 49
Friedrich von Bernuth (1757-1832), erster Regierungspräsident der Königlichen Bezirksregierung Arnsberg von 1816-1825

Druck nach einer Lithographie, ca. 12 x 18 cm

LG: Bezirksregierung Arnsberg
Lit.: BERNUTH, WOLF DIETLOFF VON, Das Bernuth-Buch. Für den von Bernuth'schen Familienverband e.V. aus Anlaß seines 75jährigen Gründungsjubiläums zusammengestellt. Neustadt a. d. Aisch 1986, S. 159ff.; Von Bernuth'scher Familienverband e.V. (Hg.), 75 Jahre von Bernuth'scher Familienverband e.V. 1911-1986. Großer Familientag 22. bis 27. Juli 1986 in Bad Sassendorf bei Soest. Eine Dokumentation, o. O., 1986, S. 55ff.; WEGMANN, DIETRICH, Die leitenden staatlichen Verwaltungsbeamten der Provinz Westfalen 1815-1918, Münster 1969, S. 244, Nr. 12

Mit Wirkung vom 1. August 1816 nahm die neugebildete Königliche Bezirksregierung Arnsberg mit rund 60 Beamten nebst Büro- und Kassenpersonal sowie Botendienst ihre Tätigkeit auf. Die aus der hessischen Zeit stammenden Behörden mußten ihre Tätigkeit einstellen. Die Leitung der Bezirksregierung Arnsberg wurde dem gebürtig aus Kleve stammenden, zuletzt in Aurich/Ostfriesland als Landesdirektor tätig gewesenen Friedrich von Bernuth übertragen. (Text auszugsweise aus oben genannter Literatur)
Johann Friedrich Wilhelm von Bernuth wurde am 10. Februar 1757 als drittes Kind des Johannes Matthias v. Bernuth (1716-1797) und der Anna Louisa Haentjens (1736-1800) in Kleve geboren. Sein Vater war königlich preußischer Kriegs- und Domänenkammer-Direktor in Kleve und erhielt 1786 den preußischen Adelsstand.
Friedrich v. Bernuth heiratete 1786 in Kleve Henriette Katharina Maria Hopman (1762-1790) mit der er vier Kinder hatte. Nach ihrem Tode ehelichte er 1792 deren Schwester Sophie Charlotte Hopman (1775-1805), die ihm sieben Kinder schenkte.
Er wuchs in Kleve auf, schrieb sich 1764 in das dortige reformierte Gymnasium ein und wech-

selte später an das Archigymnasium in Soest, wo er das Reifezeugnis erhielt. Im September 1774 ging er an die Universität Halle, um Jura zu studieren. 1778 kehrte er als Referendar an die Regierung in Kleve zurück. 1787 erfolgte seine Ernennung zum Kriegs- und Domänenrat bei der Klever Kammer, der seit 1793 Karl Freiherr vom und zum Stein als Präsident vorstand. 1794 wurde die Behörde vor der heranrückenden französischen Revolutionsarmee in das rechtsrheinische Wesel verlegt.

Während seiner Beamtenlaufbahn musste er wechselnde Funktionen an vielen Orten übernehmen. Im Jahre 1803 erfolgte seine Ernennung zum Präsidenten der Kammer in Minden und 1805 in Aurich. Nach dem Frieden von Tilsit 1807 – in dem Preußen seine Gebiete westlich der Elbe verlor - wurde Ostfriesland holländische Provinz. Friedrich v. Bernuth trat in holländische Dienste und wurde 1808 Staatsrat in Utrecht und 1809 Generaldirektor der Staatsdomänen in Amsterdam. Im Verlauf der Napoleonischen Eroberungen kam er 1810 als französischer Kontributionsdirektor wieder nach Aurich, wo er 1811 Direktor der direkten Steuern wurde. Nach der Völkerschlacht bei Leipzig (1813) wurde er Präfekt des Departements Ost-Ems und dann Landesdirektor von Ostfriesland. Nach dem Wiener Kongress musste Preußen Ostfriesland an das Königreich Hannover abtreten und Friedrich v. Bernuth bat um Weiterverwendung in preußischen Diensten. Nach einer Zwischenstation in Aachen, wo er seine Aufgaben erst 1817 beenden konnte, wurde er – verspätet, da seine Ernennung schon am 8. Juni 1816 erfolgte – „Regierungs-Chef-Präsident" der neuerrichteten königlich-preußischen Regierung in Arnsberg.

Hatten sich der Staatsminister Freiherr von Hardenberg und auch der Freiherr vom Stein in den früheren Jahrzehnten sehr günstig über die Fähigkeiten v. Bernuths geäußert, so machte Stein aus der Enttäuschung über seine Ernennung zum Regierungspräsidenten keinen Hehl. Er hatte seinen Freund, den westfälischen Adeligen Giesbert von Romberg vorgeschlagen und schrieb 1822 an Wilhelm von Humboldt: „*Man stellte ihn* (G. v. Romberg, M.G.) *nicht als Präsidenten in Arnsberg an, sondern einen schlaffen Pinsel, Herrn v. Bernuth.*" In einem Brief von 1825 an den Historiker Barthold Georg Niebuhr wiederholte er sein Urteil: „*Der gegenwärtige Präsident v. Bernuth ist leer, flach, stumpf. Ich kenne ihn seit 44 Jahren...*". Schon 1817 hatte Oberpräsident Ludwig Freiherr Vincke an seinen rheinischen Kollegen Graf Solms-Laubach über v. Bernuth geschrieben: „*ein so schwacher Mann*".

Offenbar war Friedrich von Bernuth im Alter seinen Aufgaben nicht mehr gewachsen. Mit 68 Jahren wurde er 1825 bei einem Ruhegehalt von 3000 Talern in den Ruhestand versetzt. Er zog 1830 nach Düsseldorf, wo er am 10. Oktober 1832 starb. (M.G.)

N 9
Maximilian Friedrich Adam Freiherr von Weichs zur Wenne (1767–1846)

NN, Öl/L., 1. Viertel 19. Jh.

LG: Privatbesitz
Lit.: CONRAD, HORST, Landdrost Clemens Maria von Weichs zur Wenne (1736-1815). In: GOSMANN, MICHAEL (Hrsg.), Zuflucht zwischen Zeiten 1794-1803. Kölner Domschätze in Arnsberg. Arnsberg 1994, S. 233-235

Er war das fünfte Kind und Erbfolger des Landdrosten Clemens August Maria Joseph Adam Freiherr von Weichs zur Wenne (1736-1815) – vgl. B 4. Der letzte amtierende Kölner Kurfürst-Erzbischof Maximilian Franz von Bayern ernannte ihn 1792 zum Drosten von Rüthen und zum Schulkommissar im Herzogtum Westfalen. Unter dem Kurfürsten Ludewig X. von Hessen-Darmstadt wurde er 1803 Direktor des Kirchen- und Schulrates in Arnsberg, 1805 Geheimrat und 1814 Direktor der Hessischen Regierung Arnsberg. 1816 ernannten ihn die Preußen zum Regierungsdirektor in Arnsberg. Noch im gleichen Jahr trat er jedoch von diesem Amt zurück, blieb aber preußischer Geheimrat und Ehrenmitglied der Regierung Arnsberg. Dem neuen preußischen Oberpräsidenten Ludwig Vincke war er freundschaftlich verbunden. (Text auszugsweise aus oben angegebener Literatur)

N 10
Arbeitssessel des Oberpräsidenten der Provinz Westphalen Ludwig Freiherr Vincke (1774-1844)

Holz, schwarz gestrichen, Sitz mit Lederpolster, um 1830

LG: Privatbesitz

Die Familie des Freiherrn Ludwig Vincke bewohnte privat Räumlichkeiten im Schloß zu Münster. Dort befand sich auch das Arbeitszimmer Vinckes, dessen Einrichtung uns in einem Stahlstich von ca. 1845 (vgl. N 3) überliefert ist. Das Zimmer ist mit hellen, einfach und schlicht geformten Biedermeiermöbeln zweckmäßig ausgestattet. Davon hebt sich der am Schreibtisch stehende dunkle höhenverstellbare Armlehnstuhl ab. Mit seinen markanten Klauenfüßen gehört er stilistisch noch in das 18. Jahrhundert. Die stark abgegriffene Farbe an den halbrunden Enden der Armlehne deutet auf intensive Benutzung hin. (I.R.)

N 11
Preußischer Wappenadler für Amtsgebäude

Gusseisen, Goldbronze, 19. Jahrhundert, 230 x 180 cm

Sauerland-Museum des Hochsauerlandkreises Arnsberg
Lit.: OSWALD, GERT, Lexikon der Heraldik, Leipzig 1984, S. 26

Der preußische Adler geht ursprünglich auf den Deutschen Ritterorden zurück, denn Kaiser Friedrich II. hatte 1226 dem Hochmeister des Deutschen Ordens, Hermann von Salza, das Land Preußen übertragen. Seit 1310 ist im Hochmeisterwappen der kaiserliche Schild, ein schwarzer Adler auf goldenem Grund, nachweisbar. Nach mehrfachen Besitz- und Namensänderungen fiel Preußen 1618 an den Kurfürsten Johann Sigismund von Brandenburg. Friedrich Wilhelm von Preußen (der „Große Kurfürst") erlangte 1657/1660 die volle Souveränität über das Herzogtum Preußen. Sein Sohn Friedrich III. krönte sich 1701 in Königsberg zum preußischen König. Durch Erlaß vom 27. 1. 1701 änderte er sein Wappen dahingehend, dass das Mittelschild mit dem Kurzepter durch ein Schild mit dem preußischen Adler mit den Buchstaben FR auf der Brust ersetzt wurde. Um den Hals trägt dieser eine offene herzogliche Krone, über dem Haupt aber in einem Schild die geschlossene königliche Krone. Auch das Reichsbanner zeigt einen schwarzen goldgekrönten und bewehrten Adler mit silber-

Katalog

nem Kleestengelbeschlag auf den Flügeln, im linken Fang den Reichsapfel, im rechten das wiederum adlergekrönte Zepter haltend.
In der Folgezeit wurden am Adler nur einige unwesentliche Veränderungen vorgenommen, wie auch an dem hier ausgestellten Beispiel deutlich wird.
Um die Mitte des 18. Jh. gab es auch einen natürlichen, frei schwebenden, auffliegenden Adler mit Königskrone, Zepter und Reichsapfel als preußisches Staatssymbol; im heraldischen Sinne nicht als Wappen, sondern als Hoheitszeichen geltend. Diese Adlerdarstellung wurde 1921 zum Vorbild des preußischen Landeswappens.
Der hier gezeigte Wappenadler war bis 1918 am Landratsamt (Kreisverwaltung) in Arnsberg angebracht. Zwischenzeitlich auf dem Dachboden des Landsberger Hofes (Sitz des Sauerland-Museums Arnsberg) deponiert, ist er nach seiner Restaurierung erstmalig wieder öffentlich zu sehen. (I.R.)

N 12
Münzprägungen des Königreichs Preußen 1816-1870

Sauerland-Museum des Hochsauerlandkreises Arnsberg
Lit.: ARNOLD, PAUL/KÜTHMANN, HARALD/ STEINHILBER, DIRK, Großer deutscher Münzkatalog von 1800 bis heute. München 2000, S. 261

In der Vitrine sind vorwiegend zwischen 1800/1815 und von 1816-1870 geprägte Kleinmünzen (Pfennige und Groschen) sowie einige Taler ausgestellt. Der 1/3 Reichsthaler von 1800 und die Münze zu 1x4 Groschen von 1804 zeigen das Bildnis des preußischen Königs Friedrich Wilhelm III.
1750 wurde in Preußen der 14-Taler oder 21-Gulden-Fuß eingeführt. 1 feine Mark entsprach 233,856 g Silber. 1 Taler entsprach 24 Groschen bzw. 288 Pfennigen. In den einzelnen Provinzen galten teilweise andere Münzsysteme. 1811 sah sich die preußische Regierung aufgrund eines hohen Überschusses genötigt, eine Reduktion der Scheidemünzen (Kleinmünzen) vorzunehmen. Das Verhältnis 1 Taler = 42 Groschen oder $52^1/_2$ Böhm wurde festgelegt. Die preußische Finanzverwaltung schlug mit Unterstützung des Staatsministers Frh. von und zum Stein die Einführung eines für alle Provinzen einheitlichen Münzfußes auf der Grundlage des Dezimalsystems vor. Lt. Münzgesetz von 1821 galt die feine Mark zu 14 Talern bzw. für die im 16-Taler-Fuß ausgebrachten Billonscheidemünzen = 480 Silbergroschen, 1 Taler = 30 Silbergroschen = 360 Pfennige. Auf dem preußischen 14-Taler-Fuß basierte auch die Dresdener Münzkonvention der Zollvereinsstaaten, die den Doppeltaler als einheitliche Vereinsmünze festlegte. (I.R.)

N 13
„Special-Charte von dem Königlich-Preussischen Bezirke der Regierung zu Arnsberg nach dessen neuester Eintheilung in 14 Landräthliche Kreise"

Lithographie mit blauer Grenzkolorierung, Geographisches Institut Weimar 1818, ca. 86 x 83 cm (Blatt), gerahmt ca. 90 x 87 cm

LG: Stadtarchiv Arnsberg, Stadt- und Landständearchiv Arnsberg, Kartensammlung

Die Anordnung der königlichen Regierung zu Arnsberg vom 18. September 1818 bestimmte einige Grenzen der Kreise neu. Die Regelung trat zum 1. Januar 1819 in Kraft. In der Anordnung heißt es, dass u.a. *„die erheblichen Unbequemlichkeiten beseitigt werden sollen, die zu wiederholten Beschwerdeführungen von Seiten der Betheiligten Gelegenheit gegeben haben".*
Die Karte zeigt die neuen Grenzverläufe. So wurde das spätere Amt Warstein vom Kreis Soest an den Kreis Arnsberg abgegeben. Der Bereich um Balve gehört nach der Karte noch zu Iserlohn. Er kam erst 1832 zum Kreis Arnsberg. (M.G.)

N 14
Karte vom KREISE ARNSBERG, Regierungsbezirk Arnsberg

Johann Nikolaus Emmerich (1791-1868), Lithographie, 1841. 40 x 48,5 cm

Sauerland-Museum des Hochsauerlandkreises Arnsberg

Der Kreis Arnsberg wurde 1817 gegründet. Er reichte damals von Wickede im Westen bis Velmede im Osten und von Werl im Norden bis in die Pfarrei Schönholthausen im Süden. In den ersten Jahren seines Bestehens wurde er einige Male in seinen Grenzen geändert. Erst 1832 erhielt er seine endgültige – die auf der Karte abgebildete – Gestalt. Der Kreis Arnsberg wurde zum 31.12.1974 aufgelöst und mit Ausnahme der Ämter Balve (Märkischer Kreis) und Warstein (Kreis Soest) Teil des neugebildeten Hochsauerlandkreises. (J.S.H.)

N 15
Karte vom KREISE BRILON, Regierungsbezirk Arnsberg

Johann Nikolaus Emmerich (1791-1868), Lithographie, 1845. 49 x 41 cm

Sauerland-Museum des Hochsauerlandkreises Arnsberg

Der Kreis Brilon wurde 1817 zunächst aus den Justizämtern Brilon und Marsberg gebildet. Wegen der schwierigen topographischen Verhältnisse wurde 1819 der ebenfalls 1817 gegründete Kreis Meschede wieder aufgelöst und das frühere Justizamt Medebach einschließlich Winterberg und Hallenberg dem Kreis Brilon zugeordnet. Diese Gestalt behielt der Kreis Brilon bis zum 31.12.1974. Danach ging er im neugebildeten Hochsauerlandkreis auf. (J.S.H.)

N 16
„Die Kirchspiele im Herzogthume Westphalen mit Beisezung ihrer Bevoelkerung zu Ende 1814"

Feder in Schwarz und Rot und Bleistift auf Papier, 49 x 50,5 cm

LG: Nordrhein-Westfälisches Staatsarchiv Münster, Kartensammlung A Nr. 22217

Die Karte enthält alle zum Herzogtum Westfalen gehörenden Orte von Benninghausen im Norden und Roemershagen im Süden bis Sümmern in Westen und Niedermarsberg im Osten. Die Amtsgrenzen sind mit Bleistift eingetragen, die Ortsnamen schwarz geschrieben und die Amtssitze unterstreichen. Beigefügt sind die Einwohnerzahlen (schwarz) und die Gebäudeanzahl (rot). Gerade rote Linien kennzeichnen fertiggestellte Chausseen, rot gepunktet sind im Bau befindliche, wie z. B. diejenige zwischen Meschede und Freienohl.
Rückseitig befindet sich eine große Entfernungs-Tabelle von den Amtssitzen, gemessen in Stunden *„wie sie der nicht zu langsame aber auch nicht zu eilfertige Fußgaenger zurückzulegen pflegt".* (I.R.)

N 17
Erstes Amts=Blatt der Königlichen Regierung zu Arnsberg vom 3. August 1816

Sauerland-Museum des Hochsauerlandkreises Arnsberg

Am 1. August 1816 nahm die neugebildete königliche Regierung in Arnsberg mit rund 60 Beamten ihre Arbeit auf. Die aus der hessischen Zeit stammenden Behörden mußten ihre Tätigkeit einstellen. Zwei Tage später erschien das erste Amtsblatt der neuen Regierung. Hierin wurden die Einsetzung und der Geltungsbereich der Regierung bekannt gegeben. (J.S.H.)

N 18
Bestell-Zettel der Casino-Gesellschaft Arnsberg

Um 1900, 26 x 18 cm

Sauerland-Museum des Hochsauerlandkreises Arnsberg

Zwei Jahre nach Einrichtung der Arnsberger Regierung schlossen sich 84 Beamte, meist höheren Dienstes, gesellschaftlich zur „Casino-Gesellschaft" zusammen. Ein Ausschuss der Gesellschaft beantragte den Bau eines Gesellschaftshauses, da – wie es im Antrag hieß – „*es hier an einem Lokal mangelt, wo Feste gefeiert und wo hohe Staatsbeamte bewirtet werden können*". Das Casino war das Synonym für Arnsbergs soziale Oberschicht. Es bestand bis 1945. (J.S.H.)

N 19
Extra-Beilage zum Arnsberger Intelligenzblatt vom 16. Juli 1816

Zeitungsdruck, 22,5 x 20 cm

Sauerland-Museum des Hochsauerlandkreises Arnsberg

Am 16. Juli 1816 berichtet das „Arnsberger Intelligenzblatt" in einer „*Extra-Beilage zum Arnsberger Intelligenzblatt*" von der einen Tag zuvor erfolgten Inbesitznahme des Herzogtums Westfalen durch den Oberpräsidenten Ludwig Freiherr Vincke für das Königreich Preußen im Arnsberger Rathaussaal. Die Übergabe erfolgte hessischerseits durch den Hofkammer-Director von Kopp und durch General-Leutnant von Schaeffer-Bernstein. (J.S.H.)

N 20
Verzichtserklärung Ludewigs I., Großherzog von Hessen und bei Rhein, Darmstadt 8. Juli 1816

Abb. S. 48

Druck

LG: Stadtarchiv Arnsberg 18/8

Der Wiener Kongress hatte 1815 das Herzogtum Westfalen Preußen zugeteilt. Mit der Verzichtserklärung begab sich der Großherzog aller Rechte und sprach die Einwohner „*von jeder Lehens-, Dienst- und Unterthanenpflicht*" ihm gegenüber frei. (M.G.)

N 21
Preußisches Besitzergreifungspatent, Arnsberg 15. Juli 1816

Druck

LG: Stadtarchiv Arnsberg 18/8

Das „*Patent wegen Besitzergreifung des Herzogthums Westfalen und der Grafschaften Wittgenstein-Berleburg und Wittgenstein-Wittgenstein*" folgte dem in Berlin am 21. Juni 1816 von König Friedrich Wilhelm III. unterzeichneten „*Patent wegen Besitzergreifung der mit der Preußischen Monarchie wiedervereinigten westphälischen Länder mit Einschluß der dazwischen liegenden Enklaven*". Es regelte Einzelheiten der Übernahme der Provinz und des Regierungsbezirks und sicherte unabhängige Rechtspflege, Religionsfreiheit, ein gerechtes Steuersystem und eine landständische Verfassung wie in den anderen Provinzen zu. Das Patent wurde zeitgleich mit der Verzichtserklärung des Großherzogs Ludewig I. vom 8. Juli 1816 öffentlich durch Aushang bekannt gemacht. (M.G.)

Raum O

O 1
Ansicht der Stadt Arnsberg, 1824

J. G. Zimmermann, Öl/Leinwand, 54 x 72 cm

Sauerland-Museum des Hochsauerlandkreises Arnsberg

Diese Arnsberg-Ansicht konnte im Jahr 2001 aus Privathand erworben werden. Sie zeigt einen weiten Blick über die Ruhrwiesen hin zur Stadt, die in ihrer gesamten Erstreckung vom ehemaligen Kloster Wedinghausen bis zur Schloßruine dargestellt ist. Der Turm der 1825 eingeweihten Evangelischen Kirche ist auf diesem 1824 datierten Ölbild als neuer optischer Höhepunkt im Stadtgefüge schon gut erkennbar. Der Vordergrund wird belebt durch den mit einem Pferd pflügenden Bauern und durch einen dem linken Bildrand zustrebenden Mann mit Hund. (I.R.)

O 2
Ansicht der Stadt Arnsberg von Süden, 1832

J. Schirmer, Lithographie, 22,3 x 30,2 cm

Sauerland-Museum des Hochsauerlandkreises Arnsberg

Lit.: REISSLAND, INGRID, „Oldt Aarenspergh, diu feine...". Arnsberg in historischen Stadtbilddarstellungen. Arnsberg 1996, S. 114, Nr. 45

Der Blick auf Arnsberg wird durch eine größere Personengruppe mit Hund szenisch belebt. Von Südsüdosten aus gesehen, erblickt man die von der Ruhr umflossene und von den Bergen des Sauerlandes umgebene Stadt. Der kegelförmige Altstadtbereich mit seiner noch unveränderten mittelalterlichen Siedlungsstruktur beherrscht die Bildmitte. Im Gegensatz zu Stracks ca. 30 Jahre früher entstandener Ansicht (vgl. D 1) ist das an Honecamps Turm und die „Alte Regierung" angrenzende und damals freie Gelände nun bebaut, allerdings wird nur wenig davon sichtbar. Der bis zur Klosterbrücke dicht mit Pappeln bestandene Weg erfährt jenseits der Ruhr seine Fortsetzung als Rumbecker Weg. Die dortige Brückenplatzbebauung dokumentiert sich durch die ersten zwei Häuser (Hohoff, Hücking). Die Klosterbrücke hat gegenüber den bisherigen Darstellungen ein etwas anderes Aussehen. Da sie ab 1828 nicht mehr befahrbar war, wurde eine Durchfahrt durch die Ruhr angelegt und der stadtseitige Teil der Brücke 1830 repariert, wobei nur noch ein steinernes Joch erhalten blieb. (I. R., Text auszugsweise aus oben genannter Literatur).

O 3
Die Familie des Kommerzienrates Friedrich Wilhelm Brökelmann

Engelbert Seibertz (1813-1905), Öl/L., 1850, 107 x 159 cm

Sauerland-Museum des Hochsauerlandkreises Arnsberg

1826 zog der Kommerzienrat Friedrich Wilhelm Brökelmann von Dortmund nach Neheim und gründete eine Ölmühle. Er beteiligte sich an verschiedenen Unternehmen bzw. initiierte deren Gründung. Er begründete das Neheimer Jägerfest und war mitbeteiligt an der Entscheidung, die Eisenbahn von Dortmund nach Kassel zu bauen, sowie am Bau der evangelischen Kirche.

Das großformatige Gemälde ist ein typisches Beispiel des im Biedermeier beliebten Genres des Familienbildes. In den Personendarstellungen kommt der porträtgetreue Realismus als charakteristischer Wesenszug der Kunst E. Seibertz' anschaulich zum Ausdruck. Das detailliert gemalte Interieur gewährt gute Einblicke in die damalige bürgerliche Wohnkultur.

Den optischen Mittelpunkt der Komposition bilden die Eltern, um die sich die Kinder größenmäßig gestaffelt gruppieren. Dargestellt sind in schlichter Biedermeierkleidung (v.l.n.r.): Luise, Christiane, Henriette, Ludwig, die Eltern Friederike und Friedrich Wilhelm, Wilhelm (ab 1907 Neheimer Ehrenbürger) sowie Friedrich Heinrich Brökelmann. Alle Familienmitglieder halten symbolisch gemeinte und sie charakterisierende Gegenstände in der Hand, wie z. B. Handarbeitsutensilien, Bücher und Dokumente. Auf dem an der Wand hängenden Ölbild ist das Wohnhaus der Familie Brökelmann erkennbar. Das repräsentative Gebäude wurde nach dem Neheimer Stadtbrand von 1807 errichtet und kam 1832/33 in den Besitz Brökelmanns. Es stand auf der 1899 nach F. W. Brökelmann benannten Friedrichstrasse. Die heutige Adresse ist „Neheimer Markt 2". (I.R.)

O 4
Pfarrer Ferdinand Hasenklever (1769-1831)

Abb. S. 82

Altes Foto nach einer unbekannten Vorlage

LG: Evangelische Kirchengemeinde Arnsberg
Lit.: PHILIPPS, WERNER, Geschichte der Evangelischen Kirchengemeinde Arnsberg. = Städtekundliche Schriftenreihe über die Stadt Arnsberg, H. 8. Arnsberg 1995²; Derselbe, Die Evangelische Kirche in Arnsberg. In: 750 Jahre Stadt Arnsberg. Arnsberg 1989, S. 359 ff.

Ferdinand Hasenklever war Konsistorialrat bei der Kirchen- und Schulenabteilung der Königlichen Regierung in Arnsberg und Pfarrer der Evangelischen Kirchengemeinde Arnsberg von 1816-1831.
Ihm sind vor allem die Verbesserungen des evangelischen Schulwesens im Regierungsbezirk Arnsberg, der Aufbau der evangelischen Kirchengemeinde Arnsberg sowie die Erbauung der Auferstehungskirche in Arnsberg zu verdanken. Schon seit 1817 hatte er sich um erste Baupläne bemüht; nach zahlreichen Schwierigkeiten konnte die Kirche endlich 1825 eingeweiht werden – siehe dazu auch O 5. (G.C.)

O 5
Entwurf für eine evangelische Kirche in Arnsberg, 1821

Federzeichnung über Blei von Friedrich August Ritter nach Baurat Clemen und Friedrich Wilhelm Buchholz, mit Revisionsvermerk von Karl Friedrich Schinkel. 50,0 x 39,5 cm (Blatt), 42,5 x 31 cm (Zeichnung)

LG: Nordrhein-Westfälisches Staatsarchiv Münster, Kartensammlung A Nr. 5295
Lit.: SCHREINER, LUDWIG, Die evangelische Kirche in Arnsberg. Ein Bauwerk der Schinkelzeit. In: PHILIPPS, WERNER, Geschichte der evangelischen Kirchengemeinde Arnsberg. = Städtekundliche Schriftenreihe über die Stadt Arnsberg H. 8., Arnsberg 1995² Seit 1817 wurde durch Pfarrer Ferdinand Hasenklever (1769-1831) – vgl. auch O 4 - der Bau einer evangelischen Kirche in Arnsberg ins Gespräch gebracht. Die Prüfung und Bewilligung der Baupläne oblag der Oberbaudeputation, der obersten preußischen Baubehörde in Berlin. Erste Baupläne des Arnsberger Maurermeisters Matthias Hunzinger wurden von Karl Friedrich Schinkel verworfen, der seinerseits mehrere Entwürfe vorlegte, die jedoch auch nicht zur Ausführung kamen. Ein 1819 bei Baumeister Friedrich Wilhelm Buchholz in Auftrag gegebener Entwurf wurde von dem Arnsberger Oberbaurat Clemen überarbeitet und ergänzt, und 1821 in fünf Blatt Zeichnungen (Friedrich August Ritter) der Berliner Oberbaudeputation vorgelegt. Schinkel brachte zwar noch einige Korrekturen an und hat auch in den Folgejahren noch mehrfach korrigierend und beratend eingegriffen, erklärte aber generell sein Einverständnis. Unter der Leitung des Bauinspektors Ritter erfolgte 1822 die Grundsteinlegung und 1825 die Einweihung der Auferstehungskirche in Arnsberg. (I.R.).

O 6 - O 9
Biedermeiermöbel (Sofa, Sessel, Schrank, Tisch), ca. 1820/40

Sauerland-Museum des Hochsauerlandkreises Arnsberg

Das Biedermeier ist auch in der Wohnkultur vornehmlich ein bürgerlicher Stil. Als Antwort auf die steife Pracht vorangegangener Epochen (Zopfstil, Empire) richtete sich das Hauptaugenmerk nun auf möglichst große Bequemlichkeit und Gemütlichkeit, wobei auf eine tadellose handwerkliche Arbeit großer Wert gelegt wurde. Eine Biedermeierstube ist immer ein heiterer anregender Wohnraum. An den Fenstern hängen leichte Mullgardinen, die Wände sind weiß oder mit hellen geblümten oder gestreiften Tapeten bezogen, die Möbel haben einen warmen braunen Ton, an den Wänden hängen viele meist kleinformatige Bilder. Die einfachen Möbelformen wurden durch kräftige

farbige Textilien mit naturalistischen Blumenmustern als Bezüge und Vorhänge kompensiert.
Das für die Ausstellung arrangierte Ensemble möchte dieses Wohngefühl wieder erlebbar machen. (I.R.)

O 10
Spaziergang im Biedermeier

Dieter Schalk (Oelde), Diorama, Material: Zinn, Blei, Antimon, bemalt. In Glaskasten 48,5 x 48,5 cm

LG: Privat, Dauerleihgabe

In einer Landschaft Biedermeiergesellschaft und Soldaten, beim Spazierengehen zumeist in Gespräche vertieft.

O 11 Abb. S. 160
Tasse mit Ansicht der Stadt Meschede, vor 1839

Porzellan, ungemarkt, H 7,0 cm, Dm 8,8 cm

Sauerland-Museum des Hochsauerlandkreises Arnsberg
Lit.: Westfalia Picta, Bd, 1 Hochsauerlandkreis/Kreis Olpe, Bielefeld 1987, S. 185, Abb. S. 186

Korpus nach oben glockenförmig auslaufend; facettierte Wandung, kufenförmiger Henkel. Auf der Schauseite die breite goldgeränderte Ansicht. Im Unterrand kleine Reserve mit Bezeichnung „Meschede". Lippenrand und Standring in Goldmalerei. (I.R.)
Die äußere Wandung der Porzellantasse gibt, von Goldleisten gerahmt, die Ansicht Meschedes von Nordwesten wieder. Prinzipiell zeigt die Malerei eine nahe Verwandtschaft zu dem Ölgemälde WP 79/2/270. Hier wie dort wird der Blick über die Ruhr gerahmt von der 1906 abgebrochenen polygonalen Glockenkapelle (18. Jh.) links und einem Baum mit Naturstaffage rechts. Lediglich die Stadtsilhouette wurde gestreckt.

Zwischen den weniger dicht gesetzten Häusern erscheint links neben der Stiftskirche die 1839 abgebrochene Pfarrkirche. Rechts im Hintergrund der Klausenberg mit Kapelle. – Text auszugsweise aus der oben angegebenen Literatur.

O 12
„Kirchen-Buch der protestantischen Civil-Gemeinde im Herzogthum Westphalen. Angefangen im Jahr 1803"

Band mit handschriftlichen Eintragungen, 32 x 21 cm

LG: Evangelische Kirchengemeinde Arnsberg
Lit.: PHILIPPS, WERNER, Geschichte der Evangelischen Kirchengemeinde Arnsberg. = Städtekundliche Schriftenreihe über die Stadt Arnsberg, H. 8. Arnsberg 1995²; Derselbe, Die Evangelische Kirche in Arnsberg. In: 750 Jahre Stadt Arnsberg. Arnsberg 1989, S. 359 ff.

1803 wurden die lutherischen und die reformierten Soldaten der hessischen Brigade „Erbprinz", die in Arnsberg ihren Standort hatte, nebst ihren Familienangehörigen zu einer lutherischen Militärgemeinde Arnsberg zusammengefasst. 1804 hat sich dann zusätzlich die lutherische Zivilgemeinde Arnsberg konstituiert. Beide Gemeinden waren zunächst nur klein und bestanden vorrangig aus hessischen Beamten und Militärangehörigen. Die Seelsorge wurde zunächst dem jeweiligen Feldprediger der Brigade „Erbprinz" übertragen; die rasch wechselnden Pfarrer konnten kaum Kontinuität in das Gemeindeleben bringen. Dies änderte sich erst unter preußischer Herrschaft mit der Bestellung Ferdinand Hasenklevers 1816 – siehe auch O 4. (I.R.)
Als erste Beurkundung wurde in das Kirchenbuch am 31. Januar 1804 die Taufe der „*Margaretha Friederike, Töchterchen des Polizeidieners Leonhard Klump, lutherisch, aus Darmstadt, und der Elisabetha geb. Hellwig, reformiert, aus Treysa bei Ziegenhain*", eingetragen. Der letzte Eintrag erfolgte 1812. (G.C.)

O 13 Abb. S. 83
Kanne und Kelch
Abendmahlsgeräte der evangelischen Kirchengemeinde Arnsberg

Johann Georg Hossauer (1794-1874), Silber, innen reich vergoldet, gegossen, getrieben, graviert, 1836, Kanne: H 35 cm, ob. Dm 20 cm; Kelch: H 24 cm, ob. Dm 12,5 cm

LG: Evangelische Kirchengemeinde Arnsberg
Lit.: PHILIPPS, WERNER, Geschichte der Evangelischen Kirchengemeinde Arnsberg. = Städtekundliche Schriftenreihe über die Stadt Arnsberg, H. 8. Arnsberg 1995², Abb. vor S. 17.

Der 1825 eingeweihte Bau der Arnsberger Evangelischen Kirche hatte die Gemeinde finanziell sehr stark belastet. Hinzu kam, dass es zunächst auch noch kein festes Besteuerungs- und Beitragssystem für die Kirche gab, sondern nur eine halbjährliche freiwillige Umlage. Da nimmt es nicht wunder, dass sich die Ausgestaltung der Kirche und ihre Ausstattung mit kirchlichem Gerät über einen längeren Zeitraum hinzog. 1834 wurde für den Altar das Ölbild „Christi Auferstehung" des Düsseldorfer Malers Ernst Deger erworben. Nach einer Sammlung unter den Gemeindemitgliedern konnten dann 1836 oben beschriebene Abendmahlsgeräte (Kanne und Kelch) bei dem Berliner Goldschmied, Unternehmer und Erfinder J. G. Hossauer in Auftrag gegeben werden. (I.R.)

O 14 Abb. S. 121
Petruspokal der St. Georgs-Kommende Münster, 1569

Linhart Bauer (Bawer), Straßburg, Silber, teilvergoldet, getrieben, gegossen, geätzt, Niello, H 61 cm. Meistermarke, Stadtmarke

LG: Hessisches Landesmuseum Darmstadt, Inv. Nr. Kg 63:260
Lit.: Siehe S. 120

Über dem gekehlten Fuß erhebt sich der aus mehreren zylindrischen, scheiben- und vasenförmigen Gliedern zusammengesetzte Schaft. Das doppelt ausgebauchte, separat gearbeitete Unterteil des Gefäßes ist alternierend mit Maskarons und Medaillons geschmückt; die Medaillons zeigen Architekturstaffagen und Bäume.

In den Korb montiert ist die zylindrische Kuppa, auf deren Wandung sich Szenen aus der Petruslegende (Schlüsselübergabe, Übertragung des Hirtenamtes, Sturm auf dem Meer) und drei erklärende, in Niello ausgeführte Schrifttäfelchen mit Bibelzitaten befinden. Die Kuppa wird durch einen blattkranzverzierten Wulstring und eine obere Ausbauchung abgeschlossen.

Der leicht ansteigende, von einer vollplastischen Petrusfigur bekrönte Deckel zeigt drei Medaillons mit Darstellungen von Tugenden (Caritas, Fortitudo, Fides), zwei auf Petrus bezogene Inschriften und die Jahreszahl 1569 (alle Inschriften abgedruckt bei M. Rosenberg, Eine vergessene Goldschmiedestadt. In: Kunstgewerbeblatt 2, 1886, S. 45, 47f.).

Der Pokal ist reich verziert mit Masken, Engelsköpfen, vegetabilen Ornamenten, Bandwerk, Mauresken und Früchten. Bei drei glatten zylindrischen Zwischengliedern und den vorgesetzten gekräuselten Blättern scheint es sich um spätere Hinzufügungen zu handeln. (W.G.)

Siehe dazu auch den Beitrag von Dr. W. Glüber im vorliegenden Katalog auf S. 120.

Abkürzungen

Abb.	Abbildung im Katalog
ADB	Allgemeine Deutsche Biographie
Bd.	Band
Br	Breite
BKW	Bau- und Kunstdenkmäler von Westfalen
Dm	Durchmesser
dat.	datiert
H	Höhe
H.	Heft
Hrsg.	Herausgeber
Kat.	Ausstellungskatalog
L	Länge
LG	Leihgeber
NN	Künstler unbekannt
Öl/L.	Öl/Leinwand
T	Tiefe
WZ	Westfälische Zeitschrift
WP	Westfalia Picta

Weitere Abkürzungen sind in den Katalogbeiträgen/Anmerkungen erklärt.

Autoren

Prof. Dr. Johannes Friedrich Battenberg, Darmstadt (J.F.B)
Günther Becker, Lennestadt
Dr. Horst Conrad, Münster
Dr. Günter Cronau, Arnsberg (G.C.)
Heinrich Josef Deisting, Werl
Dr. Gerd Dethlefs, Münster (G.D.)
Norbert Föckeler, Meschede
Bernd Follmann, Marsberg
Dr. Wolfgang Glüber, Darmstadt (W.G.)
Michael Gosmann, Arnsberg (M.G.)
Gerald Haringhaus, Geseke (G.H.)
P. Michael Hermes OSB, Meschede
Otto Höffer, Attendorn (O.H.)
Peter M. Kleine, Arnsberg
Prof. Dr. Dr. Harm Klueting, Köln
Reinhard Köhne, Meschede
Dietmar Lange, Warstein
Gerhard Lohage, Arnsberg
Dr. Wolfgang Maron, Lippstadt
Heinz Nöllenheidt, Arnsberg (H.N.)
Klaus Ottovordemgentschenfelde, Gütersloh (OVG)
Heinz Pardun, Arnsberg
Harald Polenz, Essen
Rico Quaschny, Bad Oeynhausen
Ingrid Reißland, Ellingshausen (I.R.)
Dr. Erika Richter, Meschede
Gerd Schäfer, Arnsberg
Michael Schmitt, Sundern
Dr. Jürgen Schulte-Hobein, Arnsberg (J.S.H.)
Dr. Bernward Selter, Münster
Friedhelm Sommer, Rüthen
Johannes Stemmer, Arnsberg
Dieter Tröps, Olpe (D.T.)
Dr. Silvia Uhlemann, Darmstadt
Dr. Peter Veddeler, Münster (P.V.)
Hans-Josef Vogel, Arnsberg
Dr. Manfred Wolf, Münster

Leihgeber

Museen, Archive, Bibliotheken
Arnsberg, Stadtarchiv
Arnsberg, Sauerland-Museum des Hochsauerlandkreises
Attendorn, Südsauerlandmuseum
Belecke, Schatzkammer
Berlin, Geheimes Staatsarchiv Preußischer Kulturbesitz
Darmstadt, Hessische Landes- und Hochschulbibliothek
Darmstadt, Hessisches Landesmuseum
Darmstadt, Hessisches Staatsarchiv
Darmstadt, Schlossmuseum e. V.
Mannenbach-Salenstein (Schweiz), Napoléonmuseum Arenenberg
Meschede, Kreisarchiv Hochsauerlandkreis
Münster, Nordrhein-Westfälisches Staatsarchiv
Münster, Westfälisches Landesmuseum für Kunst und Kulturgeschichte
Niederense, Heimatverein
Olpe, Kreisarchiv
Werl, Städtisches Museum Haus Rykenburg

Kirchengemeinden
Arnsberg, Evangelische Kirchengemeinde
Arnsberg, Katholische Propsteigemeinde
St. Laurentius
Arnsberg-Holzen, Katholische Kirchengemeinde St. Petri Oelinghausen
Arnsberg-Rumbeck, Katholische Kirchengemeinde St. Nikolaus
Brilon, Katholische Propsteigemeinde
St. Petrus und Andreas
Ense-Niederense, Katholische Kirchengemeinde St. Bernhard/Himmelpforten
Geseke, Katholische Stiftspfarrei St. Cyriakus
Lippstadt-Benninghausen, Katholische
Kirchengemeinde St. Martin
Marsberg, Katholische Propsteigemeinde
St. Magnus
Marsberg-Obermarsberg, Katholische
Kirchengemeinde St. Peter und Paul
Medebach, Katholische Kirchengemeinde
St. Peter und Paul
Meschede, Katholische Kirchengemeinde
St. Walburga
Sundern-Endorf, Katholische Kirchengemeinde St. Sebastian
Warstein-Belecke, Katholische Kirchengemeinde St. Pankratius
Werl, Katholische Propsteigemeinde
St. Walburga

Privatpersonen
Boucsein, Wolfgang, Arnsberg
Elverfeldt, Alexander Freiherr von,
Marsberg-Canstein
Fürstenberg, Wennemar Freiherr von,
Arnsberg-Herdringen
Ottovordemgentenschenfelde, Klaus, Gütersloh
Schalk, Dieter, Oelde
Schulte, Heinz, Warstein-Hirschberg
Sellerberg, Mechthild, Rüthen
Weichs zur Wenne, Georg S. Freiherr von,
Eslohe

Sonstige
Arnsberg, Arnsberger Heimatbund e. V.
Arnsberg, Bezirksregierung
Arnsberg, Förderverein Sauerland-Museum
Arnsberg, Staatliches Forstamt
Drolshagen, Stadt

Allen Leihgebern gebührt unser herzlichster Dank für die freundliche Unterstützung der Ausstellung.

Verzeichnis der Abbildungen

Arnsberg
Friedhelm Ackermann: S. 32, 43, 45, 46, 48,
49, 54 (2), 61, 62, 74, 77, 82, 83, 87 (2), 88
(Bildnis), 89 (2), 90, 91, 92, 93 (2), 94 (Kelch),
95 (Klosterbrunnen), 96, 97, 102, 103, 129,
160, 187, 202, 210, 218, 221, 227, 230, 235,
236, 238, 239, 240, 243, 244, 245, 246, 248,
249, 250, 254, 259, 267, 268, 269, 280 (2),
286, 288 (Thüsing), 291 (2), 295 (2), 296, 303

Forstliche Dokumentationsstelle der LFV
NRW: S. 63

Sauerland-Museum des Hochsauerlandkreises:
S. 25 und Karten S. 13, 41, 127

Verzeichnis der Abbildungen
(Fortsetzung)

Attendorn
Südsauerlandmuseum: S. 88, 252, 253

Darmstadt
Hessisches Landesmuseum: S. 121, 123, 124
Hessische Landes- und Hochschulbibliothek:
S. 111, 114, 117, 119
Hessisches Staatsarchiv: S. 26, 55, 278, 285
Schloßmuseum Darmstadt e.V.: S. 213

Geseke
Heimatmuseum: S. 147 (Hans-Peter Busch),
148

Mannenbach-Salenstein (Schweiz)
S. 53, 273

Menden
Städtisches Museum (Wolfgang Kissmer):
S. 156

Münster
Nordrhein-Westfälisches Staatsarchiv: S. 95
(Urkunde), 217, 223
Westfälisches Landesmuseum für Kunst und
Kulturgeschichte (Sabine Ahlbrand-Dornseif):
S. 35, 155, 229, 274, 283

Olpe
Stadtarchiv: S. 168, 288 (Freusberg)

Rüthen
Stadtarchiv: S. 81, 94, 175, 176, 178

Werl
Stadtarchiv: S. 186 (Hubert Stolle), S. 189 (Fa.
Euler), S. 193

Privat
Ralf Beer, Hattingen: S. 134
Bernd Follmann, Marsberg: S. 153, 154
Reinhard Köhne, Meschede: S. 66, 67 (Karte)
Mechthild Sellerberg, Rüthen: S. 251

Beim

Jahreswechsel 1803.

Wie vieles hat in kurzen Jahren

Das Schicksaal umgekehrt!

Auch wir — wir haben viel erfahren:

Bei Darmstadts Löwen steht Westphalens Pferd.

Mitbürger! seh't nicht bang zurücke

In die vergang'ne Zeit!

Die Zukunft lacht ja auch mit reinem Blicke

Und Seeligkeit.

Arnsbergisches Intelligenz-Blatt Nr. 1 vom 4. Januar 1803 (Beilage; die ersten zwei Strophen)